SCHÄFFER
POESCHEL

Roland Eller/Walter Gruber/Markus Reif (Hrsg.)

Handbuch Operationelle Risiken

Aufsichtsrechtliche Anforderungen,
Quantifizierung und Management,
Praxisbeispiele

2002
Schäffer-Poeschel Verlag Stuttgart

Die Deutsche Bibliothek – CIP-Einheitsaufnahme

Handbuch Operationelle Risiken :
Aufsichtsrechtliche Anforderungen, Quantifizierung und Management, Praxisbeispiele /
Roland Eller ... (Hrsg.).
– Stuttgart : Schäffer-Poeschel, 2002
  ISBN 3-7910-1986-4

Gedruckt auf chlorfrei gebleichte, säurefreiem und alterungsbeständigem Papier

© 2002 Schäffer-Poeschel Verlag für Wirtschaft · Steuern · Recht GmbH & Co. KG
www.schaeffer-poeschel.de
Info@schaeffer-poeschel.de
Einbandgestaltung: Willy Löffelhardt
Satz: Johanna Boy, Brennberg
Druck: Ebner-Spiegel GmbH, Ulm
Printed in Germany
Oktober/2002

Schäffer-Poeschel Verlag Stuttgart
Ein Tochterunternehmen der Verlagsgruppe Handelsblatt

Vorwort

Bislang war das Operationelle Risiko ein Risikofaktor in Kreditinstituten, der relativ wenig beachtet wurde, obwohl er ein wesentliches Risikopotenzial für den wirtschaftlichen Erfolg der Institute darstellt. Nicht zuletzt durch die bekannten finanziellen Desaster (Barings, Natwest, Daiwa etc.), die insbesondere durch operationelle Schwächen in den Instituten bedingt waren, tritt hier zukünftig ein grundlegender Wandel ein. Auch eine Verschärfung gesetzlicher und aufsichtsrechtlicher Vorschriften führen derzeit beim Management Operationeller Risiken zu gravierenden inhaltlichen Änderungen. Dazu zählt einerseits das Gesetz zur Kontrolle und Transparenz in Unternehmensbereichen (KonTraG) in Verbindung mit §25a KWG. Noch weit reichendere Auswirkungen haben jedoch sicher die in den Konsultationspapieren vorgestellten neuen Eigenkapitalvereinbarungen des Baseler Ausschusses für Bankenaufsicht (Basel II).

Neben wesentlichen Änderungen bei der Quantifizierung des Kreditrisikos mittels externer und interner Ratingansätze werden hier erstmals dezidierte Anforderungen im Hinblick auf die Messung und Unterlegung Operationeller Risiken gestellt. So wird gefordert, die Operationellen Risiken entweder über Standardansätze (Basisansatz und Box-Approach) oder eigene Modelle zu quantifizieren. Ein Kernpunkt der aktuellen Diskussion in den Kreditinstituten bildet somit die Frage, wie einerseits Operationelle Risiken geeignet kategorisiert (Definition von Geschäftsfeldern, Risikoindikatoren) und andererseits bankaufsichtlich mit Eigenkapital unterlegt werden können.

Während Banken früher Operationelle Risiken primär passiv bzw. ex-post gemanagt haben, setzen immer mehr auf die ex-ante Identifizierung von Risiken und die Nutzung der sich daraus ergebenden Chancen. Die aktive Steuerung von Operationellen Risiken kann zu einem klaren Wettbewerbsvorteil führen. Operationelle Risiken werden von immer mehr Kreditinstituten qualitativ und/oder quantitativ identifiziert, überwacht und gesteuert.

Das neue Handbuch der Herausgeber »Eller, Gruber, Reif« zeigt in praxisorientierten Beiträgen das Management der Operationellen Risiken. Neben den wichtigen aufsichtsrechtlichen Aspekten werden verschiedene Ansätze zur Analyse und Identifikation, aber auch zur qualitativen und quantitativen Beurteilung der Operationellen Risiken vorgestellt. Da einige Kreditinstitute bereits vor Jahren mit der Implementierung eines Risikocontrolling- und -managementsystems zum aktiven Management Operationeller Risiken begonnen haben, beschäftigen sich mehrere Autoren mit den ersten Erfahrungen und Praxisberichten. Auch das Personalrisiko-Management als wichtiger Aspekt des Operationellen Risikos findet in einigen Beiträgen Berücksichtigung.

Die erste Auflage des Handbuches Operationeller Risiken wendet sich sowohl an Führungskräfte, Händler, Treasurer, Risikomanager, Fondsmanager, Risikocontroller, Revisoren und Mitarbeiter im Backoffice als auch an Studierende an Fachhochschulen und Universitäten sowie an Teilnehmer berufsvorbereitender und berufsbegleitender Aus- und Weiterbildungsprogramme, die eine berufliche Tätigkeit im Finanzbereich anstreben.

Das Autorenteam und die Herausgeber wünschen Ihnen viel Spaß beim Lesen und eine erfolgreiche Umsetzung in die Praxis.

Meitingen im August 2002   Roland Eller
                                            Walter Gruber
                                            Markus Reif

Inhaltsverzeichnis

Teil I:
Operationelle Risiken im Fokus der Aufsichtsbehörden 1

Teil II:
Identifikation und Quantifizierung Operationeller Risiken 95

Die Herausgeber

Roland Eller ist Trainer, Managementberater und freier Publizist. Er ist unabhängiger RiskConsultant bei Banken, Sparkassen, Fondsgesellschaften und Versicherungen im In- und Ausland sowie Seminartrainer zu Techniken und Methoden der Analyse, Bewertung und dem Risikomanagement von Zinsinstrumenten, Aktien und Derivaten. Darüber hinaus berät Roland Eller Banken und Sparkassen in Fragen des Risikomanagements bzw. Bilanzstrukturmanagements und der Ertragsoptimierung. Er ist Autor einer Vielzahl von Büchern, Artikeln und Herausgeber mehrerer Standardwerke.

Dr. Walter Gruber ist geschäftsführender Gesellschafter der Roland Eller Consulting GmbH. Hier ist er speziell für die Bereiche Bankenaufsicht, Risikomanagement und Produktbewertungsverfahren als Berater und Trainer verantwortlich. Zuvor arbeitete er für eine Investmentbank im Bereich Treasury und ALCO-Management. Anschließend war er für drei Jahre als Gruppenleiter im Bereich Bankenaufsicht im Direktorium der Deutschen Bundesbank tätig. Er ist Verfasser zahlreicher Veröffentlichungen vor allem in den Bereichen Markt- und Kreditrisikomodelle, derivative Finanzprodukte und Bankenaufsicht. Auf diesen Gebieten trat er auch als Herausgeber mehrerer Standardwerke in Erscheinung.

Markus Reif ist Geschäftsführer der Roland Eller Consulting GmbH und als Trainer und Berater für die Bereiche derivative Finanzinstrumente, Risiko- und Bilanzstrukturmanagement verantwortlich. Zuvor war er bei M.M. Warburg & Co. in Hamburg als Leiter des Bereiches Fixed Income tätig. Davor war er bei Sal.Oppenheim jr. & Cie. in Frankfurt verantwortlich für die Konstruktion und das Risikomanagement von strukturierten Kapitalmarktprodukten.

Teil I:
Operationelle Risiken im Fokus
der Aufsichtsbehörden

Operationelles Risiko – Abgrenzung, Definition und Anforderungen gemäß Basel II

Karsten Stickelmann*

---

*   Karsten Stickelmann arbeitet in der Bankenaufsicht im Bereich Internationale Eigenkapitalregelungen/
    Bankinterne Risikosteuerungsmodelle bei der Deutschen Bundesbank. Die in diesem Artikel darge-
    stellten Meinungen des Autors geben ausschließlich seine persönliche Auffassung wieder.

1 Einleitung

Risiken aus betrieblichen Aktivitäten im Bankenbereich und somit auch Operationelle Risiken sind keineswegs neu, sondern entstehen unmittelbar mit Gründung eines Kreditinstituts. Noch bevor überhaupt über Markt- oder Kreditrisiko nachgedacht werden muss, sind Operationelle Risiken schon vorhanden. Dennoch standen in der Vergangenheit Methoden zur Messung und zum Management von Markt- und Kreditrisiken im Fokus der betrieblichen Praxis als auch der einschlägigen Literatur.

Erst in der jüngeren Vergangenheit erfreut sich das Thema der Operationellen Risiken wachsenden Interesses, was nicht zuletzt auf aus Operationelle Risiken resultierenden drastischen Ereignissen beruht[1]. Exemplarisch sei hier der Zusammenbruch der Barings Bank genannt, durch den der Öffentlichkeit plakativ vorgeführt wurde, welche immensen Schäden aus Operationellen Risiken erwachsen können. Darüber hinaus entstehen durch neue Geschäftsfelder, komplexere Produkte, die fortschreitende Globalisierung des Bankensystems einhergehend mit Margenerosion im Standardgeschäft sowie durch die zunehmende Automatisierung und Computerisierung der Bankenindustrie Risiken, die in dieser Art und in diesem Umfang bisher nicht existierten. Nicht nur die Industrie, sondern auch die Bankenaufsicht widmet sich in jüngerer Vergangenheit verstärkt den anderen Risiken, die neben Markt- und Kreditrisiken existieren und somit insbesondere dem Themengebiet der Operationellen Risiken. Neben der Einführung risikoadäquaterer Methoden zur Eigenkapitalunterlegung für den Bereich der Kreditrisiken wird im zweiten Konsultationspapier des Baseler Ausschusses für Bankenaufsicht auch die Möglichkeit einer Kapitalunterlegung für Operationelle Risiken vorgesehen[2]. Diese Äußerungen der Aufsicht haben dazu beigetragen, dass der besonderen Risikoart der Operationellen Risiken bezüglich einheitlicher Abgrenzung und Definition als auch in Bezug auf die Entwicklung von Methoden zur Messung und Steuerung dieser Risiken von Seiten der Bankenindustrie verstärkte Aufmerksamkeit zuteil wurde.

Zum Einstieg wird in Kapitel 2 auf die Geschichte von Operationellen Risiken eingegangen. Dabei ist zu beachten, dass der Begriff der Operationellen Risiken hier zunächst als nicht eindeutig definierter Oberbegriff Verwendung findet und insbesondere noch nicht vom Begriff der anderen Risiken gemäß Basel abgegrenzt ist. In Kapitel 3 wird die Notwendigkeit gemeinsamer Datenbanken für Operationelle Risiken behandelt. Nach der Vorstellung verschiedener in der Literatur dargestellter Kategorisierungen für den Bereich der Operationellen Risiken erfolgt in Kapitel 4 die regulatorische Definition des Operationellen Risikos nebst Abgrenzung von anderen Risiken. Zusätzlich wird die regulatorische Behandlung der anderen Risiken im Allgemeinen beschrieben, ehe in Kapitel 5 speziell auf die

---

1 Vgl. auch Parkes, N. (2000), S. 12.
2 Vgl. Basle Committee on Banking Supervision (2001a), S. 27. Schon in Basle Committee on Banking Supervision (1999), S. 48ff. gab der Ausschuss seine Absicht bekannt, in der neuen Eigenkapitalvereinbarung neben Kredit- und Marktrisiken auch andere Risiken zu berücksichtigen.

regulatorischen Eigenkapitalanforderungen für Operationelle Risiken eingegangen wird. Nach einem Überblick werden in Kapitel 5 die verschiedenen Ansätze nebst zugehörigen qualitativen Anforderungen dargestellt.

2 Zur Geschichte Operationeller Risiken

Um eine Vorstellung für eine spezifische Risikoart zu entwickeln, ist es hilfreich, die Vergangenheit zu analysieren und kritische Ereignisse zu identifizieren, denen genau diese Risikoart zugrunde liegt. Ist ein Risiko schlagend geworden und hat zu Verlusten geführt, ist davon auszugehen, dass dieses Risiko in der Zukunft weit deutlicher wahrgenommen wird. Daher sollen im Folgenden zur einführenden Motivation des Themengebietes ohne Anspruch auf Vollständigkeit einige Beispiele aufgeführt werden, die nach allgemeiner Meinung der Risikokategorie der Operationellen Risiken zugeordnet werden können. Die gewählten Beispiele beschränken sich vornehmlich auf dem Bankensektor und das zugehörige Umfeld, obwohl auch andere Industriezweige Operationellen Risiken in erheblichem Maße ausgesetzt sind[3].

1974 erfolgte nach erheblichen Fremdwährungsspekulationen der Zusammenbruch der Herstatt-Bank[4]. Fremdwährungsgeschäfte in Höhe von 620 Millionen US-Dollar konnten nicht ordnungsgemäß abgewickelt werden. Die jeweiligen Gegenparteien der Herstatt-Bank hatten ihren Währungsbetrag des Fremdwährungsgeschäftes gezahlt, den korrespondierenden Gegenbetrag des Währungspärchen jedoch nicht von der Herstatt-Bank erhalten. Als Reaktion auf die Krise wurde noch im Jahr 1974 der Grundsatz Ia eingeführt, der die zulässigen Devisenrisiken von Kreditinstituten beschränkte. Außerdem beschloss der Bundesverband deutscher Banken 1975 die Einrichtung des Einlagensicherungsfonds der deutschen Banken und kam damit angedrohten gesetzlichen Regelungen zuvor. Als weiteres Resultat dieser Krise lässt sich festhalten, dass in der Folgezeit das Abwicklungsrisiko besser verstanden und deutlicher wahrgenommen wurde.

Die Deregulation der Finanzmärkte in den achtziger Jahren führte in vielen Ländern zu einem deutlichem Wachstum der nationalen und internationalen Bankaktivitäten. Viele Institute mit nur geringen Erfahrungen und Kenntnissen im Kreditbereich und ohne adäquate Abläufe und Kontrollen in diesem Bereich engagieren sich verstärkt im stark wachsenden Kreditgeschäft. In der Folge kam es unter anderem in US (besonders bei der Savings and Loan Banks), Japan, Skandinavien und Neuseeland zu einer Vielzahl von Bankeninsolvenzen. Die Notwendigkeit international einheitlicher Regelungen für den Kreditbereich wuchs. Mit den Baseler Empfehlungen zur Eigenkapitalausstattung der Kreditinstitute von 1988 wurde ein allgemeiner Standard für regulatorisch notwendiges

---

3 Zu den angegebenen und weiteren Beispielen vgl. z.B. Oprisk (1999).
4 Eine ausführliche Darstellung findet sich in Kaserer, C. (2000).

Mindesteigenkapital eingeführt[5]. Die hohe Zahl von Insolvenzen der Banken in den Vereinigten Staaten, die es rechtfertigte, von einer Bankenkrise zu sprechen, führte zu einer Überarbeitung des amerikanischen Aufsichtsansatzes. Die Einführung des risikoorientierten CAMEL-Ratings durch die amerikanische Aufsicht 1995 kann somit als Resultat dieses Prozesses interpretiert werden.

1985 fiel bei der Bank von New York der Hauptrechner für 28 Stunden aus. Die Federal Reserve Bank stellte Überziehungsfazilitäten in Höhe 20 Milliarden US-Dollar bereit, damit Wertpapiertransaktionen vollständig durchgeführt und abgewickelt werden konnten. 1990 war die Federal Reserve Bank in New York, die zu dieser Zeit täglich Zahlungen in Höhe von fast 3 Billionen US-Dollar abwickelte, von einem Stromausfall betroffen, woraufhin vorgehaltene alternative Fazilitäten für eine Zeitdauer von 6 Tagen genutzt werden mussten. In den früher neunziger Jahren kam es zu einer Reihe von Explosionen in den Finanzdistrikten von London und New York. Als Folge dieser Ereignisse wurde von den Regulatoren seitdem die Notwendigkeit der Bereitstellung alternativer Handels- und Abwicklungsfazilitäten im Rahmen der Notfallplanung stärker betont als zuvor.

In den späten achtziger und während der neunziger Jahre kam es in der Bankenindustrie zu einem enormen Wachstum bei derivativen Produkten, deren Risiken jedoch teilweise nicht adäquat verstanden, erfasst und überwacht wurden. Darüber hinaus erhielten erfolgreiche Händler zunehmend höhere Bonuszahlungen, wodurch betrügerische Handlungen lohnender wurden. Bedingt durch unterschiedliche Ursachen entstanden teilweise hohe Verluste bei verschiedenen Kreditinstituten. Bei der Daiwa Bank New York (1984-95) wurden über längere Zeit nicht autorisierte Handelsgeschäfte durchgeführt, woraus Verluste in Höhe von ca. 1,1 Milliarden US-Dollar resultierten. Kompetenzüberschreitung und in dieser Höhe nicht autorisierte Handelsaktivitäten von Nick Leeson führten 1995 zu erheblichen Verlusten bei Barings Futures Singapore, was die Insolvenz von Barings und anschließende Übernahme durch die ING zur Folge hatte[6]. Auch bei Industrieunternehmen (z.B. Metallgesellschaft, Procter & Gamble und Orange Country) kam es in Verbindung mit derivativen Produkten zu deutlichen Verlusten. In einigen Fällen wurde versucht, beteiligte Banken in Regress zu nehmen, was teilweise im Rahmen außergerichtlicher Einigungen gelang[7]. Als Reaktion wurden von der Bankenaufsicht eine Reihe von Richtlinien entworfen, besonders erwähnenswert sind hierbei die Mindestanforderungen an Handelsgeschäfte[8]. Darüber hinaus wurden 1996 die Baseler Regelungen von 1988 um Regelungen für Marktpreisrisiken erweitert[9], wobei die Kreditinstitute ermutigt wurden, Value-at-Risk-Modelle zu verwenden. Das Barings-Desaster war mit ursächlich

---

5   Vgl. Basle Committee on Banking Supervision (1988).
6   Vgl. Operational Risk & Financial Institutions, Risk Books (1998), S. 148ff.
7   So stimmte z.B. Bankers Trust im Rahmen eines Vergleiches Entschädigungszahlungen an Procter & Gamble zu.
8   Vgl. Bundesaufsichtamt für das Kreditwesen (1995) sowie u.a. Basle Committee on Banking Supervision (1994), (1997) und (1998).
9   Vgl. Basle Committee on Banking Supervision (1996a) und (1996b).

für die Überarbeitung der Aufsichtansätze in Großbritannien. Einige Kreditinstitute (z.B. Bankers Trust) begannen zu dieser Zeit, Funktionen zur Messung und Überwachung von Operationellen Risiken aufzubauen.

Neben den oben dargestellten Sachverhalten, gibt es bis in die jüngste Vergangenheit noch eine Vielzahl weiterer potenzieller Beispiele. Solche Vorfälle wurden teilweise nicht öffentlich gemacht und sind somit nur dem jeweiligen Kreditinstitut und den zuständigen Aufsichtsbehörden bekannt. Teilweise wird über durch Operationelle Risiken bedingte Verluste auf Grund der geringen Größe gar nicht berichtet, teilweise kommt es vor, dass über zunächst nicht öffentlich bekannten Fälle erst später in der Presse berichtet wird[10]. Gerade bei Fällen deren Schaden von der Allgemeinheit als gering eingeschätzt wird, besteht die Gefahr, dass diese in Vergessenheit geraten, wenn sie nicht in einer umfassenden Datenbank gespeichert werden. Ursachen von Schäden, die zu geringen Verlusten führten, können jedoch bei anderen Kreditinstituten unter anderen Umständen auch zu größeren Verlusten führen. Daher ist zu hoffen, dass nicht zuletzt bedingt durch die Anforderungen und Vorschläge des zweiten Konsultationspapiers und des Arbeitspapiers zur Eigenkapitalunterlegung Operationeller Risiken, in Zukunft Daten verschiedenster Kreditinstitute in globalen Datenbanken gesammelt werden.

3   Gemeinsame Datenbanken für Operationelle Risiken

Datenverfügbarkeit ist eine wesentliche Einflussgröße für die Güte eines Modells. Nur mit Daten in ausreichender Menge und von hinreichender Qualität kann ein Modell getestet, kalibriert und validiert werden. Die Tatsache, dass sich für den Marktrisikobereich mit Value-at-Risk-Modellen ein Marktstandard herausbilden konnte, ist nicht zuletzt durch die zumeist gute Datenverfügbarkeit bedingt. Insbesondere für wesentliche Portfolien und große Positionen der Kreditinstitute ist die Datenlage oft sehr gut. Daten können vielfach unmittelbar und ohne großen Aufwand von Fremdanbietern (z.B. Reuters oder Bloomberg) übernommen werden und nach interner Qualitätskontrolle für interne Modelle eingesetzt werden. Dass es für bestimmte Märkte (z.B. Emerging Markets) oder bestimmte Produkte (z.B. exotische langlaufende Optionen) schwierig ist, hinreichend gute Marktdaten zu erhalten, ist zwar bedauerlich und führt im Einzelfall teilweise zu erheblichen Problemen bei der Risikoermittlung für diese Bestände, stellt jedoch den Industriestandard des Value-at-Risk nicht in Frage.

Da Kreditinstitute sowohl zur Risikoermittlung als auch zur unabhängigen Produktbewertung an unabhängigen Daten interessiert sind, haben sich für Pro-

---

10 Vgl. Handelsblatt (2001), S. 1, in dem über eine Verurteilung wegen Betruges bei der Deutschen Bank New York berichtet wurde.

dukte, für die unmittelbar am Markt oder durch die üblichen Informationsmedien keine Daten oder nur Daten in nicht ausreichender Menge bzw. Güte bereitgestellt werden können, Initiativen gebildet, die Daten von verschieden Kreditinstituten sammeln und die Gesamtheit dieser Daten den Kreditinstituten in anonymisierten Form wieder zur Verfügung stellen. Ein Beispiel einer solchen Initiative ist die von Totem Market Valuations in Zusammenarbeit mit Pricewaterhouse-Coopers angebotene TOTEM Datenbank[11], in der u.a. auf monatlicher Basis langlaufende Indexvolatilitäten im Aktienbereich gesammelt und wieder bereitgestellt werden. Die Kreditinstitute profitieren von dieser Vorgehensweise, denn mittels der TOTEM Datenbank hat das Risikocontrolling nun die Möglichkeit, die von den Händlern vorgegebenen Daten in monatlichen Abständen gegen externe, unabhängige Daten abzugleichen. Durch die lediglich monatliche Übermittlung der Daten an die TOTEM Datenbank wird sichergestellt, dass Konkurrenzinstitute nicht zu viele Daten erhalten, die auf die Handelsstrategie oder aktuelle Positionierung eines einzelnen Kreditinstituts schließen lassen.

Die oben genannten Vorteile von institutsübergreifenden Datenbanken im Marktrisikobereich legen es nahe, auch für den Bereich des Operationellen Risikos gemeinsam mit konkurrierenden Kreditinstituten Datenbanken aufzubauen, die dann von den beteiligten Kreditinstituten genutzt werden können. Dies trifft besonders für solche Bereiche des Operationellen Risikos zu, wo von seltenen Ereignissen ein hoher Schaden ausgeht (low frequency-high impact), da hier beim einzelnen Kreditinstitut gar keine oder nur wenige Daten vorliegen. Auch für Bereiche, für die die einzelnen Kreditinstitute schon über recht umfangreiche Datenmengen von Ereignissen verfügen, die in relativ geringen Schäden resultieren (high frequency-low impact), kann die Datenlage durch »Pooling« der Einzeldaten optimiert werden.

Durch das »Pooling« von Daten können wertvolle individuelle Erfahrungen in anonymisierter Form weitergegeben werde. So kann man davon ausgehen, dass z.B. im Bereich des Betruges die in einem Kreditinstitut aufgetretenen Fälle so oder in ähnlicher Weise im gleichen Kreditinstitut wohl kaum wieder vorkommen sollten. Dagegen ist es sehr wohl wahrscheinlich, dass insbesondere ein nicht öffentlich bekannt gewordener Betrugsfall in einem Kreditinstitut später auch in einem anderen Kreditinstitut durchaus vorkommen kann. Beispielhaft sei hier ein Händler erwähnt, dem es mittels guter Kenntnisse des Front-Office-Systems gelingt, auflaufende Handelsverluste durch Manipulationen der Bewertungsparameter im Front-Office-System zu verschleiern. Nach einiger Zeit fallen die Manipulationen auf und der Vertrag mit dem Händler wird aus Furcht vor negativer Publicity »im gegenseitigem Einvernehmen« gelöst. Nach Anstellung in einem neuen Kreditinstitut, welches gleiche Systeme nutzt, ist die Gefahr vorhanden, dass dieser Händler in gewissen Situationen wieder Bewertungsparameter manipulieren wird, um Verluste zu verdecken.

11　Weitere Informationen zu TOTEM finden sich unter http://www.totem-risk.com.

Bisher ist für den Bereich des Operationellen Risikos bei vielen Kreditinstituten in Bezug auf die Bereitstellung von Daten für institutsübergreifende Datenbanken noch eine gewisse Zurückhaltung zu erkennen, obwohl aktuelle Entwicklungen auf diesem Gebiet mit Interesse verfolgt werden. Das Teilen vertraulicher Informationen mit Mitbewerbern könnte dazu führen, dass anderen Kreditinstituten zu viel über die Geschäftspolitik des eigenen Institutes bekannt wird oder bisher nicht öffentlich bekannte Betrugsfälle nun doch öffentlich werden, was den Ruf des Instituts schädigen könnte. Möglicherweise ist ein Großteil der Zurückhaltung dadurch begründet, dass es sich bei den Stellen, von denen Daten gesammelt werden, um private Organisationen handelt. Somit befürchten die Kreditinstitute möglicherweise, dass die Sicherheit der übermittelten, oft sehr sensiblen Daten nicht hinreichend gegeben ist. Darüber hinaus besteht keine Garantie, dass die Kreditinstitute Nutzen aus dieser aggregierten Datenbank ziehen können, der den geleisteten Aufwand lohnt.

Diese Bedenken lassen sich nicht alle unmittelbar entkräften, es sollte jedoch bedacht werden, dass viele Kreditinstitute mit ähnlichen Problemen zu kämpfen haben und die Zusammenführung der institutsspezifischen Daten eine gute Möglichkeit bietet, echte Fortschritte im Bereich der Messung und des Managements Operationeller Risiken zu machen. Bedenken, dass andere Kreditinstitute mittels der erhaltenen Daten Rückschlüsse auf die Geschäftspolitik anderer Unternehmen erhalten oder für die Reputation schädliche Informationen am Markt bekannt werden, können gemindert werden, sofern die Institute überzeugt werden können, dass Daten in einer anonymisierter Form weitergegeben werden, sodass die Vertraulichkeit der individuellen Daten jederzeit gewährleistet ist. Eine Lösung dieses Problems könnte auch sein, diese Art von Datenbanken durch Regulatoren betreuen zu lassen.

Für den Austausch von Informationen auch im Bereich des Operationellen Risikos spricht, dass dies für andere Risikobereiche (z.B. TOTEM für Teile des Marktrisikobereiches) schon durchgeführt wird und offensichtlich gut funktioniert. Darüber hinaus gibt es auch in anderen Industrien Beispiele dafür, dass das Teilen von individuell bereitgestellten und dann aggregierten Daten hilfreich ist. So wurde 1987 im Halbleiterbereich das Konsortium Sematech gegründet, um Forschung und Entwicklungsfortschritte im Bereich der Herstellung zu teilen, was augenscheinlich in Tragweite und Bedeutung weit über die für den Bereich des Operationellen Risikos diskutierte gemeinsame Datenbank hinausgeht. Die teilnehmenden Firmen waren zunächst ebenfalls kaum bereit, wichtige Firmeninformationen mit ihren Mitbewerbern zu teilen. Dies besserte sich jedoch im Verlauf der Zeit, als die Firmen erkannten, dass sie alle ähnliche Probleme beschäftigten. Begründet auf den positiven Erfahrungen wurde dieses zunächst nationale Konsortium später auf internationale Mitglieder erweitert[12].

---

12 Vgl. Mudge, D. (2000), S. 90.

Um einer solchen Initiative auch für den Bereich des Operationellen Risikos zum Erfolg zu verhelfen, erscheint es notwendig, dass sich führende Firmen der Finanzwirtschaft frühzeitig engagieren und ihren guten Ruf und großen Einfluss in ein solches Projekt einbringen. Initiativen, die versuchen, eine solche Datenbank aufzubauen, wurden z.B. von der Britsh Bankers' Association und von der Global Association of Risk Professionals (GARP) ins Leben gerufen[13]. Zunächst werden von den jeweiligen Initiativen zwar getrennte Datenbanken aufgebaut, es ist von den Initiativen jedoch geplant, in Kontakt zu bleiben und konsistente Definitionen des Operationellen Risikos zu wählen, um die Datenbanken zu einem späteren Zeitpunkt zusammenfügen zu können. GARP beauftragte Net-Risk, einen Anbieter, der Systeme zur Messung und Steuerung von Operationellen Risiken entwickelt und implementiert, damit, als »ehrlicher, aufrichtiger« Informationsbroker zu agieren und die Datenbank mit Namen MORE (Multinational Operational Risk Exchange) zu betreuen[14].

4   Operationelle versus andere Risiken

Neben Markt- und Kreditrisiken existiert noch eine Vielzahl von anderen Risiken, denen Kreditinstitute bei ihrer Geschäftstätigkeit ausgesetzt sind. Diese anderen Risiken und dabei speziell die Teilmenge der Operationellen Risiken sind in ihrer Bedeutung keineswegs zu vernachlässigen. Eine von der Other Risk Technical Working Group (ORTWG), eine Untergruppe der Risk Management Group (RMG) des Baseler Ausschusses, durchgeführte Befragung ergab, dass sich die Quantifizierung von Operationellen Risiken bei der überwiegenden Anzahl der Kreditinstituten noch in einem frühen Stadium befindet, obwohl der Prozess der Quantifizierung bei vielen schon ins Auge gefasst wurde. Trotz des überwiegend frühen Stadiums der Quantifizierung konnten viele Kreditinstitute bereits im Vorfeld des zweiten Konsultationspapiers eine Indikation der relativen Bedeutung Operationeller Risiken in ihrem Hause geben. Erste, auf unterschiedlichen Methoden zur Allokation ökonomischen Kapitals beruhende Daten ließen den Schluss zu, dass das ökonomische Kapital für Operationelle Risiken bei der überwiegenden Anzahl der Kreditinstitute zwischen 15 und 25 % des gesamten ökonomischen Kapitals beträgt[15]. Ausgehend von dieser Datenbasis wurde im zweiten Konsultationspapier zunächst von einem Anteil des regulatorischen Kapitals für Operationelle Risiken am gesamten regulatorischen Kapital in Höhe von 20 % ausgegangen. Dies wurde jedoch in der anschließenden Konsultationsphase, in der unter anderem auch die Adäquanz der Datenbasis angezweifelt wurde, als zu hoch kritisiert.

---

13 Vgl. Crabbe, M. (2000), S. 7.
14 Weitere Informationen zur Datenbank MORE finden sich unter http://www.morexchange.org.
15 Vgl. Basle Committee on Banking Supervision (2001c), S. 18.

Nach Veröffentlichung des Konsultationspapiers wurde vom Ausschuss eine weitere quantitative Studie (*Quantitative Impact Study 2*)[16] durchgeführt, für die relevante Daten von Geschäftsbanken erfragt wurden und deren Ergebnisse darauf hindeuten, dass das ökonomische Kapital für Operationelles Risiko eher einen Anteil von circa 15% am gesamten ökonomischen Kapital und circa 12% am gesamten regulatorischen Kapital hat. Die Reduktion der ursprünglich veröffentlichten Größe von 20% kann unter anderem daraus resultieren, dass die Kreditinstitute in der Quantitative Impact Study 2 aufgefordert wurden, eine mit der regulatorischen Definition von Operationellem Risiko konsistente Definition bei der Bemessung des ökonomischen Kapitals für Operationelle Risiken zugrunde zu legen und somit insbesondere strategische und Geschäftsrisiken auszuschließen[17]. Außerdem ist bei den neueren Zahlen zu beachten, dass diese auf Basis einer größeren und repräsentativeren Stichprobe ermittelt wurden.

Eine eindeutige Definition von Operationellen Risiken wird erschwert durch die Tatsache, dass diese im Vergleich zu Markt- oder Kreditrisiken schwer zu fassen ist. Unter dem Oberbegriff Operationelle Risiken lässt sich eine Vielzahl von unterschiedlichen Beispielen anführen. Um den Einstieg in das Themengebiet zu erleichtern, werden Risikokategorisierungen aus Literatur und Praxis vorgestellt. Im folgenden Kapitel wird im Rückgriff auf Literatur und Praxis der Begriff der Operationellen Risiken statt des umfassenderen Begriffs der anderen Risiken verwendet. Dabei ist zu beachten, dass bei den aufgeführten Beispielen dem hier verwendeten Begriff der Operationellen Risiken in Literatur und Praxis keine einheitliche Definition zugrunde liegt. Die regulatorische Definition des Operationellen Risikos nebst Abgrenzung von anderen Risiken erfolgt erst nach den einführenden Beispielen.

4.1 Kategorisierung von Operationellen Risiken

Um Risiken sinnvoll messen und managen zu können, müssen diese zunächst identifiziert werden. Nach der Identifikation der einzelnen Risiken bildet eine Zusammenfassung oder Zuordnung von gleichartigen Risiken zu Risikokategorien eine wichtige Voraussetzung für die weitere Behandlung der Risiken im betrieblichen Prozess. Die Bildung von Risikokategorie ist nicht trivial und keineswegs kanonisch, sondern erfolgt in Praxis und Theorie nicht einheitlich, wie die in Abbildungen 1, 2 und 3 dargestellten Beispiele zeigen[18].

---

16 Oft findet in Texten und Veröffentlichungen die Abkürzung »QIS 2« Verwendung
17 Vgl. Basle Committee on Banking Supervision (2001e), S. 25.
18 Vgl. Kreische, K. (2001), S. 146-150.

Risikokategorie	Risikoträger
Abwicklungsrisiko (Processing Risk)	Stornoraten, Durchlaufzeiten
Technisches Risiko (Technical Risk)	Verfügbarkeit, Fehlerhäufigkeit
Continuity Risk	Business-Continuity, Prozedere
Control Risk	Revisionsbewertung, Abarbeiten von Fehlern
Human Capital Risk	Fluktuation, Ausbildung
Financial Risk	Offene Posten, Ausstehende Rechnungen

Abb. 1: Bildung von Risikokategorien[19]

Risikoart	Beschreibung
Transaktionsrisiko	Risiko von Fehlern in der Abwicklung von Transaktionen (einschließlich Fehler in der Dokumentation)
Überwachungsrisiko	Risiko von Schwachstellen in der Überwachung und Kontrolle
Systemrisiko	Risiko von Schwachstellen in Systemen (EDV, Arbeitsanweisungen, Organisationsstrukturen, Geschäftsprozesse)
Modellrisiko	Risiko aus Fehlern in mathematischen Modellen
Politisches Risiko	Risiko aus politischen Unruhen, Kriegen, Politik
Reputationsrisiko	Risiko aus schlechter Reputation, Verlust von Geschäften
Rechts- und Steuerrisiko	Risiko aus der Verletzung von Gesetzen und Steuervorschriften
Regulatorisches Risiko	Risiko aus der Verletzung von Aufsichtsvorschriften
Katastrophenrisiko	Risiko aus Naturkatastrophen (Brand, Erdbeben, Wasser, Blitzeinschlag usw.)

Abb. 2: Bildung von Risikokategorien[20]

People Risk		Inkompetenz, Betrug
Process Risk	Model Risk	Modell-/Methodenfehler, Fehlerhafte Marktbewertung
	Transaction Risk	Ausführungs- bzw. Buchungsfehler, Settlementfehler, Produktkomplexität, Dokumentations-/Kontraktrisiko
	Operational Control Risk	Limitüberschreitungen, Sicherheitsrisiko, Volumen-risiko
Technology Risk		Systemzusammenbruch, Programmierfehler, Telekommunikationsfehler, Informationsrisiko
Strategic Risk		Politisches, steuerliches und regulatorisches Risiko

Abb. 3: Beispiele von Operationellen Risiken[21]

Zu den aufgeführten Risikoarten bzw. -kategorien ist es möglich, jeweils eine Vielzahl von konkreten Beispielen zu finden. Andererseits ist die Kategorisierung konkreter Beispiele aufgrund jeweils unterschiedlich verwendeter Schemata notwendigerweise keineswegs eindeutig. Auch innerhalb der angegebenen Kategorisierungsschemata ist die Zuordnung nicht zwingend eindeutig. Bei der Einordnung von Ereignissen ist entscheidend, ob dies mittels einer eindeutigen

---

19 Vgl. Gärtner, W. (1999).
20 Vgl. Schierenbeck, H. (2000).
21 Vgl. Jameson, R. (1999), S. 3.

Zuordnung erfolgen soll, d.h. bezieht sich ein konkretes Ereignis hauptursächlich auf eine Risikoart bzw. –kategorie und wird dieser zugeordnet, oder kann ein Ereignis mehreren Risikoarten bzw. –kategorien zugeordnet werden. Dabei muss zunächst geklärt werden, welchen Risikoarten bzw. –kategorien dieses Ereignis theoretisch überhaupt zurechenbar ist. Bei häufiger auftretenden Ereignissen mit bekannter Ursache und Wirkung ist dies prinzipiell einfacher, da man mit diesen vertraut ist. Größere Probleme bei der Zuordnung können sich dagegen bei potenziellen Ereignissen und Risiken ergeben, die in dieser oder ähnlicher Form beim jeweiligen Kreditinstitut noch nicht eingetreten sind.

Eine Systematisierung der Operationellen Risiken, wie in obigen Beispielen dargestellt, macht aus Sicht des einzelnen Kreditinstituts als erster Schritt zu einer Risikomessung, auf der dann ein Risikomanagement und eine Zuordnung ökonomischen Kapitals aufsetzen kann, durchaus Sinn. Problematisch ist jedoch, dass es bei den aus obigen Beispielen erkennbaren Unterschieden schon bei der Kategorisierung der Risiken sicher schwer fallen wird, für die Messung der Operationellen Risiken einen Industriestandard zu etablieren, wie dies mit Value-at-Risk-Modellen für Marktrisiken der Fall ist. Daher sollte trotz aller Schwierigkeiten versucht werden, eine möglichst industrieweite Definition von Operationellen Risiken zu finden, um ausgehend von der Definition dann im Bereich der Messmethoden Marktstandards etablieren zu können. Eine möglichst industrieweit anwendbare Definition der Operationellen Risiken ist darüber hinaus vorteilhaft, um bezüglich der regulatorischen Mindesteigenkapitalanforderungen ein »level playing field« zu ermöglichen.

4.2 Einordnung von Operationellen Risiken in die Klasse der anderen Risiken

Die Bankenaufsicht sieht sich im Rahmen der Überarbeitung der Baseler Eigenmittelempfehlungen von 1988, deren Ziel insbesondere eine adäquatere Messung der Risiken nebst Berücksichtigung derselben in den zugehörigen regulatorischen Mindesteigenkapitalvorschriften ist, mit dem Problem konfrontiert, andere Risiken zunächst einmal zu definieren. Die einfachste Möglichkeit hierzu bietet die Verwendung einer negativen Abgrenzung. Werden andere Risiken als alle diejenigen Risiken definiert, die nicht Markt- oder Kreditrisiken sind, bietet dies den Vorteil, dass durch die drei Risikokategorien Markt-, Kredit- und andere Risiken alle theoretisch möglichen Risiken, denen Kreditinstitute ausgesetzt sind, erfasst sind. Werden nun risikosensitive Empfehlungen zur Mindesteigenkapitalausstattung der Kreditinstitute bezüglich dieser drei Risikoklassen ausgesprochen, sind somit theoretisch alle möglichen Risiken im regulatorischen Kapital berücksichtigt. Bereits im ersten Konsultationspapier vom Juni 1999 gab der Ausschuss seine Absicht bekannt, in der neuen Eigenkapitalvereinbarung neben Markt- und Kreditrisiken auch andere Risiken zu berücksichtigen.[22]

---

22 Vgl. Basle Committee on Banking Supervision (1999), S. 48ff.

Die obige negative Definition der anderen Risiken ist zwar unmittelbar eingängig, führt jedoch bei der praktischen Umsetzung auf Grund der Art der Abgrenzung zu Problemen. Mit dieser Definition ist nur bekannt, was andere Risiken nicht sind, jedoch nicht was unter ihnen im Einzelnen zu verstehen ist. Sofern eine Risikoklasse nicht hinreichend positiv abgegrenzt ist, ist die Messung der potenziellen Risiken problematisch[23]. Darüber hinaus ist die ökonomische Interpretation einer durch negative Abgrenzung definierten Risikoklasse in der Praxis schwierig. Es ist davon auszugehen, dass Kreditinstitute Probleme haben werden, die von ihnen identifizierten Risikokategorien, die eher einen Bottom-up-Ansatz als Grundlage einer Definition nahe legen, mit der Top-down erfolgten auf negativer Abgrenzung beruhenden Definition in Einklang zu bringen und außerdem sicherzustellen, dass die umfassende Top-down-Definition der anderen Risiken nicht nur in Teilen, sondern in ihrer Gesamtheit erfüllt ist. Die Definition der anderen Risiken mittels negativer Abgrenzung kann in der Folge zu Problemen bei der Bestimmung des für diese Risiken nötigen ökonomischen Kapitals führen. Vor dem Hintergrund des Zieles der Entwicklung risikosensitiver Mindesteigenkapitalanforderungen ist die Festlegung regulatorischen Mindesteigenkapitals auf Basis der obigen Definition zumindest für fortgeschrittenere Ansätze nicht unmittelbar zielführend. Die Definition der anderen Risiken auf Basis der negativen Abgrenzung von Markt- und Kreditrisiken ist jedoch trotz aller oben genannten Probleme hilfreich und kann als Ausgangspunkt der Diskussion und des Dialoges zwischen Bankenaufsicht und Bankenindustrie dienen, um diese Risikoklasse weiter zu unterteilen.

Zinsänderungsrisiken im Handelsbuch müssen gemäß den Baseler Marktrisikoempfehlungen von 1996[24] gemessen und getrennt mit Eigenkapital unterlegt werden. Für Zinsänderungsrisiken im Bankbuch existieren derartige Regelungen bisher nicht. Sie sind somit gemäß obiger Definition den anderen Risiken zuzurechnen. Zinsänderungsrisiken im Bankbuch sind ferner gut von weiteren »anderen Risiken« abgrenzbar, sodass eine Unterteilung der anderen Risiken in die beiden Kategorien Zinsänderungsrisiken im Bankbuch und andere Risiken/ Operationelle Risiken adäquat erscheint. Da Zinsänderungsrisiken im Handelsbuch explizit gemessen und mit Eigenkapital unterlegt werden müssen, existiert resultierend aus der Vorgehensweise im Handelsbuch eine einheitliche Vorstellung, was unter den Zinsänderungsrisiken im Bankbuch zu verstehen ist, auch wenn sich Messmethoden auf Grund des unterschiedlichen Charakters der Bestände in den jeweiligen Büchern, unterschiedlicher Bilanzierungsmethoden und unterschiedlicher Datenverfügbarkeit nicht einfach übertragen lassen.

Die verbleibende Klasse der anderen Risiken/Operationellen Risiken bedarf noch der weiteren Konkretisierung und Unterteilung. Dies ist beispielhaft in Abbildung 4 dargestellt, in der Operationelle Risiken, strategische Risiken und Reputationsrisiken explizit adressiert sind. Gegeben die ursprüngliche Definition, dass andere Risiken alle diejenigen sind, die nicht Markt- oder Kreditrisiken sind,

---

23 Vgl. auch Cooper, L. (1999a), S. 6f.
24 Vgl. Basle Committee on Banking Supervision (1996a) und (1996b).

wird bei jeder weiteren Differenzierung in der Risikoklasse der anderen Risiken immer eine Restmenge verbleiben, die nicht explizit benannt werden kann. In Abbildung 4 ist diese Restmenge von Risiken innerhalb der Klasse der anderen Risiken mit sonstige »andere Risiken« bezeichnet.

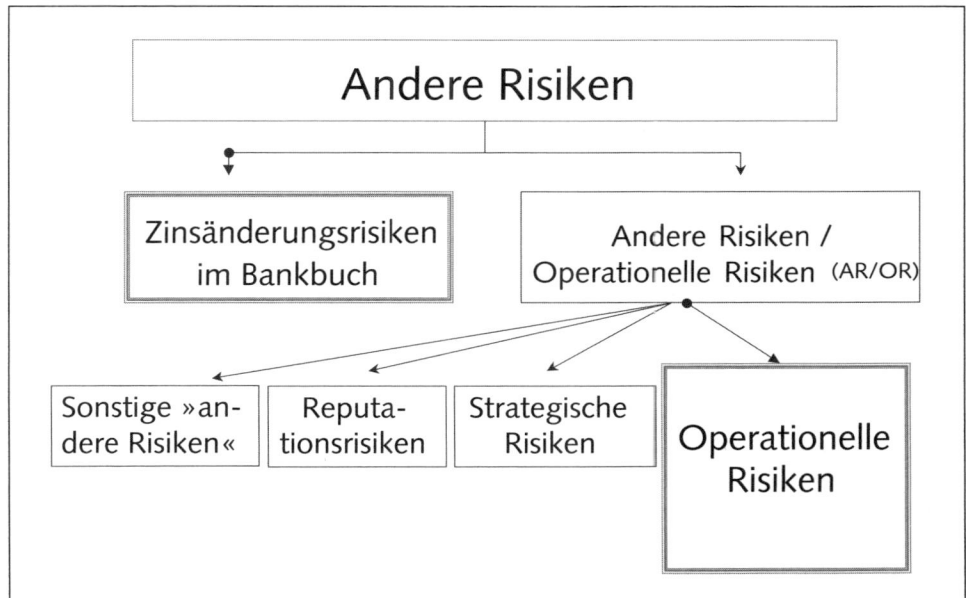

Abb. 4: Aufsplittung der anderen Risiken

4.3 Definition von Operationellem Risiko

Wie im Falle der Zinsänderungsrisiken im Bankbuch ist auch die Existenz einer industrieeinheitlichen Vorstellung für die weiteren explizit erwähnten Risikokategorien innerhalb der anderen Risiken erstrebenswert. In Zusammenarbeit mit dem Bankgewerbe wurde für den Bereich des Operationellen Risikos eine positive Definition entwickelt, die als »state of the art« im Bankgewerbe angesehen werden kann[25]. Die von der Other Risk Technical Work Group im Jahre 2000 durchgeführte Befragung zeigt, dass zur Zeit zwar eine Vielzahl von Definitionen verwendet werden, es aber während der vergangenen ein bis zwei Jahren große Annäherungen bei den unterschiedlichen Definitionen gegeben hat[26]. Während einige Kreditinstitute sich dafür aussprechen, das Rechtsrisiko einzuschließen,

---

25 Vgl. hierzu z.B. International Swaps and Derivatives Association (2000), S. 7 bzw. British Bankers Association, International Swaps and Derivatives Association and Rober Morris Associates (2000).
26 Vgl. Basle Committee on Banking Supervision (2001c), S. 18.

hat die Befragung gezeigt, dass fast alle Kreditinstitute die Idee zurückgewiesen haben, strategische und Geschäftsrisiken bei der Festsetzung der regulatorischen Mindesteigenkapitalforderungen zu berücksichtigen, obwohl einige Institute gleichwohl ökonomisches Kapital für diese Risiken allokieren. Unterschiedliche Meinungen existieren bei der Frage, ob indirekte Verluste in obige Definition einzuschließen seien, um etwa Reputationsverluste zu berücksichtigen.

Der Ausschuss hat im zweiten Konsultationspapier Operationelles Risiko definiert als »die Gefahr von unmittelbaren oder mittelbaren Verlusten, die infolge der Unangemessenheit oder des Versagen von internen Verfahren, Menschen und Systemen oder von externen Ereignisse eintreten«. Im zweiten Konsultationspapier wird explizit erwähnt[27], dass in dieser Definition das rechtliche Risiko enthalten ist, während strategische Risiken und Reputationsrisiken nicht enthalten sind. Durch obige Definition wurden sowohl unmittelbare als auch mittelbare Verluste explizit eingeschlossen, woraufhin in der Konsultationsphase Bedenken hinsichtlich der Bedeutung dieser Definition geäußert wurden. Diese Bedenken der Kreditinstitute sind nachvollziehbar, da bei der obigen Definition auf der einen Seite Reputationsrisiken ausgeschlossen werden, auf der anderen Seite jedoch mittelbare Verluste berücksichtigt werden sollen. Bei der Definition von Operationellen Risiken und den Verfahren zur Risikomessung im zweiten Konsultationspapier war vorgesehen die Verluste nach Verlusttypen zu klassifizieren, die eher buchhalterisch motiviert waren[28]. Es wurde nach verschiedenen Effekten unterschieden, die eintreten, sofern ein operationeller Verlust entstanden ist und verbucht werden muss. Eine derartige Klassifikation hat den Vorteil, dass Daten über Verlusthöhen recht einfach aus dem Finanzcontrolling der Kreditinstitute generiert werden können. Beim Management Operationeller Risiken ist eine derartige Einteilung jedoch weniger hilfreich, hier interessiert eher welche Art von Ereignis diesem operationellem Verlust zugrunde liegt. Durch Vorgabe von Verlustereignissen (»loss events«) statt Verlusteffekten (»loss effects«) konnten deutlichere Vorgaben gemacht werden, welche Arten von operationellen Verlusten gemäß Definition berücksichtigt werden sollen, sodass der Passus »unmittelbare oder mittelbare« in der Definition gestrichen werden konnte.

Geänderte regulatorische Definition von Operationellem Risiko:

Operationelles Risiko ist »die Gefahr von ~~unmittelbaren oder mittelbaren~~ Verlusten, die infolge der Unangemessenheit oder des Versagen von internen Verfahren, Menschen und Systemen oder von externen Ereignisse eintreten«. Das rechtliche Risiko ist in dieser Definition eingeschlossen, strategische und Reputationsrisiken werden ausgeschlossen.

Abb. 5: Geänderte regulatorische Definition von Operationellem Risiko

---

27 Vgl. Basle Committee on Banking Supervision (2001b), S. 94.
28 Sogenannte »loss effects« z.B. Abschreibungen oder rechtliche Verbindlichkeiten, vgl. Basle Committee on Banking Supervision (2001c), S. 23.

Die so gewählte Definition ist auf der einen Seite umfassend und beinhaltet eine positive Abgrenzung der Risiken, erlaubt den Kreditinstituten auf der anderen Seite jedoch auch eine gewisse Flexibilität bei Anwendung der Definition.

4.4 Regulatorische Behandlung anderer Risiken

Nach zusätzlichen Untersuchungen, die in enger Zusammenarbeit mit dem Bankgewerbe erfolgten, schlägt der Ausschuss im zweiten Konsultationspapier vor, den bei der Entwicklung der neuen Mindesteigenkapitalvorschriften den Schwerpunkt auf die Behandlung des Operationellen Risikos zu legen[29]. Diese Vorgehensweise reflektiert sowohl praktische als auch konzeptionelle Aspekte, die sich seit der Veröffentlichung des ersten Konsultationspapiers im Juni 1999 ergaben. Zinsänderungsrisiken im Bankbuch, Reputations-, strategische und sonstige Risiken sollen in der Säule 2 im Rahmen des Supervisory-Review-Prozesses und nicht in Form von expliziten Mindesteigenkapitalanforderungen in Säule 1 berücksichtigt werden.

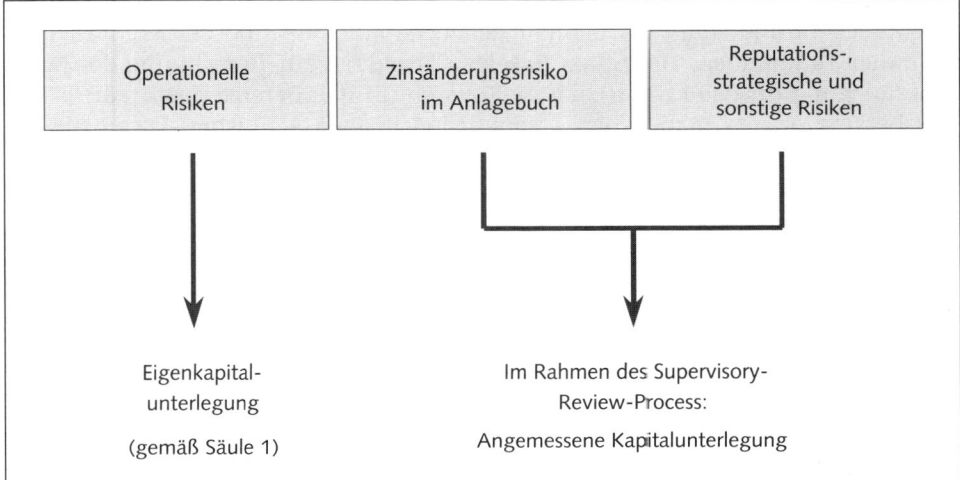

Abb. 6: Beabsichtigte regulatorische Behandlung anderer Risiken

---

29 Vgl. Basle Committee on Banking Supervision (2001a), S. 27.

5 Regulatorische Eigenkapitalanforderungen für Operationelle Risiken

5.1 Historische Entwicklung und Anwendungsbereich

Im Baseler Accord von 1988 ist keine eigenständige Kapitalunterlegung für andere bzw. Operationelle Risiken vorgesehen, vielmehr werden diese von den 1988 veröffentlichten Regelungen, die heutzutage eher als ein grobes, wenig risikosensitives Risikomaß angesehen werden, implizit erfasst. In den 1988 veröffentlichten Regelungen ist sozusagen ein Puffer für andere Risiken eingebaut.

Die allgemeine Entwicklung der Kredit- und Kapitalmärkte und die Tatsache, dass von den Kreditinstituten zunehmend komplexe Konstruktionen initiiert werden, die bei den gegebenen Mindesteigenkapitalregelungen Arbitragemöglichkeiten nutzen, bedingte eine intensivere Auseinandersetzung der Regulatoren mit den bisher gültigen Regelungen. Dies führte schließlich dazu, die 1988 veröffentlichten Baseler Regelungen zu überarbeiten. Die Überarbeitung der Baseler Regelungen ist insbesondere motiviert durch den Wunsch, risikosensitive und –adäquate Mindesteigenkapitalanforderungen für die tatsächlich vorhandenen Risiken zu entwickeln und somit der ökonomischen Kapitalallokation der Kreditinstituten näher zu kommen. Die neuen Baseler Vorschläge zur Berechnung der Kapitalunterlegung für das Kreditrisiko implizieren für den Bereich des Kreditrisikos eine bessere Approximation der tatsächlichen Risiken als bisher. Dies bedeutet gleichzeitig, dass der bisher vorhandene Kapitalpuffer für andere nicht explizit gemessene Risiken entfällt bzw. erheblich reduziert wird. Gleichzeitig zur Verringerung des Risikopuffers durch die neuen Vorschläge zur Kapitalunterlegung von Kreditrisiken ist in der Bankenpraxis eine Zunahme der Bedeutung anderer Risiken zu beobachten. Die zunehmende Verbriefung von Portfolien, der Trend zum Outsourcing, zunehmend komplexere Produkte und Strategien und die zunehmende Bedeutung der Automatisierung und Computerisierung sind nur einige der Indizien hierfür. Somit ist es aus Sicht des Regulators im Sinne einer adäquaten Messung von Risiken und zur Sicherstellung eines ausreichenden Mindesteigenkapitalstandards im Bankensystem notwendig, auch für den Bereich der anderen Risiken regulatorische Mindesteigenkapitalanforderungen einzuführen. In diesem Zusammenhang ist zu beachten, dass schon heute einige Kreditinstitute intern ökonomisches Kapital für andere bzw. Operationelle Risiken allokieren.

Der Ausschuss war zunächst bestrebt, für alle anderen Risiken explizite Kapitalanforderungen zu entwickeln. Durch Gespräche mit der Bankenindustrie wurde jedoch deutlich, dass unter den anderen Risiken das Operationelle Risiko noch am besten zu messen sind. Daher entschied der Ausschuss, sich im Rahmen der Säule 1 des zukünftigen Regelungswerkes auf Operationelle Risiken und auf die Entwicklung von Ansätzen zur Berechnung von Mindesteigenkapitalanforderungen bezüglich dieser Risikoart zu fokussieren[30]. Gegeben den bisher gerin-

---

30 Vgl. Basle Committee on Banking Supervision (2001a), S. 27.

gen Entwicklungsstand der Methoden in der Praxis und der Unterschiedlichkeit der verwendeten Methoden, wird eine Anzahl von Methoden zur Berechnung der Eigenkapitalunterlegung für Operationelles Risiko zur Konsultation vorgeschlagen. Die evolutionäre Natur des vorgeschlagenen Regelungswerkes kommt in aufeinander aufbauenden Ansätzen zum Ausdruck. Damit wird dem unterschiedlichen Entwicklungsstand der Kreditinstitute Rechnung getragen, indem den Instituten erlaubt wird, den für sie geeigneten Ansatz zur Berechnung des Mindesteigenkapitals für Operationelles Risiko anzuwenden.

Wie bereits erwähnt gewinnt Outsourcing bei Kreditinstituten zunehmend an Bedeutung. Eine Reduktion der Mindesteigenkapitalanforderungen für Kreditinstitute kann es allenfalls für Tätigkeiten, Geschäftfelder oder –bereiche geben, die klar von sonstigen Tätigkeiten, Geschäftfeldern und –bereichen des Kreditinstituts getrennt sind. Durch das Outsourcing muss tatsächlich ein Risikotransfer stattgefunden haben. Dazu ist es notwendig, dass zuverlässige rechtliche Verträge vom Kreditinstitut mit den außenstehenden Serviceanbietern abgeschlossen werden und das Kreditinstitut über adäquate Kontrollen verfügt, mittels derer die Zuverlässigkeit und Stabilität der Serviceanbieter überwacht werden kann. Erwähnt werden sollte in diesem Zusammenhang, das beim Outsourcing von Aufgaben von einem Kreditinstitut an ein Zweites, bei diesem eventuell zusätzliche Operationelle Risiken entstehen, sofern dieses zweite Kreditinstitut die ultimative Verantwortung für auftretende operationelle Verluste hat. Dieses zweite Kreditinstitut sollte daher in obigem Falle für die übernommenen Operationellen Risiken regulatorisches Kapital vorhalten.

Obige Ausführungen sind auch für andere Techniken anwendbar, mittels derer Operationelle Risiken transferiert oder gemindert werden sollen. Potenziell können solche Techniken zwar Risiken reduzieren, ob diese Risikoreduktion im Schadensfall jedoch tatsächlich eintritt, ist nicht sicher.

Ein klassisches Beispiel für Risikotransfer ist der Abschluss von Versicherungen, der potenziell risikomindernd wirkt und daher bei der Ermittlung des Mindesteigenkapitalbedarfs für Operationelles Risiko positiv berücksichtigt werden sollte. Gerade für Schadensfälle die bei einzelnen Kreditinstituten nur selten auftreten, im Falle des Auftretens jedoch einen hohen Schaden verursachen, scheint diese Möglichkeit der Risikominderung geeignet[31]. Es stellt sich jedoch die Frage, ob Operationelles Risiko auf diese Weise nicht nur durch Adressenausfallrisiko ersetzt wird. Ferner ist nicht geklärt, wie schnell Versicherungen im Schadensfall zahlen, sodass auf das Kreditinstitut bei einem großen Schadensfall eventuell Liquiditätsprobleme zukommen können.

Die Bedeutung von Versicherungen und Versicherungsprodukten zur Risikominderung bei Operationellen Risiken wurde von Seiten der Banken- als auch der Versicherungsindustrie in der Kommentierung des zweiten Konsultationspapiers betont und es wurde darauf gedrängt, den risikomindernden Effekt von Ver-

---

31 Beispiele für existierende Versicherungen im Bereich des Operationellen Risikos finden sich z.B. bei Cooper, L. (1999b) und Bennett, O. (2000).

sicherungen bei der Berechnung der regulatorischen Eigenkapitalanforderungen zu berücksichtigen. Die Argumente der Industrie wurden von der Risk Management Group aufgenommen und waren unter anderem Motivation für die Senkung der Kapitalanforderungen für Operationelle Risiken von 20% auf 12%. Darüber hinaus ist derzeit eine weitere Anrechnung von Versicherungsprodukten nur für die ambitionierten Messansätze und nur bis zu der für diese Verfahren geltenden Untergrenze geplant[32].

5.2   Überblick der Ansätze

Als einfachster Ansatz ist zunächst der Basisindikatoransatz zu nennen, der das für das Operationelle Risiko eines Kreditinstituts regulatorisch notwendige Mindesteigenkapital anhand eines einzigen Indikators berechnet. Etwas komplexer ist der Standardansatz, in dem eine Kombination von Geschäftsfeldern mit zugehörigen Indikatoren genutzt wird, um das regulatorisch notwendige Eigenkapital zu bestimmen. Beiden Ansätzen ist gemein, dass sie vollständig von der Aufsicht vorgegeben sind. Dagegen werden mit den ambitionierten Messansätzen bankinterne Verfahren zugelassen, sofern diese vom Regulator als geeignet erachtet werden. Neben dem aus dem zweiten Konsultationspapier wohlbekannten internen Bemessungsansatz sind seit Veröffentlichung des Arbeitspapiers im September 2001 auch Verlustverteilungs-, Scorecard- und sonstige Ansätze vorgesehen[33].

Zweites Konsultationspapier (Januar 2001)		
Basisindikatoransatz	Standardansatz	Interner Bemessungsansatz
Arbeitspapier (September 2001)		
Basisindikatoransatz	Standardansatz	Ambitionierte Messansätze
		• Interne Bemessungsansätze
		• Verlustverteilungsansätze
		• Scorecardansätze
		• Andere Ansätze

Abb. 7: Die Ansätze im Überblick

Ausgehend von einem ersten sehr einfachen Ansatz wird das individuelle Risikoprofil des jeweiligen Kreditinstituts bei den fortgeschritteneren Ansätzen mehr und mehr berücksichtigt. Um einen fortgeschrittenen Ansatz zur Berechnung der Mindesteigenkapitalanforderungen anwenden zu dürfen, müssen von den Kreditinstituten bestimmte Mindestanforderungen erfüllt werden. Die Anforderungen an das Institut wachsen, je fortgeschrittener der gewählte Ansatz ist.

---

32 Zu Details bezüglich der Untergrenze für ambitionierte Messansätze vgl. man Kapitel 5.5.
33 Vgl, Basle Committee on Banking Supervision (2001e), S. 5f.

Beim Übergang vom Standardansatz zu den ambitionierten Messansätzen ist es nicht notwendig, einen derartigen Ansatz sofort komplett einzuführen, vielmehr soll den Kreditinstituten erlaubt werden, diesen zunächst auch nur für bestimmte Geschäftsbereiche (»partial use«) zu implementieren. Damit wird den Kreditinstituten ein schrittweises Vorgehen erlaubt, was den evolutionären Charakter des neuen Regelungswerkes betont. Gleichzeitig wird in den Regelungen jedoch deutlich gemacht, dass es keinen Weg zurück von fortgeschritten zu einfacheren Methoden geben soll. Dies ist konsistent mit den Regelungen zu internen Modellen im Marktrisikobereich, in denen ebenfalls vorübergehend ein »partial use« für bestimmte Lokationen oder Risikokategorien erlaubt ist, ein Weg zurück von Modellen zu den einfacheren Standardmethoden im Normalfall jedoch verwehrt bleibt[34].

5.3 Der Basisindikatoransatz

5.3.1 Berechnung der Mindesteigenkapitalanforderungen

Im Basisindikatoransatz werden die regulatorischen Mindesteigenkapitalanforderungen für das Operationelle Risiko berechnet, indem ein einziger Indikator, der Bruttoertrag, zugrunde gelegt wird. Der Bruttoertrag setzt sich laut gegenwärtiger Baseler Definition aus Zinsergebnis und zinsunabhängigem Ertrag zusammen. Die Differenz aus Einkünften und Aufwendungen aus Gebühren und Provisionen, das Nettoergebnis aus Finanzgeschäften und sonstige ordentliche Erträge sollen in der Kenngröße Bruttoertrag enthalten sein, während außerordentliche und außerplanmäßige Posten nicht berücksichtigt werden sollen. Es ist beabsichtigt, dass diese Ertragsgröße vor Abzug operationeller Verluste ermittelt werden soll. Um jährliche Schwankungen auszugleichen, ist derzeit in der Diskussion, statt jährlicher Größen geglättete Durchschnittsgrößen (z.B. drei Jahre) zu verwenden[35].

Zur Bestimmung der regulatorischen Mindesteigenkapitalanforderung für das Operationelle Risiko eines Kreditinstituts wird der Indikator Bruttoertrag, der gemäß dieses Ansatzes stellvertretend für das gesamte Operationelle Risiko dieses Kreditinstituts steht, mit einem fest vorgegebenen Prozentsatz, der im Weiteren mit Alpha-Faktor bezeichnet wird, multipliziert. Der Indikator Bruttoertrag ist insbesondere in der deutschen Bankenindustrie nicht unumstritten und wie jeder einzelne Indikator, der stellvertretend für das Operationelle Risiko eines Kreditinstituts gewählt wird, angreifbar[36]. Bezüglich der Materialität der geäu-

---

34 Vgl. Basle Committee on Banking Supervision (1996b), S. 49, bzw. Bundesaufsichtamt für das Kreditwesen (1997a) und (1997b), Grundsatz I, §32.
35 Vgl. Basle Committee on Banking Supervision (2001b), S. 94 und Basle Committee on Banking Supervision (2001e), S. 7.
36 Vgl. Zentraler Kreditausschuss (2001), S. 6 und 113ff. Hier wird vorgeschlagen, statt des Bruttoertrages den allgemeinen Verwaltungsaufwand als Indikator zu verwenden.

ßerten Kritik sollte beachtet werden, dass es sich hier um den Indikator für den einfachsten aller Ansätze handelt. Der Basisindikatoransatz hat den Vorteil, dass er einfach und schnell zu implementieren ist. Der Preis für diese Einfachheit ist jedoch, dass dieser Ansatz institutspezifische Risikoprofile nur sehr eingeschränkt abbildet und so nur limitiert auf Wünsche und Notwendigkeiten beim jeweiligen Kreditinstitut eingehen kann.

Im Vorfeld des zweiten Konsultationspapiers ergab die Auswertung von Daten einer ersten Stichprobe international aktiver Kreditinstitute, die ökonomisches Kapital für Operationelles Risiko allokieren, dass bei dieser Gruppe von Instituten das für Operationelles Risiko allokierte Kapital im Durchschnitt etwa 20 % des gesamten ökonomischen Kapitals entsprach. Auf Basis der Voraussetzung, dass auch etwa 20 % des regulatorischen Kapitals für Operationelles Risiko bestimmt sein sollen und auf Grundlage des nach gegenwärtigen regulatorischen Regelungen berechneten notwendigen Mindesteigenkapitals, kamen erste Berechnungen zu dem vorläufigem Ergebnis, dass der Alpha-Faktor ungefähr 30 % betragen sollte. Schon damals wurde erkannt, dass die gewählte Stichprobe möglicherweise nicht ausreichend repräsentativ ist. Wie bereits in Kapitel 4 erwähnt, wurde nach Veröffentlichung des zweiten Konsultationspapiers die Quantitative Impact Study 2 durchgeführt, deren Ergebnisse darauf hindeuten, dass eine Reduktion des Anteils des regulatorischen Kapitals für Operationelles Risiko von 20 % auf 12 % angemessen ist. Diese Änderung hat auch Auswirkungen auf die Bestimmung des Alpha-Faktors. Die Auswertung der vorhandenen Daten ergibt, dass die Verwendung eines Alpha-Faktors in Höhe von 17 % bis 20 % bei Multiplikation mit dem Indikator Bruttoertrag regulatorische Kapitalanforderungen in gewünschter Höhe ergibt[37].

5.3.2 Zulassungskriterien (Qualitative Anforderungen)

Da der Basisindikatoransatz für alle Kreditinstitute anwendbar sein soll, werden keine speziellen Anforderungen vorgegeben. Allerdings sollten sich auch Kreditinstitute, die den Basisindikatoransatz nutzen, an die Empfehlungen des Baseler Ausschusses zur sachgerechten Steuerung der Operationellen Risiken halten[38]. Diesen Empfehlungen soll eine Richtlinienfunktion bei der Durchführung des Supervisory Review Prozesses in Säule 2 durch die nationalen Bankenaufseher zukommen. Die Säule 2 ist als integraler Bestandteil des Baseler Rahmenwerkes zu verstehen und vervollständigt die Mindesteigenkapitalanforderungen, die in Säule 1 definiert werden. Säule 2 dient nicht nur der Sicherstellung einer zur Abdeckung der Risiken adäquaten Kapitalbasis, vielmehr sollen die Kreditinstitute ermutigt werden, bessere Risikomanagementtechniken zu entwickeln und einzusetzen. Besonders wichtig sei es, dass Kreditinstitute über Prozesse zur internen Kapitalzuordnung verfügen mittels derer Zielgrößen festgesetzt werden,

---

37 Vgl. Basle Committee on Banking Supervision (2001e), S. 4 und S. 27.
38 Vgl. Basle Committee on Banking Supervision (2001f).

die im Einklang mit dem Risikoprofil und Kontrollumfeld des jeweiligen Kreditinstituts stehen.

5.4 Der Standardansatz

5.4.1 Berechnung der Mindesteigenkapitalanforderungen

Der Standardansatz baut auf dem Basisindikatoransatz auf. Wie im Basisindikatoransatz werden im Standardansatz Risikogewichte durch die Aufsicht festgelegt. Grundlage des Standardansatzes ist die brancheneinheitliche Festlegung von Geschäftsbereichen und Geschäftsfeldern (vgl. Abbildung 8), denen die Kreditinstitute ihre interne Geschäftsstruktur zuordnen. Die vom Ausschuss vorgeschlagenen Geschäftsbereiche, Geschäftsfelder, Untergeschäftsfelder und zugeordneten Bankaktivitäten[39] ähneln denen, die von einer Initiative der Industrie als Basis zur Sammlung konsistenter Verlustdaten verwendet werden und auch von einer Arbeitsgruppe der Industrie vorgeschlagen wurden[40]. Daher sollte es den Kreditinstituten möglich sein, ihre interne Geschäftsstruktur in die vorgegebenen Geschäftsfelder und –bereiche einzuordnen.

Statt eines einzigen Indikators als Stellvertreter für das Operationelle Risiko eines Kreditinstituts wie im Basisindikatoransatz wurden im zweiten Konsultationspapier für den Standardansatz zunächst verschiedene Indikatoren für die unterschiedlichen Geschäftsfelder vorgeschlagen. Offensichtlich ergaben sich im Rahmen der Gespräche der Regulatoren mit der Bankenindustrie und der Auswertung der Daten der Quantitative Impact Study 2 keine Indizien dafür, dass die gewählten unterschiedlichen Indikatoren dem Indikator Bruttoertrag überlegen sind, denn im Arbeitspapier vom September 2001 ist nur noch der Bruttoertrag als Indikator vorgesehen[41], was dann angesichts der besseren Vergleichbarkeit zum Basisindikatoransatz und zur einfacheren Kalibrierung der Ansätze schlüssig erscheint. Wie im Basisindikatoransatz dienen die Indikatoren als Näherungswerte für die Höhe des Operationellen Risikos, hier jedoch im jeweiligen Geschäftsfeld.

Die Mindesteigenkapitalanforderungen je Geschäftsfeld werden berechnet, indem die Höhe des jeweiligen Indikators des Geschäftsfeldes mit einem festen Prozentsatz, der im Weiteren mit Beta-Faktor bezeichnet wird, multipliziert wird. Für die unterschiedlichen Geschäftsfelder werden durch den Ausschuss Beta-Faktoren festgelegt, die als Näherungswerte für das branchenweite Verhältnis zwischen Schadensverlauf (der dem Operationellen Risiko zuzuordnen ist) und gewähltem Indikator im jeweiligen Geschäftsfeld dienen sollen. Zu den

---

39 Vgl. Basle Committee on Banking Supervision (2001c), S. 19 und Basle Committee on Banking Supervision (2001e), S. 7.
40 Vgl. The Industry Technical Group on Operational Risk (2000), S. 15.
41 Vgl. Basle Committee on Banking Supervision (2001e), S. 6ff.

Geschäftsfeldern ist zu bemerken, dass schon im zweiten Konsultationspapier geplant war, ein Geschäftsfeld für »Agency«-Dienstleistungen (einschließlich Depotgeschäft) zu berücksichtigen, was im Arbeitspapier vom September 2001 verwirklicht wurde[42].

Geschäfts-bereich	Geschäftsfeld	Indikator (Konsultationspapier)	Indikator (Arbeitspapier)	Beta-Faktor
Investment Banking	Unternehmensfinanzierung	Bruttoertrag	Bruttoertrag	β_1
	Handel	Bruttoertrag (oder Value-at-Risk)	Bruttoertrag	β_2
Banking	Privatkundengeschäft	Jahresdurchschnittliche Bilanzsumme	Bruttoertrag	β_3
	Commercial Banking	Jahresdurchschnittliche Bilanzsumme	Bruttoertrag	β_4
	Zahlungsverkehr	Jährlicher Durchsatz an Zahlungen	Bruttoertrag	β_5
	»Agency« Dienstleistungen und Depotgeschäft	./. (im 2. Konsultations-papier nicht vorhanden)	Bruttoertrag	β_6
Sonstige	Wertpapierprovisionsgeschäft	Bruttoertrag	Bruttoertrag	β_7
	Vermögensverwaltung	Verwaltetes Gesamtvermögen	Bruttoertrag	β_8

Abb. 8: Geschäftsbereiche, -felder, Indikatoren und Beta-Faktoren

Wie im Basisindikatoransatz der Alpha-Faktor, so müssen für den Standardansatz Beta-Faktoren vom Regulator bestimmt werden. Idealerweise erfolgt die Bestimmung der Beta-Faktoren unter Zugrundelegung von Verlusthistorien. Um die Funktionsweise des Standardansatzes zu demonstrieren, wurden schon im zweiten Konsultationspapier auf Basis verfügbarer Daten vorläufige Berechnungen angestellt, um die relative Bedeutung der sieben vorgeschlagenen Geschäftsfelder sowie vorläufige Beta-Faktoren zu bestimmen, wobei unterstellt wurde, dass bezogen auf die in der Stichprobe vertretenen Banken 20 % der aktuellen Mindesteigenkapitalanforderungen auf den Bereich der Operationellen Risiken entfallen. Bei der Ermittlung der Gewichtung der Geschäftsfelder wurden Intervalle statt konkreter Prozentzahlen angegeben, um nicht den Eindruck einer Genauigkeit aufkommen zu lassen, den die verwendeten Daten nicht erfüllen können. Die anteilige Bedeutung der Geschäftsfelder summiert sich im Mittel zu 100 %, da die im Standardansatz gewählten Geschäftsfelder als repräsentativ für das gesamte Operationelle Risiko eines Kreditinstituts angesehen werden (vgl. Abbildung 9).

---

42 Vgl. Basle Committee on Banking Supervision (2001e), S. 7.

Geschäftsfeld	Relativer Anteil des Operationellen Risikos des Geschäftsfeldes am gesamten Operationellen Risiko
Unternehmensfinanzierung	8%-12%
Handel	15%-23%
Privatkundengeschäft	17%-25%
Commercial Banking	13%-20%
Zahlungsverkehr	12%-18%
Wertpapierprovisionsgeschäft	6%-9%
Vermögensverwaltung	8%-12%
Gesamt	80%-120%

Abb. 9 : Anteilige Bedeutung des Operationellen Risikos der Geschäftsfelder

Nachdem die relativen Gewichte der Geschäftsfelder festgelegt sind, lassen sich in einem zweiten Schritt die *Betafaktoren* berechnen. Dazu wird zunächst die Gesamtheit der derzeitigen Mindesteigenkapitalanforderungen (GMEK) der Banken ermittelt, die in dieser Stichprobe vertreten sind[43]. 20% dieser Mindesteigenkapitalanforderungen sollten gemäß zweitem Konsultationspapier für das Operationelle Risiko reserviert sein. Daher werden diese 20%, die einer festen Zahl in einer einheitlichen Währung (hier ausgedrückt in US-Dollar) entsprechen, auf die Geschäftsfelder aufgeteilt, wobei die Mittelwerte der in Abbildung 9 angegebenen Gewichtsbänder verwendet werden. Die Gesamtheit des auf das Geschäftsfeld j entfallenden Mindesteigenkapitals (GMEK$_j$) entspricht gemäß Formel (1) dem Produkt aus 20% der Gesamtheit der derzeitigen Mindesteigenkapitalanforderungen (GMEK) und der Gewichtung des Geschäftsfeldes (G$_j$).

(1) $GMEK_j = 20\% * GMEK * G_j$

Pro Geschäftsfeld j wird für alle Kreditinstitute, die der Stichprobe zugrunde lagen, über den Wert des zugehörigen Indikators summiert und mittels Formel (2) ein aggregierter Indikatorwert (AI$_j$) berechnet. Dem Wert des Indikators (I$_{i,j}$) je Kreditinstitut i im Geschäftsfeld j entspricht dabei eine feste Zahl in Währung und wird zur Vergleichbarkeit der Kreditinstitute untereinander und zur Vergleichbarkeit mit den oben berechneten 20% der derzeitigen Mindesteigenkapitalforderungen in US-Dollar angegeben.

(2) $AI_j = \sum_i I_{i,j}$

Das Beta für das Geschäftsfeld j errechnet sich mittels Formel (3), indem die gemäß Formel (1) ermittelte Gesamtheit des auf das Geschäftsfeld j entfallendes Mindesteigenkapitals (GMEK$_j$) durch den mittels Formel (2) bestimmten aggregierten Indikatorwert (AI$_j$) geteilt wird. Der für jedes Geschäftsfeld getrennt mittels Gleichung (2) ermittelte aggregierte Indikatorwert dient quasi der Normalisierung in Bezug auf die zugrunde liegende Stichprobe.

---

43 Bei den in der Stichprobe vertretenden Banken handelt es sich um 23 international aktive Banken, vgl. Basle Committee on Banking Supervision (2001c), S. 22.

(3) $\quad \dfrac{GMEK_j}{AI_j} = \dfrac{20\% * GMEK * G_j}{\displaystyle\sum_i I_{i,j}}$

Um die Mindesteigenkapitalanforderungen für Kreditinstitut i im Geschäftsfeld j zu bestimmen (MEK$_{i,j}$), wird der Wert des Indikators des Kreditinstituts i in Geschäftsfeld j (I$_{i,j}$) mit dem mittels Formel (3) ermittelten zugehörigen Beta-Faktor multipliziert.

(4) $\quad$ MEK$_{i,j}$ $\quad = \quad \beta_j * I_{i,j}$

Das insgesamt notwendige Mindesteigenkapital eines Kreditinstituts für das Operationelle Risiko (MEK$_i$) berechnet sich dann durch einfache Summation der Mindesteigenkapitalanforderungen für die jeweiligen Geschäftsfelder des Kreditinstituts (MEK$_{i,j}$).

(5) MEK$_i$ $\quad = \quad \displaystyle\sum_j MEK_{i,j}$

Auf Basis eine Stichprobe von 23 international aktiven Banken wurden im Vorfeld des zweiten Konsultationspapiers vorläufige Beta-Faktoren ermittelt, wobei nicht für jedes Geschäftsfeld von allen Kreditinstituten Daten geliefert werden konnten[44]. So wurden nur von vier Kreditinstituten für alle Geschäftsbereiche Daten bereitgestellt. Dies wiederum impliziert, dass die so ermittelten Beta-Faktoren teilweise nicht robust bezüglich einer Vergrößerung oder Verkleinerung der Stichprobe sind, da schon die Hinzunahme oder Entfernung eines Kreditinstituts zu deutlichen Veränderungen beim jeweiligen Beta-Faktor führen kann. Bedingt durch die unterschiedliche Gewichtung der Geschäftsfelder, die Wahl der unterschiedlichen Indikatoren und auf Grund der gewählten Stichprobe unterschieden sich die Beta-Faktoren zum Teil deutlich und reichten je nach Geschäftsfeld von Nachkommastellen im Prozentbereich bis in den zweistelligen Prozentbereich. Ferner war in der Stichprobe eine hohe Streuung der Mindesteigenkapitalanforderungen für Operationelle Risiken der jeweiligen Kreditinstitute um die angenommenen durchschnittlichen Mindesteigenkapitalanforderungen zu beobachten.

Diese vorläufigen auf einer recht geringen Stichprobe beruhenden Aussagen waren keineswegs dazu geeignet, Beta-Faktoren zu kalibrieren, was daher auf Basis einer erweiterten Stichprobe mittels der Quantitative Impact Study 2 geschehen sollte, wozu verschiedenste Daten von den Kreditinstituten erhoben wurden. Grundannahmen zur Bestimmung der Beta-Faktoren sind dabei, dass das regulatorische Mindesteigenkapital für Operationelle Risiken 12 % des gesamten regulatorischen Kapitals beträgt und zur Aufteilung des regulatorischen Kapitals auf die einzelnen Geschäftsfelder die von den Kreditinstituten erfragte Aufteilung des ökonomischen Kapitals verwendet wird. Im Gegensatz zur obigen Auswertung wird nicht direkt ein Beta-Faktor je Geschäftsfeld bestimmt (vgl. Formel (3)), vielmehr wird zunächst je Geschäftsfeld j ein individueller Beta-

---

44 Vgl. Basle Committee on Banking Supervision (2001c), S. 22.

faktor β_{ij} für jedes Kreditinstitut i bestimmt. Der Beta-Faktor für Kreditinstitut i und Geschäftsfeld j errechnet sich in diesem Falle gemäß der Formel (3'), in der die derzeitigen Mindesteigenkapitalanforderungen für das Kreditinstitut i (GMEK$_i$) zunächst mit 12 % multipliziert werden, um den Anteil des Operationellen Risikos am Gesamtrisiko zu berücksichtigen und dann mit dem Anteil des ökonomischen Kapitals multipliziert werden, welches das Kreditinstitut i auf das Geschäftsfeld j alloziert (AÖK$_{ij}$). Abschließend muss noch durch den Wert des Indikators (I$_{ij}$). geteilt werden, der sich beim jeweiligen Kreditinstitut i für das Geschäftsfeld j ergibt. Derzeit kann, wie bereits zuvor beschrieben, davon ausgegangen werden, dass zunächst für alle Geschäftsfelder jeweils der Bruttoertrag dieses Geschäftsfeldes als Indikator verwendet wird.

$$(3') \qquad \beta_{i,j} = \frac{12\% * GMEK_i * A\ddot{O}K_{i,j}}{I_{i,j}}$$

Die auf diese Weise ermittelten Beta-Faktoren je Kreditinstitut und Geschäftsfeld können dann statistisch ausgewertet werden, indem etwa Mittelwert, Median, Standardabweichung, Minimum und Maximum sowie andere Größen betrachtet werden, wie in Abbildung 10 dargestellt[45].

	Median	Mittelwert	Gewichteter Mittelwert	Standard-abw.	Minimum	Maximum	Stichpro-bengröße
Unternehmens-finanzierung	0,131	0,236	0,120	0,249	0,035	0,905	19
Handel	0,171	0,241	0,202	0,183	0,023	0,775	26
Privatkunden-geschäft	0,125	0,127	0,110	0,127	0,008	0,342	24
Commercial Banking	0,132	0,169	0,152	0,116	0,048	0,507	27
Zahlungs-verkehr	0,208	0,203	0,185	0,128	0,003	0,447	15
»Agency« und Depotgeschäft	0,174	0,232	0,183	0,218	0,056	0,901	14
Wertpapierpro-visionsgeschäft	0,113	0,149	0,161	0,073	0,050	0,283	15
Vermögens-verwaltung	0,133	0,185	0,152	0,167	0,033	0,659	22

Abb. 10: Analyse der Daten der Quantitative Impact Study 2 für den Standardansatz

Auf Basis der aggregierten Daten kann nun die Bestimmung der Beta-Faktoren erfolgen, die dann für alle Kreditinstitute, welche den Standardansatz anwenden, verbindlich vorgegeben wären. Die Berechnung der regulatorischen Kapitalunterlegung für ein bestimmtes Geschäftsfeld respektive für die Gesamtheit aller Geschäftsfelder erfolgt bei gegebenen Beta-Faktoren wie zuvor mittels der Formeln (4) bzw. (5). In diesem Zusammenhang erscheint es jedoch notwendig, die in Abbildung 10 dargestellten Größen geeignet zu interpretieren und sich der

---

45 Für weitere Details vgl. Basle Committee on Banking Supervision [2001e], S. 29ff.

Probleme derartiger Daten bewusst zu sein. Mit Blick auf die Unstimmigkeiten zwischen Kreditinstituten bei den erhobenen Daten – so wurde etwa das ökonomische Kapital, auf dessen Grundlage die Kalibrierung durchgeführt werden sollte, unterschiedlich ermittelt – und mit Blick auf die teilweise recht dürftige Datenlage für einige Geschäftsfelder – für das Geschäftsfeld »Agency« und Depotgeschäft lagen lediglich 14 Daten vor – scheint es nicht vertretbar, auf Basis dieser Daten endgültige Werte für die Indikatoren festzulegen[46]. Stattdessen soll nach weiterem Dialog mit der Bankenindustrie entschieden werden, wie die bisher vorliegenden Faktoren zu adjustieren sind[47].

5.4.1 Zulassungskriterien (Qualitative Anforderungen)

Im Gegensatz zum Basisindikatorenansatz, bei dem lediglich vorausgesetzt wird, dass die Kreditinstitute sich an die Empfehlungen des Baseler Ausschusses zur sachgerechten Steuerung der Operationellen Risiken halten, sieht der Ausschuss für die Anwendung des Standardansatzes explizite Zulassungskriterien vor. Die Aufstellung expliziter Zulassungskriterien für fortgeschrittenere Ansätze lässt sich auch in anderen Bereichen der neuen Baseler Regelungen wiederfinden. So müssen Kreditinstitute auch im Bereich der Mindesteigenkapitalanforderungen für das Kreditrisiko bestimmte Anforderungen erfüllen, um die auf internen Ratings basierenden Ansätze anwenden zu dürfen[48]. Auch ältere Baseler Regelungen sehen schon qualitative Anforderungen zur Verwendung fortgeschrittener Verfahren vor. So ist es z.B. im Bereich des Marktrisikos nötig, einer Reihe von qualitativen Anforderungen zu genügen, damit interne Value-at-Risk-Modelle statt der vorgegebenen Standardmethoden zur Berechnung der Mindesteigenkapitalanforderungen verwendet werden dürfen[49]. Die Notwendigkeit der Erfüllung von Mindestanforderungen zur Verwendung von internen Verfahren ist auch in EU-Richtlinien[50] und nationalen Regelungen bzw. Verlautbarungen[51] berücksichtigt worden.

Die Anforderungen an die Kreditinstitute, die zur Anwendung des Standardansatz erfüllt sein müssen, lassen sich unterteilen in Anforderungen an ein wirksames Risikomanagement und effektive Risikokontrolle sowie in Anforderungen an die Messung und Validierung.

Bezüglich Risikomanagement und effektiver Risikokontrolle wird gefordert, dass unabhängige Risikokontroll- und Prüfungsfunktionen vorhanden sein müssen. Zur Planung, Umsetzung und Überprüfung der Messmethoden für das

---

46 Vgl. hierzu Basle Committee on Banking Supervision (2001e), S. 29 ff, wo auch detaillierter auf die Abweichungen in der Datengrundlage eingegangen wird.
47 Vgl. Basle Committee on Banking Supervision (2001e), S. 10 und S. 28, insbesondere Tabelle 3 für konkrete Angaben zur möglichen Höhe der Beta-Faktoren.
48 Vgl. z.B. Basle Committee on Banking Supervision (2001a), S. 20 und 22.
49 Vgl. Basle Committee on Banking Supervision (1996a), Tz. 3 und (1996b), S. 39ff.
50 Vgl. Der Rat der Europäischen Gemeinschaften (1993).
51 Vgl. Bundesaufsichtsamt für das Kreditwesen (1997a) und (1997b) Grundsatz I, §36.

Operationelle Risiko müssen unabhängige Management- und Kontrollverfahren eingeführt werden. Dies beinhaltet die Einführung eines Messkonzeptes nebst regelmäßiger Überprüfung des methodischen Aufbaus sowie die Kontrolle wesentlicher Dateneingaben. Die dabei verwendeten Verfahren, Methoden und Systeme sind angemessen zu dokumentieren und müssen ferner regelmäßig von der bankinternen Revision überprüft werden. Reportingsysteme für das Operationelle Risiko müssen nicht nur vorhanden sein, sondern darüber hinaus auch wirksam eingesetzt werden, dies beinhaltet auch die aktive Einbeziehung des obersten Verwaltungsorgans und der Geschäftsleitung.

Die Anforderungen im Bereich Messung und Validierung sehen die Existenz von geeigneten Risikomeldesystemen vor, die hinreichende Daten liefern, um die Mindesteigenkapitalunterlegung adäquat zu berechnen. Darüber hinaus muss bei den Kreditinstituten das personelle »Know-how« vorhanden sein, um auf Basis der Ergebnisse der oben genannten Systeme aussagekräftige Berichte für die Geschäftsleitung zu erstellen. Es muss ferner damit begonnen werden, die für Operationelle Risiken maßgeblichen Daten systematisch nach Geschäftsfeldern zu erfassen. Diese Datensammlung ist Voraussetzung dafür, in Zukunft fortgeschrittenere Ansätze anwenden zu dürfen. Im Standardansatz ist es nötig, dass Kreditinstitute ihre interne Geschäftsstruktur (interne Geschäftsfelder und Tätigkeiten) auf die standardisierten durch die Aufsicht vorgegebenen Geschäftsfelder abbilden. Hierzu sind Kriterien zu entwickeln und angemessen zu dokumentieren. Die Zuordnung der Geschäftsfelder ist regelmäßig zu überprüfen und gegebenenfalls anzupassen, sofern sich Geschäftsaktivitäten oder Risiken ändern.

5.5 Die ambitionierten Messansätze

Mit den ambitionierten Messansätzen werden nun auch im Bereich der Operationellen Risiken bankinterne Verfahren zugelassen, sofern diese bestimmte qualitative und quantitative Kriterien erfüllen und vom Regulator als geeignet erachtet werden. Derzeit existieren in der Industrie und in der akademischen Literatur eine Reihe von unterschiedlichen Ansätzen. In der Folge wird auf drei Arten dieser Ansätzen – interne Bemessungsansätze, Verlustverteilungsansätze und Scorecard-Ansätze – näher eingegangen, da diese den gegenwärtigen Stand der Entwicklung in diesem Bereich recht gut darstellen. Zur Berechnung der Mindesteigenkapitalanforderungen sollen Kombinationen dieser Verfahren ebenso möglich sein wie auch weitere bisher nicht explizit erwähnte Verfahren. Der Vorschlag zur Verwendung bankinterner ambitionierter Messansätze kann als deutliche Weiterentwicklung zum zweiten Konsultationspapier gesehen werden, in dem zunächst nur der interne Bemessungsansatz vorgesehen war. Die Liste der zugelassenen Verfahren wird nicht explizit beschränkt, was positiv zu werten ist, da das Committee in Abwesenheit eines Marktstandards zur Messung Operationeller Risiken lediglich Rahmenbedingungen vorgibt und damit der Industrie die Möglichkeit gibt, ohne zu starke regulatorische Beschränkungen eigene Modelle zu entwickeln. Diese Vorgehensweise ist nicht zuletzt motiviert durch die Auswertung der Quantitative Impact Study 2, die gezeigt hat, dass eine geeignete

Kalibration der Gamma-Faktoren auf Industrieebene nicht zuletzt aufgrund des unterschiedlichen Risikoprofils der Kreditinstitute derzeit kaum möglich ist[52]. Im Gegensatz zur Kalibration der Alpha- und Beta Faktoren, die Top-down erfolgen kann, ist für die Festlegung der Gamma-Faktoren ein Bottom-up-Ansatz erforderlich, der auf Industrieebene naturgemäß deutlich schwieriger zu kalibrieren ist.

Eine wichtige Rahmenbedingung innerhalb des Rahmenwerkes ist die Vorgabe einer Untergrenze. Derzeit ist vorgesehen, dass die mittels ambitionierter Messansätze ermittelten Mindesteigenkapitalanforderungen nicht geringer sein dürfen, als 75 % der nach Standardansatz ermittelten Mindesteigenkapitalanforderungen[53]. Dies bietet den Instituten auf der einen Seite einen gewissen Anreiz, ambitionierte Messansätze zu entwickeln und auch anzuwenden, bietet dem Regulator auf der anderen Seite jedoch gerade in der Frühphase der Entwicklung der Verfahren eine gewisse Sicherheit hinsichtlich einer ausreichenden Höhe der Eigenkapitalanforderungen. Aus der Weiterentwicklung der Verfahren kann der Regulator zusätzliche Erkenntnisse ziehen und in Zukunft weitere Anforderungen an die Ansätze aufstellen. Das so erworbene erhöhte Sicherheitsgefühl kann es im Gegenzug erlauben, die Untergrenze zu senken oder ganz zu streichen. Derzeit ist vorgesehen, die Untergrenze in Zukunft regelmäßig zu überprüfen, eventuell alle zwei Jahre nach Inkrafttreten des neuen Baseler Accords[54]. Auch wenn diese Bereitschaft positiv zu werten ist, ist es doch sehr fraglich, inwieweit eine derartige Überprüfung und Überarbeitung der Vorschriften in angemessener Zeit erfolgen und umgesetzt werden kann. Während dies im Baseler Regelungswerk noch möglich erscheint, ist es wohl auf EU- und nationaler Ebene aufgrund des zeitaufwendigen Gesetzgebungsprozesses kaum möglich.

Gemeinsam ist allen ambitionierten Messansätzen, dass derzeit geplant ist, den Kreditinstituten im Rahmen des »partial use« die schrittweise Einführung eines ambitionierten Messansatzes zu erlauben. Demnach kann ein ambitionierter Messansatz zunächst nur für einige materielle Geschäftsfelder eingeführt werden, während für die verbleibenden Geschäftsfelder weiterhin der Standardansatz verwendet wird. Diese Vorgehensweise ist insbesondere für den internen Bemessungsansatz und insbesondere dann gut durchführbar, wenn sich die Geschäftsfelder in Standard- und im ambitionierten Messansatz exakt entsprechen.

5.5.1 Interne Bemessungsansätze

Wie der Standardansatz geht auch der interne Bemessungsansatz davon aus, dass sich die Tätigkeiten eines Kreditinstituts einzelnen Geschäftsfeldern zuordnen lassen, wobei sich das Operationelle Risiko des Kreditinstituts auf die Gesamtheit der Geschäftsfelder verteilt. Die Geschäftsfelder im internen Bemessungs-

---

52 Vgl. Basle Committee on Banking Supervision (2001e), S. 5.
53 Vgl. Basle Committee on Banking Supervision (2001e), S. 6.
54 Vgl Basle Committee on Banking Supervision (2001e), S. 6.

satz können dabei denen des Standardansatzes entsprechen, müssen dies jedoch nicht. Zusätzlich zur Festlegung der Geschäftsfelder ist für den internen Bemessungsansatz die Festlegung von so genannten *Ereignistypen* (vgl. Abbildung 11) notwendig. Auch hier werden vom Regulator Ereignistypen vorgeschlagen, die die Kreditinstitute verwenden oder auch modifizieren können. Es wird jedoch gefordert, dass die internen Verlustdaten des Kreditinstitutes den vom Committee für die ambitionierte Messansätze vorgegebenen Geschäftsfeldern, die denen des Standardansatzes entsprechen, und Ereignistypen zugeordnet werden können[55].

Ereignistyp	Beispiel
Interner Betrug	Fehlbewertung von Positionen
Externer Betrug	Diebstahl
Beschäftigungsverhältnisse und Arbeits-platzsicherheit	Entschädigungen
Klienten-, Produkt- und Geschäfts-verhalten	Marktmanipulation
Schäden an materiellen Aktiva	Naturkatastrophen
Geschäftsunterbrechung und System-versagen	Rechnerausfall
Ausführungs-, Liefer- und Prozess-management	Fristversäumnis

Abb. 11: Vorgegebene Ereignistypen für ambitionierte Messansätze[56]

Aus den vom Regulator übernommenen oder vom Kreditinstitut selbst festgelegten Geschäftsfeldern und Ereignistypen wird eine Matrix gebildet und für jede Kombination von Geschäftsfeld und Ereignistyp wird vom Kreditinstitut ein Gefährdungsindikator für das Operationelle Risiko gewählt, der im Folgenden mit EI (»Exposure Indicator«) bezeichnet wird. Der Gefährdungsindikator dient als Näherungswert für das mögliche Ausmaß des Operationellen Risikos für den jeweiligen Ereignistyp im jeweiligen Geschäftsfeld. Im Gegensatz zum zweiten Konsultationspapier, in dem für die jeweiligen Geschäftsfeld-/Ereignistyp-Kombinationen Gefährdungsindikatoren vorgeschlagen werden[57], ergeben sich aufgrund der Freiheiten der Kreditinstitute beim internen Bemessungsansatz in seiner jetzigen Form für die unterschiedlichen Geschäftsfeld/Ereignistyp Kombinationen eine Vielzahl möglicher Gefährdungsindikatoren. Beispielhaft seien hier Anzahl der Geschäfte, Anzahl der Transaktionen, Wert der Transaktionen sowie Wert der verwalteten Aktiva erwähnt.

55 Vgl. Basle Committee on Banking Supervision (2001e), S. 6.
56 Vgl. Basle Committee on Banking Supervision (2001e), S. 21ff.
57 Vgl. Basle Committee on Banking Supervision (2001c), S. 23

Zusätzlich zu den festgelegten Gefährdungsindikatoren werden von den Kreditinstituten auf Basis interner Verlustdaten jeweils zwei Parameter geschätzt; zum einen die Wahrscheinlichkeit des Auftretens eines Schadensfalles, im Folgenden mit PE (»Probability of Loss Event«) bezeichnet und zum anderen der Verlust, der im Schadensfall entsteht, im Folgenden mit LGE (»Loss Given that Event«) bezeichnet. Dabei ist darauf zu achten, dass die Definitionen von EI, PE und LGE konsistent miteinander sind (vgl. Abbildung 12). Die Parameter PE und LGE werden vom jeweiligen Kreditinstitut auf Basis individueller Daten, eventuell erweitert um Daten aus externen Datenbanken, geschätzt. Durch Multiplikation der Größen EI, PE und LGE kann, wie in Formel (6) dargestellt, der erwartete Verlust für eine Kombination von Geschäftsfeld j und Ereignistyp k, im Folgenden mit EL (Expected Loss) bezeichnet, berechnet werden, was in Abbildung 12 beispielhaft durchgeführt wird.

$$(6) \quad EL_{j,k} = EI_{j,k} * PE_{j,k} * LGE_{j,k}$$

Im Rahmen des aufsichtlichen Validierungsverfahrens werden Kreditinstitute der Aufsicht nicht nur den erwarteten Verlust, sondern alle Komponenten (EI, PE, LGE) zur Berechnung des erwarteten Verlustes mitteilen müssen.

EI	Wert der Transaktionen	10.000 Euro
PE	Anzahl der Schadensfälle / Anzahl der Transaktionen	1/ 100
LGE	Durchschnitt von (Verlusthöhe / Transaktionswert)	5%
EL		10.000 Euro*1%*5% = 5 Euro

Abb. 12: Berechnung des EL unter Verwendung konsistenter Definitionen von EI, PE und LGE für die Geschäftsfeld/Ereignistyp Kombination Wertpapierprovisionsgeschäft/Geschäftsunterbrechung und Systemversagen.

Die gewählte Vorgehensweise kann als analog zum internen Ratingansatz im Kreditbereich interpretiert werden, wo Ausfallwahrscheinlichkeiten (PD: »Probability of Default«) und Verluste im Falle des Ausfalles (LGD: »Loss given Default«) verwendet werden. Im Kreditbereich ist von den Kreditinstituten im IRB-Basisansatz nur der Parameter Ausfallwahrscheinlichkeit, im fortgeschrittenen IRB-Ansatz zusätzlich der Parameter Verlust bei Ausfall, auf Basis interner Daten zu schätzen[58].

Die Mindesteigenkapitalunterlegung für jede Geschäftsfeld/Ereignistyp-Kombination wird berechnet, indem ein vom Kreditinstitut festgelegter und vom Regulator anerkannter *Gamma-Faktor* funktional auf den gemäß Formel (6) ermittelten erwarteten Verlust angewendet wird. Der Gamma-Faktor stellt einen funktionalen Zusammenhang zwischen erwarteten und unerwarteten Verlusten dar und überführt den erwarteten Verlust in eine Mindesteigenkapital-

---

58 IRB wird als Abkürung für »internal rating based« verwendet. Zu den Methoden des IRB-Ansatzes vgl. Basle Committee on Banking Supervision (2001a), (2001b) und (2001d).

anforderung, bei der unerwartete Verluste implizit berücksichtigt werden. Die Mindesteigenkapitalunterlegung eines Kreditinstituts i für Geschäftsfeld j und Ereignistyp k ($MEK_{i,j,k}$) ergibt sich mittels Formel (7).

$$(7) \qquad MEK_{i,j,k} = \gamma_{j,k}(EL_{i,j,k}) = \gamma_{j,k}(EI_{j,k} * PE_{i,j,k} * LGE_{i,j,k})$$

Im einfachen Fall bedeutet die funktionale Anwendung des Gamma-Faktors lediglich eine Multiplikation des Gamma-Faktors mit dem erwarteten Verlust (vgl. Formel (7')). Diese multiplikative Form entspricht der im zweiten Konsultationspapier vorgesehenen Art der Berechnung der Mindesteigenkapitalanforderungen im internen Bemessungsansatz[59].

$$(7') \qquad MEK_{i,j,k} = \gamma_{j,k} * EL_{i,j,k} = \gamma_{j,k} * EI_{j,k} * PE_{i,j,k} * LGE_{i,j,k}$$

Die Bestimmung des notwendigen Mindesteigenkapitals für das Operationelle Risiko eines Kreditinstituts (MEK_i) ergibt sich durch Summation über alle Geschäftsbereiche j und alle Ereignistypen k (vgl. Formel (8), in der der Einfachheit halber wie in Formel (7') und auch in den noch folgenden Formeln eine multiplikative Verknüpfung zwischen Gamma-Faktor und erwartetem Verlust unterstellt wird).

$$(8) \qquad MEK_i = \sum_j \sum_k \gamma_{j,k} * EL_{j,k} = \sum_j \sum_k \gamma_{j,k} * EI_{j,k} * PE_{i,j,k} * LGE_{i,j,k}$$

Wie bereits erwähnt, liegt ein großer Vorteil der Verwendung gleicher Geschäftsfelder für den Standard- und den internen Bemessungsansatz darin, dass Kreditinstitute den internen Bemessungsansatz im Rahmen des »partial use« schrittweise einführen können. Gegeben die Unterteilung in acht Geschäftsfelder in Abbildung 8 ergibt sich bei einem Kreditinstitut, welches für alle Geschäftsfelder einer Gruppe U die Mindesteigenkapitalanforderungen bereits nach dem internen Bemessungsansatz und für die verbleibenden Geschäftsfelder noch nach dem Standardansatz berechnet bei Unterstellung einer multiplikativen Verknüpfung zwischen Gamma-Faktor und erwartetem Verlust, gemäß den Formeln (4), (5) und (8) ein notwendiges Mindesteigenkapital von:

$$(9) \qquad MEK_i = \sum_{j \notin U} MEK_{i,j} + \sum_{j \in U} \sum_k \gamma_{j,k} * EL_{j,k}$$

$$= \sum_{j \notin U} \beta_j * I_{i,j} + \sum_{j \in U} \sum_k \gamma_{j,k} * EI_{j,k} * PE_{i,j,k} * LGE_{i,j,k}$$

5.5.2 Verlustverteilungsansätze

Bei Verlustverteilungsansätzen bestimmen Kreditinstitute institutsspezifische Geschäftsfelder und Ereignistypen und schätzen auf Basis einer ausreichenden Historie für jede Geschäftsfeld/Ereignistyp Kombination die Operationellen Ver-

---

59 Vgl. Basle Committee on Banking Supervision (2001c), S. 9.

luste für einen gewissen zukünftigen Zeitraum (z.B. ein Jahr). Dabei ist es möglich, einzelne Geschäftsfeld/Ereignistyp-Kombinationen zu Gruppen zusammenzufassen. Zur Bestimmung der Verteilungsfunktion der operationellen Verluste muss sowohl die Höhe des einzelnen Schadensfalles als auch die Häufigkeit von Schadensfällen über einen gewissen Zeitraum berücksichtigt werden. Hierbei ist es notwendig, bestimmte Annahmen über die Art der Verteilungen (z.B. Poisson- oder Lognormalverteilung) zu machen oder die Verteilungen nicht parametrisch unter Verwendung von Bootstrapverfahren oder mit Hilfe von Monte-Carlo-Simulationen zu bestimmen. Eine gemeinsame Verteilung kann durch Faltung der Einzelverteilungen (Höhe eines einzelnen Schadensfalles und Anzahl von Schadensfällen über einen gewissen Zeitraum) oder mittels gemeinsamer Monte-Carlo-Simulation generiert werden.

Der Kapitalbedarf pro Geschäftsfeld/Ereignistyp Kombination wird nun anhand eines bestimmten hohen Quantils der gemeinsamen Verteilung ermittelt. Verlustverteilungsansätze bestimmen die Höhe der unerwarteten Verluste somit nicht über einen angenommenen funktionalen Zusammenhang von erwarteten zu unerwarteten Verlusten, wie dies beim internen Bemessungsansatz der Fall ist, sondern unter Verwendung eines festgelegten Quantils direkt aus der Verteilung. Damit entfällt für den Regulator beim Verlustverteilungsansatz die Notwendigkeit, gewisse Multiplikationsfaktoren (wie z.B. die Gamma-Faktoren im internen Bemessungsansatz) zu genehmigen. Das insgesamt für das Operationelle Risiko notwendige Mindesteigenkapital eines Kreditinstituts berechnet sich in Verlustverteilungsansätzen entweder als einfache Summen der Kapitalanforderungen für jede Geschäftsfeld/Ereignistyp Kombination, was implizit perfekte Korrelationen unterstellt, oder unter Verwendung anderer Aggregationstechniken, die tatsächlich vorhandene Korrelationen angemessen berücksichtigen.

Derzeit werden verschiedene Arten von Verlustverteilungsansätzen in der Bankenindustrie entwickelt, ein Marktstandard konnte sich jedoch im Gegensatz zu Value-at-Risk-Modellen im Marktrisikobereich noch nicht etablieren.

5.5.3 Scorecard-Ansätze

Scorecard-Ansätze unterscheiden sich einerseits aufgrund ihrer stärker qualitativen Ausrichtung grundsätzlich von den vorgenannten Ansätzen, eignen sich jedoch andererseits sehr gut für eine Kombination mit diesen. Im Scorecard-Ansatz ist es zunächst nötig, für die jeweiligen Geschäftsfelder ein anfänglich adäquat erachtetes Kapitalniveau zu bestimmen. Anschließend werden diese anfänglichen Kapitalniveaus nach und nach auf Basis so genannter Scorecards adjustiert. Scorecards berücksichtigen z.B. das Risikoprofil wie auch das Kontrollumfeld im jeweiligen Geschäftsfeld. Dabei können zukunftsgerichtete Informationen direkt in die Kapitalberechnung einfließen. Geplante Verbesserungen und Absicherungen können somit schon unmittelbar bei der Kapitalberechnung berücksichtigt werden.

Scorecards sind dabei keinesfalls fest vorgegebene Regeln, sondern können vielmehr flexibel auf die Bedürfnisse des jeweiligen Kreditinstituts angepasst werden. Zumeist liegen ihnen eine Reihe von Indikatoren als Näherung die

Höhe des Operationellen Risikos in den Geschäftsfeldern zugrunde. Oft werden Scorecards abgerundet durch Informationen, die im Rahmen von Interviews mit Beschäftigten in den jeweiligen Geschäftsfeldern gewonnen werden.

In diesem Zusammenhang ist zu beachten, dass vom Regulator für die Zulassung eines ambitionierten Messansatzes zur Berechnung der regulatorischen Eigenkapitalanforderungen im Bereich des Operationellen Risikos gefordert wird, dass dieser auf einer soliden quantitativen Basis stehen muss und dass historische Verlustdaten benutzt werden müssen, um das verwendete Verfahren zu validieren[60]. Scorecard-Ansätze verlassen sich jedoch bei der Bestimmung bzw. Adjustierung des Kapitalniveaus deutlich weniger auf historische Daten als die zuvor erwähnten Ansätze, sondern nutzen stattdessen vermehrt qualitative Techniken. Ob Scorecard-Ansätze somit in der Praxis tatsächlich als ambitionierte Messansätze vom Regulator anerkannt werden können, bleibt abzuwarten. Eine Möglichkeit, dem Wunsch des Regulators nach einer soliden quantitativen Basis entgegen zu kommen, ist die Kombination der gerade beschriebenen Scorecard-Ansätze mit stärker quantitativ ausgerichteten Verfahren, wie etwa interne Bemessungsansätze oder Verlustverteilungsansätze.

Eine Reihe von Scorecard-Ansätzen befinden sich derzeit in der Entwicklung. Einige Kreditinstitute nutzen diese bereits zur Allokation von ökonomischen Kapitals für Operationelle Risiken. Ebenso wie für Verlustverteilungsansätze konnte sich jedoch noch kein Marktstandard herausbilden.

5.5.4 Zulassungskriterien (allgemeine, qualitative und quantitative Anforderungen)

Schon im zweiten Konsultationspapier war vorgesehen, dass Kreditinstitute neben den Anforderungen des Standardansatzes weitere Anforderungen erfüllen müssen, um die Mindesteigenkapitalunterlegung für Operationelle Risiken mit dem fortgeschrittensten Verfahren, dem internen Bemessungsansatz, ermitteln zu dürfen. Dabei muss beachtet werden, dass gemäß dem zweiten Konsultationspapier, Kreditinstitute im internen Bemessungsansatz zwar Parameter wie PE und LGE auf Basis institutsspezifischer Daten bestimmen dürfen, die hieraus berechneten Größen EL zur Berechnung der regulatorischen Kapitalunterlegung jedoch mit den vom Regulator vorgegeben Gamma-Faktoren multipliziert werden müssen. Somit war sowohl der Gamma-Faktor selbst als auch die Art der Beziehung zwischen EL und Gamma-Faktor, nämlich eine multiplikative Verknüpfung, vom Regulator vorgegeben. Da im quantitativen Bereich der ambitionierten Messansätze weit mehr Freiheiten bestehen als in der im zweiten Konsultationspapier favorisierten Form des im internen Bemessungsansatz, muss bei der Formulierung der Zulassungskriterien für die ambitionierten Messansätze somit ein besonderes Augenmerk auf die quantitativen Standards gelegt werden. Ver-

---

60 Vgl. Basle Committee on Banking Supervision (2001e), S. 35.

bunden mit dem Übergang vom internen Bemessungsansatz des zweiten Konsultationspapiers zu den ambitionierten Messansätzen ist auch eine Überarbeitung und Neustrukturierung der Zulassungskriterien.

Allgemein ist derzeit vorgesehen, den Kreditinstituten, ähnlich wie bei der Verwendung interner Modelle zur Berechnung der Mindesteigenkapitalanforderungen für das Marktrisiko[61], auch für den Bereich des Operationellen Risikos zu erlauben, eigene Risikomodelle zu verwenden, sofern gewisse Mindeststandards vom Regulator als erfüllt angesehen werden. Wie aus Abbildung 13 ersichtlich, kann hierbei zwischen allgemeinen, qualitativen und quantitativen Kriterien unterschieden werden.

Kriterium	Beispiel
Allgemein	• Explizite Zulassung durch den Regulator
Qualitativ	• Existenz eines unabhängigen Managements für operationelles Risiko, welches für die Entwicklung und Implementierung verantwortlich ist
Quantitativ	• Verwendung einer einjährigen Haltedauer und eines Konfidenzniveaus von 99,9% • Untergrenze in Höhe von 75% der nach Standardansatz ermittelten Mindesteigenkapitalanforderungen

Abb. 13: Klassifizierung der Zulassungskriterien für ambitionierte Messansätze

Die derzeit aufgestellten Kriterien und Standards können aufgrund des bisherigen Fehlens eines Marktstandards und verbunden mit der rasanten Entwicklung im Bereich des Operationellen Risikos sowie aufgrund der offenen Fragen in einigen Teilgebieten, etwa für den Bereich Versicherungen, keinen abschließenden Katalog darstellen. Vielmehr muss es möglich sein, diese Standards zu einem späteren Zeitpunkt an die tatsächliche Entwicklung anzupassen. Die Standards sind somit zumindest für wenig entwickelte Teilbereiche eher als Diskussionsanregungen denn als starre Regeln zu interpretieren.

Das wohl wichtigste allgemeine Kriterium legt fest, dass ein ambitionierter Messansatz zur Berechnung der Mindesteigenkapitalunterlegung für Operationelle Risiken in einem Kreditinstitut nur dann verwendet werden darf, wenn er ausdrücklich vom Regulator zugelassen wurde. Dazu muss der Regulator zumindest davon überzeugt werden, dass das verwendete Risikomanagementsystem auf einer strikten Analyse von internen und externen Daten basiert, insgesamt konzeptionell überzeugt und hinreichend gut implementiert ist. Darüber hinaus müssen sowohl im Risikomanagement der jeweiligen Geschäftsfelder als auch im Risikocontrolling und bei der internen Revision ausreichende personelle Ressourcen vorhanden sein. Ferner wird gefordert, dass, wie auch im Bereich des Marktrisikos, Szenarioanalysen bzw. Stress-Tests durchgeführt werden. Der Regulator nimmt außerdem das Recht in Anspruch, eine Beobachtungsperiode

---

61 Vgl. Basle Committee on Banking Supervision (1996b), S. 39ff.

bei der Verwendung eines ambitionierten Messansatzes vorzuschreiben, ehe die Mindesteigenkapitalanforderungen tatsächlich mit diesem Verfahren berechnet werden dürfen.

Die qualitativen Anforderungen beziehen sich unter anderem auf die Art des Risikomanagements und des Risikocontrollings sowie auf die Abläufe der Prozesse. Es wird gefordert, dass im Unternehmen eine unabhängige Risikomanagementfunktion existiert, die die Entwicklung und Weiterentwicklung sowie die Implementierung des verwendeten ambitionierten Messansatzes betreut. Die verwendeten Messansätze sind in das operative Tagesgeschäft sowie in geschäftspolitische Entscheidungsprozesse zu integrieren. Somit besteht die Notwendigkeit eines funktionierenden Reportings und auch die Managementebene muss aktiv in den Managementprozess des Operationellen Risikos eingebunden sein. In diesem Zusammenhang sind auch Konzepte für Stress-Szenarien zu entwickeln, die unter anderem Schadensfälle großen Ausmaßes, die naturgemäß selten vorkommen (low frequency – high impact) abdecken sollen. Adäquate Dokumentation der Verfahren, Prozesse und Vorgaben wird ebenso gefordert, wie die regelmäßige Kontrolle derselben durch interne und externe Revisoren[62].

Da Kreditinstitute bei Verwendung von ambitionierten Messansätzen für das Operationelle Risiko, ähnlich wie im Marktrisiko, eigene Risikomodelle entwickeln werden, mit deren Hilfe sie das regulatorische Mindesteigenkapital berechnen, bedarf es ebenso wie im Bereich des Marktrisikos gewisser quantitativer Vorgaben für diese Modelle, um ein »level playing field« zu schaffen. Unter anderem wird gefordert, einen einjährigen Beobachtungszeitraum und ein Konfidenzniveau von 99,9 % zu verwenden. Ferner dürfen die mittels ambitionierten Messansatz ermittelten Mindesteigenkapitalanforderungen nicht weniger als 75 % der Mindesteigenkapitalanforderungen betragen, die sich bei Verwendung des Standardansatzes ergeben. Korrelationen können in den ambitionierten Messansätzen verwendet werden, sofern sie hinreichend begründet werden. Ebenso können risikomindernde Effekte aus bestehenden Versicherungen berücksichtigt werden, sofern diese geeignete Kriterien erfüllen.

Basis des ambitionierten Messansatzes muss die in Kapitel 4.3 beschriebene regulatorische Definition des Operationellen Risikos sein. Der Messansatz muss auf internen Verlustdaten beruhen, die den vom Committee vorgegebenen Geschäftsfeldern und Ereignistypen zugeordnet werden können. Dazu müssen Kriterien entwickelt werden, um tatsächlich auftretende Verluste geeignet zuordnen zu können. Da auch externe Daten adäquat einfließen können, sind Prozeduren zu entwickeln, die unterschiedlichen Daten geeignet skalieren, sofern dieses nötig sein sollte. Zur Aggregation der Daten muss eine Verlustdatenbank vorhanden sein, die dem Ausmaß des Operationellen Risikos gerecht wird und auf die bei der geforderten sachgerechten Ermittlung von Methoden zur internen Verlustberichterstattung zurückgegriffen werden kann. Zum Aufbau einer Verlustdatenbank ist es erforderlich, dass die Kreditinstitute über adäquate Mess-

---

62 Vgl. Basle Committee on Banking Supervision (2001e), S. 16ff.

methoden für Operationelle Risiken sowie über eine geeignete Systemlandschaft verfügen und dass hinreichend viele Mitarbeiter mit ausreichenden Kenntnissen vorhanden sind. Die in die Verlustdatenbank eingehenden Schadensfälle müssen konsistent bestimmt werden. Die verwendeten Methoden müssen ebenso wie die berechneten Parameter regelmäßig anhand von historischen Daten und auf Basis bisher gemachter Erfahrungen überprüft werden.

5.5.5 Der Risikoprofilindex

Im zweiten Konsultationspapier wurde der Risikoprofilindex dargestellt[63], mit dem das Verhältnis von unerwartetem zu erwartetem Verlust eines Kreditinstituts mit dem der industrieweiten Verteilung berücksichtigt werden kann. Hiermit können Unterschiede zwischen der auf Basis der industrieweiten operationellen Verluste bestimmten Verteilung und institutsspezifischen Verteilungen der operationellen Verluste ausgeglichen werden. Das Verhältnis von unerwartetem zu erwartetem Verlust kann hierbei von einer Reihe von Faktoren abhängen, wie z.B. von der Verteilung der Größe der Transaktionen, der Häufigkeit von Verlusten oder der Schwere der Verluste. Diese Faktoren können ihrerseits wiederum entscheidend vom Kontrollumfeld des jeweiligen Kreditinstituts abhängen.

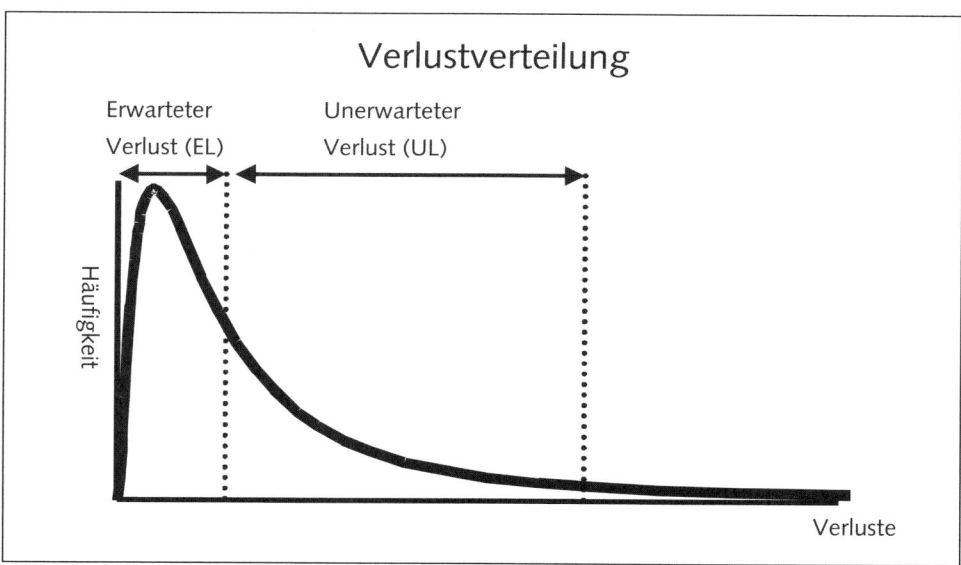

Abb. 14: Verhältnis von erwartetem zu unerwartetem Verlust[64]

---

63 Vgl. Basle Committee on Banking Supervision (2001c), S. 24ff.
64 Vgl. IIF WGOR (2000), S. 8.

Da im vorliegenden Arbeitspapier eine größere Freiheit der Institute bei der Wahl des fortgeschrittenen Ansatzes vorgesehen ist und auch darauf verzichtet wird, Gamma-Faktoren industrieweit verbindlich vorzugeben, ist der Risikoprofilindex innerhalb des regulatorischen Regelungswerkes nicht mehr notwendig. Trotzdem kann er weiterhin Verwendung finden, sofern z.B. mehrere Banken den internen Bemessungsansatz einführen und ihre individuellen Verlustdaten zur Verbreiterung der Datenbasis zusammenführen, trotzdem jedoch teilweise deutliche Unterschiede zwischen den Kreditinstituten bezüglich der Verteilung der operationellen Verluste bestehen. Sofern davon ausgegangen wird, dass Gamma-Faktoren für die Gesamtheit der beteiligten Institute berechnet werden, besitzt der Risikoprofilindex für diese Gesamtverteilung der operationellen Verluste per Definition den Wert eins. Ein Kreditinstitut dessen Verteilung der operationellen Verluste ein fetteres Ende als die Gesamtverteilung aufweist, was impliziert, dass das Verhältnis von unerwartetem zu erwartetem Verlust bei diesem Kreditinstitut größer als Gamma ist, erhält einen Risikoprofilindex von größer als eins. Besitzt die Verteilung der operationellen Verluste eines Institutes ein vergleichsweise weniger fettes Ende, so erhält dieses Kreditinstitut einen Risikoprofilindex von weniger als eins. Der Risikoprofilindex ist dabei sinnvoller Weise pro Geschäftsfeld/Ereignistyp-Kombination zu ermitteln. Die Formel (8) mittels der sich die Mindesteigenkapitalanforderungen für ein Kreditinstitut i (MEK_i) gemäß internem Bemessungsansatz berechnen, lautet nach Einführung der Risikoprofilindizes für die jeweiligen Geschäftsfeld/Ereignistyp Kombinationen ($RPI_{j,k}$):

$$(10) \quad MEK_i = \sum_j \sum_k \gamma_{j,k} * EL_{j,k} * RPI_{j,k} = \sum_j \sum_k \gamma_{j,k} * EI_{j,k} * PE_{i,j,k} * LGE_{i,j,k} * RPI_{j,k}$$

Sofern der interne Bemessungsansatz im Rahmen des »partial use« nur für ausgewählte Geschäftsfelder Anwendung findet, ergibt sich nach Einführung des Risikoprofilindexes unter Verwendung von Formel (9) die Formel (11). Hierbei wird wie auch in den Formel (7'), (8), (9) und (10) vom Autor eine multiplikative Verknüpfung zwischen Gamma-Faktor und erwartetem Verlust unterstellt.

$$(11) \quad MEK_i = \sum_{j \notin U} MEK_{i,j} + \sum_{j \in U} \sum_k \gamma_{j,k} * EL_{j,k} * RPI_{j,k}$$

$$= \sum_{j \notin U} \beta_j * I_{i,j} + \sum_{j \in U} \sum_k \gamma_{j,k} * EI_{j,k} * PE_{i,j,k} * LGE_{i,j,k} * RPI_{j,J}$$

Hierbei sollte jedoch kritisch hinterfragt werden, ob die Einführung von Risikoprofilindizes für Kreditinstitute, die noch nicht vollständig auf den internen Bemessungsansatz umgestellt haben, überhaupt sinnvoll ist.

6   Schlussbemerkung

Ausgehend von einem historischen Überblick und nach Darstellung verschiedener Kategorisierungen Operationeller Risiken wurde zunächst auf die Notwendigkeit gemeinsamer Datenbanken für operationelle Verluste eingegangen. Dem schloss sich die regulatorische Definition des Operationellen Risikos nebst regulatorischer Abgrenzung von der Kategorie der »anderen Risiken« an. Aufbauend hierauf wurden die verschiedenen Ansätze zur Berechnung des regulatorisch notwendigen Mindesteigenkapitals für Operationelles Risiko gemäß Säule 1 des geplanten Baseler Regelungswerks dargestellt. In der Reihenfolge zunehmender Komplexität handelt es sich hierbei um den Basisindikatoransatz, den Standardansatz und die ambitionierten Messansätze, wobei mit zunehmender Komplexität des Ansatzes auch die Anforderungen steigen. Neben quantitativen und qualitativen Anforderungen wurden gleichzeitig Möglichkeiten, aber auch Beschränkungen der derzeitigen Form der Ansätze, die sich stetig in der Diskussion und Weiterentwicklung befinden, aufgezeigt.

Literatur

Basle Committee on Banking Supervision, International Convergence of Capital Measurement and Capital standard, Basel Juli 1988, überarbeitet April 1998.

Basle Committee on Banking Supervision, Risk Management Guidelines for Derivatives, Basel Juli 1994.

Basle Committee on Banking Supervision, Overview of the Amendment to the Capital Accord to incorporate Market Risks, Basel Januar 1996a.

Basle Committee on Banking Supervision, Amendment to the Capital Accord to incorporate Market Risks, Basel Januar 1996b.

Basle Committee on Banking Supervision, Core Principles for effective banking supervision, Basel September 1997.

Basle Committee on Banking Supervision, Framework for the evaluation of internal control systems, Basel Januar 1998.

Basle Committee on Banking Supervision, Consultative Document – A new Capital Adequacy Framework –, Basel Juni 1999.

Basle Committee on Banking Supervision, Consultative Document – Overview of the new Basel Capital Accord –, Basel Januar 2001a.

Basle Committee on Banking Supervision, Consultative Document – The New Basel Capital Accord –, Basel Januar 2001b.

Basle Committee on Banking Supervision, Consultative Document – Operational Risk (Supporting Document to the New Basel Capital Accord) –, Basel Januar 2001c.

Basle Committee on Banking Supervision, Consultative Document – The Internal Ratings Based Approach (Supporting Document to the New Basel Capital Accord) –, Basel Januar 2001d.

Basle Committee on Banking Supervision, Working Paper on the Regulatory Treatment of Operational Risk, Basel September 2001e.

Basle Committee on Banking Supervision, Sound Practices for the Management and Supervision of Operational Risk, Basel Dezember 2001f.

Bennett, O., Capital concerns, in: Operational Risk, A Risk Special Report, November 2000, S. 2-8.

British Bankers Association, International Swaps and Derivatives Association and Rober Morris Associates, Operational Risk Management – The Next Frontier, in: The Journal of Lending and Risk Management, März 2000, S. 38-44.

Bundesaufsichtamt für das Kreditwesen, Verlautbarung über Mindestanforderungen an das Betreiben von Handelsgeschäften der Kreditinstitute, Oktober 1995.

Bundesaufsichtamt für das Kreditwesen, Bekanntmachung über die Änderung und Ergänzung der Grundsätze über das Eigenkapital und die Liquidität der Kreditinstitute, Oktober 1997a.

Bundesaufsichtamt für das Kreditwesen, Erläuterungen zur Bekanntmachung über die Änderung und Ergänzung der Grundsätze über das Eigenkapital und die Liquidität der Kreditinstitute, Oktober 1997b.

Cooper, L., The struggle to define and measure goes on, in: Operational Risk, A Risk Special Report, Juli 1999a, S. 6-7.

Cooper, L., Help is at hand, in: Operational Risk, A Risk Special Report, Juli 1999b, S. 12.

Crabbe, M., Garp launches data sharing for op risks, in: RISK, Januar 2000, S. 7.

Der Rat der Europäischen Gemeinschaften, Richtlinie 93/6/EWG des Rates vom 15. März 1993 über die angemessene Eigenkapitalausstattung von Wertpapierfirmen und Kreditinstituten (Kapitaladäquanzrichtlinie) in: Amtsblatt der Europäischen Gemeinschaften Nr. L 141 vom 11. Juni 1993.

Gärtner, W., Vortrag »Operational Risk Management in einem globalen Umfeld«, gehalten auf der Risk Management Konferenz, Bad Homburg September 1999.

Handelsblatt, Mitarbeiter bestiehlt Deutsche Bank in den USA, 11.4.2001, S. 1.

IIF WGOR, The Internal Measurement Approach To Operational Risk Regulatory Capital (Option 3), Oktober 2000.

International Swaps and Derivatives Association, Operational Risk Regulatory Approach Discussion Paper, September 2000.

Jameson, R., Role Playing, in: Operational Risk, A Risk Special Report, Juli 1999, S. 2-3.

Kaserer, C., Der Fall der Herstatt-Bank 25 Jahre danach. Überlegungen zur Rationalität regulierungspolitischer Reaktionen unter besonderer Berücksichtigung der Einlagensicherung, in: Vierteljahreszeitschrift für Sozial- und Wirtschaftsgeschichte – VSWG, Bd 86, H.2. (April/Juni) 2000, S. 166-192.

Kreische, K., Betriebsrisiken identifizieren, managen und steuern, in: Betriebswirtschaftliche Blätter, 50 2001, 3, S. 146-150.

Mudge, D., The benefits of sharing, in: RISK, Januar 2000, S. 90.

Operational Risk & Financial Institutions, Risk Books 1998.

Oprisk, History of Operational Risk, http://www.oprisk.freeserve.co.uk/history.htm, September 1999.

Parkes, N., A new awareness, in: RISK, Risk Management for investors special report, Juli 2000, S. 12.

Schierenbeck, H., Vortrag »Gesamtbanksteuerung – eine bankfachliche und IT-strategische Herausforderung« gehalten auf dem betriebswirtschaftlichen Forum 2000 für Vorstände der Sparkassen in Hessen und Thüringen, Weimar Mai 2000.

The Industry Technical Group on Operational Risk, Working Paper on Operational Risk Regulatory Capital, Juli 2000.

Zentraler Kreditausschuss, Stellungnahme des Zentralen Kreditausschusses (ZKA) zum 2. Konsultationspapier des Baseler Ausschusses für Bankenaufsicht zur Revision der Baseler Eigenkapitalübereinkunft von 1988, Berlin Mai 2001.

Operationelle Risiken – die neue Herausforderung

Fred A. Peemöller*/Renate Friedrich**

*   Fred A. Peemöller ist Chief Risk Officer for Operational Risk in der Deutschen Bank. Er leitet in dieser
    Funktion den Bereich Group Operational Risk und ist Mitglied des Group Risk Committee.
** Renate Friedrich ist in Group Operational Risk als Relationship-Managerin für die Implementierung
    des OR-Framework im Geschäftsbereich Private Clients Asset Management (PACM) zuständig sowie
    für die Projekte Risikomethode, db-IRS, db-Score, Reporting und Kommunikation.

1 Einordnung der Operationellen Risiken (OR)

Wenn über das Thema der Operationellen Risiko als neue Herausforderung gesprochen wird, kommt sehr häufig die Frage, ob dieses Risiko wirklich »neu« ist. Das Basel Committee unterscheidet im Rahmen des neuen Kapitalakkords in der Tat erstmalig zwischen Kredit-, Markt-, Liquiditäts- und Operationellen Risiken. In der bankinternen Steuerung komplettieren zudem die Geschäfts- und Reputationsrisiken die Palette der zu beachtenden Risikotypen.

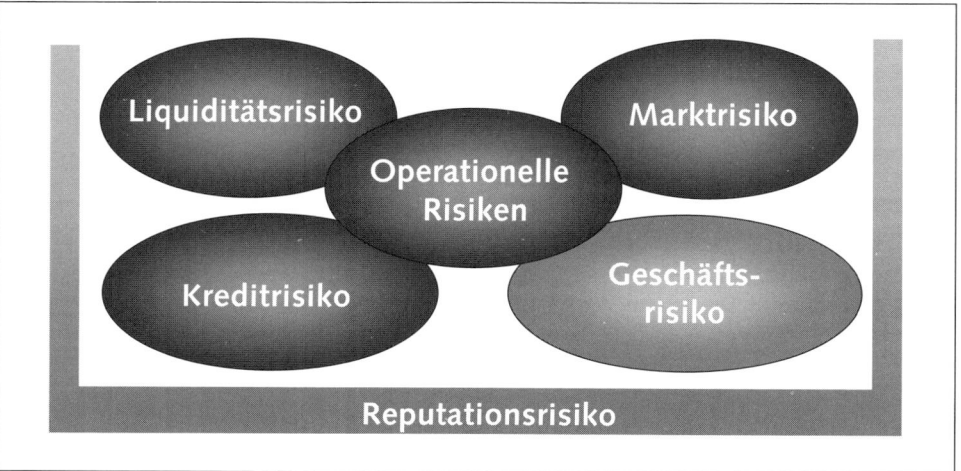

Quelle: Deutsche Bank

Abb. 1: Abgrenzung von Operationellen Risiken

Der Begriff der Operationellen Risiken umfasst im Gegensatz zum Kredit- oder Marktrisiko eine heterogene Ansammlung von Risikoarten, die sehr viel mehr umfasst als das traditionell mit den Operationellen Risiken gleich gesetzte »Operations Risk«. Der Umgang mit diesen Risiken gehört zum Alltag des Bankgeschäfts. Warum also sprechen wir dann von einer neuen Herausforderung?

Vor dem Hintergrund steigender Komplexität der Geschäftsstrukturen und -risiken, zunehmender Transaktionsgeschwindigkeit und -menge, kürzerer Produktentwicklungs-Zyklen, steigender Zahl von Produktinnovationen und dem Entstehen neuer Geschäftsfelder wird die Schwierigkeit der Steuerungsaufgabe deutlich. Zudem können Einzelschäden Operationeller Risiken Größenordnungen erreichen (Barings, Allied Bank), die – anders als vielleicht einzelne Kredit- und Marktrisiken – Unternehmen in ihrer Existenz bedrohen können. Ein Umstand, der den Risikomanagern nicht erst seit dem 11. September 2001 deutlich vor Augen steht. Hier helfen tradierte Konzepte nur bedingt weiter. Die Herausforderung besteht nun darin, diese Entwicklungen durch adäquates Risikomanagement zu begleiten, d. h. die Steuerung Operationeller Risiken als eigene Disziplin mit eigenen Managementstrukturen, Instrumenten und Prozessen zu verankern.

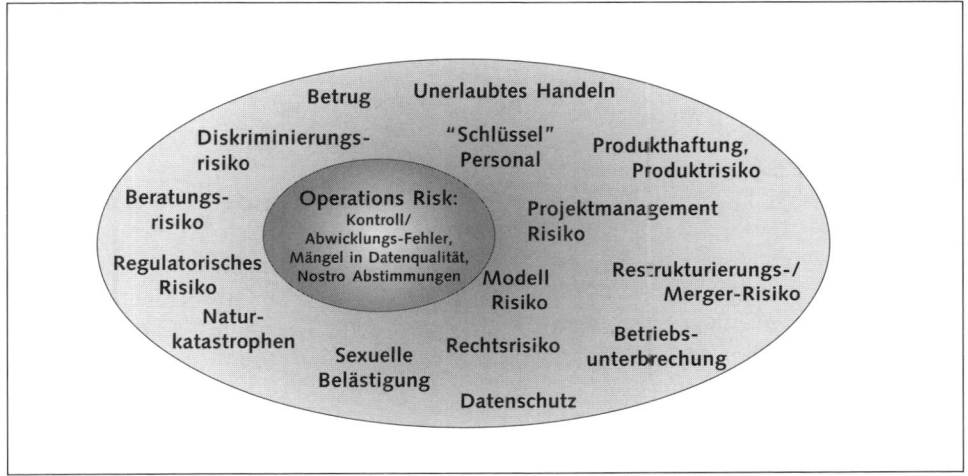

Quelle: Deutsche Bank

Abb. 2: Was ist Operationelles Risiko?

Die Implementierungsaufgabe erstreckt sich dabei über das Operationelle Risiko hinaus auf alle Risikotypen. Sie beginnt mit der überschneidungsfreien Definition der Risikotypen, eine Aufgabe, die Konsequenzen für die gesamte Risikomanagement-Organisation der Bank mit sich bringen kann. Wie genau lassen sich Kredit-, Markt-, Liquiditäts- und Operationelle Risiken voneinander abgrenzen? Was sind die Folgen für etablierte Risikomanagementprozesse? Das sind Fragen, die es für Banken individuell (zurzeit noch ohne Orientierung durch die Aufsichtsbehörden) auf Basis ihrer Geschäfts- und Risikomanagementphilosophie zu beantworten gilt.

Die Deutsche Bank versteht unter Operationellen Risiken den potenziellen Verlust im Zusammenhang mit Mitarbeitern, Technologie, Projekten, Sachvermögen, Kundenbeziehungen, sonstigen Dritten oder Regulatoren, z. B. durch unvorhersehbare Ereignisse, Betriebsunterbrechungen, nicht angemessen definierte oder nicht eingehaltene Betriebsabläufe oder das Versagen von Kontrollen oder Systemen.

2 OR-Management: die regulatorische und bankinterne Sicht

Die Aufsichtsbehörden tragen den beschriebenen Entwicklungen Rechnung, indem das neue Regelwerk explizit um die Operationellen Risiken erweitert wird. Dies gilt für die Formulierung von Sound-Practices, d.h. für die Anforderungen an die Steuerung Operationeller Risiken, insbesondere aber für die Einbeziehung der Operationellen Risiken in den neuen Kapitalakkord. Zentrales Motiv der Aufsichtsbehörden ist der Gläubigerschutz, der zu Auflagen zur Kapitalausstattung von Banken führt. Institute sollen bei schlagend werdenden Risiken vor einem Zusammenbruch bewahrt werden, der die Schädigung von privaten Einlegern und – in seiner gesamtwirtschaftlichen Bedeutung erheblicher – Knockon-Effekte auf die gesamte Kreditwirtschaft nach sich zieht.

Dieser Ansatz kann für Banken jedoch nur ein Minimalziel darstellen. Ernst genommenes Risikomanagement in einem betriebswirtschaftlich geführten Unternehmen steht im Dienste der Gesamtstrategie und zielt, um wirksam zu sein, auf die Vermeidung von Fehlallokationen des Kapitals ab. Einer der Dreh- und Angelpunkte eines bankweiten Risikomanagements ist daher die risikogerechte Kapitalallokation und daran gekoppelte Anreizsysteme für die Akteure auf allen Entscheidungsebenen.

Diese divergierenden Zielsetzungen bilden den Spannungsbogen der gegenwärtigen Diskussion um Basel II zwischen Banken und Aufsichtsbehörden. Folgerichtig sind Minimalanforderungen der Banken an die neuen bankaufsichtsrechtlichen Regeln: Risikosensitivität, Anreizsystem in Form abgestufter Kapitalbelastung, Praktikabilität und Level-Playing-Field für die im internationalen Wettbewerb agierenden Banken.

Aus Sicht der Banken wäre es wünschenswert, dass die zukünftige Kapitalbelastung der Operationellen Risiken gleichsam die konsequente Fortführung einer risikogerechteren Unterlegung der Kredit- und Marktrisiken darstellt und dabei in konsequenter Weise auch Anreize für Banken mit kompetentem Risikomanagement bereithält.

Idealiter konvergieren in Zukunft interne und aufsichtsrechtliche Ansätze und stiften den von allen Seiten angestrebten ökonomischen Nutzen, die Vermeidung von Fehlallokation des Kapitals und somit die Sicherung des Fortbestandes des Unternehmens.

3 Stand der regulatorischen Debatte

3.1 Schritte im Konsultationsprozess von Basel II

Bereits im September 1998 wurde das Thema »Operational Risk Management« seitens des Baseler Ausschusses für Bankenaufsicht aufgenommen, doch erst mit dem Einbezug in den neuen Kapitalakkord (Basel II) erlangte das Thema in der gesamten Bankenwelt breite Aufmerksamkeit.

Wie in Abbildung 3 veranschaulicht, liegen Anfang 2002 eine Reihe aufeinander aufbauender Konsultationspapiere zu Operationellen Risiken vor. Zum einen die Papiere zum Kapitalakkord, die die Prinzipien für die Bemessung der Eigenkapitalunterlegung für Operationale Risiken (Pillar I-III) detaillieren (Kapitel 3.2). Weitere Entwicklungsstufen der Papiere des Basler Ausschusses wie auch Papiere und erste Einführungsbestimmungen nationaler/regionaler Aufsichtsbehörden sind noch für 2002/2003 angekündigt (Abbildung 4).

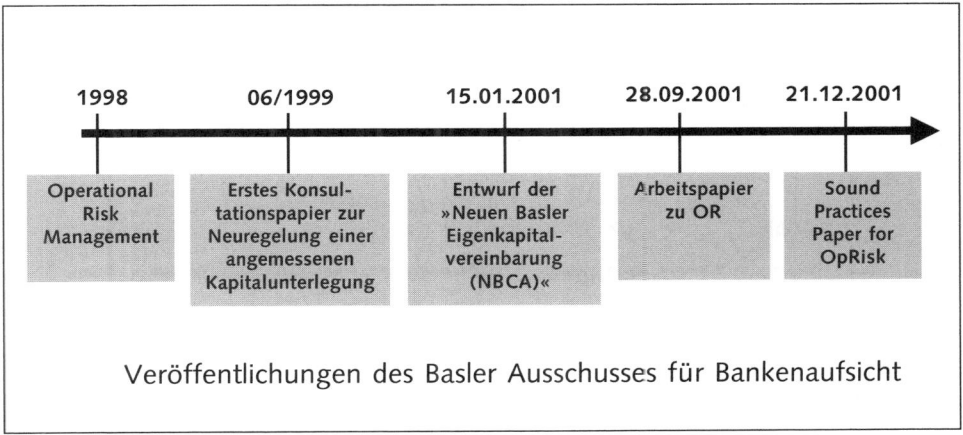

1998	06/1999	15.01.2001	28.09.2001	21.12.2001
Operational Risk Management	Erstes Konsultationspapier zur Neuregelung einer angemessenen Kapitalunterlegung	Entwurf der »Neuen Basler Eigenkapitalvereinbarung (NBCA)«	Arbeitspapier zu OR	Sound Practices Paper for OpRisk

Veröffentlichungen des Basler Ausschusses für Bankenaufsicht

Quelle: Deutsche Bank

Abb. 3: Schritte im Basel II-Konsultationsprozess bis heute

Zum anderen wurde vom Basler Ausschuss ein weiteres Konsultationsdokument, die so genannten »Sound Practices for the Management and Supervision of Operational Risk« (kurz Sound-Practices), veröffentlicht. Hierin werden im Gegensatz zum Kapitalakkord die Grundprinzipen der Steuerung von Operationellen Risiken in Banken definiert. Die Sound-Practices sind unabhängig vom eigentlichen Kapitalakkord zu sehen. Das kann insofern von Bedeutung sein, als die Sound-Practices auch getrennt von diesem in Kraft treten können, was Implikationen für die Implementierung des OR-Rahmenwerks in Banken mit sich brächte. Es sind schon heute Aktivitäten einiger nationaler Aufsichtsbehörden erkennbar, die darauf hindeuten, dass diese Anforderungen möglicherweise früher als der eigentliche Kapitalakkord in Kraft treten könnten. Da auch dieses Papier Grundlage für externe Prüfungen seitens der Wirtschaftsprüfer oder auch der Aufsichtbehörden bilden wird, ist diese Entwicklung mit Aufmerksamkeit zu verfolgen, um die Implementierungsbemühungen in Banken terminlich darauf abzustimmen (Kapitel 3.3).

Der Ablauf des bisherigen Konsultationsprozesses erscheint einmal mehr Beleg für die dialektische Wechselwirkung zwischen »Problemdruck und Problemlösung« zu sein. Der anfängliche Widerstand der Kreditwirtschaft gegen die Einbeziehung von Operationellen Risiken in den Pillar 1 des Kapitalakkord blieb ohne Erfolg. Erst nachdem der Basler Ausschuss die Kapitalunterlegungspflicht als unumstößlich klarstellte, haben sich die internationalen Banken zu einem Dialog über die Ausgestaltung bereit gefunden. Erst im Rahmen dieser Zusammenarbeit wurden dem Basler Ausschuss – und auch den Banken – die Dimension und Tragweite der neuen Kapitalregeln und die Problematik bezüglich ihrer Ausgestaltung vollständig bewusst. Die Schwierigkeiten bei der Festlegung der Regelungen waren dann auch ursächlich für die mehrfachen Verschiebungen des Einführungszeitpunktes.

Der Dialog mit dem Basler Ausschuss hat sich bislang als sehr konstruktiv und fruchtbar erwiesen. An ihm sind Banken und Bankenverbände auf nationaler und internationaler Ebene wie z.B. das Institute of International Finance (IIF) in Washington, einer der einflußreichsten Verbände, aktiv beteiligt.

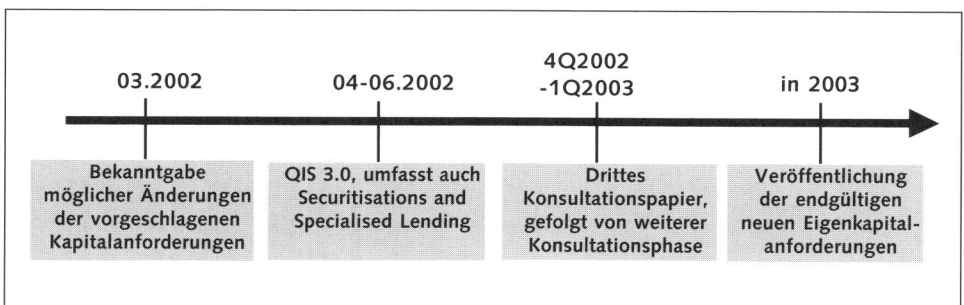

Quelle: Deutsche Bank

Abb. 4: Weitere Schritte im Basel II-Konsultationsprozess

Wir sind zuversichtlich, dass sich diese Zusammenarbeit zwischen dem Basler Ausschuss und der Bankenindustrie bis zum Inkrafttreten des Kapitalakkordes fortsetzt, damit offene Fragen geklärt und ein insgesamt überzeugendes neues Regelwerk geschaffen wird.

Wünschenswert ist in diesem Zusammenhang, insbesondere auch mit dem Blick auf ein »Level-Playing-Field«, das Ineinandergreifen des Basler Kapitalakkordes mit den jeweiligen regionalen und nationalen Regeln. Dies sind Fragen, die es im weiteren Verlauf des Konsultationsprozesses in der EU wie auch in Deutschland mit dem Bundesaufsichtsamt für das Kreditwesen sowie der Deutschen Bundesbank zu erörtern gilt.

3.2 Status quo des Kapitalakkord

Die seitens der Risk Management Group (RMG) in Basel, des Bundesaufsichtsamtes für das Kreditwesen (BaKred) sowie der Deutschen Bundesbank eingeschlagene Politik der engen Einbeziehung der Banken und Verbände in die Erarbeitung des neuen Basler Akkords wird vom Kreditgewerbe ausdrücklich begrüßt.

Es sind dabei im Laufe der Konsultation signifikante Fortschritte bei der Spezifizierung der Anforderungen, der Konkretisierung der Kapitalbelastung sowie der Praxisnähe des Regelwerkes erzielt worden. Die zentralen inhaltlichen Entwicklungen seit Januar 2001 lassen sich wie folgt umreißen:

- Klärung der Definition von Operationellen Risiken: z.B. der Verzicht auf die Einbeziehung »indirekter« Verluste in die Definition der Operationellen Risiken.
- Indikation der Kapitalbelastung: Die Reduzierung des Anteils des regulatorischen Kapitals für Operationelle Risiken von 20% auf 12% ist ein Schritt in

die richtige Richtung. Erste Quantifizierungen der α + β-Faktoren erhöhen die Transparenz.

- Anerkennung interner Modelle: Die Möglichkeit für Banken, innerhalb der Option 3 (»AMA«) eigene Modelle zu entwickeln und – nach Genehmigung durch die Aufsichtsbehörden – anzuwenden, entspricht der Forderung nach Anerkennung risikosensitiver Messverfahren.
- Risikosensitivität: Auch die Anerkennung von qualitativen Anpassungen, von Versicherungen und von Korrelationseffekten innerhalb des AMA entspricht dem Postulat der Risikosensitivität des Akkords.
- Klarheit der Anforderungen: Definition der Qualifizierungskriterien als Voraussetzung für die Anerkennung der internen Verfahren (AMA) durch die Aufsichtsbehörden tragen zur Klarheit bei. Diese beinhalten sowohl quantitative als auch qualitative Kriterien (Allgemeine, Governance, Risk-Management [OR-Management-Framework], Risk-Measurement). Risikokategorien und Business-Lines erhalten klare Konturen, was für die Implementierung in den Banken eine der Grundvoraussetzungen darstellt.

In diesem Zusammenhang ist auch wichtig hervorzuheben, dass die Aufsichtsbehörden die Anforderungen an die Granularität der Datensammlung und die der Risikoquantifizierung entkoppelt haben. Die 56-Zellen-Matrix (Business-Line / Event-Type) ist nur für die Datensammlung relevant, während die Risikoquantifizierung (AMA) hingegen auf gröberen Aggregaten vorgenommen werden kann.

- Praxisnähe: Auch die Zulassung des »Partial-Use«, hilft als praxisnahe Regelung bei der Umsetzung in der Bank. Partial-Use« heißt, dass eine Bank den einmal gewählten Quantifizierungsansatz für regulatorisches Kapital nicht durchgehend auf all ihre Bereiche/Einheiten gleichermaßen anwenden muss. Auch hier kann nach dem Grundsatz der Wesentlichkeit vorgegangen werden, d.h. während in risikoreicheren Bereichen tendenziell komplexere Verfahren Anwendung finden, wird im Gegensatz dazu in risikoärmeren Bereichen eher mit standardisierten Verfahren gearbeitet werden können.
- Zu guter Letzt entsprach der Basler Ausschuss der Forderung der Banken nach Verzicht auf Veröffentlichung von Verlustdaten im Rahmen von Pillar 3, die aus deren Sicht das Ziel des Akkords nach Vertrauenszugewinn seitens der Anleger konterkariert sahen.

Trotz der in der Zwischenzeit erzielten Fortschritte ist noch eine weite Wegstrecke bis zum endgültigen Akkord zurückzulegen. Nach wie vor besteht in vielen Aspekten und Einzelfragen des Akkords Klärungs- und Spezifizierungsbedarf. Angefangen bei der Definition von Operationellen Risiken, der Kalibrierung, der Risikosensitivität, des Anreizsystems, der Praktikabilität und des Level-Playing-Field. Wesentliche Aspekte sind:

- Die Klärung der Frage nach der Definition des Operationellen Verlustes, mit oder ohne Erwartetem Verlust, ist noch offen. Basel ist auf die Forderung der Industrie nach Angleichung der Verfahren, z.B. zum Kreditrisiko bisher nicht eingegangen und eingereichte Vorschläge blieben bisher unerwogen.

- Die Forderung, OR-Verlustdaten auch für den Bereich der Kredit- und Marktrisiken zu erheben, bleibt seitens des Basler Ausschusses bestehen. Lösungswege zur Schaffung eines Konsenses über Abgrenzungsdefinitionen als Voraussetzung zur Implementierung dieser Forderungen wurden hingegen noch nicht aufgezeigt.

- Die Kalibrierung der Alpha- und Beta-Faktoren und Festlegung der 12% ist bislang nicht ausreichend transparent. Die Abstufung zum AMA legt nahe, dass hierin ein »reasonable cushion« enthalten ist. Zudem beruht die Ermittlung der Beta-Faktoren auf unzureichenden Datenquellen, daher gilt es, diese über die kommenden Datenerhebungen (Qualitative-Impact-Study) zu verifizieren. Neben Schaffung von mehr Transparenz und der Validierung der Faktoren bleibt es Hauptziel, die Kapitalbelastung für Operationelle Risiken mit Blick auf den Gesamtakkord zu balancieren. Die im Januar-Papier genannten Beta-Faktoren führen zu einer Kapitalbelastung, die insbesondere bei großen Banken weit über dem von Basel angestrebten Satz von 12% liegen kann. Kapitalbelastung für Operationelle Risiken sollte den angestrebten Prozentsatz von 12% nicht wesentlich übersteigen. Vorstellbar ist eine Limitierung der Kapitalbelastung aus den Optionen 1 und 2 mittels eines abgestuften »Cap«.

- Die Diskussion über die Angemessenheit von Gross-Income als Indikator hält an. Hier wäre eine Öffnung für Alternativen wünschenswert, denn derzeit diskutierte Vorschläge adressieren die Bedenken seitens des Kreditgewerbes nicht ausreichend. Z.B. die Einführung eines mehrjährigen Durchschnitts wird die unerwünschte Volatilität der Kapitalanforderung nur begrenzt abfangen können.

- Ebenso bleibt die Kritik an der Linearität der Kapitalanforderung bestehen. Die lineare Abhängigkeit der Kapitalberechnung von einem Geschäftsgrößen-Indikator führt zu einer unangemessenen Benachteiligung besonders von größeren Instituten. Dieser Sachverhalt wird auch im September-Papier nicht adressiert.

- Der im September-Papier eingeführte Floor im AMA erscheint für eine begrenzte Zeit zur Sicherstellung eines »Level-Playing-Field« akzeptabel. Der große Nachteil ist jedoch, dass der vorgeschlagene Floor von 75% keine ausreichenden Anreize für fortgeschrittene Banken schafft, die quantitativen und qualitativen Voraussetzungen für den AMA zu erfüllen und in die Entwicklung eines methodischen Ansatzes zu investieren.

- Im Zusammenhang mit den Qualifizierungskriterien für den AMA bestehen noch deutliche Ausgestaltungslücken. So sind die Rechtfertigungsgründe für ein Konfidenzintervall von 99,9% und einen 12monatigen Zeithorizont fraglich. Validierungsstandards und Anforderungen zu Szenario-Analysen sind zwar als Stichworte enthalten, doch fehlt hier jegliche Konkretisierung als Hilfestellung zur Implementierung.

- De minimis: Rechtliche Einheiten unterhalb einer festzulegenden Größe sollten von der Anwendung des AMA ausgenommen werden können (De-minimis- egelung).

- Zur Schaffung eines Level-Playing-Field ist die konsistente Anwendung des neuen Akkords (vis-à-vis Asset-Managern, reinen Securities-Firmen) sowohl national als auch international sicherzustellen. Dies scheint insbesondere mit Blick auf die US-amerikanische Aufsichtswelt problematisch.

Auch wenn sich alle Banken wünschen »Not everything what can be regulated must be regulated«, so wird der Wunsch nach ausreichender Konkretisierung und höchst möglicher Risikosensitivität des Akkords allenthalben geteilt. Konsens besteht darüber hinaus in der Frage nach den Anreizen. So folgt aus betriebswirtschaftlicher Logik, dass aus erhöhtem Aufwand auch zunehmender Nutzen erwachsen sollte (Kapitel 4.6).

3.3   Status Quo des Sound-Practices-Paper

Das »Sound Practices Paper for Management and Supervision of OR« zielt, ähnlich den verwandten Papieren zum Markt- und Kreditrisiko[1], auf die Schaffung eines Rahmenwerks für die Steuerung von Operationellen Risiken ab. Im ersten Teil des Papiers werden in »10 Principles« externe prüf- und testierbare Standards zu Grundelementen des Risikomanagements eines Institutes beschrieben, wie z.B. Rollen und Verantwortlichkeiten, Organisatorischer Aufbau, Prozesse, Risikotoleranz, Risikotransfer, aber auch Prüfung durch die Aufsichtsbehörden oder Veröffentlichungspflichten. Im Teil Zwei werden spezifische qualitative Anforderungen an das Management international tätiger Banken benannt.

Ohne den detaillierten Kommentaren der Banken und Verbände vorgreifen zu wollen, so lässt sich doch schon heute breiter Konsens in der Beurteilung des Papiers feststellen. Die »10 Principles« gehen grundsätzlich in die richtige Richtung, wobei allerdings noch erhebliche Bedenken bzgl. der Formulierung im Einzelnen bestehen. Die Kritik der Banken bezieht sich insbesondere aus der Übernahme von Termini aus dem Kredit- und Marktrisiko, die unseres Erachtens im Zusammenhang mit Operationellen Risiken (noch) ungeeignet sind: z.B. Risk-Measurement, Risk-Tolerance, Risk-Strategy, Exposure. Der zweite Teil gleicht eher der Formulierung von »Best-Practices« als der von »Sound-Practices«. Dieser Teil sollte daher nicht in das endgültige Dokument übernommen werden. Dies gilt umso mehr, als hier große Überlappungen zu den Qualifizierungskriterien des Pillar 1 im Kapitalakkord bestehen. Die Sicherstellung von Überschneidungsfreiheit zum Kapitalakkord sowie definitorische Klarheit sollte im endgültigen Papier gewährleistet sein.

Wir sind zuversichtlich, dass im weiteren Verlauf des Konsultationsprozesses ein Sound-Practices-Papier entstehen wird, das Banken umsetzen und externe Auditors als Grundlage für ihre Prüfung heranziehen können.

---

1   die beiden Papiere hier benennen

4   Standards für bankinterne Steuerung der OR am Beispiel der Deutschen Bank

Regulatorische Anforderungen können – wie oben ausgeführt – nur eine Mindestanforderung für das bankinterne Risikomanagement der Operationellen Risiken sein. Modernes Risikomanagement in Banken sollte jedoch über diese regulatorischen Erfordernisse hinausgehen. Ein OR-Management-Framework sollte, wie auch für die übrigen Risikotypen, auf die individuelle Struktur und Philosophie der einzelnen Bank abgestimmt sein.

4.1   Ziele der Steuerung Operationeller Risiken

Grundsätzlich zielt die Etablierung einer pro-aktiven OR-Steuerung auf die Verbesserung des Risiko- und Returnprofils in einer Bank ab. Dazu zählen:

- Schaffung von Transparenz zur OR-Situation auf Basis einer umfassenden OR-Berichterstattung,
- Durchführung konsistenter Risk-Assessments für Operationelle Risiken auf allen Ebenen und in allen Regionen,

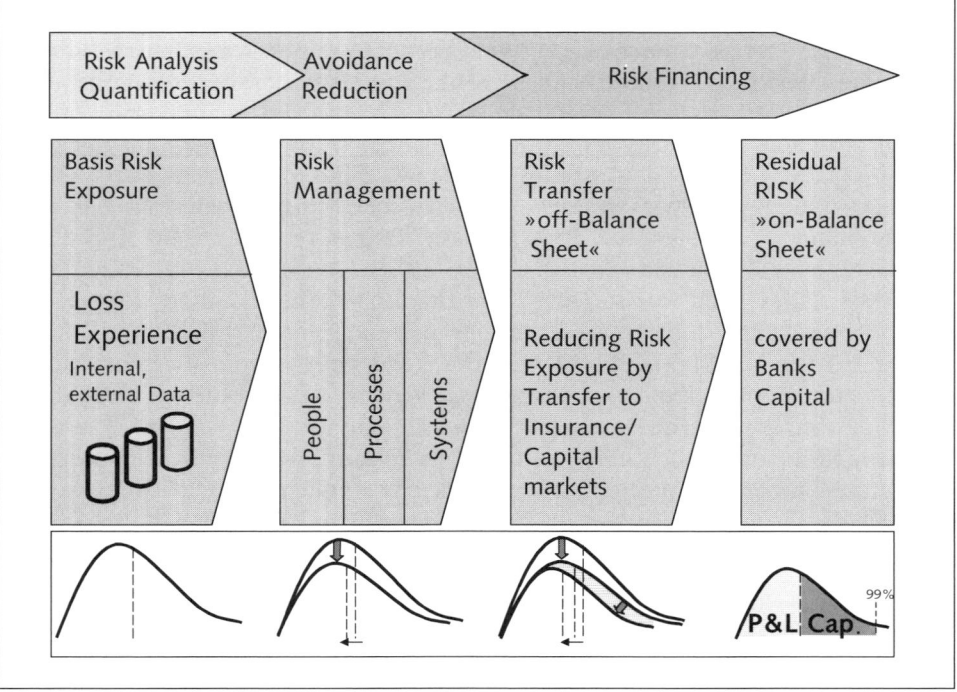

Quelle: Deutsche Bank

Abb. 5: What can we do about it?

- Bewusstsein für die Verringerung von Operationellen Risiken schärfen, um qualifizierte Entscheidungen zu Risikotransfer und Risikofinanzierung zu treffen,
- Schaffung von Verantwortlichkeiten für die Steuerung Operationeller Risiken in den operativen Einheiten,
- Nutzung der Informationen aus unseren OR-Instrumenten,
- Reduzierung der Schadenshöhe und Frequenz von OR-Ereignissen,
- Definition akzeptabler OR-Limite in den Divisionen.

Abbildung 5 veranschaulicht die Wirkung der unterschiedlichen Managementaktivitäten auf die Verlustverteilung einer Bank. Nachdem ein Überblick zum Risiko Exposure existiert, können über unterschiedliche Maßnahmen des Risikomanagement (s.o.) die Schadenshöhe und -frequenz beeinflusst oder das »Tail-End« gestaltet werden. Das verbleibende Risiko (Residual-Risk) belegt die Notwendigkeit eines Kapitalpuffers.

4.2 Komponenten und Herausforderungen eines OR-Management-Framework

Obwohl Operationelle Risiken als Teil der Banksteuerung nicht neu sind, besteht gegenwärtig die Herausforderung darin, ein für das Einzelinstitut angemessenes und umfassendes Rahmenwerk zur OR-Steuerung zu etablieren. Im Gegensatz zur Handhabung in der Vergangenheit ist es – wie bereits erwähnt – die Aufgabe, die OR-Steuerung als eigene Disziplin zu begreifen, zu entwickeln und mit spezifischen Richtlinien und Standards, Organisationsstruktur, Prozessen, Methoden und Instrumenten zu verankern.

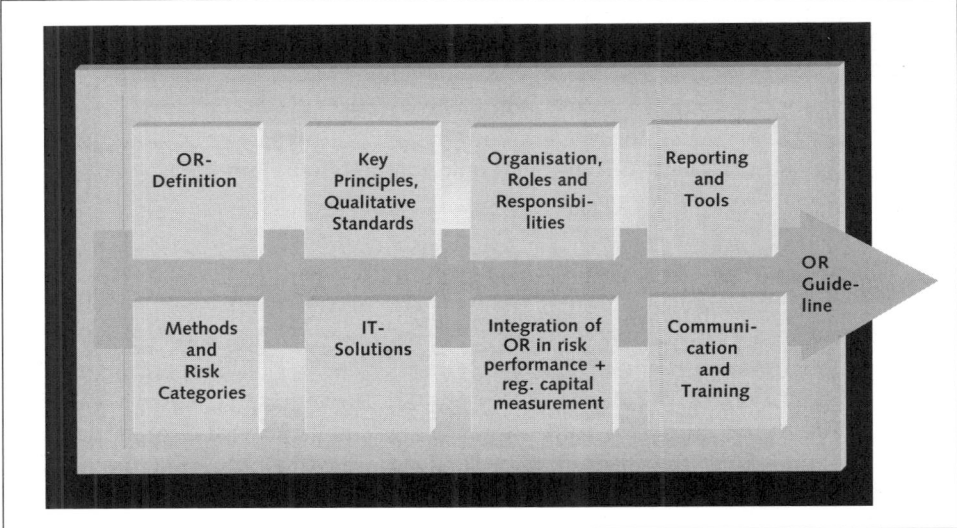

Quelle: Deutsche Bank

Abb. 6: Operational-Risk-Management-Framework

Für die Deutsche Bank haben wir uns dabei von der »Best-Industry-Practice« leiten lassen.

Eine konzernweit gültige OR-Richtlinie definiert das Rahmenwerk für den Deutsche Bank Konzern. Darin sind neben der Definition für Operationelle Risiken die Grundsätze und qualitativen Standards für den organisatorischen Aufbau, Verantwortlichkeiten, Berichterstattung, Methoden und Instrumente ebenso festgeschrieben wie unsere Anforderungen an Kommunikation und Training.

4.3   Die Risikomanagementstruktur im Konzern

Die Operationellen Risiken sind, wie die übrigen Risikotypen (z. B. Kredit- und Marktrisiko) in die Risikomanagementstruktur der Bank eingebunden. Das Risikomanagement der DB ist unabhängig von den Geschäftsbereichen aufgestellt (im Sinne der fachlichen und disziplinarischen Unterstellung) und die Steuerung der Risiken über alle Entscheidungsebenen hinweg integriert. Das Group Risk Committee (GRC), das höchste Risikogremium der Bank, steuert, stärkt und integriert das Risikomanagement über alle Geschäftsbereiche hinweg. Davon unbenommen behalten Vorstand und Aufsichtsrat ihre originäre Verantwortung für das Risikomanagement. An beide Organe wird zeitnah und umfassend über die Risikopositionen der Bank berichtet.

Alle Risikomanagement-Funktionen stehen unter einheitlicher Leitung eines Konzernvorstandmitglieds, dem Group Chief Risk Officer (Group CRO). Dem Group CRO unterstehen fachlich und disziplinarisch die CROs der Geschäftsbereiche sowie die CROs der Risikotypen (Matrixorganisation). Das GRC integriert Risikotypen gleichermaßen aus Bereichs- und Konzernsicht. Es trägt Verantwortung für:

- die Strategie des Risikomanagements,
- die Risikogrundsätze, -methoden und -prozesse,
- die Risikoanalyse und das Portfoliomanagement,
- die Planung/Allokation von Ökonomischem Kapital,
- die Geschäftsordnung der mit Risikomanagement befassten Organe und
- den Organisatorischen Aufbau der Risikomanagementeinheiten.

4.4   Organisation des OR-Steuerung

Die Verantwortung für das OR-Rahmenwerk im Konzern Deutsche Bank ist dem CRO für Operationelle Risiken (CRO OR) übertragen. In den Geschäftsbereichen sind die Operational Risk Officer (ORO) für die Implementierung des Rahmenwerks verantwortlich. CRO OR und OROs bilden gemeinsam mit den Spezialfunktionen der Bank (wie Revision, Rechtsabteilung, Personalabteilung, Controlling u. a.) das Operational Risk Committee (ORC). In der Operational Risk Richtlinie sind Rollen und Verantwortlichkeiten dieser Funktionen und Gremien festgelegt. Dies sind z.B.:

Chief Risk Officer Operational Risk

- Entwicklung und Definition des OR-Rahmenwerks, -Instrumenten, -Methoden,
- OR-Berichte an den Vorstand, Aufsichtsrat, Group Risk Committee und ORC,
- Koordination des Roll-out des Rahmenwerkes und
- Begleitung der regulatorischen Debatte.

Operational Risk Officers (ORO) in den Divisionen

- Vorschlag der divisionalen Richtlinien,
- Implementierung des Rahmenwerks in den Divisionen,
- Definition von Verantwortlichkeiten für die OR-Steuerung in den Divisionen und
- Implementierung der Instrumente, Berichterstattung und Training.

Operational Risk Committee (ORC)

- Diskussion des OR-Berichtes,
- Besprechung der OR-Verlustanalyse,
- Aufsicht über die Implementierung des OR-Rahmenwerkes und
- Genehmigung der OR-Richtlinie und der konzernweiten Standards, Methoden und Instrumente.

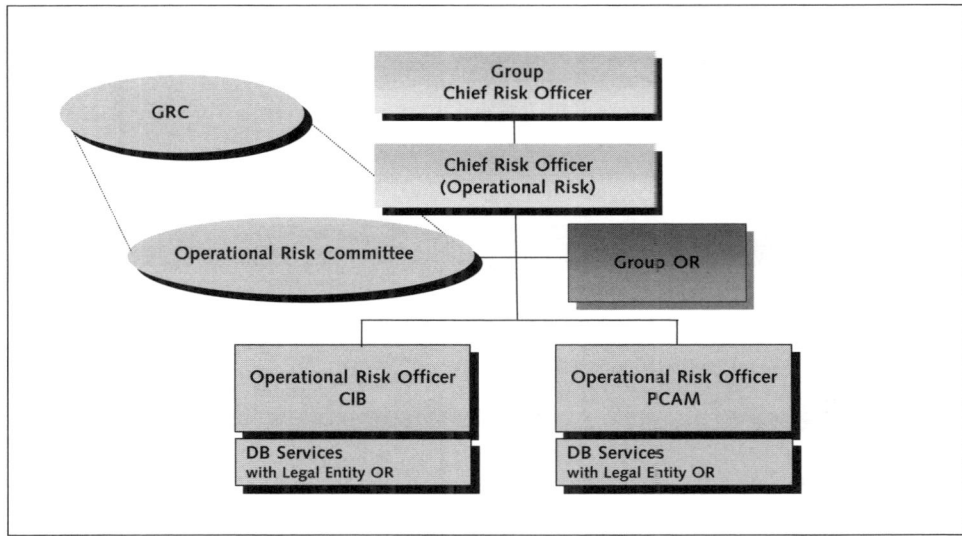

Quelle: Deutsche Bank

Abb. 7: Organisationsstruktur des ORM

4.5 OR-Prozess und OR-Instrumente

Die Abbildung 8 verdeutlicht den OR-Prozess in der Deutschen Bank. Dies ist keine allgemein gültige Definition, enthält nach unserem Dafürhalten jedoch alle Elemente der Steuerung von Operationellen Risiken. Das hierbei verwendete »Management« bezieht sich im engeren Sinne auf Maßnahmen zur Risikoreduzierung durch Risikotransfer. Zur Unterstützung der Aktivitäten in den Prozessphasen hat die Deutsche Bank unterschiedliche Instrumente entwickelt. Der Hauptzweck der Instrumente ist in der Abbildung 8 durch die 1:1-Zuordnung zu einer Prozessphase veranschaulicht.

db-IRS, das so genannte Incident Reporting System ist ein Tool zur Sammlung von Verlustdaten. Ziel ist es, zeitnah und vollständig einen Überblick zu Verlustdaten (potenzielle und tatsächliche), nach Risikokategorien und Organisationsstruktur der Bank gegliedert, zu gewinnen. Dabei unterstützt die im System integrierte Berichterstellung.

db-RiskMap ist das Instrument zur Durchführung von qualitativen Self-Assessments. Zum einen geht es darum, Transparenz und ein gemeinsames Verständnis zu OR-Themen in den Geschäftsbereichen zu schaffen sowie sicher zu stellen, dass Operationelle Risiken in den Geschäftsbereichen angemessen identifiziert und gesteuert werden. Ergebnisse des Self-Assessments ist die Identifizierung der immanenten Risiken, die Entwicklung entsprechender Risikoindikatoren zur Überwachung dieser Risiken sowie die Vereinbarung von Action-Points, d. h. konkreter Maßnahmen zur Verbesserung der Risikosteuerung.

db-Score ist der Scorecard-Approach, das Frühwarnsystem der Deutschen Bank. Wie alle Scoringsysteme ist seine Wirksamkeit von der angemessenen

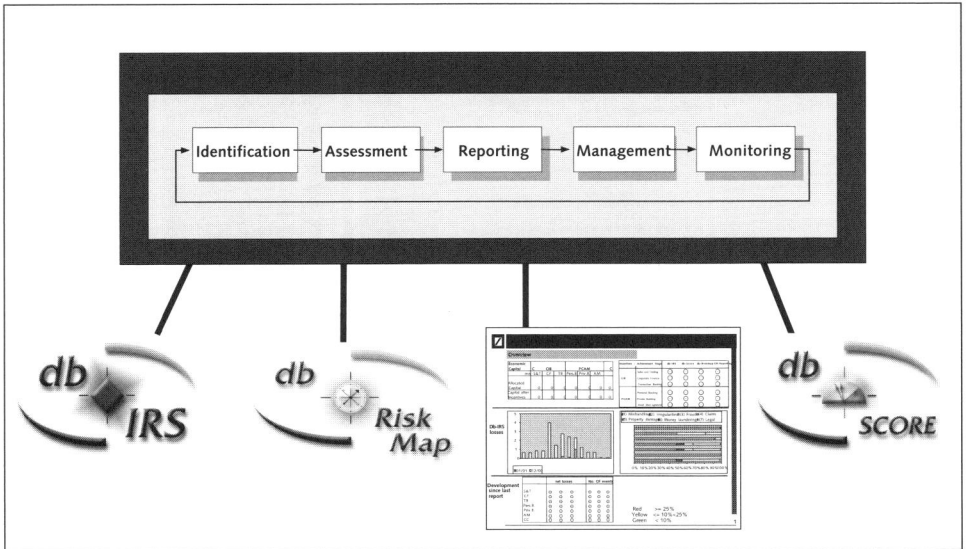

Quelle: Deutsche Bank

Abb. 8: OR-Prozess und Instrumente

Definition von Risikoindikatoren abhängig. Es unterstützt die pro-aktive Risikosteuerung durch fortlaufende Überwachung der Risikoindikatoren und bietet Anreize für die Geschäftsbereiche, Risiken zu reduzieren.

Alle vorgenannten Instrumente stehen konzernweit als web-basierte Anwendungen zur Verfügung. Während db-IRS seit 2001 verbindlich von allen Konzerneinheiten eingesetzt werden muss, gibt es vergleichbar verbindliche Richtlinien von db-RiskMap und db-Score noch nicht. Zwar startete die Deutsche Bank bereits in 2001 in allen Geschäftsbereichen mit Self-Assessments, doch ist ein Flächen deckender roll-out über alle Regionen und Geschäftseinheiten hinweg erst für die kommenden zwei Jahre geplant (2002/3). In Abhängigkeit davon wird db-Score sukzessive in den Geschäftsbereichen implementiert.

In der Deutschen Bank ist daneben eine den gesamten Konzern abdeckende Berichterstattung zu Operationellen Risiken etabliert. Auf monatlicher Basis wird ein hoch aggregierter Bericht an das Group Risk Committee sowie an das Operational Risk Committee gegeben. Vierteljährlich wird dieser durch einen detaillierten Bericht ergänzt, der auch die Einzelberichte der Geschäftsbereiche umfasst. Wesentliche Inhalte sind dabei die Analyse der Verlustdaten, Berichte über einzelne Großschäden, Economic-Capital, Roll-out-Status der Instrumente, Business-Continuity und Audit-Tracking sowie wesentliche OR-Themen, gegliedert entlang der Ursachenkategorien.

4.6 Lessons Learnt – Beispiele aus der Praxis

Bei der Implementierung eines OR-Rahmenwerks ist ein wesentlicher Schlüssel zum Erfolg die Balance zwischen Aufwand und Nutzen von Risikomanagement für die Geschäftsbereiche. Nicht erst seit Basel II gibt es in Banken die Diskussion um die Kosten des Risikomanagements oder anderer Cost-Center. Während die Notwendigkeit des Risikomanagements als solches eher nicht in Frage gestellt wird, entzündet sich die Debatte häufig an der Frage der Ausgestaltung des Risikomanagements. So auch bei Operationellen Risiken. Hier wird die Frage der Wahl des Approaches (Basic-Indicator, Standardised, AMA) durchaus kontrovers diskutiert, da mit der Wahl des Approaches bekanntermaßen unterschiedliche Qualifizierungskriterien verbunden sind, die wiederum Investitionen in unterschiedlichem Umfang nach sich ziehen – so wird z.B. die Implementierung des AMA deutlich höhere Investitionen erfordern als die des Basic-Indicator-Approach.

Die aktuelle Diskussion um Basel II erleichtert den Risikomanagern jedoch die Argumentation mit der Geschäftsleitung, die letztendlich den Aufbau der Steuerung Operationeller Risiken finanzieren muss. Anhand der nach Approaches abgestuften Kapitalbelastungen lässt sich der ökonomische Nutzen leicht beziffern und den notwendigen Kosten gegenüber stellen. Daher ist es so wichtig, dass seitens der Aufsichtsbehörden klare Anreize für die Etablierung eines qualitativ hoch stehenden und effektiven Managements gesetzt werden. Gerade in schwierigen Zeiten für die Bankenindustrie werden Investitionsentscheidungen sehr entschieden gegen den möglichen Nutzen abgewogen.

Die Praxis zeigt, dass diese Budgetdiskussionen nicht immer nur auf globaler Ebene stattfinden, sondern sich durchaus auch auf den Implementierungsaufwand für ein einzelnes Instrument erstrecken können. Daher ist es von Vorteil, wenn nicht gar Grundvoraussetzung, bei dem Design des OR-Rahmenwerks, aber auch der Ausgestaltung einzelner Instrumente die Notwendigkeiten des Risikomanagements und der damit verbundene Aufwand gegen den Nutzen für die Geschäftseinheiten auszubalancieren. Dies möchten wir im folgenden Abschnitt am Beispiel von db-RiskMap und Economic-Capital veranschaulichen.

4.6.1 db-RiskMap – das Self-Assessment-Tool der Deutschen Bank

Im Gegensatz zu anderen im Kreditgewerbe befindlichen Modellen haben wir uns in der Deutschen Bank gegen eine umfängliche Prozesserhebung in jedem Bereich und statt dessen für eine Erhebung der so genannten »High-Impact-Risks« entschieden. Die Konzentration auf das Wesentliche (6 Kategorien, 16 Fragen) und die Wahl von geschäftsnahen Ursachenkategorien erleichtern und beschleunigen das Ausfüllen der Fragebogen. »Keep it simple« reduziert den in den Geschäftseinheiten notwendigen Zeitaufwand. Neben der Erhebung des Bruttorisikos pro Kategorie wird die Risikomanagementleistung ebenso erfragt wie eine Quantifizierung der Risiken (wo möglich). Der Erfolg des Risk-Assessments ist nach unserer Erfahrung jedoch weniger von der Aktivität des anonymen Beantwortens des Fragebogens geprägt, als vielmehr vom Self-Assessment-Workshop.

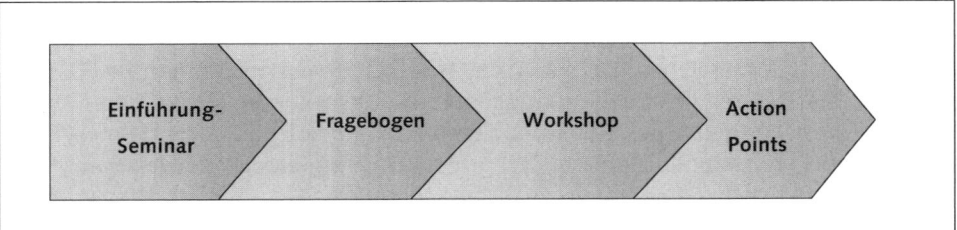

Quelle: Deutsche Bank

Abb. 9: Risk-Assessment-Prozess

Der Kern des Self-Assessments ist der Ein-Tages-Workshop, in dem die Ergebnisse des Fragebogens diskutiert werden. Die im Prozess vorgelagerte Einführungsveranstaltung dient der Schaffung einer gemeinsamen Wissensbasis und verbessert so die Qualität der Ergebnisse des Fragebogens. Der kondensierte Fragebogen wiederum schafft Zeit für längere Diskussionen und Auseinandersetzungen mit den Risiken im Workshop. Im Workshop selbst findet zielgerichtet die Identifikation der Schwachstellen, die Festlegung der Risikoindikatoren und Risikogewichte sowie die Vereinbarungen konkreter action-points (Termine, Verantwortlichkeiten) statt. Die Auswahl einer heterogenen Teilnehmergruppe (Geschäftsbereich, Revision, Personal usw.) hat sich in der Praxis als sehr günstig erwiesen, da die Operationellen Risiken eines Bereiches von vielen unterschiedlichen Perspektiven beleuchtet werden können. Eine solche Diskussion wurde seitens der teilnehmenden Geschäftsbereiche in der überwiegenden Mehrzahl der Fälle als sehr bereichernd und befruchtend empfunden. Neben den eigentlichen Ergebnissen des Self-Assessment ist die Begleiterscheinung des lebendigen Austausches und Bewusstwerdens zum Thema Operationelle Risiken wesentlicher Bestandteil des Gelingens dieser Exercise. Das positive Feedback aus den Geschäftseinheiten bestätigt uns in der Richtigkeit unseres Ansatz für das Self-Assessment.

4.6.2 Ökonomisches Kapital – Anreizsystem zur Verbesserung der OR-Steuerung

Seit 1998 sind Operationelle Risiken ein Teil der Kalkulation des Ökonomischen Kapitals der Deutschen Bank. Über die Jahre wurden die Methoden auf Basis der wachsenden Verlustdatenhistorie weiterentwickelt. Derzeit befindet sich ein statistisches Verlustverteilungsmodell (LDA) im Einsatz, das unter Verwendung interner und externer Verlustdaten das Ökonomische Kapital für Operationelle Risiken für den Konzern quantifiziert. Über unsere interne Geschäftsbereichsrechnung beeinflusst das Ökonomische Kapital für Operationelle Risiken die »Bottom-Line« der Geschäftsbereiche (Allokation von Kapital und Kapitalkosten). Diesen sehr direkten und effektiven Steuerungsmechanismus haben wir uns zu Nutze gemacht, um ein Anreizsystem zur Verbesserung der OR-Steuerung einzuführen.

Den Geschäftsbereichen ist es möglich, eine bis zu 20%ige Reduzierung ihres Ökonomischen Kapitals für OR zu erreichen. Voraussetzung ist die Implementierung der oben aufgeführten OR-Instrumente (db-IRS, db-Score, db-RiskMap und OR-Reporting).

Bei der Einführung dieses Systems haben wir uns von dem Grundprinzip von Basel II leiten lassen, gemäß dem die Anerkennung eines komplexeren Modells, das die Erfüllung der Qualifizierungskriterien voraussetzt, zur Verringerung der Kapitalbelastung führt. Dieser Logik folgend wird die Erfüllung der Qualifizierungskriterien in den Geschäftseinheiten entsprechend mit Verringerung des Ökonomischen Kapitals honoriert.

Der Implementierungsfortschritt wird über ein so genanntes »Tracking-Tool« verfolgt und dem Operational Risk Committee zur Entscheidung der ÖK-Reduzierung vorgelegt. Im Tracking-Tool wird der Implementierungsfortschritt entlang der Dimensionen Projekte, Geschäftseinheiten und Zeit (dynamisch) verfolgt. Durch vereinfachte Scores (gut, mittel, schlecht) wird der Implementierungsstatus im Dialog mit den Geschäftsbereichen festgehalten.

Die Abbildung zeigt die höchste Aggregationsstufe im Tracking-Tool (illustrative Angaben). Tatsächlich werden die Scores detailliert nach Projektteilschritten auf Geschäftseinheiten-Ebene festgelegt. Bei der Konzeption war uns besonders wichtig, den potenziellen Nutzen der Implementierung der Instrumente für die Geschäftsbereiche (ÖK-Reduzierung) in einem vergleichsweise kurzen Zeit-

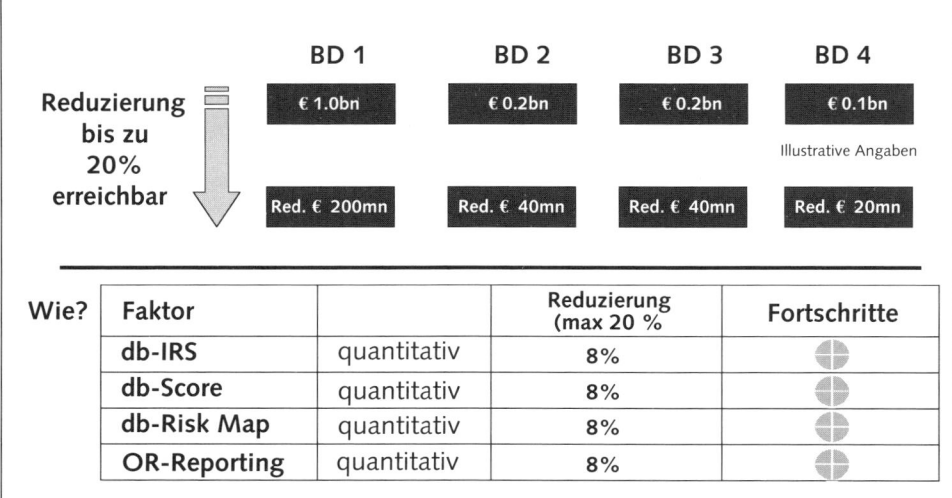

Quelle: Deutsche Bank

Abb. 10: Anreizsystem Ökonomisches Kapital

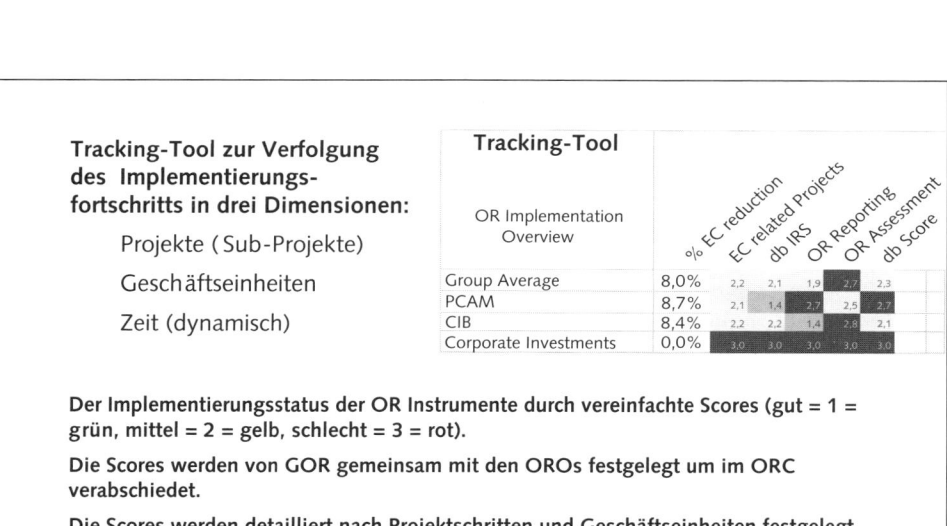

Quelle: Deutsche Bank

Abb. 11: Tracking-Tool

raum möglichst attraktiv zu gestalten. Daher wurde das System über die Dimension Zeit dynamisch gestaltet, d.h. ein Geschäftsbereich konnte bereits im zweiten Halbjahr 2001 eine sehr hohe Reduzierung des ÖK erreichen, obwohl noch lange nicht alle Instrumente flächendeckend implementiert waren. Dazu wurde die Implementierung jedes Instrumentes in Halbjahressequenzen unterteilt und die Implementierung jeder Sequenz mit voller ÖK-Entlastung honoriert.

Beispiel

Self-Assessment-Implementierungssequenz 1: Darin sind enthalten: Self-Assessment auf Ebene 1 (Einführungsseminar, Fragebogen, Workshop, Abarbeitung Action-Points) sowie die Benennung von Multiplikatoren. Implementierungssequenz 2 umfasst darüber hinaus die Ausbildung von Multiplikatoren sowie die Durchführung der Self-Assessments auf Ebene 2 und 3.

Das führt im Ergebnis dazu, dass die Bereiche schon kurze Zeit nach der Investition in die Steuerung Operationeller Risiken durch eine spürbare Reduzierung des ÖK »belohnt« wurden. Den Investitionskosten stand damit zeitnah ein Investitionsnutzen gegenüber. Dennoch bleibt der Anreiz über die Zeit erhalten, da in der nächsten Implementierungssequenz weiter Anstrengungen unternommen werden müssen, um die gleiche oder eine verbesserte ÖK-Reduzierung zu erreichen.

Dies Verfahren bewies sich als ein sehr wirksamer Anreizmechanismus und förderte die Implementierung des OR-Rahmenwerks nachhaltig.

5 Data-Pooling-Initiativen

OR-Verlustdaten sind für Zwecke des internen Risikomanagements ebenso unerlässlich wie für die Quantifizierung der Risiken. Ausreichende Informationen über Schadenshäufigkeit und Schadenshöhe sind Grundvoraussetzung für proaktives Handeln oder auch den Vergleich zu Wettbewerbern, das Benchmarking. Da ein einzelnes Institut hierfür i. d. R. nicht ausreichend über interne Verlustdaten verfügt, entstand der Gedanke des Data-Pooling.

Im Jahr 2001 waren die Initiativen Basel Konsortium (Kontinentaleuropa), GOLD (UK) und MORE (US) im Aufbau.

Auch seitens der Aufsichtsbehörden wurde die Notwendigkeit des Zusammenführens von Daten bzw. die Nutzung externer Daten für die interne Risikosteuerung erkannt, was in entsprechenden Passagen in den letzten Konsultationspapieren – wenn auch nicht in wünschenswerter Deutlichkeit – zum Ausdruck kommt.

Bei der Schaffung eines Pools sind Herausforderungen unterschiedlichster Art zu bestehen. Data-Collection-Criteria and Parameters: Dazu zählen gemeinsame Definitionen und Risikokategorien ebenso wie die Strukturierung der Datenerhebung (Vertraulichkeit der Inhalte, Anonymität der Zulieferer, Verwertbarkeit durch Skalierung, rechtliche Bedenken). Um die Verwertbarkeit der rückgemeldeten Daten bei den Einzelinstituten sicherzustellen, erfordert dies bei jedem Einzelinstitut Disziplin bei der Datenlieferung (Regelmäßigkeit, Vollständigkeit) sowie bei der Verarbeitung der Daten durch den Pool (Plausibilisierung, Skalierungsmechanik). Daher sind Quality-Assurance-Criteria als Voraussetzung für Data-Pooling unerlässlich.

Die jüngste – auch von der Deutschen Bank unterstützte – Initiative ORX (Operational Riskdata eXchange) ist der Versuch, die kontinentaleuropäischen und nordamerikanischen Initiativen zusammenzuführen. Es ist beabsichtigt, eine von den Mitgliederbanken getragene Non-Profit-Unternehmung ins Leben zu rufen. Der Stand von ORX zum Jahresende 2001: Die Gründung von ORX als Verein nach Schweizer Recht ist vorbereitet, die Satzung und der EU-Anti-Trust-Antrag liegen den Behörden zur Vorprüfung vor. Die Vertragsentwürfe wurden den vorgesehenen Dienstleistern, i.e. dem Administrative-Agent und dem Custodian, übermittelt. Der Start der Datenbank ist per Januar 2002 mit erster Datenlieferung im April 2002 geplant. Neben der Datensammlung, -bereinigung, -verarbeitung, -auswertung und -rückverteilung von OR-Verlustdaten soll ORX ebenfalls eine Plattform schaffen für die Diskussion und die weitere Entwicklung von Best-Industry-Practice für das Management Operationeller Risiken.

Im Kreditgewerbe ist gegenwärtig noch eine gewisse Zurückhaltung in Bezug auf die Data-Pooling-Initiatives zu verspüren. Zum einen liegt dies am unterschiedlichen Entwicklungsstand der OR-Implementierung in Banken. Das heißt, Banken, die noch nicht über eine interne Datensammlung verfügen, können nicht Mitglied an einem Pool werden. Zum anderen spielen auch die Kosten für ein Data-Pooling eine Rolle. Obwohl die Nutzung von externen Daten für AMA-Banken – abhängig vom gewählten methodischen Ansatz – unverzichtbar sein wird, werden vielfach Investitionen zum jetzigen Zeitpunkt gescheut. Da Data-Pooling eine angemessene Grundgesamtheit an teilnehmenden Banken voraussetzt, wäre hier ein deutliches Zeichen von den Aufsichtsbehörden wünschenswert.

6   Ausblick und noch offene Punkte

Im weiteren Verlauf des Konsultationsprozesses ist die inhaltliche wie die zeitliche Komponente gleichermaßen von Bedeutung. Inhaltlich muss es darum gehen, definitorische Klarheit zu erreichen, ohne sich dabei von dem Irrglauben leiten zu lassen, dass nur alles, was messbar, auch beherrschbar ist. Grundsätzlich können auch nicht quantifizierbare Risiken gemanagt werden. Die aufsichtsrechtlichen Regeln sollten daher spiegeln, dass Risikomanagement »Art« und »Science« zugleich ist. Der Weg auf der für Operationelle Risiken zugegebenermaßen steilen Lernkurve wird auch nach dem Inkrafttreten des neuen Akkords nicht zu Ende sein. Ganz pragmatisch sollte daher der neue Akkord dem Anspruch an eben einen solchen Meilenstein genügen und nicht den Versuch darstellen, schon heute ein perfektes Regelwerk zu schaffen.

Schon das Erreichen dieses Meilensteins ist für die Banken mit erheblichen Implementierungsanstrengungen und Investitionen verbunden. Daher ist es wichtig, dass die Aufsichtsbehörden kurzfristig durch die Festlegung und Veröffentlichung der Standards Umsetzungssicherheit schaffen. Bei gegebenem Investitionsvolumen muss jeder aus unscharfen Vorgaben resultierenden Mehraufwand vermieden werden. Klarheit und Orientierung wären insbesondere bei folgenden Aspekten wünschenswert:

- Kalibrierung der Alpha/Beta-Faktoren,
- Risikosensitivität der Indikatoren,
- Schaffung signifikanter Anreize entlang des »Continuum of Approaches«,
- Anerkennung der Mechanismen des Risikotransfers,
- Spezifikation der Qualifizierungskriterien,
- Nutzung von externen Daten für die Modellierung von Risiken und Herausstellen der Notwendigkeit von Data-Pooling-Initiativen,
- Erhöhung der Praktikabilität durch die De-minimis-Regelung und
- Wahrung des Level-Playing-Field.

7 Zusammenfassung

Die Bemühungen um die neuen aufsichtrechtlichen Vorschriften zu Operationellen Risiken gehen – bei noch bestehendem Konkretisierungsbedarf – prinzipiell in die richtige Richtung. Doch wird das Gelingen des Gesamtwerkes entscheidend vom Zusammenspiel die Einzelelemente des Akkordes und der resultierenden Gesamtkapitalbelastung der Banken abhängen.

Die Dimension und Tragweite der neuen Kapitalregelungen sind hinsichtlich ihrer Komplexität erst zunehmend in das Bewusstsein aller Akteure gerückt. Dies gilt für den Basler Ausschuss ebenso wie für die Entscheidungsträger in Banken, die personelle Ressourcen als auch Investitionen bereitstellen müssen, um Basel II in ihren Instituten umzusetzen.

Ein Wissensvorsprung besteht bei den sich aktiv am Konsultationsprozess beteiligenden Banken, der von diesen auch genutzt wird, um sich »rechtzeitig zu rüsten«. Viele kleine und mittlere Institute haben noch nicht in vergleichbarer Weise auf die Anforderungen reagiert. Mit der möglichen Verlängerung des Implementierungskalenders bis 2006 wird hier der Vorbereitungsdruck sicher etwas schwächer. Dennoch sollte es den Banken mittlerweile klar geworden sein, dass es sich lohnt – ungeachtet einer Verzögerung bei Basel II – das Ausrollen ihres Rahmenwerkes für Operationelle Risiken weiter voranzutreiben. Denn hierbei geht es nicht nur um die potenzielle Reduzierung der künftigen regulatorischen Kapitalbelastung, sondern insbesondere um die sukzessive Verringerung ihrer – bislang häufig als unvermeidbar – angesehenen Verluste in diesem Bereich. Die Erkenntnis in vielen Banken lautet: der »neue« Ansatz zum Management der Operationellen Risiken ist in der Tat geeignet, Häufigkeit und Schwere der Verlustereignisse zu verringern. Und genau das ist die Herausforderung.

Literatur

Basel Committee Publications:
No. 86 Sound Practices for the Management and Supervision of Operational Risk, (E), December 2001.
No. 75, Principles for the Management of Credit Risk, (E), September 2000.
No. 65, A New Capital Adequacy Framework: Pillar 3 – Market Discipline, Consultative Paper, (E), January 2000.
No. 50, A new capital adequacy framework, (E), June 1999.
No. 42, Operational Risk Management, (E), September 1998.

Basel Committee Working Papers:
No. 8, Regulatory Treatment of Operational Risk, (E), September 2001.

Darstellung und Würdigung Operationeller Risiken im Kontext von Basel II

Daniela Gramlich*/Stefan Gramlich**

*   Daniela Gramlich, M.A., ist Pressesprecherin der Nassauischen Sparkasse (Naspa) in Wiesbaden.
** Stefan Gramlich, Dipl.-Wirtschaftsingenieur, ist Leiter der Gruppe Informatikplanung und -controlling/ Operationales Risikocontrolling der Landesbank Hessen-Thüringen (Helaba) in Frankfurt am Main und Mitglied des Arbeitskreises Operationale Risiken des Bundesverbandes Öffentlicher Banken (VÖB).

1 Einleitung

Operationelle Risiken als Bestandteil des Risikomanagements
Mit der Vorlage seines ersten Konsultationspapiers im Juni 1999, das den Titel
»Neue Regelung der angemessenen Eigenkapital-Ausstattung« (Basel II) trägt, hat
der Baseler Ausschuss für Bankenaufsicht (Baseler Ausschuss) eine dritte Risikokategorie in die Betrachtung der Eigenkapitalanforderungen an Kreditinstitute
eingeführt: das Operationelle Risiko. Der 1988 veröffentlichte Baseler Akkord,
die derzeit geltende Eigenkapitalvereinbarung, stellte ausschließlich auf Kreditrisiken ab; 1996 wurden die Marktrisiken in die Kapitalunterlegungspflicht einbezogen. Andere Risiken wie das Operationelle Risiko sind bisher in der Mindestka-
pitalausstattung von acht Prozent, mit der die Risikoaktiva eines Kreditinstituts
unterlegt werden muss, implizit erfasst.

Die explizite Definition von Operationellen Risiken in den Konsultationspapieren des Baseler Ausschusses trägt der wachsenden Bedeutung Rechnung, die
diese Risikoart für Kreditinstitute mittlerweile hat. Die Deutsche Bundesbank
schreibt in ihrem Monatsbericht vom April 2001: »Banken stufen das Operationelle Risiko nach dem Kreditrisiko als zweitwichtigste Risikokategorie ein und
allozieren hierfür etwa ein Fünftel ihres ökonomischen Eigenkapitals.« Zurückzuführen ist dies zum einen auf die Abhängigkeit der Finanzdienstleister von
modernen Informationstechnologien und der damit verbundenen Tendenz zum
Outsourcing, zum andern auf die Erweiterung der klassischen Vertriebswege
durch die zunehmende Verbreitung des Electronic Banking. Die Kreditwirtschaft
steht folglich vor der Aufgabe, die Verfügbarkeit der für die Aufrechterhaltung des
Geschäftsbetriebs erforderlichen Systeme zu jedem Zeitpunkt sicherzustellen.

Bestimmungen des KonTraG im Vergleich zu Basel II
Neben Basel II finden sich auch im Gesetz zur Kontrolle und Transparenz im
Unternehmensbereich (KonTraG) Bestimmungen zum Risikomanagement. Die
Regelungen des KonTraG gehen über die Intentionen von Basel II hinaus: Wäh-
rend der Baseler Ausschuss lediglich die Eigenkapitalausstattung von Kreditins-
tituten festlegt, schreibt das KonTraG die Messung und Steuerung von Adres-
senausfall-, Markt-, Liquiditäts- und ausdrücklich auch Operationellen Risiken
sowie sonstigen Risiken vor. Im Rahmen einer Gesamtrisikosteuerung ist ein
Frühwarnsystem zu integrieren, um jegliche Risiken, die den Fortbestand des
Unternehmens gefährden, rechtzeitig erkennen und somit das Eintreten von
Schadensfällen vermeiden zu können.

Vorgaben, wie diese Risiken gesteuert werden sollen, werden nicht formuliert.
Im Unterschied zu Basel II enthält das KonTraG keine Kapitalunterlegungspflich-
ten. Regelungen des KonTraG beinhalten Publizitätspflichten über die Risikosituation des Unternehmens im Jahresabschluss. Der Lagebericht des Unternehmens
ist um einen Risikobericht zu ergänzen, in dem Einzelrisiken der genannten Risikoarten, die Systeme zu deren Identifizierung, Messung und Steuerung sowie das
Gesamtrisikomanagement zu erläutern sind.

Einführung Operationeller Risiken in die neue Eigenkapitalvereinbarung:
Intentionen des Baseler Ausschusses

Seit der Veröffentlichung des Baseler Akkords 1988 haben sich die Finanzmärkte, das Risikomanagement der Kreditinstitute und das Bankgeschäft insgesamt grundlegend verändert. Als erste Reaktion wurden 1996 die Marktrisiken
mit eigenen Eigenkapitalquoten versehen; gleichzeitig wurde es einigen Kreditinstituten gestattet, ihre eigenen Verfahren zur Messung des Marktrisikos einzusetzen. Die geltenden Bestimmungen aber werden einem weltweit zunehmend
komplexeren und dynamischeren Finanzsystem nicht mehr gerecht, die Orientierung ausschließlich an Kredit- und Marktrisiken kann kaum ein Bild von den
tatsächlichen Risiken eines Kreditinstituts vermitteln.

Im Grundsatz geht es dem Baseler Ausschuss deshalb darum, die Eigenkapitalanforderungen an Kreditinstitute stärker als bisher an die ökonomischen Risiken anzulehnen und dabei die Entwicklungen im Risikomanagement der Institute zu berücksichtigen. Ziel ist eine risikogerechtere Regelung als die jetzige,
ohne dabei jedoch den Gesamtumfang des aufsichtsrechtlichen Eigenkapitals zu
verändern. Gleichzeitig sind zur Bestimmung der Eigenkapitalquote mehrere einfache und fortgeschrittene Ansätze zur Messung von Risiken vorgesehen. Die
Verwendung fortgeschrittener Ansätze führt zur Verringerung der Eigenkapitalanforderungen, wodurch Anreize geschaffen werden, Methoden zur präziseren
Risikomessung zu entwickeln. Im Ergebnis zielt die neue Regelung auf größere
Sicherheit und Solidität des Finanzsystems, das damit vor Instabilitäten durch
unprofessionellen Umgang mit Risiken geschützt werden soll.

Eine Folge dieser Intentionen ist, dass der Baseler Ausschuss in der neuen
Eigenkapitalvereinbarung erstmals eine Messgrösse für das Operationelle Risiko
sowie drei Ansätze zu dessen Bestimmung vorgeschlagen hat. Auf den Basisindikatoransatz, den Standardansatz und den Internen Bemessungsansatz (IBA)
wird in diesem Beitrag ausführlich eingegangen.

2 Zweiter Entwurf des Konsultationspapiers zu Basel II

2.1 Definition Operationeller Risiken

Im zweiten Konsultationspapier des Baseler Ausschusses werden Operationelle
Risiken als »die Gefahr von direkten oder indirekten Verlusten, die infolge der
Unangemessenheit oder des Versagens von internen Prozessen, Menschen und
Systemen oder durch externe Ereignisse eintreten« definiert. Im Unterschied zu
Kredit- und Marktrisiken, die auf die Wirkung von Ereignissen abstellen, wird
bei den Operationellen Risiken an den Ursachen angesetzt: Die Definition des
Baseler Ausschusses geht auf das Ursächlichkeitsprinzip zurück. Einbezogen
sind nach seinem Verständnis die rechtlichen Risiken, nicht erfasst werden dage-
gen strategische Risiken und Reputationsrisiken.

Unter der Annahme einer gleichbleibenden Gesamt-Eigenkapitalbelastung ist die Eigenkapitalunterlegung für die Operationellen Risiken im zweiten Entwurf des Konsultationspapiers wie folgt vorgesehen:

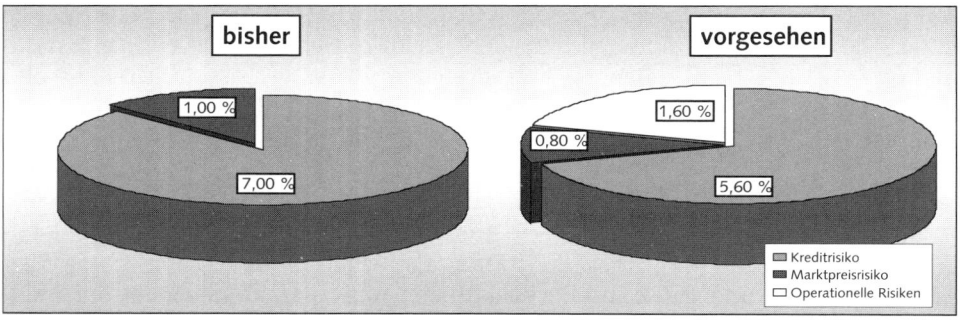

Abb. 1: Abdeckung der Risiken (Darstellung des VÖB)

Abgrenzung der Risiken in der Definition
Die Einbeziehung der Rechtsrisiken in die Operationellen Risiken ist grundsätzlich sachgerecht. Rechtsrisiken entstehen jedoch nicht ursächlichkeitsbezogen, d.h. aus sich selbst heraus. Sie sind vielmehr Wirkung menschlichen Handelns. Die Ausgestaltung der Rechtsrisiken als eigenständige Risikokategorie im Internen Bemessungsansatz (IBA) kann deshalb durchaus kontrovers diskutiert werden.

In enger Auslegung menschlichen Handelns können auch Prozesse, Systeme und externe Einflüsse, sofern sie auf menschliches Handeln zurückzuführen sind, ohne weiteres als wirkungsbezogen abgegrenzt werden. Gleiches gilt für Systeme, in denen Prozesse automatisiert ablaufen.

Für die Operationellen Risiken empfiehlt sich daher ein pragmatisches Vorgehen. Im Zusammenspiel von Ursache und Wirkung ist für eine Steuerung grundsätzlich an der Ursache anzuknüpfen. Das Ursächlichkeitsprinzip als Grundlage der Definition Operationeller Risiken sollte demzufolge auch in der Ausgestaltung der Methoden zur Umsetzung zum Tragen kommen. Abgestimmt darauf wären die Risikokategorien und -unterkategorien möglichst ursachenbezogen voneinander abzugrenzen und festzulegen, um Risiken/Verluste präventiv steuern bzw. Risiken im Verlustfall identifizieren und beheben zu können. Die Abgrenzung ist dahingehend auszugestalten, dass die Einstufung eines Risikos in eine der Risikokategorien bzw. -unterkategorien eindeutig und objektiv ist. Da dies bisher nicht geschehen ist, ist dies durch die Aufsicht noch zu leisten.

Strategische Risiken dagegen sind typische Unternehmerrisiken, die der Eigentümer eines Kreditinstituts ausdrücklich übernimmt. Aufgrund ihrer mittel- bis langfristigen Auslegung sind sie per se nicht Gegenstand einer operationalen, d.h. kurzfristigen Betrachtung. Infolge ihres übergeordneten Charakters werden strategische Entscheidungen zudem auf operationale Ziele heruntergebrochen, so

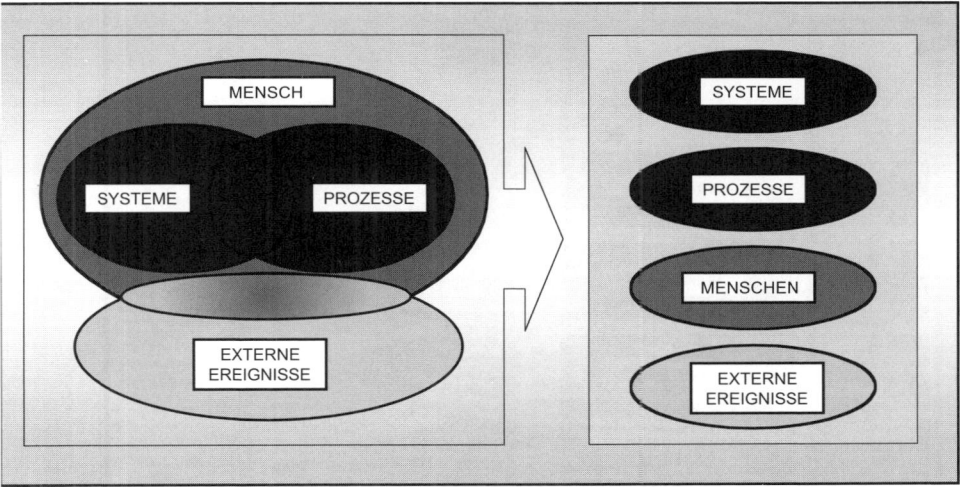

Abb. 2:　Eindeutige und objektiv nachvollziehbare, möglichst ursachenbezogene Abgrenzung der Risikokategorien

dass alle Maßnahmen zur Erreichung einer strategischen Zielsetzung zumindest in die von einem Unternehmen beeinflussbaren Kategorien Prozesse, Menschen und Systeme eingehen. Eine explizite Berücksichtigung strategischer Risiken hätte somit eine doppelte Eigenkapitalunterlegung zur Folge. Dass eine objektive Verlustbewertung strategischer Entscheidungen schwierig bis nahezu unmöglich ist, sei an dieser Stelle nur der Vollständigkeit halber erwähnt.

Strategische Entscheidungen der Geschäftsführung können deshalb nicht zum Gegenstand bankaufsichtlicher Maßnahmen gemacht werden. Lediglich für den Fall, dass von solchen Entscheidungen nachvollziehbar Gefahren für das Finanzsystem ausgehen, sollten die Aufsichtsbehörden im Einzelfall tätig werden.

Reputationsrisiken sind keine eigenständige Risikokategorie, sondern sie ergeben sich aus anderen Risiken, die über quantitative und qualitative bankaufsichtliche Normen bereits ausreichend reguliert werden. Eine Schädigung der Reputation hat zudem vornehmlich verschlechterte Gewinnchancen zur Folge. Mit bankaufsichtlichen Normen sollten jedoch nur Eigenkapital verzehrende Risiken von Kreditinstituten erfasst werden.

Abgrenzung der Operationellen Risiken von den Kredit- und Marktrisiken
Für die Kreditwirtschaft ergibt sich nun das Problem der klaren Abgrenzung zwischen Kredit- und Marktrisiken einerseits und Operationellen Risiken andererseits, die nach den Vorstellungen des Baseler Ausschusses im zweiten Konsultationspapier künftig mit 20 Prozent des erforderlichen Eigenkapitals berücksichtigt werden sollen. Diese Abgrenzung ist unumgänglich, um doppelte Eigenkapitalanforderungen für gleiche Risiken zu vermeiden und verursachungsgerechte Steuerungsinstrumente einsetzen zu können. Für die Kreditwirtschaft ist die Entwicklung diesbezüglicher Methoden, die eine eindeutige Zuordnung von Verlusten

aus Kreditrisiken einerseits und Operationellen Risiken andererseits ermöglichen, eine große Herausforderung.

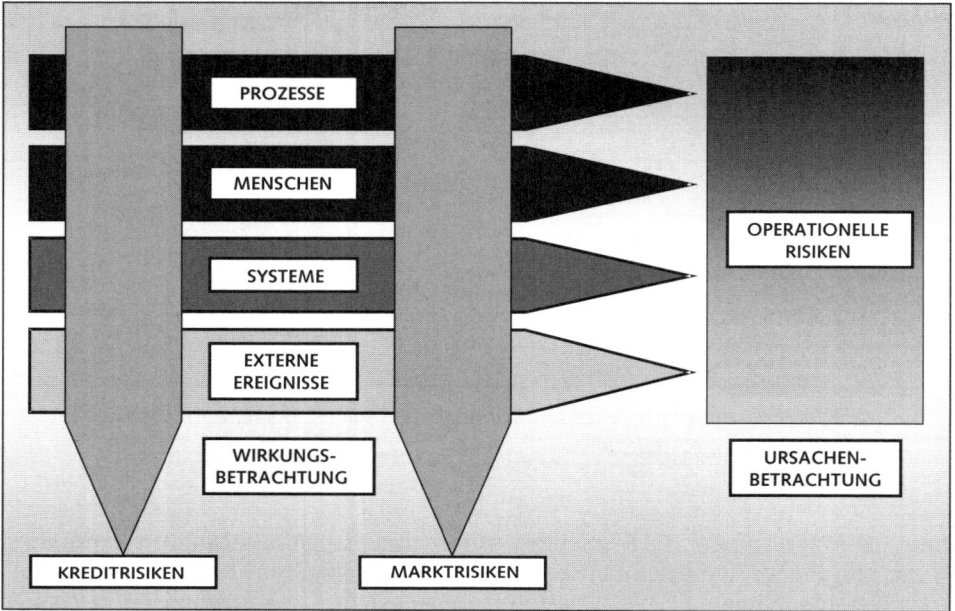

Abb. 3: Schematische Darstellung der Überschneidung von Operationellen Risiken und Kredit- bzw. Marktrisiken

Eine solche analytische Trennung ist allein auf der Basis des Ursächlichkeitsprinzips zu leisten. Während die Definition jedoch noch an den Ursachen ansetzt, gehen die vorgeschlagenen Ansätze zur Messung Operationeller Risiken wieder davon ab, wie an anderer Stelle dargelegt wird. Nicht zuletzt deshalb sollten verbindliche Regelungen seitens der Aufsicht für eine nur einmalige Anrechnung vorgegeben werden. In Anlehnung an die bisherige Praxis könnten beispielsweise bei Überschneidungen auf Operationellen Risiken beruhende Verluste wie bisher im Bereich der Kredit- bzw. Marktrisiken angerechnet werden.

Abgrenzung der Verluste
Per Definition des Baseler Ausschusses sollen in den Operationellen Risiken sowohl direkte und indirekte Verluste als auch erwartete und unerwartete Verluste enthalten sein. Während die direkten Verluste nicht näher bestimmt werden, da offensichtlich angenommen wird, sie könnten aus der Definition der Operationellen Risiken abgeleitet werden, nennt der Baseler Ausschuss zwei Beispiele für indirekte Verluste: Kosten für die Beseitigung der Ursachen operationeller Verluste und auf Operationelle Risiken zurückgehende Abschreibungen und Zahlungen an Dritte. Diskutiert wird außerdem, Beinaheverluste mit einzubeziehen.

In der Praxis ist es wegen der Abgrenzungsprobleme bereits sehr schwierig, direkte Verluste zu erfassen und zu kategorisieren. In weit höherem Maße gilt dies für indirekte Verluste, die in der überwiegenden Zahl allenfalls grob geschätzt werden können. Stattdessen sollten sie auf bestimmte, aus dem externen Rechnungswesen direkt ableitbare und willkürfrei zuzuordnende, bewertbare Komponenten beschränkt werden. Infrage kommen dafür

- Externe Kosten der Problembehebung (z.B. Beratungskosten, Rechtskosten),
- Kompensationszahlungen an Dritte.

Im Vorfeld muss sichergestellt werden, dass diese Komponenten in den verschiedenen Rechnungslegungssystemen gleich behandelt werden. Alle anderen indirekten Verluste, deren Höhe nur abgeschätzt und damit willkürlich bestimmt werden kann, und Ereignisse, die gar nicht erst zu einem Verlust geführt haben, sollten von der Pflicht zur Kapitalunterlegung von vornherein ausgenommen bleiben. Erfasst und quantifiziert werden sollten nur solche direkten und indirekten Verluste, die durch ein Rechnungswesen exakt zu beziffern und damit objektivierbar sind.

Abweichend von der Pflicht zur Kapitalunterlegung wäre es allerdings für ein Frühwarnsystem der Risikosteuerung evident, nicht objektivierbare Größen wie vermiedene Verluste und Vorsorgepositionen für mögliche drohende Verluste – wie Rückstellungen – einzubeziehen. Hier zeigt sich ein grundsätzlicher Dissens zwischen der auf die individuelle Situation des Kreditinstitutes abzustimmenden ursächlichen Risikosteuerung und der durch die Aufsicht geforderten Pflicht zur Risikokapitalunterlegung im Sinne eines Versicherungsansatzes. Je größer dieser Dissens ist, umso höher sind die Mehraufwendungen der Kreditinstitute zur Erfüllung beider Erfordernisse.

Analog zu den Kredit- und Marktrisiken fordert der Baseler Ausschuss im Hinblick auf erwartete und unerwartete Verluste, beide Verlustarten mit Eigenkapital zu unterlegen, obwohl er zugesteht, dass die Beschränkung auf unerwartete Verluste konzeptionell richtig wäre. Für die Kreditwirtschaft ist diese Forderung nicht mit den generellen Prinzipien zur Berechnung ökonomischen Kapitals vereinbar. Erwartete Verluste sind vom Cashflow der Erträge gedeckt und müssen daher nicht gesondert mit Kapital unterlegt werden. Die Berücksichtigung von extremen Ereignissen wiederum würde zu einer unverhältnismäßig hohen Kapitalbelastung der Kreditinstitute führen. Der Baseler Ausschuss sollte deshalb ein angemessenes Konfidenzniveau bei der Schätzung unerwarteter Verluste zugrunde legen.

Eine Voraussetzung zur Bestimmung von Verlusten ist neben der eindeutigen Abgrenzung deren durchgängige Erfassung und Kategorisierung. Dies ist zur Zeit insbesondere für Verluste, die auf mehr als einen Risikofaktor zurückzuführen sind, nicht möglich. Zusätzlich sind die erforderlichen Kenntnisse über den Zusammenhang zwischen den ursächlichen Operationellen Risiken einerseits und der Wahrscheinlichkeit sowie dem Umfang der daraus entstehenden Verluste als Wirkung andererseits infolge der Neuartigkeit des Themas erst noch zu erwerben. Verlustdatenbanken, die solche Zusammenhänge abbilden könnten, werden im kreditwirtschaftlichen Bereich gerade erst aufgebaut. Möglicherweise sind dies auch die Gründe dafür, dass in den Ansätzen zur Messung und Steuerung der Operationellen Risiken abweichend vom Ursächlichkeitsprinzip wirkungsbezogene Risikokategorien vorgesehen sind.

2.2 Ansätze zur Messung Operationeller Risiken

Der Baseler Ausschuss hat drei aufeinander aufbauende Ansätze zur Messung Operationeller Risiken vorgesehen: einen gesamtbankbezogenen Basisindikatoransatz, einen verschiedene Geschäftsfelder differenzierenden Standardansatz und einen auf bankinternen Verlustdaten basierenden Internen Bemessungsansatz (IBA). Die Ansätze unterscheiden sich in Messgenauigkeit und Risikosensitivität; mit zunehmender Komplexität des Ansatzes sinkt die Eigenkapitalbelastung. Auf diese Weise sollen Anreize für Kreditinstitute geschaffen werden, fortgeschrittene Methoden zu entwickeln und einzusetzen, um zu einer präzisen Messung von Risiken zu kommen.

Einflussgrößen	Basisindikator-ansatz	Standard-ansatz	Interner Bemessungsansatz
- 1 -	- 2 -	- 3 -	- 4 -
Faktor für Gesamtbank (Alpha-Faktor)	aufsichtlicher Standardwert	entfällt	entfällt
Faktor für Geschäftsfeld (Beta-Faktor)	entfällt	aufsichtlicher Standardwert	entfällt
Faktor für Geschäftsfeld-Risikotyp-Kombination (Gamma-Faktor)	entfällt	entfällt	aufsichtlicher Standardwert
Indikatoren	aufsichtlicher Standardwert	aufsichtlicher Standardwert	entfällt
Schadenswahrscheinlichkeit (Probability of Loss Event / PE)	entfällt	entfällt	bankeigener Schätzwert
Verlust im Schadensfall (Loss Given Event / LGE)	entfällt	entfällt	bankeigener Schätzwert
Gefährdungsindikator (Exposure Indicator / EI)	entfällt	entfällt	aufsichtlicher Standardwert

Berechnungsgrundlage: Erwarteter Verlust (Expected Loss/EL)   **= PE * LGE * EI**

Abb. 4: Messmethoden der Ansätze

Von international tätigen Kreditinstituten und Instituten mit erheblichen Operationellen Risiken erwartet der Baseler Ausschuss, dass diese mindestens den Standardansatz verwenden. Der Rückgriff auf einen einfacheren als den ursprünglich angewendeten Ansatz ist nach seinen Vorstellungen nicht möglich. Gestattet werden soll den Instituten dagegen, verschiedene Ansätze auf unterschiedliche

Geschäftsfelder anzuwenden (»partial use«). Fortschritte beim Management Operationeller Risiken in einzelnen Geschäftsfeldern zahlen sich damit durch eine geringere Eigenkapitalanforderung aus

Der Basisindikatoransatz
Der Baseler Ausschuss schlägt bei diesem Ansatz vor. Operationelle Risiken mit Eigenkapital in Höhe eines vorgegebenen Prozentsatzes »Alpha« des Bruttoertrages eines Kreditinstitutes zu unterlegen. Nach seiner Schätzung beläuft sich dieser Prozentsatz auf etwa 30 Prozent.

Der Bruttoertrag wird vorläufig über GuV-Positionen definiert und ist somit einfach abzuleiten. Er errechnet sich als Zinsergebnis zuzüglich des zinsunabhängigen Ertrags, worin Einkünfte abzüglich Aufwendungen aus Gebühren und Provisionen, das Nettoergebnis aus Finanzgeschäften und sonstige ordentliche Erträge enthalten sind. Nicht enthalten sind außerordentliche oder außerplanmäßige Posten.

Bei der Anwendung des Ansatzes sind die Empfehlungen des Baseler Ausschusses zur sachgerechten Steuerung Operationeller Risiken zu beachten. Grundsätzlich soll die Anwendung jedem Kreditinstitut möglich sein, also an keine Kriterien gebunden werden. Dennoch arbeitet der Ausschuss erklärtermaßen darauf hin, bestimmte qualitative Mindeststandards für das Management Operationeller Risiken einzuführen.

Die geschätzten 30 Prozent leitet der Ausschuss aus der Festlegung der Kapitalanforderung auf 20 Prozent der derzeitigen regulatorischen Mindestkapitalanforderung ab. Die Annahme, mit 20 Prozent des regulatorischen Eigenkapitals seien die Operationellen Risiken angemessen berücksichtigt, werden mit Aussagen von Banken begründet, die diese Risiken auf durchschnittlich 20 Prozent ihres ökonomischen Eigenkapitals schätzen. Diese Aussagen können jedoch keineswegs als repräsentativ gelten. Zudem bleibt unberücksichtigt, dass ökonomisches und regulatorisches Kapital einer Bank nicht vergleichbar sind. Vor allem ist es aber vor dem Hintergrund des verfolgten Kompensationsansatzes verfehlt, die Kapitalanforderung für Operationelle Risiken auf eine im vorhinein definierte Größe festzulegen. Eine solche Festlegung kann es erst geben, wenn die Auswirkungen der neuen Kreditrisikoregelungen zuverlässig abgeschätzt werden können.

Nach Absicht des Baseler Ausschusses soll der Bruttoertrag eines Kreditinstituts Erträge vor Abzug der operativen Verluste darstellen. Das bedeutet, dass operative Verluste zunächst identifiziert, quantifiziert und dann dem Bruttoertrag zugerechnet werden müssen. Mangels aussagekräftiger Verlustdatenbanken ist deren Bestimmung zur Zeit jedoch nicht möglich. Der Baseler Ausschuss konterkariert damit den eigenen Anspruch, die Anwendung des Ansatzes an keine Kriterien – also auch nicht an die Notwendigkeit zur Datensammlung – zu knüpfen.

Der Basisindikatoransatz sollte insofern zwar von jedem Kreditinstitut angewendet werden können, ist aber nicht zur Messung und Steuerung von Risiken geeignet. Das Operationelle Risiko wird im Sinne einer Risikoabsicherung lediglich pauschal geschätzt, Risikosteuerung und Risikomanagement sind dadurch nicht möglich. Denn die Kapitalanforderung orientiert sich nicht an der tatsäch-

Basisindikatoransatz Geschäftsjahr 1999	Σ Banken	Deutsche Bank	Hypo Vereins-bank	Dresdner Bank	Commerz-bank
	in € Mio.	in € Mio.	in € Mio.	in € Mio.	in € Mio.
- 1 -	- 3 -	- 4 -	- 5 -	- 6 -	- 7 -
Zinsüberschuss	18.878	6.619	5.045	4.007	3.207
Provisionsüberschuss	15.590	8.084	1.876	3.437	2.193
Handelsergebnis	6.788	4.521	401	1.274	592
Netto Finanzergebnisse	4.961	2.007	985	1.374	595
sonstige ordentl. Erträge*	11.749	385	412	1.526	462
Bruttoertrag	57.966	21.616	8.719	11.618	7.049
davon 30 %	17.390	6.485	2.616	3.485	2.115
Haftendes Eigenkapital	101.971	35.172	26.667	22.682	17.450
davon 20 %	20.394	7.034	5.333	4.536	3.490
2. Entwurf Konsultationspapier 30% Bruttoertrag zu 20% Eigenkapital	0,85	0,92	0,49	0,77	0,61

* Summenpositionen aus z.B. Sonstige betriebliche Erträge, Laufende Erträge aus Aktien, Erträge aus Beteiligungen oder Gewinngemeinschaften, Versicherungserträge ect.

Abb. 5: Bankenvergleich für den Basisindikatoransatz

lichen Höhe der Operationellen Risiken, was Voraussetzung für eine wirksame Steuerung wäre, und sie kann von den Kreditinstituten nicht durch das Management Operationeller Risiken beeinflusst werden. Die Ursächlichkeit zwischen der Eigenkapitalunterlegung einerseits und Operationellen Risiken andererseits ist damit nicht gegeben. Während der Baseler Ausschuss Operationelle Risiken auf der Grundlage des Ursächlichkeitsprinzips definiert, geht der Basisindikatoransatz also davon wieder ab.

Davon abgesehen steht das bankaufsichtlich sanktionierte Abschöpfen bei zusätzlich erwirtschafteten Erträgen im Widerspruch zu den geschäftspolitischen Zielen von Kreditinstituten. Nicht zuletzt ist der Basisindikatoransatz negativ mit Operationellen Risiken korreliert, weil operationelle Verluste die Kapitalanforderung verringern.

Der Standardansatz
Beim Standardansatz soll die Geschäftstätigkeit der Kreditinstitute standardisierten Geschäftsbereichen und -feldern zugeordnet werden. Der Baseler Ausschuss schlägt neben drei Geschäftsbereichen (Investmentbanking, Banking, Sonstige) sieben Geschäftsfelder vor: Unternehmensfinanzierung, Handel, Privatkundengeschäft, Commercial Banking, Zahlungsverkehr, Wertpapierprovisionsgeschäft und Vermögensverwaltung. Für jedes dieser Geschäftsfelder ist die Bestimmung eines allgemeinen Indikators beabsichtigt, der Größe oder Volumen der Geschäftstätigkeit abbildet und der als Näherungswert für die Höhe der Operationellen Risiken dienen soll.

Geschäfts-bereiche	Geschäftsfelder (1.Ebene)	Indikator	Kapital-faktor
- 1 -	- 2 -	- 3 -	- 4 -
Investment-banking	Unternehmens-finanzierung	Bruttoerträge	β_1
	Handel	Bruttoerträge oder VaR	β_2
Banking	Privatkunden-geschäft	Durchschnittliche jährliche Bilanzsumme	β_3
	Commercial Banking	Durchschnittliche jährliche Bilanzsumme	β_4
	Zahlungsverkehr	Durchsatz an jährlichen Zahlungen	β_5
Sonstige	Wertpapier-provisionsgeschäft	Bruttoerträge	β_6
	Vermögens-verwaltung	Verwaltetes Vermögen	β_7

Abb. 6: Standardansatz

Die Eigenkapitalanforderung für die einzelnen Geschäftsfelder soll nach den Vorstellungen des Baseler Ausschusses durch Multiplikation der Indikatoren mit einem für jedes Geschäftsfeld aufsichtlich festgelegten Beta-Parameter berechnet werden. Um die Beta-Parameter zu bestimmen, werden den Geschäftsfeldern ebenfalls aufsichtlich festgelegte Risikogewichte zugewiesen. Die Summe der Risikogewichte beträgt 1. Beta soll als Näherungswert für das branchenweite Verhältnis zwischen dem durch Operationelle Risiken verursachten Schadensverlauf innerhalb der einzelnen Geschäftsfelder und deren entsprechenden Indikatoren dienen.

Die Anwendung des Standardansatzes knüpft der Ausschuss an eine Reihe von Voraussetzungen, die das Risikomanagement und dessen effektive Kontrolle sowie die Messung und Validierung von Risiken betreffen. Gefordert wird ein unabhängiges Management- und Kontrollverfahren für Operationelle Risiken, das die Planung, Umsetzung und ständige Überprüfung des Messkonzeptes umfasst. Die Eingabe wesentlicher Daten soll kontrolliert werden, und die bankinterne Revision soll das Verfahren regelmäßig überprüfen. Ferner verlangt der Ausschuss, die obersten Verwaltungsorgane und die Geschäftsleitung in das Risikomanagement und dessen Kontrolle einzubeziehen.

Im Hinblick auf die Risikomessung fordert der Ausschuss, dass die Kreditinstitute über geeignete Risikomeldesysteme mit entsprechenden Datenhaushalten verfügen müssen, deren Daten zur Berechnung der Eigenkapitalunterlegung herangezogen werden. Außerdem muss mit der systematischen Erfassung von Daten begonnen und Kriterien für die Einordnung von Geschäftsfeldern sowie Tätigkeiten nach den standardisierten Vorgaben der Aufsichtsinstanzen entwickelt und dokumentiert werden (Operationalisierung des Rahmenwerkes).

Die Differenzierung verschiedener Geschäftsfelder ist grundsätzlich geeignet, die Risikosensitivität zur Ermittlung der Kapitalanforderung für Operationelle Risiken zu erhöhen. Mit der vorgeschlagenen, aufsichtlich vorgegebenen Standardisierung können jedoch die ganz unterschiedlichen Geschäfts- und Organisationsstrukturen von Kreditinstituten nicht vollständig erfasst werden. Beispielsweise bleiben Besonderheiten von Landesbanken wie das Förder- und das Bauspargeschäft unberücksichtigt. Die Strukturen müssten also umgekehrt auf die standardisierten Geschäftsfelder abgestimmt werden.

Im Hinblick auf die vom Baseler Ausschuss vorgeschlagenen Risikogewichte ist es erforderlich, diese auf der Basis institutsspezifischer Verlustdaten festzulegen. Sie sollten unbestimmt bleiben, solange diese Daten nicht zur Verfügung stehen. Wenn sie bestimmt werden, sollte dies nicht durch Vorgaben, wie im Konsultationspapier vorgeschlagene Intervallgrenzen, eingeschränkt werden. Außerdem ist sicherzustellen, dass die Risikogewichte regelmäßig aufsichtlich überprüft und erforderlichenfalls angepasst werden.

Ein am tatsächlichen Risiko orientierter Standardansatz hängt wesentlich davon ab, dass für jedes Geschäftsfeld ein risikosensitiver Indikator gefunden wird. Der Baseler Ausschuss stellt jedoch selbst fest, dass die vorgeschlagenen Indikatoren lediglich Größe oder Volumen der Geschäftstätigkeit in den einzelnen Geschäftsfeldern, nicht aber die Höhe Operationeller Risiken abbilden. Die anhand dieser Indikatoren ermittelte Eigenkapitalanforderung ist daher nicht risikoadäquat; eine wirksame ursachenbezogene Steuerung und ein zielgerichtetes Management Operationeller Risiken sind, wie schon im Falle des Basisindikatoransatzes, nicht möglich. Die Höhe der voraussichtlichen Eigenkapitalunterlegung ist kaum abzuschätzen. Unter dem Gesichtspunkt der Risikosensitivität ist es daher wichtig, dass der Standardansatz künftig auf der Basis einer verbesserten Datenlage modifiziert werden kann.

Die Voraussetzungen, die der Baseler Ausschuss an die Anwendung des Standardansatzes knüpft, bedeuten zunächst einmal einen erheblichen Mehraufwand für diejenigen Kreditinstitute, die diese erfüllen müssen. Dabei sind sie für die technische Umsetzung des Ansatzes nicht erforderlich. Der Grad der Komplexität erscheint erst für den Internen Bemessungsansatz (IBA) angemessen. Was das unabhängige Management- und Kontrollverfahren betrifft, kann lediglich für das Verfahren als solches Unabhängigkeit gefordert werden, nicht für das Management. Dieses trägt Verantwortung für Ergebnisse und Risiken, ist also systemimmanent gerade nicht unabhängig.

Die Forderung nach geeigneten Risikomeldesystemen, mit deren Daten die Eigenkapitalunterlegung berechnet werden soll, geht in der vorgeschlagenen Formulierung zu weit. Die aus »geeigneten Risikomeldesystemen« – sofern diese überhaupt vorhanden sind – gewonnenen Daten gegenwärtig in die Berechnung einfließen zu lassen, ist im Rahmen der Berechnungssystematik des Standardansatzes nicht erforderlich bzw. gar nicht möglich. Der Ausschuss sollte sich daher auf die Formulierung beschränken, dass Kreditinstitute zum Aufbau geeigneter

Risikomeldesysteme angehalten werden, deren Daten geeignet sind, (im Rahmen eines fortgeschritteneren Ansatzes) zur Berechnung der Eigenkapitalunterlegung verwendet werden zu können.

Der Interne Bemessungsansatz (IBA)

Dem Internen Bemessungsansatz (IBA) zufolge soll die Geschäftätigkeit der Kreditinstitute den gleichen Geschäftsfeldern zugeordnet werden wie beim Standardansatz. Zusätzlich definiert der Baseler Ausschuss sechs Risikotypen Operationeller Risiken, die auf alle Geschäftsfelder angewendet werden sollen: Abschreibungen, Verlust des Rückgriffrechtes, Entschädigungszahlungen, Rechtskosten, Bußgelder/Geldstrafen (bankaufsichtliche Maßnahmen) und Beschädigung/Verlust von Vermögenswerten.

Für jede Geschäftsfeld-Risikotyp-Kombination wird nach den Vorstellungen des Baseler Ausschusses ein Gefährdungsindikator (Exposure Indicator (EI)) und ein Gamma-Parameter – als Maß für die Eigenkapitalunterlegung – aufsichtlich festgelegt. Die Verlustwahrscheinlichkeit (Probability of Loss Event (PE)) und der entstehende Verlust (Loss Given Event (LGE)) für jede Kombination sollen danach von den Kreditinstituten bemessen werden. Der erwartete Verlust einer Geschäftsfeld-Risikotyp-Kombination soll als Produkt des Gefährdungsindikators, der Verlustwahrscheinlichkeit und des entstehenden Verlustes berechnet werden. Die Höhe der Eigenkapitalunterlegung ergibt sich aus der Gewichtung des erwarteten Verlustes mit dem zugeordneten Gamma-Faktor.

Die Vorstellungen des Ausschusses gehen dahin, dass einzelne Komponenten der Verlustberechnung gegenüber der Aufsichtsinstanz dargelegt werden. Sobald Erfahrungswerte vorliegen, soll die Flexibilisierung des Ansatzes geprüft werden. Für die Eigenkapitalunterlegung erwägt der Ausschuss, auf zwei Jahre befristet eine Untergrenze festzulegen (Floor-Konzept). Diese Untergrenze soll als fixer Prozentsatz der nach dem Standardansatz ermittelten Kapitalanforderung festgelegt werden.

Für die Anwendung des Internen Bemessungsansatzes (IBA) setzt der Baseler Ausschuss – analog zum Standardansatz – bestimmte Mindestanforderungen im Hinblick auf das Risikomanagement und dessen Kontrolle sowie die Messung und Validierung von Risiken voraus. So verlangt er, dass die Genauigkeit und Verlässlichkeit von Verlustdaten nachgewiesen werden muss (Validierung der Datenqualität). Die gewonnenen Daten müssen für Risiko- und Managementberichte, für Zwecke der internen Kapitalallokation und für Risikoanalysen verwendet werden. Die uneingeschränkte Integration der internen Messmethoden in das Tagesgeschäft und in wichtige geschäftliche Entscheidungen ist nach Auffassung des Ausschusses zwingend notwendig.

Was die Messung und Validierung von Risiken betrifft, fordert der Ausschuss von den Kreditinstituten entsprechende Messmethoden, Mitarbeiter mit fundierten Kenntnissen und eine geeignete Systeminfrastruktur verfügbar zu haben, um gemäß der typischen derzeitigen und künftigen Geschäftätigkeit Schadensfälle konsistent bestimmen zu können. Die Systeme sollen auf Daten aus allen Subsystemen und geographischen Standorten zugreifen sowie explizit feststellen und zurückverfolgen können, ob Daten aus verschiedenen Systemen, Gruppen oder Standorten fehlen.

Geschäfts-bereiche - 1 -	Geschäfts-felder (1. Ebene) - 2 -	Risikotypen/-kategorien (Effekte)					
		Abschreibungen - 3 -	Verlust des Rückgriffrechtes - 4 -	Entschädigungs-zahlungen - 5 -	Rechtskosten - 6 -	Bußgelder Geldstrafen (Bankaufsicht-liche Maßnahmen) - 7 -	Beschädigung / Verlust von Vermögenswerten - 8 -
Investment-banking	Unternehmens-finanzierung	Neugeschäfts-volumen	Neugeschäfts-volumen	Neugeschäfts-volumen	Neugeschäfts-volumen	Neugeschäfts-volumen	Wert der Anlage
	Handel	Handelsvolumen	Handelsvolumen	Handelsvolumen	Handelsvolumen	Handelsvolumen	Wert der Anlage
Banking	Privatkunden-geschäft	Transaktions-volumen	Transaktions-volumen	Transaktions-volumen	Transaktions-volumen /Gehälter	Anzahl der Transaktionen	Wert der Anlage
	Commercial Banking	Transaktions-volumen	Transaktions-volumen	Transaktions-volumen	Transaktions-volumen /Gehälter	Anzahl der Transaktionen	Wert der Anlage
	Zahlungsverkehr	Transaktions-volumen	Transaktions-volumen	Transaktions-volumen	Transaktions-volumen	Anzahl der Transaktionen	Wert der Anlage
	"Agency" Dienstleistungen	Wert des Treuhänder-vermögens	Wert des Treuhänder-vermögens	Transaktions-volumen			Wert der Anlage
Sonstige	Wertpapier-provisionsgeschäft	Wert der Transaktionen	Wert der Transaktionen	Wert der Transaktionen	Wert der Transaktionen	Wert der Transaktionen	Wert der Anlage
	Vermögens-verwaltung	Durchschnittl. Wert des verwalteten Vermögens	Durchschnittl. Wert des verwalteten Vermögens	Wert der Transaktionen	Wert der Transaktionen	Durchschnittl. Wert des verwalteten Vermögens	Wert der Anlage

Abb. 7: Interner Bemessungsansatz (IBA)

Die Kreditinstitute sollen zur umfassenden Dokumentation und Datenvalidierung verpflichtet werden. Ferner werden explizite Regelungen für externe Daten und für Verlustdatenbanken, die zur Berechnung angemessener Kennziffern wie Verlustwahrscheinlichkeit (PE) und entstehender Verlust (LGE) erforderlich sind, sowie regelmäßige interne und externe Prüfungen durch Revision und Aufsichtsinstanzen verlangt.

Der Interne Bemessungsansatz (IBA) scheint grundsätzlich geeignet, die Kapitalanforderung für Operationelle Risiken dem tatsächlichen Risiko anzunähern. Er hat jedoch wie schon der Basisindikatoransatz und der Standardansatz Schwächen, die zum einen die aufsichtlich festgelegten Indikatoren und die sich daraus ergebende angebliche Relevanz für Operationelle Risiken betreffen. Zum andern mangelt es an einer eindeutigen Definition und einer klaren Abgrenzung der Begriffe Verlustwahrscheinlichkeit und entstehender Verlust.

Die vorgeschlagenen Gefährdungsindikatoren sind reine Größenindikatoren. Ein signifikanter Zusammenhang zwischen diesen Indikatoren und Operationellen Risiken ist bisher nicht nachgewiesen. Wie bereits bei den beiden anderen Ansätzen ist die anhand dieser Indikatoren ermittelte Eigenkapitalanforderung risikoinadäquat. Auch der Interne Bemessungsansatz (IBA) sollte deshalb so flexibel gestaltet werden, dass die Indikatoren auf der Basis einer in der Zukunft verbesserten Datenlage modifiziert werden können.

Die im Ansatz vorgegebenen Risikotypen weichen vom Ursächlichkeitsprinzip ab. Damit sind die Kreditinstitute auch unter Anwendung des am weitesten fortgeschrittenen Ansatzes nicht in der Lage, die durch die Aufsicht formulierten – und auch im eigenen Interesse stehenden – Ziele der ursachenbezogenen Risikosteuerung zu erfüllen. So ist beispielsweise anhand eines Verlustes infolge einer Abschreibung nicht erkennbar, welche Ursachen hierfür verantwortlich sind. Zur Risikosteuerung wäre demzufolge der durch die Aufsicht vorgegebene Ansatz nicht ohne weiteres anwendbar und entsprechend zu erweitern.

Im Gegensatz zu den entsprechenden Begriffen im Kreditrisikobereich sind die Begriffe Verlustwahrscheinlichkeit und entstehender Verlust nicht hinreichend klar definiert und abgegrenzt. Zudem variiert ihre Interpretation und Festlegung innerhalb des Ansatzes in Abhängigkeit von der für die jeweilige Geschäftsfeld-Risikotyp-Kombination gewählten Indikatorgröße. Die Abschätzung des erwarteten Verlustes ist insofern inkonsistent. Folglich ist zunächst einmal eine konsistente Definition der beiden Begriffe erforderlich. Zudem muss für jede Geschäftsfeld-Risikotyp-Kombination geklärt werden, wann ein Schadensfall als eingetreten gilt (Ermittlung der Verlustwahrscheinlichkeit) und welche Komponenten (direkte/indirekte Verluste) in welcher Höhe als operationeller Verlust anzurechnen sind (Ermittlung entstehender Verlust).

Mit den aufsichtlich festgelegten Gamma-Parametern soll der erwartete Verlust einer Geschäftsfeld-Risikotyp-Kombination in eine Kapitalanforderung umgerechnet werden. Dabei wird ein linearer Zusammenhang zwischen erwartetem und unerwartetem Verlust unterstellt. Diese Annahme ist jedoch nicht haltbar, weil das Verlustpotenzial in keinem funktionalen Zusammenhang zum Erwartungswert steht. Mit der Standardisierung der Gamma-Parameter wird außerdem ein über alle Banken einheitlicher Zusammenhang zwischen erwartetem und

unerwartetem Verlust angenommen. Abweichungen der bankindividuellen Verlustverteilung von der branchenbezogenen Verlustverteilung werden dabei nicht
berücksichtigt. Sollte der Baseler Ausschuss dennoch an den Gamma-Parametern
festhalten, ist, wie schon im Falle des Standardansatzes, sicherzustellen, dass
diese von den Aufsichtsinstanzen regelmäßig auf ihre Adäquanz hin überprüft
und erforderlichenfalls angepasst werden.

Unangemessen hohe Kapitalanforderungen infolge von Extremereignissen oder
einmaligen signifikanten Änderungen bei den Faktoren Verlustwahrscheinlichkeit bzw. entstehender Verlust sollten den Kreditinstituten nicht aufgebürdet werden. Eine in die Zukunft wirkende erhöhte Kapitalanforderung ist in solchen Fällen unangebracht, da betroffene Kreditinstitute Maßnahmen treffen werden, um
vergleichbare Ereignisse künftig auszuschließen. Den Aufsichtsinstanzen könnte
die Kontrolle dieser Maßnahmen zugestanden werden, sodass sie sich von deren
Wirksamkeit überzeugen können.

Der Ansatz sollte mit einer Komponente ausgestattet werden, die der Qualität des internen Managements Operationeller Risiken Rechnung trägt. Unter
dem Gesichtspunkt Risikosensitivität wäre zudem die Berücksichtigung von
Korrelation/Diversifikation wünschenswert. Dies müsste jedoch für jedes einzelne Kreditinstitut geschehen, eine pauschale Anrechnung über die Gamma-
Parameter ist nicht zielführend.

Der Vorschlag einer Untergrenze, unter die eine Eigenkapitalanforderung nicht
absinken darf, ist kontraproduktiv im Hinblick auf eine möglichst umfangreiche
Reduzierung Operationeller Risiken. Ziel sollte vielmehr eine an den tatsächlichen Risiken orientierte Gestaltung des Ansatzes sein, sodass sich eine Untergrenze erübrigt. Anderenfalls müsste konsequenterweise auch eine Obergrenze
eingeführt werden, um inadäquate Ausschläge infolge des Low-Frequency/High-
Impact-Prinzips zu vermeiden. Was die Ermittlung der Untergrenze betrifft, ist
festzuhalten, dass die dadurch notwendigen Doppelberechnungen nicht nur mit
erheblichem Mehraufwand einhergehen, sondern auch im Widerspruch zur Logik
des vom Baseler Ausschuss propagierten »Continuum of Approaches« stehen. Am
Beispiel der Untergrenze zeigt sich deutlich die Unsicherheit des Ausschusses in
Bezug auf die durch den Ansatz ermittelte Eigenkapitalanforderung.

In Anhang 5 seines Begleitdokuments »Operational Risk« stellt der Baseler
Ausschuss einen Ansatz vor, wie die standardisierten Gamma-Parameter künftig durch Risikoprofilindizes ersetzt werden könnten. Über diese Indizes sollen
für jede Geschäftsfeld-Risikotyp-Kombination Abweichungen der bankindividuellen Verlustverteilung von der branchenbezogenen Verlustverteilung abgebildet
werden. Die Risikoprofilindizes entstammen der Erkenntnis, dass branchenbe-
zogene Verlustdaten nicht notwendigerweise auf einzelne Kreditinstitute übertragen werden können und insbesondere die aus den branchenbezogenen Daten
gewonnenen Verhältnisse nicht allgemeingültig sind.

Risikoprofilindizes könnten grundsätzlich den Internen Bemessungsansatz
(IBA) verbessern. Es ist jedoch zu befürchten, dass auf der Grundlage der zur
Bestimmung bankindividueller Risikoprofilindizes notwendigen Daten die Inad-
äquanz des Ansatzes insgesamt zunehmend evident wird. Im übrigen ist zu
berücksichtigen, dass wegen der Low-Frequency/High-Impact-Charakteristik der

Verlustverteilungen von Operationellen Risiken aus starken negativen Einzelausschlägen nicht ohne weiteres auf ein schlechtes Management dieser Risiken geschlossen werden kann.

Die Bedingungen, die an Risikomanagement und Risikokontrolle der Kreditinstitute gestellt werden, sind zu eng gefasst und können zum Teil gar nicht erfüllt werden. Zu der letztgenannten Kategorie gehören die geforderten Anwendungstests, mit denen die Genauigkeit von Verlustdaten und die Verlässlichkeit der auf diesen Daten beruhenden Ergebnisse (insbesondere Verlustwahrscheinlichkeit und entstehender Verlust) nachgewiesen werden sollen. Aufgrund von möglichen Low-Frequency-Ereignissen ist die Verlustwahrscheinlichkeit im Rahmen des Backtesting im eigentlichen Sinne nicht überprüfbar. Im Übrigen sollten andere geeignete Verfahren zur Validierung von Messmethoden Operationeller Risiken erlaubt sein.

Die Forderung des Ausschusses, interne Messmethoden uneingeschränkt in das Tagesgeschäft und in wichtige geschäftliche Entscheidungen zu integrieren, sollte die Kreditinstitute nicht dazu verpflichten, den für aufsichtliche Zwecke verwendeten Ansatz eins zu eins intern anwenden zu müssen. Zur täglichen Risikoermittlung ist das geforderte Vorgehen überdies nicht geeignet, sodass es auf die Integration in das strategische Risikomanagement und wichtige geschäftliche Entscheidungen beschränkt werden sollte.

Der Interne Bemessungsansatz (IBA) kann wegen seiner vorgegebenen Konstruktionsmerkmale wie Geschäftsfelder, Gamma-Parameter, Risikotypen und gegebenenfalls »Mindest-Expected-Losses« die spezifischen Operationellen Risiken eines Kreditinstituts nicht angemessen abbilden. Sollte seine Verwendung erzwungen werden, würden systematisch inadäquate Kapitalzuweisungen ermittelt. Deshalb sollte es den Kreditinstituten gestattet werden, individuelle Merkmale Operationeller Risiken sowie eventuell über die Anforderungen des Ansatzes hinausgehende Managementerkenntnisse in ihre internen Methoden zu integrieren. Es wäre daher sachgerecht, von den Anwendern des Internen Bemessungsansatzes (IBA) ein gleichwertiges Verfahren für den internen Einsatz zu verlangen, wobei die Gleichwertigkeit im Wesentlichen dadurch gegeben wäre, dass auf die gleichen Daten und Inputparameter zurückgegriffen wird.

Die an die Messung und Validierung Operationeller Risiken geknüpften Bedingungen wie eine geeignete Systeminfrastruktur, eine Mindesthistorie für Verlustdatenbanken und die Aufnahme von über diesen Zeitraum hinausreichenden »plausiblen historisch großen oder wesentlichen Schadensfällen« in die Datenbank, sind überzogen. Da allein die umfassende Ermittlung von Verlustdaten, also eine alle Einheiten eines Kreditinstituts betreffende Datensammlung, aufsichtlich relevant erscheint, geht die Forderung nach einer »geeigneten Systeminfrastruktur« zu weit. Ob und inwieweit ein Kreditinstitut Systeme oder manuelle Verfahren zur Datensammlung einsetzt, muss ihm überlassen bleiben. Insofern ist die Formulierung »geeignete Infrastruktur« ausreichend.

Der Zeitraum, den die Verlustdatenbank für wesentliche Geschäftsfelder abzudecken hat, sollte vom Baseler Ausschuss so bald als möglich bestimmt werden, damit die Kreditwirtschaft mit der Planung und Vorbereitung beginnen kann. Die Datenhistorie sollte dabei so bemessen sein, dass Kreditinstitute zum voraussichtlichen In-Kraft-treten der neuen Eigenkapitalvereinbarung Anfang 2006 den Internen Bemessungsansatz (IBA) anwenden können. Um Wettbewerbsverzerrungen zu vermeiden, empfiehlt es sich zudem, die Mindesthistorie ohne Ermessensspielräume für die nationalen Aufsichtsinstanzen einheitlich vorzugeben.

Beim Aufbau der Datenhistorien werden die Kreditinstitute vor die Schwierigkeit gestellt, dass in den drei von der Aufsicht zunächst verbindlich vorgesehenen Ansätzen ausschließlich wirkungsbezogene Daten (Effekte) betrachtet werden. Allerdings ist bereits in der Anfangsphase der Datenerhebung durch die Kreditinstitute zu prüfen, inwieweit Datenhistorien mit wirkungsbezogenen Daten zu einem späteren Zeitpunkt für eigene interne Modelle verwendet werden können. In Anbetracht der bereits dargelegten Bedenken, dass eine effektbezogene Betrachtung mit einer ursächlichen Risikosteuerung nicht konform ist, kann zumindest davon ausgegangen werden, dass der durch die Aufsicht formulierte »Continuum of Approaches« nicht ohne Weiteres gegeben sein wird.

Wie im Zuge des Aufbaus der Datenhistorien damit umgegangen werden soll, lässt die Aufsicht unbeantwortet. Ursachenbezogene Risikokategorien sind nicht Gegenstand des zweiten Konsultationspapiers. Sie sind allerdings Gegenstand der Quantitative Impact Study (QIS). Bis zu einer verbindlichen Aussage der Aufsicht darüber, wie ursachenbezogene Risikokategorien grundsätzlich zu behandeln und ggf. auszugestalten sind, besteht zumindest für die Kreditinstitute eine erhebliche Unsicherheit darüber, wie beim Aufbau der Datenhistorien konkret vorgegangen werden soll. Unabhängig davon kann jedoch schon jetzt nicht ausgeschlossen werden, dass – obwohl nicht explizit im Konsultationspapier ausgeführt – mit dem Aufbau von Datenreihen sowohl für die von der Aufsicht vorgegebenen fortgeschrittenen Ansätze als voraussichtlich zeitgleich auch für die später fortzuentwickelnden eigenen internen Modelle zeitnah zu beginnen sein wird.

Gegen den Vorschlag des Ausschusses, ein Verfahren zur Ermittlung »plausibler historisch großer oder wesentlicher Schadensfälle« zu entwickeln, ist nichts einzuwenden, wohl aber gegen die Aufnahme von außerhalb der Datenhistorie liegender Schadensfälle in die Datenbank. Dies würde über die ermittelten Verlustwahrscheinlichkeiten (PE) und entstehenden Verluste (LGE) zu einer höheren Eigenkapitalanforderung führen, so dass Kreditinstitute mit historischen »Low-Frequency High-Impact«-Verlusten aufsichtlich bestraft werden. Dabei dürften gerade Institute mit entsprechenden Erfahrungen vorbeugende Maßnahmen getroffen haben.

Der Verlustverteilungsansatz
Neben diesen drei im Konsultationspapier genannten Ansätzen wird über einen vierten Ansatz diskutiert, der es den Kreditinstituten unter bestimmten Bedingungen erlaubt, das Operationelle Risiko mit Hilfe eigener Verfahren zu ermitteln. Dieser so genannte Verlustverteilungsansatz scheint unter dem Gesichtspunkt der Risikosensitivität der vielversprechendste Vorschlag des Baseler Ausschusses zur Quantifizierung Operationeller Risiken zu sein.

Bei diesem Ansatz wird der unerwartete Verlust direkt geschätzt und nicht aus einer unterstellten Relation zum erwarteten Verlust abgeleitet. Geschäftsfelder und Risikotreiber können bankintern den spezifischen Gegebenheiten angepasst werden. Dadurch werden Abweichungen der bankindividuellen Verlustverteilung von der branchenbezogenen Verlustverteilung abgebildet.

Der Verlustverteilungsansatz sollte wegen seiner konzeptionellen Vorteile nicht als Fernziel der Entwicklung diskutiert werden, sondern den Kreditinstituten als gleichwertige Alternative zu den anderen Ansätzen offen stehen. Im Rahmen der Diskussion über das Spektrum der fortgeschrittenen Verfahren (Advanced-Measurement-Approaches (AMA)) wird derzeit von der Aufsicht überlegt, den Verlustverteilungsansatz und andere fortgeschrittene Verfahren, z. B. Scorecard-Ansätze, als gleichwertige Verfahren zum Internen Bemessungsansatz (IBA) unter bestimmten Voraussetzungen zuzulassen. Sollte der Verlustverteilungsansatz nicht anerkannt werden, würden Investitionen in die Entwicklung eines solchen Verfahrens unterbleiben. Dies aber stünde im Widerspruch zum erklärten Ziel des Baseler Ausschusses, die Weiterentwicklung der Steuerung und Messung Operationeller Risiken zu fördern.

3 Quantitative Impact Study (QIS)

Im Mai 2001, kurz vor Abschluss der zweiten Konsultationsrunde, initiierte der Baseler Ausschuss eine umfassende Datenerhebung unter Kreditinstituten zur Feinabstimmung der drei vorgesehenen Ansätze im zweiten Konsultationspapier. Eine erste Datenerhebung war Gegenstand einer Befragung durch die Aufsicht in 1999.

Eines der Ziele der zweiten Quantitative Impact Study (QSI) war es, Verlustdaten zu ermitteln. Mit Hilfe der gewonnenen Daten sollen insbesondere die Konzeption und die Parameter des Internen Bemessungsansatzes (IBA) angepasst werden, um die Eigenkapitalanforderung möglichst exakt an den tatsächlichen Operationellen Risiken ausrichten zu können.

Die Teilnehmer an der QIS wurden ausdrücklich aufgefordert, Anmerkungen zu spezifischen Themenschwerpunkten der Ansätze zu machen. Diese waren im Einzelnen:

* Risikoindikatoren
* Ursachenbezogene Risikokategorien
* Einordnung bzw. Aufteilung des Geschäftsfeldes »Private Banking« auf verschiedene Geschäftsfelder
* Relevante Untergrenze zur Erfassung eines Verlustes

Zur Einordnung der Verluste wurden neben wirkungsbezogenen erstmalig auch sechs ursachenbezogene Risikokategorien vorgesehen. Zudem wurde die QIS als Auftakt regelmäßiger Datenerhebungen angekündigt. Auf der Grundlage der kontinuierlich wachsenden Datenmenge sollen die drei Ansätze künftig ständig überprüft und erforderlichenfalls angepasst werden.

Die Erhebung wurde am 1. August 2001 abgeschlossen. Angesichts der Bedeutung Operationeller Risiken für die Kreditwirtschaft ist zunächst einmal erstaunlich, dass die QIS zu einem so späten Zeitpunkt in Angriff genommen wurde. Wäre der ursprünglich vorgesehene Zeitplan eingehalten worden, hätte es keine Gelegenheit gegeben, die Ergebnisse vor der Verabschiedung in die neue Eigenkapitalvereinbarung einfließen zu lassen. Dass dies nun möglich ist, ist der Entscheidung des Baseler Ausschusses zu verdanken, Anfang 2003 eine dritte Konsultationsrunde durchzuführen.

4   Working Paper on the Regulatory Treatment of Operational Risk

Anfang Oktober 2001 hat der Baseler Ausschuss ein weiteres Papier zum aktuellen Diskussionsstand mit dem Namen »Working Paper on the Regulatory Treatment of Operational Risk« vorgelegt. Basierend auf den Forderungen der Kreditwirtschaft in der Stellungnahme des Zentralen Kreditausschusses zum zweiten Entwurf des Konsultationspapiers und auf Ergebnissen der ersten Tranche der Quantitative Impact Study II (QIS II) werden vier Schwerpunkte genannt, die gegenüber dem zweiten Entwurf des Konsultationspapiers vom Januar 2001 geändert worden sind:

- die Definition Operationeller Risiken,
- die Reduzierung der Eigenkapitalquote zur Unterlegung Operationeller Risiken,
- die Einführung neuer, auf bankinternen Verfahren beruhender Ansätze zur Messung Operationeller Risiken (Advanced-Measurement-Approaches (AMA)),
- die Reduzierung der Eigenkapitalanforderung durch Versicherungen.

In diesem Zusammenhang werden Änderungen an den bereits im zweiten Entwurf des Konsultationspapiers vorgestellten Ansätzen zur Messung und Steuerung von Operationellen Risiken, die neuen ursächlichen Risikokategorien und die Ausführungen im Working Paper zur zweiten und dritten Säule von Basel II für Operationelle Risiken vorgestellt.

Definition Operationeller Risiken
Der Baseler Ausschuss hat die Definition dahingehend modifiziert, dass unter Operationellen Risiken jetzt »die Gefahr von Verlusten, die infolge der Unangemessenheit oder des Versagens von internen Prozessen, Menschen und Systemen oder durch externe Ereignisse eintreten« verstanden wird. Von der im zweiten Konsultationspapier gemachten Unterscheidung zwischen direkten und indirekten Verlusten wird ebenso abgerückt wie von der ursprünglichen Absicht, alle indirekten Verluste einzubeziehen. Der Baseler Ausschuss ist auch davon abgekommen, strategische Risiken und Reputationsrisiken zu einem späteren Zeitpunkt

explizit zu berücksichtigen. Systematische Risiken werden von der Definition ausdrücklich nicht mehr erfasst, die Kalibrierung wird entsprechend angepasst. Ob dies auf einen Verzicht zur Unterlegung erwarteter Verluste mit Eigenkapital hinausläuft, geht aus dem Working Paper nicht eindeutig hervor.

Am Ursächlichkeitsprinzip in der Definition hält der Baseler Ausschuss trotz der Schwierigkeiten, dieses in den vorgeschlagenen Ansätzen zur Messung Operationeller Risiken umzusetzen, fest. Er erachtet es auch als bedeutsam für das Management Operationeller Risiken. Dafür erforderliche ursächliche Risikokategorien werden durch die Aufsicht neu eingebracht und sind in der zweiten Anlage des Diskussionspapiers beschrieben (vgl. Abbildung 8). Diese sind für den Aufbau der internen Verlustdatenbanken zu verwenden und sollen helfen, die für die aufsichtsrechtliche Kapitalunterlegung relevanten Verluste zu identifizieren.

Das Working-Paper liefert jedoch keinen Anhaltspunkt dafür, dass sich das Ursächlichkeitsprinzip folglich auch in den Methoden zur Messung und Steuerung Operationeller Risiken wieder zu finden hat. Im Gegenteil wird sogar ausdrücklich darauf hingewiesen, dass Operationelle Risiken sowohl im Hinblick auf ihre Ursachen als auch im Hinblick auf ihre Wirkungen analysiert werden können. Zur Quantifizierung und dem Pooling der Daten von Kreditinstituten hält der Baseler Ausschuss weiterhin eine Betrachtung von GuV-Daten für erforderlich.

Reduzierung der Eigenkapitalquote zur Unterlegung von Operationellen Risiken
Der zweite Punkt betrifft die Eigenkapitalquote, mit der Operationelle Risiken insgesamt unterlegt werden sollen. Demnach genügen künftig 12 Prozent des erforderlichen Eigenkapitals, ursprünglich hatte der Baseler Ausschuss 20 Prozent vorgesehen. Davon ist er nun mit der Begründung abgerückt, dass die Kreditwirtschaft ihre Operationellen Risiken in der Regel versichert.

Zu der Frage, wie Operationelle Risiken von Kredit- und Marktrisiken eindeutig abgegrenzt werden können, enthält das Working-Paper keinen neuen Vorschlag. Die neuen ursächlichen Risikokategorien sind nach Ansicht der Aufsicht allerdings geeignet, die bisher den Kredit- und Marktrisiken zugeordneten Operationellen Risiken zu identifizieren. Dadurch ist die Anforderung, alle Operationellen Risiken in einer Verlustdatenbank zu erfassen und in das Risikomanagement einzubeziehen, durch die Kreditinstitute umsetzbar.

Für aufsichtsrechtliche Kapitalanforderungen sollen demgegenüber die Datenbestände der Kredit- und Marktverluste rückwirkend nicht um Operationelle Risiken bereinigt werden. Solche Verluste sind weiterhin nach den aufsichtsrechtlichen Regelungen für Kredit- und Marktrisiken zu unterlegen. Um eine doppelte Eigenkapitalunterlegung zu vermeiden, soll nach Angabe der Aufsicht die Eigenkapitalunterlegung von Operationellen Risiken angepasst werden. Dabei wird auf die vorläufigen Ergebnisse der ersten Tranche der QS II verwiesen, auf die das Working-Paper ausführlich eingeht. Allerdings können die Auswirkungen auf die Gesamtkapitalbelastung erst nach Kenntnis über die Höhe der zukünftigen Eigenkapitalunterlegung von Kreditrisiken abgeschätzt werden.

Event Kategorien (1. Ebene)	Interner Betrug	Externer Betrug	Beschäftigungs-praxis & Arbeitsplatz-sicherheit	Kunden, Produkte & Geschäfts-gepflogenheiten	Sachschaden	Geschäfts-unterbrechungen & Systemausfälle	Abwicklung, Vertrieb & Prozess-management
Definition	Verluste auf Grund von Handlungen mit betrügerischer Absicht, Veruntreuung von Eigentum oder der Umgehung von Vorschriften, des Gesetzes oder interner Bestimmungen Ausschließlich »Verschiedenes«, z. B. sexuelle Belästigung am Arbeitsplatz, Mobbing – mit Beteiligung mindestens eines internen Mitarbeiters (siehe hierzu die Kategorie: Beschäftigungspraxis und Arbeitsplatzsicherheit)	Verluste auf Grund von Handlungen mit betrügerischer Absicht, Veruntreuung von Eigentum oder der Umgehung des Gesetzes durch einen Dritten	Verluste auf Grund von Handlungen, die gegen Beschäftigungs-, Gesundheits- oder Sicherheitsvorschriften bzw. -abkommen verstoßen, Verluste auf Grund von Zahlungen aus Ansprüchen wegen Körperverletzung; Verschiedenes (z. B. sexuelle Belästigung am Arbeitsplatz, Mobbing usw.)	Verluste auf Grund von unbeabsichtigten oder fahrlässigen Nichterfüllung geschäftlicher Verpflichtungen gegenüber bestimmten Kunden (einschließlich treuhänderlicher und kulanzbezogener Verpflichtungen Verluste auf Grund der Art oder Struktur eines Produktes	Verluste auf Grund von Beschädigungen oder des Verlustes von Sachvermögen durch Naturkatastrophen oder andere Ereignisse	Verluste auf Grund von Geschäfts-unterbrechungen oder Systemausfällen	Verluste auf Grund von Fehlern bei der Geschäftsabwicklung oder im Prozessmanagement Verluste auf Grund von Beziehungen mit Geschäftspartnern und Outsourcing-Partnern, z. B. Hard-/Software Lieferanten

Abb. 8: Ursächliche Risikokategorien

Einführung neuer, auf bankinternen Verfahren beruhender Ansätze zur Messung
Operationeller Risiken (Advanced-Measurement-Approaches (AMA))
Im dritten Punkt des Working Paper werden mit den Advanced-Measurement-Approaches (AMA) auf bankinternen Verfahren beruhende, fortgeschrittene Ansätze zur Messung Operationeller Risiken eingeführt. Unter dieser Bezeichnung hat der Baseler Ausschuss den Internen Bemessungsansatz (IBA) und den Verlustverteilungsansatz sowie einen neuen Scorecardansatz zusammengefasst. Obwohl die Erläuterungen in diesem Punkt vage sind, ist zu vermuten, dass weitere Ansätze dazukommen werden. Nicht umsonst sind für diese Verfahren schon qualitative und quantitative Kriterien formuliert worden.

Der Baseler Ausschuss hat im Falle des Internen Bemessungsansatzes (IBA) bereits im zweiten Konsultationspapier erwogen, die Eigenkapitalunterlegung an einer Untergrenze festzumachen, die als fixer Prozentsatz der nach dem Standardansatz ermittelten Kapitalanforderung festgelegt wird (Floor-Konzept). Im Hinblick auf die AMA schlägt das Working-Paper nun vor, diese Untergrenze bei 75 Prozent der Kapitalanforderung nach dem Standardansatz zu ziehen.

Die Anwendung eines der fortgeschrittenen Verfahren erfordert die Zulassung durch die Aufsicht. Diese wird nur erteilt, wenn mindestens das Risikomanagement als angemessen angesehen wird, ausreichende personelle Ressourcen bereitstehen, das Verfahren auf der Analyse externer und interner Daten aufbaut und die Bank regelmäßig Szenarien analysiert. Neben dieser Generalklausel sind weitere zahlreiche qualitative und quantitative Anforderungen in der ersten Säule vorgegeben, die gegenüber den Ausführungen zum zweiten Entwurf des Konsultationspapiers konkretisiert, gleichzeitig jedoch auch erheblich erweitert wurden.

Änderungen am Basisindikatoransatz und am Standardansatz
Infolge der verringerten Eigenkapitalunterlegung von Operationellen Risiken werden die Anrechnungsfaktoren ebenfalls neu kalibriert. Nach ersten Analysen des Datenmaterials der Quantitative Impact Study (QIS) ist nach Angabe der Aufsicht für den Basisindikatoransatz davon auszugehen, dass der Kapitalfaktor von bisher 30 Prozent auf etwa 17 bis 20 Prozent des Bruttoertrages gesenkt wird. Die Kalibrierung der Kapitalfaktoren wird dadurch gegenüber den Vorgaben im zweiten Entwurf des Konsultationspapiers, wie in Abbildung 9 dargestellt, angepasst.

Was den Standardansatz betrifft, hat der Baseler Ausschuss an den vorgegebenen Geschäftsfeldern festgehalten. Im Gegensatz zum zweiten Konsultationspapier wird für alle Geschäftsfelder aber nur noch ein Indikator bestimmt, der Größe oder Volumen der Geschäftstätigkeit abbilden und als Näherungswert für die Höhe der Operationellen Risiken dienen soll. Dieser Indikator ist der von der Kreditwirtschaft am stärksten kritisierte Bruttoertrag. Unter dieser Prämisse können gegenüber dem Basisindikatoransatz lediglich noch die aufsichtlich festgelegten Beta-Parameter pro Geschäftsfeld variiert werden.

Basisindikatoransatz Geschäftsjahr 1999	Σ Privat-banken	Deutsche Bank	Hypo Vereins-bank	Dresdner Bank	Commerz-bank
	in € Mio.	in € Mio.	in € Mio.	in € Mio.	in € Mio.
- 1 -	- 3 -	- 4 -	- 5 -	- 6 -	- 7 -
Zinsüberschuss	18.878	6.619	5.045	4.007	3.207
Provisionsüberschuss	15.590	8.084	1.876	3.437	2.193
Handelsergebnis	6.788	4.521	401	1.274	592
Netto Finanzergebnisse	4.961	2.007	985	1.374	595
sonstige ordentl. Erträge*	11.749	385	412	1.526	462
Bruttoertrag	57.966	21.616	8.719	11.618	7.049
davon 30 %	17.390	6.485	2.616	3.485	2.115
davon 20 %	11.593	4.323	1.744	2.324	1.410
Haftendes Eigenkapital	101.971	35.172	26.667	22.682	17.450
davon 20 %	20.394	7.034	5.333	4.536	3.490
davon 12 %	12.237	4.221	3.200	2.722	2.094
2. Entwurf Konsultationspapier 30% Bruttoertrag zu 20% Eigenkapital	0,85	0,92	0,49	0,77	0,61
Working Paper 20% Bruttoertrag zu 12% Eigenkapital	0,95	1,02	0,54	0,85	0,67

* Summenpositionen aus z.B. Sonstige betriebliche Erträge, Laufende Erträge aus Aktien, Erträge aus
Beteiligungen oder Gewinngemeinschaften, Versicherungserträge ect.

Abb. 9: Bankenvergleich für den Basisindikatoransatz

Reduzierung der Eigenkapitalanforderung durch Versicherungen
Der vierte Punkt behandelt die risikomindernde Rolle von Versicherungen. Der
Baseler Ausschuss bleibt bei seiner Auffassung, dass sich Versicherungen im
Falle des Basisindikatoransatzes und des Standardansatzes nicht risikomindernd auswirken. Für die fortgeschreneren Ansätze, die Advanced-Measurement-Approaches (AMA), hält er dies unter der Voraussetzung für möglich, dass
strenge Qualitätskriterien erfüllt werden.

Zweite und dritte Säule von Basel II für Operationelle Risiken
Die Ende 2001 durch die Aufsicht vorgelegten »Sound Practices for Operational
Risk Management« sollen als Leitlinie für ein adäquates Risikomanagement und
für Prüfungen der Bankaufsicht im Sinne der zweiten aufsichtsrechtlichen Säule
herangezogen werden. Wesentlicher Bestandteil für die Einschätzung des Risikomanagements sind für den Standardansatz und die fortgeschrittenen Verfahren
insbesondere auch die Erfüllung der qualitativen und quantitativen Zulassungs-
voraussetzungen, die in der ersten Säule der aufsichtsrechtlichen Regelungen
vorgegeben sind.

In den Offenlegungsanforderungen, der dritten Säule von Basel II, wird auf die
Pflicht zur Darstellung der Verluste von Operationellen Risiken verzichtet. Veröffentlicht werden sollen Informationen über das im Kreditinstitut angewandte
Messverfahren sowie Ziele und Leitlinien des Risikomanagements. Darzustellen
sind Strategien, Prozesse, Organisation des Risikomanagements und das Berichts-
wesen.

Entwicklung eines angemessenen Umfeldes für das
Risikomanagement

Grundsatz 1	Verantwortung des Vorstandes
Grundsatz 2	Verantwortung des Senior Managements
Grundsatz 3	Information, Kommunikation, Verantwortung

Risikomanagement
Identifizierung, Messung, Überwachung und Kontrolle

Grundsatz 4	Vollständigkeit
Grundsatz 5	System zur Risikomessung
Grundsatz 6	System zur fortlaufenden Überwachung
Grundsatz 7	Kontrolle und Minderung

Rolle der Aufsichtsbehörden

Grundsatz 8	Festlegung der Anforderungen
Grundsatz 9	Auditfunktion

Rolle der Veröffentlichung

Grundsatz 10	Veröffentlichung

Abb. 10: Grundsätze der Sound Practices

5 Zeitplan

Im Juni 2001 ist der Baseler Ausschuss von seinem ursprünglichen Zeitplan abgerückt, wonach die neue Eigenkapitalvereinbarung im Herbst 2001 verabschiedet und Anfang Januar 2004 in Kraft treten sollte. Als Grund nannte er die rund 250 Stellungnahmen von Kreditinstituten, Verbänden und Ratingagenturen, die bis zum Ende der zweiten Konsultationsrunde im Mai 2001 bei ihm eingegangen waren und sorgfältig ausgewertet werden müssten. Der Ausschuss benötige zur Bearbeitung dieser Stellungnahmen wegen deren hoher Qualität nach eigenen Angaben mehr Zeit, sodass die Verschiebung des Zeitplans unumgänglich war.

2003 sieht der Ausschuss eine dritte Konsultationsrunde vor, um die verbliebenen strittigen Punkte mit der Kreditwirtschaft zu klären. Im Laufe des Jahres 2003 soll die neue Eigenkapitalvereinbarung dann verabschiedet werden und voraussichtlich Anfang 2006 in Kraft treten.

Zeitplan Basel II

31. Mai 2001	Ende der 2. Konsultationsfrist
August 2001	Ende der Datenerhebung zu QUIS II
Oktober 2001	Veröffentlichung des Working Papers zu Operationellen Risiken
Dezember 2001	Veröffentlichung des Sound Practices Paper
31. Juli 2002	Veröffentlichung des 2. Entwurfs des Sound Practices Papers (Konsultationsfrist bis voraussichtlich 30.09.2002)
1. Oktober 2002	Beginn der Auswirkungsstudie QUIS III (bis Dezember 2002)
Mai 2003	Veröffentlichung des 3. Konsultationspapiers Basel-Ausschuss
Juni 2003	Veröffentlichung 3. Konsultationspapier EU-Kommission
Oktober 2003	Annahme Basel II durch Basel-Ausschuss
Februar 2004	Richtlinienvorschlag der EU-Kommission
1. Januar 2006	Inkrafttreten Basel II mit einjähriger Einführungsphase

Abb. 11: Zeitplan für Basel II

6   Fazit

Die besondere Rolle von Kreditinstituten in modernen Volkswirtschaften ist einerseits charakterisiert durch privates unternehmerisches Handeln mit Gewinnanspruch, andererseits durch die Funktion als Mittler zwischen Kreditnehmern und Einlegern. Wesentliches Element des Finanzgeschäftes ist dabei das kalkulierte Eingehen von Risiken. Die Voraussetzung dafür ist ein funktionierendes Risikomanagementsystem zur Messung und Steuerung der spezifischen Risikosituation von Kreditinstituten. Nicht zuletzt schreibt die Bundesbank in ihrem Monatsbericht vom April 2001, dass »der professionelle Umgang mit Kredit-, Markt-, Liquiditäts- und anderen Risiken eine der wichtigsten Leistungen von Finanzintermediären« ist. Und weiter: »Solche Risiken dürfen jedoch nicht zu Instabilitäten im Finanzsektor führen.«

Die Überlegungen der Aufsicht, Operationelle Risiken in die Eigenkapitalanforderungen an Kreditinstitute einzuführen, wird von der Kreditwirtschaft kontrovers diskutiert. Vergleicht man diesbezügliche Stellungnahmen zum ersten und zweiten Konsultationspapier ist jedoch festzustellen, dass nicht primär die Einführung der neuen Risikokategorie Gegenstand dieser Diskussion ist, stattdessen wird die bisher implizite Berücksichtigung der Operationellen Risiken in den Kreditrisiken insgesamt als unbefriedigend angesehen.

Anders verhält es sich demgegenüber mit der Ausgestaltung der Regelungen zu den Operationellen Risiken im ersten und zweiten Entwurf des Konsultationspapiers. Die von der Aufsicht angebotene Diskussion wurde und wird seitens der Kreditinstitute und deren Verbände umfassend wahrgenommen, um die neuen Regelungen vor dem Hintergrund der voraussichtlichen Auswirkungen zu prüfen. Zahlreiche kritische Anregungen, durch die Kreditwirtschaft über den Zentralen Kreditausschuss (ZKA) an die Aufsicht herangetragen, haben diese letztendlich bewogen, das vorliegende Gesamtkonzept zur Ausgestaltung der Eigenkapitalunterlegung im Allgemeinen und der Operationellen Risiken im Besonderen nochmals zu überdenken.

Wesentliche Forderungen der Kreditwirtschaft zum Thema Operationelle Risiken sind:

Höhe der Kapitalanforderung für Operationelle Risiken
Diese ist so zu bemessen, dass insgesamt keine Mehrbelastung für die Kreditwirtschaft durch die Einführung einer neuen Risikokategorie und der Neu-Kalibrierung der bestehenden Risikokategorien Kredit- und Marktrisiken entsteht. Gleiches gilt für die Kalibrierung der Kapitalfaktoren in den Ansätzen zur Berechnung der Eigenkapitalunterlegung von Operationellen Risiken.

Definition und Abgrenzung von Operationellen Risiken
Operationelle Risiken sind eindeutig gegenüber den Kredit- und Marktrisiken abzugrenzen. Dies gilt für die Erfassung, das Risikomanagement und die Kapitalunterlegung.

Zusätzliche Anerkennung weiterer fortgeschrittener Verfahren neben dem internen Bemessungsansatz (IBA)/Anerkennung von Risikominderungen
Eine ergänzende Zulassung weiterer fortgeschrittener Verfahren parallel zum Internen Bemessungsansatz (IBA) ist konsequenter Ausdruck der Aufsicht, bisherige Bestrebungen der Kreditinstitute auf dem Gebiet des Risikomanagements Operationeller Risiken anzuerkennen. Gleiches gilt für die Anerkennung von Risikominderungen wie Versicherungen, und zwar unabhängig vom verwendeten Messansatz.

Anwendung des Ursächlichkeitsprinzips in den Messansätzen
Dies ist eine notwendige Voraussetzung dafür, um überhaupt eine Abgrenzung der Operationellen Risiken und eine Risikosteuerung darstellen zu können. Darunter fällt das Sammeln von Verlustdaten nach Ursachen statt den bisher im Internen Bemessungsansatz (IBA) vorgesehenen wirkungsbezogenen Verlustfolgen. Des Weiteren ist dieser Aspekt insbesondere für den bereits jetzt beginnenden Aufbau der Verlustdatenbanken und deren zukünftige Verwendung für interne Modelle von Bedeutung.

Aber auch bei der Ausgestaltung einzelner Elemente in den durch die Aufsicht vorgegebenen Ansätzen, wie z.B. bei den Indikatoren oder beim unterstellten Zusammenhang der Linearität in der Messmethodik von erwartetem/ unerwartetem Verlust, ist dafür Sorge zu tragen, dass ein möglichst ursächlicher Zusammenhang zwischen den Verlusten und diesen Elementen gegeben ist.

Messansätze sollten so ausgestaltet sein, dass sie gleichzeitig sowohl Erfordernisse des internen Risikomanagements als auch der aufsichtsrechtlichen Kapitalunterlegung erfüllen. Die im Working-Paper erkennbare Tendenz von unterschiedlichen Messansätzen zur internen Risikomessung und -steuerung sowie zur aufsichtsrechtlichen Kapitalunterlegung zuzüglich der erforderlichen Überleitungsrechnung wäre für die Kreditinstitute mit einer höheren Komplexität und damit höherem Aufwand verbunden.

Qualitative Anpassungsfaktoren
Qualitative Aspekte der Risikosteuerung sollten dahingehend berücksichtigt werden, dass sie die Eigenkapitalanforderung durch die Aufsicht verringern.

Für die Operationellen Risiken ist infolge der Neuartigkeit zu bedenken, dass man sich schrittweise an Verbesserungen herantasten wird. Die Quantitative Impact Study (QIS), das »Working Paper on the Regulatory Treatment of Operational Risk« und das »Sound-Practices-Paper« der Aufsicht verdeutlichen dies. Durch die dritte Konsultationsrunde besteht zudem die Möglichkeit, die Ergebnisse der QIS II und III sowie weitere Anregungen zur Messung und Steuerung von Operationellen Risiken zeitnah in die neuen Vorschriften zur Eigenkapitalunterlegung zu integrieren.

7 Zusammenfassung

In der Überarbeitung der Eigenkapitalvereinbarung für Kreditinstitute hat der Baseler Ausschuss für Bankenaufsicht neben den Kredit- und Marktrisiken eine dritte Risikokategorie in die Betrachtung einbezogen: Die Operationellen Risiken. Im vorliegenden Artikel werden die Ansätze zur Messung und Steuerung der neuen Risikokategorie im zweiten Entwurf des Konsultationspapiers des Baseler Ausschusses dargestellt und unter Berücksichtigung der Ergebnisse aus der Abstimmung zwischen der Aufsicht und der Kreditwirtschaft kritisch gewürdigt. Abschließend werden der Zeitplan der weiteren Konsultation und Tendenzen in der gegenwärtigen Diskussion über die Ausgestaltung der Ansätze skizziert.

Literatur

Basel Committee on Banking Supervision: Consultative Document, Operational Risk, Supporting Document to the New Basel Capital Accord, Issued for Comment by 31. Mai 2001, January 2001.

Basel Committee on Banking Supervision: Memorandum und Arbeitsunterlagen zur QIS, 11. April 2001.

Basel Committee on Banking Supervision: Memorandum und Arbeitsunterlagen zur QIS, 04. Mai 2001.

Basel Committee on Banking Supervision: Working Paper on the Regulatory Treatment of Operational Risk, September 2001.

Börsen-Zeitung: Votum der EU für längere Basel-II-Prüfung verlangt, 22. Februar 2001.

Börsen-Zeitung: Basel II rüttelt an strategischer Ausrichtung, 01. März 2001.

Börsen-Zeitung: VÖB: Basel II bedarf dringend der Korrektur – Politik soll zeitlichen Druck aus dem Verfahren nehmen – Eigenkapitalbelastung darf nicht steigen, 27. April 2001.

Börsen-Zeitung: Baseler Ausschuss lockert Vorgabe für neuen Akkord – Operationelle Risiken sollen mit 12 Prozent Eigenkapital unterlegt werden – Neue Definition, 04. Oktober 2001.

Boos, Karl-Heinz/Schulte-Mattler, Hermann: Basel II: Externes und internes Rating; Die Bank 05/2001, S. 346–354.

Boos, Karl-Heinz/Schulte-Mattler, Hermann: Methoden zur Quantifizierung operationaler Risiken; Die Bank 08/2001; S. 549–553.

Bundesverband Öffentlicher Banken Deutschlands (VÖB): Verbandsbericht 2000/2001; Kapitel III: Wertpapier- und Bankenaufsicht; S. 108–134.

Deutsche Bundesbank: Die neue Baseler Eigenkapitalvereinbarung (Basel II); Monatsbericht April 2001; S. 15–44

Fischer, Thomas R.: Operationale Risiken im neuen Basler Kapitalakkord; Zeitschrift für das gesamte Kreditwesen 12/2001, S. 12–15.

Frankfurter Allgemeine Zeitung: Basler Ausschuß legt seine Vorschläge vor, 17. Januar 2001.

Groß, Thomas: Redaktionsgespräch »Der Basic Indicator Approach hat weder einen erzieherischen noch einen ausreichend steuernden Effekt.«, Zeitschrift für das gesamte Kreditwesen 12/2001; S. 16–18.

Handelsblatt: Sanio fordert rasche Lösung im Aufsichtsstreit, 22. Februar 2001.

Handelsblatt: Deutsche Industrie warnt vor Verteuerung ihrer Kredite – Basel II erzwingt neue Informationspolitik der Unternehmen gegenüber Banken, 18. April 2001.

Handelsblatt: Der »Baseler Akkord« darf nicht zu einer »Baseler Diktatur« werden, 18. April 2001.

Handelsblatt: Kreditbranche kann Basel II bis zuletzt beeinflussen – Aufseher versprechen den Banken Dialog über die Konsultationsfrist hinaus, 26. April 2001.

Handelsblatt: Banken müssen Betriebsrisiken mit weniger Kapital absichern – Basel II-Ausschuss verfeinert den Entwurf für die neuen Eigenkapitalrichtlinien, 04. Oktober 2001.

Hannemann, Dr. Ralf: Operationelle Risiken, Vortrag anlässlich der ersten VÖB-Konferenz zu Basel II, 28. Februar 2001, Berlin.

Hannemann, Dr. Ralf: Strategische Aspekte der Neuen Baseler Eigenkapitalübereinkuft, Vortrag anlässlich der VÖB-Mitgliederversammlung, 26. April 2001, Berlin.

Heid, Magdalene: Aufsichtsrechtliche Betrachtung operationeller Risiken, Vortrag anlässlich einer Seminarveranstaltung von PriceWaterhouseCoopers Unternehmensberatung GmbH zum Management operationeller Risiken im Finanzdienstleistungssektor, 21. August 2001, Frankfurt am Main.

Horn, Christian/Müller, Christoph: Operational Risk Management – Anmerkungen zu Begriff, Methoden und Implementierung, Zeitschrift für das gesamte Kreditwesen 04/2001, S. 44–49.

Irsch, Norbert: »Basel II belastet die KfW wegen hoher Restlaufzeiten«, Börsen-Zeitung, 03. Juli 2001.

Kreische, Kai: Betriebsrisiken identifizieren, managen und steuern, Betriebswirtschaftliche Blätter 03/2001, S. 146–150.

Michael, Carsten: Künftig zählt die wirkliche Risikolage der Banken, Financial Times Deutschland; 17. Januar 2001.

Sekretariat des Basler Ausschusses für Bankaufsicht: Erläuternde Angaben zur Neuen Basler Eigenkapitalvereinbarung, Januar 2001.

Spahr, Roland: Steuerung operationaler Risiken im Electronic und Investment Banking, Die Bank 09/2001, S. 660–663.

Sprenger Martin: Basel II – Eine pragmatische Lösung, Neue Zürcher Zeitung, 24. Juli 2001.

Stocker, Georg / Naumann, Mathias/Buhr, Reinhard/Kind, Ralf/Schwertl, Markus: Qualitatives und quantitatives Management von Operational Risk, Zeitschrift für das gesamte Kreditwesen 12/2001, S. 27–37.

Süddeutsche Zeitung: Öffentliche Banken: Heftige Kritik an neuen Kapitalnormen – Dachverband warnt davor, »dass von amerikanischer Seite Regeln einseitig diktiert werden«, 27. April 2001.

Wiedemeier, Ingo/Schwanitz, Ingo: Operational Risk – Gefährdungspotenziale durch Betriebsrisiken in Kreditinstituten, Betriebswirtschaftliche Blätter 03/2001, S. 151–154.

Wilkens, Marco/Entrop, Oliver/Völker, Jörg: Strukturen und Methoden von Basel II – Grundlegende Veränderungen der Bankenaufsicht, Zeitschrift für das gesamte Kreditwesen 04/2001, S. 37–43.

Zentraler Kreditausschuss: Stellungnahme des Zentralen Kreditausschusses zum Konsultationspapier des Baseler Ausschusses zur Neuregelung der angemessenen Eigenkapitalausstattung von Kreditinstituten vom 16. Januar 2001 (Basel II), 04. Mai 2001.

Zentraler Kreditausschuss: Revision der Baseler Eigenkapitalübereinkunft von 1988; Stellungnahme zum ersten Konsultationspapier des Baseler Ausschusses für Bankenaufsicht zur »Neuregelung der angemessenen Eigenkapitalausstattung«, Schreiben an das Bundesaufsichtsamt für das Kreditwesen vom 10. März 2000.

Teil II:
Identifikation und Quantifizierung Operationeller Risiken

Bedeutung Operationeller Risiken aus Sicht von Banken und Sparkassen

Erich R. Utz*

*   Erich R. Utz, Sparkassenbetriebswirt, Betriebswirt (VWA), Dipl. Bankbetriebswirt, ist als Leiter für die Abteilung Gesamtbanksteuerung verantwortlich. Weiter ist er als stellvertretender Überwachungsvorstand gemäß MaH bei der Kreissparkasse Augsburg tätig. Er ist Dozent an der Bankakademie Frankfurt/ Main für den Bereich Riskmanagement. Von 1986 an war er als Filialgebietsleiter, ab 1990 im Privat-, Gewerbe- und Firmenkundenkreditbereich sowie in der Kreditabwicklung/Insolvenzen, tätig. Ab 1992 übte er die Funktion des stellvertretenden Leiters der Abteilung Finanz- und Betriebswirtschaft/ Controlling aus.

1 Einführung

1.1 Aktuelle Situation

Die Grundzüge der »Operationellen Risiken« sind nichts Neues, sind doch diese Risiken bei allen Unternehmen, also kreditinstitutsunabhängig, relevant. Im Rahmen der BBA-Studie, 1 (1999)[1] wurde mittels einer Befragung festgestellt, dass die Gefahren für Unternehmen aus Sicht Operationeller Risiken von immenser Auswirkung sein können. Durch Basel II bekommt das Thema »Operational Risk (OpR)« eine neue Dimension.

Operational Risk, also Operationelle Risiken sind nunmehr auch in letzter Zeit in den Fokus der Banken und Sparkassen gerückt. Hierfür waren unterschiedliche Ursachen verantwortlich, die sich regelmäßig aus der Praxis ableiten lassen. Anhand von zwei Praxisfällen wird im Weiteren das Operational Risk dargestellt. Diskussionen mit Wirtschaftsprüfern zeigen derzeit immer noch, dass im Rahmen von »Schadensanalysen« in der Nachschaubetrachtung – damit sind Vermögensschäden von Banken und Sparkassen gemeint – die gängigen Risiken wie Marktrisiko oder Adressenrisiko als Hauptursache angeführt werden. Werden die jeweiligen Einzelfälle sorgfältig filetiert oder – man könnte sich auch eines Begriffes der strukturierten Produkte bedienen – gestrippt, so sind oftmals ganz andere Gründe, als die bisher klassisch angenommenen, für Vermögensverluste verantwortlich. Die Erkenntnisse fußen somit oftmals im Bereich der Operationellen Risiken.

1.2 Weitere Ansatzpunkte

Weiterer Ansatzpunkt sind die Baseler Konsultationspapiere, die gerade in Basel II bereits Modelle andiskutieren und fordern. Letztlich wird sich die Bankenaufsicht auch in diesem Bereich aufgrund bisheriger Erfahrungen und zur Strukturierung als auch Sicherung von international funktionalen Geld- und Kapitalmärkten im Rahmen eines modernen Supervisory (Institutsaufsicht) durchsetzen. Dies entspricht nicht nur der Sicherung von Kundengeldern, sondern soll letztlich auch aus Sicht des Shareholder-Value bzw. des Stakeholder-Value sowohl Kapitaleigner als auch erweiterte Anspruchsgruppen vor ungewollten Schieflagen, Insolvenzen und somit vor Kapitalmarkt- und Vertrauensverlust präventiv zu schützen.

---

1   Vgl. dazu Britisch Bankers' Association, ISDA, RMA, PricewaterhouseCoopers, Operational Risk, the next frontier, RMA, Philadelphia, 1999, Chapter 1, pp. 7–8.

2 Definition und theoretische Ansätze

2.1 Definition nach der British Bankers Association

Bereits der Definition Operationeller Risiken kommt eine wichtige Bedeutung zu. Werden die Risiken falsch oder nicht mit der erforderlichen Trennschärfe formuliert, so fußt dies in ein falsches Verständnis mit der Folge, ebenso untrefflich bewertet oder gemanagt zu werden. Verschiedene Definitionen entstanden aufgrund von Unterschieden in Sprache, Erfahrung und Kultur. Die BBA-Studie, 4 (1999)[2] versuchte eine vereinheitlichte Definition Operationeller Risiken zu finden:

»Operationelle Risiken sind die Risiken aus direkten oder indirekten Verlusten, die aus nicht adäquaten und fehlerhaften internen Prozessen, Menschen und Systemen oder externen Geschehnissen resultieren.«

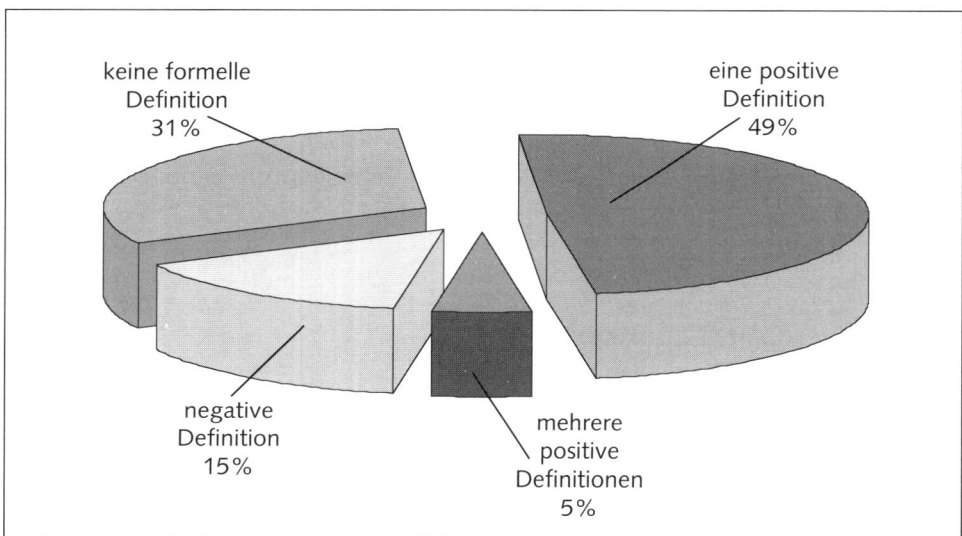

Abb. 1: Definitionstypen für Operationelle Risiken, Quelle: BBA-Studie, 4 (1999)

Die Abbildung 1 zeigt, wie unterschiedlich Unternehmen OPR definieren. Bei den überwiegenden Unternehmen ist eine positive Formulierung zu finden. Diese weicht jedoch in Teilen voneinander ab. Einige wiederum definieren OPR als Risiken, die weder »Adressen- noch Marktrisiken« sind. Beachtlich ist in der Studie, dass fast 1/3 der untersuchten Unternehmen keine formelle Definition aufweisen und somit OPR in ihrer Geschäftspolitik unberücksichtigt bleibt.

---

2 Vgl. dazu Britisch Bankers' Association, ISDA, RMA, PricewaterhouseCoopers (1999), Operational Risk, the next fronier, RMA, Philadelphia, 1999, Chapter 4, pp. 29 – 38.

2.2 Definition nach der »Group of 30«

Die »Group of 30« wurde 1978 ins Leben gerufen und setzt sich aus Repräsentanten verschiedener Wirtschaftscouleur mit hoher Sachkompetenz zusammen. Ziel ist es, internationale, ökonomische und finanzielle Entscheidungen auf deren Auswirkungen hin zu analysieren, um letztlich Empfehlungen zum Schutz von privaten und öffentlichen Interessen abzugeben. Danach wird Operational Risk wie folgt definiert:

»The risk and losses occurring as a result of inadequate systems and control, human error, or management failure.«[3]

Demnach erfolgt die Unterscheidung in 3 wesentliche Risikofaktoren:

- Menschen,
- Systeme,
- Prozesse und
- Managementfehler.

Hierbei wird erstmals auch auf Managementfehler fokussiert. Die Group of 30 ist der Meinung, dass diesem Segment besondere Bedeutung zukommt. Nicht zuletzt sind es oftmals Managementfehlentscheidungen, die Unternehmen in tiefe Krisen stürzen.

2.3 Definition nach dem Baseler Ausschuss

Der Baseler Ausschuss definiert Operational Risk wie folgt:

»Operational Risk is defined as the risk of loss resulting from inadequate or failed internal processes, people and systems or from external events. This definition includes legal risk. However, strategic and reputational risk is not included in this definition for the purpose of a minimum regulatory operational risk capital charge. The Committee intends to work with the industry further on this topic.«[4]

Demnach wird das Operationelle Risiko als »die Gefahr von Verlusten, die infolge von Unangemessenheit oder des Verfahrens von internen Verfahren, Menschen und Systemen oder von externen Ereignissen eintreten«[5], definiert. In dieser Definition ist das rechtliche Risiko enthalten. Strategische und Reputationsrisiken sind in dieser Definition für die Zwecke der aufsichtsrechtlich geforderten Mindestkapitalunterlegung des Operationellen Risikos nicht enthalten. Der Ausschuss beabsichtigt, dieses Thema mit Vertretern des Bankgewerbes weiter zu bearbeiten.

---

3 Vgl. dazu G. van den Brink, 2001, S. 1.
4 Vgl. dazu The New Basel Capital Accord, January 2001, S. 94 in Verbindung mit http://www.bis.org/publ/bcbs_wp8.htm, Stand September 2001
5 Vgl. dazu Die Neue Baseler Eigenkapitalvereinbarung, 2001, S. 103 in Verbindung mit http://www.bis.org/publ/bcbs_wp8.htm, Stand September 2001

Betriebswirtschaftliches Handeln und betriebliche Betätigung, d.h. Tätigkeiten die aus einer Unternehmung heraus erwachsen und resultierenden, unterliegen Risiken. Dies ist seit jeher so und wird als Operationelles Risiko, also als Betriebsrisiko, gesehen. Nachdem nunmehr Markt- und Kreditrisiken strukturiert angegangen werden, fehlt letztlich noch der Bereich des Operationellen Risikos und dessen Auswirkungen auf Banken und Sparkassen.

2.3.1 Unterscheidung der Risikoarten

Durch die Baseler Konsultationspapiere, auch Basel I und Basel II, wurden die bisherigen Risiken zusammengefasst. Somit wird, wenn von Risiken gesprochen wird, auf die 3 Hauptrisiken, auch Formal- oder Grundrisiken, aufgebaut. Diese sind:

1. Marktpreisrisiko,
2. Adressenrisiko und
3. Operationelles Risiko.

Marktrisiko
Unter Marktpreisrisiko wird die Gefahr einer negativen Abweichung von Einzelnen oder Gesamtheiten von Positionen von einem Referenzwert verstanden, die sich durch Änderungen im Rahmen von täglichen Marktpreisen wiederspiegelt. Marktpreisbeeinflussende Faktoren sind beispielsweise der Barwert, Kapitalvolumen, Zinssätze, Aktienkurse, Volatilitäten, Laufzeiten, Währungsschwankungen oder auch eingepreiste Spreads.

Adressenrisiko
Das Adressenrisiko erfasst Kreditrisiken als auch Erfüllungsrisiken. Diese sind gekennzeichnet von einem etwaigen Ausfall einer Gegenpartei, einer Verschlechterung der Bonität (Bonitätsrisiko) oder dem Ausfall eines Partner aufgrund des Länderrisikos (Devisenbewirtschaftung).

Operationelle Risiken
Die wesentlichsten Abgrenzungskriterien zu den oben genannten Risiken liegen darin, dass bei Operationellen Risiken überwiegend unternehmensinterne Risiken Eingang finden, es können jedoch auch externe Einflüsse, zum Beispiel höhere Gewalt (Wasserschaden) eine Rolle spielen, die das Betriebsrisiko ausmachen.

Markt- und Adressenrisiken sind messbar. Bei anderen Risiken, wie OpR, entsteht das Problem, das oftmals nur einmalig solch ein Risiko entsteht (Brand), dies jedoch ein Unternehmen in seinem existenziellen Bestand gefährden kann. Oftmals fehlt auch ein Ansatzpunkt zu Messung. Hier sei das Beispiel der Reputation genannt. Sollte ein Kreditinstitut Kundengruppen durch anzügliche Werbung verstimmen, so ist es kaum quantifizierbar, welchen etwaigen Verlust es aus dieser Kampagne erleiden wird.

Abbildung 2 verdeutlicht nochmals die Risikostrukturen.

Marktrisiko	Adressenrisiko	Operationelles Risiko
Fx-Risiko[6] (foreign exchange)	Ausfallrisiko	Menschliches Versagen
Aktienrisiko	Ratingänderungsrisiko	Fehlerhafte Managementprozesse
Zinsrisiko	Recovery-Rate-Risk[7]	Kriminelle Handlungen
	Wiedereindeckungsrisiko (Kontrahentenausfallrisiko)	Naturkatastrophen (Brand)
	Settlementrisiko[8]	Technisches Versagen
		Fluktuationsrate
		Managementversagen

Abb. 2: Risikostrukturen

Eine bis dato allgemeingültige Definition für Operationelle Risiken gibt es nicht. Unumstritten ist jedoch, dass dieser Risikobereich neben den bisher hinlänglich bekannten Risiken wie Marktpreisrisiko und Adressenrisiko eine weitere Risikofacette ist, der bisher in der Praxis kaum eine elementare Bedeutung zukam. Zunehmende Bedeutung gewinnt diese Risikoart durch die ständige wachsende Vernetzung internationaler Kapitalmärkte als auch vergangenheitsbezogene Ursachen. Hierbei sei die Nick-Leeson-Affäre genannt. Dabei ging die Barings Bank unter. Grund hierfür war nicht das Marktpreisrisiko, sondern vielmehr das Ausschalten der Funktionstrennung in dem Institut.

2.4 Definition des Bundesverband Öffentlicher Banken Deutschlands e. V. (VÖB)

Der Bundesverband Öffentlicher Banken Deutschlands e. V. definiert das OPR wie folgt:

Operationelles Risiko ist das Risiko eines direkten oder indirekten Verlustes, der durch menschliches Verhalten, Prozess- und Kontrollschwächen, technologisches Versagen, Katastrophen und durch externe Einflüsse hervorgerufen wird.

Gegenüber den bisherigen Definition wurde hier der Bereich Katastrophen explizit mit eingebaut.

---

6 Fremdwährungsrisiko
7 Beitreibungsquote
8 Erfüllungsrisiko

3   Bedeutung Operationeller Risiken anhand von Praxisfällen

Bisher wurde das Operational Risk ausschließlich anhand von definierten Grundlagen verschiedener Fokussierer, wie BBA-Studie (4/1999), Group of 30, Basel oder des Bundesverband Öffentlicher Banken Deutschlands e. V., betrachtet. Entscheidend jedoch ist die Verbindung mit der Praxis. Legaldefinitionen, um einem gesetzlichen Supervisory zu entsprechen, bedürfen einer vollständige Evaluierung der jeweiligen Geschäftsleitung eines Kreditinstituts, verbunden mit der Einsicht, sich dem Thema sensibel und positiv zu stellen. Oben genannte Papiere stellen aufsichtsrechtliche Normen dar. Dies ist der Grund, weshalb die Darstellung zweier Praxisfällen detailliert über die Risikosituation Auskunft geben soll.

Ablaufprozesse sind unternehmensspezifisch und können sowohl exogene als auch endogene Ursachen haben. Sobald diese Lücken bekannt sind, können aus Sicht des jeweiligen Instituts entsprechende Gegenmaßnahmen ergriffen werden. Interne Kontrollmaßnahmen beziehen sich regelmäßig auf das Ausschalten von Fehlern, die durch Menschen entstehen.

Die nachfolgenden Beispiele verdeutlichen dies.

3.1   Fall Barings Bank

Der »Kriminologische Fall« Barings ist wohl einer der bedeutensten in der Bankgeschichte. Die Barings Bank konnte auf eine über 230-jährige Geschichte als Handelsbank zurückblicken. Im Juli 1984 wurde Nick Leeson für den Bereich »futures and options settlements« in London eingestellt. Nach einem positiv verlaufenden Asiengeschäft wurde 1992 die Tochtergesellschaft Barings Future Singapore (BFS) eröffnet. An der Singapurer Börse (Simes – Singapore International Monetary Exchange) wurden dann sowohl Kunden- als auch Eigengeschäfte abgewickelt. Nach kurzer Zeit wurde Leeson in Sigapur »head of settlements« und »head of Trading« von BFS. In der Nachschaubetrachtung eine Doppelfunktion mit katastrophalen Auswirkungen.

Das Kerngeschäft von BFS war überwiegend der Eigenhandel. Leeson machte durch Arbitragengeschäfte unterschiedlicher Kontrakte an den beiden Börsen Singapur (SIMEX) und Japan (OSE – Osaka Stock Exchange) sein Geschäft. Im einen Markt wurde gekauft und gleichzeitig dieselbe Stückzahl auf dem anderen Markt verkauft. Dieser Geschäftspraktik maß Barings kaum ein Risiko zu und somit unterblieb auch eine kritische Beleuchtung der Doppelfunktion von Handel und Kontrolle. In Chefreports sprach Leeson von 1992 bis 1995 immer nur von steigenden Gewinnen, resultierend aus risikolosen Arbitragegeschäften.[9]

---

9   Vgl. dazu Instefjord, J./Jackson. P./Perraudin W., 1998, S. 148.

Letztlich hielt Leeson seit Anfang 1993 offene Positionen ohne Absicherung. Daraus resultierende Verluste ließ er über ein Differenzenkonto 88888, welches neu angelegt wurde, buchen. Eine monatliche Kontrolle dieses Kontos fand zwar statt, jedoch glich er einmal monatlich das Konto über ein nicht zur Prüfung vorgesehenes Einnahmekonto aus. Die von der institutseigenen Revision geforderte Trennung von Front- und Back-Office (Handelsbereich und Abwicklungsbereich) wurde wissentlich vom Management nicht umgesetzt. Das Erdbeben in Kobe im Januar 1995 war wesentliche Ursache für den Einbruch der Wirtschaft Japans und den Nikkei 225. Durch den Kursabschwung ging die Rechnung Leesons mit seinem Absicherungskarussell nicht mehr auf. Die SIMEX forderte von BFS margin calls ein. Aus dieser ausweglosen Situation heraus wollte Leeson durch den Kauf von Kontrakten den Nikkei 225 positiv beeinflussen. Dies gelang jedoch nicht. SIMEX veranlasste im Januar 1995 eine Überprüfung des Differenzenkontos 88888 aus Verdachtsmomenten bezüglich Verstößen der Börsengesetze heraus.

Die Verluste aus den offenen Kontrakten stiegen sofort an. Am 23. Februar 1995 kündigte Leeson. Bis dahin waren 1,4 Milliarden US $ an Verlusten aufgelaufen. Am 26. Februar erfolgte die Insolvenz der Barings Bank, eine Woche später übernahm die International Netherlands Group NV (ING) das Bankhaus.

Darstellung der Operationellen Risiken im Fall Barings
Wie schon festgestellt, waren das Marktpreisrisiko und das Adressenrisiko bisher im Fokus der Banken. Dem Operationellen Risiko wurde kaum Beachtung geschenkt. Barings wurde genau dieses Risiko zum Verhängnis. Es entstanden direkte Verluste aus Mängeln bzw. Versagen interner Prozesse, Personen und Systeme aufgrund externer Vorfälle (Nachfrage bzgl. des Differenzenkontos Seitens SIMEX).

3.2 Fall Jürgen Schneider

Das Wort Peanuts wurde Unwort des Jahres 1994. Diesen Begriff prägte der Chef der Deutschen Bank, Hilmar Kopper. Hintergrund war der Niedergang des Imperiums von Dr. Jürgen Schneider. Von den Banken lieh er sich überhöhte Kredite. Bei seinem Zusammenbruch im April 1994 verblieb ein Schuldenberg über ca. 5,4 Milliarden DM bei über 50 Kreditinstituten, die sich nach dem Verkauf der meisten Immobilien auf ca. 2,4 Milliarden DM verringert hat. Das Frankfurter Landgericht unter dem Vorsitz von Richter Heinrich Gehrke verurteilte Schneider zu 6 Jahren und 9 Monaten Haft[10] in zwei Fällen des Kreditbetruges, in zwei Fällen des schweren Betrugs und einmal des gewöhnlichen Betrugs schuldig. Hintergrund waren gefälschte Bilanzen, gefälschte Bauunterlagen und Mietver-

---

10 Vgl. dazu http://www.wdr.de/tv/inland/archiv/2001/01/11.html

träge für Immobilienprojekte in Berlin, Frankfurt und Leipzig, als auch ein gut funktionierendes Termingeldkarussell, über welches sich Schneider Liquidität als auch Ansehen holte. Richter Gehrke sprach von »...kaum vorstellbare Fahrlässigkeit und Pflichtvergessenheit der Banken......« [11]. Das Gericht schloss jedoch eine Mitwisserschaft der Banken aus. Unabhängig davon warf der Richter den involvierten Banken Nachlässigkeit vor: Die Kreditinstitute prüften die Finanzierungsgeschäfte Schneiders nicht im vollem Umfange. Die Deutsche Bank als Hauptkreditgeber hatte Schneider an der Spitze 1,5 Milliarden DM an Krediten gewährt. Auch die Dresdner Bank kritisierte der Richter, da die Verantwortlichen aus dem fehlgeschlagenen Kreditgeschäft für das Berliner Kurfürsteneck keinerlei personelle und organisatorische Konsequenzen gezogen hätten.

In diesem Fall lässt sich trefflich darüber streiten, ob Schneider als Betrüger (dazu wurde er verurteilt) und die Banken leichtfertig durch ihre Kreditvergabeussancen mit dazu beigetragen haben. Nach der dargestellten Fallgestaltung dürfte jedoch außer Frage stehen, dass die Banken ablauforganisatorischen Nachholbedarf gehabt haben dürften. Auch aufgrund der Kredithöhe hätte eine nachhaltige Kreditkontrolle, spätestens eine Kreditrevision, Alarm schlagen müssen, wenn bei Prüfung von Unterlagen Unregelmäßigkeiten aufgetaucht wären. Sicherlich war es auch ein Teilkonzept Schneiders, soviel Unterlagen als möglich an die Banken heranzutragen. Das eine Überschaubare und wirksame Sachbearbeitung hier nur unter den widrigsten Umständen möglich ist, dürfte bei dieser Engagementhöhe jedem Praktiker einleuchten. Und gerade das ist der ausschlaggebende Grund, dass es sich im Fall Schneider auch in Teilen um Operationelle Risiken, gegebenenfalls auch Managementrisiken handeln dürfte.

3.3 Ergebnis

Beide Fälle, Barings Bank und die Schneider-Affäre, haben eines gemeinsam. Sie resultieren aus Operationellen Risiken. Vordergründig wurden bei Barrings Marktpreisrisiken für den Untergang der Bank verantwortlich gemacht. Und nach dem Prinzip »first view«, also auf den ersten Blick, könnte man dieser Ansicht folgen. Erst bei genauer und detaillierter Analyse der Vorgänge wird transparent, dass vor dem Marktpreisrisiko andere Tatbestände, die dem Grunde nach Operationellen Risiken zuzuschreiben sind, für die Insolvenz verantwortlich waren. Bei Schneider, ohne den Tatbestands des Betruges, der schlussendlich zur Verurteilung führte, zu verherrlichen, stellt sich ebenfalls die Frage, ob interne Vorkehrungen den Ausfall hätten verhindern können. Zu hohe Sicherheitenbewertung aufgrund eingereichter Unterlagen, positive Beurteilung durch Meinungsbildner bis hin zum Management, welches Großengagements besonderen Augenmerk geben sollte, waren eine Vielzahl von Einflussfaktoren, die zu nicht unwesentlichen Ausfällen führten. Diese reichten bekanntlich bis hin zu den Zulieferfir-

---

11 Vgl. dazu http://rhein-zeitung.de/on/97/12/23/topnews/schneider.html

men. Dies alles war Auslöser, dass dem Operational Risk besondere Bedeutung zukommt.

4 Findung Operationeller Risiken in einer Bank oder Sparkasse

Die Abbildung 3 gibt einen systematischen Gesamtüberblick der Operationellen Risiken. Diese können idealtypisch für alle Kreditinstitute gesehen werden. Sie lassen sich nach external und internal Operational Risk unterscheiden.

Operationelle Risiken External operational risks – Internal operational risks	
Strategische Risiken	Operative Risiken
– Geschäftsfelder	– Personen: – ↓ Menschliches Versagen (Inkompetenz) ↓ Kriminelle Handlungen ↓ Fluktuationsrate
– Organisation ↓ Aufbauorganisation	– Technik durch technisches Versagen
– Fehlerhafte Managementprozesse ↓ strategische Falschausrichtung ↓ Personalpolitik nicht durchgängig	– Prozessabläufe/Prozessrisiken ↓ Ablauforganisation ↓ Modell- Methoden oder Basisfehler
– Technologie ↓ Systemeinsatz falsch ausgerichtet	– Schnittstellenr siko
– Sonstiges ↓ Brand ↓ Hochwasser ↓ Politik ↓ Regierung ↓ Wettbewerb ↓ Terror ↓ Steuerrecht ↓ etc.	

Abb. 3: Operationelle Risiken (Betriebsrisiken) im Überblick[12]

---

12 Vgl. dazu Wiedemeier I., Schwanitz I., B. Bl. 3/2001, S. 153.

4.1　Strategische Risiken

Unter Strategie eines Kreditinstituts können alle geplanten und emergenten Maß-
nahmebündel in Form von Entscheidungs- und Handlungsmuster gesehen werden, um langfristige Ziele zu erreichen. Das Kreditinstitut wird alle ihm offen-
stehenden Erfolgspotenziale nutzen. Dabei sind die Umwelt, eigene Ressourcen,
Fähigkeiten und Kompetenzen als wesentliche Bestandteile zu berücksichtigen.

4.1.2　Geschäftsfeldrisiko

Ein strategisches Geschäftsfeld, auch Strategic Buisiness Area (SBA) genannt, ist
ein abgegrenzter Teil aus dem Betätigungsfeld eines Kreditinstituts. Für diesen
Teil wird ein eigenes strategisches Ziel definiert. Es sollte eine klare Abgrenzung
zu anderen strategischen Geschäftsfeldern erfolgen. Strategische Geschäftsfelder
wären beispielhaft Individualkunden, vermögende Privatkunden, Gewerbe- oder
Firmenkunden bis hin zum Eigenhandel. Zum Geschäftsfeldrisiko zählen alle
strategischen Maßnahmen, die letztlich umgesetzt werden, um die Ertragskraft
eines Kreditinstituts positiv zu beeinflussen. Hier wäre als Beispiel die Ausrichtung auf ein Multichannelling im Vertriebsbereich zu nennen. Dabei spielen die
klassische Geschäftsstelle, Telefonbanking, Internetbanking und sonstige multi-
medialen Einsätze (Direkt-Brockerage) eine wesentliche Rolle im Zusammenspiel
der Vertriebsstrukturen. Mit dieser Vertriebsausrichtung sind hohe Investitionen,
sowohl personell als auch materiell, bis hin zur Technik, erforderlich. Angenommen, nach der Implementierung eines solchen Systems käme das Institut zum
Schluss, dass diese Vertriebsausrichtung entgegen den Bedürfnissen des Marktes
liefe, so würden große finanzielle Aufwendungen im Rahmen einer korrigierten
Vertriebsausrichtung zu Buche schlagen und die Schlagkraft eines Kreditinstituts stark beeinträchtigen.

　Ein weiteres Beispiel aus dem Bankensektor ist das der Deutschen Bank. Die
Deutsche Bank hat ihre ursprüngliche Geschäftsfeldstrategie neu ausgerichtet.
So hat sie ihre Beratungstochter Econos geschlossen. »Wir restrukturieren den
gesamten Consultingbereich des Konzerns und in diesem Zusammenhang steht
auch die Auflösung von Econos«, sagte ein Deutsche-Bank-Sprecher.[13] Diese aktuelle Geschäftspolitik zeigt, dass aufgrund gewonnener Erkenntnisse ursprünglich getätigte Investitionen möglicherweise geschäftspolitisch falsch entschieden
wurden. Weiter hat die Deutsche Bank wieder das Geschäftsfeld Privat Banking entdeckt, welches sie vor einiger Zeit als nicht lukrativ einstufte und ihre
Geschäftsstrategie danach ausrichtete. Im Zusammenhang mit Beteiligungen bei
Ost-Engagements wurde die Deutsche Industrie Holding (DIH), ein Tochterunternehmen der Deutschen Bank, eigens für die Privatisierung im Osten gegründet.
»Der gute Wille hat uns über 200 Mio. DM gekostet«, resümiert Kopper[14]. Auch

---

13　Vgl. dazu http://www.sueddeutsche.de/wirtschaft/dossier/18816
14　Vgl. dazu http//www.welt.de/daten/1997/01/27/0127wi85184.htx

bei einer anderen Tochter, der DBG Deutsche Beteiligungsgesellschaft sei es in etwa so ergangen. Solche oder ähnliche Reaktivierungen und Umstrukturieren erfordern erfahrungsgemäß hohe Investitionskosten und spiegeln gegebenenfalls eine notwendige Korrektur der Geschäftspolitik wieder. Auch dies beinhaltet der Bereich OPR.

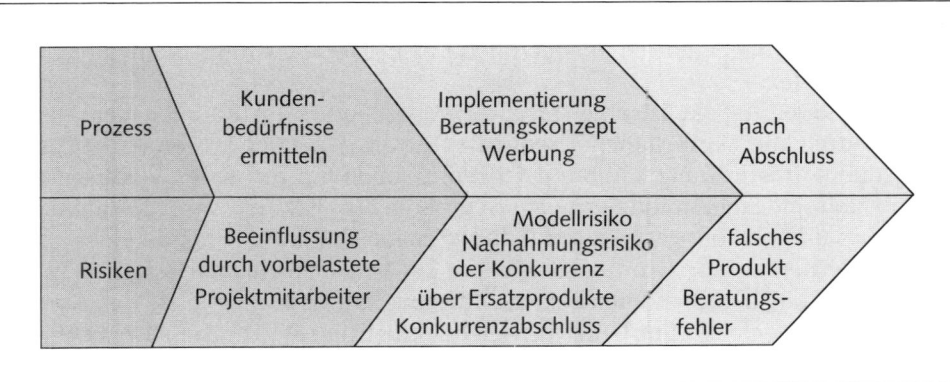

Abb. 4: Entstehungsprozess des OPR

Die Abbildung. 4 verdeutlicht das Entstehen des OPR im Geschäftsfeldbereich. Dabei geht es um ein neu zu implementierendes Geschäftsfeld »vermögende Privatkunden«. Die Darstellung zeigt die einzelnen Phasen, in denen das OPR entsteht. So beginnt bereits bei der Ermittlung der Kundenbedürfnisse das Risiko, dass Mitarbeiter gegen die Einführung sind. Gründe könnten eine einhergehende neue Form der Provisionsvergütung sein. Ebenso könnte das Konzept durch Werbemaßnahmen Nachahmer finden. Dadurch rechnen sich die Investitionskosten nicht mehr so, wie ursprünglich angenommen. Letztlich kann auch nach Umsetzung der Strategie kundenseitig ein Regeressanspruch aufgrund Verfahrens- oder Modellfehler entstehen.

4.1.3 Organisatorische Risiken – Aufbauorganisation

Die Aufbauorganisation eine Kreditinstituts hat wesentlichen Einfluss auf die Risikosituation. So ist der Fall Leeson (siehe Darstellung Kapitel 3.1) ein klassisches Beispiel dafür, dass durch fehlende organisatorische Trennung von Handel und Abwicklung/Kontrolle/Rechnungswesen/Controlling ein Kreditinstitut in eine Schieflage gerät, die bis hin zur Insolvenz führen kann. Das Bundesaufsichtsamt für das Kreditwesen (BAKred) führte 1998 die Mindestanforderungen an das Betreiben von Handelsgeschäften der Kreditinstitute (MaH) ein, die eine solche Situation künftig eindämmen sollen.

4.1.4 Fehlerhafte Managementprozesse

Die Struktur folgt der Strategie. Dies ist eine der wichtigsten Kernaussagen bei Um- oder Reorganisation. Die Praxis jedoch zeigt oftmals ein anderes Handlungsmuster. So werden zunächst die Strukturen verändert und bis hin in das kleinste Detail ausgearbeitet und umgesetzt. Erst danach wird die Strategie bestimmt, die die Geschäftsneuausrichtung erfahren soll. Solch eine Vorgehensweise ist ein klassischer Managementfehler, der im Bereich Kreditinstitute nicht mehr vorkommen sollte.

Ein weiterer Aspekt ist eine falsche Personalpolitik im Rahmen der Ausbildung. Durch die Bank haben Kreditinstitute in den 90er-Jahren ihre Ausbildungsquote drastisch nach unten gefahren. Gründe hierfür waren vorausgesagte fusionsbedingte Stellenreduzierungen in großem Stil. Fakt ist, dass ab 1999 qualifiziertes Bankpersonal gesucht wird, da sich neue Geschäftsfelder gebildet haben (siehe Internetbanking, Non- und Nearbanks, Versicherungswirtschaft geht auf Bankprodukte). Letztlich entscheidet in diesem Fall der Markt über den Kostenfaktor Gehalt, welche Mitarbeiter in welchem Institut tätig sind. Es ist nicht auszuschließen, dass aufgrund diesen Vorgehens in der Vergangenheit Institute ihre zukünftige Entwicklungen für einige Zeit stark hemmen, bis sich die Situation am Arbeitsmarkt an qualifizierten Bankern wieder verbessert.

4.1.5 Technologie

Der Einsatz falscher Technologie ist ebenfalls dem Bereich OPR zuzuordnen. Beispielhaft sei hier der Anschaffung von Geldautomaten für das gesamte Netz eines Kreditinstituts genannt, bei der die Umstellung auf den Euro vergessen wurde. Sind nunmehr die angeschafften Automaten systembedingt nicht eurofähig, sind Ersatzinvestitionen erforderlich, die durch eine entsprechenden strategischen Ausrichtung und einem funktionalen OPR-Management hätten eingespart werden können.

4.1.6 Sonstige Risiken

Dies dürfte der schwierigste Block sein, der über OPR zu fassen ist. Grund hierfür ist wohl die Einmaligkeit der Vorkommnisse, die sich im Unternehmen selbst kaum historisch ableiten lassen. Hochwasser oder Brand sind zumeist Natureinflüsse, die nicht vorhersehbar sind. Umso wichtiger ist es demnach, dass sich Kreditinstitute gerade in diesen Bereichen über Elementarversicherungen gegen Vermögensschäden absichern.

Weiter finden sich in dem Bereich unter anderem auch Einflüsse aufgrund der jeweiligen Politik des Staates, der Gesetzgebung (Insolvenzordnung, Gesetz zur Änderung der Insolvenzordnung, Steuergesetzgebung und des Wettbewerbs).

4.2   Operative Risiken

4.2.1   Personen

4.2.1.1 Menschliches Versagen

Das hier angesprochene Risiko findet sich regelmäßig in allen Kreditinstituten wieder. Das Erkennen in diesem Zusammenhang erfolgt im Regelfall erst nach Feststellung eines aufgetretenen Fehlers. Ist ein Mitarbeiter in einem Institut unterqualifiziert, stellt sich gegebenenfalls eine Überforderung und im Nachgang eine häufige Fehlersituation ein. Dies kann, je nach psychischer Konstellation des Mitarbeiters, bis hin zu länger anhaltenden Krankheiten führen, die schließlich zur Überlastung anderer Kollegen führen und in Folge eine verstärkende Wirkung im Fehlerbereich haben kann. Im Kundenbereich wäre ein Reputationsschaden möglich. Dies bedeutet, dass dem Kreditinstitut aufgrund nicht gemachter Geschäfte, die durch menschliches Fehlverhalten verursacht werden (Mitarbeiter sind überlastet), enorme Performanceausfälle entstehen, ohne dass dies realisiert wird. Abbildung 3 stellt den Ertragsausfall für ein entgangenes Kreditgeschäft über 10 Mio. Euro dar. Unterstellt wurde dabei eine Marge von 1 % und einer Laufzeit von 30 Jahren, die Abzinsung erfolgte zu 5 %. In Szenario t1 erfolgt keine Tilgung, in t2 wird eine lineare Tilgung von 3.33 % unterstellt. Daraus folgt, dass in t1 ein entgangener Margenertrag über 153.724,51 Euro bzw. In t2 über 97.516,99 Euro entstanden ist, ohne dass sich das jeweilige Kreditinstitut darüber bewusst ist.

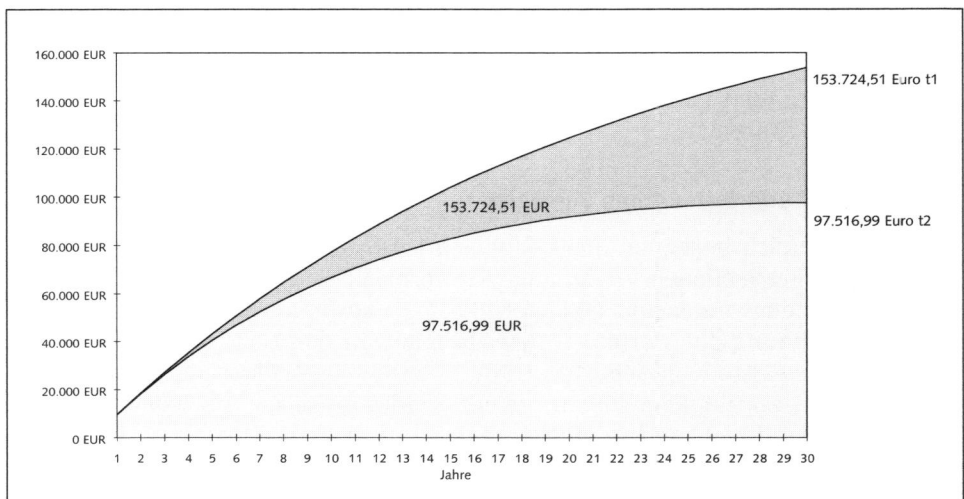

Abb. 5: Barwertbetrachtung des entgangenen Margenerfolgs

4.2.1.2 Kriminelle Handlungen

Kriminelle Handlungen lassen sich grundsätzlich nicht ausschließen. Wenn eine Einzahlung eines Kunden auf Konten erfolgt, bei denen es nicht sofort einen Saldonachweis in Form eines Auszugs gibt sondern nur über eine Bestätigung mit der Unterschrift des Kassiers, so ist dieses Risiko kaum abzuwenden. Der dabei entstandene Schaden wird zwar in der Regel von einer Versicherung, falls abgeschlossen, ersetzt, der Vertrauensbruch zum jeweiligen Kreditinstitut ist jedoch immens. Dies verstärkt sich, falls hierüber Berichterstattungen in den Medien erfolgen.

4.2.1.3 Fluktuationsrate

In Zeiten von Mangel an qualifizierten Mitarbeitern entscheidet oftmals der Markt über den Preis des Mitarbeiters und somit über seine Veränderungswillen. Steigt nun die Fluktuationsrate eines Kreditinstituts insbesondere im qualifizierten Mitarbeiterbereich (z. B. Beratung, Kreditbearbeitung, Riskmanagement, Revision) an, so kann sicherlich über entsprechende Neueinstellungen diesem Problem abgeholfen werden. Was jedoch mit dem bisherigen Mitarbeiter geht, ist nicht nur Know-how in Form von Dienstanweisungen oder sonstigen formellen Regelungen. Vielmehr gehen gerade informelle Wissensstände verloren. Dies wären im Kundenbereich langjährige Kenntnisse über den Kunden oder Tätigkeiten in einem Kreditinstitut, die von einem langjährigen Revisor besonders überwacht wurden und hierüber keine schriftlichen Erhebungen vorhanden sind. Hier wird sehr schnell klar, dass sich ein Ersatz von Mitarbeitern als äußerst problematisch gestalten kann. Weiter hängt es auch in der jeweiligen Einarbeitungsphase des neuen Mitarbeiters davon ab, wer ihn betreut. Ist dies ein Kollege, der dem Institut nicht loyal ist, so ist bereits hier ein weiteres Risiko der effektiven und effizienten Einabreitung gelegt. Diese Fälle können zu schwerwiegenden Reputationsschäden oder zu enormen finanziellen Verlusten für das jeweilige Kreditinstitut führen.

4.2.2 Technik und technisches Versagen

Im Technikbereich begegnen uns hauptsächlich Systemausfälle. Solche Ausfälle bedeuten im betrieblichen Processing-System gleichzeitig zwei Risikodimensionen. Die Schadensdimension bedeutet, dass ein gesamtes Institut ohne technische Unterstützung den normalen Betriebsablauf in den Griff bekommen muss. Darunter fallen Kundengeschäftsvorfälle ebenso wie Risikoreports (MaH), die aufgrund gesetzlicher Regelungen erstellt werden müssen. Als weiteres Risiko kommt die Zeitdimension hinzu. Letztlich kann dies zu einem nicht zu unterschätzenden Schaden erwachsen, sollten Zahlungsaufträge für Kunden nicht fristgerecht abgewickelt werden können. Für solche Fälle empfiehlt sich vorab, einen Notfallplan zu entwickeln, um die betrieblichen Abläufe in solchen Ausnahmefällen noch ordentlich abwickeln zu können.

4.2.3 Prozessabläufe/Prozessrisiken

4.2.3.1 Ablauforganisation

Ebenso können enorme Schäden bei einer fehlerhaften Ablauforganisation eines Kreditinstituts entstehen. Hierbei seien wiederum die MaH angeführt, die eine funktionale Trennung nach Abwicklung/Kontrolle/Rechnungswesen/Controlling fordern. Erfolgt eine falsche oder unzulängliche Abwicklung, eine falsche Bestätigung, eine fehlerhafte Erfassung im Rechnungswesen oder aber eine falsche Darstellung der Risikolage im Controlling aufgrund fehlender funktionaler Trennung, so ist davon auszugehen, dass Fehler gar nicht oder nur sporadisch verifiziert werden und diese letztlich wiederum zu kaum quantifizierbaren Risiken führen können, die nach dem Risikotragfähigkeitsprinzip nicht mehr verkraftbar sind (vergleiche insbesondere Abschnitt 7).

4.2.3.2 Modell- Methoden- oder Basisfehler

Hier sind überwiegend technische Beeinträchtigungen als Grundlage zu nennen. Sämtliche in einem Kreditinstitut eingesetzten Modelle und Methoden sind ja, wie die Abbildung 3 »OPR im Überblick« zeigt, dazu da, um strategische Ziele umzusetzen. Die Umsetzung erfolgt dann über den operativen Bereich. Gemeint sind Ablaufschwächen, die aufgrund von Fehlern in der Anwendung oder im Programmablauf auftreten und nicht sofort erkannt werden. Als Beispiel wäre hier ein Modell zu nennen, das täglich den Marktwert von Wertpapieren ermittelt. Bei einem Zugriff auf veraltete Kurse oder durch Eingabefehler können sowohl Steuerungsfehler als auch Kosten durch Fehlsteuerung entstehen. Eine Dritthaftung in diesem Zusammenhang lässt sich selten herstellen. Somit ist das Kreditinstitut für den entstandenen Schaden selbst verantwortlich. Abhilfe kann dadurch geschaffen werden, dass alle Modelle vor dem Echteinsatz im Rahmen einer Testphase eingesetzt werden und über entsprechende Kontrollfunktionen einer laufenden Überwachung beziehungsweise Abstimmung unterliegen.

4.2.4 Schnittstellenrisiko

Die Schnittstellenproblematik besteht in einem Kreditinstitut an mehreren Stellen. Einmal die Dimension der technischen Schnittstelle. Dies bedeutet, dass Systeme aufeinander abgestimmt sein müssen, um das betriebliche Optimum zu erreichen. Dies wiederum bedeutet ebenso eine klare Definition der notwendigen Anknüpfungspunkte. Als weiteres kommt noch die abteilungs- bzw. filialübergreifende Dimension hinzu. Letztlich müssen alle Prozessabläufe so gesteuert sein, dass der jeweilige Bereich die für ihn notwendigen Informationen erhält, um der jeweils übertragenen Verantwortung in vollem Umfange gerecht zu werden.

Oftmals ist es eine weit verbreitete Ansicht, dass durch Software, Mitarbeiterschulung, Kapitaleinsatz und Implementierungsmaßnahmen die Verantwortung für das Operationelle Risiko vom Management losgelöst wird. Aber ist diese

Sichtweise wirklich realistisch? Folgende Metapher soll diese Frage beantworten: nur, deshalb, weil jemand lesen kann, versteht er auch alle von ihm gelesenen Texte. Hier würde man einem Trugschluss unterliegen, da Lesen und Verstehen unterschiedliche Wirkungsweisen haben. Dies bedeutet nichts anderes, als dass sich das Management im Rahmen Operationellen Risikos starke Gedanken machen muss. Durch die Menge an Erkenntnissen aus gewonnen Informationen werden die Steuerungsansätze eher komplexer, vernetzter und verzahnter, als einfacher. Das heißt, dass sich die Verantwortlichen der Unternehmensführung intensiver und noch wesentlich mehr befassen müssen, als bisher, um die Erkenntnisse richtig umzusetzen. Darüber hinaus sind auch die damit befassten Organisationseinheiten in die Systematik der Meinungsfindung mit einzubeziehen, um saubere Schnittstellen und Umsetzungsmaßnahmen erarbeiten zu können. Die Schnittstellenproblematik ist ein sehr ernst zu nehmendes Thema. Denn Schnittstellen sind durch Arbeitsteilung entstehende Transferpunkte zwischen funktionalen Bereichen, Sparten, Projekten, Personen oder Unternehmen und Kunden. Hier sei das Schlagwort Schnittstellenmanagement angeführt. Dies versucht, die durch unterschiedlichste Schnittstellen verursachten Trennungen einer gemeinsamen und ergebnisorientierten Zielerreichung zu überwinden um somit wertschöpfend in die Leistungserstellung der Bank oder Sparkasse aggregiert einzugreifen.

5 Operationelle Risiken unter dem Blickwinkel des KonTraG[15]

5.1 Zielsetzung[16]

Aufgrund Unternehmenskrisen in jüngerer Vergangenheit wurde zum 01.05.1998 durch das KonTraG sowohl das Aktien- als auch das Handelsrecht novelliert. Hintergrund ist eine verbesserte Überwachung von Unternehmen. Gemäß § 91 II AktG hat »der Vorstand geeignete Maßnahmen zu treffen, insbesondere ein Überwachungssystem einzurichten, damit den Fortbestand der Gesellschaft gefährdende Entwicklungen früh erkannt werden«. Die Intension der Überwachung ist nicht neu. I. S. des § 93 I AktG war bereits im Rahmen der Sorgfaltspflicht des Vorstandes gefordert, Schäden von Unternehmen fern zu halten. Für ein etwaiges Verschulden seitens des Vorstandes hinsichtlich einer allgemeinen Organisations- und Sorgfaltspflicht haftet dieser gegenüber der Gesellschaft i. S. des § 93 II AktG.

---

15 Vgl. dazu Gesetz zur Kontrolle und Transparenz im Unternehmensbereich.
16 Vgl. dazu Zeitschrift Interne Revision, Erich Schmidt Verlag, Berlin, 4/1999. S. 185 ff.

5.2   Das betriebliche Überwachungssystem i. R. des KonTraG

Neben dem Begriff Überwachungssystem steht auch der Begriff Risiko-Management-System (RMS). Unter dem Begriff »Überwachungssystem« wird die gesamte betriebliche Überwachung verstanden. Hierzu gehört auch das »Interne Kontrollsystem« (IKS), welches sämtliche Maßnahmen der Kontrolle zu Erreichung von Unternehmenszielen erfasst. Ein RMS sollte nicht nur die Risikolage eines Unternehmens in Form von Risikozusammenstellungen geben. Diese Darstellung würde nur ein unzureichendes und einseitiges Bild widerspiegeln. Somit werden in einem weiteren Schritt über eine Risikobeschreibung hinaus die notwendigen Maßnahmen für eine Risikosteuerung aufzuzeigen sein. Das OPR ist in diesem Bereich ebenso mit aufzunehmen.

6   Ansiedelung/Implementierung des Operational-Risk-Managements

Als Schlüsselfrage stellt sich, wo das Management der Operationellen Risiken angesiedelt wird. Grundsätzlich ist festzustellen, dass immer auf institutsspezifische Gegebenheiten abzustellen ist. Eine Hypothekenbank unterscheidet sich von einer Universalbank schon alleine aus ihrer Aufgabenstellung heraus. Blieben in diesem Falle institutsspezifische Ansätze unberücksichtigt, wäre eine optimale Risikoverifizierung kaum möglich und würde unter Umständen sogar zu einer gewissen Fehlsteuerung führen.

Von enormer Wichtigkeit ist jedoch, dass eine organisatorische Trennung zwischen den Bereichen, in denen OPR entsteht, und den Bereichen, in denen eine Verifizierung und Messung vorgenommen wird, erfolgt. Nach Crough/Galai/Mark[17] sind 8 Basiselemente wichtig, um ein funktionales Operational Risk-Management in einer Bank zu implementieren.

---

[17]   Vgl. dazu Risk Management, Michel Crough/Dan Galai/Robert Mark. MacGraw-Hill,2001, New York, Chapter 13, S. 486

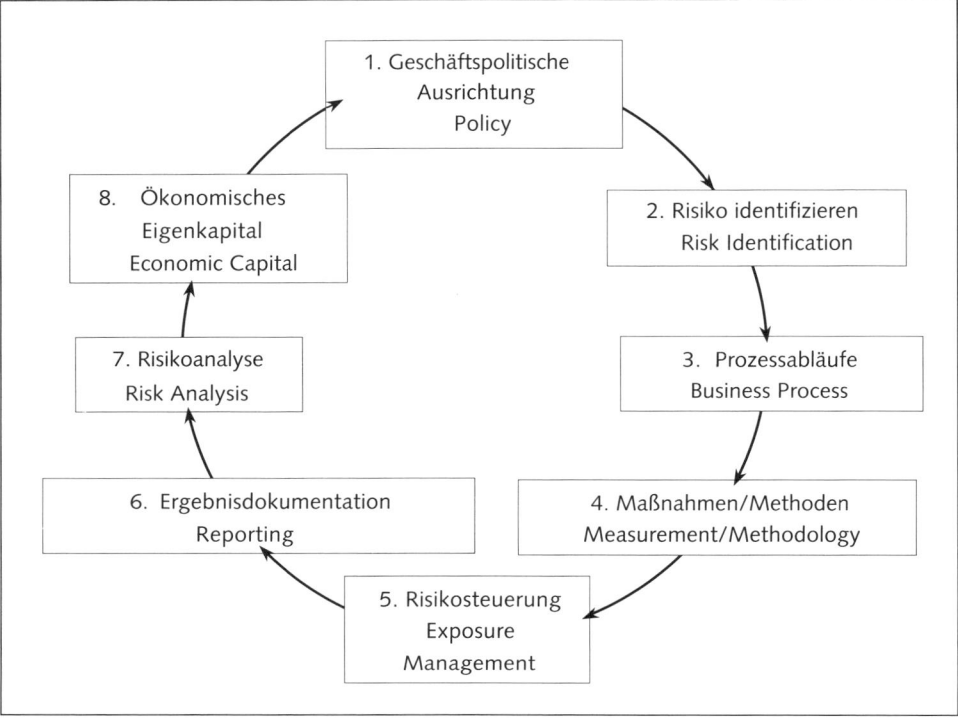

Abb. 6: Elemente für eine Implementierung von OPR

6.1   Definierte Risikopolitik (Policy)

Im Rahmen einer strategischen Implementierung des Geschäftsfelds OPR ist wichtig, die Determinanten, und zwar institutsspezifisch, festzulegen. Zunächst ist grundsätzlich eine auf die geschäftspolitischen Strategien und Unternehmensabläufe ausgerichtete grundlegende Definition notwendig, um den Bereich OPR festzumachen. Ohne dieser Grundsatzentscheidung ist ein funktionales OPR-Management nicht möglich.

6.2   Risikoidentifizierung (Risk Identification)

Hierbei geht es um die Identifizierung der Risiken unter dem Aspekt einer einheitlichen Sichtweise. Dazu gehört ein einheitlichen Risikoverständnis und die ganzheitliche situative Risikodefinition des Kreditinstituts als auch dem Aufspüren der Risikopotenziale unter Benutzung eines institutsgültigen Sprachgebrauchs.

6.3 Prozessabläufe im Unternehmen (Business Process)

Hier sind die Risiken aus den prozessualen Abläufen eines jeweiligen Instituts von tragender Bedeutung. Idealtypischerweise werden hier neben der Ablauforganisation auch die bereichsübergreifenden Prozesse im Kreditinstitut beleuchtet und beispielsweise im Rahmen eines Arbeitsverteilungsplans definiert.

Darunter fallen sowohl technische Fehler als auch systemisch bedingte Fehler und Schwachstellen, die auftreten können.

6.4 Maßnahmen und Methoden (Measurement, Methodology)

Bei Maßnahmen und Methoden gibt es zwei Ansatzpunkte. Einer davon erfolgt bereits im Entstehungsprozess bzw. während des Ablaufs. So kann ein agierender Mitarbeiter durch einen weiteren Mitarbeiter im Rahmen von kontrollwirksamen Prüfungshandlungen Fehler frühzeitig erkennen. Der zweite Ansatzpunkt ergibt sich aus Handlungen, die unabhängig vom Entstehen des Vorgangs getätigt werden. So kann eine dem Prozess nachfolgende Abteilung kontrollwirksam tätig werden oder aber über externe Bestätigungen einen Abstimmvorgang durchführen.

6.5 Risikosteuerung (Exposure Management)

Die Risikosteuerung kann entweder durch manuelle Erhebungen bzw. Zumeldungen oder durch technische Modelle im Rahmen einer täglichen Risikoverarbeitung (vergleichsweise MaH-Abgleich von Kurswerten) erfolgen. Manuelle Zumeldungen sind in ein dafür vorgesehene Map einzutragen und auszuwerten. Mittels Modellen ist eine Risikopotenzialsichtung sehr schnell erreichbar.

6.6 Festhalten des Ergebnisses (Reporting)

Nach der Risikofeststellung des Steuerungsbereichs erfolgt das festhalten der jeweiligen Ergebnisse.

6.7 Risikoanalyse (Risk Analysis)

Im Rahmen der Risikoanalyse erfolgt der Abgleich aller vorgegebenen Limite oder Zielauslastungen der jeweiligen Risikopositionen, wie in 6.1 festgelegt.

6.8 Zuordnung des ökonomischen Eigenkapitals (Economic Capital)

Die Einzelergebnisse der Risikoanalyse können im Rahmen festgelegter Schlüssel oder prozentualer Gewichtung, die aus historischen Simulationen abgeleitet werden, addiert werden. Letztlich wird somit ein Gesamtbetrag des ausmachenden institutsspezifischen OPR ermittelt und dem ökonomischen Eigenkapital zugeordnet. Aus der Rechnungslegung geht der Begriff des traditionellen bilanziellen Eigenkapitals hervor. Aus dem Ansatz des Shareholder-Value[18] ist das ökonomische Eigenkapital abzuleiten. Das bedeutet, dass eine integrierte Risk-/Return-Steuerung[19] (RAROC = Risk Adjusted Return On Capital)[20] auf eine angemessene Eigenkapitalrendite abzielt. Mittels einer möglichen Simulation werden Obergrenzen des gesamten OPR festgelegt und auf das Kapital verteilt (Eigenkapitalallokation)[21]. Mittels einer Risikotragfähigkeitssimulation (siehe Abschnitt 7) kann nunmehr jedes Kreditinstitut selbst befinden, wie weit das eigene OPR gehen kann.

6.9 Fazit

Die 8 Elemente für eine Implementierung des OPR bilden eine vereinheitlichtes Vorgehen und können somit als Grundlage individueller Gegebenheiten gesehen werden. Wichtig erscheint jedoch, dass das OPR nicht ausschließlich einzig und allein in einer Abteilung stattfinden kann. Dazu ist die Thematik zu vernetzt und global wirkend. Vielmehr sind folgende Bereiche ebenfalls damit zu betrauen, OPR zu messen oder ein Reporting weiter zu geben.

Revisionsabteilung
Innerhalb der Revisionsabteilung werden die internen Kontrollen durchgeführt. So unter anderem die Funktionstrennung, das 4-Augenprinzip oder aber das Einholen von Bestätigungen (Saldenmitteilungen von Bankenkontokorrentkonten einholen). Letztlich empfiehlt es sich, eine zukunftsorientierte Revision vor Einführung von neuen Strukturen und Abläufen eines Kreditinstituts mit einzubeziehen, da die Mitarbeiter in diesem Bereich über langjährige Praxiserfahrung verfügen und demzufolge wertvolle Arbeit und Vorbeugung im Zusammenhang mit OPR leisten können.

Organisationsabteilung
Hierbei wird unterstellt, dass diesem Bereich auch der IT-Bereich zugeordnet ist. Demzufolge steht es außer Frage, dass vor der Einführung neuer Konzepte und Modellen ein unerlässliches Einschalten notwendig ist. Ebenso bei der Pflege

---

18 Vgl. dazu Rappaport; 1998.
19 Vgl. dazu Rolfes, B., S.109.
20 Vgl. dazu Rolfes, B., S. 32.

(Update von Software) als auch bei allen Freischaltungen von Programmen ist diese Abteilung Dreh- und Angelpunkt, um OPR frühzeitig auszuschalten.

Bereich Rechnungslegung/Meldewesen

Diesem Bereich kommt ebenso große Bedeutung zu. Sämtliche Meldungen an externe Berichtsempfänger (z. B. LZB[22], BAKred[23]) werden hier vorab aufgearbeitet. Aus dem gesamten Rechenwerk eines Kreditinstituts lässt sich sehr viel über OPR entnehmen. Sämtliche Neuanschaffungen werden in diesem Bereich aktiviert und somit registriert. Weiter werden hier Unregelmäßigkeiten auf Verrechnungskonten und Bankenkonten durch vorgegebene Prüfungshandlungen transparent. Somit können entweder Unterschleif oder Fehler frühzeitig erkannt, unmittelbar nach deren Auftreten registriert und den entsprechenden Instanzen weitergeben werden.

Verwaltungsabteilung

Viele Kreditinstitute gehen dazu über, ein Facility-Management einzuführen. Darin ist der gesamte Komplex der Gebäude- und Inventarverwaltung sowie der eigene Versicherungsbereich enthalten. Auch dieser Bereich stellt eine Schlüsselposition dar. Gebäude- und Inventaranschaffungen werden hier vorgenommen. Somit sind Erkenntnisse zum sofortigen Ausschalten von OPR (z. B. Abschluss einer Elementarversicherung zum Schutz vor Gebäudeschäden, Haftpflichtversicherungen für das gesamte Kreditinstitut) vorhanden. Im Rahmen des Facility-Managements wird der Bereich OPR in der laufenden Bearbeitung berücksichtigt.

Gesamtbanksteuerung

Die oben dargestellten Bereiche stehen organisatorisch für sich, obwohl diese in der Regel demselben Vorstandsressort zugeordnet werden. Deshalb ist eine Verbindung dieser Einheiten zur Darstellung des gesamten OPR notwendig. Es macht Sinn, dieses Verbindungsglied dem Bereich der Risikosteuerung und somit der Gesamtbanksteuerung zuzuordnen. Zweck ist, dass die Bereiche verzahnend und vernetzend zusammenarbeiten und die Gesamtbanksteuerung diese Einzelinformationen an Risiken zusammenfasst und dem Überwachungs- bzw. dem Vorstand des Risikomanagements über ein monatliches Reporting, im Bedarfsfalle sofort, informiert und Vorschläge in Zusammenarbeit mit den anderen Fachbereichen erarbeitet und durch den Gesamtvorstand verabschieden lässt. Hierbei spielt auch die Betrachtung der gesamten Risiken und deren eventuelle Höhe eine immense Rolle. Durch die Ermittlung über die maximale Höhe sämtlicher eingegangener Risikopositionen im Rahmen des Risikotragfähigkeitsprinzip kann somit die Geschäftsleitung des Kreditinstituts strategische und operative Steuerungen vornehmen.

---

21 Vgl. dazu Rolfes, B., S. 39.
22 Landeszenteralbank
23 Bundesaufsichtsamt für das Kreditwesen

7　Risikotragfähigkeitsprinzip und mögliche Berechnung

Das Risikotragfähigkeitsprinzip kann beispielsweise darauf abstellen, dass aufgrund von Istwerten, verbunden mit den bekannten Planwerten, erweitert um unbekannte Positionen (in Form von Wahrscheinlichkeitsermittlungen) im Rahmen von verschiedenen Szenarien ein gerade noch positives Ergebnis, betrachtet auf eine Periode, erreicht werden soll. Letztlich obliegt es der Entscheidung der Geschäftsleitung, welcher Mindestgewinnerwartung anzunehmen ist. Ebenso muss die Geschäftsleitung bei der Betrachtung von Stressszenarien entscheiden, ob die Vorsorgereserven nach § 340 f HGB oder stille Reserven bei Wertpapieren zusätzlich mit Berücksichtigung finden.

Grundlage für die bereits bekannten Daten ist eine Prognoserechnung, die aus heutiger Sicht jedem Institut, je nach Modifizierung und Rechenzentrum, vorliegt.

	Schema zur Ermittlung der Risikotragfähigkeit im Rahmen einer Plan-Gewinn- und Verlustrechnung
1	Zinsüberschuss
2	Sonstige betriebliche Erträge
3	Provisionsüberschuss
4	Nettoergebnis aus Finanzgeschäften
5	Allgemeine Verwaltungsaufwendungen
6	Abschreibungen und Wertberichtigungen auf immaterielle Anlagewerte und Sachanlagen
7	Sonstige betriebliche Aufwendungen
8	= Ergebnis vor Steuern
	Erwartete Risiken durch:
9	Marktpreisrisiken
10	Adressenrisiko: Ausfallrisiken a) Erforderliche Bewertungsmaßnahmen bereits bekannt. b) Weitere Bewertungsmaßnahmen aufgrund historischen Erfahrungen als Volumengröße mit einstellen.
11	Operationelle Risiken: Betrag abgeleitet aus einer Definition und der historischen Entwicklung
12	Risikotragfähigkeit = Ergebnis nach Risiko vor Steuern
13	Abzüglich erwarteter Mindestgewinn vor Steuern
14	Abzüglich Steuern
15	Ergebnis nach Steuern

Abb. 7: Risikotragfähigkeit im Rahmen einer Plan-Gewinn- und Verlustrechnung

Die Positionen 1 mit 8 entspringen aus der jeweils aktuellen Prognoserechnung für das jeweilige Kreditinstitut. An der Formulierung »jeweils« wird, deutlich, dass es sich um einen dynamischen Prozess mit einer monatlichen Anpassung handeln muss, um kurzfristig auf Veränderungen operativ oder strategisch reagieren zu können. Das Ergebnis vor Steuern bildet somit den Ausgangspunkt aller Betrachtungen und stellt die periodische Ertragskraft des Kreditinstituts dar. Die Risikotragfähigkeit wird aktuell auch über eine Barwertbetrachtung dargestellt. Für eine Gesamtbetrachtung ist dies auch eine unumgängliche Sichtweise. In dieser Betrachtungsweise wirkt jedoch der Faktor Zeit immens. Muss beispielsweise ein in einer Periode entstehendes schwerwiegendes Risiko mit einem enormen Kapitalverlust verkraftet werden, so verhelfen die etwaigen Cashflows der Zukunft ad hoc nicht zur Stabilisierung des Kreditinstituts, da diese ja noch nicht liquide verdient sind. Weiter bestünde das etwaige Risiko, dass riskante Geschäfte in die Bilanz geholt werden, da der Barwert (= Marktwert oder Vermögenswert zum Betrachtungszeitpunkt) des Kreditinstituts groß ist.

Zu den erwartenden Risiken, die es gilt, einzupreisen, gilt folgendes:

Marktpreisrisiken Position 9
Jedes Kreditinstitut ist gemäß den Mindestanforderungen an das Betreiben von Handelsgeschäften der Kreditinstitute (MaH) gehalten, seine Risiken zu ermitteln. Diese Erkenntnisse werden genutzt und in das obige Schema integriert. Weiter können durch die Erkenntnisse der Fristenablaufbilanzen und der Elastizitätenbilanz auf das übrige Zinsänderungsrisiko geschlossen werden. Die somit festgestellten Beträge können quantifiziert und in das Schema eingestellt werden.

Adressenausfallrisiko Position 10
Auch hier ist der erste Ansatzpunkt der Erkenntnisstand aus den MaH. Weiter sind aus Sicht des Managements bereits Informationen zu etwaig künftigen Ausfällen bekannt. Dies können bereits teilweise wertberichtigte Kredite sein, die einer weiteren Berichtigung bedürfen. Umgekehrt können auch eventuelle Auflösungen von Wertberichtigungen aufgrund einer verbesserten Situation zu einem positiven Beitrag führen.

Ist die Summe positiv, so ist das Normal-Case-Szenario innerhalb des prognostizierten Ergebnisses und somit von einer Bank oder Sparkasse tragbar. Ist die Summe eine schwarze Null oder negativ, so ist bereits aus geschäftspolitischer Sicht die Ampel auf rot. Das Management muss zwingend den gesamten Entwicklungsprozess über die entsprechenden Bereiche (Organisation, Budgetverantwortliche, Controlling, Rechnungswesen/Bewertungsbereich, Gesamtbanksteuerung) eingehend analysieren und eventuell eine operative Gegenmaßnahme bis hin zu einer strategischen Neuausrichtung veranlassen.

Das Prinzip der Risikotragfähigkeit kann um eine Worst-Case-Betrachtung oder eine Best-Case-Betrachtung erweitert werden. Die Schlüsse daraus sind wieder in Analogie des gerade genannten Steuerungsprozesses mit einzubeziehen.

Operational Risk Position 11
Hier kann je nach Modell und Vorgehensweise ein Betrag zur Deckung des betriebswirtschaftlichen OPRs eingestellt werden. Eine praxisgerechtere Ermittlung wären Schadensfälle aus der Vergangenheit oder Vergleiche mit Kreditinstituten in den gleichen Märkten. Aus dem Bereich Kreditrisiken gehören hier auch all diejenigen Beträge, die zwar zu Kreditausfällen führten, letztlich jedoch aus Operationellen Risiken resultieren. Dies wären Kredite, bei denen durch Falschbearbeitung oder Ablauffehler Ausfälle entstanden sind. Dies bedeutet für jedes Kreditinstitut, in die Historie zu gehen und die Ausfallrisiken zu analysieren, um auf die einzustellenden Beträge in das Operationelle Risiko zu kommen.

Erwarteter Mindestgewinn Position 13
Besondere Bedeutung kommt dem erwarteten Mindestgewinn zu. Das ist der Gewinn, den das Management aufgrund seiner strategischen Planung mindest für die entsprechende Periode annimmt. Dieser Mindestgewinn beeinflusst grundlegend die Vorgehensweise bei der Planung der Gesamtrisiken. Er schränkt jedoch sowohl die Risikopotenziale als auch die Chancen stark ein.

8   Ausblick und kritische Würdigung

OPR ist nicht der Stein des Weisen. Es war schon immer und teilweise latent vorhanden. Über Basel II bekommt das OPR jedoch neues Gewicht, werden doch alle Kreditinstitute dazu aufgefordert, modellhafte Berechnungen im OPR-Bereich durchzuführen und letztlich diese Risiken mit Eigenkapital zu unterlegen. Dass diese Aufgabe besonders schwer ist, bekommen alle Institute und Institutsgruppen zu spüren. Die Schlüsselfrage schlechthin ist: wie bekommt das jeweilige Institut eine Risikokennzahl und mit welchem Faktor ist zu gewichten, um damit künftig ein eventuelles Risiko möglichst realistisch mit Eigenkapital zu unterlegen. Auf Institutsgruppenebene wäre es im Rahmen einer Datenbank sinnvoll, alle bisher gemachten Erfahrungen und Erkenntnisse im Rahmen des OPR zu sammeln und mittels Abfragemodule jedem Institutsgruppenangehörigen zur Verfügung zu stellen. Probleme könnten sich dadurch ergeben, dass einige Institute ihre gemachten Erfahrungen wissentlich nicht weiter geben, um sich vor einem Outingsyndrom zu bewahren oder aber um sich Wettbewerbsvorteile zu verschaffen. Wettbewerbsvorteile würden dann entstehen, wenn wichtige Erkenntnisse im Bereich OPR nicht weitergegeben werden, damit andere Institute keinen Wissens- oder Erfahrungsvorsprung erhalten, der unter Umständen enorme Kosten sparen könnte. Ein Zitat von Henrik Ibsen möge hier zum Denken anspornen: »Es prägt sich eine Tat mehr ein als tausendfacher Rat«.

Letztlich wird die verbleibende Zeit zur Umsetzung des OPR darüber entscheiden, ob es sich ein zukunftsorientiertes, regional, international oder global tätiges Institut leisten kann, alle Informationen für sich zu behalten. Insbesondere in einer Zeit, in der jeglicher Informationsfluss von einer enormen Geschwindigkeit getrieben wird und sich letztlich kaum mehr etwas verheimlichen lässt.

Somit steht gerade auf der Ebene von Institutsgruppen nichts mehr im Wege, das Thema zusammen anzugehen, Economies-of-Scale zu nutzen und gemeinsam an einem Strang zu ziehen, um die Kostenschraube für eine Implementierungssystem des OPR in finanzierbarem Maße zu halten. Dies bringt für alle Beteiligten Vorteile und Nutzen für künftiges Vorgehen und Vermeidung von Risiken.

Literatur

Britisch Bankers' Association, ISDA, RMA, PricewaterhouseCoopers, Operational Risk, the next frontier, RMA, Philadelphia, 1999.

Gesetz zur Kontrolle und Transparenz im Unternehmensbereich.

http//www.welt.de/daten/1997/01/27/0127wi85184.htx

http://bakred.de/ Pressemitteilung des Baseler Ausschuss für Bankenaufsicht, Übersetzung der Deutschen Bundesbank.

http://bakred.de/ Rundschreiben: Überwachung der von Hypothekenbanken eingegangenen Zinsänderungsrisiken vom 07.12.2000.

http://bakred.de/Die Neue Baseler Eigenkapitalvereinbarung, Januar 2001.

http://bakred.de/texte/english/index.htm, The New Basel Capital Accord, January 2001.

http://rhein-zeitung.de/on/97/12/23/topnews/schneider.html

http://www.bis.org/publ/bcbs_wp8.htm

http://www.sueddeutsche.de/wirtschaft/dossier/18816

http://www.wdr.de/tv/inland/archiv/2001/01/11.html

Instefjord, J./Jackson. P./Perraudin, W.: Securities fraud and irregularities, in: Arthur Andersen: Operational risk and financial institutions, 1998, S. 148.

Konzept für den Aufbau eines Risikomanagementsystems (RMS) unter Berücksichtigung der Anforderungen durch das KonTraG, Zeitschrift Interne Revision, Erich Schmidt Verlag, Berlin, 4/1999.

Michel Crough/Dan Galai/Robert Mark, MacGraw-Hill: Risk Management, New York 2001.

Rappaport, A.: Shareholder Value, Stuttgart 1998.

Rolfes, B.: Gesamtbanksteuerung, Stuttgart 1999.

Van den Brink, G.: Operational Risk, Stuttgart 2001.

Welge/A.-Laham: Strategisches Management, 2. Ausgabe, Wiesbaden 1999.

Wiedemeier I./Schwanitz I.: Betriebswirtschaftliche Blätter 3/2001.

Zahn: Wörterbuch Banking and Stock Trading, 4. Auflage, Frankfurt/Main 1996.

Systematische Identifikation, Erfassung und Bewertung Operationeller Risiken – eine neue Herausforderung für Banken

Werner Simon *

---

* Prof. Dr. Werner Simon, Rheinische Fachhochschule Köln, Hohenstaufenring 16-18, 50647 Köln

1 Einleitung

Wenn Banken zum Opfer von Hackerangriffen werden, Daten »verlieren« oder von den eigenen Mitarbeitern betrogen werden, dann ist das nicht nur ein Thema für die Presse, sondern es entstehen auch Schäden in Millionenhöhe oder mehr. Letztlich sind solche Ereignisse aber ein Indiz für ein mangelhaftes Risikomanagement, vor allem im Hinblick auf Operationelle Risiken. Der folgende Beitrag gibt einen Überblick über Operationelle Risiken, schlägt eine Klassifikation Operationeller Risiken vor und zeigt Wege auf, wie Operationelle Risiken beherrschbar gemacht werden können.

2 Risikomanagement – eine lästige Pflicht?

»Banken vernachlässigen Risikomanagement« war die Überschrift eines Artikels in der Frankfurter Allgemeinen Zeitung vom 11. November 2000. Unter anderem wurde hier eine Studie der Boston Consulting Group zitiert, nach der weltweit zwei Drittel der untersuchten Banken noch nicht damit begonnen haben, Systeme für das Risikomanagement aufzubauen. Während europäische Banken das Risikomanagement vor allem als Anforderung des Aufsichtsrechts betrachteten, sehen amerikanische Banken darin ein Instrument zur Steuerung der gesamten Bank. Weiter wurde hervorgehoben, dass der Begriff »Risiko« noch nicht einheitlich verwendet würde, dass unterschiedliche Modelle, beispielsweise für Marktrisiken, eingesetzt würden und dass auch die Quantifizierung der Betriebsrisiken noch nicht befriedigend sei.

Dieser und ähnliche Artikel machen die gegenwärtige Lage des Risikomanagements einiger Finanzinstitute deutlich.

Ein aktuelles Thema des Risikomanagements ist die Identifikation, Erfassung und Bewertung Operationeller Risiken, die wie alle anderen Arten von Risiken im Schadensfall drastische Ergebniseinbußen zur Folge haben können. Das Baseler Komitee für Bankenaufsicht ([3], [4] und [5]) hat mit »Basel II« bereits eine explizite Eigenkapitalunterlegung Operationeller Risiken vorgeschlagen und wird in Kürze mit »Basel III« eine weitere Publikation zu diesem Thema herausgeben. Damit wird die Beherrschung Operationeller Risiken zu einem der bestimmenden Faktoren im Bankenwettbewerb. Da nur das freie Kapital für Neugeschäfte genutzt werden kann, wird eine Bank, die nur wenig Eigenkapital zur Deckung Operationeller Risiken aufbringen muss, ein größeres Gewinnpotenzial haben als eine Bank mit hohem Kapitalbedarf ([9],[20]).

Aufgabe der Bankenaufsicht soll es sein, den Prozess der Risikovermeidung durch zentral festgelegte Standards zu unterstützen und die Einhaltung dieser Standards zu überprüfen. Durch die Berücksichtigung der Operationellen Risiken und deren Integration in die Systematisierung der Risiken insgesamt ergeben sich auch neue Aspekte für die Bankregulierung und Gesamtbanksteuerung [20].

3 Schlechte Beispiele gibt es genug

Defizite im Management Operationeller Risiken führten auch bei deutschen Banken in den letzten Jahren zu gravierenden Problemen:

- Bei der WGZ-Bank kam es durch die Manipulation von Bewertungsdaten zu Verlusten in Millionenhöhe.
- Der Konkurs des Baulöwen Dr. Jürgen Schneider verursachte Milliardenverluste bei der Deutschen Bank.
- Bei der City-Bank transferierte ein Hacker mehrere Millionen US-Dollar.
- Der Commerzbank gingen vertrauliche Daten verloren.
- Bei der HypoVereinsbank kam es zur nicht marktgerechten Bewertung von Krediten.

Auch an weiter zurückliegende Ereignisse sei erinnert:

- Die Herstatt-Pleite wurde durch mangelhafte Kontrollen bei den Devisengeschäften verursacht.
- Der Untergang der Barings Bank, wurde durch Schwachstellen in der Organisation verursacht, die es Nick Leeson erlaubten, größere Positionen zu halten als erlaubt.
- Bei der Metallgesellschaft führten Verluste aus Termingeschäften zu einer existenzbedrohenden Situation.

4 Neue Baseler Eigenkapitalvereinbarung

Da die derzeit geltende Baseler Eigenkapitalvereinbarung aus dem Jahr 1988 keine zeitgemäße risikobehaftete Ausgestaltung bankenaufsichtsrechtlicher Regelungen mehr darstellt, wurde im Juni 1999 ein *erstes Konsultationspapier* zur *Neuen Baseler Eigenkapitalvereinbarung* (The New Basel Capital Accord, kurz Basel II, [4], [5]) vorgelegt. Unter Berücksichtigung vielfältiger Anregungen aus Wirtschaft, Wissenschaft und Politik publizierte der Baseler Ausschuss für Bankenaufsicht im Januar 2001 das *zweite Konsultationspapier* zur Neuen Eigenkapitalregelung. Auch wenn sich Basel II in erster Linie an international tätige Banken richtet, werden diese Neuregelungen nach Umsetzung in ein nationales Recht auf alle Banken anzuwenden sein ([20],[69]).

Basel II besteht aus drei Säulen, nämlich

- den Mindesteigenkapitalanforderungen,
- dem Verfahren durch die Aufsichtsbehörden und
- den Publizitätsanforderungen, die unter dem Stichwort Marktdisziplin zusammengefasst werden.

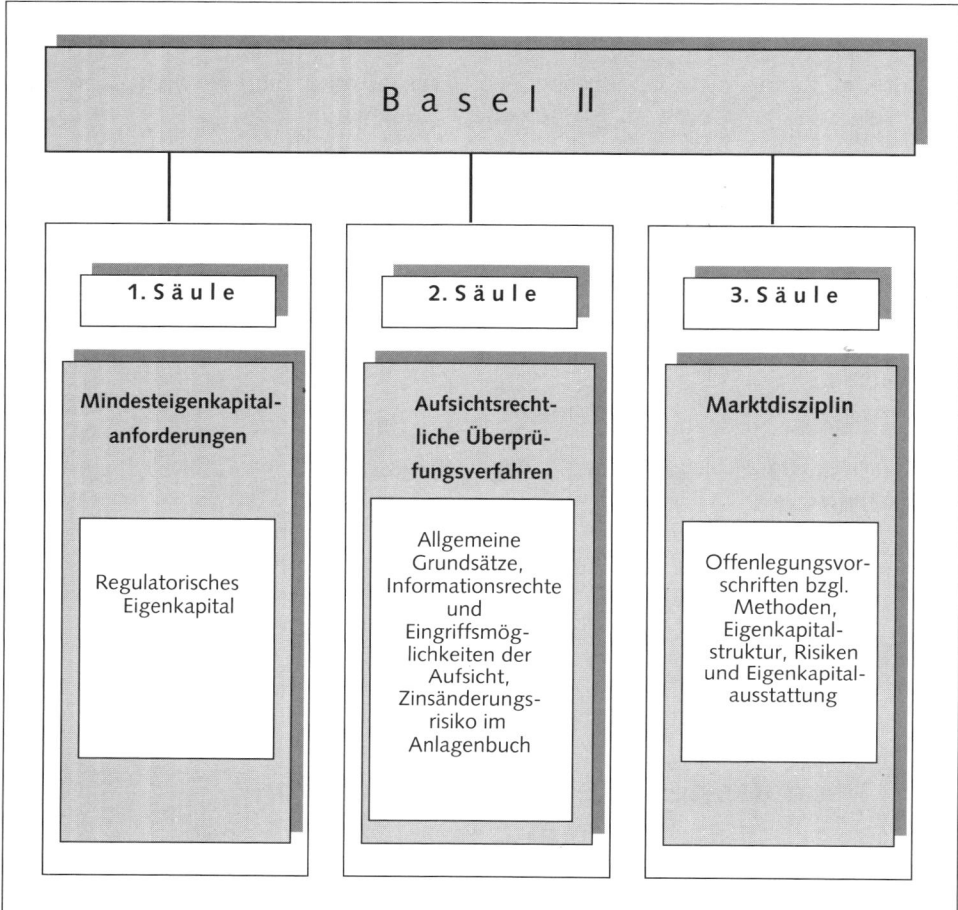

Abb. 1: Die Neue Baseler Eigenkapitalvereinbarung ([3], [4], [5], [69]).

Die erste Säule wird weiter unterteilt in:

* Kreditrisiko,
* Marktrisiko und
* Operative (bzw. Operationelles) Risiko.

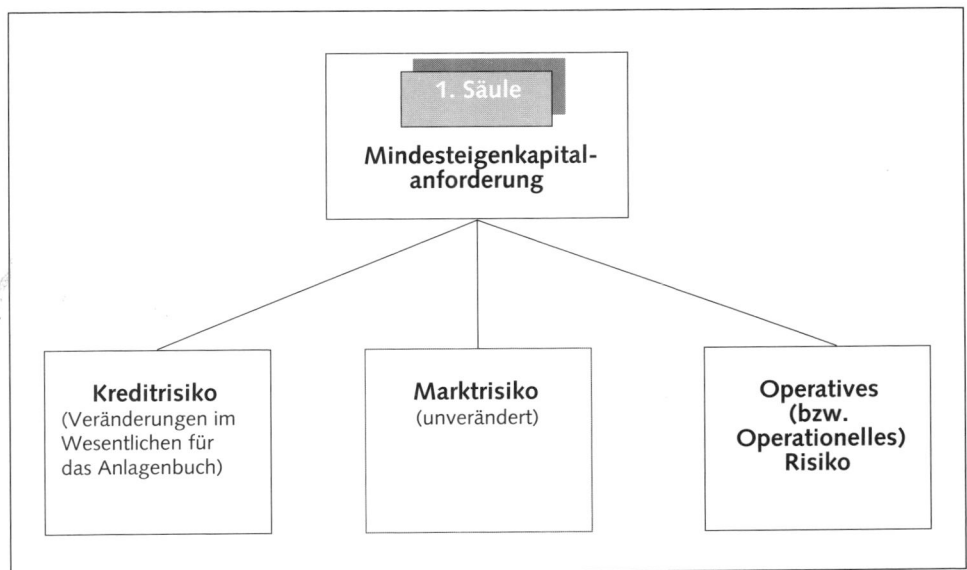

Abb. 2: Die erste Säule der Neuen Baseler Eigenkapitalvereinbarung [3], [4], [5], [69])

Was ist neu in Basel II?
Neu in Basel II sind die

- Messmethoden für das Kreditrisiko und
- die Messmethoden für das Operative (bzw. Operaticnelle) Risiko.

Die Messverfahren für das Marktrisiko und die Definition des regulatorischen Eigenkapitals sind also wie in Basel I. Die Operationellen Risiken sollen in dieser Arbeit näher untersucht und diskutiert werden.

Hinweis zu den Fachtermini: In der Literatur werden die beiden Begriffe »Operational« und »Operationell« synonym verwendet. In dieser Arbeit wird jetzt nur noch von der Bezeichnung »Operationelle Risiken« Gebrauch gemacht.

5 Definition und Systematisierung Operationeller Risiken

Damit man Operationelle Risiken systematisch identifizieren und bewerten kann, muss zunächst klar sein, was unter diesem bislang nicht einheitlich definierten Begriff zu verstehen ist. Die folgenden Definitionen orientieren sich an die Ausführungen des Baseler Ausschusses ([3],[4], [5], [68]) und wird durch eigene Ergänzungen erweitert.

Der Baseler Ausschuss definiert das Operational Risk als »*the risk that deficiencies in information systems or internal controls will result in unexpected loss. The risk is associated with human error, system failures and inadequate procedures and controls*« ([3], [4], [5]).

Bzw.: »*Ein operationales Risiko ist die Gefahr von unmittelbaren oder mittelbaren Verlusten, die infolge der Unangemessenheit oder des Versagens von internen Gefahren, Menschen und Systemen oder von externen Verfahren eintreten.*«

Bemerkung: In dieser Definition sind die Rechtsrisiken enthalten, die strategischen Risiken und Reputationsrisiken jedoch nicht [23]!

Operationelle Risiken sind demnach ein Maß (Kennzahl) für mögliche Verluste, die zurückzuführen sind auf

- unangemessene Systeme,
- falsche Kontrollen,
- kriminellen Handlungen oder
- menschliches Versagen.

Dazu gehören das

- Verhaltensrisiko,
- Risiken im banktechnischen Management,
- technologische Risiken,
- Rechtsrisiken und
- Katastrophenrisiken.

Basierend auf diesen Definitionen der Operationellen Risiken und eigenen Untersuchungen [63] werden die oben beschriebenen Risiken nun weiter unterteilt und erläutert:

Verhaltensrisiken

Diese lassen sich in Irrtumsrisiken, Fahrlässigkeitsrisiken und kriminelle Risiken unterteilen. Ein Irrtum liegt vor, wenn der Bank ein Schaden bei Einhaltung interner Richtlinien und externer Gesetze zugefügt wird.

Das *Irrtumsrisiko* ist also durch menschliche Fehler begründet und umfasst z.B. Eingabefehler, Schreibfehler, Verwechslungen. *Fahrlässigkeit* liegt vor, wenn ein Mitarbeiter keinen persönlichen Vorteil aus einer schädigenden Handlung erlangt, aber die internen und externen Gesetze verletzt hat.

Zu den *kriminellen Risiken* zählen z.B. Betrug, Unterschlagung oder Sabotageakte. Um mögliche Schwachstellen zu lokalisieren, sollte man die in der Vergangenheit begangenen kriminellen Handlungen nach Banktyp, Art der kriminellen Handlung, Erscheinungsform und Ursachen aufschlüsseln und bewerten. Aus den Ergebnissen lassen sich ggf. geeignete Vorsorgemaßnahmen ableiten.

Risiken im banktechnischen Management

Zu den Risiken im banktechnischen Management gehören die Abwicklungsrisiken, Kontrollrisiken, Betriebskostenrisiken und Modellrisiken.

Abwicklungsrisiken resultieren aus Fehlern und Defiziten, die den technisch-organisatorischen Einsatzfaktoren bzw. deren Zusammenwirken direkt zugeordnet werden können. Abwicklungsrisiken entstehen, wenn der Umfang bzw. die Menge oder die Qualität der Mittel, die für einen reibungslosen Ablauf erforderlich sind, nicht ausreichen, wenn einzelne Stationen eines Geschäftsprozesses, beispielsweise die Zahlungsabwicklung eines Verrechnungsschecks, Schwachstellen aufweisen und zu Fehlern bei der Bearbeitung führen. Die Überwachung und Steuerung der Abwicklungsrisiken ist Aufgabe der internen Revision, aber auch der Organisationsabteilung.

Betriebskostenrisiken resultieren aus der finanziellen Bewertung der Einsatzfaktoren und den damit verbundenen Kosten. Betriebskostenrisiken können weiter in *Kostenabbaurisiken* und *Kostenerhöhungsrisiken* unterteilt werden. Zielabweichungen resultieren meistens aus Kostenveränderungen, die wiederum zu den *originären Kostenrisiken* gehören. *Modellrisiken* sind auf falsche Annahmen in den zugrunde liegenden Berechnungsmodellen zurückzuführen. Hierzu zählen beispielsweise Fehler bei der Bewertung und Messung von Finanzpositionen.

Technologische Risiken
Zu den technolgischen Risiken gehören:

- Risiken im Kommunikationsbereich (Telefonate, bei denen es Missverständnisse gab, schlechte Datenübertragung bei Faxgeräten etc.),
- Risiken bei der Datenerfassung und Datenaufnahme (Tippfehler, Ablesefehler etc.),
- Technologische Risiken im IT-Bereich. Hierbei wird zwischen
  - internen und
  - externen Risiken unterschieden.

Das interne Technologierisiko im IT-Bereich ist u.a. in

- nicht funktionierenden oder
- falsch implementierten EDV-Systemen begründet.

Bei den internen Technologierisiken im IT-Bereich lassen sich zwei Arten von Störungstypen unterscheiden: Zum Störungstyp 1 gehören beispielsweise Systemabstürze, Netzprobleme und Stromausfälle, Störungstyp 2 umfasst Fehler in eigenentwickelten Softwaresystemen, Implementierungsfehler etc.

Zu den externen Technologierisiken im IT-Bereich gehören die Gefahr durch

- Computerviren,
- Hackeraktivitäten,
- Verletzung der Sicherheit bei Internet-Banking, elektronischem Zahlungsverkehr,
- Netzzusammenbrüche.

Ein Beispiel für einen Netzzusammenbruch ist der in der Firma Microsoft am 24.01.01, wodurch der Zugang zum Firmenserver für einen ganzen Tag unterbrochen wurde. Bei einer Bank würde dies bedeuten, dass für einen Tag keine Geschäftsvorfälle, die einen elektronischen Zugang von außen voraussetzen, stattfinden würden. Dies kann auch Konsequenzen für Buchungsregistrationen haben.

- Sicherheitsrisiken, wie z.B. Einbruch, Diebstahl etc.

Rechtsrisiken

Zu ihnen gehören beispielsweise die Vertragsrisiken. *Vertragsrisiken* können durch falsche Annahmen, schlecht gewählte Formulierungen und das Übersehen kritischer Punkte in Verträgen entstehen. Die möglichen Rechts- bzw. Vertragsrisiken müssen klassifiziert und mit juristischen Fachwissen ausgewertet werden.

Katastrophenrisiken

Zu den Katastrophenrisiken zählen Brand, Stromausfall, Folgen von Unwetter (z.B. Sturmschäden), Erdbeben etc.

6 Mit Hilfe von Stichproben quantifizierbare und nicht (gut) quantifizierbare Risiken

Im bisherigen Risikomanagement konnten Methoden entwickelt werden, mit denen sich die Wahrscheinlichkeit für den Eintritt bestimmter Risiken, basierend auf Stichproben aktueller Werte, angeben lässt. Für einige Arten von Operationellen Risiken lassen sich jedoch solche Eintrittswahrscheinlichkeiten nicht direkt aus Stichproben aktueller Werte ermitteln, z.B. für Systemausfälle, für Computerviren oder für kriminelle Handlungen innerhalb der Bank oder des Bankmanagements. In diesen Fällen kann man aber Mit Hilfe von Vergangenheitswerten eine Prognose für das Risiko versuchen.

Für die Systematisierung Operationeller Risiken werden daher die Risiken weiter in direkt quantifizierbare Risiken Mit Hilfe aktueller Daten und in nicht quantifizier- bzw. schwer prognostizierbare Risiken mit Vergangenheitsdaten unterschieden (s. Abbildung 3). Die folgende Klassifikation Operationeller Risiken kann auch als Grundlage für ein Konzept einer »Schadensdatenbank für Operationelle Risiken« dienen.

6.1 Ansätze zur Erfassung und Bewertung von Risiken

Bisher gibt es keine allgemein gültigen Verfahren zur Erfassung und Bewertung Operationeller Risiken. Im Folgenden werden dazu einige Vorschläge präsentiert und Empfehlungen gegeben.

6.1.1 Mit Gegenwartswerten prognostizierbare Operationelle Risiken

Das folgende einfache Beispiel des Geschäftsprozesses »Überweisungsauftrag« soll einen Weg zur Behandlung prognostizierbarer Operationeller Risiken aufzeigen. Dieses Beispiel ist zunächst als didaktische Hilfe gedacht, um die Vorgehensweise zu demonstrieren. Aktuelle Themen zur Erfassung Operationeller Risiken sind z.B. die Wertpapierabwicklung (s.u.).

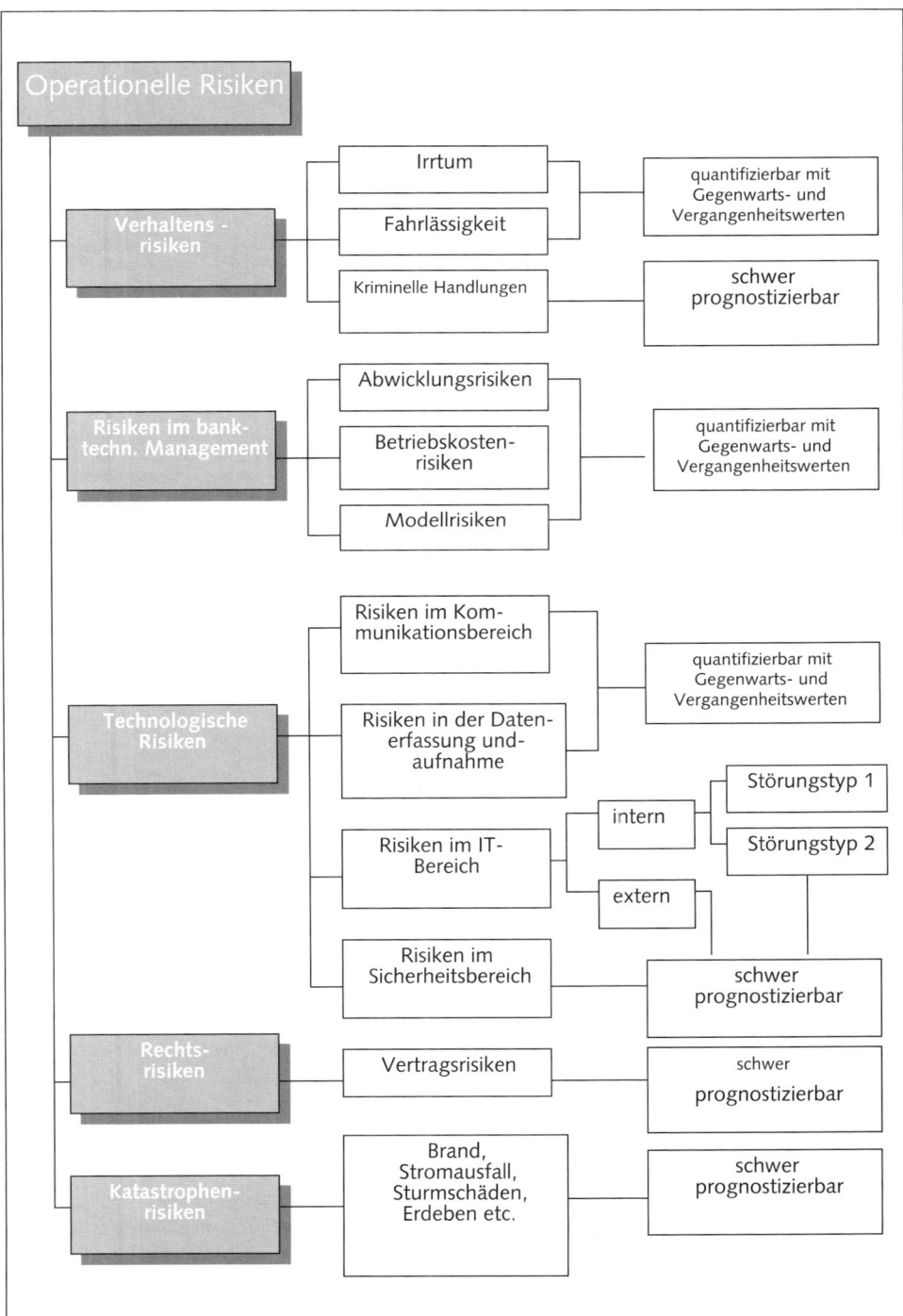

Abb. 3: Systematisierung Operationeller Risiken

1. Schritt

Erfassung des Geschäftsprozesses »Überweisungsauftrag« mit den Methoden und Darstellungsformen der Ablauforganisation (s. Abbildung 4).

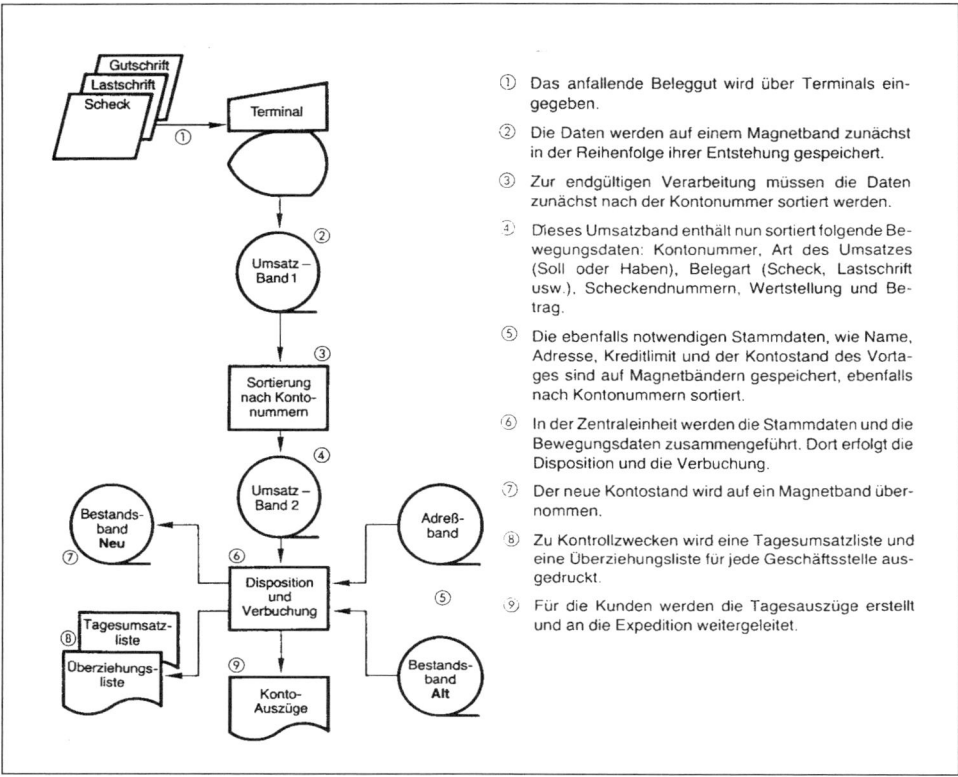

Abb. 4: Schema des Geschäftsprozesses »Überweisungsauftrag« (Quelle: [45])

2. Schritt

Analyse der einzelnen Stationen und Arbeitsschritte.
Erstellung einer Checkliste für alle Stationen der Überweisung.
Prüfung der einzelnen Stationen auf mögliche Fehlerquellen.

3. Schritt

Erfassung der Irrtumsrisiken durch Fehler erkennende Codes und Fehler korrigierende Codes.

Protokollierung und Zählung aller Aufrufe der Fehler erkennenden und Fehler korrigierenden Codes Mit Hilfe einer geeigneten Software (Problemmanagement für Software).

Evtl. Auswahl repräsentativer Stichproben (z.B. die Daten einer Woche) als Grundlage für eine Jahreshochrechnung.

4. Schritt

Auswertung der im 3. Schritt festgestellten Fehler.

Erstellung einer Häufigkeitsverteilung der Fehler klassifiziert nach Arbeitsschritten innerhalb des Geschäftsprozesses »Überweisungsauftrag« sowie nach möglichen Fehlerarten in diesem Geschäftsprozess.

5. Schritt

Erfassung der Betriebskostenrisiken mit dafür erstellten Checklisten.

6. Schritt

Auswertung und Bewertung der Betriebskostenrisiken, die im 5. Schritt erfasst wurden.

7. Schritt

Eintrag der Ergebnisse in eine Tabelle als Input für eine Datenbank »Schadensfälle und Schadensdiagnose Operationeller Risiken« (s. Abbildung 5).

Geschäftsprozess: Bezeichnung, Abteilung, Ort, Datum												
Nummer der Station	Irrtums-fehler				Modell-fehler				Betriebskosten-fehler			
	Typ1	Typ2	......	TypN	Typ1	Typ2	.....	TypN	Typ1	Typ2	.....	TypN
1												
2												
3												
...												
....												
K												

Abb. 5: Erfassung und Auswertung von Schadensfällen auf Grundlage der Geschäftsprozesse einer Bank

In Ergänzung zu Schritt 7 wird man prognostizierbare Operationelle Risiken generell durch Kontrollfragen an relevanten Punkten des jeweiligen Bankgeschäftsprozesses auswerten und analysieren. Dafür eignen sich sog. Scoring-Modelle (Punktbewertungsverfahren) und die Entscheidungstabellentechnik. Dazu identifiziert man zunächst die entscheidenden risikobehafteten Kernprozesse, nimmt darauf aufbauend eine Detailerhebung vor, definiert Kontrollpunkte und wertet diese anhand von Kontrollfragen aus.

Ausgewählte Beispiele für Bankgeschäftsabwicklungen

Die folgenden Beispiele für Bankgeschäftsabwicklungen dienen der schematischen Darstellung von Geschäftsprozessen am Beispiel des Zahlungsverkehrs und des Wertpapierprozesses. Jedes einzelne Modul kann weiter in Detailprozesse zerlegt werden. Für beide Beispiele kann das obige Vorgehen angewendet und weiter spezialisiert werden. Ziel dieser schematischen Darstellung ist es, in Zusammenarbeit mit der Revisionsabteilung:

- zunächst einen Überblick des jeweiligen Geschäftsprozesses zu bekommen,
- Schwachstellen einzelner Geschäftsprozess-Stationen zu erkennen und z.B. mit Workflow-Systemen die Geschäftsprozesse zu verbessern und
- ein Konzept für eine Operational-Risk-Data-Base zu haben.

Die Darstellung der Geschäftsprozesse einer Bank in Schemata, Datenbanken und Software für die Revision dient nicht nur der Erfassung von Strukturen, sondern vereinfacht auch die Identifizierung und Quantifizierung Operationeller Risiken.

a) Abwicklung des Zahlungsverkehrs (beleghaft, beleglos)

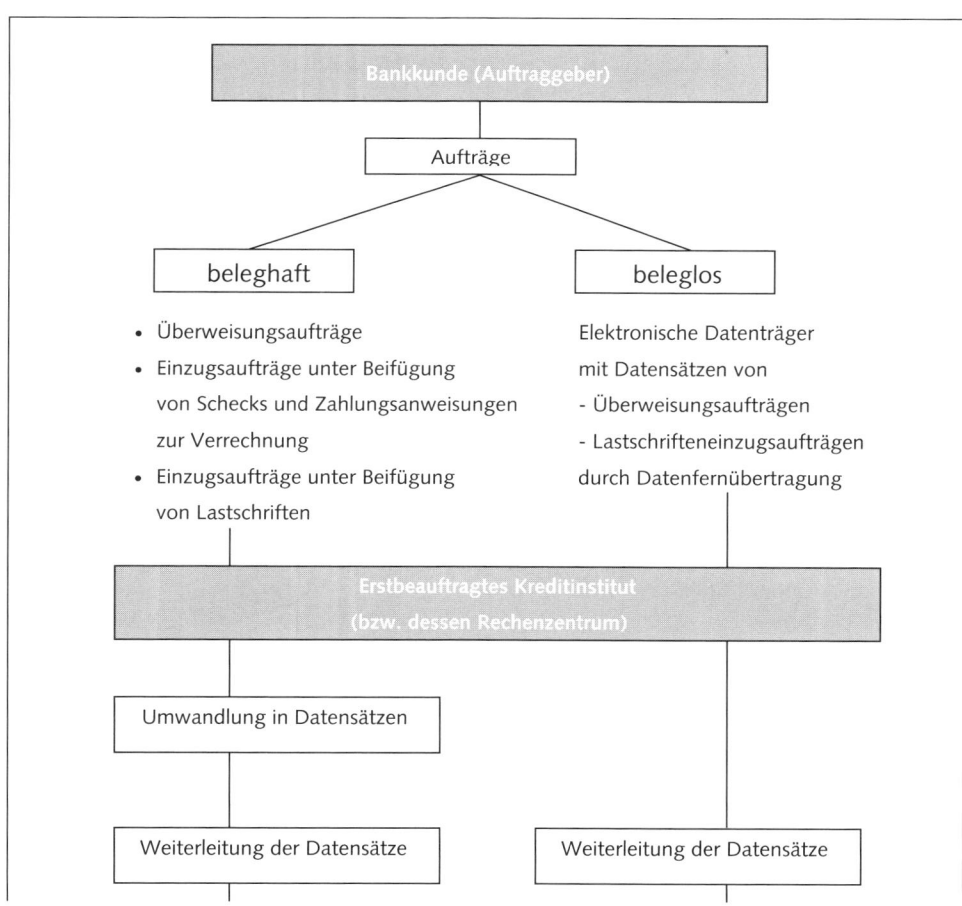

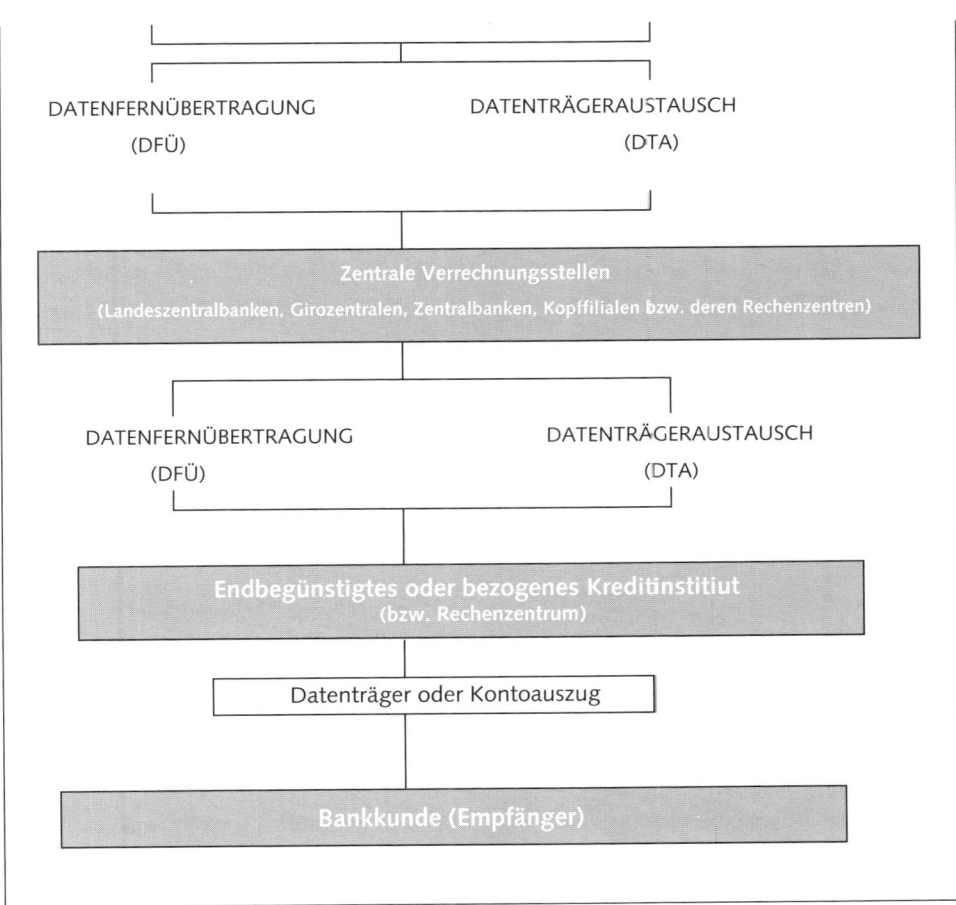

Abb. 6: Abwicklung des Zahlungsverkehrs (Quelle: Deutsche Bundesbank)

b) Abwicklung des Wertpapierhandels

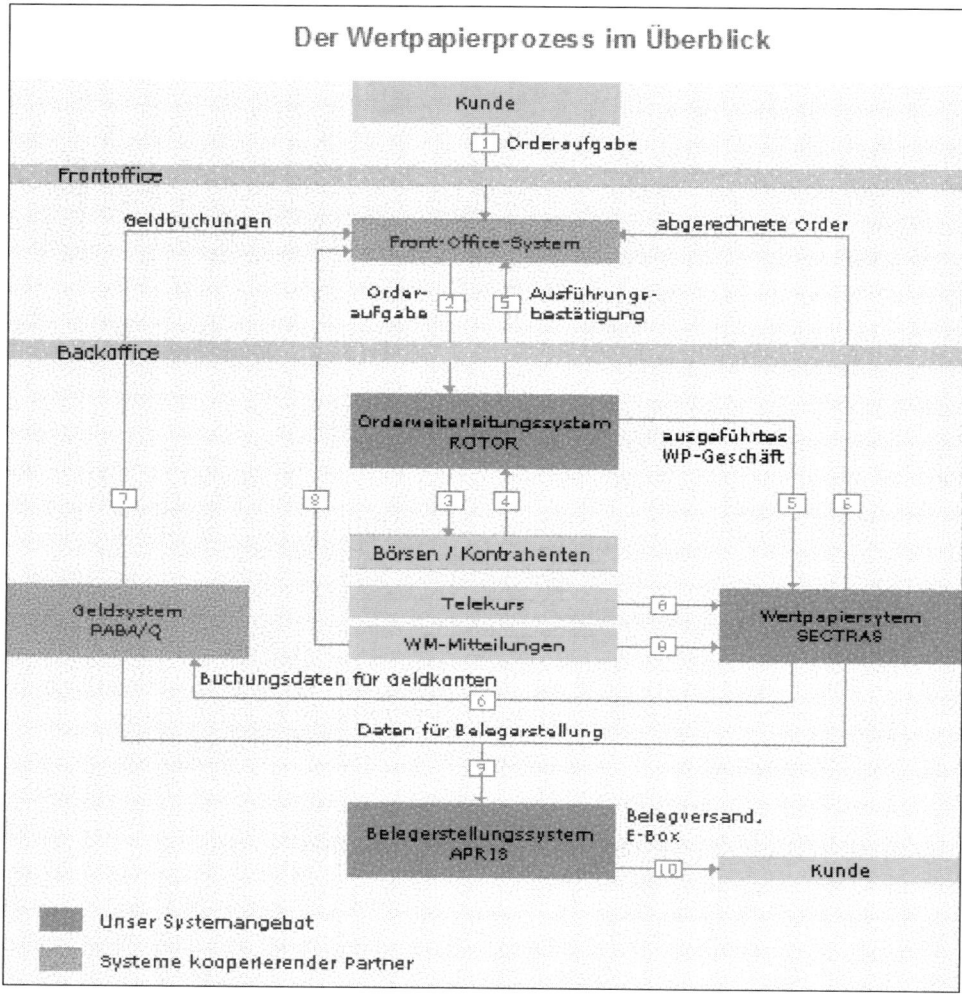

Abb. 7: Der Wertpapierprozess im Überblick (Quelle: Financial Markets Service Bank, www.fimaseba.de)

Unter einem Wertpapiergeschäft versteht man jedes Rechtsgeschäft, das eine Änderung der Rechtsverhältnisse an Wertpapieren bewirkt ([18],[32]). Es handelt sich dabei um den Kauf bzw. Verkauf von Wertpapieren. Erfolgt der beabsichtigte Rechtsübergang zwischen Parteien, die in verschiedenen Ländern ansässig sind, und werden bei der Abwicklung Grenzen überschritten, so handelt es sich um ein grenzüberschreitendes Wertpapiergeschäft. Die Abwicklung grenzüberschreitender Wertpapiergeschäfte beinhaltet alle Maßnahmen, die zur Erfüllung eines Wertpapiergeschäftes dienen. Sie besteht aus den Phasen:

- Matching,
- Clearing und
- Settlement.

Beim (Trade-)*Matching* handelt es sich um eine Geschäftsabstimmung nach dem Handelsabschluss mit dem Ziel der verbindlichen und übereinstimmenden Feststellung des Geschäftes zwischen den Beteiligten [32]. *Clearing* im internationalen Wertpapiergeschäft ist im Sinne von Abwicklung grenzüberschreitender Wertpapiergeschäfte zu verstehen. Mit *Settlement* bezeichnet man die eigentliche Abwicklung des Wertpapiergeschäftes, auch Regulierung genannt. Hierbei handelt es sich um die Erfüllung des Geschäftes an einem zuvor bestimmten Zeitpunkt (= Erfüllungstag) und Erfüllungsort. Eine schöne Übersicht über die Funktionsweise nationaler Abwicklungssysteme ist in der Arbeit von Knipp zu finden [35]. Neuere Arbeiten, wie beispielsweise von Möbus [48], diskutieren die Wertpapierabwicklung auf Grundlage der Geschäftsprozessoptimierung durch Workflow-Management. Diese Geschäftsprozessmodellierung eignet sich auch für den Entwurf von Konzepten für die Identifikation Operationeller Risiken bei der Wertpapierabwicklung. Die Systeme CASCADE und OLGA als zentrale Abwicklungsplattform für im Inland bzw. im Ausland verwahrte Wertpapiere werden bei Blitz [8] diskutiert.

Probleme im internationalen Effektenverkehr sind u.a.

- Zeitunterschiede,
- unterschiedliche Erfüllungsfristen,
- Abwicklungsrisiken,
- Fehlerquellen (beispielsweise bei Geschäften per Telefon),
- Lieferausfall,
- Lieferverzögerung,
- Systemrisiken,
- Währungsrisiken und
- IT-Sicherheitsrisiken.

Alle grenzüberschreitenden Wertpapieraktionen sind unmittelbar oder mittelbar an die nationalen Märkte gebunden. Somit hängt die Qualität der Abwicklung grenzüberschreitender Wertpapiergeschäfte von der Qualität der nationalen Abwicklungssysteme ab [35]. Aus den oben aufgelisteten Problemen im internationalen Effektenverkehr geht deutlich hervor, dass die meisten Probleme betriebstechnische und daher operative Ursachen haben. Für die Sicherheit und Effizienz des internationalen Zahlungs- und Abrechnung-(Settlement)Verkehrs sind also auch die operativen Risiken zu minimieren.

Minimierung Operationeller Risiken bei der Wertpapierabwicklung (BIZ)

Während das erste Beispiel »Überweisungsauftrag« innerhalb eines Kreditinstitutes zu bewältigen war, kommen beim zweiten Beispiel »Zahlungsabwicklung« schon nationale und beim dritten Beispiel internationale Anforderungen an die Abwicklung und Kontrolle der Geschäftsprozesse hinzu. Gerade in der Wertpapierabwicklung sind eine gut entwickelte Zahlungsinfrastruktur eine notwendige Voraussetzung für den reibungslosen Ablauf und die Kontrollierbarkeit der Operationellen Risiken. Da die Wertpapierabwicklung eine kritische Infrastrukturkomponente der globalen Finanzmärkte ist [51] und die Operationellen Risiken länderübergreifend erfasst und bewertet werden sollen, hat die BIZ (Bank für Internationalen Zahlungsausgleich) die von der IOSCO im Jahre 1998 erarbeiteten »Objectives and Principles of Securities Regulation« und zum andern die zu Jahresbeginn 2001 vom CPSS verabschiedeten und nun endgültigen »Core Principles for systemically important paymentsystems« zu 18 Empfehlungen für die Minimierung Operationeller Risiken bei der Wertpapierabwicklung umgearbeitet ([51], [52]).

Diese 18 Empfehlungen werden nachfolgend aufgeführt.

Rechtliche Risiken

1. Rechtliche Basis: Jedes Wertpapier-Abwicklungs- oder Settlement-System muss eine gut fundierte, klare und transparente juristische Basis aufweisen.

Risiken vor der Abwicklung

2. Bestätigung des einzelnen Geschäftes: Geschäfte zwischen direkt am Markt Tätigen sollten sehr schnell bestätigt werden.
3. Abwicklungszeiträume: In allen Märkten sollen alle Geschäfte laufend abgewickelt werden.
4. Eine zentrale Gegenstelle: Nutzen und Kosten einer zentralen Gegenstelle sollten im Einzelnen untersucht werden.
5. Das Ausleihen von Wertpapieren: Sowohl das Ausleihen wie das Leihen von Wertpapieren sollten als Methodik zur Beschleunigung der Abwicklung von Wertpapiertransaktionen gefördert werden.

Abwicklungsrisiken

6. Zentrale Verwahrungsorgane für Wertpapiere: Wertpapiere von effektiven Stücken sollten auf Bucheintragungen umgestellt werden.
7. Auslieferung gegen Zahlung: Auf der Basis der Wertpapier-Abwicklungssysteme sollten die Wertpapiere direkt gegen Bezahlung übertragen werden können (Steuerung des Übertragungsrisikos).
8. Zeitpunkt der abschließenden Abwicklung: Die abschließende Abwicklung eines Wertpapiergeschäftes gegen Zahlung sollte nicht später als am Ende des Abwicklungstages erfolgen.
9. Zentrale Verwahrungseinheiten müssen die Risiken, dass Marktteilnehmer ausfallen, im Griff haben: Einführung von Kontrollmechanismen bei Abwicklungssystemen mit (hinausgeschobener) Nettoabwicklung.
10. Die geldliche Abwicklung: Minimierung des Kredit- und Liquiditätsrisikos bei Zahlungsmitteln, die zur Bezahlung von Transaktionen zwischen Mitgliedern zentraler Verwaltungseinheiten dienen.

Betriebstechnische Zuverlässigkeit

11. Betriebstechnische Zuverlässigkeit: Betriebstechnische Risiken für den Clearings- und Abwicklungsprozess sollen nach ihren Ursachen erfasst und durch Kontrollen minimiert werden.

Schutz der Wertpapiere der Kunden

12. Der Schutz der Wertpapiere der Kunden: Einführung von Buchhaltungs-verwahrungsverfahren und Sicherungsverfahrensweisen zur Sicherung der Wertpapiere der Kunden.

Sonstige Aspekte

13. Überwachung und Weiterentwicklung: Zentrale Verwaltungseinheiten müssen überwacht und weiterentwickelt werden.
14. Zugang zu den Verwahreinheiten und Gegenstellen: Hier soll ein fairer und freier Zugang gesichert werden.
15. Leistungsfähigkeit: Wertpapier-Settlement-Systeme sollen kostengünstig sein und den Anforderungen der Nutzer entsprechen.
16. Standard und Verfahrensweisen für die Kommunikation (als Grundlage für eine grenzüberschreitende Transaktion mit Wertpapierabwicklungssyste-men).
17. Transparenz (als Grundlage für die Einschätzung der Kosten und Risiken für die Marktteilnehmer).
18. Regulation und Übersicht (der Wertpapierabwicklungssysteme).

Weiter hat das im Rahmen der Bank für Internationalen Zahlungsausgleich in Basel tätige Commitee on Payment and Settlement Systems (CPSS) in London die Ergebnisse seiner Arbeit als »core principles for systematically important payment systems« vorgelegt. Anlass zu der Definition der zehn Prinzipien war u.a. die Asienkrise von 1997/98, [52].

Zehn Grundprinzipien für den Zahlungs- und Abrechnungsverkehr der BIZ:

1. Rechtliche Basis.
2. Gut verständliche Regeln und Verfahrensweisen jedes einzelnen Zahlungs- und Abrechnungssystems.
3. Klar definierte Verfahrensweisen für das Risikomanagement in Bezug auf Kredit- und Liquiditätsrisiken.
4. Jedes System sollte die Abrechnung am gleichen Tag ermöglichen.
5. Mindestbedingungen an jedes multilaterale System.
6. Forderung für den Ausgleich der endgültigen Abrechnung gegenüber einer Zentralbank.
7. Jedes System sollte einen hohen Grad an Sicherheit haben.
8. Effizienz der Systeme für den Nutzer.
9. Jedes System sollte öffentliche Kriterien für den Zugang aufweisen.
10. Kontrollierbarkeit: Die Beherrschung und Kontrolle jedes Systems sollte effektiv, transparent und nachvollziehbar sein.

Ziel der erarbeiteten zehn Grundprinzipien für den Zahlungs- und Abwicklungs-verkehr ist nach J. Trundle, Leiter der Infrastruktur-Abteilung der Bank of England und Vorsitzender der CPSS Task Force on Payment System Principles and Practises, eindeutig sowohl die Verbesserung der Sicherheit als auch der Effizienz im nationalen wie im internationalen Zahlungsverkehr.

Die internationale Erfassung und Bewertung Operationeller Risiken z.B. bei der Wertpapierabwicklung und des Zahlungsverkehrs stellt eine weitere Herausforderung für Banken dar.

6.1.2 Mit Vergangenheitswerten prognostizierbare Operationelle Risiken

Dazu zählen interne und externe Technologierisiken im IT-Bereich, kriminelle Risiken und Vertragsrisiken.

Wie bei der Systematisierung Operationeller Risiken schon erwähnt, lassen sich interne technologische Risiken im IT-Bereich in zwei Störungstypen weiter unterteilen.

Die Risiken, die sich aus Störungstyp 1 ergeben, lassen sich zwar nicht vorhersagen, doch sie können hinsichtlich ihrer Größenordnung anhand von Werten aus der Vergangenheit in Risikoklassen eingestuft werden. Dazu müssen die Systemadministratoren zu jedem Störfall ein Protokoll führen, das Ort, Zeit, Art der Vorfalles, Analyse des Vorfalles, getroffene Maßnahmen etc. festhält. Anhand dieser Protokolle lässt sich dann das Ausmaß der Vorfälle analysieren. Zudem helfen diese Protokolle bei der Entwicklung von Vorsorgemaßnahmen, die weitere Störfälle zumindest reduzieren können. Allerdings ist hier ein Vergleich über Jahre notwendig.

Risiken aus Störungen vom Typ 2 lassen sich durch geeignete Testmethoden feststellen und analysieren. Ein sorgfältiges, systematisches Softwarequalitätsmanagement hilft, solche Risiken sowohl bei gekauften Produkten als auch bei Eigenentwicklungen von vornherein auf ein Minimum zu reduzieren.

Externe Technologierisiken entstehen z.B. durch Computerviren, Hackeraktivitäten oder Sicherheitsmängel im elektronischen Zahlungsverkehr. Solche Risiken lassen sich prinzipiell nur durch eine unternehmensweite, ernsthaft betriebene IT-Sicherheitspolitik eindämmen. Antivirenprogramme, Verschlüsselungsverfahren und Firewalls als isolierte Maßnahmen reichen nicht aus. Doch auch hier müssen alle Vorkommnisse protokolliert, systematisch erfasst und im Hinblick auf eine weitere Verbesserung der Sicherheitspolitik ausgewertet werden; eine Schadensdatenbank ist ebenfalls angebracht.

Zu den *kriminellen Risiken* zählen z.B. Betrug, Unterschlagung oder Sabotageakte. Um mögliche Schwachstellen (im Geschäftsprozessablauf, aber auch im Management bankbetrieblicher Prozesse) zu lokalisieren, sollte man die in der Vergangenheit begangenen kriminellen Handlungen nach Banktyp, Art der kriminellen Handlung, Erscheinungsform und Ursachen aufschlüsseln und bewerten. Aus den Ergebnissen lassen sich ggf. geeignete Vorsorgemaßnahmen ableiten.

7 Quantitative Bewertung Operationeller Risiken

Zur quantitativen Bewertung Operationeller Risiken kann man Risikomodelle auf Basis des Value-at-Risk heranziehen, wie man sie aus dem Bereich der Kreditrisiken kennt. Hierzu ist zu bemerken, dass alle Value-at-Risk-Verfahren, die aus dem Marktrisikobereich kommen, auf Operationelle Risiken nicht gut anzuwenden bzw. kritisch zu betrachten sind.

Value-at-Risk ist ein Risikomaß für Portfolios und erlaubt Aussagen darüber, welche Verlustgrenze mit einer bestimmten Wahrscheinlichkeit in einem vorgegebenen Zeitintervall nicht überschritten wird. Aus den Analysen des Value-at-Risk ergibt sich die Verteilung der Schäden aus Operationellen Risiken für die einzelnen Geschäftsprozesse und Unternehmensbereiche. Daraus lässt sich schließlich das erforderliche Eigenkapital zur Deckung der unerwarteten Operationellen Risiken zu einem bestimmten Konfidenzniveau ermitteln. Der Autor dieser Arbeit macht zudem einen Vorschlag für die Untersuchung und Analyse der Operationellen Risiken mittels einer Geschäftsprozessrisikoanalyse, basierend auf Baumanalysen, FMEA (Failure-Mode and Effect-Analysis) und der Entwicklung von Workflow-Analyse-Risikosystemen für Banken. Mit den *Baumanalysen* untersucht man mit Hilfe der Boolschen Logik unerwünschte Ereignisse in Bankgeschäftsprozessen. Dabei unterscheidet man weiter zwischen der Fehlerbaumanalyse, die den Ursachen eines unerwünschten Ereignisses nachgeht, und der Störablaufanalyse, die nach Auswirkungen eines unerwünschten Ereignisses sucht. Unter FMEA versteht man eine Fehlermöglichkeits- und -einflussanalyse. Diese wurde zuerst von der NASA entwickelt und wird heute auch in der industriellen Fertigung vor allem zur Qualitätsverbesserung eingesetzt. Workflow-Analyse-Risikosysteme sollen nicht nur Abläufe und Strukturen einer Bankorganisation verbessern, sondern auch dazu dienen, Geschäftsprozesse dadurch zu optimieren, dass sie Schwachstellen aufdecken und somit auch die damit verbundenen Risiken vermeiden.

Erfassung der Operationellen Risiken nach Basel II

Nach Basel II gibt es zur Erfassung der Operationellen Risiken drei Ansätze:

- den Basisindikatoransatz,
- den Standardansatz und
- den Internen Berechnungsansatz.

Beim *Basisindikatoransatz* wird das Risiko als fester Prozentsatz (*Alpha-Faktor*) auf einen Indikator für die Gesamtbank berechnet. Dieser Indikator ist beispielsweise der von der Aufsicht vorgegebene Prozentsatz des Bruttobetrages.

$$\text{Kapitalunterlegung} = \alpha \ * \ \boxed{\textbf{Indikator}}$$

Abb. 8: Formel für den Basisindikatoransatz ([4],[5], [23])

Beim *Standardansatz* ist vorgesehen, feste Prozentsätze (*Beta-Faktoren*) bezogen auf die zu messenden Indikatoren für unterschiedliche Geschäftsfelder zu verwenden. Diese Geschäftsfelder sind beispielsweise die Unternehmensfinanzierung und das Privatkundengeschäft. Indikatoren für Standardgeschäftsfelder können Erfolgszahlen, Volumenzahlen und von der Aufsicht vorgegebene Kapitalfaktoren je Geschäftsfeld sein.

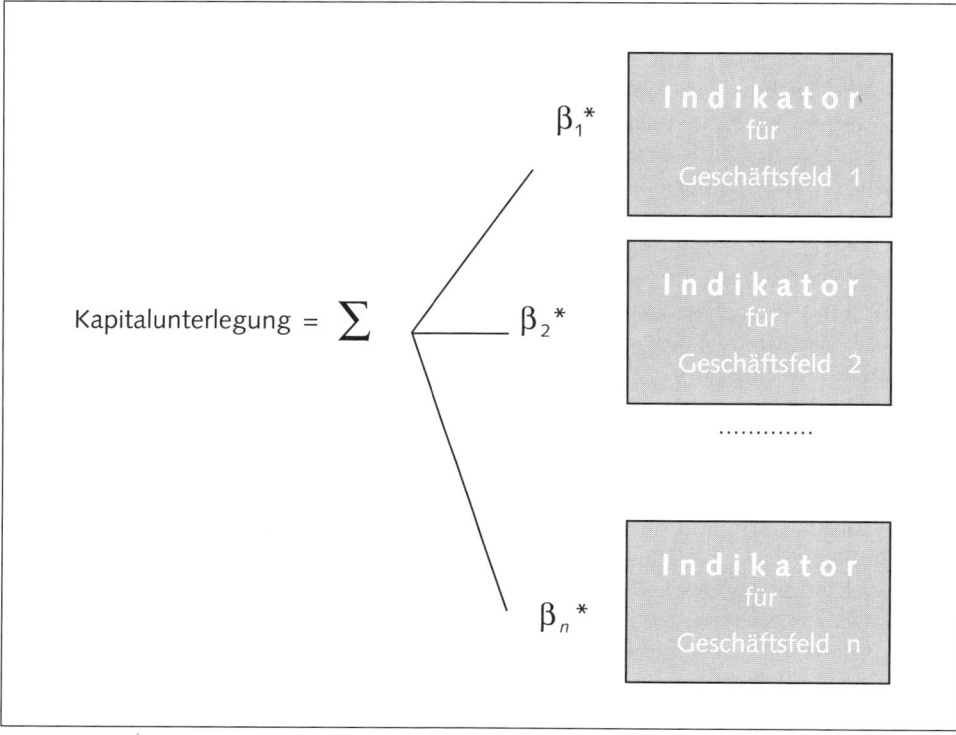

Abb. 9: Formel für den Standardansatz ([4], [5], [23])

Beim *Internen Berechnungsansatz* werden die bei allen Ansätzen extern vorgegebenen Rahmendaten weiter differenziert und um interne Parameter ergänzt. Hier geht es also u.a. um die Definition von Geschäftsfeldern, Risikotypen, Risikoindikatoren und Messverfahren. Der Ausschuss wird auch hier feste Prozentsätze (*Gamma-Faktoren*) vorgeben, mit deren Hilfe das Operationelle Risiko berechnet wird.

Die Anwendung dieses Ansatzes setzt u.a. die Ermittlung von Wahrscheinlichkeiten für Schadensfälle und die Höhe der damit einhergehenden Verluste voraus und ist daher an strengere aufsichtsrechtliche Voraussetzungen geknüpft ([4], [5], [23], [69]), siehe auch Abschnitt 6 und 8.

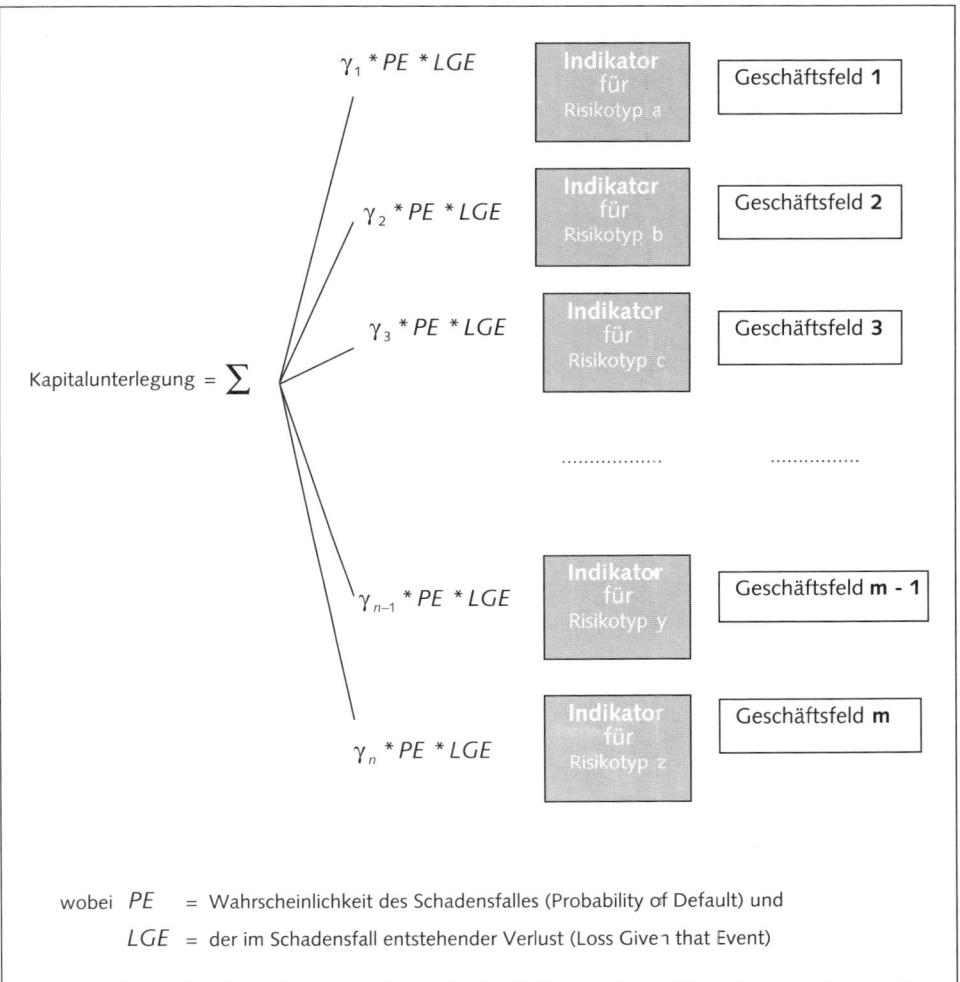

Abb. 10: Formel für den Internen Berechnungsansatz ([4], [5], [23]).

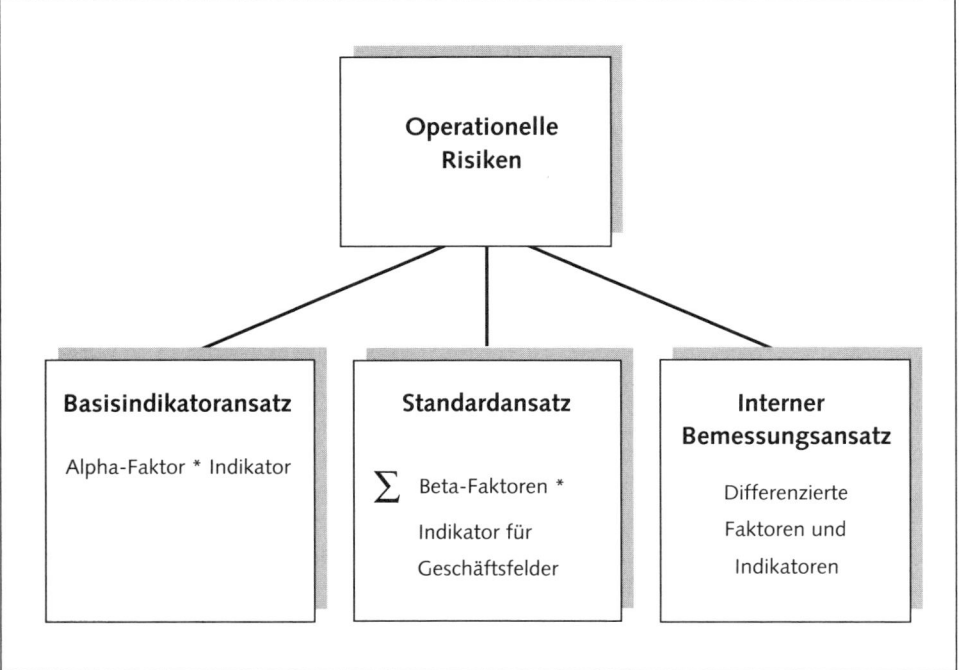

Abb. 11: Erfassung Operationeller Risiken nach Basel II ([4], [5] ,[23], [69]).

8 Methodenbeschreibung (VaR)

Die Messung der Risikopositionen lässt sich insbesondere durch die Anwendung einer Value-at-Risk-Methode sehr transparent und objektiv gestalten.

Definition 1 des VaR [36]
Value-at-Risk beschreibt im einzelnen Wert den maximalen Wertverlust aus einer Risikoposition, der über einen vorgegebenen Zeitraum mit einer vorgegebenen Wahrscheinlichkeit überschritten wird.

VaR ist ein Risikomodell, und als solches ist es nur ein durch Abschätzung quantifiziertes Verlustpotenzial eines Portfolios für Finanzinstrumente [Bundesaufsichtsamt für Kreditwesen, 29. Oktober 1997].

VaR misst nur den potenziellen Verlust innerhalb eines bestimmten Konfidenzintervalles. Das Konfidenzniveau definiert die Wahrscheinlichkeit, mit der die Bank den Risikobetrag nicht überschreiten darf. Beispielsweise bedeutet ein Konfidenzniveau von 95 %, dass der Verlust nur mit 5 % Wahrscheinlichkeit den VaR überschreiten darf.

Definition 2 des VaR [24]

Value-at-Risk wird verstanden als mögliche negative Änderung (Risiko) des Marktwertes (Mark-to-Market) eines Portfolios von Finanzinstrumenten (Kasse + Derivate), innerhalb eines festgelegten Zeitraumes (overnight), berechnet auf der Basis eines statistischen Modells für Vergangenheitsdaten.

Zusammenhang zur Entscheidungstheorie

Mit der Risikomessmethode VaR wird versucht, Entscheidungsempfehlungen durch mathematische Entscheidungsregeln zu geben. In Analogie zu entscheidungstheoretischen Ansätzen von Optimierungsstrategien, bei denen ein weiterer Verteilungsparameter σ um einen Durchschnittswert eingeführt wird, um Entscheidungen entsprechend den Risikopräferenzen nach dem μσ-Prinzip treffen zu können, finden auch bei dieser Messmethode des Value-at-Risk-Modells statistische Maßgrössen Anwendung. Value-at-Risk-Modelle lassen sich daher unterscheiden in

- Sensitivitätsmodelle (z.B. Varianz-Kovarianz-Modell) und
- Simulationsmodelle (z.B. Historische Simulation, Monte-Carlo-Simulation).

Auch hier sei darauf hingewiesen, dass VaR-Methoden, die aus dem Marktrisikobereich kommen, für die Anwendung auf Operationelle Risiken kritisch zu betrachten und daher fraglich sind.

Die Ermittlung des VaR gliedert sich in folgende Schritte:

- Analyse der Portfoliostruktur,
- Identifikation der Risikofaktoren,
- Modellierung der Marktpreisänderung der Risikofaktoren und Reagibilität der Instrumente auf Preisänderungen,
- Beschreibung des gemeinsamen Verhaltens der Risikofaktoren,
- Statistische Ermittlung des VaR.

Für die Ermittlung des VaR stehen verschiedene Methoden zur Verfügung. Diese werden in drei Klassen unterteilt:

- den analytischen Methoden,
- dem Vollbewertungsverfahren (»Full-Valuation-Procedure«) und
- den Maximum-Verfahren.

Bei den analytischen Verfahren wird angenommen, dass die Veränderung der auf die Marktwerte einzelner Risikopositionen oder Portfolios einwirkenden Faktoren normal verteilt ist. Die empirisch ermittelten Marktwerte bilden dann die Grundlage für zukünftige Entwicklungen, die normal verteilt angenähert werden.

Maximum-Verfahren quantifizieren das Risiko als den Verlust eines »worst-case«-Szenarios, indem sie ein restringiertes Optimierungsproblem lösen.

Bei der Verwendung von Vollbewertungsverfahren wird auf historische Marktwerte zurückgegriffen. Hierfür muss ein hinreichend großer Datenbestand gepflegt werden. Diese Verfahren können mit Hilfe

- historischer Simulation oder
- Monte-Carlo-Simulationen

simuliert werden.

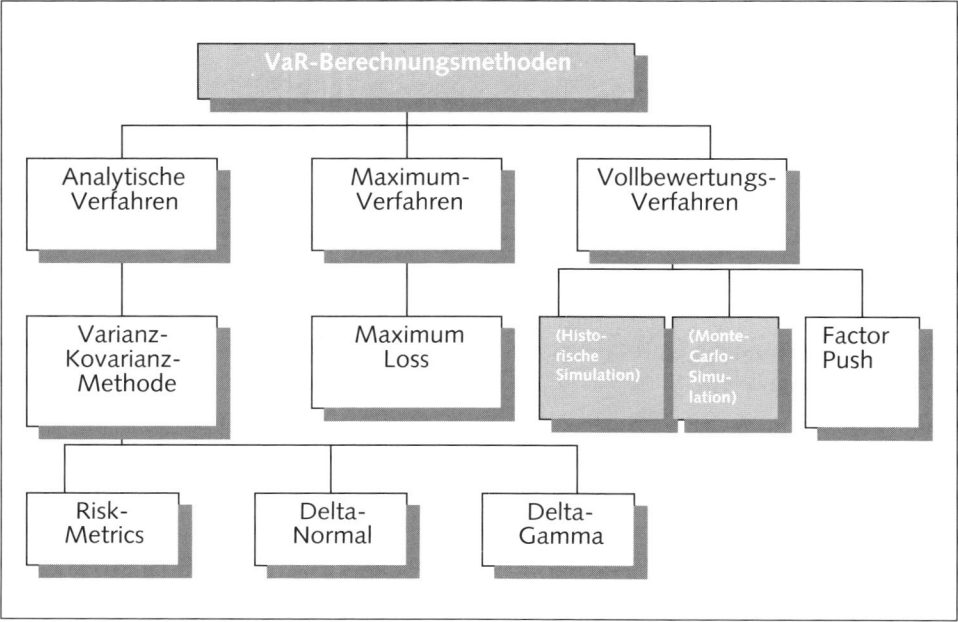

Abb. 12: Schematische Darstellung VaR-Verfahren [36], (Quelle: Hodler, B.: Risk Management, NDS Bankmanagement, IFZ, Julius Baer Gruppe, Zürich, 1999, Slide No. 30)

Praktische Anwendung des VaR bei Banken

Für eine Bank kann es folgende Motive für den Einsatz des Value-at-Risk (VaR) geben:

- Als Basis für die *Bestimmung der Eigenkapitalunterlegung* (oder Eigenmittelunterlegung) ([36], [67]): Das BaKred verlangt, dass alle deutschen Finanzdienstleistungs- und Kreditinstitute neben den Adressausfallrisiken auch ihre Marktpreisrisiken mit Eigenkapital unterlegen. Als Alternative zum Standardmodell, hat jede Bank die Möglichkeit, bankinterne VaR-Modelle für die Bestimmung des sog. ökonomischen Kapitals heranzuziehen. Die Eigenkapitalanforderung für das Marktrisiko ist das Maximum aus dem VaR des Vortages und dem Durchschnitt der VaR der letzten 60 Handelstage, multipliziert mit dem Totalfaktor (multiplikativer Faktor + Zusatzfaktor), der von der nationalen Aufsichtsbehörde festgelegt wird.
- *Eigenmittelallokation* [36]: Der VaR-Ansatz eignet sich für die Aggregation der Risiken und einem anschliessenden Vergleich mit dem Risiko anderer Positio-

	Historische Simulation	Monte-Carlo-Simulation	Varianz-Kovarianz-Methode
Technische Implementation	Komplex	Komplexe Simulations-modelle	Einfach
Berechnungs-aufwand	Intensiv	Intensiv	Gering
Wahrscheinlich-keitsverteilung	Keine fragwürdige Verteilung	Beliebig	Normalverteilung
Simulierte Werte	Schwierigkeiten bei nicht beobachteten Größen und neuen Märkten	Viele Simulations-läufe erforderlich	
Lineare Näherung	Ja	Geeignet	Schlecht geeignet
Vollbe – wertung	Ja/Nein	Ja	Nein
Options - Risiken (Gamma- und Vega-risiken)	Geeignet	Geeignet	Schlecht geeignet
Szenarien		Gefahr von Erzeugung falscher Szenarien	Ja
Random-Walk-Annahme	Nein	Ja	Ja

Abb. 13: Methodenvergleich zur Berechnung des VaR,(Quelle: [36])

nen oder Geschäftsbereiche. Dadurch lassen sich die Eigenmittel derart zuordnen, dass in jenen Bereichen investiert wird, welche eine risikogerechte Rendite aufweisen.

- *Value-at-Risk für Betriebsrisiken*: Buhr [10] beschreibt einen Ansatz für die
Berechnung des VaR für Betriebsrisiken. Da dieser Ansatz die Einzel-VaR für
das Ausfallrisiko, das Marktpreisrisiko und das Operationelle Risiko addier-
bar macht, eignet er sich für ein Risikomodell zur Gesamtbanksteuerung und
dessen softwaretechnische Umsetzung. Diese Methode verwendet Einzel-
kontrollpunkte. Zu diesen Einzelkontrollpunkten werden dann die Eintrittswahrscheinlichkeiten und die damit verbundenen maximalen Schadenshöhen

ermittelt, die dann als Basis für die VaR-Berechnungen dienen. Buhr unterscheidet zwischen unabhängigen und abhängigen Schadensfällen. Die abhängigen Schadensfälle unterteilt er weiter in Ober- und Untermengen bzw. Cluster. Für die Berücksichtigung der Abhängigkeit zwischen den Schadensfällen verwendet er eine Korrelationsmatrix.

Die Modellierung Operationeller Risiken in Finanzinstituten steht an ihrem Anfang. Die Berücksichtigung und Quantifizierung Operationeller Risiken ist ein wichtiger Schritt hin zu einem besseren Risikomanagement.

Literatur

[1]   Alle, D., Gale, F.: Innovations in Financial Services, Relationships, and Risk Sharing, in: Management Science, Vol. 45, No. 9, September 1999.
[2]   Anderson, A.: Risk Books, Operational Risk and Financial Institutions, Financial Engineering Ltd, 1998.
[3]   Basel Committee on Banking Supervision: Operational Risk, Management, Basle 1998.
[4]   Baseler Ausschuss für Bankenaufsicht, Konsultationspapier »Neuregelung der angemessenen Eigenkapitalausstattung«, hrsg. v. Bank für Internationalen Zahlungsausgleich, Basel 1999.
[5]   Baseler Ausschuss für Bankenaufsicht, Konsultationspapier, »Die Neue Baseler Eigenkapitalvereinbarung«, Zur Stellungnahme bis 31. Mai 2001, Übersetzung der Deutschen Bundesbank, Januar 2001.
[6]   Bennett, R.: Morgan´s new Horizon, in: U.S. Banker, May 2000.
[7]   Bishoff, O., Zehnpfenning, E., Jung, W.: Organisation und EDV in Bankbetrieben, Bad Homburg vor der Höhe, 1996.
[8]   Blitz, J.: Das nationale und internationale Clearing von Wertpapiergeschäften, in Moormann, J., Fischer, T. (Hrsg.): Handbuch Informationstechnologie in Banken, 1999.
[9]   van den Brink, G.: Operational Risk, Stuttgart 2001.
[10]   Buhr, R.: Messung von Betriebsrisiken – ein methodischer Ansatz, in: Die Bank, März 2000.
[11]   Büschgen, H.E., Everling, O.: Handbuch Rating, 1996.
[12]   Controlling the tentacles of operational risk, Risk, Vol. 8, No.6, June 1995.
[13]   Crouhy, M and Mark, R.: Key Steps in Building Consistent Operational Risk Measurement and Management, in: Anderson, A.: Risk Books, Operational Risk and Financial Institutions, Financial Engineering Ltd, 1998.
[14]   Crouhy, M., Galai, D. and Mark, R.: Managing Operational Risk, in: Risk Management, 2001.
[15]   Crouhy, M., Galai, D. and Mark, R.: Risk Management, 2000.
[16]   Davies, J.M, Fairless, M., Libaert, S., Jason, L., O´Brien, Slater, P.C. and Shepheard-Walwyn of Warburg Dillon Read: Defining and Aggregation Operations Risk Information: Applications in Risk Mitigation and Capital Allocation, in: Anderson, A.: Risk Books, Operational Risk and Financial Institutions, Financial Engineering Ltd, 1998.
[17]   Donahoe, Th. C.: Minimising Operational Risk in Financial Conglomerates, in Anderson, A.: Risk Books, Operational Risk and Financial Institutions, Financial Engineering Ltd, 1998.
[18]   Edelmann, E., Eller, R.: Wertpapierdarlehen und Wertpapiergeschäfte: Finanzinnovation für Wertpapierhandel und Portfoliomanagement, 1996.
[19]   Eller, R., Deutsch, H.-P.: Derivative und Interne Modelle: Modernes Risikomanagement, 1998.

[20] Eller, R., Gruber, W. Reif, M. (Hrsg): Handbuch Gesamtbanksteuerung, Integration von Markt-, Kredit- und operationellen Risiken, Stuttgart 2001.

[21] Gabathuler, J.: Sind auch Sie bereit? – Eigenmittelunterlegung, Schweizer Bank, 97/12.

[22] von Gisteren, R.: Grundzüge eines Operational Risk Managements aus Sicht des Intellectual Capital Managements, in: Eller, R., Gruber, W. Reif, M. (Hrsg): Handbuch Gesamtbanksteuerung, Integration von Markt-, Kredit- und operationellen Risiken, Stuttgart 2001.

[23] Gruber, W.: Operationale Risiken, Vortrag bei Roland Eller Training, 2001.

[24] Hagen, P., Jakobs, W.: Marktrisikosteuerung beim Trinkhaus & Burkhardt, in Eller R. (Hrsg.): Handbuch Derivativer Finanzinstrumente – Produkte, Strategien und Risikomanagement, 1998.

[25] Hoffman, D.: New Trends in Operational Risk Measurement and Management, in: Anderson, A.: Risk Books, Operational Risk and Financial Institutions, Financial Engineering Ltd, 1998.

[26] Hoffman, D.: Getting the measure of the beast, Operational Risk, Risk, Vol. 11, No. 11, November 1998.

[27] Indicators of Operational Risk, Derivatives Week, Vol. 9 Issue 38, September 2000.

[28] Instefjord, N. and Perraudin, W.: Securities Fraud and Irregularities: Case Studies and Issues for Senior Management, in Anderson, A.: Risk Books, Operational Risk and Financial Institutions, Financial Engineering Ltd, 1998.

[29] Jamson, R.: Operational Risk – Playing the name game, Risk, Vol. 39, Oktober 1998.

[30] Jendruschewitz, B.: Value at Risk, Ein Ansatz zum Management von Marktrisiken in Banken, Hochschule für Bankwirtschaft/HfB (2. Auflage), 1999.

[31] Katz, D. M.: How much of Operational Risk Management is hype?, National Underwriter, Property & Casulty Risk & Benefits, Mai 2000.

[32] Keßler, J. R.: Studie über die Verbesserung bei der Abwicklung von grenzüberschreitenden Wertpapiergeschäften in der Europäischen Wirtschaftsgemeinschaft, 1998.

[33] Kingsley, S., Rolland, A., Tinney, A. and Holmes, P.: Operational Risk and Financial Instutions: Getting Started, in: Anderson, A.: Risk Books, Operational Risk and Financial Institutions, Financial Engineering Ltd, 1998.

[34] Kingsley, S.: Ground Control – Jolted by the banking disasters of recent years, banks are increasingly turning their attention to operational risk, Risk, Vol. 10, No. 9, September 1997.

[35] Knipp, K.: Clearing im grenzüberschreitenden Wertpapiergeschäft, in Mitteilungen aus dem Institut für das Spar-, Gior- und Kreditwesen an der Universität Bonn, Nr. 43, Bonn, März 1993.

[36] Kohlhof, J., Colina, G.: Value-at-Risk Management in Banken, Schulz-Kirchner Verlag, 2000.

[37] Krannich, L.: Risiken der Wertpapierleihe und Wertpapierpensionsgeschäfte, in Eller, R. (Hrsg.): Handbuch Derivativer Instrumente: Produkte, Strategien, Risikomanagement, 2. Aufl., Stuttgart 1999.

[38] Lam, J., Cameron, G.: Measuring and Managing Operational Risk within an Integrated

[39] Risk Framework: Putting Theory into Practice, in Anderson, A.: Risk Books, Operational Risk and Financial Institutions, Financial Engineering Ltd, 1998.

[40] Landmark Study Into Operational Risk Management Reveals Benefits for Financial Institutions, Business Wire, Nov. 1999.

[41] Laycock, M.: Analysis of Mishandling Losses and Processing Errors, in Anderson, A.: Risk Books, Operational Risk and Financial Institutions, Financial Engineering Ltd, 1998.

[42] Managing Operational Risk in Collateralized Foreign Exchange, The New York Foreign Exchange Commitee, April 1996.

[43] Managing Operationale Risk in Collateralized Foreign Exchange, The New York Foreign Exchange Commitee, September 1997.

[44] Manser, R., F.: Der Kunde als Partner: Ein quantitativer Ansatz zur Analyse von operationellen Risiken in Finanzinstituten, Schweizer Bank 1999/8.

[45] Mark, R.: Integrated Credit Risk Management. In Derivative Credit Risk, second edition, London: Risks Books, 1999.

[46] Marjanovic, S.: Software, Clearinghouse Target Operational Risk, American Banker, Vol. 164 Issue 236, Dec. 2000.

[47] Marshall, Chr. L.: Measuring and Managing Operational Risks in Financial Institutions, Tools, Techniques, and other Resources, John Wiley and Sons, Februar 2000.

[48] Möbus, D.: Geschäftsprozessoptimierung durch Workflow-Management, Hochschule für Bankwirtschaft/HFB, 1999.

[49] Next Frontier of Risk Management, Corporate Finance Risk Management & Derivatives Yearbook 1996.

[50] Müller, T.: Risikovorsorge im Jahresabschluss, IDW-Verlag, März 2000.

[51] Odrich, Peter: Brisantes Papier, Wertpapiersettlement. Schweizer Bank 2001/3.

[52] Odrich, Peter: Die zehn Gebote, CPSS. Schweizer Bank, 2001/3.

[53] Ong, M.: On the Quantification of Operational Risk, in Anderson, A.: Risk Books, Operational Risk and Financial Institutions, Financial Engineering Ltd, 1998.

[54] Operational Risk – Risk management´s final frontier, Euromoney, September 1996. Operational Risk Management – The Next Frontier, Executive Summary, The Journal of Lending & Credit Risk Management, March 2000.

[55] 28. Operational Risk on ice, ABA Banking Journal, March 2000.

[56] Patrikis, E.T.: Operational Risk in Clearing and Settlement Systems, OPSummit 98, Paris, France February 1998.

[57] Pierides, Y.A. and Zenios, S. A.: Measurements the Risk of Using the Wrong Model: A new Approach, in Anderson, A.: Risk Books, Operational Risk and Financial Institutions, Financial Engineering Ltd, 1998.

[58] Rachlin, C.: Operational Risk in Retail Banking: Promotion and Embedding Risk Awareness Across Diverse Banking Groups, in Anderson, A.: Risk Books, Operational Risk and Financial Institutions, Financial Engineering Ltd, 1998.

[59] Reescr. Systems and Tools for Auditing the Credit and Operational Risk in Payment Systems, The World of banking, Vol. 13, No. 2 March-April 1994. Risk exchange courts european firms, Operations Management, Vol. 6 Issue 5, January 2000.

[60] Schraner, Johannes: Brüssel schockt Sparkassen, Schweizer Bank 2001/4.

[61] Simon, W.: Data-Mining in der Kostenrechnung: Komplexe Zusammenhänge erfassbar machen, ExperPraxis 2001/2002.

[62] Simon, W.: Ratingverfahren für Banken und Versicherungen: Blick in die Zukunft, ExperPraxis 2001/2002.

[63] Simon, W.: Studie zum Risikomanagement mit besonderer Berücksichtigung operativer Risiken, 2001.

[64] Serious Treatment for Operational Risk, Future Banker, May 2000.

[65] Soane, E., Fenton-O´Creevy, M., Nicholson, N. and Willman: Psychological Theory and Financial Institutions: Individual and Organisational Influences on Decision Making and Behaviour, in Anderson, A.: Risk Books, Operational Risk and Financial Institutions, Financial Engineering Ltd, 1998.

[66] Srebel, B.: Eine realistische Illusion? VALUE AT RISK/Risikomanagement ist nur möglich, wenn auch nicht linear verlaufende Risiken verlässlich gemessen werden können – Lüthi-Methode, Schweizer Bank 96/12.

[67] Studer, G.: VaR als Risiko – Value-at-Risk-Modelle, Schweizer Bank 98/99.

[68] Utelli, C.: Operative Risiken identifizieren, Schweizer Bank Nr. 36, 1998/7.

[69] Wilkens, M., Entrop, O., Völker, J.: Strukturen und Methoden von Basel II – Grundlegende Veränderungen der Bankenaufsicht, Kreditwesen 4/2001.

[70] Wittenberg, J. H.: Zahlungssysteme im Internet, in Moormann, J., Fischer, T. (Hrsg.): Handbuch Informationstechnologie in Banken, 1999.

Risikophasenmodell für Operationelle Risiken im Kontext der Gesamtbanksteuerung

Lukas Kuhn *

---

*   Lukas Kuhn, Diplom-Kaufmann, Verbandsprüfer, Bankkaufmann, ist bei der Prüfungsstelle des Sparkassenverbands Baden-Württemberg Referent für den Fachbereich Gesamtbanksteuerung/MaH. Darüber hinaus doziert er an der Sparkassenakademie Baden-Württemberg und ist Doktorand am Lehrstuhl für Bankwirtschaft an der Universität Tübingen.

1   Einleitung

1.1   Problemstellung und Zielsetzung

Bisher standen bei der Beherrschung von Risiken im Bankgeschäft die Markt-
preis-, Adressenausfall- und Liquiditätsrisiken im Fokus der Kreditinstitute. Den
Operationellen Risiken wurde eine geringe Aufmerksamkeit geschenkt, nicht weil
diese Risiken von untergeordneter Bedeutung waren, sondern die Banken diese
auf Grund ihrer Komplexität nicht quantifizieren konnten. Im Zusammenhang
mit Schieflagen, Katastrophen und der aktuellen Diskussion um das Baseler Konsultationspapier zur Neuregelung der Eigenkapitalanforderungen an Kreditinstitute sind auch die Operationellen Risiken in das Zentrum des Interesses gerückt.
Dabei stellen insbesondere die Abgrenzung gegenüber den anderen Risikoarten,
die unzureichende oder fehlende Datenbasis sowie die wertorientierte Risikomessung Problemfelder dar, für die in der Zukunft Lösungsansätze gefunden werden müssen.

Ziel des Aufsatzes ist, das betriebswirtschaftliche Erfordernis der Einbeziehung
der Operationellen Risiken in die Entscheidungsfindung aufzuzeigen. Dazu wird
der vom Autor entwickelte ganzheitliche Modellansatz zur Beherrschung der Operationellen Risiken skizziert. Durch die Zerlegung des Risikoprozesses in seine einzelnen Phasen ermöglicht das Modell die differenzierte Analyse der Operationellen
Risiken. Risikopolitik, Risikoidentifikation, Risikoquantifizierung, Risikosteuerung,
Modellvalidierung, Risikoüberwachung und Risikokommunikation sind die einzelnen zu untersuchenden Phasen. Mit Blick auf bankspezifische Risiken liegt ein
Operationelles Risiko dann vor, wenn es sich nicht um ein Marktpreis-, Adressen-
ausfall- oder Liquiditätsrisiko handelt.[1] Diese ausschließende Definition des Operationellen Risikos bedingt, dass für die restlichen bankspezifischen Risiken eindeutige Definitionen vorhanden sind und darüber hinaus das Operationelle Risiko
strukturiert gegliedert ist. Das Modell wurde so konzipiert, dass es problemlos in
die Gesamtbanksteuerung integrierbar ist. Dabei wird nach dem derzeitigen Stand
der Entwicklung die Gesamtbanksteuerung als integrierte Ergebnis- und Risikosteuerung aufgefasst. Die Grenzen des Modells werden hinsichtlich der Beherrschung der Operationellen Risiken sowie der Einbeziehung in die Gesamtbanksteuerung aufgezeigt und die Prämissen kritisch hinterfragt.

Vorab wird in diesem Kapitel eine Möglichkeit für die wirtschaftswissenschaft-
liche Abgrenzung des Risikobegriffs aufgezeigt und eine Einteilung des Operationellen Risikos nach dem Verursachungsprinzip vorgenommen.

---

1   Im Deutschen Rechnungslegungs Standard Nr. 5 – 10 (DRS 5 – 10) »Risikoberichterstattung von
Kredit- und Finanzdienstleistungsinstituten« ist eine mögliche Abgrenzung der Marktpreis-, Adres-
senausfall- und Liquiditätsrisiken enthalten. Quelle: http://www.drsc.de.

1.2 Risikobegriff

Entscheidungen von Entscheidern werden durch ihre persönliche Risikopräferenz bestimmt. Je nachdem ob der Entscheider eine risikoaverse, risikosympathische oder risikoneutrale Einstellung besitzt, wird seine Entscheidung unter Verwendung eines einheitlichen Risikobegriffs im konkreten Fall unterschiedlich ausfallen. Da es für das Risiko keine allgemein gültige Definition in Form einer mathematischen Formel gibt, wird nachfolgend eine mögliche Begriffsbestimmung aufgezeigt.[2] Die Unsicherheit über die zukünftigen Umweltzustände determiniert das Ausmaß des Risikos. Bezogen auf die Personalrisiken, die eine Risikokategorie des Operationellen Risikos sind, handelt es sich beispielsweise bei der fehlenden Risikokultur, bei der unzureichenden Qualifizierung des Managements, bei unerwarteten Kündigungen von Leistungsträgern und bei dolosen Handlungen der Mitarbeiter um zukünftige Umweltzustände, deren Unsicherheit soweit wie möglich zu reduzieren ist. Die Unsicherheit lässt sich in vier Unsicherheitskategorien, wie in der nachstehenden Abbildung dargestellt, einteilen.[3]

Unsicherheit	
Unsicherheits-kategorie	**Charakteristika**
1. Ordnung	Objektive Eintrittswahrscheinlichkeiten für alle zukünftigen Umweltzustände bekannt
2. Ordnung	Subjektive Eintrittswahrscheinlichkeiten für alle zukünftigen Umweltzustände bekannt
3. Ordnung	Art der Umweltzustände bekannt, jedoch keine Eintrittswahrscheinlichkeiten
4. Ordnung	Weder Art der Umweltzustände noch Eintrittswahrscheinlichkeiten bekannt

Abb. 1: Abgrenzung der Unsicherheitskategorien

Das Risiko resultiert aus dem Grad der Unsicherheit und wird insbesondere durch die Ausprägungen »Eintrittswahrscheinlichkeiten« und »zukünftige Umweltzustände« bestimmt. Dabei ist anzumerken, dass die Unterscheidung zwischen objektiven und subjektiven Eintrittswahrscheinlichkeiten nicht stichhaltig ist, da aus methodologischer Sicht letztlich jede Wahrscheinlichkeit subjektiv ist.[4] Im Folgenden wird von objektiven Eintrittswahrscheinlichkeiten gesprochen, wenn deren Ermittlung auf der klassischen beziehungsweise statistischen Wahrscheinlichkeitsdefinition basiert. Erfolgt die Determinierung der Eintrittswahrschein-

---

2 Vgl. Poddig/Dichtl/Petersmeier (2000), S. 122.
3 Vgl. Hölscher (1999), zit. in Schierenbeck/Lister (2001), S. 336.
4 Vgl. Oehler/Unser (2001), S. 11.

lichkeiten durch die Befragung von Experten, dann werden diese als subjektiv eingestuft. Die Operationellen Risiken werden regelmäßig den Unsicherheitskategorien 3. und 4. Ordnung zugerechnet. Bei der Unsicherheitskategorie 4. Ordnung sind die Operationellen Risiken zum aktuellen Betrachtungszeitpunkt noch nicht bekannt. Aus diesen Informationsdefiziten (fehlende Eintrittswahrscheinlichkeiten beziehungsweise Umweltzustände) resultieren die eingangs erwähnten Schwierigkeiten der hinreichend genauen Abgrenzung der Operationellen Risiken gegenüber den Marktpreis-, Adressenausfall- und Liquiditätsrisiken und der Risikomessung. Die Institute müssen deshalb das Ziel verfolgen, fehlende Informationen zu erheben, sodass den einzelnen Ausprägungen innerhalb der jeweiligen Risikokategorie des Operationellen Risikos eine Ursachen-Wirkungs-Kette zugeordnet werden kann.

1.3   Einteilung der Operationellen Risiken nach dem Verursachungsprinzip

Zur Abgrenzung der Operationellen Risiken wird zunächst nach der Ursache für die erwarteten und unerwarteten Verluste gefragt. Ursächlich für Operationelle Risiken sind Menschen oder die durch die Menschen veranlassten Strukturen und Prozesse. Letztendlich lassen sich aber auch Struktur-, Technologie- und Ereignisrisiken größtenteils auf Personalrisiken im weitesten Sinne zurückführen. Deshalb sollen die Operationellen Risiken gemäß der Ursachen-Kette vorab den Struktur-, Technologie- und Ereignisrisiken zugeordnet werden. Nur wenn auf diese Risikokategorien keine primäre Zuordnung möglich ist, erfolgt bei den Personalrisiken eine entsprechende Eingliederung. Folglich wird im Risikophasenmodell das Operationelle Risiko in die vier Risikokategorien Personal-, Struktur-, Technologie- sowie Ereignisrisiken, und diese werden wiederum, wie in der Abbildung 2 dargestellt, in spezielle Teilrisiken untergliedert.

Zur Beherrschung der Operationellen Risiken ist eine vollständige Definition und eindeutige Strukturierung dieser Risiken anzustreben. Der Baseler Ausschuss definiert das Operationelle Risiko als »die Gefahr von Verlusten, die infolge der Unangemessenheit oder des Versagens von internen Verfahren, Menschen und Systemen oder externen Ereignissen eintreten«.[5] Da diese Definition nur eine Teilmenge der Operationellen Risiken einbezieht, wurde für das Modell, wie im Abschnitt 1.1 bereits dargelegt, eine ausschließende Definition der Operationellen Risiken verwendet. Ansonsten würden sich einzelne Komponenten des Operationellen Risikos zumindest einer qualitativen Betrachtung entziehen. Insofern ist es nicht sachgerecht, die Definition dahingehend einzuschränken, dass nicht messbare Risikokategorien des Operationellen Risikos nicht enthalten sind. Demnach muss die Definition des Operationellen Risikos auch strategische Risiken und Reputationsrisiken mit beinhalten. Um dem Problem der Messbarkeit zu begeg-

---

5   Basel Committee (2001), S. 2.

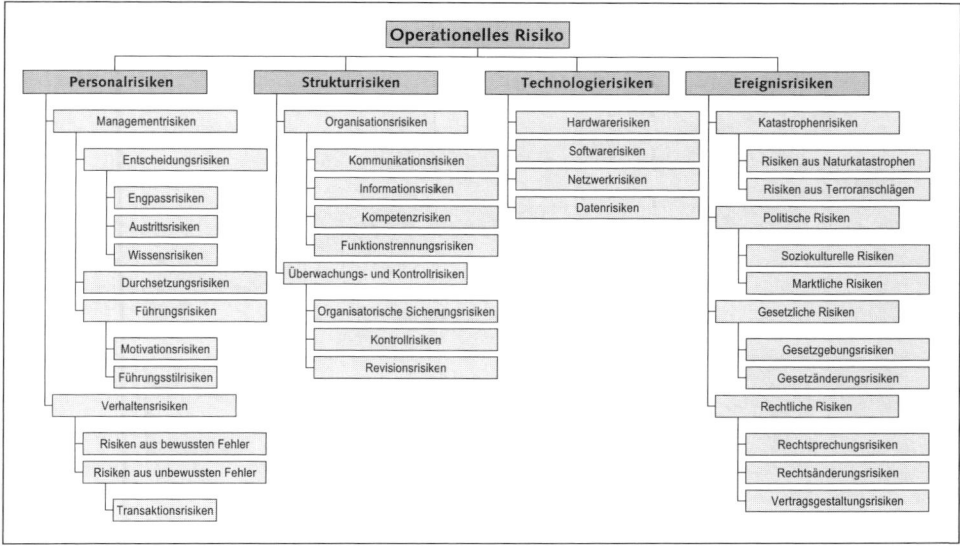

Abb. 2: Kategorisierung des Operationellen Risikos nach dem Verursachungsprinzip

nen, könnte man bei der Definition eine Differenzierung in quantitativ und qualitativ messbare beziehungsweise nicht messbare Risikokomponenten des Operationellen Risikos vornehmen. Diese Abstufung ist auch vor dem Hintergrund der zukünftig gesetzlich erforderlichen Eigenkapitalunterlegung für die vom Baseler Ausschuss definierte Teilmenge der Operationellen Risiken zweckmäßig. Mit Blick auf die Quantifizierung wäre auch eine Differenzierung nach Häufigkeit und Höhe der Verluste aus Operationellen Risiken möglich. Demzufolge lassen sich Operationelle Risiken in *High-Frequency-Low-Impact-Risiken* (häufig auftretende Operationelle Risiken, die jeweils ein geringes Schadenspotenzial aufweisen) und in *Low-Frequency-High-Impact-Risiken* (selten auftretende Operationelle Risiken, die jeweils ein hohes Schadenspotenzial aufweisen) unterteilen.[6]

Aufbauend auf dem dargestellten Risikobegriff und der gezeigten Abgrenzung des Operationellen Risikos wird in Kapitel 2 auf die Grundkonzeption des Risikophasenmodells eingegangen.

2   Grundkonzeption des Modells zur Beherrschung der Operationellen Risiken

Die Abbildung 3 zeigt vorab die Struktur des Modells, auf dessen Kernpunkte in den darauf folgenden Abschnitten näher eingegangen wird.

---

6   Vgl. Horn/Müller (2001), S. 196–197.

2.1   Modellstruktur

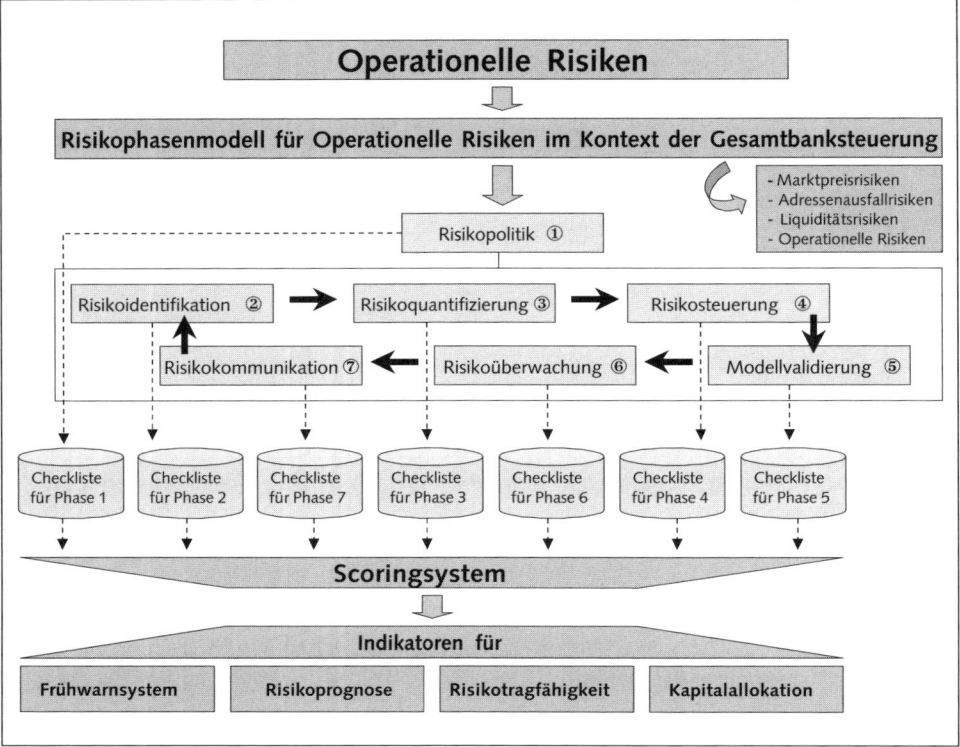

Abb. 3: Risikophasenmodell für Operationelle Risiken im Kontext der Gesamtbank-
          steuerung

Das in diesem Artikel skizzierte Modell zur Beherrschung der Operationellen
Risiken wird in naher Zukunft im Detail noch weiterentwickelt.[7]

2.2   Ganzheitlicher Modellansatz

Betriebswirtschaftlich betrachtet ist es erforderlich, Operationelle Risiken ins
Kalkül mit einzubeziehen. Im Modell werden die Operationellen Risiken in sich
geschlossen und damit ganzheitlich abgehandelt. Mittels des Modellansatzes
sollen die Kreditinstitute in die Lage versetzt werden, durch Soll-Ist-Vergleiche

---

7   Der Autor wird das Risikophasenmodell für Operationelle Risiken im Kontext der Gesamtbanksteue-
    rung im Rahmen einer Dissertation eingehend abhandeln. Für eine fachliche Erörterung steht Ihnen
    der Verfasser unter der E-Mail-Adresse LukasKuhn@web.de zur Verfügung.

grundsätzlich sämtliche Operationellen Risiken adäquat zu berücksichtigen. Dabei ist es sehr fraglich, ob bestimmte Ereignisrisiken, wie beispielsweise der Terroranschlag auf das World-Trade-Center in New York am 11. September 2001, überhaupt beherrschbar sind. Um den einzelnen Ausprägungen des Operationellen Risikos gerecht zu werden, wurde der Risikoprozess in Risikophasen untergliedert. Ziel des Instituts muss sein, jede Risikophase unter dem Blickwinkel der Operationellen Risiken bestmöglich zu gestalten, das heißt den Istzustand dem Sollsystem anzunähern respektive die Soll-Ist-Abweichungen zu minimieren. Gleichzeitig sind aufsichtsrechtliche Normen, wie beispielsweise § 91 Abs. 2 AktG und § 25a Abs. 1 Nr. 1 KWG, zu beachten. § 91 Abs. 2 AktG besagt, dass der Vorstand geeignete Maßnahmen zu treffen hat, insbesondere ein Überwachungssystem einzurichten, damit den Fortbestand der Gesellschaft gefährdende Entwicklungen früh erkannt werden. Gemäß § 25a Abs. 1 Nr. 1 KWG muss ein Institut über geeignete Regelungen zur Steuerung, Überwachung und Kontrolle der Risiken sowie über angemessene Regelungen verfügen, anhand deren sich die finanzielle Lage des Instituts jederzeit mit hinreichender Genauigkeit bestimmen lässt. Auch auf diese und weitere aufsichtsrechtliche Belange stellt das Modell ab. Die Konzeption des Risikophasenmodells für Operationelle Risiken ermöglicht den handelnden Personen den bewussten und aktiven Umgang mit den Operationellen Risiken.

2.3 Hybrides Modell

Mit Ausnahme der Risikoquantifizierung, die bekannterweise in Theorie und Praxis derzeit noch erhebliche Probleme bereitet, handelt es sich um ein qualitatives Modell. Bei der Messung der Operationellen Risiken kommen sowohl quantitative als auch qualitative Elemente zum Tragen. Modelle, die ausschließlich auf qualitativen Daten beruhen, weisen in der Regel eine unzulängliche Quantifizierung der Operationellen Risiken in Geldeinheiten auf. Dagegen bergen einzig quantitative Modelle die Gefahr, dass die in Geldeinheiten ermittelten Operationellen Risiken auf unzureichenden Daten basieren. Durch die Zusammenführung von qualitativen und quantitativen Informationen kommt das Modell dem Ziel der Beherrschung der Operationellen Risiken einen großen Schritt näher. Wegen der verstärkt qualitativen Ausrichtung des Risikophasenmodells für Operationelle Risiken und der daraus resultierenden guten Verständlichkeit für die Mitarbeiter des Instituts eignet sich dieses Modell besonders für kleinere und mittlere Kreditinstitute.

2.4 Risikophasenkonzept

Anhand des Risikophasenkonzepts sollen den Kreditinstituten für die einzelnen Risikophasen mögliche Sollzustände aufgezeigt werden. Darüber hinaus bietet das Risikophasenkonzept den Experten die Möglichkeit, aus den für das jeweilige Institut maßgeblichen Sollzuständen, ein Sollsystem in Form von Fragebögen zu

entwickeln. Hierzu wurde das Modell in die Phasen Risikopolitik, Risikoidentifikation, Risikoquantifizierung, Risikosteuerung, Modellvalidierung, Risikoüberwachung und Risikokommunikation untergliedert, wobei die strategische Risikopolitik auf Grund ihrer Bedeutung und der daraus resultierenden unmittelbaren
Verantwortung durch das Management als übergeordnete Phase 1 determiniert
wurde. Hier werden unter anderem Antworten gegeben auf Fragen wie »zentrales versus dezentrales Risikomanagement«, »Separations- versus Integrationskon-
zept« und »Top-down- versus Bottom-up-Ansatz«. Basierend auf einer vorhandenen Vision und Strategie soll das Management mittels der Balanced-Scorecard[8]
konkrete Ziele ableiten.[9] Die Phasen 2 bis 7 bilden innerhalb der Risikopolitik
einen geschlossenen Kreislauf, der regelmäßig durchlaufen wird. In der Phase
»Risikoidentifikation« des Modells sollen mittels Brainstorming, Risikoinventur,
Risikoinventar beziehungsweise Risikohandbuch grundsätzlich sämtliche Teilrisiken der einzelnen Risikokategorien des Operationellen Risikos erkannt werden
(vgl. Abschnitt 1.3). Auf Grund seiner Komplexität wurde der Risikoquantifizierung (Risikophase 3 des Modells) im Rahmen dieses Aufsatzes das eigenständige Kapitel 3 gewidmet. In dieser Phase werden die Operationellen Risiken
bewertet und analysiert. Die vierte Phase des Modells beschäftigt sich mit der
Risikosteuerung. Die Steuerung kann über organisatorische Trennung der Funk-
tionsbereiche, Limitstrukturen, Kennzahlensysteme, Anreizsysteme, Notfallkon-
zepte, Risikokapitalallokationen und Risikobewältigungsstrategien wie Vermeidung, Verminderung, Begrenzung, Übertragung oder Kompensation erfolgen. In
der fünften Risikophase »Modellvalidierung« wird zur Qualitätssicherung des
Modells ein Backtesting durchgeführt. Eine Befragung durch den Baseler Ausschuss für Bankenaufsicht hat ergeben, dass die meisten Kreditinstitute die internen Kontrollen und die interne Revision als wichtigste Instrumente für die Handhabung der Operationellen Risiken ansehen.[10] Insofern wird in der Risikophase 6
verstärkt auf die Ausgestaltung eines internen Kontrollsystems eingegangen. In
der letzten Phase des Modells wird ein Kommunikationskonzept mit Wesentlich-
keitsgrenzen und einem aussagefähigen Reporting dargelegt. In den einzelnen
Risikophasen werden unter Verwendung von Fragebögen mit geschlossenen Fragen gezielt Problembereiche hinsichtlich der Operationellen Risiken aufgezeigt.

2.5   Checklisten mit geschlossenem Fragenaufbau

In den Fragebögen wird vom Experten ein Sollsystem in Form von geschlossenen Fragen vorgegeben. Durch die Befragung der zuständigen Mitarbeiter erfolgt
ein Abgleich des Sollsystems mit dem im Kreditinstitut vorhandenen Istzustand.

---

8 Das von Robert S. Kaplan und David P. Norton entwickelte strategische Managementinstrument, die
   Balanced Scorecard, soll den wirtschaftlichen Erfolg eines Unternehmens aus den Blickwinkeln der
   Finanz-, Kunden-, Prozess- und Mitarbeiterperspektive verbessern. Vgl. Sauer (2001), S. 328.
9 Vgl. Lutz (2001), S. 417.
10 Vgl. Baseler Ausschuss für Bankenaufsicht (1998), S. 8–9.

Daran anschließend werden die festgestellten Soll-Ist-Abweichungen sowie ihre Ursachen analysiert und falls erforderlich entsprechende Maßnahmen eingeleitet. Da geschlossene Fragen nur mit »Ja« oder »Nein« beantwortet werden können, muss der Befragte eine eindeutige Position beziehen. Ja-Antworten sind nur dann zu geben, wenn ein zuvor definierter Erfüllungsgrad von beispielsweise 95 bis 100 % vorliegt. Ansonsten ist die Frage vom Befragten zu verneinen. Unter der Annahme, dass alle Fragen vom Befragten bejaht und richtig beantwortet würden, ergäbe sich ein Sicherheitsniveau von mindestens 95 % und eine Fehlerwahrscheinlichkeit von höchstens 5 %. Bei Nein-Antworten kann nur die Aussage getroffen werden, dass der Erfüllungsgrad kleiner 95 % ist. Demnach geben Nein-Anworten Hinweise auf potenzielle Schwachstellen. Wie groß das Ausmaß der einzelnen Schwachstellen ist, ist durch Experten zu prüfen oder durch ein differenziertes Fragebogensystem zu erheben. Das Fragebogensystem könnte so aufgebaut sein, dass bei einer Nein-Antwort die ursprünglich gestellte Frage durch detailliertere Unterfragen ersetzt wird. Unterstellt man, dass die ursprüngliche Frage vom Experten, gemäß dem im nächsten Abschnitt dargestellten Scoringsystem, mit drei Scoringpunkten versehen wurde, so könnten drei Unterfragen mit je einem Punkt definiert werden. Wenn zwei der drei Unterfragen bejaht würden, dann erzielte letztendlich die Ursprungsfrage noch zwei der drei möglichen Scoringpunkte. Würde man den Befragten auf der obersten Ebene (unterstellte Ursprungsfrage mit drei Punkten) die Wahlmöglichkeit zur beliebigen Vergabe der Punkte je Frage innerhalb des vorgegebenen Korridors (im Beispiel ein bis drei Punkte) einräumen, dann wäre auf Grund des stärkeren subjektiven Moments die Qualität der Aussagen und somit des Scoringsystem-Ansatzes deutlich geringer. Um die Subjektivität noch weiter zu reduzieren, sollten die Checklisten so konzipiert sein, dass für die Befragten die Gewichtung der einzelnen Fragen nicht ersichtlich ist.

2.6 Scoringsystem

Durch den Einsatz des Scoringsystems werden die mittels den Checklisten qualitativ erhobenen Informationen in quantitativ messbare transformiert. Die Checklisten sind für die Strukturierung des Erhebungsprozesses sehr wichtig, sie sind aber letztlich nur ein Hilfsmittel des Punktbewertungssystems. Für jede Risikophase des Modells gibt es eine separate Checkliste, deren Fragen nach den Risikokategorien des Operationellen Risikos untergliedert sind. Das Scoringsystem liefert den Entscheidungsträgern gebündelte Hinweise zur operationellen Risikosituation im Hause. Hierzu werden die einzelnen Risikophasen separat und aggregiert bewertet. Die Abbildung 4 erläutert das Zusammenwirken der Checklisten und des Scoringsystems.

Eine Gewichtung erfolgt auf der Ebene der Risikophasen und der Einzelfragen. Durch die differenzierte Vorgabe von Sollpunkten je Risikophase wird in der Regel unterhalb der maximal erreichbaren Punktzahl, die für alle Phasen gleich hoch ist, eine Benchmark gesetzt, die die Gewichtung zum Ausdruck bringt. Die Benchmark der jeweiligen Risikophase kann, soweit diese Informationen dem Institut vorlie-

Risikophasenmodell für Operationelle Risiken im Kontext der Gesamtbanksteuerung

Scoringsystem–Ansatz								
	Risiko-phase 1		...		Risiko-phase 7		Σ	
	Check-liste 1		...		Check-liste 7			
Fragen	Max.-/Istpunkte		Max.-/Istpunkte		Max.-/Istpunkte		Max.-/Istpunkte	
1	3	3	2	0	2	2		
Personalrisiken								
Strukturrisiken								
Technologie-risiken								
Ereignisrisiken								
...								
n	2	2	3	1	1	0		
	60	56	60	40	60	53	180	149

	Risikophase 1	...	Risikophase 7	Σ	
Sollpunkte (Benchmark)	54 Pt	50 Pt	54 Pt	158 Pt	⇒ Indikatoren für die Risikoprognose, Risikotragfähigkeit und Kapitalallokation
Erfüllung in %	104 %	80 %	98 %	94 %	⇒ Handlungsbedarf
Maximalpunkte	60 Pt	60 Pt	60 Pt	180 Pt	
Erfüllung in %	93 %	67 %	88 %	83 %	
	⇓ Phasenindikator für	⇓ Phasenindikator für	⇓ Phasenindikator für		$0 - 54$ Punkte $\rightarrow X_1\%$ $55 - 104$ Punkte $\rightarrow X_2\%$ $105 - 158$ Punkte $\rightarrow X_3\%$ $159 - 180$ Punkte $\rightarrow X_4\%$ ⇒ $X_i\%$ Risikokapitalunterlegung[11]
	Frühwarnsystem				
	⇓ kein Handlungsbedarf	⇓ Handlungsbedarf	⇓ Handlungsbedarf		

Abb. 4: Scoringsystem-Ansatz im Risikophasenmodell mittels fiktiver Punktbewertung

gen, in Anlehnung an die Best-Practice festgesetzt werden. Wenn die Best-Practice von einem Institut mit anderer Größenordnung beziehungsweise Struktur stammt oder institutsspezifische Operationelle Risiken beherrscht werden sollen, dann ist

---

11 Zusätzlich zur betriebswirtschaftlichen Sichtweise (Risikokapital) soll auch soweit möglich die aufsichtsrechtliche Sichtweise (Eigenkapital) mit einbezogen werden. Durch das Ziel des Baseler Ausschusses für Bankenaufsicht, die regulatorischen Eigenkapitalanforderungen weitestgehend an die ökonomischen anzugleichen, wird sich dieses Problem zukünftig relativieren. Vgl. Deutsche Bundesbank (2002), S. 41.

von dieser Vorgehensweise abzuraten. Liegen die summierten Istpunkte unterhalb der vorgegebenen Sollpunkte, dann ergibt sich hieraus, bezogen auf die betroffene Risikophase, für die Bank ein Handlungsbedarf. Darüber hinaus werden innerhalb einer Risikophase die einzelnen Fragen durch Vorgabe von unterschiedlichen Punkten gewichtet. Durch die Ermittlung eines Zielerreichungsgrads (prozentuale Auslastung = Erfüllungsgrad) werden die einzelnen Risikophasen des Modells vergleichbar gemacht. Da das Scoring mindestens einmal jährlich durchzuführen ist, lassen sich aus dem zeitlichen Verlauf der Punktbewertung je Risikophase und für das Gesamtsystem Steuerungsimpulse ableiten. Der Zielerreichungsgrad der Benchmark oder der Erfüllungsgrad, bezogen auf die Maximalpunktzahl, einzelner beziehungsweise sämtlicher Risikophasen sind unmittelbare Indikatoren für das Operationelle Risiko. Dabei stellen die Phasenindikatoren eine Verdichtung der Eigenschaften aller risikobestimmenden Faktoren der jeweiligen Risikophase dar. Der Erfüllungsgrad einer einzelnen Risikophase dient unmittelbar als Phasenindikator für ein Frühwarnsystem im Sinne des § 91 Abs. 2 AktG. Des Weiteren dienen der Erfüllungsgrad aus einzelnen Risikophasen oder der summierte Erfüllungsgrad aus sämtlichen Risikophasen als Indikatoren für die Risikoprognose, Risikotragfähigkeit und Kapitalallokation.

2.7 Indikatoransatz

Der Indikatoransatz gestattet grundsätzlich eine eher approximative Risikobeurteilung und -messung. Die durch das Scoringsystem ermittelten Risikophasenindikatoren des Modells sollen für Operationelle Risiken eine frühzeitige, differenzierte Anzeige der Fehlentwicklungen im Kreditinstitut ermöglichen, sodass sie ein maßgeblicher Bestandteil des Früherkennungssystems sind. Damit bei kritischen Entwicklungen geeignete Maßnahmen getroffen werden können, müssen die Phasenindikatoren einen zeitlich angemessenen Vorlauf gewährleisten. Dies ist zum einen von der Aktualität der Checklisten und zum anderen vom Turnus der Befragungen abhängig. Deshalb muss ein verantwortlicher Bereich des Instituts für die Anpassung der Fragen an neuere Entwicklungen zuständig sein. Durch die Begrenzung der Betrachtung auf die einzelnen Risikophasen kann davon ausgegangen werden, dass ein Zusammenhang zwischen dem einschlägigen Indikator und den spezifischen Operationellen Risikoaspekten gegeben ist. Je höher die erreichte Istpunktzahl ist, desto geringer sind die Probleme, die aus dem Operationellen Risiko resultieren.

Das Modell liefert auch brauchbare Indikatoren für die Risikoprognose, die Risikotragfähigkeit und die Kapitalallokation. Die Risikoprognose wird als bedingte Prognose durchgeführt, da zusätzlich zur Zeitreihenanalyse die durch den Scoringsystem-Ansatz ermittelten Indikatoren als Einflussfaktoren berücksichtigt werden. Beispielsweise wird der Erfüllungsgrad des Phasenindikators für die Risikosteuerung unter anderem dadurch bestimmt, ob, beziehungsweise welche, Risikobewältigungsstrategien durchgeführt wurden. Demnach wirkt dieser Indikator als Korrektiv zur ausschließlichen Zeitreihenanalyse (unbedingte Prognose). Im Sinne des Risikotragfähigkeitskalküls dürfen nur solche Operationellen Risiken übernommen werden, die aus Sicht des Kreditinstituts noch tragbar sind. Demnach müssen auch Operationelle Risiken in einem angemessenen Verhältnis zum verfügbaren Risikokapital, das den eigentlichen Engpassfaktor in einem Kreditinstitut darstellt, stehen. Als Risikokapital stehen den Kreditinstituten Risikodeckungsmassen, wie der Buchwert der gebundenen und freien Eigenmittel sowie die stillen Reserven, zur Verfügung. Wenn die Operationellen Risiken nicht beziehungsweise schwer messbar sind und das Schadenspotenzial dieser Risiken als sehr hoch eingestuft wird, dann sollten vom Kreditinstitut, anstatt der Unterlegung mit Risikokapital, Risikobewältigungsstrategien, wie beispielsweise die Risikoübertragung mittels Versicherung ergriffen werden. Hierfür bieten sich insbesondere die Low-Frequency-High-Impact-Risiken an. Zur effizienten Kapitalallokation werden die mit dem Modell quantitativ und qualitativ gemessenen Operationellen Risiken in entsprechende Risiko-Rendite-Relationen einbezogen. Je günstiger das Risiko-Rendite-Verhältnis eines abgrenzbaren Teilbereichs der Bank ist, desto mehr Kapital ist ihm zuzuweisen.[12] Auf alternative Anreizsysteme, wie beispielsweise ein System, das die Mitarbeiter dazu ermuntert, Operationelle Risiken aufzudecken, wird im Rahmen dieses Aufsatzes nicht näher eingegangen.

Wie im Folgenden gezeigt wird, wurde bei der Konzeption des Modells darauf geachtet, dass es unmittelbar in die Gesamtbanksteuerung integrierbar ist.

2.8   Einbettung in die Gesamtbanksteuerung

Aus bankbetrieblicher Sicht kann das Risiko in Marktpreis-, Adressenausfall-, Liquiditätsrisiken und die Operationellen Risiken gegliedert werden, wobei die Operationellen Risiken derzeit nur rudimentär in die Gesamtbankrisikosteuerung einbezogen werden. Für diese Risikoarten sind die erwarteten und unerwarteten Verluste zu ermitteln. Dabei ist zu beachten, dass

- die einzelnen Risikoarten zumindest im Institut einheitlich definiert sind,
- eine überschneidungsfreie Messung aller bankbetrieblichen Risiken mit dem gleichen Messverfahren erforderlich ist,
- die Wechselwirkungen zwischen den Risikoarten des Instituts in die Betrachtung mit einzubeziehen sind,
- das ermittelte Risiko in Relation zur Rendite zu setzen ist,
- die Nichtberücksichtigung der Operationellen Risiken zu einer suboptimalen Kapitalallokation führt.

Nur unter Beachtung obiger Punkte gelangt das Kreditinstitut zu einer Gesamtaussage über die Risikolage, und das Management des Kreditinstituts erhält sinnvolle Steuerungsimpulse. Ansonsten kann es vorkommen, dass Risiken des Kreditinstituts unter- beziehungsweise überzeichnet werden, da Risikoakkumulationen oder Diversifikationseffekte nicht erkannt werden.

---

12 Vgl. Schierenbeck/Lister (2001), S. 473, S. 486.

Zur Betrachtung der Risiken auf Gesamtbankebene wird eine Gesamtbankrisiko-matrix, wie in der Abbildung 5 dargestellt, verwendet. Aus der Kombination ein-deutig abgrenzbarer Geschäftsfelder und der einzelner Risikoarten ergibt sich die aus einer Vielzahl von Risikofeldern bestehende Risikomatrix. Durch das Summie-ren der Risikofelder über die Risikoarten oder die Geschäftsfelder hinweg kann das Gesamtbankrisiko abgebildet werden. Dabei sind – soweit dies möglich ist – die Korrelationen zwischen den einzelnen Risikofeldern zu berücksichtigen.

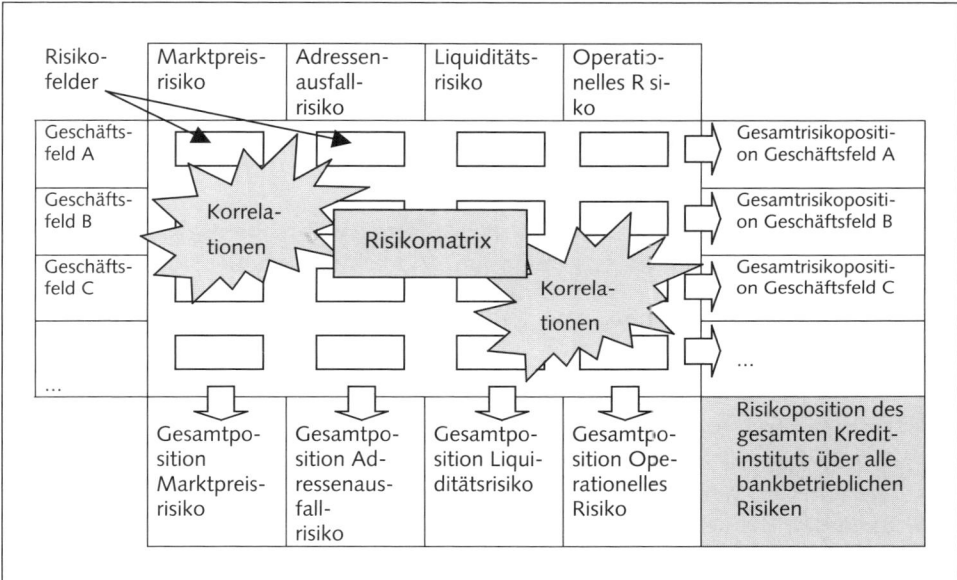

Abb. 5: Gesamtbankrisikomatrix[13]

Das Ziel der Gesamtbanksteuerung wird nur erreicht, wenn die auf der Gesamt-bankrisikomatrix basierende Risikosteuerung mit der Ergebnissteuerung inte-griert betrachtet wird. Hierzu eignen sich besonders die risikoadjustierten Per-formancekennziffern RORAC (Return-on-Risk-Adjusted-Capital) und RARAC (Risk-Adjusted-Return-on-Capital).[14]

Aufgrund des modularen und nachvollziehbaren Aufbaus des Risikophasenmo-dells für Operationelle Risiken kann die Logik des Modells jederzeit für die Bewäl-tigung anderer Risikoarten eingesetzt werden. Hierzu ist die Kenntnis der Modell-prämissen unabdingbar.

---

13 Quelle: Eigene Darstellung in Anlehnung an Schierenbeck/Lister (2001), S. 366.
14 Vgl. ebenda (2001), S. 493.

2.9 Modellprämissen

Die Brauchbarkeit des Modells hängt von dessen logischer Richtigkeit und vom Wahrheitsgehalt der Prämissen ab. Insofern ist die Wahrheitssicherung der Prämissen eine zu beachtende Nebenbedingung.

- Je höher die erreichte Scoringpunktzahl ist, desto geringer sind die Probleme, die aus Operationellen Risiken resultieren und umgekehrt.
- Es wird eine Interdependenz zwischen der Höhe der Punktbewertung und der absoluten Höhe des Verlusts aus Operationellen Risiken für einen bestimmten Zeitraum angenommen.
- Der Zusammenhang zwischen der Verlusthöhe aus schlagend gewordenen Operationellen Risiken und dem jeweiligen Risikoindikator ist nicht linear.
- Die Gewichtung der einzelnen Fragen und das Setzen der Benchmarks innerhalb der jeweiligen Risikophase erfolgt in der Regel durch Experten und ist insofern subjektiv.
- Die Güte der objektiven und subjektiven Eintrittswahrscheinlichkeiten, die für die Risikomessung benötigt werden, wird gleichwertig eingestuft.
- Bei der Quantifizierung der Operationellen Risiken anhand der historischen Daten wird implizit unterstellt, dass die daraus gewonnenen Erkenntnisse auch in der Zukunft gültig sind.
- Die empirisch ermittelten Verluste aus Operationellen Risiken sind stochastisch unabhängig.

Nachdem in Kapitel 2 der Grundgedanke des Modells und dessen Komponenten erläutert wurden, wird im folgenden Kapitel explizit auf die Quantifizierung der Operationellen Risiken eingegangen.

3 Darstellung ausgewählter Sachverhalte der dritten Phase »Risikoquantifizierung« des Modells

Zur Beherrschung der Operationellen Risiken ist ein umfassendes Risikomanagement unabdingbar. Demnach kommt innerhalb des Risikophasenmodells der Risikopolitik eine besondere Bedeutung zu. Dieser Aufsatz beschränkt sich wegen der aktuellen Diskussion auf die Darstellung ausgewählter Sachverhalte der Risikoquantifizierung. Im Zuge der Definition der Operationellen Risiken wurde das Augenmerk auf die Ursachenanalyse gelegt. Hinsichtlich der Quantifizierung der Operationellen Risiken wird nun die Wirkungsweise betrachtet. Somit werden Ursachen-Wirkungs-Ketten von Operationellen Risiken geschlossen analysiert.

3.1 Erwartete versus unerwartete Verluste aus Operationellen Risiken

Die Differenzierung in erwartete (Expected-Loss) und unerwartete Verluste (Unexpected-Loss) kommt besonders in der dritten Risikophase des Modells zum Tragen. Der erwartete Verlust aus schlagend werdenden Operationellen Risiken repräsentiert diejenigen Ausfälle, mit denen ein Kreditinstitut durchschnittlich rechnen muss (Erwartungswert beziehungsweise arithmetisches Mittel, im Einzelnen vgl. Abschnitt 3.3 ff.). Der erwartete Verlust hat demnach den Charakter kalkulierbarer Kosten, die bei den Kundenkonditionen berücksichtigt werden müssen. Darüber hinaus hat das Institut das Risiko, dass die kalkulierten Kosten für erwartete Verluste die potenziell höheren unerwarteten Verluste nicht abdecken, über eine entsprechende Risikovorsorge zu berücksichtigen. Diese unerwarteten Risiken sind zumindest theoretisch durch Risikokapital abzusichern.[15] Würden erwartete Verluste ebenfalls bei der Risikovorsorge berücksichtigt, käme es zu einer ungewollten Doppelanrechnung (Kundenkonditionen, Risikokapital).[16] Inwieweit die differenzierte Risikokapitalunterlegung je Kreditinstitut als Risikovorsorge möglich ist, hängt maßgeblich von der Quantifizierbarkeit der unerwarteten Operationellen Risiken ab. Unter Einbeziehung der konfidenzintervallabhängigen Verlustschwelle kann der unerwartete Verlust, der dem Operational-Value-at-Risk entspricht, wie folgt ermittelt werden.

Unerwarteter Verlust = Operational-Value-at-Risk =
Konfidenzintervallabhängige Verlustschwelle – erwarteter Verlust

3.2 Interne und externe Schadensfalldatenbanken

Damit erwartete und unerwartete Verluste aus Operationellen Risiken gemessen werden können, ist der Aufbau von internen und externen Schadensfalldatenbanken erforderlich. Dies bedingt einen einheitlichen Sprachgebrauch und somit eine konforme Definition des Operationellen Risikos. Hierdurch und durch den gleichartig strukturierten Aufbau der Datenbanken wird die Validität der Daten gewährleistet. Die im Modell verwendeten Schadensfalldatenbanken gründen auf einem zweidimensionalen Aufbau. Die erste Dimension (vertikale Ebene) bezieht sich auf eindeutig abgrenzbare Geschäftsfelder beziehungsweise Geschäftsprozesse. In der zweiten Dimension (horizontale Ebene) werden unter anderem verlustspezifische Informationen wie die Schadensursache, die Risikokategorie sowie deren Teilrisiko, die Wirkungsweise des Schadens, die Eintrittswahrscheinlichkeit, der monetäre und der Opportunitätsschaden (vgl. Abschnitt 3.7) sowie die gewählte Risikobewältigungsstrategie und deren monetären Auswir-

---

15 Vgl. Goebel (2001), S. 312.
16 Vgl. ebenda (2001), S. 317.

kung erfasst. Die sich hieraus ergebende Matrixstruktur eignet sich für spezifische Auswertungen.

Da definitionsgemäß und tatsächlich die Low-Frequency-High-Impact-Risiken beim einzelnen Kreditinstitut nur äußerst selten auftreten, werden für die Schätzung einer entsprechenden Verlustverteilung die Daten vieler Institute benötigt. Dabei darf nicht verkannt werden, dass Privatbanken andere Low-Frequency-High-Impact-Risiken aufweisen als beispielsweise die Sparkassen oder die Kreditgenossenschaften. Diese Risiken sollten deshalb von einer homogenen Gruppe erhoben werden. Zur richtigen Interpretation der zur Verfügung gestellten Daten ist es wichtig, die Erhebungs- und Ermittlungsmethoden der Daten in den einzelnen Instituten zu kennen. Beim Aufbau der externen Datenbank ist zu beachten, dass Daten, die aus solchen Risiken resultieren, von den Instituten als äußerst sensibel eingestuft werden. Insofern sind die Daten zu anonymisieren. Wenn das Kreditinstitut aufgrund der in der Vergangenheit aufgetretenen Operationellen Risiken entsprechende Risikobewältigungsstrategien ergriffen hat, dann wird aller Voraussicht nach in der Zukunft die Wahrscheinlichkeit beziehungsweise die Höhe der Verluste aus diesen Operationellen Risiken geringer ausfallen. Somit stellt sich die Frage, inwieweit die gesammelten Verlustdaten noch repräsentativ sind. Demnach sollten die Prognosen, die auf diesen historischen Daten basieren, hinsichtlich der Eintrittswahrscheinlichkeit sowie der Verlusthöhe soweit möglich korrigiert werden. Zum weiteren Verständnis werden im nächsten Abschnitt vorab ein paar wesentliche statistische Zusammenhänge[17] erläutert.

3.3 Statistische Zusammenhänge

Da eine Vollerhebung sämtlicher schlagend gewordener Verluste aus Operationellen Risiken unmöglich ist, wird im Rahmen der deskriptiven Statistik eine Stichprobenerhebung durchgeführt. Dabei ist es wichtig zu wissen, dass die Ergebnisse beziehungsweise Aussagen der deskriptiven Statistik sich immer nur auf die untersuchte Datenmenge beziehen.[18] Die in der Stichprobe enthaltenen Merkmalsausprägungen ergeben geordnet im Zusammenhang mit den zugehörigen Häufigkeiten die Verteilung des quantitativen, diskreten Merkmals »Verlust«.[19] Diskret deshalb, weil der in Geldeinheiten gemessene Verlust nur abzählbar viele Ausprägungen annehmen kann.[20] Zur Gewinnung eindeutiger Aussagen müssen darüber hinaus die Verteilung beschreibende Parameter ermittelt werden. Als Lageparameter wird das arithmetische Stichprobenmittel, als Streuungsparameter die Stichprobenvarianz beziehungsweise -standardabweichung und als weitere Parameter die Stichprobenschiefe (Skewness) und Stichprobenwölbung (Kurtosis) berechnet. Ebenso wie der Value-at-Risk, auf den später noch näher eingegangen

---

17 Die in diesem Aufsatz verwendeten statistischen Begriffe und die dazugehörenden Formeln sind mit Ausnahme des Operational-Value-at-Risk bei Voß (2000) ausführlich dargestellt.
18 Vgl. Schwarze (2001), S. 14.
19 Vgl. ebenda (2001), S. 45.
20 Vgl. ebenda (2001), S. 39.

wird, handelt es sich mit Ausnahme des Lageparameters um Risikomaße, die zur Quantifizierung des Operationellen Risikos benötigt werden.

Zur gesicherten Übertragung und Verallgemeinerung der Ergebnisse aus der deskriptiven Statistik in die induktive Statistik wird die Wahrscheinlichkeitsrechnung mit den Gesetzen der großen Zahlen benötigt.[21] Im Rahmen der induktiven Statistik wird versucht, von der Teilerhebung Rückschlüsse auf die übergeordnete unbekannte Grundgesamtheit zu ziehen und den Verlust aus Operationellen Risiken zu prognostizieren.[22]

Gegenstand der Wahrscheinlichkeitsrechnung sind Zufallsexperimente, die unter gleichen Bedingungen zumindest im Prinzip beliebig oft wiederholt werden können und trotz gleicher Bedingungen unterschiedliche Ergebnisse haben können. Dabei ist die Zufallsvariable eine Variable, die ihren Wert in Abhängigkeit vom Zufall, das heißt mit einer gewissen Wahrscheinlichkeit annimmt.[23] Wie beim Merkmal »Verlust« aus der deskriptiven Statistik handelt es sich bei der Zufallsvariablen »Verlust« um eine diskrete Zufallsvariable. Folglich kann jedem Verlust eine bestimmte Eintrittswahrscheinlichkeit zugeordnet werden.[24] Im Gegensatz hierzu ist bei einer stetigen Zufallsvariable, die innerhalb eines bestimmten Intervalls überabzählbar viele Ergebnisse annehmen kann, die Wahrscheinlichkeit dafür, dass genau ein bestimmter Wert eintritt, gleich Null.[25] Demnach kann die Wahrscheinlichkeit von stetigen Zufallsvariablen nicht mehr wie bei den diskreten Zufallsvariablen mit Hilfe von Summen berechnet werden. Statt dessen werden Integrale über Dichten benutzt.[26] Basierend auf dem Wissen über die statistischen Zusammenhänge wird in Abschnitt 3.4 auf die induktive Statistik näher eingegangen.

3.4 Parameter zur Beschreibung der tatsächlichen Verlustverteilung

Anhand der aus der Stichprobe gewonnenen empirischen Verlustverteilung soll eine Aussage über die ungefähre Form der tatsächlichen Verlustverteilung getroffen und soweit möglich die Übereinstimmung mit bekannten theoretischen Verteilungen (beispielsweise die Lognormalverteilung[27]), die für weitere Betrachtungen und Analysen herangezogen werden können, überprüft werden.[28] Da zur Beschreibung der tatsächlichen Verlustverteilung sämtliche tatsächlichen Abweichungen vom Zielwert (Varianz beziehungsweise Standardabweichung) und der tatsächliche Zielwert (Erwartungswert) selbst nicht bekannt sind, sind

---

21 Vgl. Voß (2000), S. 285.
22 Vgl. Bosch (1999), S. 1 und 153.
23 Vgl. o. V. (2002), S. 21.
24 Vgl. Voß (2000), S. 24 und 309–310.
25 Vgl. ebenda S. 311.
26 Vgl. Bosch (1999), S. 115.
27 Die Lognormalverteilung wird insbesondere für eine rechtsschiefe (linkssteile) Verteilung unterstellt und dient zur Beschreibung von stetigen Zufallsvariablen. Vgl. Biermann/Grosser (1999), S. 113.
28 Vgl. Poddig/Dichtl/Petersmeier (2000), S. 43–44.

stellvertretend für den Zielwert und die Abweichungen adäquate Schätzer zu verwenden. Unter Beachtung der Gesetze der großen Zahlen werden die in der deskriptiven Statistik ermittelten Parameter als erwartungstreue Schätzer für die Parameter der gesuchten tatsächlichen Verteilung der Grundgesamtheit verwendet.[29] Demnach ist beispielsweise das arithmetische Stichprobenmittel der Schätzer für den Erwartungswert, die Stichprobenvarianz der Schätzer für die Varianz, und die relative Häufigkeit entspricht der Wahrscheinlichkeit für ein konkretes Ergebnis der diskreten Zufallsvariablen.

Wegen der fehlenden Normalverteilung der Verluste aus dem Operationellen Risiko reichen zum Teil der Erwartungswert und die Varianz als Parameter zur Beschreibung der tatsächlichen Verlustverteilung nicht aus. Insofern müssen weitere Eigenschaften der Verlustverteilung betrachtet werden, um zusätzliche Informationen über das Operationelle Risiko zu erhalten. Die dazu erforderlichen Parameter werden, wie bereits erwähnt, als Schiefe (Skewness) und Wölbung (Kurtosis) der Verlustverteilung bezeichnet. Dabei gibt die Schiefe an, wie groß der Grad der Asymmetrie einer Verteilung ist. Ergibt die statistisch ermittelte Schiefe einen negativen Wert, dann handelt es sich um eine linksschiefe beziehungsweise rechtssteile Verlustverteilung und bei einem positiven Wert um eine rechtsschiefe (linkssteile) Verteilung. Durch die Wölbung wird die größere Konzentration der Verluste um den Erwartungswert und an den Rändern der Verteilung beschrieben. Je nachdem, ob die statistisch ermittelte Wölbung größer, gleich oder kleiner als drei ist, bezeichnet man den Verlauf der Verteilung als leptokurtisch (hochgipfliger gewölbt als die theoretische Normalverteilung), mesokurtisch (identisch mit der theoretischen Normalverteilung) oder platykurtisch (flacher gewölbt als die theoretische Normalverteilung).[30] Abschnitt 3.5 beschreibt schwerpunktmäßig, wie die statistischen Erkenntnisse aus den vorherigen Abschnitten zum besseren Verständnis grafisch für die Risikokommunikation aufbereitet werden können.

3.5 Grafische Auswertung und Darstellung der statistischen Ergebnisse

Die grafische Auswertung und Darstellung der statistischen Ergebnisse ist für die Kommunikation des Operationellen Risikos (Risikophase 7 des Modells) im Kreditinstitut besonders wichtig. Dadurch liefert das Reporting den Entscheidern gebündelte, leicht verständliche Informationen, die im Rahmen der Risikopolitik (Risikophase 1 des Modells) durch die Entscheider bewertet werden.

Die statistischen Ergebnisse für das diskrete Merkmal »Verlust aus Operationellen Risiken« können mittels Stabdiagramm, Histogramm, Häufigkeitspolygon sowie der empirischen Verteilungsfunktion und für die diskrete Zufallsvariable mittels der Wahrscheinlichkeits- beziehungsweise Verteilungsfunktion grafisch übersichtlich

---

29 Vgl. Bosch (1999), S. 158.
30 Vgl. Poddig/Dichtl/Petersmeier (2000), S. 141–143.

dargestellt werden. Dagegen erfolgt die grafische Darstellung von stetigen Zufalls-variablen durch die Dichte- (Wahrscheinlichkeitsdichte) oder Verteilungsfunktion. Wie im vorhergehenden Abschnitt erläutert wurde, ist es unter anderem das Ziel, die gesuchte tatsächliche Verlustverteilung durch eine bekannte theoretische Ver-teilung zu approximieren. Da eine Vielzahl wichtiger theoretischer Verteilungen nur für die Beschreibung von stetigen Zufallsvariablen verwendet werden können, wird im Folgenden erläutert, wann und wie ein diskretes Merkmal in ein »quasi« stetiges Merkmal und somit unter Beachtung der Gesetze der großen Zahlen in eine »quasi« stetige Zufallsvariable übergeleitet werden kann.

Vorab wird ein exemplarisches Histogramm für das diskrete Merkmal »Verlust aus Operationellen Risiken« grafisch dargestellt.

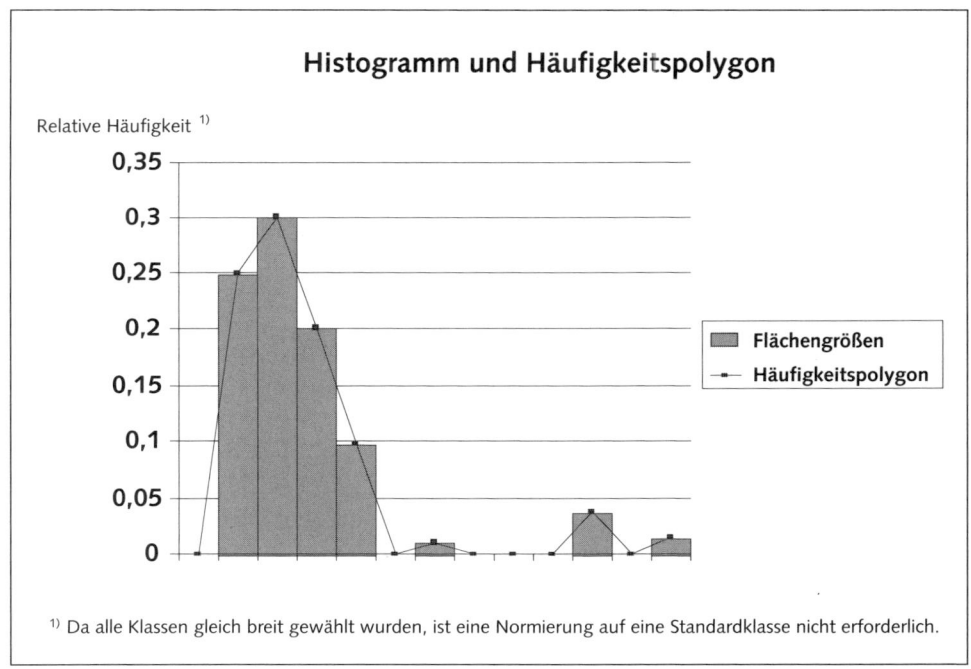

Abb. 6: Histogramm für das diskrete Merkmal »Verlust aus Operationellen Risiken«

Aus Vereinfachungsgründen kann unterstellt werden, dass es sich beim Verlust aus Operationellen Risiken um ein »quasi« stetiges Merkmal beziehungsweise eine »quasi« stetige Zufallsvariable handelt, wenn die Verlusthöhen aus Operati-onellen Risiken sehr eng beieinander liegen und sehr zahlreich sind. Um dies zu gewährleisten, kann es erforderlich werden, den Stichprobenumfang zu erhöhen und gegebenenfalls gebildete Klassen zu verkleinern, so dass im Grenzfall (Klas-senbreite geht gegen Null) der Verlust aus Operationellen Risiken stetig ist.[31]

---

31 Vgl. ebenda (2000), S. 27 und 44.

Folglich kann das dargestellte Histogramm unter der Annahme eines ausreichenden Stichprobenumfangs durch Verkleinerung der gebildeten Klassen in die nachfolgend dargestellte Dichtefunktion überführt werden.

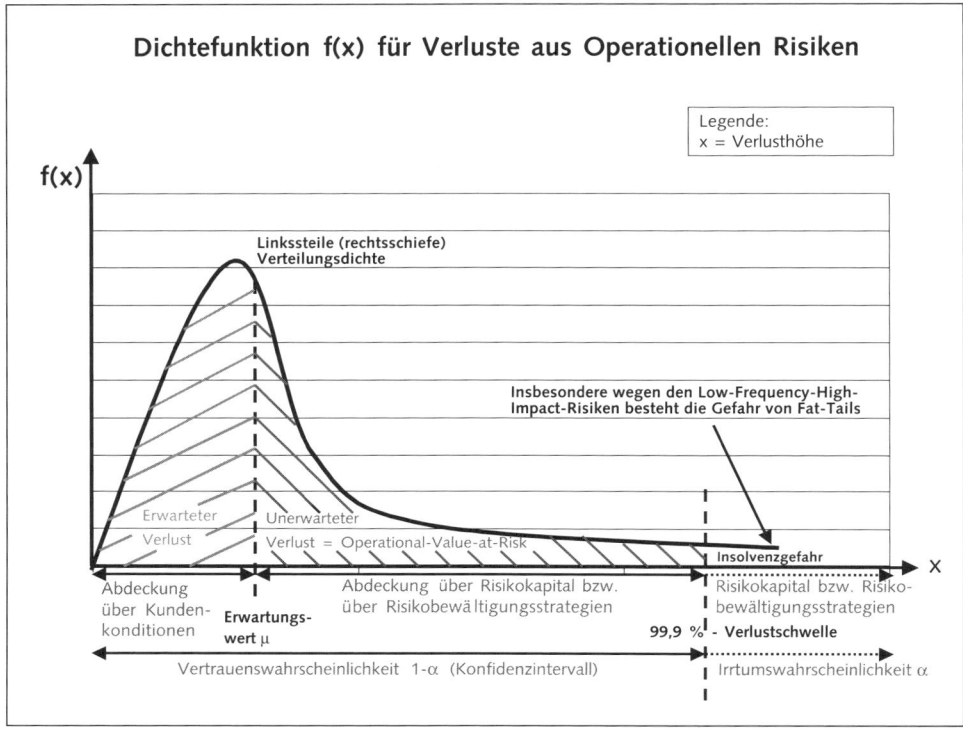

Abb. 7: Dichtefunktion für die stetige Zufallsvariable »Verlust aus Operationellen Risiken«

Im nächsten Abschnitt wird unter Einbeziehung der bisherigen statistischen Erkenntnisse auf den Value-at-Risk als spezielles Risikomaß näher eingegangen.

3.6 Operational-Value-at-Risk als spezielles Risikomaß

Da für Marktpreis- und Adressenausfallrisiken bereits Value-at-Risk-Ansätze entwickelt wurden, wurde vor dem Hintergrund der Gesamtbanksteuerung der Operational-Value-at-Risk als Risikomaß im Rahmen des Risikophasenmodells ausgewählt. Der Operational-Value-at-Risk ist ein Downside-Risikomaß, weshalb lediglich die negativen Abweichungen vom Zielwert berücksichtigt werden. Das Risikomaß beschreibt den prognostizierten unerwarteten maximalen Schwellenverlust in Geldeinheiten, der während eines bestimmten Zeitraums mit einer vorgegebenen Wahrscheinlichkeit, die der persönlichen Risikopräferenz des Entscheiders entsprechen soll, nicht überschritten wird (vgl. auch Abbildungen 6 und 7). Aus der Risikopräferenz des Entscheiders ergibt sich grundsätzlich die Insolvenzbereitschaft. Unter der Annahme, dass ein Kreditinstitut für Operationelle Verluste außerhalb der berechneten Verlustschwelle keine Risikobewältigungsmaßnahmen durchgeführt hat und kein beziehungsweise zu wenig Risikokapital vorhält, können diese Operationellen Verluste zur Insolvenz der Bank führen (vgl. auch Abbildung 7). Der Operational-Value-at-Risk wird unter anderem durch folgende Faktoren determiniert:

Operational-Value-at-Risk =
Funktion (Insolvenzabsicherung, Konfidenzintervall, Schwellenverlust, Erwarteter Verlust, Risikobetrachtungszeitraum, Risikobewältigungsmaßnahmen ...)

Wegen der relativ leichten Verständlichkeit und der daraus resultierenden Akzeptanz im Institut wird im Risikophasenmodell der Operational-Value-at-Risk in Anlehnung an die historische Simulation berechnet. Ein weiterer Vorteil der historischen Simulation ist, dass sie ohne Verteilungsannahmen auskommt. Im Gegensatz zur »klassischen« historischen Simulation wird nicht auf unmittelbar zurückliegende historische Daten, sondern auf Daten eines bestimmten aus Sicht des Entscheiders für die Zukunft repräsentativen Zeitraums zurückgegriffen. Da die historische Simulation eine Vielzahl von historischen Daten benötigt, eignet sich diese Berechnungsmethode vornehmlich für High-Frequency-Low-Impact-Risiken. Beim Einsatz des Operational-Value-at-Risk als Risikomaß sind nachfolgend dargestellte Probleme zu berücksichtigen:

- Wie bereits erwähnt, ist die Wahrscheinlichkeitsverteilung der Verluste aus Operationellen Risiken nicht normalverteilt.
- Für die historische Simulation (eine Variante zur Berechnung des Value-at-Risk) kann die Datenhistorie der einzelnen Institute unzureichend beziehungsweise fehlend sein. Demnach wäre der Stichprobenumfang (Teilerhebung aus den historischen Daten) für die Grundgesamtheit nicht repräsentativ.
- Für bestimmte Teilrisiken des Operationellen Risikos ist die Häufigkeit der zu beobachtenden Ereignisse sehr gering.
- Auf Grund der mangelnden Vergleichbarkeit zwischen den Instituten ist die Übertragbarkeit von Erkenntnissen fraglich.[32]
- Zur Erfassung der Low-Frequency-High-Impact-Risiken muss der historische Betrachtungszeitraum ausreichend lang gewählt werden.
- Durch Low-Frequency-High-Impact-Risiken können – in Anlehnung an Abbildung 7 – am rechten Rand der Dichtefunktion fette Ränder auftreten (so genannte Fat-Tails), die möglicherweise außerhalb der per historischer Simulation ermittelten konfidenzintervallabhängigen Verlustschwelle liegen.
- Es wird lediglich eine maximale Verlustschwelle, deren Höhe von der Vertrauenswahrscheinlichkeit (Konfidenzintervall) abhängig ist, ermittelt.

---

32 Vgl. Kreische (2001), S. 149.

- Es erfolgt keine Aussage über die Höhe der mit der Irrtumswahrscheinlichkeit auftretenden Verluste aus Operationellen Risiken.
- Bei zwischenzeitlich eingeleiteten Risikobewältigungsstrategien stellt sich die Frage, wie repräsentativ die hierzu gesammelten historischen Daten noch sind.
- Wenn die getroffenen Annahmen die tatsächlichen Gegebenheiten nicht richtig widerspiegeln, dann suggeriert der in Geldeinheiten ausgedrückte Operational-Value-at-Risk eine Scheingenauigkeit.

Ein Backtesting anhand historischer Zeitreihen soll die Validität der prognostizierten erwarteten und unerwarteten Verluste gewährleisten.

Die beschriebenen Schwierigkeiten werden aller Voraussicht nach dazu führen, dass für Low-Frequency-High-Impact-Risiken kein Operational-Value-at-Risk per historischer Simulation für empirische Verlustverteilungen ermittelbar ist. Deshalb könnte für Low-Frequency-High-Impact-Risiken der Operational-Value-at-Risk über einen erweiterten Simulationsansatz oder über einen versicherungsmathematischen Ansatz ermittelt werden. Beim erweiterten Simulationsansatz wird die Anzahl der Verluste durch eine Schadenshäufigkeitsverteilung und die Höhe der einzelnen Verluste durch eine Schadenshöhenverteilung modelliert. Durch die Verwendung einer zweistufigen Monte-Carlo-Simulation wird die für den Operational-Value-at-Risk maßgebliche Gesamtverlustverteilung erzeugt. Diese Vorgehensweise ist nur unter der Prämisse, dass die Schadenshäufigkeits- und die Schadenshöhenverteilungen unabhängig voneinander sind, zulässig. Dagegen basiert der versicherungsmathematische Ansatz auf der Extremwerttheorie. In der Extremwerttheorie werden speziell die interessierenden Ränder von empirischen Verlustverteilungen untersucht. Dabei wird das Ziel verfolgt, die gesuchte tatsächliche Verlustverteilung durch eine bekannte theoretische Verteilung, in der Regel die Generalized-Extreme-Value-Distribution, zu approximieren. Auf Basis der theoretischen Verteilung wird der Operational-Value-at-Risk ermittelt.[33] Für nicht quantitativ messbare Operationelle Risiken könnten qualitative Messmethoden wie die Risikomatrix (Risk-Map) unter Berücksichtigung von Expertenmeinungen zur Anwendung kommen. Im Rahmen dieses Aufsatzes wird diese Frage jedoch nicht weiter verfolgt.[34]

Der nächste Abschnitt bezieht sich ebenfalls auf die Quantifizierung von Verlusten aus Operationellen Risiken. Die Betrachtung wird dabei um die kalkulatorische Komponente »entgangener Gewinn« erweitert.

3.7 Erweiterte Risikomessung mittels des Opportunitätsprinzips

Im Folgenden wird untersucht, inwiefern der Grundgedanke des Opportunitätsprinzips bei der Messung der Operationellen Risiken ex post berücksichtigt wer-

---

33 Vgl. Schierenbeck (2001), S. 343–344.
34 Der Autor wird im Rahmen der Dissertation die Eignung des Operational-Value-at-Risk als Risikomaß ausführlich untersuchen und gegebenenfalls für einzelne Risikokategorien des Operationellen Risikos alternative Risikomaße vorschlagen.

den muss. Hierzu ist es wichtig, die Wirkungsweise von Operationellen Risiken zu kennen. Schlagend gewordene Operationelle Risiken können dazu führen, dass das Kreditinstitut Kapital zur Abdeckung des Schadens einsetzen muss und somit dieses Kapital nicht mehr für ertragsbringende Bankgeschäfte zur Verfügung steht. Das Opportunitätsprinzip besagt, dass der Erfolg eines Geschäfts am Nutzen eines alternativen, entgangenen Geschäfts gemessen wird.[35] Demnach ist zur Quantifizierung des Schadens aus dem Operationellen Risiko zusätzlich zum eingesetzten Kapital der Barwert des entgangenen Gewinns wegen der anderweitigen Verwendung des Kapitals zu ermitteln. Somit ist der aus dem Operationellen Risiko resultierende Schaden folgendermaßen zu ermitteln:

Schadenshöhe aus Operationellem Risiko =
eingetretener Verlust zum Zeitpunkt t + Barwert des entgangenen Gewinns
zum Zeitpunkt t

t = Tag des Schadenseintritts

Da das Institut auf das zur Schadensregulierung eingesetzte Kapital nicht mehr zurückgreifen kann, müsste theoretisch der entgangene Gewinn aus Alternativ- und Refinanzierungsgeschäften für einen unendlichen Zeitraum berechnet werden. Aus praktischen Erwägungen heraus ist zumindest der entgangene Gewinn aus dem ursprünglich geplanten Alternativ- und dem damit einhergehenden Refinanzierungsgeschäft zu ermitteln. Problematisch ist es, wenn dem Kapital, das für die Schadensregulierung eingesetzt wurde, kein Alternativ- oder Refinanzierungsgeschäft zugeordnet werden kann. In diesem Fall könnten Durchschnittswerte, Erfahrungswerte aus der Vergangenheit beziehungsweise Nullwerte für den Barwert des entgangenen Gewinns angesetzt werden. Zur Ermittlung des entgangenen Gewinns sind die saldierten Zahlungsströme je Periode mit der Zinsspanne aus Alternativ- und Refinanzierungsgeschäft zu multiplizieren. Zur Berechnung des Barwerts werden die zuvor ermittelten zukünftigen entgangenen Gewinne mit den periodengerechten Zinssätzen diskontiert. Durch die Einbeziehung des entgangenen Gewinns in die Risikomessung wird sich der erwartete Verlust aus Operationellen Risiken entsprechend erhöhen. Demzufolge muss das Institut seine Kundenkonditionen zur Abdeckung des erwarteten Verlusts anheben.

Abschließend werden in den nächsten zwei Kapiteln das Risikophasenmodell und dessen Prämissen kritisch besprochen und ein Fazit sowie ein Ausblick gegeben.

---

35 Vgl. Krumnow/Gramlich (2000), S. 993.

4 Rezension des Risikophasenmodells und der Modellprämissen

Das Risikophasenmodell für Operationelle Risiken im Kontext der Gesamtbank-steuerung liefert einen ganzheitlichen, konzeptionell geschlossenen Ansatz, der sich wegen seiner eher qualitativen Ausrichtung insbesondere für kleinere und mittlere Kreditinstitute eignet. Es soll die Kreditinstitute in die Lage versetzen, die Operationellen Risiken trotz unvollkommener Informationen zu beherrschen. Durch Abstraktionen im Modell werden komplexe Zusammenhänge hinsichtlich den Operationellen Risiken überschaubar. Aufgrund der Unvollkommenheit der Informationen wurde das Modell als Indikator- und Erklärungsmodell konzipiert. Durch den Einsatz eines Scoringsystems wurde die Möglichkeit geschaffen, qua-litative Informationen, die für die Beurteilung des Operationellen Risikos uner-lässlich sind, in quantitativ messbare Informationen zu transformieren.

Angesichts der aktuellen Entwicklung im Bereich der Marktpreis- und Adres-senausfallrisiken war es unerlässlich, in der dritten Phase »Risikoquantifizierung« des Modells insbesondere den Value-at-Risk als Maß für die Risikomessung des Operationellen Risikos zu verwenden. Insofern wird in dieser Risikophase maß-geblich auf quantitative Informationen abgestellt. Wie bereits aufgezeigt, sind mit diesem Risikomaß jedoch eine Vielzahl von Problemen verbunden, für die fun-dierte Lösungen gefunden werden müssen. Durch die getrennte und zusammen-fassende Analyse der sieben Risikophasen ermöglicht das Modell ein gezieltes Vor-gehen gegen die einzelnen Komponenten des Operationellen Risikos, sodass die speziellen Risikofaktoren und Risikoträger des Operationellen Risikos identifiziert werden können. Durch die zwingende Einbettung in die Gesamtbanksteuerung ist das Modell auch auf künftige Entwicklungen vorbereitet. Ein weiterer Vorteil des Risikophasenmodells ist die problemlose Übertragbarkeit des Modellansatzes auf andere Risikoarten.

Inwieweit der unmittelbare Zusammenhang zwischen den einzelnen Indikato-ren und den operationellen Risikoaspekten tatsächlich vorhanden ist, wird sich aus dem Praxiseinsatz des Modells ergeben. Aus dem theoretischen Blickwinkel heraus ist unter der Voraussetzung von aktuellen und sachlich richtig ausgestal-teten Fragebögen sowie einer adäquaten Durchführung der Befragung davon aus-zugehen, dass eine entsprechende Kausalität jeweils gegeben ist. Da insbesondere qualitative, aber auch quantitative Informationen im Modell verarbeitet werden, wird unterstellt, dass die subjektiv und objektiv ermittelten Eintrittswahrschein-lichkeiten die gleiche Güte besitzen. Diese Annahme lässt sich aufrecht erhalten, sofern die subjektiven Eintrittswahrscheinlichkeiten von fachlich versierten Perso-nen (Experten) ermittelt werden.

5   Fazit und Ausblick

Die aktuell geführte Diskussion bezüglich der vom Baseler Ausschuss geforderten expliziten Eigenkapitalunterlegung des Operationellen Risikos zeigt deutlich, wie schwierig es ist, eine vollständige Lösung zur Beherrschung des Operationellen Risikos zu finden. Im Mittelpunkt der Diskussion stehen überwiegend die Höhe der erforderlichen Eigenkapitalunterlegung und deren Berechnungsgrundlage. Wie bereits dargestellt, geht der Fokus des Risikophasenmodells für Operationelle Risiken im Kontext der Gesamtbanksteuerung weit über diese Teilaspekte hinaus. In der gleichnamigen Dissertation wird das in diesem Aufsatz skizzierte Modell vollumfänglich dargestellt, neuere Erkenntnisse eingearbeitet und soweit möglich Antworten auf die offen gebliebenen Fragen gegeben. Wie die jüngsten Veröffentlichungen zu diesem Themenkomplex zeigen, hat sich bis heute noch kein Modellansatz als Best-Practice durchgesetzt. Daher ist auch in Zukunft mit weiteren Entwicklungen bei der methodischen Erschließung des Operationellen Risikos zu rechnen.

Literatur

Basel Committee on Banking Supervision Working Paper on the Regulatory Treatment of Operational Risk. September 2001.

Baseler Ausschuss für Bankenaufsicht (Hrsg.): Management des Betriebsrisikos, veröffentlicht im Internet: http://www.bakred.de/texte/internet/operat_1.pdf, Stand 6/1998, Abfrage vom 13. September 2001, 9:57 Uhr, S. 1–10.

Biermann, B., Grosser K.: Taschenlexikon Finanzmathematik/Statistik, 1. Auflage, Stuttgart 1999.

Bosch, K.: Grundzüge der Statistik: Einführung mit Übungen, 2. Auflage, München 1999.

Deutsche Bundesbank (Hrsg.): Monatsbericht Januar 2002, 54. Jg., Nr. 1/2002, S. 41–60.

Horn, C./Müller C.: Operational Risk Management: Anmerkungen zu Begriff, Methoden und Implementierung, in: Zeitschrift für das gesamte Kreditwesen, 54. Jg., Heft 4/2001, S. 194–199.

Goebel, R.: Basel II und seine Folgen: Sparkassen-Finanzgruppe und ihre Kunden, in: Betriebswirtschaftliche Blätter, 50. Jg., Heft 7/2001; S. 312–317.

Kreische, K.: Betriebsrisiken identifizieren, managen und steuern, in: Betriebswirtschaftliche Blätter, 50. Jg., Heft 3/2001; S. 146–150.

Krumnow, J./Gramlich, L.: Gabler Bank Lexikon, 12. Auflage, Wiesbaden 2000.

Lutz, L.: Die Balanced Scorcard aus Sicht eines Dienstleisters, in: Betriebswirtschaftliche Blätter, 50. Jg., Heft 9/2001; S. 417–420.

Oehler, A./Unser, M.: Finanzwirtschaftliches Risikomanagement, 1. Auflage, Heidelberg 2001.

O. V.: Glossar, veröffentlicht im Internet: http://www.medweb.uni-muenster.de/institute/imib/lehre/skripte/biomathe/glossar.html, Stand 2002, Abfrage vom 9. Januar 2002, 8:39 Uhr, S. 1–21.

Poddig, P./Dichtl, H./Petersmeier, K.: Statistik, Ökonometrie, Optimierung: Methoden und ihre praktischen Anwendungen in Finanzanalyse und Portfoliomanagement, 1. Auflage, Bad Soden 2000.

Sauer, H.: Strategien realisieren mit der Balanced Scorecard, in: Betriebswirtschaftliche Blätter, 50. Jg., Heft 7/2001; S. 326–330.

Schierenbeck, H: Ertragsorientiertes Bankmanagement, Band 2: Risiko-Controlling und integrierte Rendite-/Risikosteuerung, 7. Auflage, Wiesbaden 2001.

Schierenbeck, H./Lister M.: Value Controlling: Grundlagen wertorientierter Unternehmensführung, 1. Auflage, München 2001.

Schwarze, J.: Grundlagen der Statistik I: Beschreibende Verfahren, 9. Auflage, Herne/Berlin 2001.

Voß, W.: Taschenbuch der Statistik, 1. Auflage, Leipzig 2000.

Miss es oder vergiss es!
Quantitative Operational-Risk-Modellierung

Christian Stögbauer*

*   Dr. Christian Stögbauer, Bayerische Landesbank, Unternehmensbereich Konzerncontrolling – Operationelle Risiken

1 Gründe für die OpRisk-Quantifizierung

Betriebschäden
Gemäß eines Theorems des Mathematikers Paul Levy werden Ereignisse mit noch so geringer Eintrittswahrscheinlichkeit bei ausreichendem Betrachtungshorizont auch tatsächlich eintreten.[1] Ein tragisches Anschauungsbeispiel für diesen Satz ereignete sich am 11.9.2001. Zwei amerikanische Passagiermaschinen wurden entführt und als fliegende Bomben in die beiden Türme des *World Trade Centers* gerammt, die beide infolge dieser Attacke einstürzten. Das Ausmaß der daraus entstehenden menschlichen Tragödie kann natürlich nicht in Zahlen gefasst werden. Soweit man über den monetären Schaden jedoch bereits Aussagen treffen kann, scheint sich dieser in astronomischen Dimensionen zu bewegen. Aus Abbildung 1wird ersichtlich, dass sich bislang nur Naturkatastrophen in ähnlichen Schadendimensionen abgespielt haben.

Schadenbetrag in Mrd. US-$	Ereignis	Todesopfer	Datum	Land
16,0	Hurricane »Andrew«	38	24.08.1992	USA
11,8	Northridge Erdbeben in Kal.	60	17.01.1994	USA
8,5-10,3*	WTC-Terroranschlag	ca. 3.500	11.09.2001	USA
5,7	Tornado »Mireille«	51	27.09.1991	Japan
5,2	Wintersturm »Lothar«	80	25.12.1999	Westeuropa

* Schätzung , Quelle: Münchener Rückversicherungsgesellschaft (2001)

Quelle: Swiss Re (2001) Schäden in 1992er-Preisen, eigene Umrechnung

Abb. 1: Die fünf größten Schadenereignisse für die Versicherungsindustrie

Banken – wie alle anderen Unternehmen – sind seit jeher im Rahmen ihrer betrieblichen Tätigkeit dem Risiko solcher zwar sehr seltenen, bei tatsächlichem Eintritt aber verheerenden Schäden ausgesetzt. Katastrophenschäden sind allerdings nur ein Spezialfall mit dem operationellen Betrieb verbundener Risiken (OpRisk). Tatsächlich prägen deutlich häufiger vorkommende Schäden die typische Betriebschaden-Erfahrung einer Bank. Dazu gehören z.B. ein unbeabsichtigtes Geschäft im Handel wegen Fehlkommunikation oder eine vorübergehende Betriebsunterbrechung im Zahlungsverkehr wegen eines Serverausfalls.

Ökonomischer Nutzen von OpRisk-Quantifizierung
Die Gründe für eher häufig vorkommende Betriebschäden sind im Wesentlichen bankintern und können daher durch systematisches Risikocontrolling und -management beeinflusst werden. Dabei spielt für den Grad an Ausschöpfung des entsprechenden Schadenminderungspotentials ein ausgewogen zusammengestellter

---

1 Vgl. Chung, K.L. (1974). S. 344 zitiert nach Rootzén, H./Klüppelberg, C. (1997).

Instrumentenmix für das OpRisk-Controlling natürlich eine bedeutende Rolle. Ausschlaggebend ist vor allem aber ein Faktor: Es muss ein Bewusstsein für die Existenz dieses Schadenminderungspotentials bei den Mitarbeitern geschaffen werden. Nach den vorhandenen Erfahrungen der Bankenwelt setzt nämlich bereits ab diesem Zeitpunkt ein Prozess einer kontinuierlichen Qualitätsverbesserung ein, der sich letztlich auch in einer Verminderung der Betriebschäden niederschlägt.[2] In Zeiten erhöhten Kostendrucks kann die konsequente Nutzung dieses Einsparungspotentials einer Bank einen strategischen Wettbewerbsvorteil eröffnen.

Für den Bereich von Katastrophenereignissen ist ein Qualitätsmanagement, welches ja auf die Beeinflussung eher häufig vorkommender Schäden abzielt, kaum relevant. Maßnahmen wie Katastrophenpläne und Geschäftskontinuitätsplanung mit Backup-Standorten können zwar das Schadenausmaß im Fall eines solchen Katastropheneintritts vermindern. Möglichkeiten, die Eintrittswahrscheinlichkeit direkt zu beeinflussen, liegen aber hauptsächlich außerhalb der betrieblichen Einflusssphäre.[3] Auch wenn der Eintritt eines Katastrophenschadens durch eine Bank kaum gesteuert werden kann, sollte dieses Thema dennoch Gegenstand von OpRisk-Controlling sein. Denn falls im Sinne eines aktiven Risikomanagements keine Einflussnahme auf einen Schadeneintritt möglich ist, so existiert als weitere risikopolitische Alternative ja auch die Möglichkeit für ein *Hedging* – also einen Risikotransfer an Dritte gegen Entgelt, z.B. über eine Versicherungslösung (siehe dazu Abschnitt 6). Um einen solchen Risikotransfer effizient zu gestalten (Vermeidung von Unter- und Überversicherung), muss eine Bank aber ihr Gefahrenpotential bemessen können.

Die Quantifizierung ist also in jedem Fall Voraussetzung, um die Kosten infolge von OpRisk für eine Bank zu minimieren – sei es durch Vermeidung künftiger Schäden über verbessertes OpRisk-Management oder einen selektiven Risikotransfer an Dritte – oder um es mit einem alten Controlling-Leitsatz anders auszudrücken: *To manage it, you must measure it!*

Aufsichtsrechtlicher Hintergrund: Basel II

Obwohl seit jeher mit Betriebsrisiken konfrontiert, haben mit der Veröffentlichung des Konsultationspapiers *Operational Risk* durch das Baseler Komitee für Bankenaufsicht (Basel II – Erstversion Januar 2001) derartige Risiken für die Bankenwelt eine völlig neue Bedeutung erlangt. In Basel II wird von der internatio-

---

2   Eine systematische Betriebschadenreduktion kann in der Regel nur über Investitionen in Qualitätsmanagement und Prozessoptimierung erreicht werden. Für die Ermittlung eines ökonomisch sinnvollen Ausmaßes an Investitionen muss letztlich eine risikoadjustierte Kosten-Nutzen-Analyse angestellt werden: Der optimale Zustand ist dort erreicht, wo die Grenzkosten der Betriebschadenvermeidung (letzter investierter Euro in qualitätsverbessernde Maßnahme) gleich sind der Grenzabnahme des erwarteten Schadens (zur Unterscheidung in erwarteten und unerwarteten Schaden siehe Abschnitt 4).

3   Aus Sicht einer Firma ist die einzige Möglichkeit, einen solchen Katastrophenschaden zu vermeiden, die risikobehaftete Tätigkeit (z.B. im WTC-Fall die Standortwahl einer Firma in Manhattan) gar nicht aufzunehmen. Dies ist aber eine Entscheidung auf strategischer und nicht auf operationeller Ebene.

nalen Bankenaufsicht erstmals gefordert, dass Banken OpRisk als eigenständigen Risikoblock mit Eigenkapital hinterlegen müssen, um ihre Zahlungsfähigkeit bei Eintritt sehr hoher Schäden sicherzustellen. In Basel II wird OpRisk definiert als »*the risk of loss resulting from inadequate or failed internal processes, people and systems or from external events*«.[4]

In Basel II sind in einem Methoden-Kontinuum zunehmender Risikosensitivität drei Ansätze zur Berechnung der Eigenkapital-Hinterlegung vorgesehen.[5] Dabei beruhen die beiden weniger verfeinerten Methoden (Basis-Indikator-Ansatz, BIA sowie Standardansatz, StA) auf rein finanzwirtschaftlichen Kennzahlen, die mit aufsichtlich vorgegebenen Kapitalfaktoren kombiniert werden sollen, um die Eigenkapitalhinterlegung zu bestimmen. Im Bereich der fortgeschrittenen Messmethoden (AMA) werden für die Quantifizierung von Betriebsrisiken auch Modelle zugelassen, die auf internen Schadendaten beruhen wie z.B. der Schaden-Verteilung-Ansatz LDA.[6] Um den Banken Anreiz für die Implementierung fortgeschrittener Messverfahren zu geben, wird von der Bankenaufsicht ein Nachlass in der Eigenkapital-Hinterlegung in Aussicht gestellt.

Position der Bayerischen Landesbank hinsichtlich OpRisk-Quantifizierung sowie Zielsetzung und Aufbau des Beitrags
Aus den oben angeführten Gründen ist in der Bankindustrie ein erhebliches Interesse an der OpRisk-Quantifizierung entstanden. Die *Bayerische Landesbank* hat im Bereich der OpRisk-Quantifizierung bereits Erfahrungen gesammelt. Die Betriebschäden der *Bayerischen Landesbank* werden im Rahmen eines institutionalisierten Meldewesens in eine Betriebschaden-Datenbank aufgenommen. Diese Daten dienen unter anderem als Basis für eine OpRisk-Messung durch eine Value-at-Risk-Kennzahl mit Hilfe eines Schaden-Verteilung-Ansatz (LDA). Zusätzlich verwendet die Bayerische Landesbank *Scorecards* zur Messung der Qualität des internen Kontrollsystems sowie von Aufbau- und Ablauforganisation.[7]

Voraussetzung für die Entwicklung eines Industriestandards für die Messung von OpRisk (der auch von der Bankenaufsicht anerkannt wird) ist unserer Ansicht nach der offene Austausch über Stärken und Schwächen der verschiedenen Ansätze. Die *Bayerische Landesbank* sieht eine solche Diskussion der verwendeten OpRisk-Quantifizierungsmethode außerdem als einen Baustein, um der von

---

4   Basel Committee on Banking Supervision (2001), S. 2.
5   In Basel II wird konzeptionell anerkannt, dass die Eigenkapital-Hinterlegung nur für unerwartete Verluste erfolgen sollte. Da aus Sicht der Aufsicht wegen unterschiedlicher nationaler Rechnungslegungsvorschriften die Bildung von Rückstellungen für erwartete Verluste durch Betriebschäden nicht umfassend möglich ist, soll zum gegenwärtigen Zeitpunkt eine Eigenkapitalhinterlegung grundsätzlich aber auch für erwartete Verluste erfolgen. Allerdings ist angekündigt, dass Rückstellungen bis zu einem gewissen Ausmaß anrechenbar sein sollen (Basel Committee, Consultative Document, S. 3). Da wir hier auf konzeptioneller Ebene argumentieren, gehen wir im Folgenden davon aus, dass die Eigenkapitalhinterlegung nur für unerwartete Verluste berechnet werden soll.
6   Als weitere AMA-Alternative ist gegenwärtig eine Scorecard-Ansatz angedacht, der nicht unmittelbar auf Schadendaten beruht. Beim Scorecard-Ansatz wird das OpRisk-Potential zunächst auf Unternehmens- oder Geschäftsbereichsebene bestimmt und anschließend unter Verwendung qualitativer Beurteilung des Risikoprofils tieferer Organisationsstufen auf diese aufgeteilt.
7   Zum OpRisk-Controlling und -Management-Ansatz der BLB siehe Stocker, G. e.a. (2001).

Basel II geforderten Offenlegungspflicht im Hinblick auf die Qualität des OpRisk-Managements gerecht zu werden. Vor diesem Hintergrund werden wir in diesem Beitrag mit Betonung auf methodischen Aspekten empirische Regelmäßigkeiten, besondere Problemstellungen und Lösungsansätze bei der OpRisk-Quantifizierung diskutieren.

Der Beitrag ist folgenderweise aufgebaut: In Abschnitt 2 wird einleitend die gesamtwirtschaftliche Effizienz einer aufsichtsrechtlichen Eigenkapitalhinterlegung für OpRisk kritisch hinterfragt. Im dritten Abschnitt werden empirische Regelmäßigkeiten und zugehörige Lösungsansätze im Bereich der OpRisk-Quantifizierung beschrieben. Danach folgt eine Darstellung der analytischen Grundlagen der OpRisk-Modellierung (4). Im Anschluss daran wird ein spezielles Problem in der gegenwärtigen Diskussion über aufsichtsrechtliche Bestimmungen für die Berechnung einer OpRisk-Eigenkapital-Hinterlegung erörtert, nämlich die Festlegung eines geeigneten Konfidenzniveaus (5). Daraufhin wird die Rolle von Versicherungen für die Bestimmung einer Eigenkapital-Hinterlegung dargestellt (6). Abschnitt 7 fasst die Ergebnisse kurz zusammen.

2 Zur gesamtwirtschaftlichen (Ir-?)Rationalität einer aufsichtsrechtlichen Eigenkapitalunterlegung für OpRisk

Die in Basel II vorgesehenen Eigenkapitalvorschriften werden weitgehende Auswirkungen auf die Finanzindustrie haben. Bevor ab Kapitel 3 auf die methodische Grundlage fortgeschrittener OpRisk-Messverfahren eingegangen wird, soll daher im Folgenden kurz diskutiert werden, welche gesamtwirtschaftliche Begründung für einen solchen nachhaltigen Eingriff angeführt werden kann.

Eine aufsichtsrechtliche Verpflichtung zur Eigenkapitalhinterlegung für OpRisk entspricht im Grundkern einer impliziten Steuer. Für eine solche öffentliche Regulierung können grundsätzlich drei Argumente angeführt werden: 1. Marktmacht, 2. Existenz externer Effekte oder 3. asymmetrische Information zwischen den Marktteilnehmern. Die offizielle Begründung für Bankenregulierung ist, dass für die Einleger ein Sicherheitsnetz gegen das Risiko eines Bankenausfalls geschaffen werden soll. Tatsächlich steht diese Argumentation in engem Zusammenhang mit Grund 2, da bei Bankrott einer Bank negative externe Effekte für deren Kunden auftreten, die dadurch potenziert werden, dass Bankausfälle eine ansteckende Ausbreitungswirkung haben (z.B. über Interbanken-Darlehen).[8]

Eine regulatorische Eigenkapitalerfordernis für Risiken (unabhängig von der konkreten Risikoart) würde dann sinnvoll sein, wenn Bankmanager unerwartete Schäden – und damit im Extremfall auch das Bankrott-Risiko ihres Instituts syste-

---

8 Siehe Freixas, X./Rochet, J.-C. (1997), S. 257ff.

matisch unterschätzen würden. Übertragen auf den Markt- und Kreditrisikobereich trifft diese Logik prinzipiell zu.[9] Dort existiert nämlich ein systematisches Risiko in dem Sinne, dass das von einer einzelnen Bank als exogen wahrgenommene Risiko tatsächlich endogen ist.[10] Eine Eigenkapitalunterlegung, die tendenziell den *Risk-Appetite* dämpft und damit auch die Tendenz zu dem auf Finanzmärkten beobachtbaren *Herding-Behavior*[11] kann grundsätzlich dieses systematische Risiko verringern. OpRisk unterscheidet sich aber von den beiden vorgenannten Risikobereichen ganz zentral in einer Hinsicht: Es ist von der Entstehung her im Wesentlichen instituts-spezifisch (englisch: *idiosyncratic*).[12] Das heißt, Betriebsrisiken werden im Wesentlichen innerhalb einer Bank und nicht durch allgemeine adverse Marktbewegungen verursacht. Deshalb kann aber anders als beim Markt- oder Kreditrisiko beim OpRisk keine systematische Unterschätzung vorliegen, die z.B. dann möglich wäre, wenn eine Bank ihren eigenen Einfluss auf das als scheinbar exogen wahrgenommene Risiko fehlbewerten würde.

Unabhängig von dieser auf Information abstellenden Argumentation, könnte als Argument für eine Eigenkapitalanforderung für OpRisk grundsätzlich auch vorgebracht werden, dass durch eine größere Eigenkapitaldecke der Finanzinstitute das Zahlungssystem insgesamt robuster wird. Denn für den Fall, dass ein Institut infolge eines Betriebsschadens, der die Zahlungsfähigkeit übersteigt, tatsächlich ausfällt, besteht über den Kanal von Markt- und Kreditrisiken ja tatsächlich eine Gefahr für die Destabilisierung des gesamten Finanzsystems. Allerdings steht dieser Effekt konzeptionell nicht in Zusammenhang mit Betriebsrisiken und sollte daher auch nicht im Rahmen einer expliziten Eigenkapitalunterlegung für Betriebsrisiken erfolgen.

Eine weitere mögliche Begründung für den regulatorischen Eingriff ist, dass für Banken eine Anreizproblem hinsichtlich ausreichenden OpRisk-Managements vorliegt. Der Grund dafür ist, dass zur Absicherung von Einlagen Sicherungssysteme existieren. In Deutschland z.B. gibt es für die unterschiedlichen Banktypen spezifische Einrichtungen, die vom Grundtyp her Fonds entsprechen, welche aus Umlagen gebildet werden (in den USA besteht eine Pflichtversicherung). Durch die Existenz eines solchen Sicherungssystems kann für beteiligte Banken der systematische Anreiz für eine Unterinvestition in OpRisk-Controlling und -Management

---

9 Unabhängig von einer konzeptionellen Berechtigung einer solchen Eigenkapitalunterlegung kann deren konkrete Ausgestaltung im Gegenteil sogar eine Destabilisierung des Finanzsystems bewirken. Siehe dazu Daniélsson, J. (2001).

10 Im Marktrisikobereich ist z.B. folgendes Szenario denkbar: In Zeiten fallender Preise für Finanztitel kann ein Marktteilnehmer sich entschließen, ein bestimmtes Asset zu verkaufen. Diese Verkaufsentscheidung erhöht die angebotene Menge, wodurch die bereits existierende Preissenkungstendenz noch verstärkt wird und damit auch das Risiko für die anderen Marktteilnehmer. Für den einzelnen Marktteilnehmer scheint das Risiko des Preisverfalls damit zunächst exogen. Gesamtwirtschaftlich aber ist das Preisveränderungsrisiko, das sich ja aus dem Zusammenspiel aller einzelwirtschaftlichen Verkaufs- und Kaufentscheidungen ergibt, endogen – und damit größer. In Zeiten stabiler Finanzmärkte ist diese Endogenität nicht bedenklich, da sich die Aktionen heterogener Agenten im Wesentlichen neutralisieren. Diese Endogenität ist aber dann bedeutsam, wenn die Agenten homogenes Verhalten an den Tag legen wie typischerweise in Krisenzeiten. Vgl. Daniélsson, J. e.a. (2001).

11 Zur Erklärung dieses Phänomen siehe Bikhchadani, S./Hirshleifer, D./Welch, I. (1992).

12 Systematisches OpRisk liegt z.B. nur im seltenen Fall eines Krieges oder einer umfassenden Naturkatastrophe vor.

bestehen, da im Schadenfall eine Absicherung durch das Kollektiv erfolgt. Dies entspricht dem klassischen *Moral-Hazard-Problem* von Versicherungen. Eine regulatorische Eigenkapital-Unterlegung (also eine Selbstversicherung) kann in einer solchen Situation das OpRisk-Verhalten einer Bank positiv beeinflussen.

Zusammenfassend ist festzuhalten, dass eine gesamtwirtschaftliche Berechtigung einer aufsichtsrechtlichen Eigenkapitalerfordernis für OpRisk keineswegs eindeutig gegeben ist. In der Finanzindustrie herrscht in Anschluss an Basel II allerdings der einheitliche Tenor, dass OpRisk-Controlling auch einen deutlichen betriebswirtschaftlichen Nutzen stiftet. Dies deutet zumindest darauf hin, dass gegenwärtig nicht nur aus gesamtwirtschaftlicher, sondern auch unternehmerischer Sicht eine Unterinvestition in diesem Bereich vorliegt. Wie auch immer die gesamtwirtschaftlichen Wirkungen von Basel II letztlich ausfallen werden – die Bankenaufsicht hat eindeutig klargestellt, dass eine Eigenkapital-Unterlegung für Betriebsrisiken stattfinden muss. In Basel II wurde für fortgeschrittene OpRisk-Messverfahren allerdings auch festgelegt, dass Berechnungsmethode für aufsichtsrechtliche Eigenkapitalunterlegung und interne Kapitalallokation im Wesentlichen übereinstimmen müssen. Insofern ist auf Ebene der einzelnen Bank sichergestellt, dass die regulatorische Eigenkapitalbemessung und interne, betriebswirtschaftliche Steuerung kompatibel sind. In den folgenden Abschnitten wird dargestellt, welche Methoden zur Bezifferung des Eigenkapitals für OpRisk angewendet werden können.

3 OpRisk-Modellierung – stilisierte Fakten

Dem Phänomen »OpRisk« liegen empirische Regelmäßigkeiten zugrunde, die in den kommenden Kapiteln beschrieben werden. Zusätzlich werden Lösungsansätze zur quantitativen Modellierung dieser empirischen Regelmäßigkeiten aufgezeigt. So kann z.B. das Gesamt-OpRisk einer Bank nach spezifischen Kriterien strukturiert und damit handhabbar gemacht werden (3.1). Betriebschäden umfassen ein sehr weites Spektrum verschiedener Ausprägungen. In der Literatur wird zwischen zwei Grundtypen unterschieden. Diese werden in Abschnitt 3.2 beschrieben. Der eigentlich kritische Punkt bei der OpRisk-Quantifizierung ist das Problem, wie das noch nicht realisierte, dennoch vorhandene Schadenpotential bei der Berechnung einer institutsspezifischen Risikokennzahl zu berücksichtigen ist. Zur Abbildung des Gefährdungspotentials können externe Daten verwendet werden. Die Mischung von internen mit externen Daten wird in Abschnitt 3.3 behandelt.

3.1 Risikomatrix

Je nach Größe verfügen Banken über ein unterschiedliches Spektrum von Geschäftsbereichen, in denen der Wertschöpfungsprozess jeweils aufgrund mehrerer Ursachen risikobehaftet sein kann. Zur Aufgliederung der Gesamtrisikolandschaft einer Bank können die verschiedenen Kombinationen von Geschäftsbereich und Risikoart in einer Risikomatrix dargestellt werden. Informationen über die Betriebschäden in einer Bank können auf diese Weise komprimiert in den Zellen dieser Matrix dargestellt werden. Für eine auf Wahrscheinlichkeitsverteilungen beruhende OpRisk-Modellierung sollte die Risikomatrix beispielsweise die entsprechenden Verteilungsparameter enthalten – das heißt, mindestens die Schadenhäufigkeit sowie Mittelwert und Standardabweichung der Schadenhöhe.[13]

Dieses Vorgehen resultiert in einer strukturierten Darstellung der Gesamtrisikolandschaft einer Bank mit zellenspezifischen OpRisk-Profilen, aus denen sich auch die Randverteilungen (Zeilen- oder Spaltenprofil) ableiten lassen. Für die Organisation der Risikomatrix kann man sich beispielsweise an dem von Basel II vorgegebenen Raster von Geschäftsbereichen und Ereigniskategorien orientieren. Die folgende Abbildung zeigt eine Risikomatrix gemäß Basel II-Schema, in der die Verteilungsparameter der Gesamtschadenverteilung einzutragen wären, wobei idealtypisch einige zellenspezifische Gesamtschadenverteilungen dargestellt sind.

	Verteilungs-Parameter	Interner Betrug	Externer Betrug	Beschäftigungspraxis und Arbeitsplatzsicherheit	Kunden, Produkte & Geschäftsgepflogenheiten	Sachschaden	Geschäftsunterbrechungen und Systemausfälle	Abwicklung, Vetrieb & Prozessmanagement
Corporate Finance	Anzahl	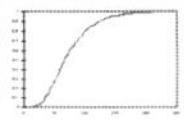	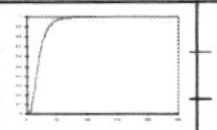	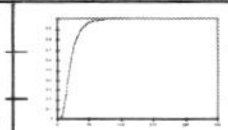				
	Mittelwert				•••			
	Standardabw.							
Trading & Sales	Anzahl	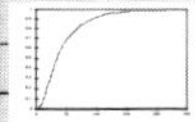	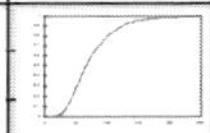					
	Mittelwert							
	Standardabw.							
Retail Banking	Anzahl	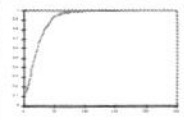						
	Mittelwert			•••				
	Standardabw.							
Paym. & Settlem.	Anzahl							
	Mittelwert	•••						
	Standardabw.							
Agency Services	Anzahl							
	Mittelwert							
	Standardabw.							
Asset Management	Anzahl							
	Mittelwert							
	Standardabw.							
Retail Brokerage	Anzahl							
	Mittelwert							
	Standardabw.							

Abb. 2: OpRisk-Risikomatrix einer Bank mit Basel II-Geschäftsbereichen und -Ereigniskategorien

13 Neben diesen Mindestinformationen zur Beschaffenheit der Schadenverteilung können auch weitere Informationen erforderlich sein. Betriebschäden weisen z.B. in der Regel Fat-Tails auf, das heißt, in hohen Perzentilen befinden sich mehr Beobachtungen als von »klassischen« Verteilungen (wie z.B. der Lognormalverteilung) vorhergesagt. Verteilungen zur Modellierung von Fat-Tails benötigen neben Lage- und Streuungsparameter in der Regel zusätzliche Parameter, z.B. zur Schiefe der Verteilung. Bei der Berücksichtigung von Versicherungen müssen in der Risikomatrix außerdem die entsprechenden Versicherungsparameter angegeben werden (z.B. Selbstbehalt, Deckungshöchstgrenze; siehe dazu Abschnitt 6)

3.2   HighF/lowS- vs. lowF/highS-Schäden

Betriebschäden umfassen ein sehr weites Spektrum möglicher Ausprägungen. Für eine einfache Klassifizierung unterscheidet man zwischen zwei Grundtypen. Einerseits gibt es Schäden, die häufig vorkommen (bis zu täglich), deren Schadenhöhe aber nicht ausgeprägt ist (*high-frequency-low- severity-* bzw. high*F/* low*S*-Schäden). Beispiel für diesen Schadentypus sind Fehler in der Zahlungsabwicklung einer Bank mit Schadenhöhen in der Gößenordnung einiger tausend Euros. Für diese Schadenart können Erwartungen gebildet werden. Sie kann daher über entsprechende Produktbepreisung über den regelmäßigen Ertrag absorbiert werden.

Der Großteil der Gesamtschadensumme einer Bank wird andererseits verursacht von einigen nur selten vorkommenden Schäden mit allerdings ausgeprägter Schadenhöhe (*low-frequency-high- severity-* bzw. low*F/*high*S*-Schäden). Da solche Schäden unerwartet sind, muss für deren Auftreten durch Bildung von Risikoreserven vorgesorgt werden. Mitunter können low*F/*high*S*-Schäden so außerordentliche Größenordnungen annehmen, dass die zugrunde liegenden Risiken nicht mehr im Rahmen einer Selbstversicherung durch interne Risikoreserven oder das Eigenkapital abgedeckt werden können, sondern nur noch durch einen Risikotransfer auf ein größeres Kollektiv (Versicherungs- oder Kapitalmarktlösung).[14] So betrug bei dem oft als Beispiel für gravierende Betriebschäden angeführten Fall der *Baring Bank* das Eigenkapital lediglich 200 Mio. Pfund (in 02/1995 entsprach dies ca. 310 Mio. US-$), also deutlich weniger als der durch Nick Leeson verursachte Schaden – die (nicht entsprechend versicherte) *Baring Bank* schied aus dem Markt aus.

Bank	Schadenhöhe in US-Dollar	Beschreibung	Jahr	Land
Sumitomo Corporation	2,6 Mrd.	Verlust durch unauthorisiertes Handeln mit Derivaten durch Chef-Kupferhändler	1996	Japan
Baring Brothers & Co. Ltd.	1,3 Mrd.	Verlust durch unauthorisiertes Handeln mit Derivaten durch Nick Leeson	1995	Singapur*
Investment-firma Drexel Burnham Lambert	650 Mio.	Straf- und Schadenersatzzahlungen für Betrug aufgrund von Insiderhandel	1990	USA
Banco Noroeste	242 Mio.	Verlust aufgrund Unterschlagung durch Mitarbeiter	1998	Brasilien

* Ort des Schadenereignisses, Sitz der Firma in England

Quelle: Peachy, A.N. (2001)

Abb. 3: Herausragende Betriebschäden in der Finanzindustrie

---

14 In der Literatur wird für solche Schäden mitunter die zusätzliche Kategorie Stress-Loss mit Beobachtungen in sehr hohen Quantilen (z.B. > 0,999) angeführt. Da der Übergang zwischen verschiedenen Schadentypus-Kategorien fließend (und letztlich willkürlich) ist, werden hier nur zwei Grundtypen (highF/lowS- vs. lowF/highS- Schäden) unterschieden.

In Abbildung 4 ist für eine Menge (n = 838) öffentlich bekannt gewordener Betriebschäden im Finanzsektor (≥ 1 Mio. US-$) die empirische Häufigkeitsverteilung dargestellt, wobei drei der in Abbildung 3 angeführten Beispiele gekennzeichnet sind.

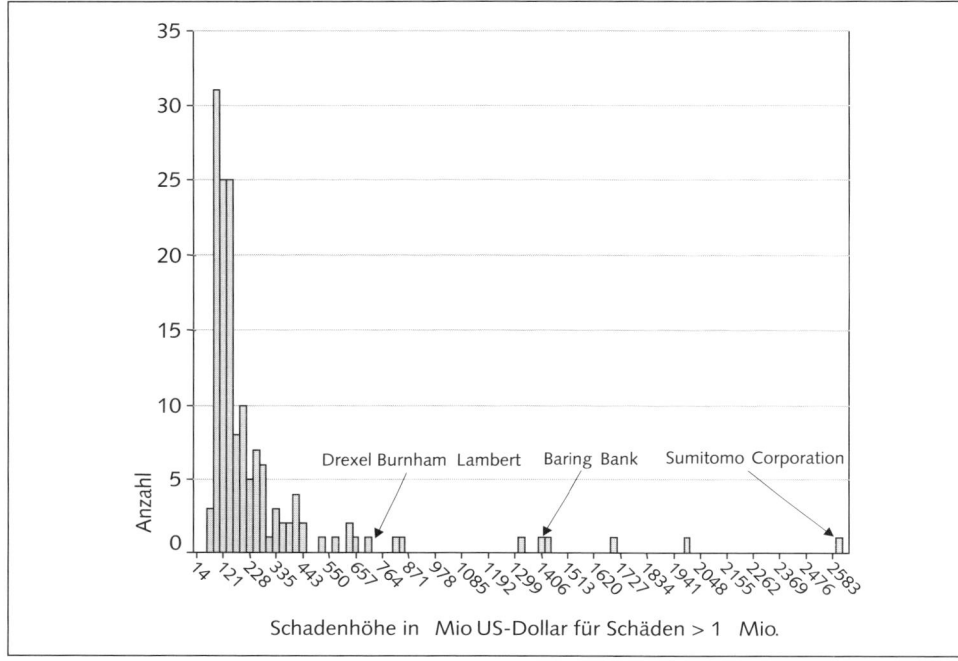

Abb. 4: Empirische Verteilung öffentlich bekannt gewordener Betriebschäden im Finanzsektor

Die alltäglich in einer Bank vorkommenden Schäden in nur geringer Höhe (wie z.B. die oben erwähnten fehlerhaften Transaktionen in der Zahlungsabwicklung) werden natürlich nicht öffentlich bekannt. Berichtet wird vielmehr nur über diejenigen spektakulären Schäden, die eine bestimmte Schwelle überschreiten. Aus diesem Grund sind Datensätze, die auf öffentlich bekannt gewordenen Informationen beruhen, in Richtung höherer Schäden verzerrt.

3.3   Mischung von internen und externen Daten

Warum sollten für die OpRisk-Quantifizierung externe Betriebschäden berücksichtigt werden?
Ein typisches Merkmal bei Betriebschadendaten ist, dass selbst über eine große Anzahl von high$F$/low$S$-Schadenereignissen deren Summe als Anteil am Gesamtschaden gering ist. Der Gesamtschaden wird getrieben von den nur selten vor-

kommenden, betragsmäßig aber herausragenden low$F$/high$S$-Schäden. Über denjenigen Schadentypus, welcher im Hinblick auf das Gefährdungspotential bedeutender ist, liegen in einem einzelnen Institut also nur sehr wenige oder noch gar keine Beobachtungen vor. Daraus darf aber nicht der Schluss abgeleitet werden, dass kein entsprechendes Gefährdungspotential bestünde.

Wegen der geringen Datendichte für low$F$/high$S$-Schäden (oder gar keinerlei Erfahrung) ist es sehr schwierig bzw. sogar unmöglich, auf statistische Muster des zugrunde liegenden Prozesses wie z.B. Erwartungswert für Höhe und Häufigkeit zu schließen. Aus diesem Grund muss auf die Erfahrung anderer im Zusammenhang mit Betriebschäden zurückgegriffen werden.[15] Konkret können dazu Informationen über öffentlich bekannt gewordene Betriebschäden aus Firmenberichten oder der Fachpresse verwendet werden. Von kommerziellen Anbietern werden beispielsweise Schadendatenbanken verwendet, die aus solchen öffentlich bekannt gewordenen Betriebschäden zusammengestellt worden sind.[16] Zudem gibt es gegenwärtig in der Bankenwelt Initiativen zur Bildung von Datenkonsortien, bei denen zwischen Finanzinstituten auf anonymisierter Ebene Schadendaten untereinander ausgetauscht werden sollen.[17] Der Vorteil bei diesem Vorgehen ist, dass in einem solchen Datenkonsortium Schadenfälle von Instituten mit viel homogenerem Risikoprofil (Produkte, Marktumfeld, rechtliche und organisatorische Struktur) enthalten wären als dies bei den gegenwärtig verfügbaren Datenbanken kommerzieller Anbieter der Fall ist. Auch die Verzerrungen, die in externen Datenbanken enthalten sind (hohes Trunkierungsniveau, Überrepräsentierung schadenanfälliger Firmen, s.u.), würden deutlich geringer ausfallen. Vor diesem Hintergrund würde ein solches Datenkonsortium sicherlich den »Königsweg« darstellen, um die gegenwärtige Erfahrungslücke von Banken für die OpRisk-Quantifizierung schließen zu können.

Würden ausschließlich interne Daten für die OpRisk-Abschätzung verwendet, hätte dies eine systematische Unterschätzung des Gefährdungspotentials zur Folge. Umgekehrt würde die alleinige Berücksichtigung externer Daten zu einer systematischen Überschätzung des OpRisk-Potentials einer Bank führen. Um auf ausgewogene Weise den gesamten relevanten Bereich möglicher Ausprägungen von Betriebschäden zu berücksichtigen, muss der interne Datenbestand einer Bank mit externen Daten gemischt werden.[18]

---

15 Die Verwendung externer Daten wird in Basel II auch als Zulassungsvoraussetzung für die Verwendung eines AMA genannt. Vgl. Basel Committee on Banking Supervision (2001), S. 19.
16 Gegenwärtig bieten mehrere Firmen solche Datenbanken an (z.B. OpRisk Analytics, LLC).
17 Für eine Beschreibung von Schadenkonsortien (allerdings nicht auf dem neuesten Informationsstand) siehe Hoffmann, D. (2001).
18 Neben der Verwendung externer Betriebschäden besteht außerdem die Möglichkeit, mögliche (noch nicht realisierte) Schadenpotentiale von einer Bank im Rahmen von Expertenbefragungen zu schätzen. Unserer Ansicht nach verfügt aber ein wie auch immer gut informierter Experte nicht über ähnlich umfangreiche Informationen wie in einer gründlich recherchierten Betriebschaden-Datenbank enthalten sind. Expertenbefragungen sind in diesem Kontext eher dazu geeignet, eine Relevanzanpassung externer Daten auf die spezifischen Gegebenheiten eines einzelnen Instituts vorzunehmen (»Hätte ein ähnlicher Schaden auch bei uns vorkommen können unter Berücksichtigung z.B. rechtlicher Unterschiede?«).

Verfahren zur Datenmischung

Bei Versicherungen ist das angesprochene Problem seit jeher bekannt: Um eine Prämienkalkulation auch bei Risiken durchführen zu können, für die noch keine oder nur wenige Schadendaten vorliegen, wird dort auf die Erfahrung anderer, nahe verwandter Risikoklassen zurückgegriffen (dieses Vorgehen wird mit dem Begriff *Credibility-Theory* umschrieben). Dafür wird ein statistisches Verfahren angewandt, bei dem die Information (z.B. zusammengefasst in statistischen Kennziffern wie Mittelwert und Standardabweichung) basierend sowohl auf eigener als auch fremder Erfahrung in einem bestimmten Verhältnis gemischt wird. Das Mischungsverhältnis wird dabei von der Anzahl der Beobachtungen in der jeweiligen Klasse abhängig gemacht: Sind in einer Klasse relativ mehr Datenpunkte vorhanden als in der anderen, wird diese stärker gewichtet als jene. Dahinter steht der Gedanke, dass mit steigender Beobachtungszahl auch der Erfahrungswert stabiler ist (geringere Streuung) und sich damit besser für Prognosezwecke eignet. Ähnlich diesem Prinzip könnte bei der OpRisk-Quantifizierung für leere Zellen in der internen Risikomatrix der Wert anderer Zellen in der internen Risikomatrix (die aus inhaltlichen Überlegungen ein ähnliches OpRisk-Profil aufweisen müssten) übernommen werden. Außerdem besteht auch die Möglichkeit, die Informationen der Risikomatrix zeilenweise (also über die Geschäftsbereiche) zu aggregieren und diesen Durchschnittswert auf die leeren Zellen der Risikomatrix zu übertragen.[19] Zu einer grundsätzlichen Beschreibung dieses Verfahrens (Gewichtungsformel, Gewichtungsfaktoren, usw.) siehe Klugman, S./Panjer, H./Willmot, G. (1998), S. 385ff, insbesondere S. 410ff.

Natürlich ist es möglich, dass – bei Instituten, die gerade erst mit der einer systematischen Schadensammlung begonnen haben – die interne Risikomatrix so spärlich befüllt ist, dass eine Anwendung des oben angesprochenen Verfahrens nicht möglich ist und man auf externe Daten zurückgreifen muss. Hier ergibt sich das Problem, dass externe Datenbanken – wie sie gegenwärtig von kommerziellen Anbietern zur Verfügung gestellt werden – auf öffentlich bekannt gewordene Betriebschäden zurückgreifen. Weil über große Verluste eher berichtet wird als über kleinere und außerdem solche Schadenfälle eher aus Banken mit schlechter Kontrollumgebung (und damit einer höheren Schadenwahrscheinlichkeit) stammen, ist die Information über Betriebschäden in solchen externen Datenbanken aber verzerrt. Interne und externe Schadenhöhen sind daher nicht miteinander vergleichbar und dürfen folglich nicht direkt gemischt werden. Ein Lösungsansatz für dieses Problem besteht darin, darauf abzustellen, dass der einer bestimmten Ereigniskategorie zugrunde liegende Risikoprozess für alle Banken ähnlich ist. Wenn schon die (absoluten) Schadenhöhen aufgrund der angesprochenen Verzerrung nicht direkt vergleichbar sind, so kann zumindest davon ausgegangen werden, dass die Verhältnisse der Schadeninformationen (widergegeben z.B. durch die Verteilungsparameter) zwischen den Zellen der internen Risikomatrix im Ver-

---

19 Ein stilisiertes Faktum von Betriebschäden ist, dass sich das OpRisk-Profil zwischen Geschäftsbereichen stärker ähnelt als zwischen Ereigniskategorien. Das heißt, dass sich ein OpRisk-Prozess in verschiedenen Geschäftsbereichen in ähnlicher Weise auswirkt.

gleich zum Verhältnis der Schadeninformationen zwischen den Zellen der externen Risikomatrix ähnlich sind. Dann gehören die Wahrscheinlichkeitsverteilungen der internen und der externen Risikomatrix zu derselben Skalierungsfamilie.[20] Daraus folgt, dass die Verhältnisse der externen Risikomatrix (mit einer Vielzahl von Schadendaten) auf die interne Risikomatrix übertragen werden können. Dafür muss nur noch eine *Benchmark-Zelle* in der (internen und externen) Risikomatrix gewählt werden, für die angenommen werden kann, dass die Datenerfassung vollständig ist und die darin enthaltenen Verteilungsparameter daher verlässlich sind. Die leeren Zellen in der internen Risikomatrix können dann ausgehend von der internen Benchmark-Zelle unter Verwendung der Verhältnisse aus der externen Risikomatrix mit den entsprechenden Parametern befüllt werden.

Trunkierung: Umrechnung bedingter in unbedingte Schadenparameter
Weil externe Daten nur über einer bestimmten Größenordnung berichtet werden, spiegeln die auf öffentlich bekannt gewordenen Betriebschäden aufbauenden Datenbanken nicht das gesamte Schadenspektrum wider. In den Medien wird nämlich fast ausschließlich über herausragende Schadenfälle berichtet. Aus diesem Grund sind Fälle mit niedrigerem Schadenwert unterrepräsentiert. Um zwischen den Schadenfällen Vergleichbarkeit zu gewährleisten, verwenden die kommerziellen Datenbankanbieter daher ein einheitliches Niveau, ab dem Betriebschäden in die Datenbank aufgenommen werden (z.B. 1 Mio. US-$). Daraus resultiert eine Stutzung (Trunkierung) der Daten. Diese Trunkierung bedeutet, dass Parameter-Schätzer für die Stichprobe auf das jeweilige Erfassungsniveau bedingt sind und erst in unbedingte Parameter umgerechnet werden müssen, bevor externe und interne Daten gemischt werden können (falls auch die internen Daten ein deutliches Trunkierungsniveau haben, muss auch hier erst eine Transformation der unbedingten Parameter vorgenommen werden).

Ausgehend von Schadenparametern, die auf ein bestimmtes Erfassungsniveau bedingt sind, können unbedingte Schadenparameter mit zwei Methoden geschätzt werden: der Methode der Momente (MoM)[21] und der *Maximum-likelihood*-Methode (MLE)[22]. Für eine grundsätzliche Beschreibung von MoM siehe z.B. Green, W. (2000) S. 137ff bzw. von MLE z.B. Vose, D. (1996), S. 112ff.

---

20 Eine (parametrische) Familie von Wahrscheinlichkeitsverteilung heißt Skalierungsfamilie, wenn für jede Zufallsvariable X aus dieser Familie gilt, dass Y = cX ebenfalls zu dieser Familie gehört. Fast alle kontinuierlichen Wahrscheinlichkeitsverteilungen sind skalierbar. Vgl. Klugman, S./Panjer, H./ Willmot, G. (1998), S. 83f und 569ff.

21 Bei MoM werden die *k* Momente der trunkierten Stichprobe als *k* Funktionen der Parameter der untrunkierten Stichprobe dargestellt. Diese *k* Funktionen werden anschließend invertiert und, um die gesuchten Parameter als Funktion der Momente darstellen zu können.

22 Bei MLE ist Ausgangspunkt eine Likelihood-Funktion, welche die Wahrscheinlichkeit angibt, dass die vorliegende Stichprobe in Abhängigkeit bestimmter Parameterwerte der zugehörigen Wahrscheinlichkeitsfunktion erzeugt wurde. Die Parameter einer Verteilungsfunktion werden als diejenigen Werte berechnet, welche die Likelihood-Funktion maximieren. Bei trunkierten Stichproben wird diese Likelihood-Funktion entsprechend modifiziert und die Parameter als diejenigen Werte ermittelt, welche die Likelihood-Funktion für eine untrunkierte Stichprobe maximieren.

Schadenhöhe-Skalierung
Betriebschäden korrelieren mit der Größe einer Bank. Das heißt, dass bei unterschiedlich großen Banken ceteris paribus auch die Schadenhöhen differieren. Um interne mit externen Betriebschäden vergleichen zu können, ist daher zuerst eine Größenanpassung (Skalierung) der Schadendaten durchzuführen. Die Bayerische Landesbank setzt dafür ein an Shih, J./Samad-Khan, A./Medapa, P. (2000) angelehntes Verfahren ein.

4 OpRisk-Modellierung – theoretische Grundlagen und Verfahren

Für die Tarifierung von Prämien bei Schadenversicherungen haben Versicherungsmathematiker ein breites Spektrum von Methoden entwickelt, das auch für die OpRisk-Quantifizierung in Banken angewendet werden kann. Die folgende Darstellung zeigt auf, wie solche versicherungsmathematische (aktuarielle) Ansätze im Einzelnen für die OpRisk-Modellierung eingesetzt werden können.

In Abschnitt 4.1 wird dargestellt, welche Möglichkeiten für eine analytische Zerlegung des Gesamtschadens bestehen. In den Abschnitten 4.2 und 4.3 werden der erwartete Schaden und der unerwartete Schaden beschrieben. Außerdem wird die zentrale Skalierungseigenschaft von Betriebschäden dargestellt, der zufolge die Schadenhöhe vom Aktivitätsniveau der risikobehafteten Tätigkeit abhängt.

4.1 Komponenten des Gesamtschadens: Erwarteter und unerwarteter Schaden sowie Häufigkeits- und Höhenverteilung

Erwarteter und unerwarteter Schaden
Der Gesamtschaden setzt sich zusammen aus einer erwarteten und einer unerwarteten Komponente. Da im niedrigeren Schadenbereich zahlreiche Betriebschäden vorliegen, werden diese in der Erwartungsbildung und damit auch der Produktbepreisung berücksichtigt (erwarteter Schaden). Weil im oberen Schadenbereich Betriebschäden seltener vorkommen, können darüber keine Erwartungen und damit auch keine Standard-OpRisk-Kosten für die Produktbepreisung gebildet werden (unerwarteter Schaden). Aus diesem Grund ist vor allem der unerwartete Schaden relevant zur Bemessung einer Risikovorsorge oder Eigenkapital-Unterlegung für OpRisk.

Zusammensetzung von Häufigkeits- und Höhenverteilung zu Gesamtschadenverteilung
Der Gesamtbetriebschaden S resultiert aus der Aufsummierung der N Einzelschäden X.

$$S = X_1 + X_2 + \ldots + X_N, \text{ wobei } S = 0, \text{ wenn } N = 0. \qquad (4.1)$$

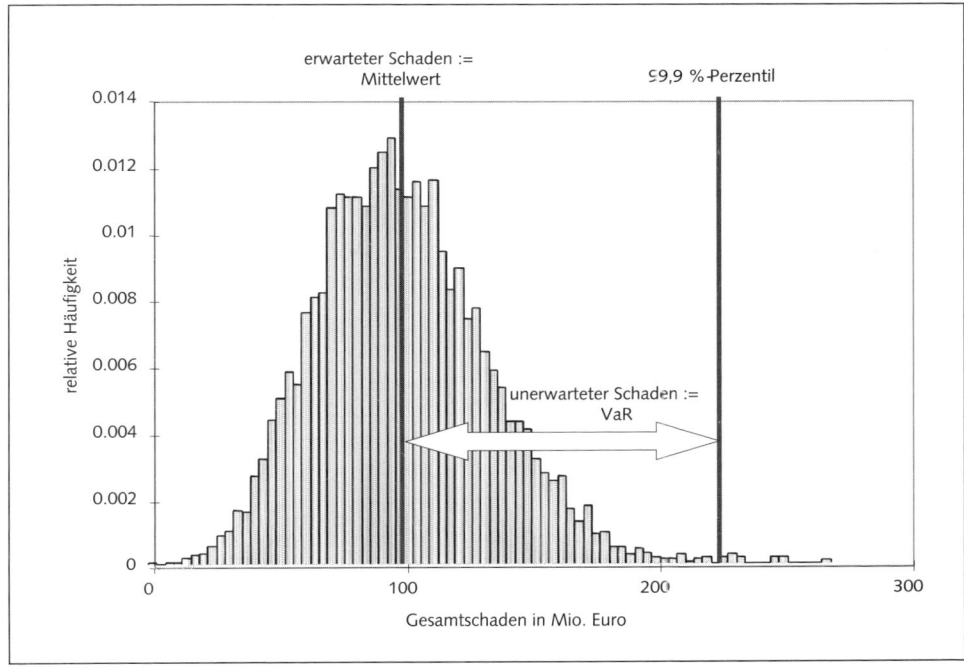

Abb. 5: Erwarteter und unerwarteter (*VaR*, siehe Kap. 4.3) Gesamtschaden für Beispiel
in Abbildung 6

Der Gesamtbetriebschaden kann dargestellt werden als ein Prozess, der aus der
Zusammenführung einer Häufigkeitsverteilung (dadurch wird die Anzahl der *N*
Elemente der Summe bestimmt) und einer Höhenverteilung (Festlegung der Höhe
des einzelnen Schadenfalls *X*) resultiert.[23] Zur Modellierung des Gesamtschadens
müssen daher zunächst separate Modelle für die Häufigkeits- sowie Höhenverteilung erstellt werden.[24] Für die anschließend vorzunehmende Zusammenführung
von Häufigkeits- und Höhenverteilung ist das einfachste Verfahren die Monte-
Carlo-Simulation (MCS).[25] Dabei werden basierend auf einem Gesamtschadenmo-
dell, das sich aus den Zufallsvariablen für Anzahl und Schadenhöhe zusammen-
setzt, Pseudozufallszahlen für die beteiligten Variablen erzeugt und anschließend
die Gesamtschadenverteilung mit einer empirischen Verteilung basierend auf der
Pseudozufall-Stichprobe approximiert. Die Genauigkeit des Verfahrens lässt sich

---

23 Bei dieser Darstellung wird angenommen, dass X iid ist sowie dass X und N gegenseitig unabhängig
sind.
24 Auf die Probleme bei der Anpassung geeigneter Verteilungsformen an die Schadendaten wird hier
nicht eingegangen.
25 Die Gesamtschadenverteilung kann grundsätzlich auch analytisch ermittelt werden. Voraussetzung
dafür ist z.B., dass die Höhenverteilung bei Faltung eine geschlossene Form aufweist. Daneben gibt
es auch numerische Ansätze (Rekursions- oder Inversionsmethode). Siehe dazu Klugman, S./Panjer,
H./Willmot, G. (1998), S. 307ff.

dabei beliebig mit Vergrößerung der Pseudozufall-Stichprobe erhöhen.[26] In der folgenden Abbildung ist für Beispielverteilungen das grundsätzliche Vorgehen bei der MCS-Methode zur Ermittlung des Gesamtschadens dargestellt (für die Häufigkeitsverteilung wurde eine Poissonverteilung mit Poissonparameter λ = 10 angenommen, für die Höhenverteilung eine Lognormalverteilung mit Mittelwert μ = 10 und Standardabweichung σ = 3).

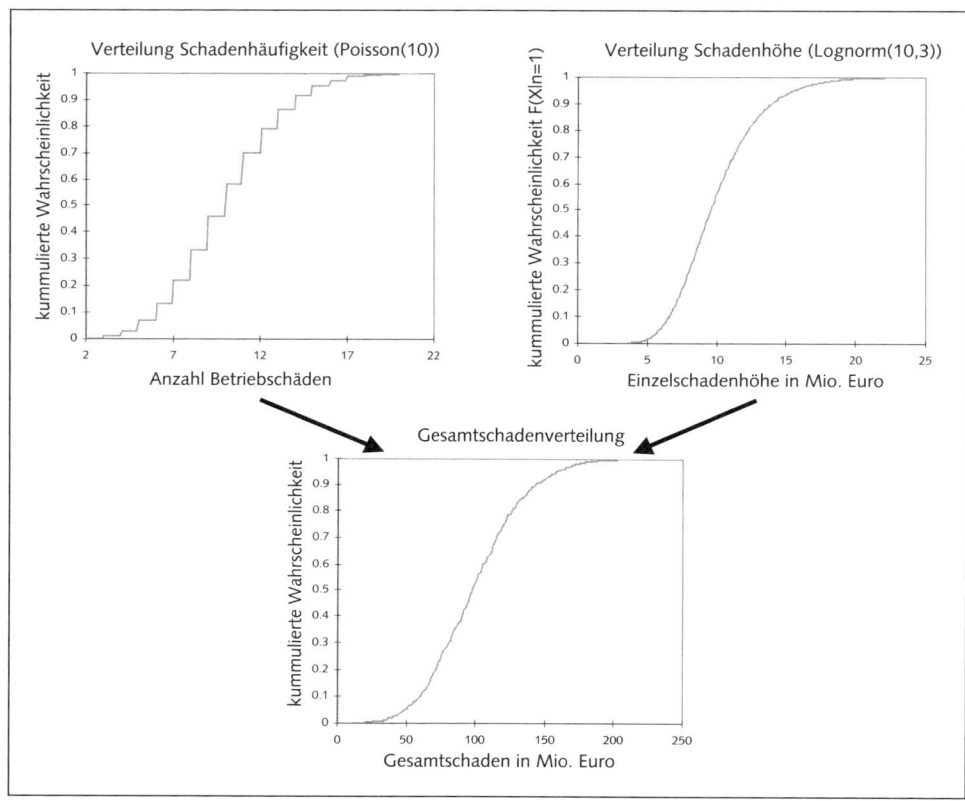

Abb. 6: Ermittlung des Gesamtschadens aus Zusammenführung von Häufigkeits- und Höhenverteilung über MCS, 1.000 Iterationen

4.2 Erwarteter Schaden und Skalierung

Der erwartete Gesamtschaden $E(S)$ resultiert aus dem Produkt von Erwartungswert für Schadenhöhe $E(X)$ und -anzahl $E(N)$:[27]

---

26 Zu Vorgehen und Verwendung der Monte-Carlo-Simulation allgemein siehe z.B. Law, A.M./Kelton, W.D. (1982).
27 Im Folgenden vgl. Basel Accord Insurance Working Group (2001a), Annex, S. 2ff. und Basel Accord Insurance Working Group (2001b), S. 13ff.

$$E(S) = E(X) \cdot E(N), \tag{4.2}$$

wobei N die Zufallsvariable für die Schadenanzahl sowie X die Zufallsvariable für die Schadenhöhe ist. Wegen der Skalierungseigenschaft der üblicherweise verwendeten Wahrscheinlichkeitsverteilungen können die Komponenten des erwarteten Gesamtschadens $E(X)$ und $E(N)$ auch unter Verwendung von Gefährdungsindikatoren ausgedrückt werden:

$$E(N) = EI_N \cdot PE \tag{4.3}$$
$$E(X) = EI_X \cdot LGE \tag{4.4}$$

Dabei ist EI_N der Gefährdungsindikator für die Schadenanzahl und EI_X der Gefährdungsindikator für die Schadenhöhe.

Ökonomisch sind Gefährdungsindikatoren Maßzahlen für das Aktivitätsniveau bei Ausführung einer OpRisk-behafteten Tätigkeit. Beispielsweise könnte EI_N im Firmenkundengeschäft für die Anzahl vergebener Kredite sowie EI_X für das Kreditvolumen stehen. Bei der weiteren Darstellung wird davon ausgegangen, dass sich die Gefährdungsindikatoren für Anzahl und Höhe unterscheiden können und dass Gleichungen (4.3) und (4.4) eine lineare Abhängigkeit wiedergeben.

Die Parameter PE und LGE stehen für die erwartete Häufigkeit und die erwartete Schadenhöhe pro Einheit Gefährdungsindikator. Die Parameter PE und LGE können folgenderweise geschätzt werden:

$$PE = \frac{\sum\limits_{k=1}^{K} N_k}{\sum\limits_{k=1}^{K} EI_{N,k}} \tag{4.5}$$

$$LGE = \frac{\sum\limits_{k=1}^{K} \frac{S_k}{EI_{X,k}}}{\sum\limits_{k=1}^{K} N_k} \tag{4.6}$$

Die Wahrscheinlichkeit eines Schadenfalls PE wird geschätzt als das Verhältnis von Schadenanzahl N_k zum Gefährdungsindikator $EI_{N,k}$ für die Schadenanzahl (der Index K steht dabei für die Anzahl der Beobachtungen).[28] Konkret könnte sich PE z.B. errechnen als die Gesamtanzahl fehlerhafter Transaktionen in einem

---

28 Die Daten können in quer- (mehrere Banken i) und längsschnittlicher (mehrere Zeitperioden t) Dimension vorliegen. Durch Stapelung über i und t gelangt man zur Gesamtzahl der Beobachtungen k, $K = I \cdot T$.

Betrachtungszeitraum von $K = 10$ Jahren bezogen auf die gesamte Stückzahl durchgeführter Transaktionen in diesem Zeitraum. Im Zähler von LGE, der Schadenhöhe im Schadenfall, steht das Verhältnis von Gesamtschaden S_k ($S_k = \sum_{n=1}^{N_k} X_{k,n}$) zum Gefährdungsindikator für die Schadenhöhe $EI_{X,k}$. Der Zähler von LGE kann als Schadenhöhe pro Werteinheit der OpRisk-behafteten Aktivität gedeutet werden. Im angeführten Beispiel würde dies der Schadensumme über zehn Perioden bezogen auf das entsprechende Transaktionsvolumen entsprechen. LGE wird in Bezug gesetzt zur Schadenanzahl N_k, um zu einer auf den einzelnen Schadenfall bezogenen Zahl zu kommen. LGE kann interpretiert werden als durchschnittliche Betriebsrisikokosten.

Gleichungen (4.3) und (4.4) haben folgende praktische Anwendung: Wenn PE und LGE für ein bestimmtes Aktivitätsniveau bekannt sind, kann unter Verwendung der entsprechenden Werte für die Skalierungsvariablen auf erwartete Anzahl und Höhe des Schadens bei beliebigem Aktivitätsniveau geschlossen werden. So kann z.B. in der Zahlungsabwicklung bei Vorgabe von Planzahlen für die kommenden Quartale der erwartete Betriebschaden für das angestrebte Aktivitätsniveau geschätzt werden. Eine mögliche andere Anwendung dieser Formel ist z.B., wenn eine einzelne Bank noch über keine eigene Betriebschaden-Datensammlung verfügt. Ausgehend von Durchschnittswerten für Schadenanzahl und -höhe für die gesamte Finanzindustrie können für diese Bank unter Verwendung institutsspezifischer Skalierungsvariablen (diese liegen in einer Bank in jedem Fall vor) die institutsspezifischen Werte ermittelt werden. Dieses Vorgehen liefert natürlich nur dann zutreffende Ergebnisse, wenn zwischen den Werten von PE und LGE für die Gesamtindustrie im Vergleich zum betreffenden Institut kein großer Unterschied besteht.

Der erwartete Einheit-Schaden EL_1 bezogen auf jeweils eine Einheit Gefährdungsindikator für Anzahl ($EI_N = 1$) bzw. Höhe ($EI_X = 1$) ist

$$EL_1 = PE \cdot LGE. \tag{4.7}$$

4.3 Unerwarteter Schaden und Skalierung

Der unerwartete Verlust kann als Standardabweichung oder auch Perzentil abzüglich Erwartungswert einer bestimmten Verteilung definiert werden. Letztere Auslegung liegt der im Risiko-Controlling häufig verwendeten Kennziffer *Value-at-Risk* (*VaR*) zu Grunde.

$$VaR := UL = F_S^{-1}(,999) - E(S) \tag{4.8}$$

Dabei entspricht $F_S^{-1}(,999)$ der inversen Verteilungsfunktion des Gesamtschadens S zum z.B. 99,9-Perzentil (zur Wahl des Konfidenzniveaus siehe Abschnitt 5). Wir werden im Folgenden den unerwarteten Verlust über *VaR* darstellen.

Unter Annahme einer Poissonverteilung für die Schadenanzahl bestimmt sich die Varianz des Gesamtschadens gemäß

$$Var(S) = E(X^2)\, E(N).^{29} \tag{4.9}$$

Mit dem Erwartungswert für die Schadenhäufigkeit $E(N)$ skaliert die Standardabweichung für den Gesamtschaden demzufolge in folgender Weise:

$$\sigma_S \rightarrow \sqrt{E(N)}\, \sigma_S \tag{4.10}$$

Definiert man den unerwarteten Schaden UL als ein Vielfaches der Standardabweichung, folgt, dass UL mit dem Erwartungswert für die Schadenhäufigkeit $E(N)$ in ähnlicher Weise skalieren muss. Ausgehend vom unerwarteten Schaden UL_1 pro Einheit Gefährdungsindikator für Häufigkeit und Höhe ergibt sich der VaR für eine beliebiges Aktivitätsniveau daher gemäß:

$$VaR = EI_X \sqrt{EI_N}\, UL_1 \tag{4.11}$$

Das heißt, bezogen auf UL_1 skaliert VaR linear mit dem Gefährdungsindikator für Schadenhöhe EI_X, aber unterlinear (Wurzel) mit dem Gefährdungsindikator für Schadenanzahl EI_N.

4.4 Basel II-Berechnungsansätze (AMA)

In Basel II wurden im Bereich fortgeschrittener Ansätze zur Berechnung der Eigenkapital-Unterlegung (AMA) bisher vor allem zwei Ansätze vorgesehen, die auf internen Verlustdaten einer Bank basieren:[30] Der interne Bemessungsansatz (IMA) und der Schaden-Verteilung-Ansatz (LDA). Im Folgenden werden die Unterschiede der beiden Ansätze herausgearbeitet sowie die Eignung zur Quantifizierung des unerwarteten Schadens beurteilt.

4.4.1 IMA

Bei diesem Ansatz soll die Eigenkapital-Hinterlegung für eine Bank C entsprechend

$$C = \sum_{ij} \gamma_{ij} \cdot EL_{ij} = \sum_{ij} \gamma_{ij} \cdot EI_{ij} \cdot PE_{ij} \cdot LGE_{ij} = \sum_{ij} \gamma_{ij}\, EI_{ij} \cdot EL_{ij,1} \tag{4.12}$$

---

29 Für den über die Schadenanzahl N und -höhe X aggregierten Gesamtschaden S ist die Varianz $Var(S) = E(N)\, Var(X) + E(X)^2\, Var(N)$. Unterstellt man für N eine Poissonverteilung $(Var(N) = E(N))$ und berücksichtigt, dass $Var(X) = E(X^2) - E(X)^2$, gilt: $Var(S) = E(N)\, Var(X) + E(X)^2 Var(N) = [E(X^2) - E(X)^2 + E(X)^2]\, E(N) = E(X^2)\, E(N)$. Das heißt, die Varianz des Gesamtschadens ist im Poisson-Fall exakt linear in der Schadenanzahl. Auch für andere Häufigkeitsverteilungen als die Poissonverteilung gilt approximativ dieser Zusammenhang. Basierend auf dieser Formel ergibt sich der Ausdruck $EI_X \sqrt{EI_N}$ als Skalierungsfaktor für den unerwarteten Verlust pro Einheit Gefährdungsindikator.

30 Ein dritter AMA-Ansatz ist die Verwendung von Scorecards. Diese beruhen in der Regel nicht auf Schadendaten.

berechnet werden. Dabei bezeichnet *EI* den Gefährdungsindikator, *PE* die Wahrscheinlichkeit eines Schadenfalls und *LGE* die Höhe eines Verlustes im Schadenfall. Die Indizes *i* und *j* beziehen sich auf Geschäftsbereich und Risikokategorie. Der erwartete Gesamtverlust eines Instituts ergibt sich also durch Aufsummierung über Geschäftsbereiche und Risikokategorien. Gleichung (4.12) zeigt, dass der IMA zentral auf der Skalierungseigenschaft des Gesamtschadens aufbaut. Vom erwarteten Verlust wird unter Verwendung eines Faktors γ auf den unerwarteten Verlust und damit die nötige Eigenkapitalhinterlegung hochgerechnet. Dabei soll γ von der Bankenaufsicht basierend auf Industriedaten geschätzt werden und den Banken für die Berechnung von *C* vorgegeben werden, die restlichen Komponenten sollen von einer Bank ermittelt werden. Der Faktor γ ergibt sich aus dem Verhältnis von unerwartetem Schaden (z.B. das 99,9-Perzentil $F_S^{-1}(,999)$) zu erwartetem Schaden. Beim IMA wird das 99,9-Perzentil aus der Schadenverteilung der gesamten Industrie ermittelt. Grundlage dafür sollen die vom Baseler Komitee für Bankenaufsicht im Rahmen der *Quantitative Impact Study* erhobenen Daten sein.

Obwohl der IMA grundsätzlich zur Modellierung des Gesamtbetriebschadens geeignet ist, hat er prinzipielle methodische sowie empirische Mängel:

- Schadenanzahl und -höhe werden nicht durch unterschiedliche Gefährdungsindikatoren abgebildet.
- Der Gefährdungsindikator für die Schadenhäufigkeit geht linear in die Formel ein und nicht als Wurzel. Dies führt im Resultat zu einer systematischen Überschätzung der nötigen Eigenkapital-Hinterlegung.
- Das Verhältnis von erwartetem zu unerwartetem Schaden wird basierend auf Industriedaten geschätzt. Je stärker sich ein Institut von Branchendurchschnitt unterscheidet, umso weniger zutreffend entspricht die Eigenkapital-Hinterlegung dem tatsächlichen Risikoprofil. Kennzahlen, die gemäß IMA ermittelt werden, sind daher vor allem für Risiko-Steuerungszwecke wenig geeignet.

4.4.2 LDA

Der grundlegende Unterschied zum IMA ist, dass das Verhältnis von erwartetem zu unerwartetem Schaden selbst bestimmt werden kann. Dazu ist die Dichtefunktion f_X für die Schadenhöhenverteilung zu ermitteln, indem eine Verteilung an die *n* einzelnen Schadenfälle X_n angepasst wird. Für die Häufigkeitsverteilung f_N wird in der Regel eine Poissonverteilung (manchmal auch eine negative Binomialverteilung) verwendet. Die Gesamtschadendichte f_S wird durch Aggregierung der Häufigkeitsverteilung f_N und Höhenverteilung f_X ermittelt (siehe Abschnitt 4.1). Der unerwartete Schaden *VaR* resultiert aus $VaR = F_S^{-1}(,999) - E(S)$.

Die wesentlichen Eigenschaften des LDA sind:

- Der Effekt von Versicherungen auf den unerwarteten Verlust lässt sich im Rahmen des LDA, der ja auf individuellen Schadendaten beruht, direkt aufzeigen (siehe Abschnitt 6)
- Die vielen, von Bank zu Bank zum Teil ganz unterschiedlichen und über die Verwendung von Gefährdungsindikatoren (EI_N, EI_X) nicht kontrollierbaren

Risikofaktoren, welche den Betriebschaden beeinflussen (z.B. Kontrolllandschaft), können vollständig berücksichtigt werden. Dieser zentrale Vorteil zeichnet den LDA gegenüber dem IMA letztlich als geeignetere Methode zur OpRisk-Quantifizierung aus.

Natürlich sind mit dem LDA ungleich anspruchsvollere Anforderungen bezüglich der Datensammlung als z.B. beim IMA verbunden. Denn um den unerwarteten Schaden (also ein sehr hohes Perzentil der Gesamtschadenverteilung) verlässlich bestimmen zu können, müssen zahlreiche Datenpunkte – vor allem auch im *Tail* der Verteilung – vorhanden sein. Gegenwärtig verfügen Banken in der Regel jedoch nicht über solch umfangreiche Datensammlungen. Wie in Abschnitt 3.3 aufgezeigt wurde, gibt es aber durchaus Methoden, um dieses Problem zu lösen.

5 Zur Wahl des Konfidenzniveaus bei der Eigenkapitalberechnung mit internen Modellen

Bei der Modellierung von Wahrscheinlichkeitsverteilungen gilt, dass im Bereich hoher Konfidenzniveaus – wie z.B. bei $99,x\%$ – eine nur kleine Veränderung des Konfidenzniveaus zu einem starken Anstieg des zugehörigen Perzentilwertes führt. Im hier diskutierten Zusammenhang würde daraus ein entsprechender Anstieg der Eigenkapital-Hinterlegung folgen. Dieser Effekt ist umso ausgeprägter, je fetter die Verteilungsenden sind. Gerade Daten über Betriebschäden zeigen aber aufgrund der Existenz von low$F$/high$S$-Schäden (siehe Abschnitt 3.2) solche fette Verteilungsenden.

Abbildung 7 illustriert diesen Sachverhalt für einen simulierten, allerdings von der Datenstruktur her für OpRisk als typisch anzusehenden Datensatz. In dieser Abbildung ist der Perzentilwert bei unterschiedlichen Konfindenzniveaus als Anteil des Perzentilwerts bei $99,9\%$ dargestellt. Es wird ersichtlich, dass ab ca. $99,0\%$ der Perzentilwert in Abhängigkeit von der Höhe des Konfidezniveaus sprunghaft anzusteigen beginnt.

In Basel II ist gegenwärtig vorgesehen, das $99,9\%$-Perzentil für die Berechnung der Eigenkapital-Berechnung zu verwenden, wobei die Wahl dieses speziellen Wertes durch keine inhaltliche Herleitung gestützt zu sein scheint. Bei der OpRisk-Quantifizierung ist die Wahl eines sehr hohen Konfidenzniveaus problematisch, weil – wie in Abschnitt 3.3 erläutert – externe Datenpunkte verwendet werden sollten und daraus das Problem der Mischung von internen und externen Daten folgt. Da es für diese Mischung gegenwärtig noch keine theoretisch fundierten, sondern nur pragmatische Lösungen gibt, kann im sehr hohen Quantilbereich die Schadenprognose daher gegenwärtig nur grob sein. Daher sollte die Schadenprognose für einen Bereich erfolgen, der robuster auf die Information in externen Datenpunkten ist. Dies ist sicher eher im $99,0\%$- als im $99,9\%$-Bereich der Fall.

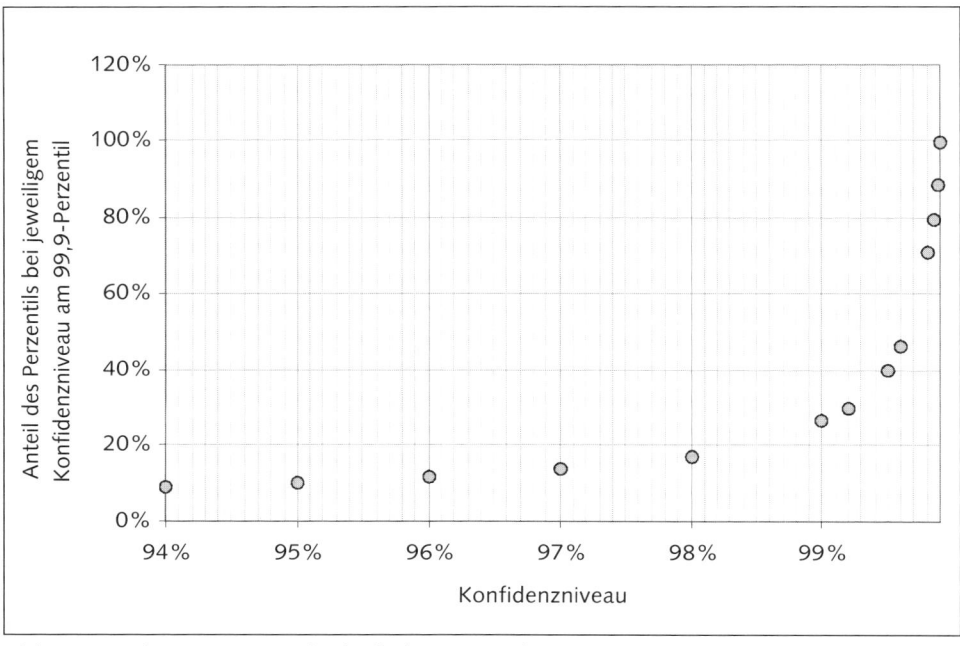

Abb. 7: Simulierte Gesamtschadenhöhen (LDA) bei unterschiedlichen Konfidenzniveaus

6 OpRisk und Versicherungen

Von ihrer Natur her sind Betriebsrisiken Schadenrisiken, für die grundsätzlich Versicherungsschutz durch eine Reihe von Policen existieren kann. Der Grad der Abdeckung eines tatsächlichen Betriebsschadens ist natürlich davon abhängig, inwiefern für diesen konkreten Schadentypus eine Police existiert.[31] Dabei ist die Verwendbarkeit von Versicherungen für Betriebsrisiken speziell im Zusammenhang mit lowF/highS-Schäden (siehe Abschnitt 3.2) aus Sicht der Bankenaufsicht zunächst kritisch beurteilt worden. Bei solchen die Existenz des betreffenden Instituts gefährdenden Schäden sind Versicherungen nämlich nur dann sinnvoll, wenn gewährleistet ist, dass der Schaden von der Versicherung auch tatsächlich kurzfristig übernommen wird. Da rechtliche Auseinandersetzungen, beispielsweise über die Höhe der Schadenzahlung oder den grundsätzlichen Anspruch auf Versicherungsschutz, mitunter sehr lange dauern können, könnte

---

31 Um OpRisk-Kategorien oder gar einzelne Betriebsschäden auf bestimmte Policen zuordnen zu können, muss ein entsprechendes Mapping des Versicherungsportfolios durchgeführt werden. Für diesbezügliche Verfahren siehe Basel Accord Insurance Working Group (2001b).

das in Schwierigkeiten geratene Institut bis zur endgültigen Auszahlung bereits aus dem Markt ausgeschieden sein. Nachdem in Basel II nun grundsätzlich anerkannt worden ist, dass Versicherungen den unerwarteten Schaden reduzieren können, hat das Baseler Komitee für Bankenaufsicht angekündigt, die konkrete Abwicklung der Schadenzahlungen im Zusammenhang mit dem WTC-Anschlag als Lackmus-Test dafür zu werten, ob – wie von der Versicherungswirtschaft angekündigt –, Betriebsrisiken tatsächlich effektiv von Versicherungen abgedeckt werden können.

Betriebsrisiken können durch verschiedene *monoline* Versicherungstypen abgedeckt werden. Dazu gehören Feuerversicherung, Einbruchdiebstahlversicherung, Elektronikversicherung, Industrielle Haftpflichtversicherung, Vertrauensschadenversicherung, Produkthaftpflichtversicherung oder Berufshaftpflichtversicherung (z.B. für Führungskräfte). In der Diskussion sind aber auch Versicherungsprodukte, die im Rahmen einer einzigen Police die Gesamtheit aller Betriebsrisiken abdecken sollen.

Der Effekt einer Versicherung auf den unerwarteten Verlust werde anhand einer Police mit Selbstbehalt d und Deckungshöchstgrenze l ausgehend von einer Einzelschadenbetrachtung aufgezeigt. Der unerwartete Gesamtschaden ist definiert als:

$$UL_S = g(N) \, UL_X. \tag{6.1}$$

Dabei steht UL_X für den unerwarteten Einzelschaden und $g(N)$ transformiert in Abhängigkeit der Häufigkeit N den unerwarteten Einzelschaden zum unerwarteten Gesamtschaden.

Die pro Einzelschaden gezahlte Prämie ergibt sich aus der Prämie der Police P geteilt durch die Anzahl der Schadenfälle N. Die zurückbehaltene, erwartete Einzelschadenhöhe nach Versicherung $EL_{X,ins}$ ist:

$$EL_{X,ins} = EL_X - P/N \tag{6.2}$$

Bei Vorhandensein oben definierter Versicherung ergibt sich für $UL_X > l$ – also den Fall, dass ein eingetretener Betriebschaden das Deckungslimit überschreitet – der unerwartete Einzelschaden bei Versicherung $UL_{X\,ins}$ gemäß

$$UL_{X,ins} = UL_X - l + d = F_X^{-1}(,999) - EL_{X,ins} - l + d = F_X^{-1}(,999)$$
$$- EL_X + P/N - l + d. \tag{6.3}$$

Dabei steht $F_X^{-1}(,999)$ für das 99,9-Perzentil eines Einzelschadens. Der Gesamtschaden bei Versicherung $UL_{S,ins}$ ergibt sich, indem die unerwarteten Einzelschadenhöhen nach Versicherung $UL_{X,ins}$ unter Maßgabe der Schadenanzahl N aufaggregiert wird. In Gleichung (6.4) wird diese Aggregierung durch die Funktion $g(N)$ wiedergegeben.

$$UL_{S,ins} = g(N) \, (UL_X - l + d). \tag{6.4}$$

Vergleicht man Gleichung (6.1) mit Gleichung (6.4), so erkennt man, dass bei Versicherung der unerwartete Verlust und damit der nötige Eigenkapitalpuffer niedriger ist.[32] Dabei hängt die mögliche Kapitaleinsparung konkret von folgenden Faktoren ab:

- Absinken des erwarteten Schadens bei Versicherung im Vergleich zu ohne Versicherung, und damit von der Prämie pro Schaden P/N
- Deckungsgrenze l pro Einzelschaden
- Selbstbehalt d pro Einzelschaden
- mögliche weitere Versicherungsparameter wie aggregierte Deckungsgrenze und Selbstbehalt (in Darstellung oben nicht berücksichtigt).

Die Einzelschaden-orientierte Betrachtung bei LDA ermöglicht, sämtliche Versicherungs-relevanten Parameter in die Gesamtschadenberechnung einfließen zu lassen. Die OpRisk-Messung mit Hilfe des LDA hat damit neben der risikosensitiven Bezifferung einer Eigenkapital-Hinterlegung die zusätzliche Anwendungsmöglichkeit, das Versicherungsportfolio einer Bank auf Über- oder Unterversicherung überprüfen zu können. Darauf aufbauend kann für ein gegebenes OpRisk-Potential der optimale risikopolitische Instrumentenmix abgeleitet werden.

7   Zusammenfassung

In diesem Beitrag wird von einem methodischen Standpunkt und aus Anwender-Sicht aufgezeigt, was die zentralen Punkte im Bereich der OpRisk-Quantifizierung sind und welche Lösungsansätze es dafür gibt. Besonderes Augenmerk liegt dabei zunächst auf der Beschreibung der stilisierten Fakten – also typischer empirischer Regelmäßigkeiten, die Betriebschäden aufweisen. Im Anschluss werden Ansätze aufgezeigt, wie diese empirischen Muster quantitativ modelliert werden können. Außerdem werden die theoretischen Grundlagen für die OpRisk-Quantifizierung, die im Wesentlichen aus versicherungsmathematischen Ansätzen abgeleitet werden können, erläutert. Unter anderem wird dabei auch die methodische Fundierung der fortgeschrittenen, auf Verlustdaten aufbauenden Messansätze in Basel II dargestellt und deren Eigenschaften diskutiert. Es wird aufgezeigt, warum und wie Versicherungen für die Berechnung einer Eigenkapital-Hinterlegung für OpRisk berücksichtigt werden können.

---

32 Das Deckungslimit l ist natürlich immer höher als der Selbstbehalt d.

Literatur

Allen, F./Gale, D., Financial Contagion, Journal of Political Economy 108, 2000, S. 1-33.

Basel Accord Insurance Working Group, Comments to the Basel Committtee on Banking Supervision, 2001a, unveröffentlichtes Arbeitspapier, http://www.bis.org/bcbs/cacomments.htm.

Basel Accord Insurance Working Group, Insurance of Operational Risk under the new Basel Capital Accord, 2001b, unveröffentlichtes Arbeitspapier, http://www.bos.frb.org/bankinfo/conevent/oprisk/index.htm.

Basel Committee on Banking Supervision, Consultative Document Operational Risk September 2001, Basel.

Bikhchadani, S./Hirshleifer, D./Welch, I. (1992), Learning from the behaviour of others: conformity, fads, and informational cascades, Journal of Economic Perspectives 12/3, S. 151-170.

Chung, K.L., A course in probability theory, 2. Ausgabe, Berlin 1974.

Daniélsson, J. (2001), The Emperor has no clothes: limits to risk modelling, Journal of Money and Finance (im Druck).

Daniélsson, J. e.a., An academic response to Basel II, LSE Financial Markets Group, Special Paper No. 130, 2001.

Freixas, X./Rochet, J.-C., Microeconomics of banking, Cambridge (MA), 1997.

Greene, W., Econometric analysis, 4. Ausgabe, Upper Saddle River (NJ) 2000.

Hoffmann, D., Seizing the tail of the dragon, Risk Professional 2/10, 2000.

Klugman, S./Panjer, H./Willmot, G., Loss models: From data to decisions, New York 1998.

Law, A. M./Kelton, W. D., Simulation modelling and analysis, New York 1982.

Münchener Rückversicherungsgesellschaft, 11th September 2001, http://www.munichre.com/aktuelles_forum_e/pdf/11_sept_engl.pdf.

Peachey, A.N., Great financial desasters of our time, unveröffentlichtes Skript sowie Vortrag auf der Euroforum-Konferenz, 04.-05.09.2001.

Rootzén, H./Klüppelberg, C., A single number can't hedge against economic catastrophes, Ambio 28/6, 1999, S. 550-555.

Shih, J./Samad-Khan, A./Medapa, P., Is the size of operational losses related to firm size?, Operational Risk 1/1, Januar 2000, S. 14-15.

Stocker, G./Naumann, M./Buhr, R./Kind, R./Schwertl, M., Qualitatives und quantitatives Controlling und Management von Operational Risk, Kreditwesen 12, 2001, S. 677-687.

Swiss Re (1996), Natural catastrophes and man-made disasters in 2000: fewer insured losses despite huge floods, Sigma 2/2001.

Vose, D., Quantitative risk analysis. A guide to Monte Carlo Simulation Modelling, Chichester e.a., 1996.

Moderne Revisionspraxis im Zeichen von »Operationellen Risiken« und Chancen

Hans-Willi Jackmuth*

---

* Hans-Willi Jackmuth ist Leitender Berater der agens Consulting KGaA, Ellerau. Seine Schwerpunkte liegen auf den Themen Revisionsstrategie und -methodik sowie Risikoanalyse. Vorher war er Revisionsleiter in einem Spezialkreditinstitut.

1   Historische Entwicklung und aktuelle Trends

Revision ist in der Vergangenheit eher von den Themen Ordnungsmäßigkeit und Einzelfallprüfung auf Basis zurückliegender, abgeschlossener Vorgänge geprägt worden. Dies ist auch nicht verwunderlich, wenn man sich die etymologische Herkunft des Wortes (von lateinisch: »revidere« – zurückschauen) vor Augen führt.

»Die Revision in traditioneller Sicht ist insoweit ein von der Unternehmensführung auf Mitarbeiter, die von dem zu überwachenden Arbeitsprozess unabhängig sind, delegiertes betriebliches Überwachungsorgan, mit dem Ziel, durch mehr oder weniger periodische, weitgehend rückschauende Untersuchungen abgeschlossener Tatbestände, die Ordnungsmäßigkeit betrieblicher Bereiche festzustellen bzw. zu beurteilen«.[1]

Diese Anforderungen treffen in dieser Form auf die »moderne« Revision sicher nicht mehr zu. *RE*vision im klassischen Sinne ist sicherlich eine Möglichkeit, das Unternehmen vor Risiken zu bewahren – den *VISION*en im Sinne des Erkennens von Chancen und des Aufdeckens von Optimierungspotenzialen gehört die Zukunft.

Gerade heute sind die Unternehmen aufgrund der Rahmenbedingungen sehr schnellen Prozessänderungen unterworfen. Weitere Faktoren sind die Globalisierung der Märkte, komplexe Finanzierungsinstrumente sowie das Aufbrechen der Wertschöpfungskette. Die Dynamik, in der Investitionen insbesondere in neue Technik ablaufen, hoher Wettbewerbsdruck und nicht zuletzt das vielfältige Risiko durch wirtschaftliches Handeln verlangen von einer Revision ein kompromissloses Auseinandersetzen mit unternehmerischen Entscheidungen.

Daraus kann man folgern, dass »der Anteil der Beratungsleistungen an der gesamten Arbeitszeit der Internen Revision weiter zunehmen wird. Es besteht eine tendenzielle Eignung der Internen Revision innerbetriebliche Beratungsleistungen problemadäquat durchzuführen«.[2] Einer modern ausgerichteten Revision sollte es gelingen, mit einer Sicht über die Organisationseinheiten hinweg, die optimale Ausrichtung der Prozesse zu begleiten und dabei ihr Wissen und Know-how im Unternehmen zu verteilen.

Zentrale Aufgabe wird es dabei sein, die Risikoeigner – insbesondere auch der Operationellen Risiken – zu sensibilisieren. »Im Gegensatz zum heutigen Revisionsverständnis liegt der Schwerpunkt auf dem aktiven Beeinflussen aller notwendigen Maßnahmen zur Reduzierung von Risikopotenzialen. Letztlich wird es auch weiterhin um die Sicherung von Vermögenswerten des Unternehmens gehen, wobei in stärkerem Maße als bisher auch die Möglichkeiten der Ertragssicherung erkannt werden müssen.«[3]

Die Revision muss sich mit einer Professionalisierungsstrategie auf diese Ziele vorbereiten. »Insgesamt werden die Prüfungen der Internen Revision wesentlich

---

1   Vgl. Korndörfer/Peez (1993), S. 25
2   Vgl. Hunecke (2000), S.199
3   Vgl. Lang, u.a. (2001), Ziffer 3.3

anspruchsvoller, vor allem weil die Situationen zunehmen werden, in denen eindeutige Beurteilungsmaßstäbe fehlen. Die Anforderungen an die fachlichen und kommunikativen Kompetenzen der Prüfer werden sich entsprechend ändern.«[4]

2 Mindestanforderungen an die Ausgestaltung der Internen Revision der Kreditinstitute

Das Bundesaufsichtsamt für das Kreditwesen hat am 17.01.2000 das obige Rundschreiben erlassen und damit das seit Mai 1976 bestehende Rundschreiben zum Thema »Interne Revision« überarbeitet. Auch unter dem allgemeinen Blickwinkel des Begriffes »Risiko« ergeben sich für die Innenrevision Konsequenzen im Hinblick auf die praktische Arbeit in der Zukunft.

Die Revision wird als unternehmensinterne Stelle im Auftrag der Geschäftsleitung definiert und von ihr die Überwachung aller Betriebs- und Geschäftsabläufe innerhalb des Kreditinstituts, des Risikomanagements und -controllings sowie des internen Kontrollsystems gefordert[5]. Hier spiegeln sich eindeutig die Einflüsse des KonTraG (Gesetz zur Kontrolle und Transparenz im Unternehmen) sowie des Baseler Ausschusses[6] wider.

In verschiedenen Stellungnahmen anlässlich von Revisionstreffen wurde seitens der Behörde nochmals unterstrichen, dass sich die Prüfungstätigkeit der Internen Revision unter Berücksichtigung des Umfangs und des Risikogehaltes der Betriebs- bzw. Geschäftstätigkeit auf *alle* Betriebs- und Geschäftsabläufe des Kreditinstituts zu erstrecken hat[7]. In der Praxis der Revisionsabteilungen tritt gerade hier – in Zeiten knapper Ressourcen und der geforderten Risikoorientierung – ein Widerspruch zu Tage, wenn man an weniger risikobehaftete Prüfungsobjekte, wie beispielsweise Posteingangsbearbeitung, denkt.

Die Anweisung des Bundesaufsichtsamtes geht aber konsequenterweise von einer Revisionsstrategie der Vermeidung von »Prüfungslöchern« aus. Gerade im Zeitalter der rasanten technologischen Entwicklung (der erste IBM PC stammt aus dem Jahre 1981 und hatte damals als Massenspeicher eine Schnittstelle zum Kassettenrecorder anstelle einer Festplatte) besteht ein erheblicher Bedarf der Mitarbeiteraus- und -weiterbildung in den Revisionsabteilungen.

In diesem Zusammenhang ist sicherlich auch die Forderung des Bundesaufsichtsamtes verständlich, dass »die Geschäftsleitung sicherzustellen hat, dass die quantitative und qualitative Personal- und Sachausstattung der Internen Revision Art und Umfang ihrer Aufgaben gerecht wird. Die Personal- und Sachausstattung hat sich insbesondere an der Betriebsorganisation, den Geschäftsfeldern, der

---

4 Vgl. Peemöller/Richter, S. 11
5 Vgl. BAKred, MAI, Ziffer 9
6 Vgl. Basel Committee on Banking Supervision, No. 42 und No. 84
7 Vgl. BAKred, MAI, Ziffer 15

geschäftlichen Entwicklung und der Risikostruktur des Kreditinstituts sowie an aufsichtsrechtlichen Vorgaben auszurichten. Dabei ist durch geeignete Maßnahmen sicherzustellen, dass die mit der Internen Revision betrauten Personen über eine jederzeit dem neuesten Stand der zu prüfenden Betriebs- und Geschäftsabläufe entsprechende Qualifikation verfügen. Die Risikostruktur der Prozesse muss ihnen vertraut sein. Sie müssen ein aktuelles revisionsspezifisches Wissen haben und über umfassende Kenntnisse der zu prüfenden Bereiche verfügen, um eine ordnungsgemäße Durchführung der Revisionstätigkeit zu ermöglichen«[8].

Neben den hochkomplexen EDV-Systemen zur Abwicklung der produktbezogenen Vorgänge bestehen in den Instituten in vielfältigster Form Steuerungssysteme, welche Unternehmensentscheidungen begründen (Beispiele: Controlling, Marktrisiko, Kreditrisiko, etc.) und somit die Risiken und Chancen der Banken analysieren. Die Anforderungen an das mathematische Verständnis der Mitarbeiter werden auch aufgrund der zu implementierenden stochastischen Modelle zur Risikosteuerung immer anspruchsvoller.

3 »Operationelle Risiken« und Revisionstätigkeiten in den Geschäftsberichten per 31.12.2000

»Der Ausschuss für Bankenaufsicht stellt in seinem Konsultationspapier insbesondere heraus, dass er sehr wohl wisse, welche Bedeutung neben dem Kredit- und dem Marktrisiko so genannte ›sonstige Risiken‹ haben. Für die vorsichtige Steuerung und Begrenzung dieser Risiken sei ein strenges Kontrollumfeld wesentlich, wozu es jedoch zusätzlicher Schritte zur Sicherung einer soliden Geschäftsführung bedürfe.«[9]

Für die Instrumente der Analyse und Quantifizierung Operationelle Risiken hat sich bisher noch keine allgemein anerkannte Methodik herausgebildet. In naher Zukunft (2004 oder 2005) werden die Banken allerdings Operationelle Risiken mit Eigenkapital unterlegen müssen. Die Ziele der Bankaufsicht, welche ein vernünftiges Management von Operationellen Risiken sowie das Auffangen von großen Verlusten aus dem Eigenkapital der Bankinstitute umfassen, werden mit regulatorischen Anforderungen angestrebt.

Insofern ist für die Betrachtung interessant, inwieweit einzelne Banken bereits in den vergangenen Jahresabschlüssen Steuerungsmethodiken und Informationen zum organisatorischen Umfeld veröffentlicht haben. Aus diesem Grunde wurden die im Internet verfügbaren Risikoberichte (per 31.12.2000) acht großer deutscher Banken analysiert.

---

8 Vgl. BAKred, MAI, Ziffer 23
9 Vgl. van Gisteren (2000), S. 593

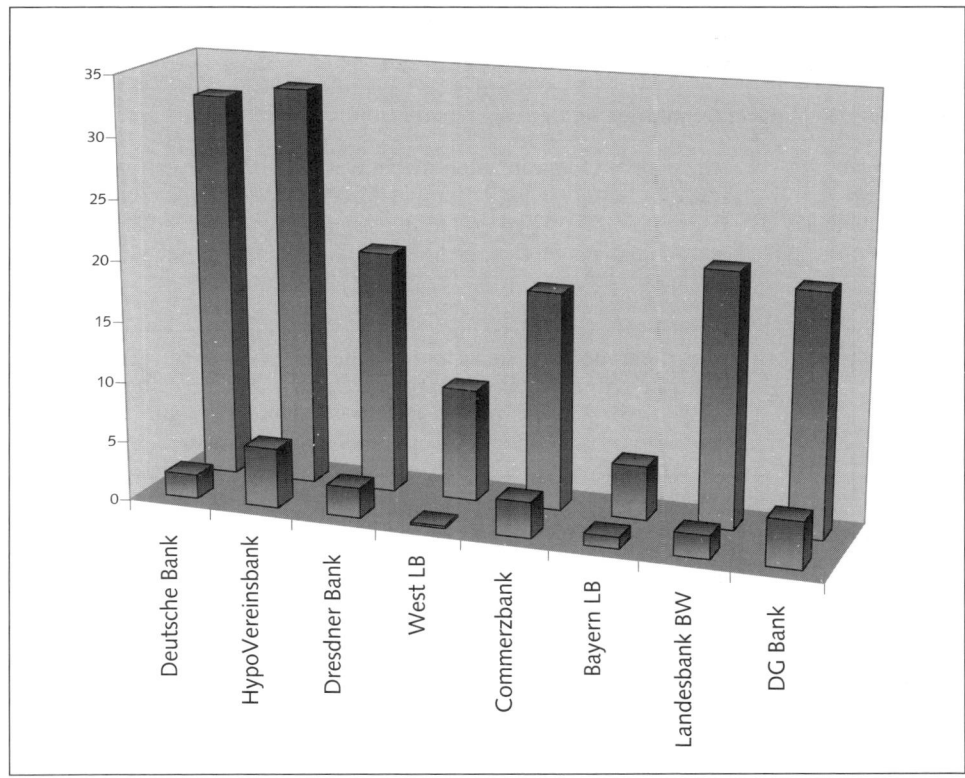

Abb. 1: Umfang der Berichterstattung in Seitenanzahl »Operationelles Risiko« im Verhältnis zu »Risiko«

Die Abbildung 1 stellt dar, in welchem Umfang die einzelnen Institute die Themen »Risiko« und »Operationelles Risiko« publizieren. Als Grundlage dieser
Betrachtung wurde lediglich die Seitenanzahl in den Risikoberichten verglichen.
Verallgemeinern kann man die Tatsache, dass – neben dem Darstellungsumfang
– die inhaltliche Tiefe der Darstellungen und natürlich die Publikationsbereit-
schaft sehr stark voneinander abweichen.

Aus diesem Grunde soll die Abbildung 2 auch einen Überblick über die aktuelle
Definition von »Operationellen Risiken« in den verschiedenen Häusern vermitteln.
Es wurden bewusst die »Sonstigen Risiken« in die Betrachtung miteinbezogen, da
sich noch herauskristallisieren muss, inwieweit diese in der Methodik der Analyse
und Quantifizierung außerhalb der Markt- und Kreditrisiken Niederschlag finden.

»Der (Baseler) Ausschuss hat eine im Bankgewerbe gängige Definition von
Operationellem Risiko übernommen, nach der dies ›die Gefahr von Verlusten, die
infolge der Unangemessenheit oder des Versagens von internen Verfahren, Menschen und Systemen oder von externen Ereignissen eintreten‹, ist.«[10]

---

10 Vgl. Deutsche Bundesbank (04/2001), S. 34

»Operationelle und Sonstige Risiken« in Geschäftsberichten deutscher Banken Quellen: Veröffentlichungen auf den websites der Banken	
Zum Vergleich: Basle Committee on Banking Supervision	
Vorläufige Definition »Operationelles Risiko«	Unter dem **Operationellen Risiko** wird »die Gefahr von Verlusten, die infolge der Unangemessenheit oder des Versagens von internen Verfahren, Menschen und Systemen oder von externen Ereignissen eintreten«, verstanden.
Deutsche Bank	
Operationelle Risiken	Das **Operationelle Risiko** bezeichnet den potenziellen Eintritt von Verlusten durch unvorhersehbare Ereignisse, Betriebsunterbrechungen, inadäquate Kontrollen beziehungsweise Versagen von Kontrollen oder Systemen im Zusammenhang mit Mitarbeitern, Kundenbeziehungen, Technologie, Sachvermögen, sonstigen Dritten/ Aufsichtsbehörden sowie Projekt- und anderen Risiken.
Geschäftsrisiken	**Allgemeine Geschäftsrisiken** stehen für die Unsicherheit der Ergebnisentwicklung aufgrund von geänderten Rahmenbedingungen wie Marktumfeld, Kundenverhalten und technischem Fortschritt. Dies könnte dazu führen, dass die Erträge schneller sinken als die Kosten angepasst werden können.
HypoVereinsbank	
Operationelle Risiken	**Operationelle Risiken** ist letztendlich mit den meisten Aktivitäten der Bank verbunden. Wir definieren Operationelle Risiken als das Risiko von unerwarteten Verlusten durch menschliches Versagen, fehlerhafte Managementprozesse, Natur- und sonstige Katastrophen, Technologieversagen und Änderungen im externen Umfeld (Event-Risk).
Geschäftsrisiken	Als **Geschäftsrisiken** definieren wir unerwartete, d. h. vom ermittelten Trend abweichende, negative Veränderungen des Geschäftsvolumens und/oder der Margen, die nicht auf andere Risikoarten zurückzuführen sind. Beides kann zu nachhaltigen Ergebniseinbrüchen und damit zu einer Verringerung des Marktwerts eines Unternehmens führen. Geschäftsrisiken sind bedingt durch eine deutliche Verschlechterung der Marktverhältnisse oder unerwartet starken Konkurrenzdruck.
Strategische Risiken	**Strategische Risiken** resultieren aus Grundsatzentscheidungen, die das Management hinsichtlich der Positionierung der Bank im Markt unter Berücksichtigung des aktuellen und der Einschätzung des zukünftigen Umfelds trifft.
	Risiken aus bankeigenem Immobilienbesitz
	Risiken aus Anteils-/ Beteiligungsbesitz
	Rechtsrisiken

Commerzbank	
Operationelle Risiken	**Operationelles Risiko** ist das Risiko von Verlusten aus unzureichen- den oder fehlerhaften Systemen und Prozessen, menschlichem oder technischem sowie externen Ereignissen.
Strategische Risiken	Auch aus allgemeinen **strategischen** Entscheidungen der Bank ent- stehen **Risiken**, die sich negativ auf die prognostizierte Vermögens-, Finanz- oder Ertragslage auswirken können. Als strategisch verste- hen wir Entscheidungen, die allein oder im Kontext mit anderen Entscheidungen die Gesamtausrichtung der Bank zum Gegenstand haben.
Dresdner Bank	
Operationelle Risiken	**Operationelle Risiken** beinhalten Risiken, die aus den internen Abläufen einer Organisation resultieren. Sie können durch Unzu- länglichkeiten oder Fehler in Geschäftsprozessen, Projekten oder Kontrollen entstehen, verursacht durch Technologie, Mitarbeiter, Organisationsstrukturen oder externe Faktoren.
Rechtsrisiken	Unter **Rechtsrisiko** versteht die Dresdner Bank das Risiko von Ver- lusten durch neue gesetzliche Regelungen, nachteilige Änderungen bestehender gesetzlicher Regelungen oder deren Auslegung. Das Rechtsrisiko umfasst auch das Risiko, dass vertraglich vereinbarte Bestimmungen nicht gerichtlich durchsetzbar sind oder dass ein Ge- richt anstelle der vereinbarten Bestimmungen andere, für die Bank nachteilige Bestimmungen anwendet.
Strategische Risiken	Unter einem **strategischen Risiko** versteht man das Risiko, lang- fristige Unternehmensziele infolge eines inadäquaten strategischen Entscheidungsprozesses oder infolge einer inadäquaten Kontrolle der Strategieumsetzung auf der Basis der jeweils zugrunde liegen- den Geschäftsannahmen und -projektionen zu verfehlen.
Reputationsrisiken	Unter **Reputationsrisiken** verstehen wir direkte oder indirekte Ver- luste aufgrund einer Verschlechterung der Reputation der Dresdner Bank bei ihren Anteilseignern, Kunden, Mitarbeitern, Geschäftspart- nern sowie in der allgemeinen Öffentlichkeit.
	Kriminalitätsrisiken
West LB	
Operationelle Risiken	Die **Operationellen Risiken** betreffen unmittelbare oder mittelbare Verluste, die durch unangemessene interne Verfahren, das Versagen von Menschen und Systemen oder unvorhergesehene Ereignisse eintreten. Das operationale Risiko ist ein Teil des sonstigen Risikos, zu dem noch **das strategische und das Reputationsrisiko** gerechnet werden.

Bayern LB	
Operationelle Risiken	Im Einklang mit dem Baseler Konsultationspapier definiert die Bayerische Landesbank das **Betriebsrisiko** als das Risiko eines direkten oder indirekten Verlustes, der durch menschliches Verhalten, Prozess- und Kontrollschwächen, technologisches Versagen, Katastrophen und durch externe Einflüsse hervorgerufen wird.
Landesbank BW	
Operationelle Risiken	Die LBBW definiert **Operationelle Risiken** als »Risiken, die durch menschliches Versagen (Personalrisiko), fehlerhafte Prozesse, Technologieversagen (DV-Risiko), Natur- und sonstige Katastrophen und Änderungen im externen Umfeld entstehen«. Diese Definition schließt rechtliche Risiken mit ein und entspricht damit dem aufsichtsrechtlichen Verständnis.
DG Bank	
Operationelle Risiken	Unter **Operationellem Risiko** versteht die Bank das Risiko eines direkten oder indirekten Verlustes, der durch menschliches Fehlverhalten, Prozess- oder Projektmanagementschwächen, technologisches Versagen oder durch negative externe Einflüsse hervorgerufen wird.
Strategische Risiken	Unter **Strategischem Risiko** wird das Erfolgsrisiko verstanden, das vor dem Hintergrund gegebener Umfeldbedingungen aus Grundsatzentscheidungen des Managements zur Positionierung der Bank resultiert. Diese Entscheidungen betreffen Geschäftsfelder, Geschäftspartner und interne Potenziale.

Abb. 2: Definitionen von Risiken in Geschäftsberichten per 31.12.2000

Die weitere Entwicklung der Definitionen, Modelle und Messverfahren wird sich auch mit der Trennschärfe der einzelnen Instrumente und Risikoarten zu befassen haben. Beispielhaft kann hier das Verwertungsrisiko der Sicherheiten im Kreditgeschäft angeführt werden. Aus heutiger Sicht werden die Banken künftig doppelt mit Eigenkapital belastet werden:

- Mittels des so genannten w-Faktors sollen Schwächen in der zeitnahen Sicherheitenverwertung und vertraglichen Ausgestaltung bei der Messung des Kreditrisikos im Standardansatz in Anrechnung gebracht werden (eigentlich »Prozessrisiken« und »Rechtsrisiken« – keinesfalls aber »Kreditrisiken«)
- Der Ausfall in Höhe des fehlenden Sicherheitenerlöses aufgrund von menschlichem Versagen muss klassischerweise dem Bereich »Operationelles Risiko« zugerechnet werden.

Unabhängig davon stellt sich die Frage, ob und wie eine »gerechte Verteilung« des tatsächlich eingetretenen Ausfalles auf die einzelnen Risikoarten erfolgen kann.

Zur Quantifizierung werden versicherungsmathematische Modelle herangezogen, da »dieser Ansatz in der Versicherungswirtschaft schon seit geraumer Zeit für die Bewertung von Teilen der hier betrachteten Risiken verwendet wird«.[11]

Letztendlich publizieren lediglich zwei Institute die Bereitstellung von »Ökonomischem Kapital« auf die Operationellen Risiken. Man ist sich bewusst, dass gerade die ersten Ergebnisse der Quantifizierung in diesem frühen Entwicklungsstadium höhere Unsicherheiten zu den etablierten Risikoarten aufweisen und somit institutsübergreifend kaum vergleichbar sind[12]. Trotzdem vermittelt gerade diese Verteilung des Kapitals auf die verschiedenen Risikobereiche eine Einschätzung des Umfangs von Operationellen Risiken in den bereits publizierenden Instituten.

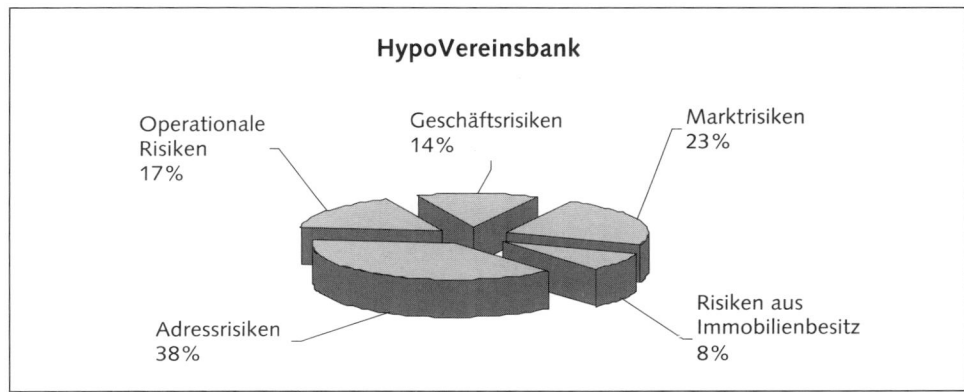

Abb. 3: Risikoaufteilung des ökonomischen Kapitals auf diverse Risikoarten (Hypovereinsbank)

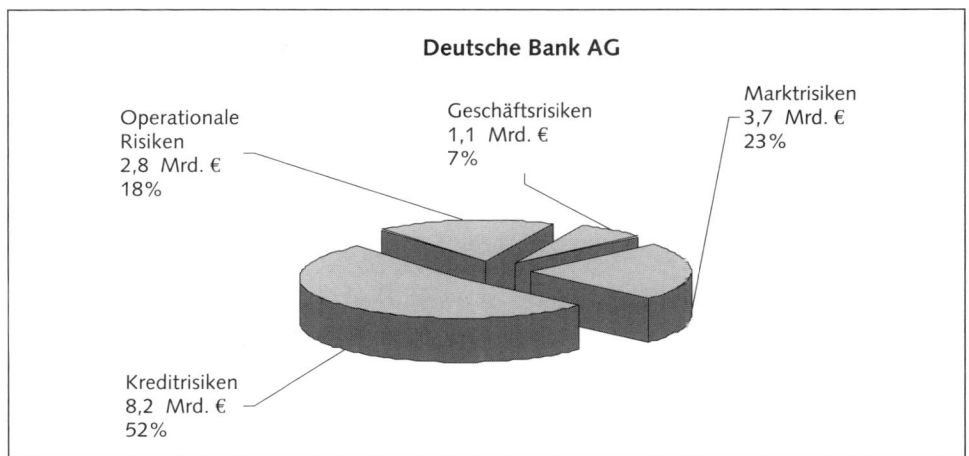

Abb. 4: Risikoaufteilung des ökonomischen Kapitals auf diverse Risikoarten (Deutsche Bank AG)

11　Vgl. HypoVereinsBank, S.145
12　Vgl. HypoVereinsBank, S.145

Die Informationen über die Revisionstätigkeiten zum Thema »Risikomanagement« sind in den Geschäftsberichten sehr heterogen dargestellt. Diese reichen von der Aussage: »Die Revision überwacht die Einhaltung der internen Kontrollen unter Beachtung interner und aufsichtsrechtlicher Aspekte«[13] bis hin zum detaillierten Verweis auf die Prüfung eines »Control-Self-Assessment«-Verfahrens[14]. Prüfungsansätze im Rahmen des Risikomanagementsystems werden in Kapitel 6 dezidiert beschrieben.

»Das BAKred kommt zu dem Fazit, sich künftig noch mehr als bisher bei den einzelnen Instituten überzeugen zu müssen, ob deren Management, Organisation sowie interne Systeme zur Risikoerfassung, -steuerung und -kontrolle im Hinblick auf Umfang und Komplexität der Geschäfte, die damit verbundenen Risiken und die jeweilige Unternehmensstruktur angemessen sind.«[15]

Wo liegt aber nun die Aufgabenstellung der Revision? Diese ist aus ihrem bisherigen Tätigkeitsfeld als Kontroll- und Überwachungsstelle der Geschäftsleitung geradezu prädestiniert, durch ihre speziellen Kenntnisse über die einem Institut innewohnenden Operationellen Risiken, diese transparenter und handhabbarer zu machen. Die Abbildung 5 soll ihre Stellung im Rahmen des Risikomanagementsystems vor Augen führen. Die Revision hat hier im Rahmen der Projektbegleitung die Einführung *aller* Teilprozesse zu überwachen.

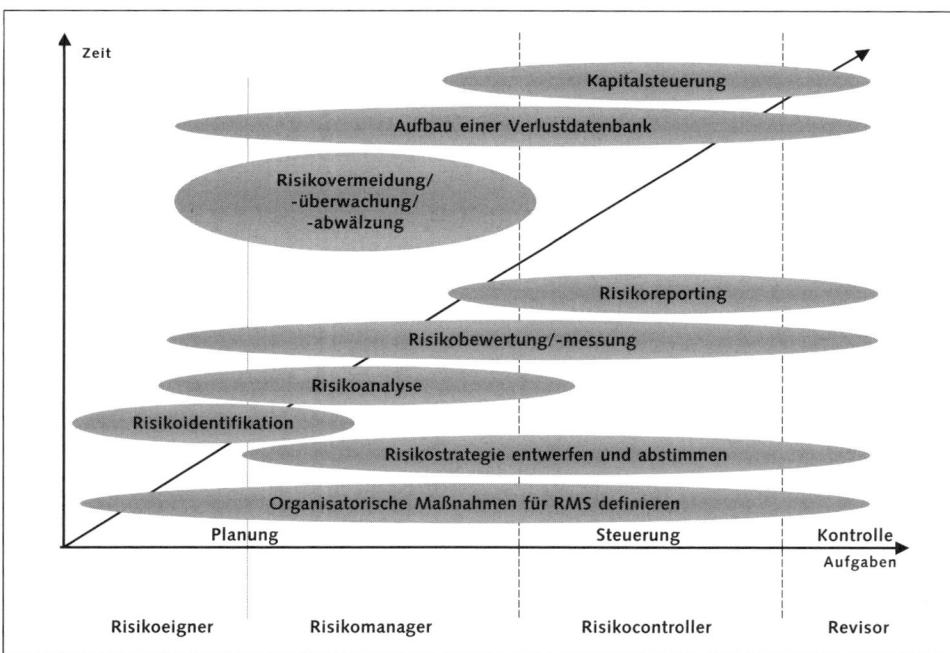

Abb. 5: Implementierung eines Risikomanagementsystems

---

13 Vgl. Deutsche Bank AG, S. 138
14 Vgl. HypoVereinsBank, S. 146
15 Vgl. van Gisteren (2000), S. 606

4 Der Planungsprozess: Umsetzung in die praktische Revisionsarbeit

4.1 Grundlagen

Die Planung der einzelnen Revisionshandlungen ist mitentscheidend für den Erfolg einer Revisionsabteilung. Gute Ergebnisse sind nur erzielbar, wenn sich der einzelne Revisor intensiv, aber risikoadjustiert mit dem zu prüfenden Revisionsobjekt auseinandersetzt. Ziel der Planung muss es sein, systematisch die verschiedenen Prüfgebiete zu bearbeiten und somit durch die Präventivwirkung der Revisionsabteilung u.a. Operationelle Risiken schon im Ansatz zu vermeiden.

Der Gesetzgeber legt für die Planung klare Regeln fest, sodass ein »umfassender und jährlich fortzuschreibender Prüfungsplan« zu erstellen ist. »Alle Betriebs- und Geschäftsabläufe sowie die ausgelagerten Bereiche des Kreditinstituts sind in angemessener Zeit, grundsätzlich innerhalb von drei Jahren, zu prüfen« [16]. Sofern besondere Risiken in einem Bereich zu erwarten sind, ist zumindest jährlich zu prüfen. Dieser Turnus von ein- bzw. dreijährigen Prüfungsintervallen orientiert sich somit an den bereits bekannten Zyklen der »Mindestanforderungen an das Handelsgeschäft der Kreditinstitute«[17].

Aus dem Selbstverständnis der Revision, als von der Geschäftsleitung beauftragte Stelle zur Unternehmensüberwachung, ergibt sich konkludent die Tatsache, dass sämtliche Prüfungsplanungen von der Geschäftsleitung zu genehmigen sind.

»Die Tätigkeit der Internen Revision basiert auf einem umfassenden und jährlich fortzuschreibenden Prüfungsplan.«[18] Dieser hat sicherzustellen, dass alle relevanten Prüfungsobjekte »vollständig erfasst, ausreichend kontrolliert, in angemessenen Zeitabständen berücksichtigt, zu bestimmten Zeitpunkten bzw. in vorgegebenen Intervallen ordnungsgemäß überwacht, von qualifizierten und erfahrenen Revisoren geprüft, sachgerecht beurteilt und fristgerecht abgeschlossen werden.«[19]

In der Praxis wird man feststellen, dass genau diese Aufgabe eine komplexe Analyse der verschiedensten Faktoren verlangt. Man sollte sich hierbei der Netzplantechnik und der Methodiken der Projektplanung[20] bedienen.

Eine vom Einzelprüfobjekt ausgehende Bottom-up-Analyse bietet den Vorteil, hier auf einen Teilbereich bezogen, Vorstellungen über den Ablauf einer konkreten Prüfung zu erhalten. Durch Festlegung von Prüfungszeiten sowie Risiko-Benchmarks zu jedem einzelnen Prüfobjekt kann in Addition sehr schnell der Bedarf und die Kapazität der Revision geplant werden. Durch anschließende Bündelung von Teilrevisionen kann eine optimale Anpassung an die strategische Ausrichtung der Gesamtrevision erfolgen.

---

16 Vgl. BAKred, MAI, Ziffer 24
17 Vgl. BAKred, MAH, Ziffer 5
18 Vgl. BAKred, MAI, Ziffer 24
19 Vgl. Hofmann (1994), S. 201
20 weitere Informationen siehe hierzu Lück (2001), S. 201

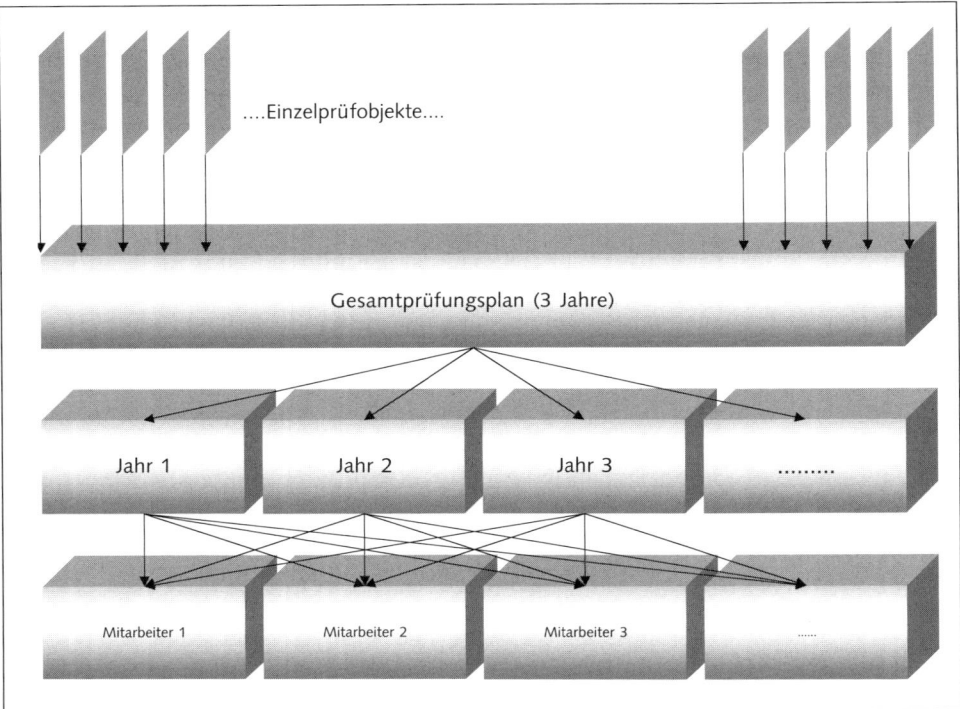

Abb. 6: Schematischer Ablauf einer Prüfungsplanung anhand des vorgestellten Datenbankmodells

Sofern man die Prüfungstätigkeit auf diese Weise in für die Revisionspartner und Mitarbeiter handelbare Objekte aufteilt, wird man feststellen, dass sich auch in kleinen Häusern Prüfobjekte in einer Größenordnung von 300 Stück aufwärts ansammeln. Es bietet sich geradezu an, diese Informationen in einem Datenbankmodell abzulegen. Das nachfolgend dargestellte Modell basiert auf einer Programmierung unter Standardsoftware (MS Access) und ist seit ca. drei Jahren in einem Institut im operativen Einsatz.

4.2   Modellierung

Die Grundkonzeption dieser Datenbank setzt das oben beschriebene Verfahren durch Sammeln aller Prüfobjekte im langfristigen Prüfungsplan voraus. Diese Objekte werden wiederum einer jährlichen Prüfung und anschließend den verantwortlichen Mitarbeitern zugeordnet. Ein Vorschlag für eine derartige Datenbasis ist in Abbildung 7 dargestellt.

Datenfeld	Beschreibung	Beispiel
Prüfungsobjekt	Verbale Beschreibung des Hauptprüfungsthemas; dient gleichzeitig als „Darstellung des	Rechtliche Grundlagen
Unterprüfobjekt	Definition weiterer Teilaspekte	Prokura, Handlungsvollmacht, Eintragung Registergericht,...
Prüfungsbereich	Erfassung der Organisationseinheit mit weiterer Untergliederungsmöglichkeit	Rechtsabteilung, Grundlagenreferat
Sollprüfungszeit	Bestimmung der voraussichtlichen Prüfungszeit inkl. aller administrativen Faktoren wie Vorbereitung, Schlussbesprechung, Berichtslegung	x Tage
Revisionshandbuch	Methoden und Arbeitsmittel, aber auch Archivierung von Notizen zum Prüfungsthema	Evtl. auch Betrachtung des Themas §24 KWG
Mitarbeiter	Erfassung des verantwortlichen Revisionsmitarbeiters	Teamleiter D
Erfassung des Prüfungsteams		Teamleiter: A; Teammitglieder: A,C,D
Risiko KZ	Benchmarks für die Risikogewichtung	RisikoKennziffer: 5 - unkritisch
Häufigkeit	Prüfungsintervalle	3-jährig
Kennzeichen	Es besteht die Möglichkeit, Pflichtprüfungen oder MaH besonders zu kennzeichnen.	
Prüfungsmethodik	Hier wird bereits im Vorfeld definiert, mit welchem methodischen Ansatz die Prüfung durchgeführt werden soll.	Stichprobenprüfung, Systemprüfung, Funktionsprüfung

Abb. 7: Beispieldatensatz mit Erläuterungen

Hinsichtlich der Planung sind die Vorgaben des BAKred zu beachten, dass »Art, Umfang, Häufigkeit und Methoden der Prüfung gewährleisten müssen, dass die Prüfungsergebnisse über den Grad der Ordnungsmäßigkeit und Zweckmäßigkeit innerhalb des jeweiligen Prüfungsgebiets Aufschluss geben.«[21]

Die erfassten Daten sind sehr komfortabel, insbesondere für die Verdichtung von Prüfungsplanzeiten und Risikobetrachtungen, auswertbar. Es kann auch ein Layout für die Genehmigung der Geschäftsleitung sowie zu Dokumentationszwecken erzeugt werden.[22]

Zu jedem Prüfobjekt existiert eine Selektionsmöglichkeit ☑, um diesen Datensatz dem aktuellen oder nächstjährigen Jahresplan zuzuführen. Auf dieser Basis können dann Planungen für die Folgejahre erfolgen. Daneben ist die Erfassung von projektbezogenen Prüfungen ebenso möglich wie von Restkapazitäten für Sonderprüfungen[23], Mitarbeiterfortbildung oder administrativen Tätigkeiten.

Der Jahresprüfungsplan bietet für die Mitarbeiter der Revisionsabteilung das EDV-technische Mittel bei der täglichen Arbeit. Nachdem das zu bearbeitende Prüfungsobjekt ausgewählt wurde, können hier Prüfungsaufträge, Berichte, Maßnahmenkataloge, Übersichten für Arbeitspapiere, etc. erzeugt werden. Dies setzt natürlich eine Pflege weiterer Daten (beispielsweise Berichtsdatum, Schlussbesprechung, etc.) voraus. Einen Überblick über die Eingabemaske bietet Abbildung 8.

---

21 Vgl. BAKred, MAI, Ziffer 28
22 Vgl. BAKred, MAI, Ziffer 24
23 Vgl. BAKred, MAI, Ziffer 26

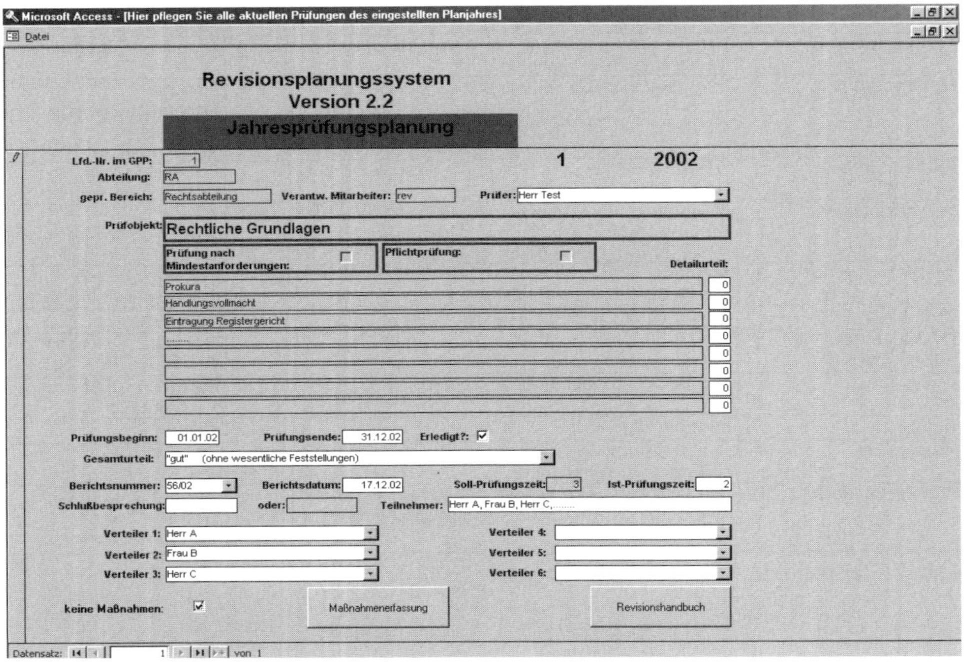

Abb. 8: EDV-Maske Jahresprüfungsplanung

Die Datenbank enthält ein Berichtslayout, anhand dessen sich der Empfänger effizient über die gesamte Prüfung informieren kann.

»Über jede Prüfung muss von der Internen Revision zeitnah ein schriftlicher Bericht angefertigt und grundsätzlich den zuständigen Mitgliedern der Geschäftsleitung vorgelegt werden.(...) Dabei sind die Prüfungsergebnisse zu beurteilen; (...).«[24]

Es kommen standardisierte Prüfungsurteile zum Einsatz, welche sprachlich der Diktion der Mindestanforderungen (wesentliche/schwerwiegende Feststellungen bzw. Mängel)[25] angepasst wurden. Auf diese Art und Weise sind die in den Mindestanforderungen beschriebenen Eskalationsstufen bei nicht befriedigenden Prüfungsergebnissen, beispielsweise auch für den Jahresbericht nach Mindestanforderungen, datentechnisch abbildbar.

»Die Interne Revision hat die zügige Beseitigung der bei der Prüfung festgestellten Mängel und die Umsetzung von Empfehlungen in geeigneter Form zu überwachen und aktenkundig zu machen; gegebenenfalls ist hierzu eine Nachschauprüfung anzusetzen. Die dafür zu beachtende Vorgehensweise ist in den Rahmenbedingungen zu beschreiben.«[26]

---

24 Vgl. BAKred, MAI, Ziffer 31f.
25 Vgl. BAKred, MAI, Ziffer 12, 14, 22, 24, 31-34, 37, 47
26 Vgl. BAKred, MAI, Ziffer 36

Sämtliche Maßnahmen werden innerhalb der Datenbank hinsichtlich der mit den Fachabteilungen vereinbarten Terminsetzungen überwacht. Der betreffende Mitarbeiter erhält jeweils 7 Tage vor der entsprechenden »Mahnung zu noch nicht umgesetzten Maßnahmen« ein entsprechendes Informationsprotokoll. Zu diesem Zeitpunkt können die Daten durch den Revisionsmitarbeiter als erledigt gekennzeichnet, Informationen mit dem Fachbereich ausgetauscht oder der Mahnprozess angestoßen werden.

Darüber hinaus kann jederzeit nach diversen Kriterien, beispielsweise nach Fachbereich oder Erledigungsgrad, ausgewertet werden.

Zu jedem Prüfungsobjekt kann eine Erfassung der Ist-Prüfungszeiten erfolgen. Dabei sind selbstverständlich die Regelungen des Betriebsverfassungsgesetzes zu beachten.

5   Risikoorientierte Planung

Es wird explizit in den Mindestanforderungen gefordert, dass sich »die Prüfungshandlungen der Internen Revision im Sinne einer *risikoorientierten* Prüfung auf die Aufbau- und Ablauforganisation, das Risikomanagement und -controlling sowie auf das interne Kontrollsystem aller Betriebs- und Geschäftsabläufe des Kreditinstituts erstrecken, auch soweit diese auf andere Unternehmen ausgelagert sind«[27].

Hier wurden bereits in der Vergangenheit durch die Revisionsleitungen die Ressourcen schwerpunktmäßig dort verbraucht, wo größeres Risikopotenzial vorhanden oder zu erwarten war. In den wenigsten Fällen lagen jedoch bei mittleren und kleinen Instituten Risikomatrizen vor, aus denen die Prüfungsplanung risikoorientiert entwickelt werden konnte. Die Frage der Wesentlichkeit der Prüfung wurde in der Regel von dem Erfahrungsschatz der handelnden Personen, in der Regel des Leiters, bestimmt.

Gerade bei der im Zusammenhang mit KonTraG auftretenden Diskussion über Risikomanagementsysteme sollte im Rahmen der projektbegleitenden Einrichtung sowie der einsetzenden Prüfungen der installierten Systeme ein intensiver Erfahrungsaustausch zwischen Risikomanagement und Revision stattgefunden haben. Den Revisionsabteilungen sollten nun detaillierte Informationen über einen – häufig gemeinsam erarbeiteten – Risikoatlas vorliegen.

Schwierigkeiten werden sich aber immer wieder aus den verschiedenen Ansätzen der Revision und des Risikomanagements ergeben. Während bei der praktischen Revisionsarbeit heute die Prozesse betriebsübergreifend im Vordergrund stehen sollten, wird der Risikomanager aufgrund der Datenquellen häufig nach Organisationseinheiten operieren müssen.

---

27 Vgl. BAKred, MAI, Ziffer 27

Um schnellstmöglich – ohne statistische Auswertungen und die Einrichtung von Schadensfalldatenbanken – eine plausible Risikobetrachtung der operationellen und sonstigen Bankrisiken zu erhalten, entwickelten diverse Institute eine Expertenbefragung der Risikoeigner, nämlich der Mitarbeiter ihres Institutes. »Diese szenariobasierte-Verfahren sind einfach nachzuvollziehen, denn die Einschätzung wird durch die Experten in den Unternehmenseinheiten vorgenommen«[28].

Derartig strukturierte Self-Assessment-Methoden werden auch von den Banken, welche sich intensiv mit der Entwicklung von Messmethodiken befassen, parallel betrieben[29]. »Solche regelmäßigen Self-Assessments sind im Bereich der produzierenden Wirtschaft keineswegs neu. Dort zirkulieren seit Jahren unter den Begriffen »TQM«, »Kai-Zen« oder auch »Six Sigma« ähnliche Konzepte, die eine kontinuierliche Überwachung, Einhaltung und Verbesserung bestimmter Standards zum Ziel haben«.[30]

Eine Betrachtung der Risikostruktur der Prozesse über Schnittstellen hinweg kann erst in zweiter Linie und auch nur durch Kenner des Kreditinstituts erfolgen. Für die Auseinandersetzung mit dem Thema Risikomanagementsystem wurden aber häufig (mit Einführung durch KonTraG) Controller rekrutiert, die konsequenterweise bisher nicht über das gesamte Institut geblickt haben und über den meist jahrelangen Erfahrungsschatz der Revisoren nicht verfügen.

Die Revisionsabteilungen hingegen haben sich in der Vergangenheit selten mit der kompletten Sicht auf das Risiko beschäftigt. So wurden beispielsweise keine Prüfungen mit dem Fokus »Umfeldrisiken und Branchenrisiken – politische und rechtliche Entwicklung« durchgeführt.

In Zukunft wird man allerdings Systeme benötigen, die ein »Mappen« der verschiedenen Risikomatrizen der Risikocontroller und Revisoren ermöglichen. Ein Ansatz kann in diesem Zusammenhang sein, die in Kapitel 5.1 dargestellte Rechenlogik in punkto Indikatoren den in den Häusern üblichen Risikodefinitionen anzupassen. Sofern man aber diese Risiken nur auf einer hohen Aggregationsebene betrachtet, ergeben sich nicht mehr handelbare Stückzahlen von Indikatoren.

Als Beispiel sei auf den »Deutscher Rechnungslegungs Standard Nr. 5 E-DRS 5«[31] mit der Darstellung in Abbildung 9 (33 Indikatoren) verwiesen. Eine Betrachtung auf Einzelrisikoebene wird hingegen erst recht bei einer Stückzahl von deutlich über 100 keine Ergebnisse für die Revisionsplanung liefern können.

Unabhängig von der Analyseproblematik sollten jedoch Mappings von den Revisionsabteilungen angelegt werden. Es muss das Ziel sein, – unabhängig von der jährlichen Prüfung der grundsätzlichen Funktion des Risikomanagementsystems – einen Abgleich der Einschätzung der Risikoeigner mit den Revisionsergebnissen darzustellen.

---

28 Vgl. Anders (2001), S.445
29 Vgl. Deutsche Bank AG, S. 166 und HypoVereinsBank, S. 146
30 Vgl. Horn/Müller, S. 196
31 Vgl. DRSC – Anhang: A: Beispiel für eine Risikokategorisierung

In diesem Zusammenhang sollte die Abweichungsanalyse der Risikoeinstufungen zwischen Risikomanagement und Revision in den Revisionsberichten als Bestandteil der »Management Summary« ein zentrales Thema sein.

Dies ist umso mehr erforderlich, als den geprüften Einheiten immer öfter und immer tiefgehendere Informationen über die Risikolandschaft abverlangt werden. Neben den Revisionsabteilungen in klassischer Form rufen die Risikomanager, die Risikocontroller und die Wirtschaftsprüfer meist mit unterschiedlichen Methoden die Informationen ab. Hier muss es allen Beteiligten gelingen, die Informationsanforderungen und Berichte möglichst homogen darzustellen und abzurufen, um keine Frustration in den operativen Einheiten zu erzeugen.

Deutscher Rechnungslegungs Standard Nr. 5 E-DRS 5 Risikoberichterstattung	Entwurf Stand: 24. November 2000	Anzahl
I. Umfeldrisiken und Branchenrisiken	z. B.	6
1	Politische und rechtliche Entwicklung	
2	Umweltkatastrophen / Krieg	
3	Volkswirtschaftliche Risiken	
4	Verhalten der Wettbewerber	
5	Marktrisiko (Mengen- / Preisrisiko)	
6	Branchen- und Produktentwicklung	
II. Unternehmensstrategische Risiken	z. B.	5
7	Produktportfolio	
8	Beteiligungsportfolio	
9	Investitionen	
10	Standort	
11	Informationsmanagement	
III. Leistungswirtschaftliche Risiken	z. B.	6
12	Entwicklung	
13	Fertigung	
14	Beschaffung	
15	Vertrieb	
16	Logistik	
17	Umweltmanagement	
IV. Personalrisiken	z. B.	4
18	Personalbeschaffung	
19	Personalentwicklung	
20	Fluktuation	
21	Schlüsselpersonen	
V. Informationstechnische Risiken	z. B.	2
22	Datensicherheit	
23	Verfügbarkeit (Ausfall/Datenverlust)	
VI. Finanzwirtschaftliche Risiken	z. B.	5
24	Liquidität	
25	Wechselkurs	
26	Zinsänderung	
27	Wertpapierkursrisiken	
28	Kreditrisiko	
VII. Sonstige Risiken	z. B.	5
29	Organisations- und Führungsrisiken	
30	Rechtliche Risiken	
31	Besteuerung / Betriebsprüfungen	
32	Personengefährdung / Arbeitsschutz	
33	Steuerungs- und Kontrollsysteme	

Abb. 9: Beispiel für eine Risikokategorisierung

5.1 Praxisbeispiele

Risikoorientierte Planungen gehen von der Tatsache aus, dass Matrizen aus Prüfungsthemen und Indikatoren gebildet werden, die anschließend eine Risikoanalyse der Prüfgebiete in Form von Risikokennziffern ermöglichen. Dabei sollte man betonen, dass einzig und allein die *Reihenfolge* der Prüfthemen Ergebnis einer derartigen Betrachtung sein kann. Die einzelne Risikokennziffer verfügt nur über eine Aussagekraft in Relation zu weiteren Risikokennziffern. Die beiden Beispiele sollen die grundsätzliche Vorgehensweise vorstellen.

Die Prüfungsgebiete des Kreditinstitutes sind systematisch zu erfassen. Diese Darstellung liegt in der Regel in den Häusern schon vor. Daneben wurden 5 Risikoindikatoren bestimmt, die mit Bewertungsskalen in Form einer ABC-Analyse arbeiten. Zusätzlich wurden die Risikofaktoren einer Gewichtung unterworfen. Die Berechnungsmethodik sieht dann wie folgt aus:

Bewertungstool

	IT-Risiko	Komplexität	Qualitäts-aspekte	IKS	Personal-risiko
Personalabteilung	A	B	C	B	A
Marketing	B	C	B	C	C
Betrieb/Verwaltung	B	B	C	C	C
...					

A=hoch (3);
B=mittel (2);
C=niedrig (1)

Ausmultiplizieren,
Gewichtung und
Durchschnittbildung

	IT-Risiko	Komplexität	Qualitäts-aspekte	IKS	Personal-risiko	RisikoKZ
Gewichtung	4	5	2	5	3	
Personalabteilung	12	10	2	10	9	8,60
Marketing	8	5	4	5	3	5,00
Betrieb/Verwaltung	8	10	2	5	3	5,60
...						

Abb. 10: Risikoanalyse mittels eines einfachen Excel-Tools

Diese Analyse ist sicherlich sehr leicht individuell kalibrierbar und als Einzelplatzlösung oder bei kleinen Einheiten zu bevorzugen. Festzustellen ist jedoch, dass die Herleitung der Risikokennziffern aufgrund der geringen Datenmenge an ihre Grenzen stößt, da die Informationen sehr leicht bei der fehlerhaften Einschätzung eines einzelnen Punktes ein falsches Bild widerspiegeln. Außerdem hat jeder Revisor bei der Bewertung der Indikatoren eine eigene Vorstellung von den Themengebieten. Das Personalrisiko besteht für einen Bewerter in der Fluktuationsquote, für den anderen in der Mitarbeiterqualifikation.

Gerade in größeren Häusern sollte sowohl bei der Beurteilung der Themenge-biete als auch der Risikoindikatoren die Meinung der Spezialisten zu Rate gezogen werden. In diesem Zusammenhang bietet sich an, eine Datenbank zu program-mieren, die über eine ausreichend große Zahl von Indikatoren verfügt. Projekter-fahrungen zeigen, dass das Optimum bei einer Anzahl von Indikatoren im Bereich von 10 bis 15 zu sehen ist. Diese Zahl mag vom Aufwand her zunächst hoch erscheinen, kann jedoch mit einer gewissen Komfortabilität in der Programmierung erfahrungsgemäß leicht durchgearbeitet werden. Getreu dem »Gesetz der großen Zahl« werden hier in hinreichender Genauigkeit selbst im ersten Anlauf verblüf-fende Ergebnisse erzielt.

Hinsichtlich der Methodik ist eine Fragestellung mit möglichst präzise vorgege-benen Antworten empfehlenswert (siehe Abbildung 11).

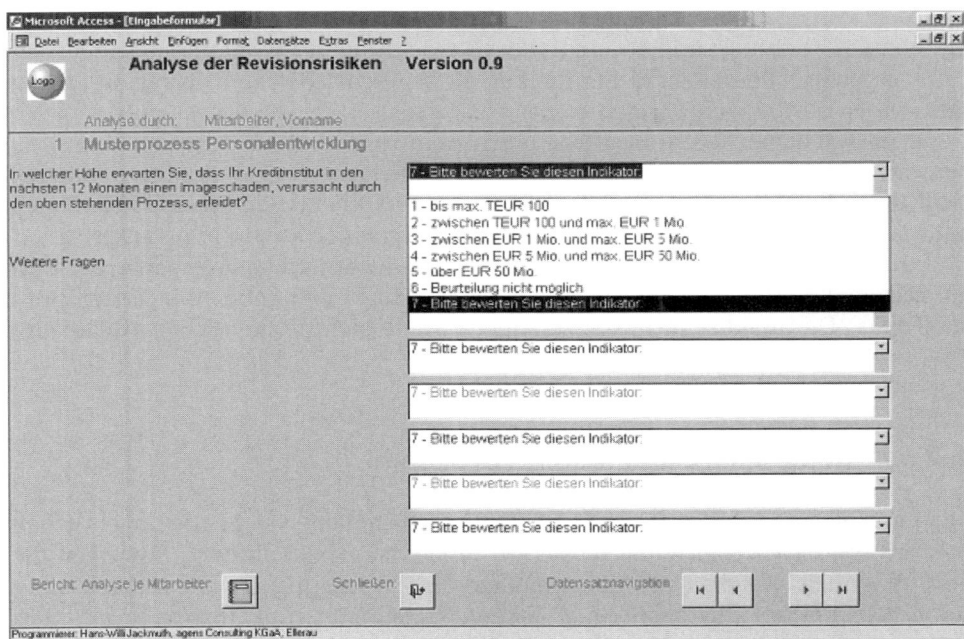

Abb. 11: Fragestellung zu Indikatoren-Beispiel

Durch diese methodische Vorgehensweise erreicht man in großen Gruppen eine relativ stringente Bearbeitung der Themen. An dieser Stelle soll nicht verschwie-gen werden, dass sich insbesondere Fragestellungen zu weichen Faktoren (Mit-arbeiterqualifikation, Strategiebeurteilungen, etc.) einer mathematisch genauen Definitionsausprägung entziehen.

Sofern auf Standarddatenbanken zurückgegriffen wird (beispielsweise MS Access), steht der einmalige Programmieraufwand sicherlich im Verhältnis zu den Ergebnissen (Erfassung, Programmierung und Erstanalyse unter 5 Tagen).

6   Prüfung eines Risikomanagementsystems

Als Grundlage dieser Ausführungen wird die Grundsystematik des Standards IIR Nr. 2, welcher allerdings explizit *nicht* für Banken gedacht ist, herangezogen.[32]

6.1   Ausgangspunkt, Ziel und Umfang der Prüfung sowie Prüfung der Konzeption und der Organisation

Ausgangspunkt der Prüfung muss die verabschiedete Risikostrategie sein. In allen Häusern sollten Risikohandbücher vorliegen, die den Prozess des Risikomanagements in der Tiefe beschreiben. Der erste Prüfungsansatz wird sich also aus den vorliegenden Dokumentationen über die Beschlüsse der Geschäftsleitung zur Einrichtung und strategischen Ausrichtung des Risikomanagementsystems ergeben. Hierbei sollte die Risikopolitik beschrieben und in regelmäßigen Abständen aktualisiert worden sein.[33]

In der täglichen Revisionsarbeit macht man häufig die Erfahrung, dass Systeme zwar gelebt, aber nicht ausreichend dokumentiert werden. In einem weiteren Schritt werden der Umfang und die Inhalte der Dokumentation im Risikohandbuch und die tatsächliche Umsetzung im Unternehmen einer Kontrolle unterzogen.

Darüber hinaus steht der Umgang mit den Frühwarnindikatoren sowie das ordnungsgemäße Erheben der Risiken nebst Reporting in den definierten Zeitfenstern im Fokus. Die praktische Prüfungstätigkeit sollte sich am zeitlichen Ablauf des Prozesses Risikomanagement ausrichten.

6.2   Prüfung der vollständigen Erfassung

»Es muss sichergestellt sein, dass das Risikomanagementsystem alle wesentlichen Risiken erfasst.«[34] Hier wird es in erster Stelle darauf ankommen, inwieweit die Informationen, welche dem Risikomanager zur Verfügung gestellt wurden (aber auch dem Revisor zur Verfügung stehen), vollständig sind. Insbesondere weitreichende strategische und geschäftspolitische Entscheidungen sind häufig von einer solchen Brisanz, dass der Kreis der informierten Personen möglichst eng gefasst wird.

Die Interviewbögen der Befragungen von risikotragenden Abteilungen sind dabei oftmals aufgrund der anfallenden Menge nur schwer zu analysieren. Aus diversen Gesprächen mit Revisionsleitern ergab sich häufig das Bild, dass bei Start der Systeme Excel-Sheets eingesetzt wurden, die aufgrund der Struktur (ca. 50-70 zu bewertende Risiken je Risikoeigner) einen erheblichen »Datenwust« produzier-

---

32 Vgl. IIR, S. 152ff.
33 Vgl. IIR, S. 153, Ziffer 11
34 Vgl. IIR, S. 154, Ziffer 17

ten. Gerade hier muss im Sinne der Ordnungsmäßigkeit und Nachvollziehbarkeit ein Beratungsansatz der Revision zur Lösung mittels überprüfbarer Datenbanken gesucht werden.

Mit ähnlichen Begründungen werden auch detaillierte IT-gestützte Risikomanagementsysteme vom Markt gefordert: »Der Risikomanager ist in erster Linie ein Manager von Informationen. Bei seiner täglichen Arbeit ist er einer Fülle von unterschiedlichen Informationen ausgesetzt. Die für seine Aufgabe erforderlichen Informationen existieren jedoch in der Regel in den unterschiedlichen Unternehmensbereichen. Es mangelt lediglich an der koordinierten Erfassung, Speicherung, Verarbeitung und Bereitstellung. Ein Risikomanagement-Informationssystem soll deshalb u.a. einen reibungslosen Informations- und Kommunikationsfluss zwischen den beteiligten Funktionen sicherstellen.«[35]

»Für ein System besteht die Anforderung, dass es operational (eindeutig und messbar), konsistent, transparent, aktuell, vollständig, ehrgeizig anspruchsvoll und realistisch ist«.[36]

Die HypoVereinsBank hat in ihrem Risikobericht per 12/2000 ein Control-Self-Assessment beschrieben, welches »auf Basis individueller Risikoprofile Qualitätsscores ermittelt, die einerseits im quantitativen Ansatz Berücksichtigung finden, andererseits einen schnellen und umfassenden Einblick in die Risikosituation der Bereiche und deren Maßnahmenpläne zur Risikominimierung ermöglichen und somit ein wichtiger Bestandteil des Frühwarnsystems für wesentliche Risiken sind.«[37]

Eine weitere Prüfung gilt der vollständigen Erfassung aller risikotragenden Einheiten – auch des Zahlenmaterials eventueller Tochtergesellschaften. Darüber hinaus sollte der Prüfer sein Augenmerk darauf richten, inwieweit aktuell neu identifizierte Risiken unterjährig in den Gesamtprozess einfließen.

6.3 Beurteilung der Risikoanalyse und der Risikobewertung

Sofern Interviews mit den Risikoeignern durchgeführt wurden, empfiehlt sich eine stichprobenartige Nacherhebung mit den Arbeitsmitteln des Risikomanagers, um ein »Feeling« für die Sichtweise der Risikoeigner, aber auch für die Interviewqualität zu entwickeln. Zudem sollte die Risikomeinung durch die Risikoeigner auf einer breiten Basis durch Mitarbeiter unterschiedlichster Hierarchieebenen gebildet werden. Insofern erhält man vor Ort in den operativen Einheiten einen guten Einblick über die Auseinandersetzung mit dem Thema Risiko. Gerade die Kommunikation des Themas Risiko und die einheitliche Bewertung ist bei der Aggregation auf Gesamtbankebene entscheidend, um der Unternehmensleitung optimale Steuerungsimpulse zu übermitteln.

---

35 Vgl. RiskNews, S.5
36 Vgl. Weitekamp, S. 1758
37 Vgl. HypoVereinsBank, S. 146

Die qualitative Beurteilung und quantitative Bewertung bilden einen nächsten Abschnitt der Prüfungshandlungen. Soweit nicht bereits in den unterjährigen Prüfungen geschehen, sollte die Revision die Datenplausibilität verproben und in Stichproben einzelne Bewertungen nachvollziehen. Dabei kommt den Prüfern zugute, dass in der Vergangenheit immer das gesamte Kreditinstitut und damit prozessübergreifend die Risiken bei der Revisionsarbeit analysiert wurden.

Auch sollten die durchgeführten Aggregationen des Risikomanagers plausibilisiert und in Stichproben nachbewertet werden. Die Häufigkeit der Risikoerhebungen und damit die Aktualität der Risikoaggregation ist ebenfalls Gegenstand der Prüfungstätigkeit.

Aufgrund der Mindestanforderungen an das Handelsgeschäft stehen den Kreditinstituten seit längerem Risikomesssysteme zur Verfügung, welche die Risiken aus den mit den Handelsgeschäften verbundenen Marktpreisrisiken erfassen und quantifizieren.[38] An dieser Stelle ist für die Betrachtung relevant, inwieweit die unterschiedlichen Risikoreportings zusammengreifen oder hier redundante Systeme gefahren werden.

6.4   Beurteilung der Maßnahmen

Gerade mit dem Thema »Follow-Up« erreichen wir das Herzstück der revisorischen Tagesarbeit. Bei der Revisionstätigkeit erzielt man nur Erfolge, wenn die aufgedeckten Verbesserungspotenziale auch in die Praxis umgesetzt werden.

Die vorgeschlagenen Maßnahmen des Risikoeigners zur Risikobegrenzung sind daher in den operativen Einheiten einem kontinuierlichen Überwachungsprozess zu unterziehen, damit dies auch erreicht werden kann.

Aufgabe der Revision an dieser Stelle ist es also, in Stichproben zu überprüfen, ob die vorgeschlagenen Maßnahmen (Kontrollen, Versicherungen, etc.) sinnvoll sind und tatsächlich greifen. Auch dürfte in einem weiteren Schritt die Betrachtung im Mittelpunkt stehen, welche Informationsprozesse zwischen Risikoeigner und Risikomanager bei der Maßnahmenumsetzung ablaufen. Nicht durchgeführte Maßnahmen müssen theoretisch zu einer Erhöhung der Risikoposition und damit eventuell zu einer Meldung im Rahmen des Frühwarnsystems führen.

7   Umsetzung in die tägliche Revisionspraxis

Die Zukunft muss darin bestehen eine datentechnische Verknüpfung zwischen den Welten des Risikomanagements und der Revisionsabteilung herzustellen. Gerade die Operationellen Risiken zählen zu den klassischen Themengebieten der Revision.

---

38 Vgl. BAKred, MAH, Ziffer 3

Das betriebswirtschaftliche Verständnis für die innovativen Ansätze einer Steuerung dieser Risiken muss in den Revisionsabteilungen weiterentwickelt werden. Die Revisoren müssen die vielfältigen Wirkungsweisen und Auswirkungen auf das Kreditinstitut verstehen, um eine effektive Prüfungstätigkeit zu gewährleisten und so den Prüfungserfolg sicherzustellen.

Um gerade dies zu erreichen, sollten die Revisionsabteilungen die Methodiken, Techniken und das Know-how ständig weiterentwickeln und optimieren. Das Personalprofil, welches sich aus den wechselnden Anforderungen ergibt, wird sich immer mehr an der Dienstleistung »Revision« auszurichten haben. Die Fähigkeiten des Revisors von heute »bestehen sowohl in einer umfassenden fachlichen Qualifikation als auch in einer persönlichen Eignung der Mitarbeiter zur Durchführung von Beratungsleistungen«.[39] Darüber hinaus sollte dieses vorhandene Know-how auch durch Marketingmaßnahmen der Revisionabteilungen in den Häusern kommuniziert werden.

Präsentationen – beispielsweise zum Thema »Interne Kontrollen in operativen Einheiten« oder »Das Risikomanagementsystem aus Sicht der Internen Revision« – sollten für Führungskräfte durchgeführt werden. Ziel muss es bei derartigen Veranstaltungen sein, den Fachabteilungen das vorhandene Know-how für interne Beratungen zu präsentieren. Auf diese Weise kann schrittweise der Anspruch an eine moderne Revision als Consulting-Einheit im Unternehmen auch den potenziellen Auftraggebern nahegebracht werden.

Wenn dieser Anspruch existiert, müssen sich die Revisionsabteilungen aber auch analog den externen Beratungsunternehmen messen lassen. Im Folgenden soll daher versucht werden, den Ansatz »Balanced Scorecard« auf die Revision zu übertragen.

7.1 Versuch einer Übertragung des Ansatzes »Balanced Scorecard« auf die Interne Revision

Das »ausgewogene Kennzahlensystem« – wörtlich übersetzt – wird als ganzheitlicher Ansatz zur Steuerung von komplexen Zusammenhängen in Unternehmen verstanden und wurde in den USA durch Kaplan/Norton entwickelt. »Eine Balanced Scorecard fasst jene Informationen zusammen, die für die strategische Bedeutung eines Unternehmens wirklich wichtig sind.«[40] Um dies zu erreichen, werden alle relevanten Informationen – nebst Messgrößen und Zielen –, welche zum Erfolg des Unternehmens wichtig sind, in einer Matrix auf einer Seite dargestellt.

Dieser Ansatz kann auch bei der strategischen Ausrichtung der Revisionsabteilung wertvolle Dienste leisten. Es soll der Versuch unternommen werden, die wesentlichen Perspektiven aus der Sicht des Unternehmens »Revision« zu betrach-

---

39 Vgl. Hunecke (2001), S. 81
40 Vgl. Friedag/Schmidt (1999), S. 19

ten. Ob anschließend wirklich eine Messung über Scores erfolgen sollte, kann der Fantasie des Lesers überlassen bleiben.

»Grundlage jeder Arbeit mit der Scorecard sind Kommunikation und Vertrauen.«[41] In den Revisionsabteilungen sollten gemeinsam mit allen Mitarbeitern die zu erreichenden Ziele und Wege erarbeitet und kommuniziert werden. Daher sollte sich die Revision so präsentieren, als würde sie in eine Kundenbeziehung treten. Fragestellungen aus Sicht des Gesamtunternehmens können nahtlos auf die Einheit »Revision« übertragen werden:

Kundenperspektive
Stellt das Produkt »Revision« unter dem Blickwinkel Qualität, Service und Preis seine Auftraggeber (also Geschäftsleitung und Fachabteilung) zufrieden? Welches Image hat das Unternehmen »Revision« im Markt – also im Kreditinstitut? Wie stuft man die Transparenz der Leistungen und die Flexibilität der Revisionsabteilung ein? Benötigen die Revisionsberichte eine Gebrauchsanleitung? Stehen alle Mitarbeiter des Unternehmens »Revision« ihren Kunden für Beratungszwecke kommunikativ gegenüber?

Geschäftsprozessperspektive
Wird die Ausübung der Kontrollfunktion im Auftrag der Geschäftsleitung innerhalb des Unternehmens »Revision« schlank und effizient durchgeführt? In welchem Umfang werden Prüfungshandlungen am Bedarf, d.h. risikoadjustiert, ausgerichtet? Werden die Geschäftsprozesse der Revision unter dem Kriterium permanente Innovation angepasst? Besteht das Unternehmen »Revision« eine geschäftsprozessorientierte Revision durch Externe? Werden die Kunden über die Möglichkeiten der Revision und Beratung informiert? In welchem Umfang wird Revisionsmarketing betrieben? Werden Veranstaltungen, Rundschreiben, Intranet-Auftritte von dem Unternehmen »Revision« realisiert?

Mitarbeiterperspektive
Können die Mitarbeiter die Ziele des Unternehmens »Revision« umsetzen? Wie hoch ist die Mitarbeiterzufriedenheit und -motivation? Werden aus den Prüfungsaufträgen, aber auch aus der »normalen« Tätigkeit, genügend Verbesserungspotenziale entwickelt? Wie ist die informelle Kommunikationsfähigkeit in der Revision? In welchem Umfang erfahren die Mitarbeiter Fortbildungen und fühlen sich ausreichend unterstützt? Wird erworbenes Know-how zielgerichtet für die strategische Ausrichtung der Revision eingesetzt? Werden Kenntnisse im Team gebündelt, um das Ziel gemeinsam zu erreichen?

Schlüsse aus den verschiedenen Sichten
Weitere Perspektiven der Balanced Scorecard des Unternehmens »Revision« sind sicherlich leicht vorstellbar. Das tiefere Potenzial der Balanced Scorecard liegt in

---

41 Vgl. Friedag/Schmidt (1999), S. 83

ihrer Fähigkeit, den Kommunikationsprozess zu fördern. »Das Medium dient als Mittel, komplexe Zusammenhänge darzustellen. Als Mittel, zu motivieren. Und eine hochmotivierte Mannschaft, ist noch immer das wichtigste Kapital, das ein Unternehmen hat.«[42]

Inwieweit sich der Aufwand für das Unternehmen »Revision« lohnt, hier Kennzahlen zu erheben und diese auch zu »leben«, bleibt sicherlich der praktischen Umsetzung überlassen. Es sollte an dieser Stelle aber ein Weg aufgezeigt werden, die Revisionsstrategie im Mitarbeiterteam zu kommunizieren und somit neue Motivationspotenziale zu heben.

8   Ausblick

Die Revisionsabteilungen müssen durch aktive Begleitung den Prozess des Risikomanagements unterstützen. Die Zielrichtung des Risikomanagements liegt dabei auf einer Steigerung des Unternehmenswertes durch Generierung eines Added-Value. Hierzu bedarf es einer Steuerung der Operationellen Risiken – in letzter Konsequenz mit kapitaladjustierten Limiten –, einer Optimierung der Unternehmensprozesse sowie der Optimierung des Maßnahmencontrollings in den Risikomanagementeinheiten.

Für die Revisionsabteilungen heißt dies, neben der klassischen Revisionsarbeit der »Kontrolle und Überwachung«, in stärkerem Maße eine Professionalisierungsstrategie in Richtung einer internen Unternehmensberatung zu beschreiten. Ansätze dazu können in einem Ansatz der »Balanced Scorecard« für das Unternehmen »Re*VISION*« gefunden werden.

Bei allen Sichten auf diese Themen sollte aber ein Gedanke von Reinhard Mohn im Vordergrund stehen:

»Die Ablehnung eines Risikos ist für ein Unternehmen das größte Risiko«.

Das chinesische Schriftzeichen für Krise setzt sich aus den Teilen Risiko und Chance zusammen. Revision sollte nicht den Blick auf das *Risiko*management richten, sondern das *Chancen*management im Blickwinkel haben. Nur dann wird die Revisionsarbeit von Erfolg gekrönt sein.

---

42 Vgl. Friedag/Schmidt (1999), S. 18

Literatur

Anders, Ulrich, Qualitative Anforderungen an das Management operativer Risiken, Die Bank, 442 ff., Bank-Verlag GmbH, Köln, 06/2001.

Basel Committee on Banking Supervision, No. 40, Framework for Internal Control Systems in Banking Organisations, September 1998.

Basel Committee on Banking Supervision, No. 42, Operational Risk Management, September 1998.

Basel Committee on Banking Supervision, No. 84, Internal audit in banks and the supervisor's relationship with auditors, August 2001.

Basel Committee on Banking Supervision, No. 86, Sound Practices for the Management and Supervision of Operational Risk, December 2001.

Bayerische Landesbank, Risikobericht per 12/2000, Internet-download von www.blb.de per 31.07.01.

Bundesaufsichtsamt für das Kreditwesen (BAKred), Mindestanforderungen an das Betreiben von Handelsgeschäften der Kreditinstitute (MAH), Verlautbarung, Berlin, 23.10.1995.

Bundesaufsichtsamt für das Kreditwesen (BAKred), Mindestanforderungen an die Ausgestaltung der Internen Revision der Kreditinstitute (MAI), Rundschreiben 1/2000, Berlin, 17.1.2000.

Commerzbank AG, Risikobericht per 12/2000, Internet-download von www.commerzbank.de per 31.07.01.

Deutsche Bundesbank, Überblick über Die Neue Basler Eigenkapitalvereinbarung, Übersetzung der Deutschen Bundesbank, Berlin, Januar 2001.

Deutsche Bundesbank, Die Neue Basler Eigenkapitalvereinbarung (Basel II), Monatsbericht, Berlin, April 2001.

DRSC Deutscher Standardisierungsrat e.V., Entwurf Deutscher RechnungslegungsStandard Nr. 5 – E-DRS 5, Risikoberichterstattung, Stand: 24. November 2000, Internet-download von www.drsc.de per 01.12.01.

Dresdner Bank AG, Risikobericht per 12/2000, Internet-download von www.dresdnerbank.de per 31.07.01.

DG Bank AG, Risikobericht per 12/2000, Internet-download von www.dg-bank.de per 31.07.01.

Deutsche Bank AG, Risikobericht per 12/2000, Internet-download von www.deutschebank.de per 31.07.01.

Friedag, Herwig R./ Schmidt, Walter, Balanced Scorecard, Rudolf Haufe Verlag, Freiburg i. Br., 2. Auflage 2000.

Hofmann, Rolf, Prüfungs-Handbuch, Erich Schmidt Verlag, Berlin, 2. Auflage 2000.

Horn, Christian/ Müller, Christoph, Operational Risk Management: Anmerkungen zu Begriff, Methoden und Implementierung, Zeitschrift für das gesamte Kreditwesen, 194 ff., Fritz Knapp Verlag, Frankfurt, 04/2001.

Hunecke, Jörg, Interne Beratung durch die Interne Revision, Verlag Wissenschaft und Praxis, Sternenfels, 1. Auflage 2001.

HypoVereinsbank AG, Risikobericht per 12/2000, Internet-download von www.hvb.de per 31.07.01.

IIR Revisionsstandard Nr. 2, Prüfung des Risikomanagements durch die interne Revision, Zeitschrift Interne Revision (ZIR), 152 ff., Erich Schmidt Verlag, Berlin, 03/2001.

Kaufmann, Marcel/ Dröse, Günter, Operational Risk Management: Risikotransfer durch Versicherung, Die Bank, 788 ff., Bank-Verlag GmbH, Köln, 11/2000.

King, Jack K., Operational Risk, John Wiley & Sons Ltd., Chichester, 1. Auflage 2001.

Korndörfer, Wolfgang/ Peez, Leonhard, Einführung in das Prüfungs- und Revisionswesen, Dr. Th. Gabler Verlag, Wiesbaden, 3. Auflage 1993.

Landesbank Baden-Württemberg, Risikobericht per 12/2000, Internet-download von www.lbbw.de per 31.07.01.

Lang, Rüdiger, u.a., Interne Revision 2001 in der Versicherungswirtschaft, Kommission »Interne Revision« des Gesamtverbandes der Deutschen Versicherungswirtschaft e. V. (GDV), download von www.revisions-welt.de per 31.07.01.

Lück, Wolfgang (Hrsg.), Lexikon der Internen Revision, R. Oldenbourg Verlag, München/ Wien, 2001.

Lück, Wolfgang, Managementrisiken im Risikomanagementsystem, Der Betrieb, 1473 ff., Verlagsgruppe Handelsblatt GmbH, Düsseldorf, 07/2000.

Peemöller, Volker / Richter, Martin, Entwicklungstendenzen in der internen Revision, Erich Schmidt Verlag, Berlin, 2000.

RiskNews, e-Risk Management, Ausgabe 03/2001, Internet-download von www.risknews.de per 03.07.01.

Romeike, Frank, IT Risiken und Grenzen traditioneller Risikofinanzierungsprodukte, Zeitschrift für Versicherungswesen, 603 ff., Dr. R. Mathern Verlag, Hamburg, 09/2000.

van den Brink, Gerrit, Operational Risk, Schäffer-Pöschel Verlag, Stuttgart, 1. Auflage 2001.

van Gisteren, Roland, Grundzüge des Operational Risk Managements aus Sicht des Intellectual Capital Management, Eller, Roland/Gruber, Walter/Reif, Markus: Handbuch Gesamtbanksteuerung, Schäffer-Pöschel Verlag, Stuttgart, 1. Auflage 2000.

Westdeutsche Landesbank, Risikobericht per 12/2000, Internet-download von www.westlb.de per 31.07.01.

Weitekamp, Katja, Chancen-/Risikomanagement als Führungsaufgabe aus Sicht der Internen Revision, Versicherungswirtschaft, Heft 24/1997, S. 1756ff., Verlag Versicherungswirtschaft Karlsruhe eV, Karlsruhe, 1997.

Teil III:
Implementierung eines Controlling- und Risikomanagementsystems für Operationelle Risiken

Identifikation und Analyse Operationeller Risiken in Banken und Sparkassen unter Berücksichtigung aufsichtsrechtlicher Anforderungen

Ingo Wiedemeier*

* Dr. Ingo Wiedemeier ist Direktor Kreditportfoliomanagement/Zentrale Kreditabteilung der Sparkasse Hanau

1   Einführung

Selten hat eine beabsichtigte Reform eines bestehenden Akkords durch den Basler Ausschuss für Bankenaufsicht für ein derartiges Aufsehen gesorgt. Während der Konsultationsphase haben sich mit Blick auf die Ablösung des Eigenkapital-Akkords von 1988 neben den Vertretern von Banken und Sparkassen auch zahlreiche Firmen- und Gewerbekunden bezüglich des zurzeit vorliegenden Entwurfs des Basler Akkords[1] bisweilen äußerst kritisch in der Öffentlichkeit geäußert und damit die Aufmerksamkeit der Diskussionen verstärkt. Mit dem aktuellen Konsultationspapier verfolgt der Basler Ausschuss für Bankenaufsicht (BCBS, Basel Committee on Banking Supervision), ein aus Vertretern der Notenbanken und Aufsichtsbehörden der Zehnergruppe und Luxemburg zusammengesetztes Gremium mit ständigem Sekretariat bei der Bank of International Settlement (BIS) in Basel, das Ziel, die Divergenz zwischen der aufsichtsrechtlichen Eigenkapitalanforderung und dem risikobasierten ökonomischen Eigenkapital mit Hilfe risikogerechterer Analysemethoden zu verringern und die Sicherheit und Solidität des Finanzsystems durch eine effiziente Bankenaufsicht dauerhaft zu gewährleisten.

Die Chronologie der deutschen Bankenaufsicht zeigt, dass seit der Verabschiedung der 4. Novelle des Kreditwesengesetzes am 1. Januar 1993, das deutsche Kreditwesengesetz von der Umsetzung europäischer Richtlinien geprägt ist. So verwirklichte die 4. KWG-Novelle die 2. Koordinierungsrichtlinie und wies damit dem jeweiligen Herkunftsland die Kontrolle über die in anderen Ländern tätigen Kreditinstitute zu. Die Eigenmittelrichtlinie erweiterte die Definition des haftenden Eigenkapitals und nahm erstmalig eine qualitative Unterscheidung der Eigenkapitalkomponenten in Kern- und Ergänzungskapital vor. Außerdem hatte die Umsetzung der Solvabilitätskoeffizientenrichtlinie eine Erhöhung der Eigenkapitalquote von 5,6 % auf 8 % zur Folge. Auffällig ist in diesem Zusammenhang, dass in den letzten Jahren die zeitlichen Abstände der KWG-Verlautbarungen deutlich kürzer wurden. So erfolgte bereits im Dezember 1995 die Verabschiedung der 5. Novelle und zu Beginn des Jahres 1998 – Teilbereiche traten sogar schon im Jahr 1997 in Kraft – die Einführung der 6. Novelle des Kreditwesengesetzes.[2]

Mit Blick auf den zurzeit diskutierten Entwurf des Basler Akkords, dessen Umsetzung zunächst für das Jahr 2004 avisiert war und nun unter Berücksichtigung einer weiteren Konsultationsphase auf das Jahr 2006 verschoben wurde, gibt die nun scheinbar abnehmende Akzeleration der KWG-Novellen keinesfalls Anlass, die zu erbringenden Voraussetzungen in Banken und Sparkassen aufgrund des zeitlichen Vorlaufs zu unterschätzen. Vielmehr bedarf es umfangreicher Vorleistungen durch die Institute, um die Anwendungskriterien für den Einsatz diverser Modelle und Verfahren zu erfüllen.

---

1   siehe Basel Committee on Banking Supervision, The New Basel Document, 1/2001.
2   Zur Entwicklung der Bankenaufsicht in Deutschland siehe Schiller, B./Wiedemeier, I., Chronologie der Bankenaufsicht, in: Zeitschrift für das gesamte Kreditwesen, Nr. 13, 1998, S. 757-758.

Entwicklung des Kreditwesengesetzes in Deutschland

1961	Einführung des Kreditwesengesetzes
1976	2. KWG-Novelle (Herstatt-Sofortnovelle)
1984	3. KWG-Novelle - 1. Konsolidierungsrichtlinie - Verschärfung der Großkredit- und Kreditstreuungsvorschriften
1992	4. KWG-Novelle - 2. Bankenkoordinierungsrichtlinie - Eigenmittelrichtlinie - Sovabilitätsrichtlinie
1995	5. KWG-Novelle - 2. Konsolidierungsrichtlinie - Großkreditrichtlinie
1998	6. KWG-Novelle - Wertpapierdienstleistungsrichtlinie - Kapitaladäquanzrichtlinie - BCCI-Folgerichtlinie

Abb. 1: Chronologie der KWG-Novellen

Wesentlicher Bestandteil des Basler Papiers ist, neben den veränderten Eigenkapitalanforderungen für das Kreditgeschäft, u.a. die erstmalige Berücksichtigung Operationeller Risiken. Vor dem Hintergrund des Komplexitätsgrades und des Einsatzes geeigneter Modelle befindet sich die Arbeit in diesem Risikosegment noch im Entwicklungsstadium. Der Basler Ausschuss quantifiziert den Anteil des Operationellen Risikos auf rd. 12 % der gesamten Eigenkapitalanforderung. Infolgedessen muss dieser Risikokategorie eine ausreichende Bedeutung beigemessen werden.

2 Aufsichtsrechtliche Anforderungen

Der aktuell vorliegende Entwurf der Basler Eigenkapitalvereinbarung stützt sich auf drei Säulen:

1. Mindesteigenkapitalanforderungen,
2. Aufsichtliches Überprüfungsverfahren und
3. Marktdisziplin.

Die erste Säule beschreibt die Bestandteile zur Einhaltung der Mindesteigenkapitalquote für die Institute. So darf die Relation des aufsichtsrechtlichen Eigenkapitals zu den Eigenkapitalanforderungen für Marktrisiken und Operationelle Risiken, welche jeweils mit 12,5 (dem Kehrwert der Mindesteigenkapitalquote von 8 %) multipliziert werden, zuzüglich der Summe der risikogewichteten Aktiva für Kreditrisiken, den Wert 8 % nicht unterschreiten. Anders ausgedrückt muss die Relation des aufsichtsrechtlichen Eigenkapitals zur Summe der Markt- und Operationellen Risiken zuzüglich der mit 0,08 gewichteten Risikoaktiva größer als eins sein.

$$\frac{\text{aufsichtsrechtliches Eigenkapital}}{\left[\text{Kreditrisiko} \times 0{,}08 + \left(\text{Marktrisiko} + \text{operationales Risiko}\right)\right]} \geq 1$$

Abb. 2: Mindesteigenkapitalquote

Mit der Berücksichtigung des Operationellen Risikos verbindet der Basler Ausschuss die Absicht, die Höhe der durchschnittlichen aufsichtsrechtlichen Eigenkapitalanforderung nicht zu erhöhen. Gleichwohl kann die neue Regelung – insbesondere in Abhängigkeit des Kreditrisikoprofils einer einzelnen Bank oder Sparkasse – zu einer Erhöhung oder Verringerung im Vergleich zur Eigenkapitalanforderung gemäß der zurzeit gültigen Rechtsgrundlage (Grundsatz I) führen.[3]

Ziel des Basler Ausschusses ist es, mit den definierten Mindestkapitalanforderungen und dem Einsatz unterschiedlicher Verfahren, eine qualitative Verbesserung des Risikomanagements herbeizuführen. Um dies zu unterstützen, sollen fortgeschrittene und mithin genauere Verfahren der Risikoberechnung mit einer geringeren Eigenkapitalbelastung belohnt werden. Hierbei finden sowohl für die Ermittlung des Kreditrisikos als auch des Operationellen Risikos differenzierte Methoden Anwendung, die sich insbesondere von ihrer Komplexität und der Datenvoraussetzung unterscheiden.

Die zweite Säule fokussiert auf den Einsatz interner Verfahren für die Beurteilung des Eigenkapitals eines Instituts. Um die Solidität dieser Modelle entsprechend dem individuellen Risikoprofil einer Bank zu validieren, wird die Aufsichtsinstanz in die Lage versetzt, diesbezügliche Überprüfungen vor Ort vorzunehmen. Dies bezieht sich auf Risiken, die innerhalb der ersten Säule nicht vollständig erfasst sind, z. B. wenn die spezifischen Operationellen Risiken eines Hauses mit den durch den Basler Ausschuss festgelegten Modellen nicht geeignet erfasst werden, sowie auf Risiken, die in der Säule 1 überhaupt keine Berück-

---

3 siehe Rolfes, B./Emse, C., Ratingbasierte Ansätze zur Bemessung der Eigenkapitalunterlegung von Kreditrisiken, in: european center for financial services – Forschungsbericht, 8/2000.

sichtigung finden, etwa die Ermittlung des Zinsänderungsrisikos im Anlagebuch. Ferner können die Einflussfaktoren analysiert werden, welche außerhalb des Instituts liegen, wie Auswirkungen konjktureller Zyklen. Darüber hinaus wird mit der Formulierung von vier zentralen Grundsätzen das Ziel verfolgt, eine adäquate Risikobewertung durch die Bankenaufsicht zu gewährleisten.

Grundsatz 1:
Banken sollten ein Verfahren zur Beurteilung ihrer angemessenen Eigenkapitalausstattung im Verhältnis zu ihrem Risikoprofil sowie eine Strategie für den Erhalt ihres Eigenkapitalniveaus aufweisen.

Grundsatz 2:
Die Aufsichtsinstanzen sollten die bankinternen Beurteilungen und Strategien zur angemessenen Eigenkapitalausstattung überprüfen und bewerten; gleiches gilt für die Fähigkeit der Banken, ihre aufsichtsrechtlichen Eigenkapitalanforderungen zu überwachen und deren Einhaltung sicherzustellen. Die Aufsichtsinstanzen sollten angemessene aufsichtsrechtliche Maßnahmen ergreifen, wenn sie mit dem Ergebnis dieses Verfahren nicht zufrieden sind.

Grundsatz 3:
Die Aufsichtsinstanzen sollten von den Banken erwarten, dass sie eine höhere Eigenkapitalausstattung als das aufsichtsrechtlich geforderte Mindesteigenkapital vorhalten, und die Aufsichtsinstanzen sollten die Möglichkeit haben, von den Banken eine höhere als die Mindesteigenkapitalausstattung zu fordern.

Grundsatz 4:
Die Aufsichtsinstanzen sollten frühzeitig eingreifen, um zu verhindern, dass das Eigenkapital unter die geforderte Mindestausstattung fällt, die aufgrund des Risikoprofils einer bestimmten Bank notwendig ist. Sie sollten schnelle Abhilfe fordern, wenn das Eigenkapital nicht erhalten oder nicht wieder ersetzt wird.

Abb. 3: Vier zentrale Grundsätze der aufsichtlichen Überprüfung[4]

Die Grundlage für die Beurteilung der angemessenen Eigenkapitalausstattung durch die Geschäftsleitung gemäß Grundsatz 1 bildet ein solides und ganzheitliches Risikomanagementsystem, welches sämtliche Risiken mit adäquaten Verfahren erfasst. Hierzu gehört ebenso die Durchführung von Stress-Tests, um das Ausmaß erheblicher negativer Wertveränderungen zu quantifizieren. Gleichlaufend bedarf es einer bedarfsorientierten Eigenkapitalplanung, die – unter Berücksichtigung der zukünftig geplanten Geschäftsausweitung und Risikoübernahme – ein ausgewogenes Verhältnis von Eigenkapital und Risiko sicherstellt.

Die kontinuierliche Überprüfung und Optimierung der Systeme zur Bestimmung des Risikoprofils sowie der Eigenkapitalanforderung für das Gesamthaus erweist sich als wesentliche Anforderung an die Institute. Die Qualität der Sys-

---

4   siehe Basel Committee on Banking Supervision, The New Basel Document, 1/2001.

teme steht in einem engen Zusammenhang mit der Art und dem Umfang der Geschäfte eines Institutes. Außerdem sind die Auswirkungen der aggregierten Geschäftsrisiken auf die Eigenkapitalplanung und die Kontrolleinrichtungen, wie das Limitsystem, ständig zu beobachten. Ein standardisiertes Berichtssystem an die Geschäftsleitung ist an dieser Stelle unerlässlich. Die Aufsichtsinstanz kann im Falle unbefriedigender Ergebnisse entsprechende Maßnahmen ergreifen.

Eine über das geforderte Maß liegende Mindesteigenkapitalausstattung soll den negativen Veränderungen am Markt Rechnungen tragen. Hierzu zählen aus Sicht der Institute z. B. die nachteilige Veränderung der Kreditwürdigkeit, ansteigende Geschäftsvolumina oder unerwartete volkswirtschaftliche bzw. konjunkturelle Risiken. Da sich insbesondere für Sparkassen die kurzfristige Aufnahme von Kernkapital schwierig gestaltet, sollte eine zukunftsorientierte Eigenkapitalplanung in Abstimmung mit der Geschäftsplanung erfolgen.

Der Grundsatz 4 ermöglicht ein Eingreifen durch die Aufsicht, sofern das Verhältnis von Risiko und Eigenkapital als unausgewogen angesehen wird. Falls eine rasche Ausweitung des Eigenkapitals nicht möglich ist, erweist sich eine angemessene Geschäftsplanung zur Reduzierung der Risikoaktiva als unerlässlich.

Mit der dritten Säule beabsichtigt der Basler Ausschuss, den Marktteilnehmern einen transparenten Überblick über die Risikosituation und die Eigenkapitalausstattung einer Bank zu verschaffen. Die Offenlegung haben sämtliche Banken durchzuführen, wobei eine Information gemäß dem Prinzip der Wesentlichkeit offen zu legen ist. Demnach gilt eine Information als wesentlich, wenn eine rational handelnde Person angesichts der bestehenden Verhältnisse diese als wichtig ansehen würde.

2.1 Risikodefinition

Eine allgemein gültige Definition für das Risiko sui generis besteht in der betriebswirtschaftlichen Literatur nicht. Ausgehend von der Entscheidungstheorie – als Teildisziplin der Betriebswirtschaftslehre – wird der Zustand unvollständiger Informationen als Ungewissheit bezeichnet. Sofern der Eintritt zukünftiger Ereignisse aufgrund historischer Beobachtungen mit einer bestimmten Wahrscheinlichkeit vorherbestimmt werden kann, wird diese Ungewissheit als Risiko definiert. Während das Risiko die Möglichkeit ungünstiger künftiger Entwicklungen beschreibt, wird die Möglichkeit positiver künftiger Entwicklungen als Chance bezeichnet. Falls sich hingegen für die möglichen zukünftigen Umweltzustände gar keine Wahrscheinlichkeiten angeben lassen, liegt der Zustand der Unsicherheit vor.[5]

---

5   Vgl. Biermann, B., Modernes Risikomanagement in Banken, in: Eller, R. (Hrsg.), Handbuch des Risikomanagements, Stuttgart, 1998, S. 5.

Im vorliegenden Entwurf des Basler Konsultationspapiers hat der Ausschuss – neben der Neuregelung der Verfahren zur Bewertung der Risikoaktiva – die Berechnung der Eigenkapitalanforderung um eine wesentliche Risikokomponente erweitert, dem so genannten Operationellen Risiko.

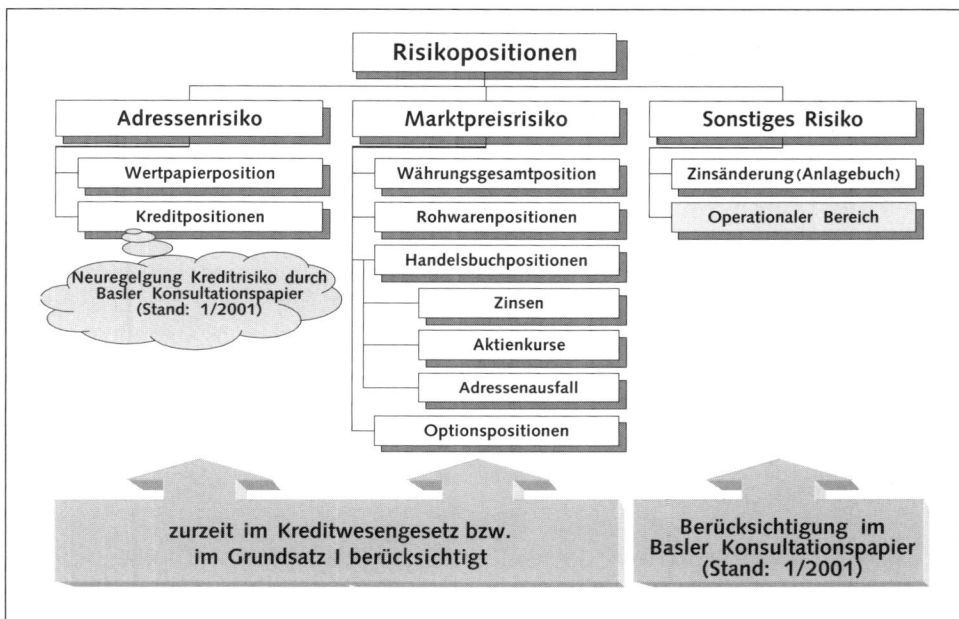

Abb. 4: Risikopositionen

Mit der Berücksichtigung des Operationellen Risikos beabsichtigt der Basler Ausschuss erstmalig negative Veränderungen, die in unterschiedlichen Bereichen der Institute identifiziert werden, in die Eigenkapitalunterlegung einzubeziehen. Im Basler Konsultationspapier wird das Operationelle Risiko als »the risk of direct or indirect loss resulting from inadequate or failed internal processes, people and systems or from external events« definiert.[6] Demzufolge lässt sich das Risikopotenzial durch eine genauere Betrachtung der 4 vorgenannten Kriterien analysieren.

2.2 Eigenkapitalunterlegung

Der Anteil der Eigenkapitalunterlegung für das Operationelle Risiko wird vom Basler Ausschuss für Bankenaufsicht auf ca. 12 % beziffert. Ausgehend von dieser

---

6 Basel Committee on Banking Supervision, Operational Risk, Consultative Document, 1/2001. Es ist beabsichtigt, die Definition zu modifizieren, indem die Begriffe ›direct‹ und ›indirect‹ entfallen.

Zielgröße beabsichtigt der Ausschuss, die im Rahmen der verschiedenen Ansätze festzulegenden Faktoren (Alpha-, Beta- und Gamma-Faktor), welche nachfolgend detailliert erläutert werden, entsprechend zu kalibrieren.

Da die Messung Operationeller Risiken in den fortgeschrittenen Modellen auf die Berücksichtigung unterschiedlicher Geschäftsfelder fokussiert, stellt der Ausschuss in Aussicht, für die Erfassung des Risikos in unterschiedlichen Bereichen differenzierte Modelle anzuwenden. Allerdings sieht das Basler Konsultationspapier 1/2001 eine Rückkehr von einem fortgeschrittenen Ansatz zu einem vorgelagerten, weniger aussagefähigen Modell nicht vor.

2.3　Einsatz und Anwendungskriterien der Risikomodelle

Zur Ermittlung der Eigenkapitalanforderung stehen für Operationelle Risiken drei unterschiedliche Ansätze zur Verfügung. Diese unterscheiden sich sowohl in ihrer Komplexität der Bestimmung der Eigenkapitalunterlegung als auch in der Qualität der Daten sowie der damit verbundenen Parameterberechnung. Gleichwohl werden die Institute aufgefordert, in Analogie zu der Komplexität der abgeschlossenen Geschäfte, zunehmend fortgeschrittene Systeme einzusetzen.

2.3.1 Basic-Indicator-Approach

Der Basic-Indicator-Approach (Basisindikatoransatz) stellt die vergleichsweise einfachste Form der Ermittlung des Operationellen Risikos dar. Als Indikator für die Bemessung der Eigenkapitalanforderung für das Operationelle Risiko zieht der Entwurf des Basler Konsultationspapiers den Bruttoertrag eines Institutes heran. Dieser setzt sich aus dem Zins-, dem Provisionsergebnis, dem Nettoergebnis aus Finanzgeschäften und den sonstigen ordentlichen Erträgen zusammen. Der Bruttoertrag wird mit dem Alpha-Faktor multipliziert. Das hieraus resultierende Produkt stellt die Höhe der Eigenkapitalunterlegung dar. Die Höhe des Alpha-Faktors beziffert der Basler Ausschuss in diesem Zusammenhang auf rd. 30%.[7]

2.3.2 Standardised Approach

Im Gegensatz zum Basic-Indicator-Approach erfordert der Standardised Approach (Standardansatz) die Erhebung von Daten aus unterschiedlichen Geschäftsbereichen. Die Höhe des Operationellen Risikos in einem Geschäftsfeld wird unter Verwendung eines jeweiligen Indikators bestimmt, welcher den Umfang der Geschäftstätigkeit in diesem Segment widerspiegelt.

Die Höhe der Eigenkapitalunterlegung für ein Geschäftsfeld ergibt sich aus der Multiplikation des jeweiligen Indikators mit dem entsprechenden Beta-Faktor, der

---

7　Basel Committee on Banking Supervision, Operational Risk, Consultative Document, 1/2001, S. 6.

Geschäftsfeld	Geschäftsfeld	Indikator	Beta-Faktor
Investment	Unternehmensfinanzierung	Bruttoerträge	
Banking	Handel	Bruttoerträge (o.VaR)	
Banking	Privatkundengeschäft	Durchschnittl. Bilanzsumme p.a.	
"	Commercial Banking	Durchschnittl. Bilanzsumme p.a.	
"	Zahlungsverkehr	Durchsatz an Zahlungen p.a.	
Sonstige	WP-Provisionsgeschäft	Bruttoerträge	
"	Vermögensverwaltung	Verwaltetes Gesamtvermögen	

$$\text{Eigenkapitalunterlegung} = \sum_{i=1}^{i} (\text{Indikator}_i \times \beta_i)$$

Abb. 5: Eigenkapitalunterlegung gemäß Standardised Approach[8]

durch die Bankenaufsicht festgelegt wird. Ausgehend von einer Mindestkapitalanforderung für das Operationelle Risiko von 20 % werden die Beta-Faktoren entsprechend kalibriert respektive rekursiv ermittelt. Die Eigenkapitalanforderung für das gesamte Operationelle Risiko ergibt sich durch die Addition der Produkte der einzelnen Geschäftsfelder.

Zu den Voraussetzungen für die Anwendung des Standardansatzes zählen sowohl die Planung, Umsetzung und Überprüfung der Messmethoden, insbesondere durch die interne Revision, als auch die Einrichtung eines systematischen Reportings der Ergebnisse an die Geschäftsleitung des Institutes.

2.3.3 Internal-Measurement-Approach

Die Anwendung des internen Bemessungsansatzes baut auf der Segmentierung des Institutes in Geschäftsfelder analog dem Standardansatz auf. Zusätzlich definiert die Bankenaufsicht für jedes Geschäftsfeld so genannte Risikotypen,[9] welche die Aufsichtsinstanz in die Lage versetzen, einen Gefährdungsindikator (Exposure Indicator, EI) für jedes Geschäftsfeld bezüglich des Umfelds der Gefährdung näherungsweise festzulegen. Aus den Erkenntnissen interner Verlustdaten der Institute werden außerdem die Parameter für die Wahrscheinlichkeit eines Schadensfalls (Probability of Loss Event, PE) und für den im Schadensfall entstehenden Verlust (Loss Given that Event, LGE) durch die Institute

---

8 Basel Committee on Banking Supervision, Operational Risk, Consultative Document, 1/2001, S. 22.
9 Als Risikotypen werden u.a. die direkten Wertverluste von Finanzaktiva, etwa durch Diebstahl, Betrug, etc., die direkten Wertverluste physischer Aktiva, etwa durch Naturkatastrophen, Unfall, etc, die finanziellen Verpflichtungen aufgrund erlassener Urteile, Vereinbarungen, etc. bezeichnet. Siehe dazu Basel Committee on Banking Supervision, Operational Risk, Consultative Document, 1/2001, S. 23.

bestimmt. Das Produkt dieser drei Parameter stellt den erwarteten Verlust (Expected Loss, EL) dar.

Die Höhe der Eigenkapitalanforderung für jedes Geschäftsfeld errechnet sich letztlich aus der Multiplikation des erwarteten Verlustes mit einem Gamma-Faktor, welcher von der Bankenaufsicht vorgegeben wird.

$$\text{EK} - \text{Unterlegung} = \sum_i \sum_j \left[\gamma_{i,j} \times El_{i,j} \times PE_{i,j} \times LGE_{i,j} \right]$$

mit	i	= Geschäftsfeld und j = Risikotyp
	EI	= Exposure Indicator
	PE	= Probability of Loss Event
	LGE	= Loss Given that Event

Abb. 6: Mindesteigenkapitalunterlegung

Die Anwendung des so genannten Verlustverteilungsansatzes bemisst den Gamma-Faktor auf Basis statistischer Verlustverteilungen der Operationellen Risiken. Hierbei wird der Risk-Profile-Index (RPI) zur Adjustierung auf der Ebene einzelner Geschäftsfelder bzw. Risikotypen herangezogen.

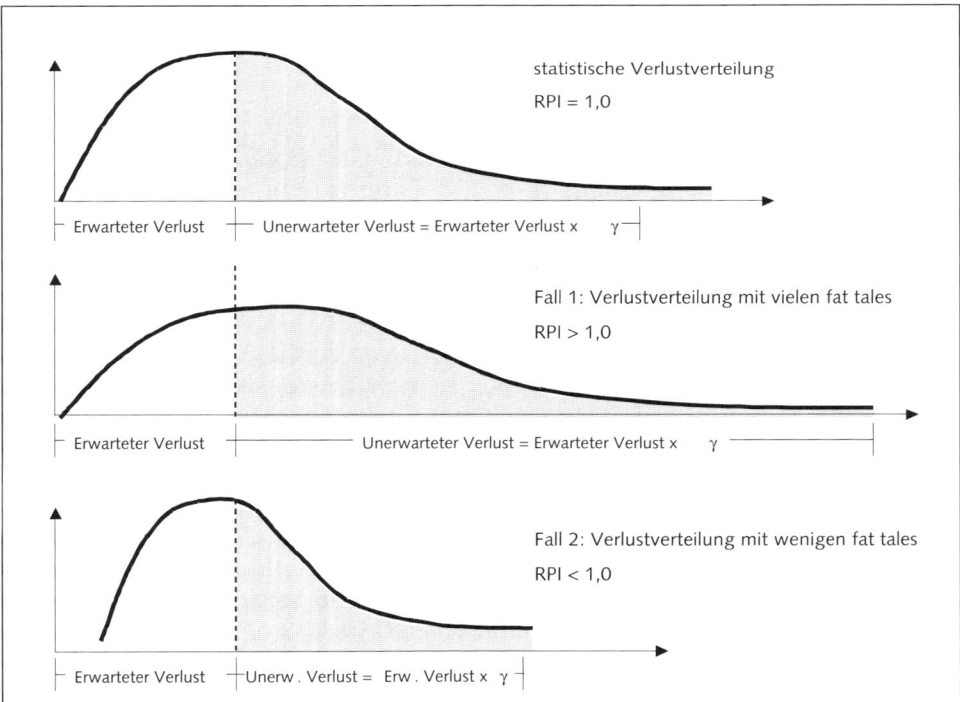

Abb. 7: Risk Profile Index[10]

10 Basel Committee on Banking Supervision, Operational Risk, Consultative Document, 1/2001, S. 24.

Während die erwarteten Verluste einzelner Geschäftsbereiche bzw. einzelner Risikotypen empirisch erhoben und damit für die Zukunft prognostiziert werden können, besteht das Risiko der Institute in dem Auftreten der unerwarteten Verluste. In diesem Zusammenhang ist die Anwendung des Value-at-Risk-Konzeptes vorgesehen, welches unter der Annahme eines Konfidenzniveaus die Wahrscheinlichkeit eines Risikoeintritts quantifiziert.

Sofern sich die Erkenntnisse aus statistischen Erhebungen bezüglich der Abbildung Operationeller Risiken durch Verteilungsfunktionen zugrunde legen lassen, besteht die Möglichkeit, die unerwarteten Verluste spezifischer Geschäftsfelder bzw. Risikotypen der Institute entsprechend zu adjustieren. An dieser Stelle wird der Gamma-Parameter durch den Risikoprofilindex (RPI) ersetzt. Die Bankenaufsicht strebt an, diesbezüglich in den unterschiedlichen Geschäftsfeldern der Institute standardisierte Erhebungen durchzuführen. Die Addition der Ergebnisse einzelner Geschäftsfelder führt zu Eigenkapitalunterlegung für das gesamte Operationelle Risiko des Institutes.

$$\text{EK -Unterlegung} = \sum_i \sum_j \left[y_{i,j} \times EI_{i,j} \times PE_{i,j} \times LGE_{i,j} \times RPI_{i,j} \right]$$

mit	i	= Geschäftsfeld und j = Risikotyp
	EL	= Expected Loss
	EI	= Exposure Indicator
	PE	= Probability of Loss Event
	LGE	= Loss Given that Event
	RPI	= Risk Profile Index

Abb. 8: Mindesteigenkapitalunterlegung

Damit eine bestimmte Mindesteigenkapitalanrechnung im Rahmen des internen Bemessungsansatzes gewährleistet ist, sieht der Basler Ausschuss die Einrichtung einer Untergrenze vor.

Als Anwendungskriterien werden die Durchführung von Anwendungstests zur Überprüfung der Verlässlichkeit der Daten sowie die Integration der internen Messverfahren in das tägliche Risikomanagement angeführt. Ferner fordert der Basler Ausschuss den Aufbau einer Verlustdatenbank, welche eine entsprechende Historie aufweist. Neben der konzeptionellen Darlegung der Messmethoden gegenüber der Aufsicht, sind die Verfahren konsistent einzuhalten, die Ergebnisse zu validieren sowie die Verwendung externer Daten zu plausibilisieren. Ebenfalls regt der Ausschuss an, dass die Geschäftsleitung ihre Erfahrung hinsichtlich der Verlustdaten in die Analyse einbringt.

3 Implementierungsansatz für das Operationelle Risikomanagement

Abgesehen von dem Basisindikatoransatz bringen der Standardansatz und der interne Bemessungsansatz die Komplexität der Berechnung des Operationellen Risikos zum Ausdruck. Außerdem lässt sich der Umfang der im Vorfeld zu leistenden Datenerhebung mit Blick auf den Aufbau einer Datenhistorie erahnen. Demzufolge sollte die Auseinandersetzung mit den vorgenannten Modellen und den möglichen hausinternen Datenquellen sowie die Einbeziehung von Mitarbeitern aus unterschiedlichen Bereichen eines Hauses frühzeitig vorgenommen werden.

3.1 Institutionalisierung des Operational-Risk-Managements

Bei der Implementierung eines Managementsystems für Operationelle Risiken lassen sich zwei grundsätzliche Strategien unterscheiden.

Im Rahmen eines Top-down-Ansatzes erfolgt die Durchführung eines Projektes, welches den Fokus auf das Gesamtinstitut richtet und Mitarbeiter verschiedener Abteilungen einbezieht. Idealerweise werden mit Hilfe von Datenbanken Ergebnisse unterschiedlicher Bereiche zusammengetragen und zentral ausgewertet. Auf den Einsatz einer entsprechenden Software, die von externen Dienstleistern bereits erhältlich ist, kann hierbei kaum verzichtet werden. Das projektorientierte Vorgehen sorgt auf der einen Seite für eine zentrale Verankerung der Thematik und für eine entsprechende Akzeptanz im Haus. Auf der anderen Seite bleibt zu bedenken, dass ein aufgesetztes Projekt in der konzeptionellen Phase zahlreiche Mitarbeiter bindet. Aufgrund fehlender Erfahrungen lassen sich im Vorfeld keine Aussagen über die Dauer von Teilprojekten treffen, sodass zeitliche Vorgaben nur vorsichtig geschätzt werden können.

Mit einem Bottom-up-Ansatz lässt sich hingegen die spezifische Unternehmenssituation berücksichtigen und mit wenigen Mitarbeitern das Thema zunächst in Teilbereiche des Instituts tragen. Der Beginn der Ermittlung von Parameterdaten kann auf diese Weise für spezielle Geschäftsfelder erschlossen und sukzessive auf andere Unternehmensfelder übertragen werden. In diesem Zusammenhang wird das dabei gewonnene Know-how weitergegeben, sodass Lernkurveneffekte bei dieser Vorgehensweise zu erwarten sind. Ebenfalls können selbst erstellt Checklistensysteme optimiert werden.

Die ausgewogene Kombination beider Ansätze ermöglicht einerseits eine rasche Erhebung der Risikopotenziale für die Gesamtbank; diese lassen sich andererseits durch die Einbindung der dezentralen Fachebenen konkretisieren. Auf diese Weise können erste Schadensursachen sowie realisierte und unrealisierte Verluste in die Bewertung aufgenommen werden, ohne dass zugleich eine exakte Wahrscheinlichkeit eines Verlusteintritts für einen Geschäftsbereich quantifiziert werden muss. Allerdings sollten die Erkenntnisse einzelner Geschäftsbereiche in die Institutsdatenbank integriert werden, um Vergleiche zu anderen

Geschäftsbereichen vornehmen bzw. Verteilungen für die Gesamtbank darstellen zu können.[11]

3.2 Identifizierung der Datenquellen

Die Erschließung vorhandener Datenquellen erweist sich bei der systematischen Erhebung von Risikopotenzialen als überaus umfangreich. Während der Aufbau historischer Zeitreihen bei dem Marktpreisrisiko relativ rasch realisiert werden kann, da diverse Informationsdienste diese allgemein gültigen Angaben zur Verfügung stellen, gestaltet sich die Ermittlung hausinterner Parameter im Rahmen der Ermittlung des Adressenrisikos als vergleichsweise komplex. Etwa müssen zur Erhebung individueller Einbringungs- und Verwertungsquoten unter Umständen seit Jahren abgeschlossene Kreditakten analysiert werden. Beiden Risikokategorien – im Gegensatz zum Operationellen Risiko – ist gemein, dass sich die Recherchen auf definitiv quantifizierbare Daten beziehen, die in Deutsche Mark oder Euro ausgedrückt werden können. Bei dem weitgehend noch nicht erschlossenen Bereich der Operationellen Risiken ist dies nicht durchgehend der Fall. So lassen sich insbesondere soft facts, wie die Opportunitätskosten bei einem Verlust der Kundenverbindung oder Imageschäden nur schwer quantifizieren.

Ex definitione subsumiert das Operationellen Risiko nachteilige Unternehmenseinflüsse, die durch Personen, Systeme, Prozesse oder externe Effekte entstehen. Hinweise auf betriebsbedingte Risiken lassen sich aus den Prüfungsberichten der Innenrevision sowie aus laufenden und abgeschlossenen Rechtsstreitigkeiten der Rechtsabteilung entnehmen. Über systemimmanente Risiken gibt die Organisations- bzw. die EDV-Abteilung Auskunft. Informationen über personenbezogene Risiken lassen sich u. a. aus den Erfahrungen und Erkenntnissen der Personalabteilung einholen. Sofern eine zentrale Stelle für Kundenbeschwerden besteht, lassen sich auch diese Mitteilungen in die Datenerhebung aufnehmen.

Die Herkunft der Daten ist je nach der individuellen Aufbauorganisation eines Hauses unterschiedlich. Allerdings erweist sich die Erfahrung langjähriger Mitarbeiter bei der Datenerhebung als wichtig, um die notwendige Historie möglichst umfassend zu dokumentieren. Der Forderung des Basler Ausschusses folgend, sollte auch die Geschäftsführung vorhandene Erfahrungswerte einbringen.

Der Zugriff auf externe Datenbanken gestaltet sich in Deutschland zum jetzigen Zeitpunkt als unzureichend. Während in Großbritannien bereits zentrale Datenbanken aufgebaut werden und gepoolte Daten bisweilen zur Verfügung stehen,[12] müssen in Deutschland die Voraussetzungen für einen externen Datenzugriff bzw. -austausch noch geschaffen werden.

---

11 Vgl. Horn, C./Müller, C., Operational Risk Managament, Anmerkungen zu Begriff, Methoden und Implementierung, in: Zeitschrift für das gesamte Kreditwesen, Nr. 4, 2001, S. 199.
12 siehe z. B. http://www.moreexchange.org sowie http://www.bba.org.uk.

3.3 Datenerhebung und Datensegmentierung

Der Aufbau einer zentralen Datenbank zur Bestimmung von Verlusten aus spezifischen Geschäftsbereichen sowie zur Zusammenfassung einzelner Ergebnisse und deren Analyse ist unerlässlich. Die organisatorische Verantwortung sollte mit Blick auf die Gesamtbanksteuerung der Abteilung Risikocontrolling zugewiesen werden, welche zugleich die Koordinationsfunktion der jeweiligen Fachabteilungen ausübt.

Rekurrierend auf die Definition des Operationellen Risikos, welche auf Personen, Systeme, Prozesse und externe Faktoren abstellt, lassen sich entsprechend vier unterschiedliche Risikokategorien im Rahmen der Datenerhebung unterscheiden. Im Sinne einer ganzheitlichen Risikobewertung ist hierbei entscheidend, neben den negativen Einflussfaktoren aus der operativen Geschäftstätigkeit, auch die Risiken, die mit der Ergebniswirkung strategischer Entscheidungen in Verbindung stehen, zu erfassen.[13]

Um der Forderung des Basler Ausschusses hinsichtlich der Berücksichtigung von Geschäftsfeldern und Risikotypen Rechnung zu tragen, wird die systematische Erhebung der Verlustdaten durch eine feine Segmentierung der vier definierten Risikokategorien mit dem Ziel entsprechende Risikotypen zu identifizieren durchgeführt. Dabei werden die Daten der Risikokategorien Personen, Prozesse, Systeme und exteren Faktoren in einem standardisierten Raster angeordnet.

Datum der Risikoerkennung	Risikoerkennung durch (beispielhaft)	Geschäftsbereich (beispielhaft)	Risikotyp			Probability of Loss Event (PE)	Loss Given that Event (LGE)
			1	2	3		
	Beschwerdemanagement	RetailBanking	Person				
	Störung des Betriebsablaufes	PrivateBanking	Prozess				
	Verlusteintritt	Immobilien	System				
	Hinweis durch Mitarbeiter	Firmenkunden	Externe Faktoren				
	Hinweis durch externe Stellen	Zahlungsverkehr					

Abb. 9: Inhalte der Verlustdatenbank

Innerhalb einer jeden Risikokategorie lassen sich drei Risikoursachenebenen unterscheiden, wobei die vom Basler Ausschuss genannten Kriterien zugleich die höchste Verdichtungsebene eines Risikotyps darstellen. Die 2. Risikoursachenebene stellt einen abgegrenzten und prinzipiell gesamtheitlich auswertba-

---

13 siehe Wiedemeier, I./Schwanitz, J., Operational Risk – Gefährdungspotenziale durch Betriebsrisiken in Kreditinstituten, in: Betriebswirtschaftliche Blätter, Nr. 3, 2001, S. 152.

ren Untersuchungsbereich dar. Allerdings ist eine detaillierte Erfassung eines Risikotyps nur auf einer weiteren untergeordneten Ebene möglich. Demzufolge wird eine 3. Risikoursachenebene betrachtet, auf welcher die zur Berechnung des möglichen Verlustfalls notwendigen Parameter quantifiziert werden. Auf diese Weise werden Ursache-Wirkungs-Zusammenhänge dargestellt und mithin Abhängigkeiten zwischen Risikotypen offengelegt, die steuerungsrelevante Informationen liefern.

Ausgehend von der Risikokategorie »Person« zeigt die verzweigte Struktur, dass auf der 2. Risikoebene fünf Risikoklassen differenziert werden. Innerhalb dieser Risikoklassen lassen sich weitere, untergeordnete Risikotypen identifizieren, für die eine Quantifizierung der notwendigen Parameter vorgenommen wird. Exemplarisch stellt die Abbildung 10 eine mögliche Segmentierung der Risikokategorie »Person« dar.

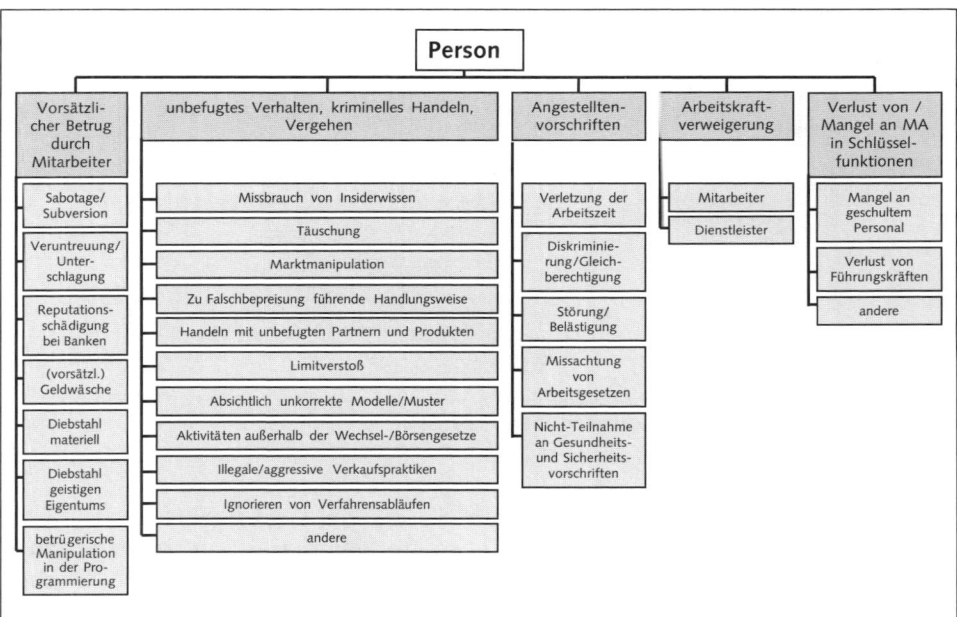

Abb. 10: Risikotypen der Risikokategorie »Person«[14]

Der Vorteil einer dezentralen Erarbeitung (Bottom-up) respektive die Einbeziehung von Betriebs- und Marktbereichen zeigt sich besonders bei der Erfassung von Risikopotenzialen für die Risikokategorie Prozesse. Während zur Risikokategorie Personal die gleich lautende Stabsabteilung umfangreiche Aussagen und Erkenntnisse in die Verlustdatenbank einbringen kann, erweist sich die Identifikation von Prozessen des Gesamthauses als weitaus komplexer.

---

14 in Anlehnung an http://www.bba.org.uk.

Bei der Datenerhebung der Risikokategorie Prozesse bleibt zu berücksichtigen, dass organisatorische Vorgänge häufigen Veränderungen und Optimierungen unterliegen, sodass zuverlässige Aussagen hinsichtlich Operationeller Risiken nur dann in die Verlustdatenbank aufgenommen werden können, wenn die organisatorischen Abläufe über einen Betrachtungszeitraum unverändert Anwendung finden.

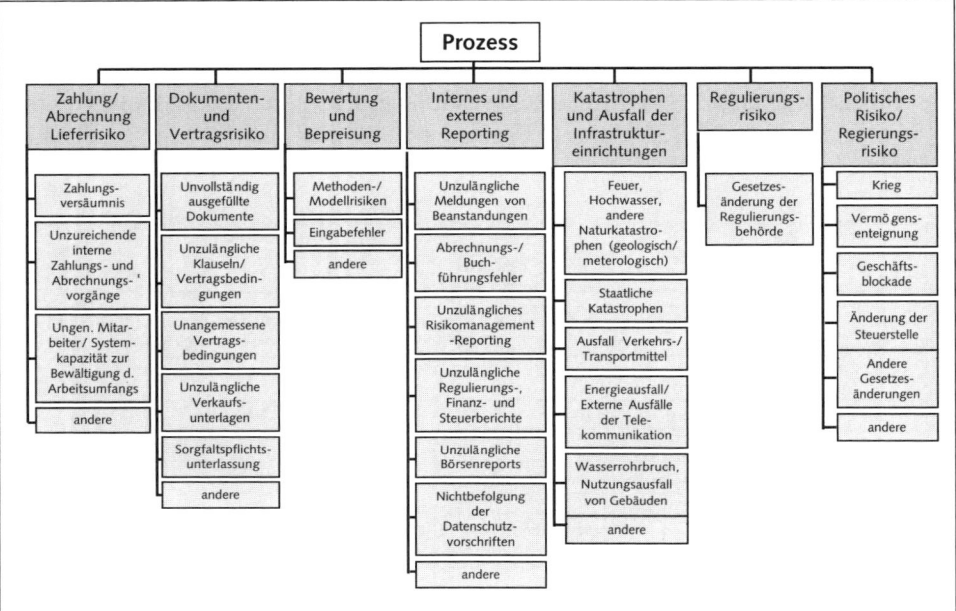

Abb. 11: Risikotypen der Risikokategorie »Prozess«[15]

Ein Blick auf die Risikotypen innerhalb der Risikokategorie »Prozesse« macht deutlich, dass bereits geringe Mängel, etwa die fehlerhafte Eingabe von Marktkursen bei der Bewertung des Wertpapiervermögens des Institutes, zu falschen Ergebnissen führen können und somit die Gefahr einer Fehlsteuerung beinhalten. Folglich kann das tatsächliche Risikopotenzial weitaus höher sein als der oberflächlich erkennbare Fehler. Bei der Offenlegung der Risikoquellen sollte zugleich eine Lösung zur Vermeidung weiterer Mängel angestrebt werden. Die Einrichtung von Plausibilitäten bzw. die Einhaltung des Vieraugenprinzip sind bisweilen überaus zweckmäßig.

Ein ähnliches Vorgehen zur Reduzierung von Fehlerhäufigkeiten lässt sich ebenfalls im Bereich der Risikokategorie »Systeme« realisieren, z. B. im Rahmen von Programmierungen. Abgesehen von den Prüfungen der Revision unterbleibt

---

15 in Anlehnung an http://www.bba.org.uk

vielfach eine nahezu sämtliche Risikotypen umfassende Kontrolle der Prozesse und Systeme. Vor diesem Hintergrund ist es im Rahmen der Datenerhebung umso wichtiger, die Risiken in Erfahrung zu bringen, die ein hohes Schadenspotenzial aufweisen. Beispielsweise besitzt ein Computervirus eine geringe Eintrittswahrscheinlichkeit; dennoch sind die Auswirkungen des Virus als außerordentlich schwerwiegend einzustufen. Demzufolge ist die ständige Aktualisierung entsprechender Viren-Scanner hoch zu priorisieren.

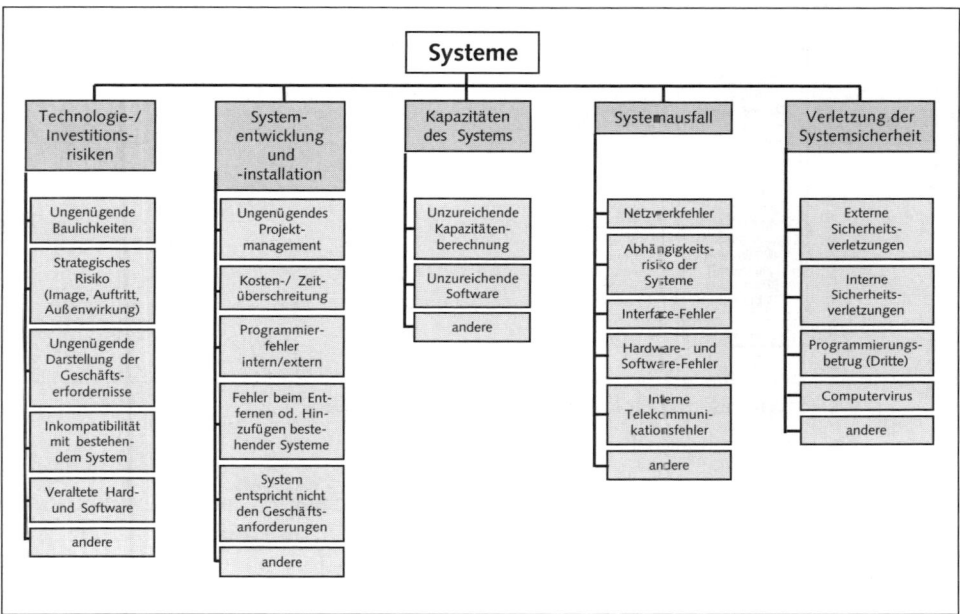

Abb. 12: Risikotypen der Risikokategorie »System«[16]

Die Risikobeurteilung der externen Einflussfaktoren auf das Institut gestaltet sich als sehr komplex, da de facto über die Zuverlässigkeit Dritter zu entscheiden ist. Referenzen und Erfahrungen externer Dienstleistungs- und Beratungsunternehmen lassen sich in diesem Zusammenhang als maßgebliche Bewertungskriterien heranziehen; gleichwohl bleibt das Kontrahentenrisiko bestehen.

Neben der Erfassung objektiver Verlustdaten ist analog dem Marktpreisrisiko auch die Bestimmung eines Worst-Case-Szenarios sinnvoll, um eine theoretisch mögliche, maximale Schadenshöhe zu ermitteln. Dies lässt sich durch den Einsatz von Zuschlagsfaktoren auf die Parameter oder durch die Berücksichtigung der jeweils maximalen negativen Veränderungen in der Vergangenheit für einzelne Geschäftsbereiche bzw. Risikotypen realisieren. Für sämtliche der vier

---

16 in Anlehnung an http://www.bba.org.uk.

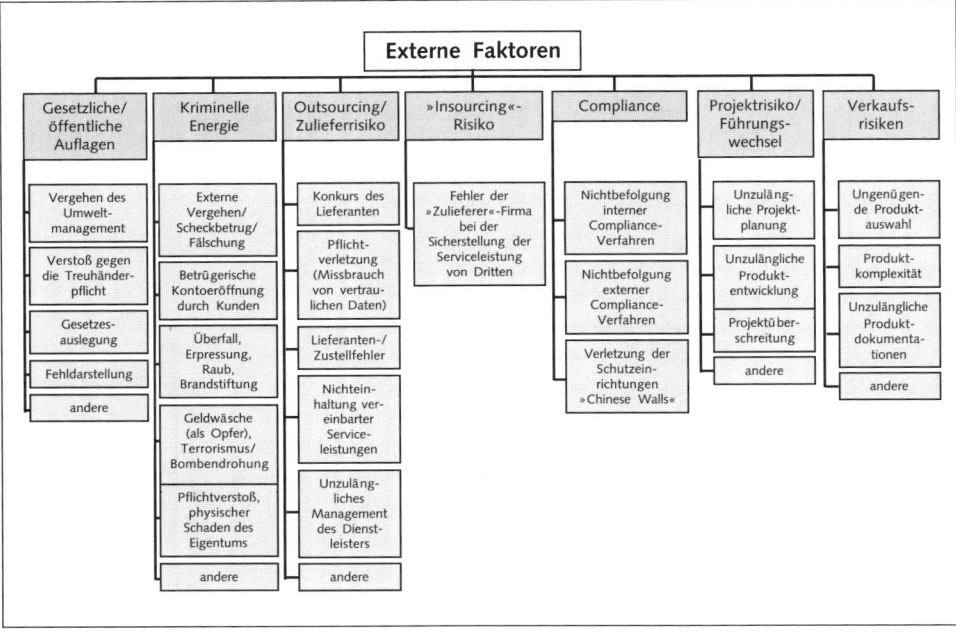

Abb. 13: Risikotypen der Risikokategorie »Externe Faktoren«[17]

Risikokategorien gilt, dass die Berechnung von Kennzahlen, etwa Krankenstand oder Fehlerquote bei Zahlungsverkehrstransaktionen, mit Blick auf einen zeit- und überbetrieblichen Vergleich weiteren Aufschluss über den Risikostatuts eines Institutes gibt.

Die Betrachtung von Korrelationen zwischen Geschäftsbereichen oder Risikotypen ist aufgrund der zum jetzigen Zeitpunkt vorliegenden Datenbasis seitens des Basler Ausschusses nicht vorgesehen. Allerdings wird mit einer Kalibrierung des Gamma-Faktors eine Verringerung der Eigenkapitalunterlegung im Vergleich zum Standardansatz in Aussicht gestellt.

3.4 Analyse des Risikopotenzials

Da die Eintrittswahrscheinlichkeit und die Höhe eines Verlustes in Abhängigkeit eines Risikotyps bzw. einer Risikokategorie variieren, wird im Rahmen der Risikoanalyse diesen beiden Ausprägungen eine besondere Bedeutung beigemessen. Während der Gefährdungsindikator für jeden Risikotyp eines Geschäftsfeldes durch die Bankenaufsicht festgelegt wird, sind die anderen beiden Parameter institutsintern zu ermitteln. Mangels einer eingehenden Illustrierung der Bestim-

---

17 in Anlehnung an http://www.bba.org.uk.

mung sowie der Interpretation dieser Faktoren, müssen zunächst Erfahrungen im Umgang mit diesen Parametern gesammelt werden.

In Abhängigkeit von der Risikotragfähigkeit eines Instituts sowie von der Risikoneigung der Geschäftsführung lassen sich sowohl für die Eintrittswahrscheinlichkeit eines Schadens als auch für die im Schadensfall eintretende Verlusthöhe wertmäßig definierte Cluster festlegen. Die Abbildung 14 stellt eine Risikomatrix dar, in der für die Verlusthöhe eine Skalierung von »unbedeutend« bis »existenzbedrohend« und für die Eintrittswahrscheinlichkeit von »unmöglich« bis »höchstwahrscheinlich« gewählt wurde. Die Bewertung des Operationellen Risikos des Gesamthauses kann auf Basis einzelner Risikotypen sowie auch auf aggregierter Ebene der Risikokategorien bzw. Geschäftsfelder erfolgen.

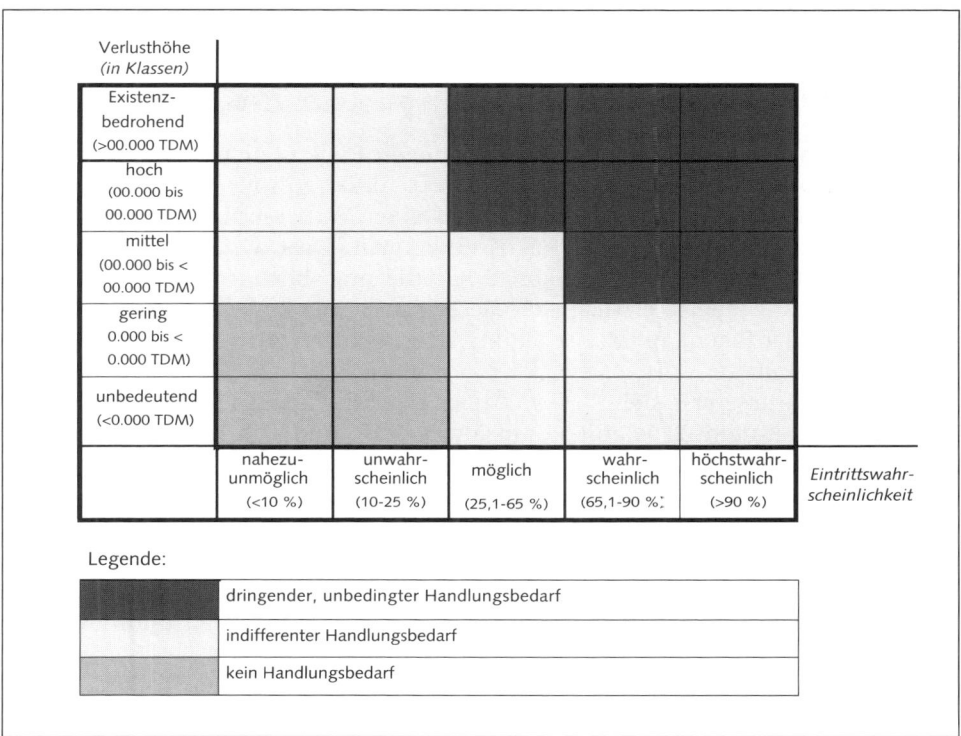

Abb. 14: Risikomatrix

Die Generierung von Zeitreihen für Risikotypen und Geschäftsfelder erweist sich bei der Datenanalyse als eine transparente Darstellungsform, um die Risikoentwicklung sowie die Mängelbeseitigung im Zeitablauf aufzuzeigen. Eine Fortschreibung der Vergangenheitsbetrachtung trägt außerdem der Beweisführung einer tendenziellen Verbesserung der Risikosituation gegenüber der Bankenaufsicht Rechnung.

Der Vergleich institutsspezifischer Daten mit Benchmarkstatistiken ist zurzeit in Deutschland noch nicht möglich. Bei dem Zugriff auf anonymisierte, externe Datenbanken ist allerdings zu beachten, dass genauere Informationen über den jeweiligen Grund eines Verlusteintritts nicht gegeben werden. Folglich spiegeln gepoolte Daten nur die tendenzielle Richtung, nicht aber den Grad von Verlustrisiken spezifischer Bereiche wider.

Aufbauend auf den Ergebnissen der Erhebungsphase und den Erkenntnissen der Risikoanalyse lassen sich Empfehlungen aussprechen, die zu einer Reduzierung des Operationellen Risikos in den einzelnen Bereichen führen. Das zentrale Risikocontrolling hat in Zusammenarbeit mit den Fachabteilungen die Chance, notwendige Maßnahmen zu priorisieren und unter Berücksichtigung erforderlicher Kapazitäten und zeitlicher Vorgaben umzusetzen.

3.5   Steuerungsimplikationen

Obgleich sich die Ermittlung des Operationellen Risikos unter Anwendung des Basisindikatoransatzes einfach gestaltet, birgt dieser Ansatz erhebliche Schwächen. So wird implizit unterstellt, dass mit einer Verbesserung der Ertragslage ein Anstieg des Operationellen Risikos einhergeht. Dies wird bankenaufsichtsrechtlich mit einer erhöhten Eigenkapitalanforderung »bestraft«. Um das Operationelle Risiko zu steuern, erweist sich dieser Ansatz als kontraproduktiv, da eine Reduzierung der Eigenkapitalunterlegung sich in einer Verringerung des Erfolgsbeitrags begründet.

Der Basler Ausschuss sieht in dem Einsatz der Verfahren einen evolutionären Prozess, der mit dem Basisindikatoransatz beginnt und sich kontinuierlich fortentwickelt. Gleichwohl erwartet die Bankenaufsicht von großen Instituten die Anwendung des internen Bemessungsansatzes, mindestens den Einsatz des Standardansatzes. Beide Ansätze sind bezüglich der Risikosensitivität dem Basisindikatoransatz überlegen. Als Anreiz stellt der Basler Ausschuss eine geringere Eigenkapitalbelastung in Aussicht. Außerdem besteht mit dem Partial Use die Möglichkeit, den internen Bemessungsansatz nur für einen Teil und den Standardansatz für die übrigen Geschäftsfelder anzuwenden.

Da gesicherte Aussagen zu den Verlusten aus Operationellen Risiken zurzeit nur rudimentär vorhanden sind, führt der Basler Ausschuss mit der Quantitative Impact Studie Erhebungen in Banken durch. Die Studie wird in Kürze abgeschlossen und soll zu einem wirksamen Aufbau eines Operationellen Risikomanagements in den Instituten beitragen.

Geeignete Erkenntnisse zur Einleitung von Maßnahmen zur Steuerung bzw. Reduzierung der Eigenkapitalanforderung für das Operationelle Risiko ergeben sich ausschließlich aus der Anwendung des Internal-Measurement-Approach. So führt eine Verringerung der Eintrittswahrscheinlichkeit von Verlusten im Bereich einzelner Geschäftsfelder zu einer Reduzierung des erwarteten Verlustes und damit zu einer geringeren Eigenkapitalanforderung. Die alleinige Einbindung der Fachabteilungen im Rahmen der Datenerhebung reicht damit nicht aus. Vielmehr obliegt den spezifischen Abteilungen die qualitative Verbesserung der ausgeführten Aufgaben und der Abbau vorhandener Operationeller Risiken, sodass die diesbezügliche Verantwortung auf die jeweiligen Leiter der Fachbereiche zu übertragen ist. Dies ermöglicht zugleich eine Verknüpfung des soliden Risikomanagements mit einer Anreizbildung, indem die Risikomessung der Fachabteilungen in die Leistungsbeurteilung einbezogen wird.

Die Berichterstattung über den aktuellen Risikostatus respektive die Veränderung sollte durch das Risikocontrolling an die oberste Führungsebene erfolgen, um eine Integration des Operationellen Risikos in die Gesamtbanksteuerung zu verwirklichen und eine ganzheitliche Risikobewertung vornehmen zu können.

4 Ausblick und kritische Würdigung

Die adäquate Berücksichtigung Operationeller Risiken im Rahmen der neuen Eigenkapitalanforderung setzt eine ausreichende statistische Basis für eine geeignete Quantifizierung und damit für die Erfüllung aufsichtsrechtlicher Anforderungen voraus. Die ökonomische Betrachtung der Risiken aus der Gesamtbankperspektive dient einer grundsätzlichen Risikofrüherkennung und zeigt den Weg zu einer qualitativen Aufsicht auf.

Mit der Verschiebung der Anwendung der neuen Eigenkapitalrichtlinien von Anfang 2004 auf 2006 hat der Basler Ausschuss für Bankenaufsicht auf die rund 250 Stellungnahmen von Banken, Verbänden und anderen Personen reagiert, die der Ausschuss seit Beginn des Jahres 2001 erhalten hat und nun auswerten muss. Vor diesem Hintergrund beabsichtigt der Ausschuss, eine neue Konsultationsrunde einzuberufen.

Das Zugeständnis des Ausschusses führt möglicherweise zu einer Veränderung von Maß und Grad, nicht aber zu einer Abkehr des vorliegenden Konzeptes der neuen Eigenkapitalvereinbarungen. Eine in diesem Zusammenhang angekündigte Reduzierung des für das Operationelle Risiko zu unterlegende Eigenkapital auf weniger als 12 % der gesamten Eigenkapitalanforderung[18] wird angesichts der bislang nur theoretischen Konstrukte zur Messung entsprechender Risikopotenziale von den Instituten begrüßt.

Neben den Banken und Sparkassen kommt die Inkraftsetzung der neuen Eigenkapitalrichtlinien auch dem BAFin sowie den Aufsichtsinstanzen anderer Länder entgegen, da nun mehr Zeit besteht, eigene Mitarbeiter zu schulen bzw. qualifiziertes Personal zu akquirieren. Da der EU-Gipfel im März 2000 das Ziel bekräftigt hat, bis 2005 EU-weit integrierte Finanzmärkte zu schaffen, sorgt dieser zeitliche Zusammenfall mit der Umsetzung der neuen Eigenkapitalrichtlinie allerdings für umfangreiche legislative Neuerungen im europäischen Finanzsektor.

---

18 siehe http://www.bis.org/cgi-bin/print.cgi

Literatur

Basel Committee on Banking Supervision: The New Basel Document, 1/2001.

Basel Committee on Banking Supervision: Operational Risk, Consultative Document, 1/2001.

Biermann, B.: Modernes Risikomanagement in Banken, in: Eller, R. (Hrsg.), Handbuch des Risikomanagements, Stuttgart, 1998.

Horn, C./Müller, C.: Operational Risk Managament, Anmerkungen zu Begriff, Methoden und Implementierung, in: Zeitschrift für das gesamte Kreditwesen, Nr. 4, 2001, S. 199.

Rolfes, B./Emse, C.: Ratingbasierte Ansätze zur Bemessung der Eigenkapitalunterlegung von Kreditrisiken, in: european center for financial services – Forschungsbericht, 8/2000.

Schiller, B./Wiedemeier, I.: Chronologie der Bankenaufsicht, in: Zeitschrift für das gesamte Kreditwesen, Nr. 13, 1998, S. 757-758.

Wiedemeier, I./Schwanitz, J.: Operational Risk – Gefährdungspotenziale durch Betriebsrisiken in Kreditinstituten, in: Betriebswirtschaftliche Blätter, Nr. 3, 2001, S. 151-154.

http://www.bba.org.uk.

http://www.bis.org/cgi-bin/print.cgi.

Controlling Operationeller Risiken in der Landesbank Baden-Württemberg – ein Umsetzungskonzept

Steffen Aichholz *

---

* Dipl. Kaufmann Steffen Aichholz ist im Bereich Controlling der Landesbank Baden-Württemberg Leiter der Gruppe Eigenkapitalmanagement und Operationale Risiken. Ein Arbeitsschwerpunkt liegt in der Entwicklung und Einführung eines Controllingansatzes für operationale Risiken. Er ist Mitglied des Arbeitskreises Operationale Risiken des Bundesverbandes öffentlicher Banken Deutschlands.

1 Einleitung

Operationelle Risiken sind nicht erst seit der Diskussion über die neuen Eigenkapitalvorschriften von Bedeutung, sondern werden in der Kreditwirtschaft schon lange mehr oder weniger intensiv in das Risikomanagement einbezogen. Neu ist allerdings, dass mit der Einführung von Basel II voraussichtlich ab 2006 die Operationellen Risiken separat mit Eigenkapital unterlegt werden müssen.

Berechnungen zufolge binden Operationelle Risiken rund ein Viertel des Risikokapitals einer Universalbank. Die Berücksichtigung dieser Risikoart ist daher auch betriebswirtschaftlich sinnvoll.

Gesamtziel ist die Abbildung Operationeller Risiken über einen integrativen Mess- und Steuerungsansatz sowie dessen Überführung in die Gesamtbanksteuerung.

Hierzu muss ein Gesamtkonzept entwickelt werden, in dessen Rahmen quantitative und qualitative Maßnahmen umgesetzt werden. Zum einen ist der Aufbau einer geeigneten Datenbasis erforderlich, um mit Hilfe von Schadensfalldaten und Wahrscheinlichkeitsrechnungen das Risikokapital zu ermitteln. Zum anderen müssen Risikoindikatoren identifiziert und Verbesserungspotenziale aufgedeckt werden. Voraussetzung für Umsetzbarkeit und Erfolg des Konzepts ist die Schaffung eines Bewusstseins für die Relevanz dieses Themas in der Gesamtbank.

Im Jahr 2001 wurde in der Landesbank Baden-Württemberg (LBBW) im Bereich Controlling eine eigene Organisationseinheit gegründet, die sich ausschließlich mit diesem Themenkomplex beschäftigt.

Im nachfolgenden Beitrag wird das Umsetzungskonzept der LBBW vorgestellt. Die bisherigen Aktivitäten werden skizziert und die zukünftig angestrebte Positionierung vorgestellt.

2 Modulares Vorgehenskonzept

Die regulatorischen Anforderungen von Basel II fordern die Banken auf, die teilweise schon vorhandenen Sicherungssysteme und evaluierenden Ansätze für Operationelle Risiken gesamtbankweit zu vernetzen und auf qualitativ und quantitativ höhere Standards zu bringen. Um dieses Ziel zu erreichen, ist es notwendig, durch eine ausführliche Erörterung des Themas in den Instituten das notwendige Verständnis zu erzeugen und bestehende Denk- und Arbeitsprozesse zu verändern.

In der LBBW wurde der Gesamtkomplex Operationelle Risiken zu diesem Zweck in drei Teilmodule bzw. Aufgaben- und Tätigkeitsgebiete gegliedert. Sie werden teilweise parallel, teilweise aufeinander aufbauend abgearbeitet und speisen sich gegenseitig mit Informationen:

- Rahmenkonzept (Modul 1)
  Die Messung und Steuerung Operationeller Risiken ist als konzernweite Aktivität neu zu positionieren. Diese, auch Arbeitsprozesse verändernde Neuerung

lässt sich nicht ohne organisatorische Umstrukturierungen umsetzen. Da hierbei Kompetenzen und Steuerungsfunktionen umgestaltet und teilweise neu zugeordnet werden müssen, entsteht erhöhter interner Aufklärungsaufwand. Es bedarf eines verständlichen und umfassenden Rahmenwerks, welchem u.a. Kommunikationsfunktion zukommt. Operationelle Risiken werden hierin einheitlich definiert und damit von anderen Risikoarten abgegrenzt. Des Weiteren werden Zuständigkeiten und Informationsflüsse festgelegt. Das Rahmenwerk sollte darüber hinaus die Risikokultur wiedergeben und die qualitativen und quantitativen Zielsetzungen dokumentieren.

- Methode und Datenbasis (Modul 2)
  Ziele dieses Moduls sind der Aufbau einer umfassenden Datenbasis und die Skizzierung der zukünftig notwendigen Datenflüsse. Hierdurch werden die internen und externen Risikomeldungen und Analysen vorbereitet. Die jeweils gewählte Methode der Quantifizierung des Risikokapitals bestimmt den Aufbau der Datenbasis entscheidend mit. Aus diesem Grund ist die Entwicklung des Berechnungskonzepts in diesen Baustein integriert.
- Identifizierung von Risikoindikatoren (Modul 3)
  Risikoindikatoren unterstützen die qualitative Abbildung und das Management Operationeller Risiken, dienen als Frühwarnindikatoren und helfen, präventive Maßnahmen einzuleiten. Die LBBW entwickelt derzeit im Rahmen einzelner Pilotprojekte eine Methode zur Risikoidentifizierung, welche u.a. über Prozess- und Szenarioanalysen sowie Expertenschätzungen zu einem nachhaltigen Monitoring des Operationellen Risikos führen soll.

Die einzelnen Module und ihre Umsetzungsschritte werden im Folgenden vorgestellt.

3 Rahmenkonzept (Modul 1)

Die Zuständigkeit für die Entwicklung von Methoden und Messkonzeptionen ist in der LBBW dem Controlling zugeordnet. Von hier aus werden die erforderlichen Veränderungsprozesse angestoßen.

Um ein gesamtbankweites Verständnis der neuen Risikoart zu erzeugen und dem Vorstand die Bedeutung und Auswirkungen des Themas für die LBBW zu verdeutlichen, wurde ein Grundsatzpapier erstellt. In diesem sind neben der Definition der Operationellen Risiken interne und externe Anforderungen aufgeführt sowie neue interne Aufgabenzuordnungen vorgeschlagen.

Hierbei wurde die Definition des Verbandes öffentlicher Banken (VöB) übernommen, welcher Operationelle Risiken definiert als

»Risiko eines direkten oder indirekten Verlustes, der durch menschliches Verhalten, Prozess- und Kontrollschwächen, technologisches Versagen, Katastrophen und durch externe Einflüsse hervorgerufen wird.«[1]

---

1 Bundesverband öffentlicher Banken Deutschlands (2001), S. 127.

Dabei erfolgt eine Unterteilung in die Schadensfallkategorien Mensch, Prozess, Technologie und externe Einflüsse, welche in weitere Subkategorien gegliedert werden (s. Abbildung 1).

	Risikokategorien			
Primär-ebene	**Mensch**	**Technologie**	**Prozesse und Projekt-management**	**Externe Einflüsse**
Sekundär-ebene	Gesetzwidrige Handlungen (Interner)	System-sicherheit	Management-, Kontroll- und Prozessschwächen	Gesetzwidrige Handlungen (Externer)
	Verkaufs-praktiken/ Vertrieb	Software	Projekt-management	Politisch
	Unautorisierte Handlungen	Hardware		Verkäufer und Lieferanten
	Human-vermögen	Haustechnik, Gebäude, Anlagen		Outsourcing
	Transaktionen			Infrastruktur-störungen
				Öffentliche Aktivitäten
				Natur-katastrophen
				sonstige Katastrophen

Abb. 1: Schadensfallkategorien nach dem Verband der öffentlichen Banken[2]

Der Vorstand hat dem Grundsatzpapier zugestimmt und ein verstärktes Engagement im Bereich der Operationellen Risiken befürwortet. Dem daraufhin neu geschaffenen Team wurden die folgenden Aufgaben übertragen:

- Entwicklung der Methodik und konzernweite Messung Operationeller Risiken auf Basis eigener und/oder bankaufsichtlich vorgeschriebener Modelle
- fachlicher Aufbau und Verwaltung einer konzernweiten Schadensfalldaten-bank

---

2   Ebenda , S. 128.

- Durchführung bzw. Koordination von Prozessanalysen zur Identifizierung von Schadensfallpotenzialen
- Reporting über die Operationellen Risiken und bestehenden Risikopotenziale
- Integration Operationeller Risiken in die Gesamtbank- bzw. Value-at-Risk-Steuerung einschließlich Umsetzung in Pricingtools, Deckungsbeitragsrechnung und Prozessrisikoreporting
- konzernweite Koordination der Aktivitäten sowie die Vertretung gegenüber den Verbänden, Aufsichtsbehörden und Prüfern

Nach der Übertragung dieser Aufgaben war neben methodisch-konzeptioneller Grundlagenarbeit und dem Aufbau der Datenversorgung vor allem die Zusammenarbeit mit den dezentralen Bereichen im Detail zu regeln. Dabei ist herauszustellen, dass das Management Operationeller Risiken kein Controllingthema mit der bloßen Absicht der Berechnung von Risikokapital ist. Vielmehr handelt es sich um ein Gesamtbankthema mit dem Ziel der Risikominimierung und umfassenden Optimierung von Abläufen, wobei die Umsetzung dezentral durch die Bereiche erfolgt. Qualitative und quantitative Verbesserungen mit ganzheitlicher Wirkung bedürfen der direkten und intensiven Zusammenarbeit mit den dezentralen Einheiten.

Aufgabenzuordnungen und Abgrenzungen zwischen der zentralen Controllingeinheit und den dezentralen Einheiten müssen von Beginn an deutlich gemacht werden. In der LBBW wurde eine Aufgabenabgrenzung wie folgt vorgenommen:

Aufgaben Controlling	Aufgaben der dezentralen Einheiten
• Entwicklung der Quantifizierungsmethoden • Aufbau einer konzernweiten Schadensfalldatenbank • Festlegen der Mindestanforderungen an die Erfassung von Schadensfällen • Initiierung des Meldewesenprozesses • Vernetzung der Informationen und Arbeitsergebnisse aus den Projekten in den dezentralen Bereichen • Reporting	• Benennung eines Operational-Risk-Managers als Vertreter des Fachbereichs • Lieferung von aktuellen Schadensfällen entsprechend den Mindestanforderungen an die Erfassung von Schadensfällen • Mitwirkung bei der Erhebung und Analyse von historischen Schadensfalldaten sowie der Auswertung von Schadensfallkonten • Identifikation von Risikotreibern/-indikatoren • Durchführung dezentraler Steuerungs- und Qualitätsverbesserungsmaßnahmen

Abb. 2: Aufgabenabgrenzungen zwischen Controlling und den dezentralen Einheiten

Regelmäßige Treffen zwischen den Vertretern des Teams Operationelle Risiken und den Vertretern der dezentralen Einheiten (Operational-Risk-Manager) werden angestrebt. Die Zusammenarbeit mit der Revision ist speziell zu regeln, da bedingt durch den originären Auftrag der Revision größere Unterstützung zu erwarten ist.

4　Methode und Datenbasis (Modul 2)

Grundlage für die Berechnung des Risikokapitals ist eine umfassende Datenbasis. Sie muss es ermöglichen, – basierend auf gegenwarts- und vergangenheitsbezogenen Schadensfall- und Bestandsdaten – Rechnungen zur Bestimmung des Risikokapitals durchzuführen und Ansatzpunkte für qualitative Verbesserungen zu finden. Hierbei sind die regulatorischen Anforderungen nach Basel II zu beachten. Bevor mit der Sammlung von Daten begonnen wird, muss aus der gewählten Berechnungsmethode der Datenbedarf abgeleitet werden. Insofern gibt es ein kausales Zusammenspiel zwischen Methode und Datenbasis.

4.1　Methode

Die bislang von der LBBW favorisierte Methode berechnet über den erwarteten Verlust (Schadensfallkosten) den unerwarteten Verlust im Wege der Modellierung einer gesamtbankweiten Schadensfallverteilungskurve. Die Berechnung soll bei der LBBW künftig schrittweise erfolgen. Nach der Berechnung des erwarteten Verlustes wird aus dessen Volatilität der unerwartete Verlust und damit die Höhe des erforderlichen ökonomischen Eigenkapitals ermittelt.

Die Quantifizierung des erwarteten und unerwarteten Verlustes weist folgende Nutzenaspekte auf:

- Der erwartete Verlust (Kosten Operationeller Schäden) wird kalkulierbar und kann in ein Bepreisungskonzept überführt werden
- Über den Value-at-Risk werden latente Großrisiken zur Abbildung gebracht
- (Risiko-)Kosten-Nutzen-Analysen werden durchführbar
- Businesslines und Prozesse können bepreist werden
- Ökonomische Kapitalallokation unter Berücksichtigung aller Risiken wird möglich
- Die Ergebnisse der Quantifizierung können den Ausschlag für den Abschluss von Versicherungsprodukten geben

4.1.1　Erwarteter Verlust

Der erwartete Verlust ist die kalkulatorische Größe für die tatsächlich aus Operationellen Schäden entstehenden Kosten. Für seine Berechnung werden in der Regel historische Durchschnittsgrößen verwendet.[3]

Im Allgemeinen wird der erwartete Verlust (EV) wie folgt beschrieben:

$$\text{EV} = \text{Eintrittswahrscheinlichkeit x Gesamtschadenspotenzial}$$
$$\text{x (1 – Schadensminderung)}$$

3　Ebenso können auch für die Zukunft geschätzte Größen verwendet werden.

Je nach Natur der Schadensfallkategorie kann es sinnvoll sein, den erwarteten Verlust auf verschiedene Weise darzustellen. Insbesondere werden Formeln mit unterschiedlichem Dateninput nötig. Wir unterscheiden intern zwei Fälle:

a) Die Bezugsgröße des Schadensfalles, d.h. sein Gesamtschadenspotenzial, ist bekannt. Es kann eine Eintrittswahrscheinlichkeit für den Schaden ermittelt werden:

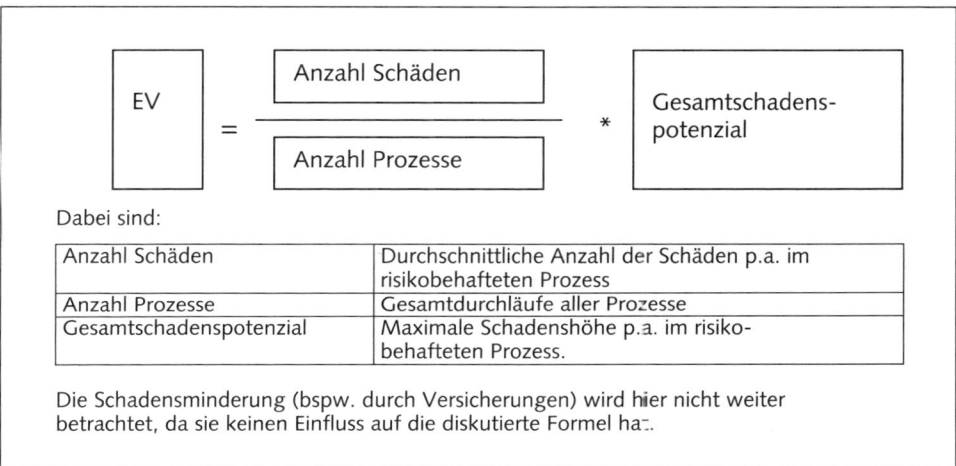

Abb. 3: Berechnung des EV bei bekanntem Schadensfallpotenzial (Formel 1)

Mit der in Abbildung 3 angegebenen Formel lassen sich erwartete Risiken quantifizieren, deren Auswirkungen von der Natur des Prozesses her begrenzt sind. Dies gilt zum Beispiel für die Abwicklung von Wertpapiertransaktionen, die ein eindeutiges Mengen- und Wertgerüst haben und keine höheren Schäden als den Totalausfall des Gesamtvolumens aufweisen können.

b) Die Bezugsgröße des Schadensfalles ist unbekannt. Es gibt keine wert- und mengenmäßige Gesamtgröße im Sinne einer maximalen Schadenshöhe im risikobehafteten Prozess.

Ersatzweise wird der erwartete Verlust aufgrund von geschätzten Indikatoren ermittelt.[4] Der erwartete Verlust definiert sich in diesem speziellen Fall wie in Abbildung 4 angegeben:

Die Vorgehensweise und die Formel eignen sich in besonderem Maße für die Quantifizierung von Risiken, die in ihrer Auswirkung nicht nach oben hin begrenzt sind und sich nur schwer einschätzen lassen. Man behilft sich deshalb mit Durchschnittswerten. Als Beispiel sei das Risiko von seltenen Systemausfällen genannt; Wert und Anzahl der Ausfälle sind hier nur schwer zu schätzen.

---

4 Vgl. Basel Committee on Banking Supervision (2001), S. 8.

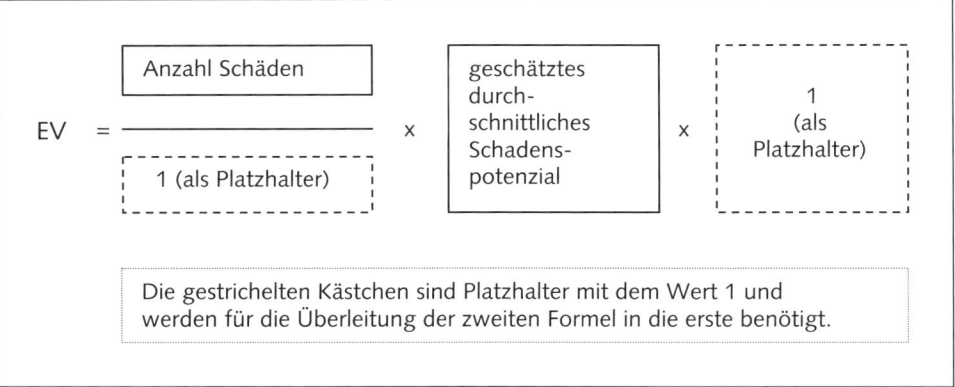

Abb. 4: Berechnung des EV bei unbekanntem Schadensfallpotenzial (Formel 2)

c) Überleitung der Formeln ineinander

Bei näherer Betrachtung wird klar, dass es sich bei der zweiten Formel nur um eine unterschiedliche Ausprägung der ersten Formel handelt. Zur Überleitung werden die Platzhalter mit dem Wert 1 in der Formel 2 durch die Anzahl Prozesse ersetzt (siehe Abbildung 5).

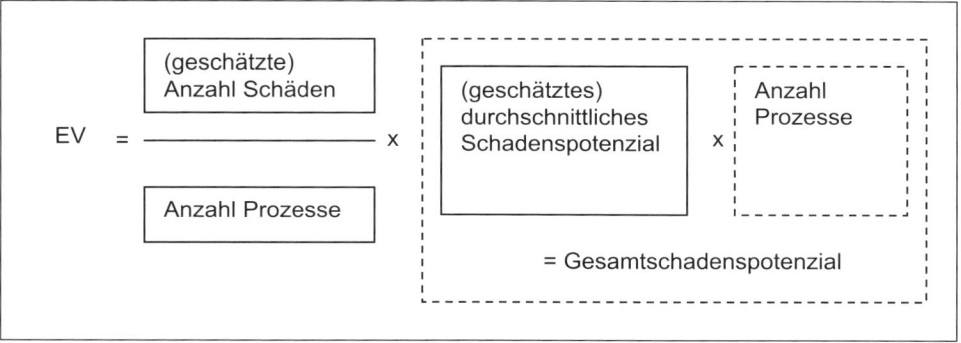

Abb. 5: Berechnung des gesamten EV aus Formel 1 und 2 (Formel 3)

Es ergibt sich die ursprüngliche Formel 1. Diese Überleitung ermöglicht die gemeinsame Verwendung der Daten aus beiden Formelausprägungen für die Aggregation der gesamtbankweiten Operationellen Risiken in einer Kennzahl.

4.1.1 Unerwarteter Verlust

Der unerwartete Verlust entspricht dem zu unterlegenden ökonomischen Eigenkapital. Dieser so genannte Value-at-Risk (VaR) ist die Differenz zwischen dem jährlich aggregierten Verlust aus Schadensfällen zu einem bestimmten Konfidenzniveau und dem erwarteten Verlust. Der VaR ist letztlich der Betrag, der mit ökonomischem Eigenkapital unterlegt werden muss und entsteht aus der Volatilität des erwarteten Verlustes.[5]

Eine in der LBBW durchgeführte Proberechnung über einen Top-down-Ansatz führte zu einem Anteil von ca. 20–25 % für Operationelle Risiken am gesamten ökonomischen Kapital. Diese Größe wurde als erste Indikation für das ökonomisch zu unterlegende Eigenkapital verwendet.

Ziel ist die Abbildung einer Schadensfallverteilung für die Gesamtbank über einen ursachenbezogenen Bottom-up-Ansatz. Die LBBW strebt für diesen Bottom-Up-Ansatz die Verwendung eines statistisch-versicherungsmathematischen Ansatzes an.

Diese Vorgehensweise ist insofern plausibel, als die Versicherungswirtschaft schon seit geraumer Zeit Teile der Risiken mit dieser Methode bewertet.[6] Basierend auf der Annahme, dass die Vergangenheit ein guter Prädiktor für die Zukunft ist, werden historische Beobachtungen von Verlusten zur Berechnung eines Value-at-Risk herangezogen. Diese Verlustdaten können im High-Impact/Low-Frequency-Bereich mit fiktiven geschätzten und externen Daten angereichert werden. Damit werden auch seltene, aber mögliche Risiken, die im eigenen Haus noch nicht beobachtet wurden, simulativ abbildbar.

4.2 Datenbasis

Die Datenbasis zur Messung des Operationellen Risikos muss eine Sammlung von historischen internen und externen Schadensfällen beinhalten und laufend mit den aktuellen Schadensfällen gespeist werden. Für die gesammelten Schadensfälle müssen zudem die relevanten Bezugsgrößen, z. B. Exposurewerte, erfasst werden. Für die Berechnung des Risikokapitals ist es weiterhin von Bedeutung, welche Risiken durch Versicherungen gedeckt sind, so dass diese risikomindernden Zahlen ebenfalls in den Datenpool zu integrieren sind.

Aus diesem Grund wurde der Gesamtkomplex Datenbasis für eine strukturierte Vorgehensweise intern in vier Teilgebiete getrennt:

- Erfassung von aktuellen internen Schadensfalldaten
- Interne historische Schadensfalldaten
- Interne Bezugsgrößen und Versicherungsdaten
- Integration externer Schadensfalldaten.

4.2.1 Erfassung von aktuellen internen Schadensfalldaten

Zur Umsetzung eines konzernweiten Controllingansatzes werden Schadensfälle zukünftig in der LBBW einheitlich erhoben. Dazu wurden Mindestanforderun-

---

5 Die Begriffe ökonomisches (Eigen-)Kapital, Risikokapital und Value-at-Risk werden in diesem Artikel synonym verwendet.
6 Vgl. Beeck/Kaiser (1999), S. 5.

gen an die Erfassung definiert. Diese gewährleisten, dass zum einen alle Schadensfälle festgehalten und an das Controlling geliefert und zum anderen bei jedem Einzelfall festgelegte Kriterien als Pflichtdaten gemeldet werden. Die Vordefinition bei der Primärerhebung von Schadensfällen ist von besonderer Bedeutung, da sie jede Form der späteren Analyse bestimmt und nur so ein strukturiertes Datenbankmanagement möglich ist. Das Controlling der LBBW hat sich in Zusammenarbeit mit mehreren Fachbereichen für folgende Strukturfelder entschieden:

Datenfelder	Datenfelder
Referenznummer	Geplante präventive Maßnahme
Schadensträger (Einheit und Ort)	Beschreibung der Auswirkung
Geschädigter	Betroffenes System
Schaden festgestellt durch...	Schaden (brutto)
Erfassungsdatum	Ausgleichszahlung Dritter
Schadensdatum	Art der Ausgleichszahlung
Schadensverursacher	Kulanzzahlung
Schadensgegenstand	Schaden (netto)
Beschreibung der Ursache	Nummer des Schadensfallkontos
Schadensfallkategorie	Datum der Verbuchung
Betroffenes Produkt	Bearbeiter
Prozessstelle	Ansprechpartner

Abb. 6: Datenfelder einer Schadensfallmeldung

Es war mit den bislang im Hause zuständigen Einheiten abzustimmen, wie neben der Erfassung nach dem vorgegebenen Raster auch die technische Übermittlung der Daten sichergestellt werden kann.

Für die Vertriebseinheiten der LBBW existiert bereits eine technische Lösung, die nur noch an die Mindestanforderungen für die Meldung von Schadensfällen angepasst werden muss. Für alle anderen Einheiten gibt es bisher noch unterschiedliche Erfassungsmedien. Ziel ist der Aufbau einer webbasierten Erfassungslösung, die über das Intranet der LBBW umgesetzt werden kann und die Schadensfälle nach Eingabe direkt in die Schadensfalldatenbank des Controllings überträgt. Aus dieser Datenbank sollen dann die jeweiligen Reports generiert sowie Verbindungen zum Datawarehouse der Gesamtbank hergestellt werden. Bis dahin werden Hardcopys der Schadensfallmeldungen an das Controlling übermittelt.

4.2.2 Interne historische Schadensfalldaten

Um aus dem Datenmaterial steuerungsrelevante Kennzahlen ermitteln zu können, sind die Schadensfälle über einen längeren Zeitraum zu beobachten. Dadurch wird es möglich, Trendverläufe, Volatilitäten und Korrelationen zwischen Schadensfallkategorien zu beobachten und eine Kalkulationsbasis aufzubauen.

In den meisten Instituten besteht jedoch das Problem, dass es in der Vergangenheit keine einheitliche koordinierte Schadensfallerfassung gab. Daher ist es zunächst notwendig, eine Bestandsaufnahme zu initiieren.

In der LBBW wurden die jeweiligen Organisationseinheiten und Ansprechpartner für historische Schadensfälle identifiziert. Ein Hauptansprechpartner ist die Revision, deren originäres Geschäft die Prüfung von Bankprozessen ist und die automatisch mit diversen Schadensfällen in Berührung kommt. Meist existieren dort bereits aufbereitete Materialien, beispielsweise Prüfungsberichte, die detaillierte Auskunft über Schadensfälle geben können. Zumindest sind dort aber Schadensfälle ab einer bestimmten Größenordnung vorgehalten.

Weiterhin wurden von einzelnen abwickelnden Bereichen, dem Rechnungswesen und verschiedenen Schadensfallkontoführern, Daten oder andere Informationen, z. B. Revisionsberichte, zur Verfügung gestellt.

Als Problem hat sich bei der Erfassung die Erhebung nach den in Abbildung 6 vorgestellten Kriterien gezeigt. Oftmals existieren – vor allem bei kleineren Beträgen (< 10 T€) – Buchungsbelege, die nur Betrag, buchende Stelle und Datum erkennen lassen. Hier muss dann von Fall zu Fall entschieden werden, ob der Schadensfall aus Gründen der Vollständigkeit oder Ursachenanalyse zu übernehmen ist oder ob aufgrund mangelnder Auswertbarkeit ein Verzicht erfolgen kann.

Die Größe eines Schadensfalles sollte ebenfalls ein Erfassungskriterium sein. Aus Sicht des Controllings macht es Sinn, Schäden erst ab einer bestimmten Höhe, beispielsweise ab 10.000 €, in die Datenbank aufzunehmen. Dabei bleibt aber unberücksichtigt, dass die Ursachen, die einen Kleinschaden ausgelöst haben, ebenso einen Großschaden zur Folge haben könnten.

Außerdem kann sich als Hindernis erweisen, dass Schadensfälle in der Vergangenheit als solche nicht erkannt bzw. dokumentiert wurden. Als Beispiel sind Systemausfälle zu nennen. Diese wurden behoben, es wurden präventive Maßnahmen eingeleitet, jedoch erfolgte keine abschließende Sammlung aller Schadensfälle, so dass kein auswertbares Datenmaterial existiert. Die Dokumentationspflicht für diese Art von Schäden muss also zunächst durch das Rahmenwerk (Modul 1) festgelegt werden.

Die historischen Schäden sollten in bestimmten Zeitabständen auf aktuelle Relevanz geprüft werden. Systeminduzierte Schadensfälle können durch die Erneuerung von Systemen an Bedeutung verlieren. Auch durch die Veränderung des Workflows kann die praktische Bedrohung entfallen.

Problematisch kann die mangelnde Bereitschaft von dezentralen Einheiten sein, substantielle Verluste an das Controlling zu melden. Dies kann nur durch umfassende Aufklärungsarbeit und Aufzeigen der Notwendigkeit von Seiten des Controllings – insgesamt also nur durch eine Veränderung der Risikokultur – verbessert werden. In der LBBW werden hierzu regelmäßige Workshops mit den Operational-Risk-Managern der Fachbereiche durchgeführt.

4.2.3 Interne Bezugsgrößen und Versicherungsdaten

Sinnvolle Kalkulationen und Analysen von Schadensfällen setzen Bezugsgrößen voraus. Erst durch diese werden Schadensfälle in ihrer Höhe und Häufigkeit interpretationsfähig. Als Bezugsgrößen sind u.a. die Anzahl von Handelstransaktionen und Mitarbeitern oder Ertragsgrößen geeignet. Für jede Schadensfallkategorie müssen somit die entsprechenden Bezugsgrößen gewählt werden.

Um Risiken hinsichtlich ihres Bedrohungs- und Kostenpotenzials kalkulieren zu können, ist weiterhin die Existenz, der Abdeckungsgrad und der Prämienaufwand von Versicherungen zu prüfen. Diese Daten sind in der Regel über die zuständige Versicherungsabteilung erhältlich.

4.2.4 Integration externer Schadensfalldaten

Risikomodelle berechnen das Risikokapital in Abhängigkeit eines gewählten Konfidenzniveaus. Dazu ist es notwendig, über die so genannten Fat-Tail-Risiken (geringe Eintrittswahrscheinlichkeit, hohes Risikopotenzial) Aussagen treffen zu können. Da normalerweise im eigenen Haus keine oder nur sehr wenige Daten über Worst-Case-Schadensfälle vorliegen, diese aber für die Abbildung einer vollständigen Verteilungskurve erforderlich sind, werden externe Schadensfälle benötigt. Als Ergänzung können externe Referenzwerte aus Datenkonsortien oder eigene Erhebungen über öffentlich zugängliche Schadensfallinformationen hinzugezogen werden.

Externe Daten stellen nicht nur für die Quantifizierung des Risikokapitals eine Verbesserung der Kalkulationsbasis dar. Auch zur Feststellung, ob derartige Großschäden im eigenen Haus eintreten könnten und ob die eigenen Sicherungssysteme diese Schäden vermieden hätten, bieten sich externe Daten an.

Kritisch zu prüfen ist allerdings, ob die externen mit den internen Daten vergleichbar sind. Dazu müssen die Übertragbarkeit auf die eigene Struktur und eine hinreichende Beschreibung der Schadensursache gegeben sein.

Im Ergebnis kann nur eine geeignete Kombination aus allen genannten Verlustdatenquellen zu einer verlässlichen Bottom-up-Quantifizierung führen.

5   Identifizierung von Risikoindikatoren (Modul 3)

Ziel dieses Moduls ist die Erfassung von bereichsspezifischen Risikoindikatoren, deren Vernetzung auf Gesamtbankebene und Verwendung als Adjustierungsparameter für das zu berechnende Risikokapital.

Risikoindikatoren sind Kennzahlen, bei deren positiver oder negativer Änderung von Implikationen auf das Risiko und somit auf die Höhe des Risikokapitals ausgegangen wird. Für die Identifikation und das Monitoring von Risikoindikatoren müssen bereichsweise umfassende Prozess- und Risikoanalysen durchgeführt werden.

Die LBBW hat sich im ersten Schritt auf eine Bestandsaufnahme in den Bereichen beschränkt, in denen bereits aus Eigenmotivation an der Verbesserung von Qualitätsstandards und der Minimierung Operationeller Risiken gearbeitet wurde. Die Aufgabenstruktur dieser Bereiche ist sehr heterogen, was den Vorteil hat, dass das Operationelle Risiko jeweils aus anderer Perspektive betrachtet wurde.

Pilotprojekte bzw. Untersuchungen wurden in den Bereichen Personalmanagement, Informationstechnologie (zur IT-Sicherheit) und Organisation (zur Prozessabbildung) sowie mit der IT-Projektplanung (zur Analyse der Abhängigkeit von Fremdfirmen) durchgeführt. Die Erkenntnisse aus diesen Projekten unterstützen die Methodenentwicklung zur Abbildung Operationeller Risiken. Zudem können erste Risikoindikatoren in ein prototypisches Monitoringboard überführt werden.

Das Vorgehen sowie die Zwischenresultate werden nachfolgend skizziert.

5.1 Pilotprojekt im Bereich Personalmanagement

Mit der im Bereich Personal angesiedelten Organisationseinheit Personalcontrolling wurde ein Workshop zum Thema Basel II mit Schwerpunkt auf den Entwicklungen im Themengebiet Operationelle Risiken durchgeführt. Vorteilhaft war hierbei, dass Risikomanagement im Personalbereich kein neues Thema ist, da jährlich im Risikolagebericht Kommentierungen zum Personalrisiko abgegeben werden.

Es wurden dann typische und bereits intern erfasste Kennzahlen des Personalmanagements zusammengestellt und auf subjektive Risikorelevanz geprüft. Die regelmäßige Lieferung von Kennzahlen wie bereichsbezogene Fluktuationsgrößen, Akademikeranteile, Krankheitsquoten oder Seminarteilnahmen wurde festgelegt. Wichtig war neben der reinen Kennzahlenanalyse die Einführung eines regelmäßigen Reportingprozesses des Bereiches Personal an das Operationelle Risikocontrolling.

Des Weiteren sollen spezifische Personalrisiko-Kennzahlen mit höherer Risikorelevanz identifiziert und reportet werden. Hierunter fallen bspw. Kennzahlen über das Austritts-, Anpassungs- oder Engpassrisiko.[7]

Bei der Auswahl der Indikatoren ist die jeweilige Einschätzung durch den Fachbereich Personal ausschlaggebend, da dieser besser als das zentrale Controlling in der Lage ist, die Indikatortauglichkeit einer Kenngröße einzuschätzen.

Die Vorauswahl der Kennzahlen beugt der Gefahr vor, zu viele Messgrößen als Risikoindikatoren festzulegen und somit ein späteres Monitoring umständlich, zu umfangreich und wenig steuerungsorientiert zu gestalten. Durch diese Vorgehensweise wird ebenfalls die Akzeptanz erhöht.

Bei späteren Analysen wird die Anzahl der Indikatoren weiter begrenzt, da die Betrachtung der Korrelationen zwischen Risikokapitalveränderung und der Bewegungen der Indikatoren mangelnde Risikosignifikanz ergeben kann.

Das Ergebnis der ersten Workshopreihe ist ein Monitoringboard mit Kennzahlen, dessen laufende Aktualisierung und Erweiterung erklärtes Ziel beider Bereiche ist.

Wichtig ist auch die beiderseitige Erkenntnis, dass es bei den erarbeiteten Ergebnissen nicht um bloße Datenlieferungen des Personalbereichs an das Cont-

---

7 Vgl. zu Kennzahlen des Personalrisikomanagements Kobi (1999), S 18.

rolling geht. Vielmehr können für den Personalbereich selbst steuerungsrelevante Informationen gewonnen werden.

Indikator	Interpretation
Seminarquote	Vergleiche mit anderen Instituten und die interne Entwicklung der Kennzahl geben Aufschluss über den Wunsch nach Erneuerung und nach Stärkung der Innovationskraft auf Seiten des Konzerns und der Mitarbeiter. Zudem können Kostenentwicklungen geprüft werden.
Nachfolgen	Probleme bei der Nachfolge können Rückschlüsse auf Personalengpässe oder Potenziallücken zulassen. Nichtbesetzungen können zu Überlastungen führen.
Krankheitstage und Überstunden	Dieser Indikator lässt auf hohe Arbeitsbelastung, ungleiche Verteilung der Arbeit, Überforderung, fehlende Qualifikation, falsche Besetzung und partiell falsche Führungskultur im Unternehmen schließen.
Anteil der internen Versetzungen an den Rekrutierungen am Markt	Diese Kennzahl liefert Informationen zu den Themen Nachwuchsförderung, Weiterbildung und zukunftsorientierte Personalpolitik.
Kündigungen	Stärkere Abweichungen vom Durchschnitt oder von Vergangenheitszahlen deuten auf den Verlust von Wissen und damit auf nachhaltige Probleme beim Erhalt des Status quo hin. Zudem können Hinweise auf Arbeitsklima, Förderung der Mitarbeiter, Führungskompetenz und Gehaltsgefüge entnommen werden.
Abwerbungen	Abwerbungen von Spezialisten führen zu Bedarfslücken.

Abb. 7: Mögliche Risikoindikatoren im Personalcontrolling

5.2   Pilotprojekt IT-Sicherheit

Im IT-Bereich wurde bereits in der Vergangenheit ein Projekt zur Verbesserung der Systemsicherheit und zur Prozessoptimierung der Handelsplattform durchgeführt.

Zentrale Punkte waren dabei die Prüfung von Prozessen und die Durchführung von Risikoanalysen, um hieraus Verbesserungspotenziale und präventive Maßnahmen abzuleiten.

In einer dem Projekt nachgelagerten Bestandsaufnahme der Bereiche IT und Controlling wurden die Schnittstellen des Projekts zum Thema Operationelle Risiken untersucht.

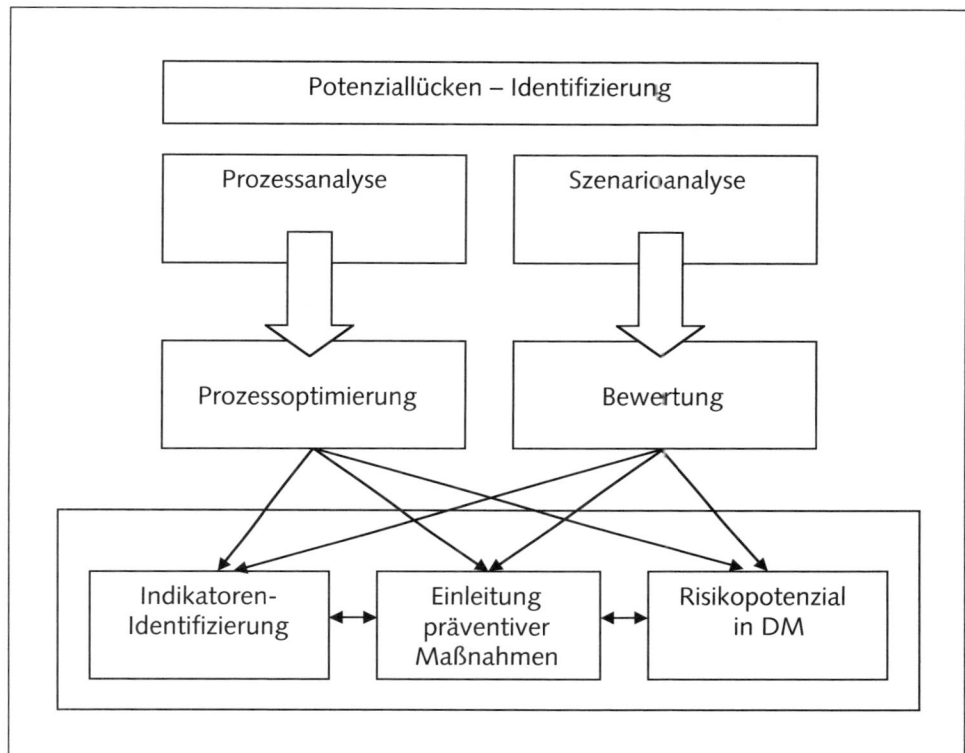

Abb. 8: Projektvorgehen

In Interviews und Systemanalysen wurde zu Beginn der Status quo ermittelt. Aufbauend auf diesen Informationen wurden – unter Berücksichtigung aufsichtsrechtlicher Anforderungen an die Ordnungsmäßigkeit – Veränderungspotenziale als so genannte Potenziallücken identifiziert. Potenziallücken sind Abweichungen zwischen der Ist-Situation und den gestellten Anforderungen. Aus dieser Analyse ergab sich der notwendige Handlungsbedarf zur Sicherung der Systeme. Die identifizierten Potenziallücken wurden daraufhin unter Zuhilfenahme der folgenden Szenarien hinsichtlich des Operationellen Risikos bewertet.

1. Ausfall von Handelsapplikationen für zwei, vier und acht Stunden
2. Bewusste oder unbewusste Manipulation der Handelsumgebung
   a) Angriff auf die Handelsumgebung durch interne Mitarbeiter oder externe Personen
   b) Manipulation der Handels-Datenbank zur Umgehung des Risiko-Controlling

3. Verlust eines Back-up
4. Eintritt eines Katastrophenfalls
5. Verstoß gegen aufsichtsrechtliche Anforderungen

Für jedes Szenario wurden Eintrittswahrscheinlichkeit und Risikopotenzial in DM-Beträgen durch Expertenschätzung unter Einbeziehung externer Schadens-falldaten ermittelt.

Die Szenariobewertungen werden des Weiteren zur Ableitung von Risikoindi-katoren herangezogen.

Indikatoren	Interpretation
Anwenderbeurteilung eines Systems	Zufriedenheitsindizes machen den Qualitätsmaßstab deutlich und können Verbesserungen anstoßen.
User-Committments	Die Existenz und Einhaltung von User-Committments kann auf eine verstärkte Qualitätsorientierung des Back-Office schließen lassen.
Systemalter	Die Phase des Lebenszyklusses eines Systems kann im Quervergleich mit anderen Systemen des Hauses und im Zusammenspiel mit anderen Indikatoren (Systemausfallzeiten) als Frühwarnkennzahl eingesetzt werden.
Systemausfallzeiten	Ausfallzeiten dienen als Messgröße für die Zuverlässigkeit des Systems. Dabei sollten nicht nur die Anzahl, sondern auch die jeweilige Dauer des Ausfalls erfasst werden.
Kompatibilität	Systeme mit schwerfälligem Schnittstellenmanagement führen zu erhöhtem Programmier- und Pflegeaufwand.
Notfallplanung	Existenz, Aktualität und Güte beeinflussen die Bewertung diverser Szenarien.

Abb. 9: Mögliche Risikoindikatoren im untersuchten Bereich

Auch hier strebt das Operational-Risk-Controlling die weitere Zusammenarbeit mit den Projektbeteiligten an. Ziel ist die Ausweitung der Identifikation von Risi-koindikatoren, deren Überführung in ein permanentes Reporting sowie die regel-mäßige Durchführung von risikobasierten Szenarioanalysen im IT-Bereich.

5.3 Analyse zur Abhängigkeit von Fremdfirmen

Die Zusammenarbeit mit externen Partnern erfolgt aus unterschiedlichen Moti-ven. Bei operativen Tätigkeiten werden Fremdarbeitskräfte zum Ausgleich von

Spitzenlasten eingesetzt. Bei vorwiegend konzeptionellen Projekten werden Berater gebucht, um Wissen zu transferieren, Methoden und Techniken zu implementieren und Ziele zu erreichen, die ohne externe Unterstützung nicht realisierbar wären. Operationelle Risiken können beispielsweise in mangelndem Wissenstransfer auf interne Mitarbeiter oder der Abhängigkeit von Fremdfirmen durch überproportionale Inanspruchnahme liegen.

Zur Analyse dieser Problematik erarbeitete das Controlling gemeinsam mit den für das Projekt-Management verantwortlichen Kollegen eine Kennzahlenübersicht, die in ein regelmäßiges Reporting einfließt und die geschilderte Problemstellung aufgreift.

Indikator	Interpretation
Anzahl von Budgeterhöhungen	Bei unverhältnismäßig vielen Erhöhungen muss geprüft werden, ob Planungsversagen oder nicht vorhersehbare Änderungen der Rahmenbedingungen ursächlich waren.
Anzahl beteiligter Fremdfirmen in einem Projekt	Durch die Beteiligung vor mehreren Fremdfirmen in einem Projekt werden erhöhte Anforderungen an die Lenkungs- und Koordinationsfunktion des Auftraggebers gestellt. Die Notwendigkeit dieser pluralen Beteiligungen kann geprüft werden.
Verhältnis Anzahl interner zu externen Mitarbeitern	Bei methodisch-konzeptionellen Projekten sollte auf ausreichende interne Beteiligung geachtet werden, um – vor dem Hintergrund des angestrebten Wissensaufbaus – Missverhältnisse zu vermeiden.
Anzahl eingestellter Projekte	Bei unverhältnismäßig hohen Ausschlägen nach oben, sollte der Projektplanungs- und -entscheidungprozess überprüft werden.
Anzahl von Projekt-beteiligungen einer Fremdfirma	Ist eine Beratungsfirma bei mehreren Großprojekten beteiligt, kann vor dem Hintergrund der Ambivalenz von Unternehmenskenntnis einerseits und einer möglichen Abhängigkeit vom Berater andererseits die Projektpolitik überprüft werden.
Fluktuation bei Fremdarbeits-kräften	Bei länger laufenden Projekten sollte bei erhöhter Fluktuation der Nutzen für den Auftraggeber überprüft werden.

Abb.10: Risikoindikatoren für das Projektcontrolling

Generell gilt, dass die Interpretation der ermittelten Kennzahlen nur durch den Fachbereich vorgenommen werden kann. Das Controlling kann nicht beurteilen, ob in einem Projekt zu viele Fremdfirmen beteiligt sind, weil hierzu projektspezifisches Wissen erforderlich ist. Aufgrund der Problematik pauschaler Beurteilungen muss jedes Projekt einzeln kommentiert und bewertet werden. Aufgabe des Controllings ist hierbei, die Kennzahlen gemeinsam mit den Fachbereichen zu analysieren und dem Management zur Verfügung zu stellen.

Der Analyseaufwand, der damit in Verbindung steht, wird durch die Kosten- und Risikointensität vieler Projektvorhaben und dem damit verbundenen hohen Einsparpotenzial gerechtfertigt.

5.4　Prozessanalyse

Die prozessuale Abbildung der Gesamtbank ist eine wesentliche Hilfestellung bei der Quantifizierung und dem Management Operationeller Risiken. Prozessketten werden auf risikosensitive Punkte geprüft und können als Ausgangspunkt für Risikoanalysen und -optimierungen verwendet werden.

In der LBBW sind Prozessabbildungen Bestandteil der gesamtbankweiten Arbeitsanweisungen. Gemeinsam mit den Fachabteilungen erhebt der Bereich Organisation die für die jeweilige Tätigkeit durchzuführenden Handlungen und Arbeitsabläufe. Historische interne und externe Schadensfalldaten können dann künftig dem Prozessgefüge der Bank zugeordnet werden.

Durch diese Lokalisierung und Visualisierung wird das Erkennen von Ursächlichkeiten für den Schadenseintritt erleichtert. Mögliche Abhängigkeiten von anderen internen oder externen organisatorischen Einheiten und Systemen werden sichtbar.

Die Prozesse werden zur Risikoanalyse von Experten bzw. Prozessverantwortlichen begutachtet. An Risikopunkten können mögliche Schadensfallszenarien definiert werden.

Wird dabei akuter Handlungsbedarf deutlich, werden die Szenarien in Bezug auf die Bedeutung der präventiven Maßnahmen sortiert und können als Auslöser für Prozessverbesserungen dienen. Dies kann durch die Änderung eines Prozesses, Notfallplanungen oder andere risikoreduzierende Maßnahmen erfolgen.

Zudem kann szenariobasiertes Risikokapital anhand von Schätzungen quantifiziert werden.

Die gesamtbankweite Darstellung von Prozessen verringert die Gefahr, wichtige Fehlerquellen zu vergessen und verhindert Doppelarbeiten durch verschiedene Beteiligte.

Zudem können bei einer Generierung mit nummerierten Risikopunkten alle an der entsprechenden Stelle benötigten Informationen archiviert und durch die Hinterlegung von Datenbanken später einem Quantifizierungstool zur Verfügung gestellt werden. Mehrere am Markt erhältliche Softwaresysteme zur Modellierung von Prozessen bieten diese Funktionalitäten an. Die Überführung der Daten in ein einheitliches Schema und die Ermittlung von Kennzahlen wird dadurch erleichtert. Je nach Qualität der Datenbasis können diese Kennzahlen für standardisierte Meldungen, Kalkulationen, interne Modelle oder allgemeine Analysen verwendet werden.

Die Vorgehensweise wird beispielhaft an einem Prozessausschnitt aus dem Prozess Sortenhandel betrachtet. Der Prozess wird modelliert dargestellt und mit Risikopunkten bestückt.

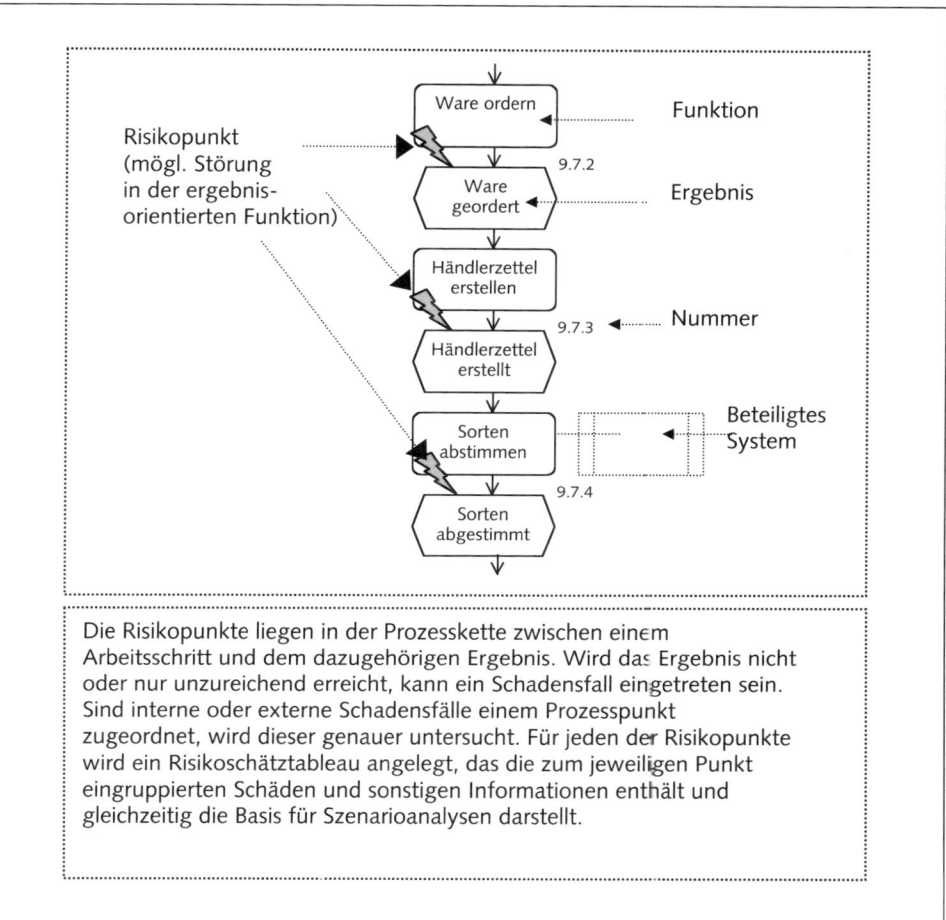

Abb. 11: Teilausschnitt aus der Prozesskette »Sortenhandel«

Die prozessorientierte Vorgehensweise zur Untersuchung Operationeller Risiken stellt zwar hohe Basisanforderungen, bietet aber einen der effektivsten Lösungsansätze, da Ursache und Wirkung direkt in Verbindung gebracht werden können.

5.5 Erkenntnisse aus den Pilotprojekten

Die Projekte und Analysen haben gezeigt, dass es intern bereits sehr viele Bestrebungen gibt, die Qualität zu verbessern, Prozesse zu optimieren und Risiken zu minimieren. Aufgabe des Controllings ist, die aktuell laufenden Aktivitäten und ihre Ergebnisse zu bündeln und den regelmäßigen Austausch von Informationen zu standardisieren.

Darüber hinaus muss aus den gewonnenen Erkenntnissen eine gesamtbankweit einsetzbare Methode zur Identifizierung von Risikopotenzialen entwickelt werden. Eine Abbildung sämtlicher Einheiten wie auch die Zusammenführung von bereichsspezifischen Indikatoren und Szenarien ist dafür erforderlich. Dies ermöglicht die Überführung des Operationellen Risikos in einen regelmäßigen Monitoringprozess. Über eine Gesamtsicht können zudem gleichartige Indikatoren in unterschiedlichen Organisationseinheiten identifiziert und vernetzt werden.

Die LBBW hat sich aufgrund der bislang gewonnenen Erkenntnisse für folgende Vorgehensweise und Prinzipien entschieden:

- Durchführung von bereichsspezifischen Auswertungen der Schadensfälle aus der eigenen Schadensfalldatenbank mit dem Ziel der Überprüfung der Ursächlichkeit und der Identifikation von Risikoindikatoren
- Prozessanalysen und Indikator-Identifizierung in direkter Zusammenarbeit mit den Unternehmensbereichen
- Ermittlung von bereichsspezifischen Worst-Case-Szenarien zur Schätzung des Risikopotenzials sowie als Ausgangspunkt für fachbereichsspezifische präventive Maßnahmen
- Erfassung von Notfallkonzepten
- Entwicklung eines Assessment-Fragebogens zur Überprüfung der Prozess- und Qualitätssicherung und zur Ableitung von Risikoindikatoren
- Ausführliche Dokumentation der Zusammenarbeit mit den Fachbereichen
- Regelmäßige Wiederholung der Analysen, um Trends und Korrelationen sichtbar zu machen

Diese Punkte müssen in ein geeignetes gesamtbankweites Konzept integriert werden. Dabei ist es von entscheidender Bedeutung, den beteiligten Unternehmensbereichen den eigenen Mehrwert zu verdeutlichen:

- Erhöhung der Prozessevidenz, -sicherheit und -kontrolle
- Identifizierung risikosensitiver Kennzahlen zur Bereichssteuerung
- Höherer Qualitätsstandard mit der Möglichkeit, eigene Qualitätsstandards über Indikatorensollwerte festzulegen
- Monitoring von Qualitäts- und Risikokenngrößen zur Risikosteuerung

6   Modulare Interdependenzen

In den vorangegangenen Kapiteln wurden die drei internen Teilmodule der LBBW vorgestellt. Der Mehrwert des Gesamtkomplexes entsteht durch die Verzahnung der in den einzelnen Modulen erzielten Ergebnisse. Dieses Zusammenwirken ist in folgender Abbildung dargestellt.

Das Rahmenwerk (Modul 1) ist die Grundvoraussetzung für das Management Operationeller Risiken. Es leitet aus den Unternehmenszielen und den externen Anforderungen das Aufgabenportfolio für die Einführung eines geeigneten Risikomanagementsystems ab.

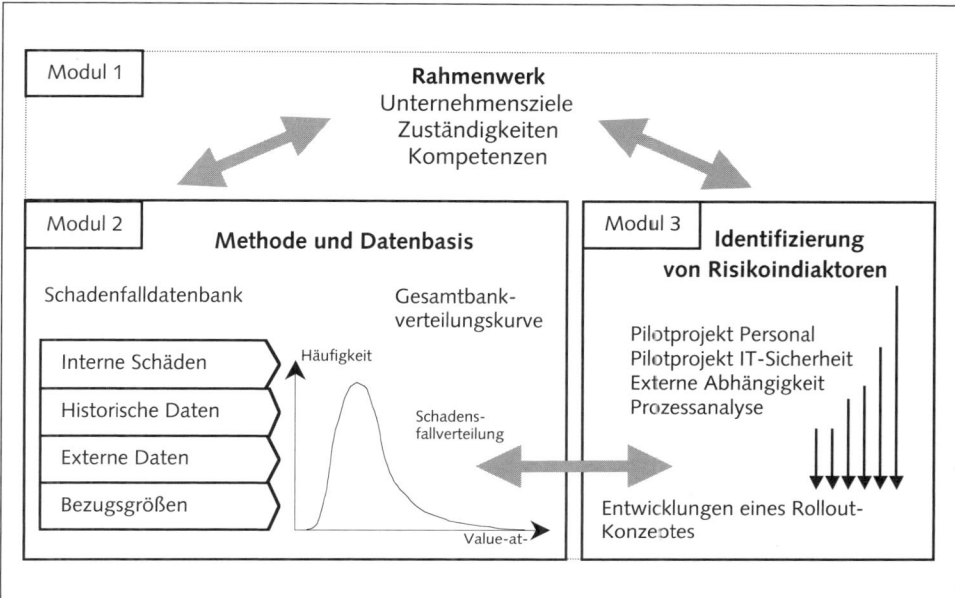

Abb. 12: Zusammenwirken der Module

Das Rahmenwerk regelt, wer welche Tätigkeiten in welchen Zeitabständen aus-zuführen hat und wie Informationsflüsse, bspw. Schadensfallmeldungen und Reporting, kanalisiert werden.

Das Modul 1 leistet also eine exakte Themendefinition und weist Aufgaben und Kompetenzen zu. Die praktische Umsetzung erfolgt in den Modulen 2 und 3.

Die Datenbasis (Modul 2) wird unter konzeptioneller Leitung des Controllings aufgebaut. Die Datenfelder der Schadensfalldatenbank determinieren die Erfas-sung der aktuellen und historischen Schadensfälle und werden auf eine mögli-che Teilnahme an externen Datenkonsortien ausgerichtet. Entscheidend für die Datensammlung per Schadensfallmeldeformular ist weiterhin die vom Control-ling entwickelte Methode zur Berechnung des Risikokapitals, da verschiedene Methoden unterschiedliche Datenanforderungen begründen.

Die für die Modellierung und Adjustierung des Risikokapitals (Modul 2) not-wendigen Risikoindikatoren werden durch die in der Gesamtbank durchgeführ-ten Prozess- und Qualitätsanalysen (Modul 3) geliefert. Durch das Monitoring der Risikoindikatoren wird eine qualitative Ursächlichkeitsanalyse von Risikobe-wegungen des Gesamtbank-Value-at-Risk (Modul 2) möglich. Die bereichsspezifi-sche Abbildung von Risikotreibern stellt die Grundlage für risikoorientierte Qua-litätsverbesserungen dar, welche als ein vorrangiges Unternehmensziel (Modul 1) anzusehen sind.

Zur Kalkulation und Bepreisung (Modul 2) können erwartete und unerwartete Verluste über Prozessanalysen (Modul 3) mit Produkten, Businesslines, Abteilun-gen und Systemen verknüpft werden. Damit wird ein ursachenbezogenes, investigatives Risikomanagement ermöglicht und ein Mehrwert ähnlich dem der Prozesskostenrechnung geschaffen.

Die modulare Unterteilung des Themas hat sich bei der LBBW bislang als sehr hilfreich erwiesen. Eine strukturierte Vorgehensweise wird dadurch ebenso gefördert wie die Priorisierung und Einordnung von Teilaufgaben in den Gesamtkontext.

7   Integration in die Gesamtbanksteuerung

Aufgabe des Controllings ist die Überführung der in den Modulen gewonnenen Resultate in die Gesamtbanksteuerung. Die aggregierten Ergebnisse aus ursächlicher Schadensfallanalyse, prozessualer Indikatoridentifikation sowie der Evaluierung des ökonomischen Kapitals müssen den Entscheidungsträgern zur Unternehmenssteuerung zur Verfügung gestellt werden.

7.1   Kapitalverteilung und Risikosteuerung

Eigenkapital ist eine knappe Ressource und sollte effizient eingesetzt werden. Um ökonomisches Eigenkapital Operationeller Risiken in die Gesamtbankbetrachtung zu integrieren, muss zunächst festgestellt werden, wo dieses gebunden ist. Die prozessuale Zuordnung von erwarteten und unerwarteten Verlusten auf Businesslines, Produkte und Organisationseinheiten ist deshalb Voraussetzung für die Entwicklung von Steuerungskonzepten.

Treten beispielsweise bei der Bearbeitung bestimmter Produkte vermehrt Schadensfälle auf, müssen die entstandenen Kosten in die Produktkalkulation und -bepreisung übernommen werden. Dabei sind auch Zinsen miteinzuberechnen, da das gesamte gebundene Eigenkapital einem Verzinsungsanspruch unterliegt.

Nach dieser Vorgehensweise können erwartete und unerwartete Verluste Operationeller Risiken als eigene Kalkulationsspanne – vergleichbar den Standardrisikokosten für Kredite – in die Deckungsbeitragsrechnung überführt werden.

Operationelle Risiken unterscheiden sich jedoch in wesentlichen Punkten von anderen Risikoarten.

Nicht in jedem Fall ist eine Bepreisung und Weitergabe der Risiken möglich. Daher muss versucht werden, mit Hilfe von Vermeidungsstrategien Risikoquellen auszuschalten, Risiko durch Prozessverbesserungen zu minimieren oder durch Versicherungen und Verbriefungen zu transferieren. Alternativ muss entschieden werden, in welchen Bereichen bewusst Risiken eingegangen werden.

7.2 Bestandteile des Berichtswesens Operationeller Risiken

Ein Reportingsystem über Operationelle Risiken sollte folgende Informationen enthalten:

- Bindung des ökonomischen Kapitals (unerwarteter Verlust)
- Schadenshöhe (erwarteter Verlust)
- Schadenshäufigkeiten
- Schadensfallpotenziale (Szenarioanalysen)
- Trendanalysen
- präventive Maßnahmen
- Risikoindikatoren sowie deren Abweichung und/oder Veränderung im Vergleich zu Sollgrößen

Im Sinne eines Risikowürfels sollten diese Informationen auswertbar sein nach:

- Produkten
- Systemen
- Schadensfallkategorien
- Unternehmensbereichen
- Prozessen

7.3 Balanced-Scorecard-Ansatz

Die Kennzahlenkonzeption der Balanced Scorecard entstand Anfang der 90er Jahre in den USA. Sie ergänzt die traditionellen finanzwirtschaftlichen Kennzahlen durch Maßgrößen für das Kundenverhalten, für interne Prozesse sowie für die Produktentwicklung.[8] Die Scorecard erlaubt es Führungskräften, zeitnah die wichtigsten Leistungsparameter sowie das Unternehmen als Ganzes zu erfassen.

Der Balanced-Scorecard-Ansatz ermöglicht eine ganzheitliche Darstellung. Die über die drei Module erhobenen Kennzahlen werden auf einer Steuerungsebene abgebildet. Der Mehrwert liegt hierbei in der sinnvollen Verknüpfung von qualitativen und quantitativen Größen als Grundlage für das Management Operationeller Risiken im Rahmen der Gesamtbanksteuerung.

Der Steuerung über die Balanced Scorecard ist die strategische Ausrichtung immanent. Für die operative Umsetzung bedeutet dies, dass je Kennzahl oder Indikator Leistungsmaßstäbe entwickelt werden müssen. Für den gewählten Leistungsmaßstab sollte ein Zielkorridor festgelegt werden. Damit werden Strategien fassbar gemacht

Da sich die durch die Prozess- und Risikoanalyse identifizierten Kennzahlen im Besonderen als qualitative Kennzahlen eignen, bietet sich die Zusammenführung

---

8   Vgl. Kaplan (1995), S.60.

nach vorher definierten Perspektiven an. Unternehmensspezifisch muss entschieden werden, welche Kennzahlen die strategische Ausrichtung unterstützen und somit als Bestandteil der Entscheidungsbasis Nutzen stiften.

In der folgenden Scorecard sind beispielhaft mögliche Kennzahlen typischen Perspektiven zugeordnet.

Finanzwirtschaftliche Perspektive		Innovations- und Wissensperspektive	
Kennzahl	Leistungsmaßstab	Kennzahl	Leistungsmaßstab
Risikokapital	Value-at-Risk	Erneuerung	Neueinstellungen nach Bereichen
Erwarteter Verlust	Schadensfallkosten	Wissensstabilität	Fluktuation bei neuen Aufgaben
Mitigation	Versicherungen	Projektmanagement	Externer Beschäftigungsgrad
Ertragsstärke	RORAC	Ausbildung/Wissen	Akademikerquote
Betriebsablaufinterne Perspektive		Kundenperspektive	
Kennzahl	Leistungsmaßstab	Kennzahl	Leistungsmaßstab
Prozessablaufdaten	Prozesskosten	Qualität	Beschwerden
Prozessqualität	Schäden je Prozess	Marktstärke	Anteil Neukunden
Qualität	Fehleranzahl	Service	Kunden/Mitarbeiter-Kennzahlen
Zeit	Prozesszeiten	Zufriedenheit	Reklamationen

Abb. 13: Beispiel einer Balanced Scorecard für Operationelle Risiken

Abbildung 13 zeigt spezielle Kennzahlen des Operationellen Risikos. In der Unternehmenspraxis sollte nur eine kleine Auswahl von Kennzahlen aus diesem Bereich des Risikomanagements verwendet werden. Die strategiebezogene Ausgewogenheit und Vernetzung der Kennzahlen des Operationellen Risikos mit anderen Steuerungsgrößen des Unternehmens muss im Vordergrund stehen. Dann können die Kennzahlen als (Frühwarn-)Indikatoren und Spiegelbild des Unternehmens eingesetzt werden und dem Vorstand als eine weitere Entscheidungshilfe dienen.

8 Ausblick

Die LBBW steht erst am Anfang des Entwicklungs- und Implementierungsprozesses eines Systems zur Messung und Steuerung Operationeller Risiken. Die bisherigen Arbeitsergebnisse lassen jedoch heute schon den künftigen Nutzen erkennen:

- Prozesse werden evident; ihre kritischen Punkte können aufgezeigt und mit Risikokapital unterlegt werden.
- Risikoanalysen durch die Bereiche selbst können einen permanenten Verbesserungsprozess auslösen.

- Schadensfalldatenbanken unterstützen interne Analysen und decken aufsichtsrechtliche Anforderungen ab.
- Durch externe Schadensfalldatenbanken können die interne Risikobetrachtung wie auch die Risikopotenzialrechnung entscheidend verbessert werden.

Bei der Umsetzung des Konzepts müssen sich die Verbesserung der qualitativen Rahmenbedingungen und die Entwicklung der Quantifizierungsmethoden koevolutiv verhalten.

Speziell bei Operationellen Risiken ist dabei vor einer zu ausgeprägten Orientierung an vergangenheitsbezogenen Daten zu warnen, weil die Vergangenheit nicht immer ein guter Prädiktor für die Zukunft ist. Geschäftsstrategien und Prozesse neuer Geschäftsbereiche sollten zusätzlich mit Hilfe von externen Daten, Expertenschätzungen und verschiedenen Szenariotechniken auf ihren Risikogehalt geprüft und bewertet werden.

Problematisch ist oftmals die Akzeptanz der Quantifizierungsergebnisse, da Operationelle Risiken aufgrund ihrer heterogenen Zusammensetzung schwer messbar sind. Umso wichtiger ist die Einbindung und Beteiligung derjenigen Bereiche, die gemessen und künftig über diese Zahlen auch gesteuert werden sollen.

Mit der Entwicklung eines Konzepts zum Controlling Operationeller Risiken kann nicht der Anspruch verbunden sein, alle Risiken zu erfassen. Dazu ist diese Risikoart zu vielfältig. Vor diesem Hintergrund sollte auch die jeweilige Höhe des ermittelten Risikokapitals interpretiert werden.

Insgesamt müssen Risikovermeidung und Schadensprävention im Mittelpunkt des Interesses stehen und nicht die reine Quantifizierung.

9   Zusammenfassung

Ziel der LBBW ist das quantitative und qualitative Controlling Operationeller Risiken vor dem Hintergrund der regulatorischen Anforderungen von Basel.

Hierzu ist die Entwicklung einer risikoadäquaten Methode, der Aufbau einer umfassenden Datenbasis und die bankweite Identifizierung von Risikopotenzialen erforderlich.

Ein Rahmenwerk definiert Risiken, legt Zuständigkeiten fest und trägt dazu bei, die Risikokultur zu verändern.

In Zusammenarbeit mit den Fachbereichen werden Qualitäts-, Prozess- und Szenarioanalysen durchgeführt. Durch diese Untersuchungen werden Risikoindikatoren identifiziert und in einen permanenten Monitoringprozess überführt. Verbesserungspotenziale werden sichtbar. Eintrittswahrscheinlichkeit und Höhe möglicher Schäden können geschätzt werden.

Auf Basis interner und externer Schadensfalldaten wird dann das bereitzuhaltende Risikokapital berechnet.

Literatur

Basel Committee on Banking Supervision, Consultative Document Operational Risk, Supporting Document to the New Basel Capital Accord, Basel 2001.

Beeck, H./Kaiser, T., Quantifizierung von Operational Risk mit VaR (preprint), in: Handbuch Risikomanagement, hrsg. von B. Rudolph/L. Johanning, Uhlenbruch-Verlag Bad Soden/Ts. 1999.

Bundesverband öffentlicher Banken Deutschlands, Verbandsbericht 2000/2001, Berlin 2001.

Kaplan, R. S., Das neue Rollenverständnis für den Controller, in: Controlling 7, 1995, 2, S. 60-70.

Kobi, J.-M., Personalrisikomanagement, Wiesbaden 1999.

Teil IV:
Management des Operationellen Risikos

Risikofinanzierungslösungen und ihre Implikationen für das Kapital-Management*

Jörg Allenspach*

---

* Jörg Allenspach ist Executive Director in der Convergence Solutions Unit von Fox-Pitt, Kelton, einer Gesellschaft der Swiss Re Group, zuständig für Risiko- und Kapitalmanagementbelange von Banken in Deutschland.
Die Ansichten, die der Autor in diesem Beitrag zum Ausdruck bringt, repräsentieren nicht zwingend die Sichtweise seines Arbeitgebers.

1 Einleitung

Größtschäden haben das Thema Operationeller Bankenrisiken ins Rampenlicht gebracht. Seit die Diskussion auch noch von Seiten Regulatoren aufgenommen worden ist, haben Operationelle Risiken die volle Aufmerksamkeit jedes Bankenmanagements erreicht.

Durch den regulatorischen Druck wie auch die Erkenntnis, dass diese Risikokategorie im Geschäft jeder Bank inhärent ist und nicht von schlechtem Management herrühren muss, wird die Thematik zunehmend offen und transparent diskutiert. Operationellen Risiken muss auf dieser Basis in jeder modernen Bank sowohl mit aufbau- wie auch ablauforganisatorischen Maßnahmen Rechnung getragen werden.

Nebst verstärkten Bemühungen im Risikomanagement treten auch die Implikationen betreffend Kapitalunterlegung immer stärker zu Tage. Momentan behalten die Banken den Großteil der Risiken auf Kosten eines tieferen Aktienkurses oder reduzierter Erträge ein. Die Risiken werden hauptsächlich mittels bilanziertem Kapital unterlegt.

Dieses Papier zeigt sowohl die ökonomischen Kapitalimplikationen als auch den Einfluss von außerbilanziellen Risikofinanzierungsinstrumenten, wie sie die Versicherungsindustrie anbietet, auf.

Die Ausführungen beginnen mit einer historischen Sicht auf das Thema, führen durch die maßgeblichen Einflussfaktoren der in der Diskussion involvierten Interessengruppen, erklären das Zusammenspiel mit der Bankenbilanz und schließen mit der Einführung in alternative Risikofinanzierungsformen.

2 Historische Sicht der Operationellen Bankenrisiken

2.1 Operationelle Risiken als Teil des Bankgeschäftes

Operationelle Bankenrisiken sind in Deutschland mindestens seit 1590 fester Bestandteil der Finanzindustrie. Dies ist nämlich das Jahr, in dem die derzeit älteste Bank Deutschlands ihre Pforten öffnete. Verschiedene Gründe haben die Entwicklung einer integrierten Bewirtschaftung dieser Risiken während langer Zeit gehemmt.

Bis noch vor kurzem wurden Schadensfälle und die darunter liegenden Operationellen Risiken als Zeichen von Missmanagement gewertet. Wer nur schon dem Thema organisatorisch zu großes Gewicht verliehen hatte, fürchtete, indirekt dadurch der Außenwelt eine Schwachstelle zu kommunizieren. Vorfälle wurden häufig äußerst diskret abgehandelt, was natürlich auch ein umfassendes Adaptieren fehlerhafter Prozesse oder personeller Besetzungen erschwerte oder gar unmöglich machte.

Weiter waren in der bisherigen Bankenwelt Verluste meist auf die Höhe bestehender Werte beschränkt. Diese waren auch in der Regel sehr gut gesichert und in limitierten Beträgen auf lokaler Basis vorhanden. Akkumulierungen waren meist nur bei Transporten oder konzentrierten Transaktionen vorhanden. Über die Zeit haben sich aber viele neue Dienstleistungen und Bankenprodukte entwickelt. Transaktionsvolumina erreichen astronomische Höhen und vor allem das Haftungsrisiko hat speziell in juristisch aggressiven Zonen zu einem komplett neuen Risikopotential geführt.

Solange die Kategorie der Operationellen Risiken noch nicht fester Bestandteil des Managements einer Bankenrisikolandschaft war, wurden viele Vorfälle unter etablierten Risikobereichen wie Kredit- und Marktrisiko subsumiert. So ist nicht jeder Kreditausfall ein reines Kreditrisiko, und auch das Marktrisiko kann lediglich ein Verstärker eines operativen Zwischenfalles sein. Der Punkt, dass jede Risikolandschaft von einer Bank zur anderen so verschieden ist wie die Institute selbst, hat eine systematische Handhabung der Problematik zusätzlich erschwert und verzögert.

Zu guter Letzt sind auch mangels Kategorisierung und Transparenz gerade Frequenzschäden nie systematisch erkannt, gesammelt und bewertet worden. Moderne Erfassungsmethoden mittels Frühwarnsystemen und Schadendatenbanken machen hier die zum Teil beträchtlichen Volumina sichtbar.

2.2 Die Absicherung von Operationellen Bankenrisiken im Laufe der Zeit

Wie erwähnt, war die hauptsächliche Exponierung der Banken während langer Zeit auf die Aktivseite der Bilanz beschränkt. Diesbezüglich sind Schadenfälle über mehrere Jahrhunderte zurück bekannt.

Daher erstaunt es auch nicht, dass Versicherungsdeckungen für Finanzwerte bereits im ausgehenden 19. Jahrhundert systematisch angeboten wurden. Gleich nach der Jahrhundertwende waren die ersten Bankers-Blanket-Bond ähnlichen, weiterreichenden Deckungen gegen kriminelle Handlungen auf dem Markt.

Auf einen Schutz der Passivseite der Bankenbilanz musste bis ungefähr 1960 gewartet werden. Zu dieser Zeit wurden die ersten Organhaftpflichtdeckungen eingeführt. In den 70er Jahren wurden dann Versicherungspolicen zur Deckung von Haftungsansprüchen von Kunden und bald darauf für generelle Haftungspflichten gegenüber Dritten etabliert.

Erst vor gut fünf Jahren wurde die erste Deckung für unerlaubten Handel lanciert. In den letzten Jahren hat auch nebst Verfeinerungen und Erweiterungen eine Konsolidierung der vorhandenen Policeformen stattgefunden. Vermehrt werden integrierte Deckungen über mehrere Risikobereiche kombiniert angeboten und gekauft.

Ein heutiges typisches Deckungskonzept basiert auf einer mehrjährigen Mehrspartenversicherung. Weitere Erläuterungen dazu finden Sie im Kapitel 5.

3   Die Bank im Spannungsfeld verschiedener Interessengruppen

3.1   Bankenaufsicht

Was andeutungsweise seit mehreren Jahren bekannt ist, zeichnet sich nun mit dem neuesten Papier aus der Vernehmlassung von Basel II deutlich ab. Eine Unterlegungspflicht für operative Risiken wird eingeführt und dazu in einem Umfang, welcher einen maßgebenden Einfluss auf die Kapitalbasis einer Bank und deren Allokation auf die Geschäftsbereiche mit sich bringt. Beim Basic Indicator Approach zum Beispiel spricht man momentan von 15% des »Gross Income«. Dies kann je nach Bank schnell mal zu einer Kapitalbelastung von 10%–15% des Tier 1-Kapitals führen.

Welcher Modellansatz nun auch definitiv eingeführt wird, es geht im Wesentlichen darum, dass die reduzierte Kapitalunterlegungspflicht, welche bei vielen Banken – wobei Deutschland aus strukturellen Gründen sicherlich weniger davon profitieren kann – auf Basis des neuen Kreditmodells anzuwenden ist, mittels einer separierten Belastung für Operationelle Risiken auf ähnlichem Niveau gehalten wird. Auch hier wird wie beim Cooke-Ratio seit dem Jahre 1988 für die Kreditrisiken auf einem Anreizsystem mittels einem Pauschalwert zur Entwicklung geeigneter Modelle und Prozesse basiert.

Dass auch in besser entwickelten Risikokategorien, wie dem Kreditrisiko, eine Einführung von Modellen nur schwierig vonstatten geht, zeigt das folgende Beispiel:

Von 15 Kreditmodellen, die deutsche Banken 1998 zur Genehmigung vorlegten, hat das BaKred per Ende 1999 nur gerade 8 Vorschläge (nach zusätzlichen Auflagen und durch Festlegung höherer Deckungsbeiträge) für die Ermittlung der anrechenbaren Eigenkapitalunterlegung gutgeheißen. (Quelle: Neue Zürcher Zeitung, 20.10.2000)

3.2   Aktionäre

Größtschäden werden durch ihre geringe Wahrscheinlichkeit vom Aktionär und Analysten erst nach Eintritt des Ereignisses erkannt und berücksichtigt. Diese Informationslücke führt bei Bewertungsmodellen zu Überreaktionen. Der Wunsch ist minimale Volatilität bei maximaler Eigenkapitalrentabilität.

Die Bedeutung signifikanter Schäden aus Operationellen Risiken für die finanzielle Situation einer Bank ist jüngst am Beispiel der Allied Irish Bank einmal mehr deutlich zu Tage getreten.

Transparenz und gegebenenfalls Transfer von Operationellen Risiken sollte mittels verminderter Volatilität, Vermeidung von negativen Überraschungen und effizienterem Umgang mit blockiertem Kapital zu einer positiven Bewertung des Firmenwertes führen. Für eine nachhaltige Steigerung des Unternehmenswertes

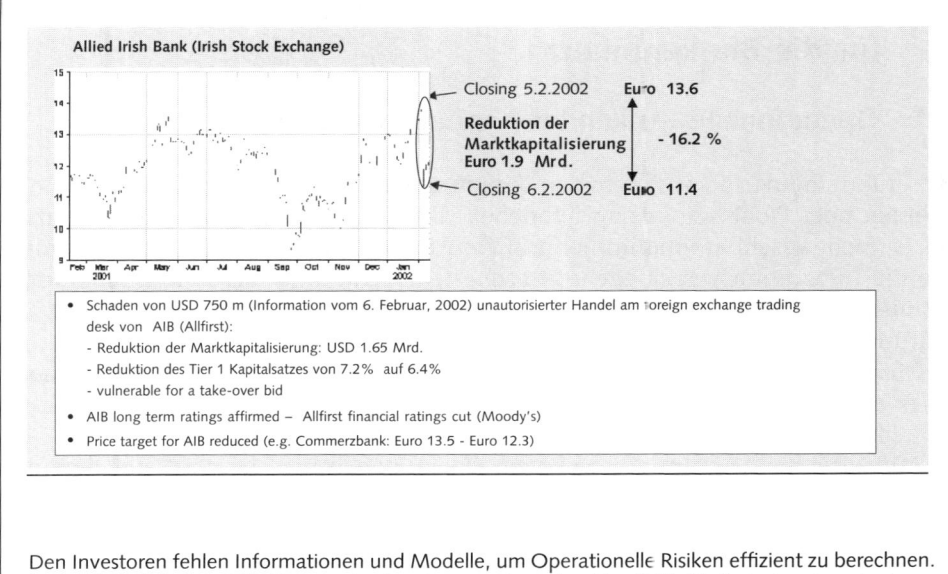

Abb. 1: Einfluss eines OR-Schadens auf die Finanzlage einer Bank

braucht es nebst einer Erhöhung der Profitabilität auch eine Verbesserung des Risikoprofiles. Vor allem bei einem exogenen Schock reagieren Anleger risikoavers und verschieben die Anlagetaktik zugunsten risikoärmerer Titel.

Empirische Studien belegen, dass der Aktienwert durchschnittlich erst nach 200 Tagen seinen wahren Kurs wieder erreicht, vorausgesetzt, das Vertrauen der Aktionäre konnte zurückgewonnen werden, indem das Schadensereignis als Einzelfall und nicht als systematische Exponierung eingestuft werden konnte.

3.3 Ratingagenturen

Die heutigen Modelle der Ratingagenturen reflektieren Exponierungen für Größtschäden nur sehr eingeschränkt. Dies führt zu Überreaktionen im Eintrittsfall obwohl Operationelle Risiken als Bestandteil des Konkursrisikos bereits vor dem Schadenereignis manifest sind.

Transparenz, Risikotransfer und Vertrauen in ein effektives Risikomanagement sollten mittelfristig auch von Ratingagenturen gewürdigt werden.

4 Bedeutung der Operationellen Risiken für die Bankenbilanz

4.1 Operationelle Risiken als Kapitalkostenfaktor

Die Finanzindustrie hat sich in den letzten Jahren dramatisch verändert. Nur die Größten oder Qualifiziertesten überleben. Ein Ende des Konsolidierungsprozesses ist nicht absehbar, und immer größere Anstrengungen werden unternommen, um die Integration verschiedener Geschäftsbereiche und das Funktionieren der Schnittstellen zu gewährleisten. Dies alles geschieht bei sehr unterschiedlichen kulturellen, juristischen sowie technischen Standards.

Der Tätigkeitsbereich hat sich vom reinen Kreditgeschäft zu einem Anbieter eines breiten Spektrums an Finanzdienstleistungen gewandelt. Die Abhängigkeit von Technologie und Spitzenkräften hat sich stark verschärft.

Auf Basis dieser Entwicklung haben Operationelle Risiken stark zugenommen und werden auch in Zukunft eine maßgebende Rolle spielen. Da diese Risiken nie verschwinden werden, gilt es, sie korrekt zu identifizieren, quantifizieren, managen und zu finanzieren.

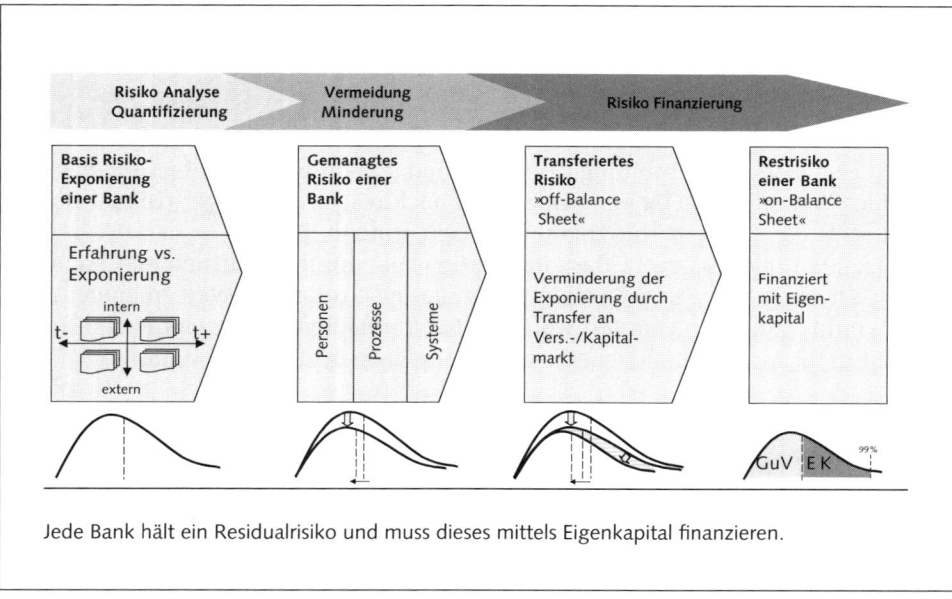

Jede Bank hält ein Residualrisiko und muss dieses mittels Eigenkapital finanzieren.

Abb. 2: Der Risikomanagement-Prozess – vom Risiko bis zur Finanzierung

All diese Risiken werden größtenteils mit Eigenkapital finanziert. Wendet man überschlagsmäßig einen aus Umfragen in der Bankenwelt ermittelten Satz betreffend Kapitalintensität von Operationellen Risiken auf den Durchschnitt der 20 größten Bankinstitute von Deutschland an, resultiert daraus eine Kapitalbelastung pro Bank von über 1,5 Mrd. Euro. Appliziert man den durchschnittlichen Eigenkapitalkostensatz für Banken in Deutschland, schlägt eine Belastung des jährlichen Gewinnes von rund 150 Mio. Euro zu Buche.

Wird sogar von einem ratingadäquaten Risikoappetit ausgegangen, wobei zum Beispiel eine AA-rated Bank ihre Operationellen Risiken mit den entsprechenden 99.97 % Konfidenzintervall mit Kapital zu unterlegen hat, resultiert daraus noch eine weit höhere Kapitalbelastung.

4.2 Die Integration von Risiko- und Kapitalmanagement

Wie auch beim Kreditrisiko zeigt sich auch beim Operationellen Risiko, dass der Begründer der Risiken nicht immer der effizienteste Halter derselben ist. Operationelle Risiken unterscheiden sich jedoch maßgeblich von kapitalmarktgängigen Positionen. Es können keine Käufe und Verkäufe vorgenommen werden, um auf Basis eines mark-to-market Positionen einzugehen oder abzustoßen, und dies zu relativ tiefen Transaktionskosten. Des Weiteren kann eine Bank nicht kurzfristig die Abhängigkeit von Technologie, Mitarbeitern und Prozessen so verändern, dass sich eine andere Exponierung daraus ergeben würde.

Das Operationelle Risiko ist unzertrennlich mit den strategischen Entscheidungen verknüpft, in bestimmte Geschäftsfelder zu investieren. Es ist auch, anders als das Kreditrisiko, nicht als Korb von ständig vom Markt bewerteten Einzelpositionen zu sehen, sondern vielmehr als Portfolio von binären Ereignissen – Schaden oder kein Schaden. Das Risiko Operationeller Schäden unterscheidet sich zudem vom Kreditrisiko dahin gehend, dass es nicht gleichermaßen innerhalb des Unternehmens diversifiziert werden kann. Zudem wird der Halter dieses Risikos ungleich beim Kredit- und Marktrisiko nicht mit einer Prämie für das Tragen dieses Exposures belohnt.

Mittels Risikomanagement kann die Exponierung gegenüber Operationellen Risiken vor allem auf der Frequenzseite beeinflusst werden. Das im Geschäftsbereich inhärente Risiko bleibt aber auch bei »best-practice« bestehen.

Eine Verbesserung des Risikoprofiles mit daraus resultierender Senkung der Kapitalkosten kann daher nach Optimierung des Risikomanagements nur mittels Diversifizierung des Risikos über mehrere Bilanzen erzielt werden.

4.3 Kategorien der Finanzierung von Operationellen Risiken – Kapitalstrukturmodell

Operationelle Risiken können mittels Versicherung auf eine andere Bilanz transferiert oder mittels Eigenkapital einbehalten werden. Beim Eigenkapital wiederum stellt sich die Frage, ob mit bereits eingezahltem Kapital oder bedingtem Kapital gearbeitet werden soll.

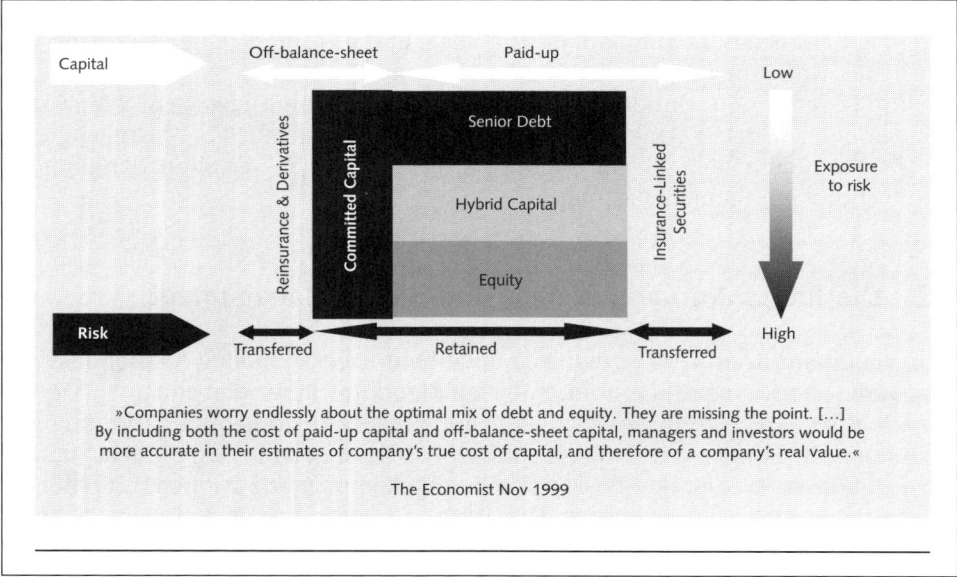

Abb. 3: Versicherung als Unternehmensfinanzierungsinstrument

5 Versicherungsmarkt für Operationelle Risiken von Banken

5.1 Gegen welche Auswirkungen soll die Bank abgesichert werden?

Grundsätzlich muss sich als Erstes bei der Finanzierung die Frage nach der abzusichernden Auswirkung eines Schadens gestellt werden. Beim Risikomanagementprozess dagegen liegt das Augenmerk auf der Quelle des Schadenseintritts.

Geht es darum, die Liquidität sicher zu stellen, die Gewinn- und Verlustrechnung zu schützen oder ausschließlich um einen Kapitalschutz? Zur groben Analyse des Bedarfes dient die folgende Aufstellung (vgl. Abbildung 4).

5.2 Risikofinanzierungsformen in der Praxis

Der Versicherungsmarkt bietet seit vielen Jahren Deckungen gegen Schäden aus Veruntreuung, Haftpflicht und weiteren Risiken an. Historisch unterscheidet die Versicherungsindustrie zwischen Sach- und Haftpflichtdeckungen.

Unter einer Sachpolice ist der Eigenschaden der Bank gedeckt, wie zum Beispiel Mobiliar gegen bestimmte Bedrohungen versichert ist. Ein Bankers-Blanket-Bond zum Beispiel schützt die Bank vor Veruntreuung durch Mitarbeiter sowie vor Ver-

Ziel Kriterium	Liquidität	GuV Schutz	Eigenkapital Schutz
Risikotransfer	nicht zwingend	zwingend	nicht zwingend
Verfügbarkeit	sofort	bei Rechnungslegung	sofort (je nach Schwere)
Qualität	mind. eigene Kreditqualität	Kostenfrage	mind. eigene Kreditqualität
FK oder EK	FK (oder EK)	EK (Absorption von Verlust)	EK
Deckungsbreite	identisch mit Risiko	Kostenfrage	identisch mit Risiko
Korrelation	unabhängig	Kostenfrage	unabhängig

Auswahl/Kombination der richtigen Instrumente

Je nach beabsichtigter Zielerreichung müssen Instrumente zur Off-Balance-Sheet-Finanzierung verschiedene Bedingungen erfüllen.

Abb. 4: Welche Kriterien muss ein Absicherungsinstrument mit sich bringen?

lust von Wertsachen aufgrund von Diebstahl, Sachbeschädigung oder unerklärlichem Verschwinden.

Unter einer Berufshaftpflichtpolice ist die Bank vor Ansprüchen von Drittparteien, resultierend aus den Bankaktivitäten, geschützt. Weitere Beispiele von spezifischen Deckungen sind Versicherungen gegen Organhaftpflicht, allgemeine Haftpflicht oder Haftung gegenüber Mitarbeitern.

Die Preisbestimmung solcher Deckungen wird meist aufgrund von Versicherungsanträgen mit Detailinformationen, wie zum Beispiel Schadenhistorie, Art und Größe der Geschäftsbereiche, Risikomanagement- und Complianceberichte, ermittelt. In Ergänzung dazu arbeitet die Versicherungsindustrie mit aktuariellen Modellen auf Basis historischer und erwarteter Datensätze.

Die Entwicklung der Versicherungsdeckungen für Banken basiert historisch darauf, dass die Hauptexponierung in Form von physischen Anlagen und Besitztümern existierte. Die rasante Umformung der Bankenindustrie von einer reinen Buy-and-hold- zu einer Transaktionsmentalität hat auch gänzlich neue Bedrohungsszenarien kreiert.

Die Versicherungsgesellschaften haben mit dieser Entwicklung Schritt gehalten und entwickelten Mehrspartenpolicen, welche Sach- und Haftpflichtversicherung kombinieren und einen immer breiteren Deckungsumfang anbieten. Die meisten der größeren Banken kaufen heutzutage maßgeschneiderte Mehrspartendeckungen in der Größenordnung von mehreren 100 Mio. Euro bis zu 1 Mrd. und schützen somit Ihre Gewinn- und Verlustrechnung wie auch ihr Kapital.

Vor allem im unteren und mittleren Bereich der Schadenverteilungskurve geht es darum, den Gewinn zu schützen. Als Instrument zur Auslagerung von Schäden im Bereiche der erwarteten Ausfälle eignet sich eine hauseigene Versicherungsgesellschaft, eine Captive. Diese dient auch als Steuerungs- und Kontrollinstrument mittels Beitragszahlungen aus den verschiedenen Unternehmensbereichen. So werden wichtige Informationen intern aufbereitet. Zudem ist ein Ausgleich über die Gesamtunternehmung und ein effizientes Schadenmanagement möglich.

Im Bereiche der Größtschäden geht es um einen reinen Kapitalschutz. Je weiter man sich vom Median in Richtung »Tailevents« bewegt, desto umfassender und effektiver muss der Schutz sein, damit eine außerbilanzielle Finanzierung als Alternative zum Eigenkapital in Betracht gezogen werden kann.

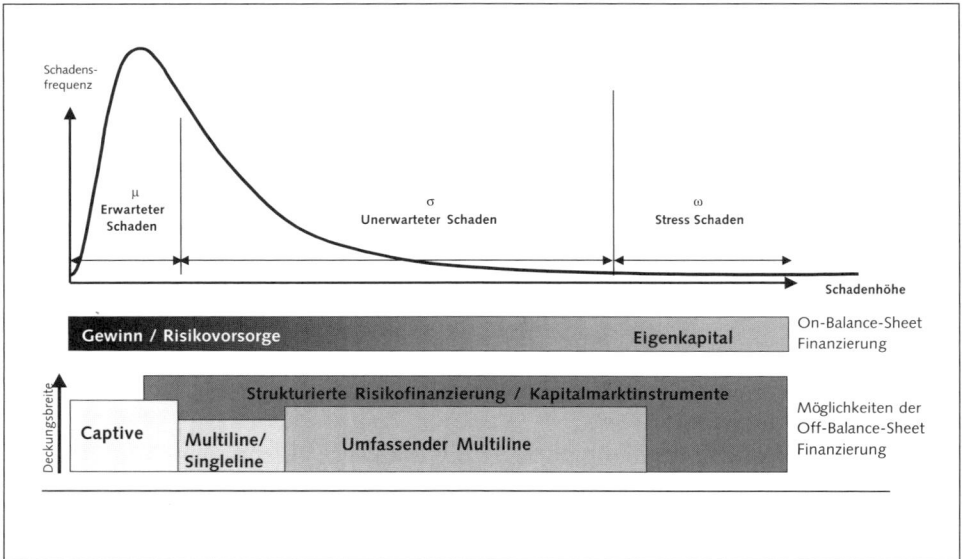

Abb. 5: Die Bedeutung der Risikofinanzierung entlang der Schadensverteilungskurve

Das gesamte im Schaubild aufgezeigte Lösungsspektrum hat, vorausgesetzt, es ist richtig platziert, seine Berechtigung. Es können natürlich auch bewusst Lücken in Kauf genommen und mittels Gewinn und Eigenkapital unterlegt werden, wenn der Markt bezüglich der spezifischen Bedürfnisse nicht genügend effizient ist. Grundsätzlich ist bei jedem Instrument, bei dem ein Risikotransfer nachgewiesen werden kann, zwingend eine Entlastung für das Eigenkapital entstanden.

Im Bestreben um ein möglichst effektives Kapitalschutzinstrument hat die Versicherungswirtschaft den traditionellen Versicherungsansatz bezüglich folgender Bedingungen weiterentwickelt:

- Deckungsbreite
- Vertragswortlaut entsprechend der Risikoterminologie von Banken
- Verfügbarkeit der Schadenzahlung.

So sind im Markt Produkte verfügbar, welche Dutzende von Versicherungssparten in einem Vertrag transparent vereinen. Zudem sind die Deckungen anstatt

auf der traditionellen Versicherungsterminologie von Sach- und Haftpflichtspar-
ten auf der Risikolandschaft der Banken aufgebaut und somit einfacher in Kapi-
talfreisetzungsüberlegungen einzubeziehen. Dank schnellster Verfügbarkeit von
liquiden Mitteln kommt solch ein Instrument eingezahltem Kapital sehr nahe.
Mittels dieser Instrumente können in einer historischen Betrachtung bis 60% –
70% der Operationellen Risiken transferiert werden.

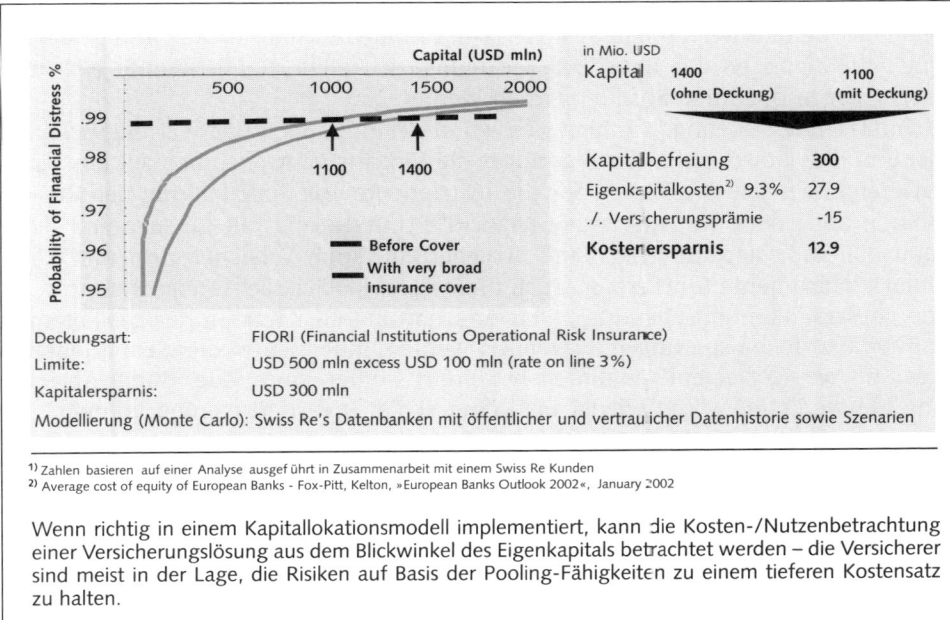

Abb. 6: Das Kapitalsubstitutionspotenzial von Versicherungen an einem realen Beispiel

Um die Grenzen, welche auf Risikotransferbasis gegeben sind, überschreiten zu
können, mussten neue Instrumente entwickelt werden. Dabei ist in Anlehnung
an Basel II die Überlegung wichtig, ob ein Kapitalschutzinstrument auch noch
für die Gewinn- und Verlustrechnung relevant sein muss. Von aufsichtsrechtlicher Seite wird verlangt, dass zu jedem gegebenen Zeitpunkt genügend Kapital
vorhanden sein muss. Dies muss jedoch in einer außerbilanziellen Lösung nicht
ausschließlich mittels Versicherung über außerordentliche Erträge stattfinden,
sondern könnte auch durch eine direkte Kapitalinjektion erreicht werden.

Was wären die zu berücksichtigenden Kriterien für eine solche Kapitalmarktlösung? Da Basel betreffend Operationeller Risiken sich nicht detaillierter äußert,
können als Denkschema die Vorgaben für Kreditabsicherungsinstrumente beigezo-
gen werden. Dort verlangt der Regulator eine Absicherung durch eine Partei mit
genügender Kreditqualität, wobei das Instrument zur Kapitalbefreiung:

- eine direkte Beziehung zwischen Anbieter der Deckung und Deckungsempfän-
  ger,

- einen Bezug der Deckung auf spezifisches Exposure,
- kein Recht des Deckungsanbieters, die Deckung einseitig zurückzuziehen,

aufweisen muss. Ferner darf keine Klausel in der Deckung den Deckungsanbieter davon befreien, im Schadensfall rechtzeitig seiner Leistungspflicht nachzukommen. Auf dieser Basis wurden Produkte im Bereiche »Bedingtes Kapital« entwickelt.

Beim bedingten Kapital würde sich der Versicherer dazu verpflichten, bei Eintritt eines definierten Ereignisses Tier-1-relevantes Kapital zu im Voraus festgelegten Bedingungen der Bank zur Verfügung zu stellen. Somit könnte ein »true Hedge« gegen operative Schäden erzielt werden.

Umfassende Deckungen zahlen sich vor allem im Bereich unerwarteter Schäden aus, und dies umso mehr, desto geringer die Eintrittswahrscheinlichkeit des Schadensereignisses ist. Die Kosten für die Instrumente zur Finanzierung des Risikos nehmen ab, wobei die Alternative dazu, die Unterlegung mit Eigenkapital, konstante Kapitalkosten aufweist. Eine Absicherung durch Versicherungs- und Kapitalmarktinstrumente führt somit, auch ohne dass das Schadensereignis eintritt, zu einer äußerst ökonomischen Kapitalbewirtschaftung. Es kann ein riesiges Potential an Kapitalkosteneinsparungen ausgenützt werden, indem entweder das bestehende Geschäft weniger eigenkapitalintensiv geführt werden kann, oder durch Absicherung frei werdende Mittel wieder ins Kerngeschäft investiert werden können.

6   Ausblick

Was für hauptsächliche Entwicklungen sind im Absicherungsmarkt für Operationelle Risiken zu erwarten? Kurz gesagt müssen alle Bestrebungen dahin gehen, einen liquiden und effizienten Markt für diese Art von Risiken zu schaffen, wie es bereits vor mehr als zehn Jahren auf Kreditseite in die Wege geleitet worden ist. Doch was braucht es dazu?

Bislang wurde keine allgemein gültige Definition geschaffen, welche als Standard für künftige Transaktionen dienen könnte. Das Basel-Komitee hat als Anhaltspunkt eine erste Grunddefinition veröffentlicht:

»The risk of loss resulting from inadequate or failed internal processes, people and systems or from external events«.

Nun gilt es aus den diversen Vertragswortlauten von vielen verschiedenen Anbietern ein standardisiertes Produkt zu schaffen, wie es ISDA im Kreditderivatemarkt darstellt. So kann Transparenz, Vertrauen und darauf basierend ein effizienter Markt geschaffen werden. Wenn man bedenkt, dass der internationale Kreditderivatmarkt in sieben Jahren von USD 15 Mrd. (1995) auf USD 1.600 Mrd. (Schätzung 2002; USD 1.200 Mrd. in 2001) angewachsen ist, kann man auch von einem beträchtlichen Entwicklungspotential für die Absicherung von Operationellen Risiken ausgehen. Wenn man auch das Wachstum des deutschen Marktes von Verbriefungen betrachtet, erkennt man die enorme Expansion alternativer

Finanzierungsformen. Das Volumen solcher Transaktionen hat sich im Vorjahresvergleich im ersten Quartal auf USD 8.42 Mrd. vervierfacht. Die ersten Bonds auf Basis verbriefter Operationeller Risiken könnten möglicherweise in gar nicht mehr allzu weiter Ferne liegen. Es wäre sicherlich bereits heute eines der weniger exotischen Risiken, welches handelbar gemacht würde.

Nebst einer abschließenden und klaren Definition muss das Thema der Datenbasis adressiert werden. Für eine statistisch relevante Aussage müssen große Mengen an Schaden- und Risikodaten zugänglich gemacht werden. Nur so können bei einer systematischen Sammlung zuverlässige Aussagen und Vergleiche vorgenommen werden. Eine optimale Datenqualität hilft den Banken, zuverlässige Risiko-Ertrag-Überlegungen anzustellen und alternative Finanzierungen zu prüfen. Der Versicherungsindustrie ermöglichen diese Daten unter Anwendung von aktuariellen Modellen eine transparente und risikoadäquate Preisgestaltung. Die momentan schwierigsten Unterfangen sind die zuverlässige Ermittlung des erwarteten Schadens pro Bank sowie die Korrelation der Bankenrisiken innerhalb der Bankenindustrie festzustellen. Auch um die zukünftig von Banken nachgefragte Kapazität im Versicherungsmarkt aufzubringen, müssen Diversifizierungsbetrachtungen auf Portfoliostufe innerhalb der Versicherungsgesellschaften vorgenommen werden können. Verlässliche Daten sind daher elementar für den Einbezug von neuen Teilnehmern und somit von neuem Kapital für diesen Markt.

Nebst der Frage nach der geeigneten Form und institutioneller Verantwortung für diese Datensammlung, gilt zu prüfen, ob eine Einrichtung geschaffen werden kann, die eine Risikoeinschätzung und regelmäßige Überprüfung vornimmt, gleich den Ratingagenturen für das Kreditrisiko.

Regulatoren, Banken wie auch Versicherungen sind am Anfang eines dynamischen Prozesses. Die Kernpunkte, die es in Angriff zu nehmen gilt, sind klar. Jetzt bedarf es für die Implementierung Offenheit und großen Einsatz aller involvierten Parteien.

7 Zusammenfassung

Operationelle Bankenrisiken gibt es, seit die erste Bank ihre Dienstleistungen angeboten hat. Trotzdem wurde dieses Thema erst kürzlich auf Basis signifikanter Schäden in der Finanzindustrie und die dadurch auf den Plan gerufenen Aufsichtsorgane systematisch angegangen. Bereits jetzt, vor In-Kraft-Treten der regulatorischen Bedingungen, unterlegen viele Banken ihre Operationellen Risiken seit Jahren mit 20-30% ihrer Eigenkapitalbasis.

Die meisten Banken finanzieren ihre Operationellen Risiken über die Gewinn- und Verlustrechnung und ihr Eigenkapital. Die Auswirkungen von Schäden aus Operationellen Risiken können von volatilen Resultaten bis zu existenzieller Bedrohung führen. Zudem ist diese Art von bilanzieller Finanzierung meist ineffizient. Wie auch in anderen Risikosegmenten bringt auch hier das Prinzip der Diversifizierung über mehrere starke Bilanzen einen signifikanten ökonomischen Vorteil. Um dem Rechnung zu tragen, hat die Versicherungsindustrie Instrumente entwickelt, womit Operationelle Risiken außerbilanziell abgesichert und somit finanziert werden können. Die Nachfrage nach Kapazität in diesem Markt hat explosionsartig zugenommen, und heute kaufen Banken maßgeschneiderte Produkte mit Limiten von bis zu mehr als 1 Mio. Euro ein.

Die Herausforderung für alle involvierten Parteien ist es nun, diesen Markt weiter zu entwickeln und effizient zu gestalten, indem sie sich auf gemeinsame Definitionen sowie Schaden- und Risikodatensammlungen einigen. Die Finanzindustrie ist am Beginn eines dynamischen Prozesses mit riesigem wirtschaftlichen Potential.

Literatur

Bank of International Settlement, Working Paper on the Regulatory Treatment of Operational Risk, 28. September 2001.
Boston Consulting Group Studie, Vom Risk Taker zum Risk Manager, September 2000.
Bryis, E. and de Varenne, F., »Insurance from underwriting to derivatives«, John Wiley & Sons 2001.
European Banks Growth-Adjusted Valuation, Cost of Capital after tax, Fox-Pitt, Kelton 2000.
King, J.L., »Operational Risk«, John Wiley & Sons 2001.
Knight, R.F. and Petty, D.J., »The Aftermath – Reputation in Crisis«, Butterworth-Heinemann 2001.
Prakash A. Shimpi, Integrating Corporate Risk Management, Swiss Re Group 1999.
RMA, BBA, ISDA Studie, Operational Risk The Next Frontier, 1999.

Wie Sie Ihr Chancen-Risiko-Profil optimieren und erfolgreich die Gesamtrisikoposition des Unternehmens steuern

Eugen Leibundgut*

---

* Eugen Leibundgut (38), dipl Ing. ETH, studierte an der Eidgenössischen Technischen Hochschule (ETH) in Zürich Unternehmensführung. Seit 16 Jahren befasst er sich mit der Analyse und dem Umgang mit Risiken in Unternehmen. Als Partner und Mitglied der Geschäftsleitung bei der RM Risk Management AG, Zürich unterstützt er Unternehmen in Europa bei der Umsetzung von Business Continuity und Recovery Solutions sowie beim Aufbau von Krisenmanagement-Lösungen. Die breite Projektumsetzungserfahrung in verschiedensten Branchen und Ländern sowie die zahlreichen Publikationen haben Eugen Leibundgut bei europäischen Konferenzen zu Themen des strategischen und operationellen Risk-Managements zu einem gefragten Referenten gemacht.

1 Welche Kernfragen sind vor Projektbeginn zu klären?

1.1 Weshalb Operationelles Risk-Management?

Unternehmenskrisen provozieren Kritik. Aktionäre, Gläubiger und die Öffentlichkeit stellen Fragen:

- Konnten die Risiken nicht früher erkannt oder vermieden werden?
- Warum hat niemand etwas dagegen unternommen?
- Wo waren der Aufsichtsrat, die Geschäftsleitung und Wirtschaftsprüfer?

Risiken sind Teil jedes unternehmerischen Handelns. Chancen und Risiken bedingen einander, d.h. jede Chance beinhaltet auch Risiken, mit denen es gilt richtig umzugehen. Risiken treten jedoch nicht einfach so auf, sondern sind vielfach durch menschliches Fehlverhalten und nicht frühzeitige Erkennung der Risikosituation bedingt. Fordern die Shareholder eine Steigerung des Unternehmens- bzw. Aktienwertes, so soll das Unternehmen diese Wertsteigerung sicher erreichen, d.h. Chancen wahrnehmen, Gewinn steigern, aber gleichzeitig mit den heutigen und vor allem den zukünftigen Unternehmensrisiken richtig umgehen.

Systematisches integriertes Risikomanagement ermöglicht es, Risiken frühzeitig zu erkennen (prospektives Risk-Management), zu kontrollieren und zu beherrschen.

Die Verfehlung unternehmerischer (strategische wie operationelle) Zielsetzungen kann somit als Risiko definiert werden.

1.2 Key-Benefits

Führungskräfte und Mitarbeiter stellen sich immer wieder die Frage:

Was für eine Wertschöpfung beinhaltet der systematische Umgang mit Unternehmensrisiken?

Der Hauptnutzen eines Operationellen Risk-Managements kann in weiche und harte Faktoren unterschieden werden (siehe Abbildung 1).

Zu den weichen Faktoren zählen

- die Risikobewusstseinsförderung, welche die Mitarbeiter überhaupt befähigt, im Rahmen ihrer Tätigkeiten Risiken und Chancen erkennen zu können. Damit ist jeder Mitarbeiter in der Lage, seinen Beitrag zur Risikooptimierung zu leisten;
- der aktive und regelmäßige Risikodialog fördert das Vertrauen der Mitarbeiter in das Unternehmen und trägt zur Motivationssteigerung bei;
- optimierter Umgang bei Veränderungsprozessen, welche in der Regel eine Vielzahl von Risiken bergen. Veränderungen im Arbeitsumfeld fördern Unsicherheit bei den Mitarbeitern (z.B. Arbeitsplatzsicherheit) und damit verbunden Personalrisiken;

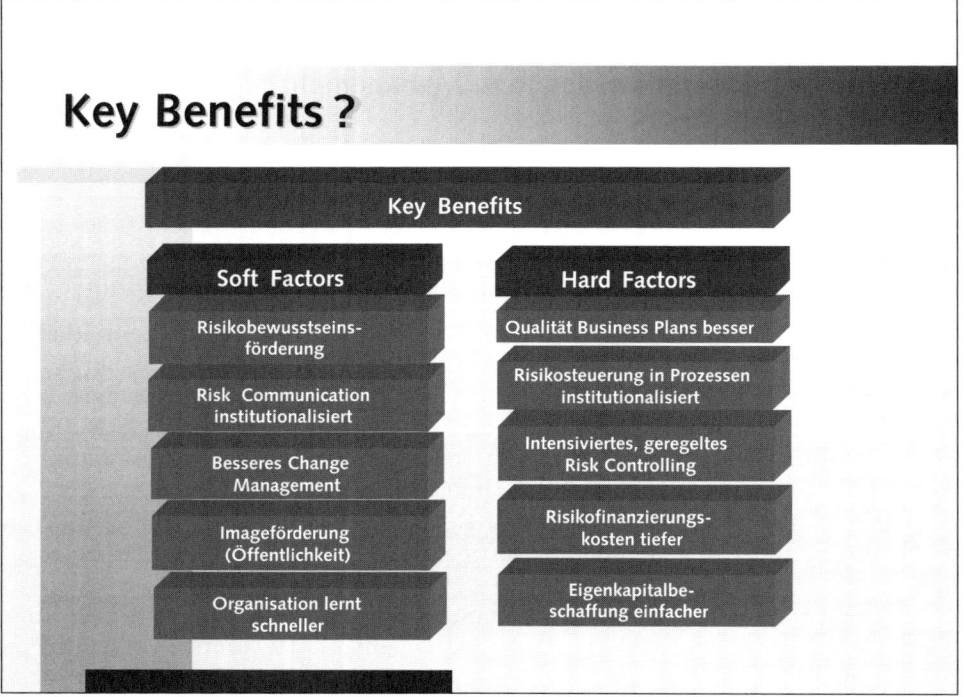

Abb. 1: Harte und weiche Faktoren des Hauptnutzen eines Operationellen Risk-Managements

- Operationelles Risk-Management trägt bei den Share- und Stakeholdern sowie in der Öffentlichkeit zur Imageförderung bei;
- durch den besseren Umgang mit Chancen und Risiken wird das unternehmerische Denken gefördert. Damit kann die Organisation bzw. das Unternehmen schneller lernen.

Zu den harten Faktoren zählen

- die transparenteren und besser abgestützten Businessplans;
- die in den Geschäftsprozessen fest institutionalisierte Risikosteuerung;
- das intensivierte und geregelte Risikocontrolling;
- Operationelles Risk-Management trägt bei den Share- und Stakeholdern sowie in der Öffentlichkeit zur Imageförderung bei;
- die Möglichkeiten und Chancen, die Risikofinanzierungskosten senken zu können;
- die günstigere und einfachere Eigenkapitalbeschaffung bei den Banken/Investoren.

1.3 Risikowahrnehmung und -empfinden versus Individualität

In der Praxis zeigt sich immer wieder, dass im Umgang mit Risiken der Mensch eine zentrale Rolle spielt. Jeder Mensch nimmt Risiken auf seine Art und Weise wahr. Auch das Empfinden von Risiken bzw. den daraus abzuleitenden Szenarien ist derart unterschiedlich, dass sich die berechtigte Frage stellt: Wie gut sind individuell beurteilte Risiken im Vergleich zu objektiven, im Team beurteilten Risiken?

Will man diese Frage beantworten, so kann man in der Praxis immer wieder feststellen, dass vermehrt Informations-, Bildungs- und Methodenlücken dazu führen, Risiken gar nicht wahrzunehmen. Diese Tatsache kann im Rahmen von wichtigen Entscheidungsprozessen große Auswirkungen haben. Nicht identifizierte Risiken, welche für ein Unternehmen großes Schadenspotenzial bergen, sind deshalb besonders gefährlich, weil niemand damit rechnet und das Unternehmen im Umgang mit diesen Risiken nicht vorbereitet ist (Krisenmanagement und Notfallpläne).

Betriebsblindheit, Stress und Belastung sind ebenfalls Risikotreiber, welche gegen eine individuelle bzw. für eine im Team beurteilte Risikosituation sprechen.

Das Risikoempfinden ist vergleichbar mit dem individuellen Schmerzempfinden. Beispielsweise empfinden viele Menschen das Fliegen riskanter als das Autofahren, obwohl das Flugzeug statistisch gesehen zu den sicheren Verkehrsmitteln gezählt wird. Insbesondere nach dem Attentat auf das World Trade Center in New York ist dieses Risikoempfinden stark angestiegen. Dies führt dazu, dass das zuvor als klein eingestufte Risiko plötzlich in aller Munde als groß eingestuft wird und die Frage nach der Eintrittshäufigkeit bzw. Eintrittswahrscheinlichkeit eine untergeordnete Rolle spielt.

Welche Konsequenz kann daraus abgeleitet werden?

Eine traditionelle Risikobeurteilung auf der Basis von Höchstschadenswert und Eintrittswahrscheinlichkeit (Sichtweise/Fokus) reicht für eine qualitativ gute Risikobeurteilung nicht mehr aus. Weitere Risikotreiber und Parameter sind bei der Risikoanalyse im Rahmen von Bewertungen mit einzubeziehen (vgl. dazu Ziffer 3.3).

1.4 Risk-Awareness als entscheidender Produktionsfaktor

Die Förderung des Sicherheits- und Risikobewusstseins in den Unternehmen ist zum entscheidenden Produktionsfaktor geworden. Viele Manager haben im Rahmen der Qualitätssicherung und der Prozessoptimierung erkannt, dass der richtige Umgang mit Sicherheits- und Risikofragen im Zusammenhang mit der Produktion indirekt zur Wertschöpfung entscheidend beiträgt.

Wie bei der Umsetzung von Qualitätssicherungsmaßnahmen ist es ganz entscheidend, dass die Risikokultur als integrierter Bestandteil einer Kultur zur Qualitätssicherung zu verstehen ist. Nur wenn die Mitarbeiter verstehen, das Qualität nur erreicht werden kann, wenn richtig mit Sicherheits- und Risikoherausforde-

Risikowahrnehmung und -empfinden
Risikowahrnehmung
Risikoempfinden
Bildungslücken
Informationslücken
Methoden-Lücken
Betriebsblindheit
Stress/Belastung
Individuell persönlich
Sichtweise (Focus)

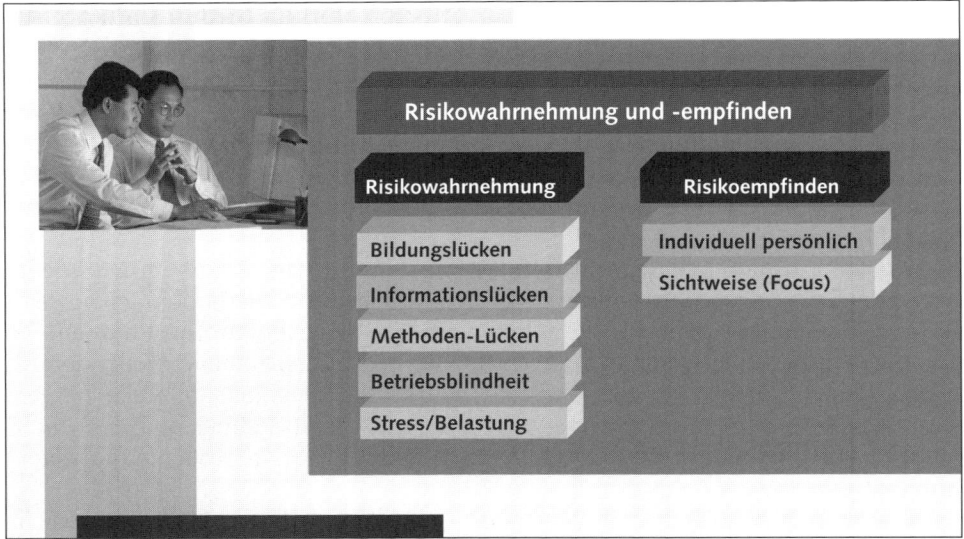

Abb. 2 Risikowahrnehmung/-empfinden versus Individualität

rungen umgegangen wird, sind diese auch bereit, ihren Beitrag zur Wertschöpfung qualitativ gut und sicher zu leisten.

So können beispielsweise Risiken und Sicherheitsmängel bereits bei der Entstehung durch die Mitarbeiter erkannt werden. Sie leisten dabei einen wesentlich Beitrag bei der Risikofrüherkennung, welcher zur Risikosteuerung unbedingt notwendig ist. Damit wird Risk-Awareness zum entscheidenden Erfolgsfaktor.

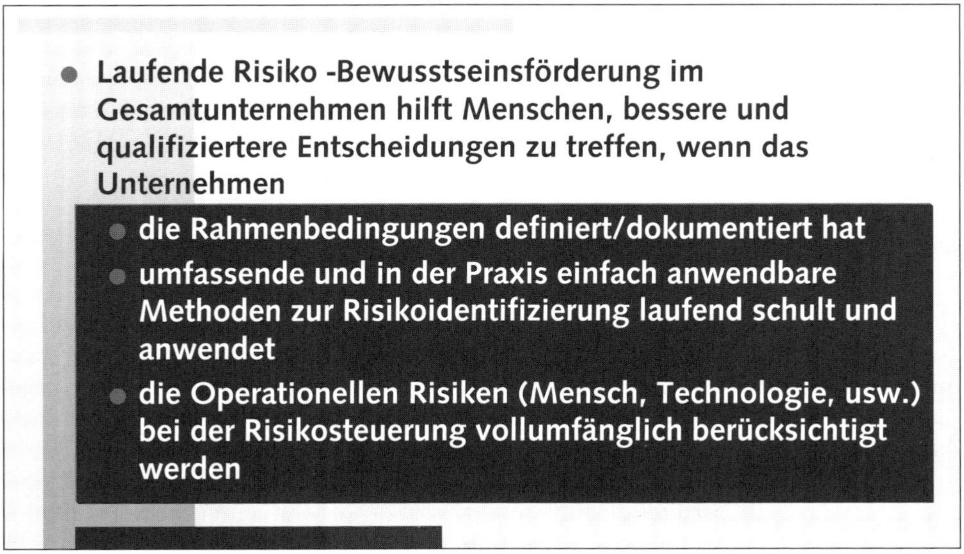

Laufende Risiko -Bewusstseinsförderung im Gesamtunternehmen hilft Menschen, bessere und qualifiziertere Entscheidungen zu treffen, wenn das Unternehmen
die Rahmenbedingungen definiert/dokumentiert hat
umfassende und in der Praxis einfach anwendbare Methoden zur Risikoidentifizierung laufend schult und anwendet
die Operationellen Risiken (Mensch, Technologie, usw.) bei der Risikosteuerung vollumfänglich berücksichtigt werden

Abb. 3: Risk-Awareness als entscheidender Produktionsfaktor?

Unternehmen, welche es verstehen diesen Produktionsfaktor richtig einzusetzen, werden auch künftig die Nase vorn haben.

Im Rahmen der Umsetzung von Risk-Management-Lösungen bzw. des Aufbaus von Risikokulturen geht es also darum, laufend das Risiko-Bewusstsein im Gesamtunternehmen zu fördern, um damit die Basis für eine bessere und transparentere Entscheidungsfindung in jeder Business-Unit legen zu können.

1.5   Verwendungsbereiche eines integrierten Risk-Managements

In verschiedensten Fach- und Unternehmensbereichen kann integriertes Risk-Management einen wertvollen Beitrag zur Sicherung des Unternehmens- bzw. Projekterfolges leisten. Die anschließende Zusammenstellung zeigt einen Überblick über die Verwendungsbereiche und die damit verbundenen Wertschöpfungschancen.

Verwendungsbereiche	Wertschöpfungschancen
Strategie- und Unternehmensentwicklung	Integration des Risikomanagements bei der Unternehmensplanung und Strategieentwicklung. Die Risikofrüherkennung unterstützt die richtige Entscheidungsfindung. Das Risiko-Reporting als Bestandteil eines Risikomanagement-Systems stellt die transparente und systematische Risikokommunikation über die Business-Unit-Manager an die Geschäftsleitung bzw. den Verwaltungsrat sicher.
Mergers und Akquisitions	Unterstützung bei der Unternehmensbewertung hinsichtlich der Risikosituation.
Alternative-Risk-Transfer	Das integrierte Risk-Management liefert für Unternehmer wie auch Versicherer oder Makler transparente Entscheidungsgrundlagen für die Optimierung der Risikofinanzierung.
Investitionsprojekte	Projektbegleitendes Risikomanagement zur Früherkennung möglicher Projektrisiken sowie zur Analyse der Anforderungen an Business- bzw. Produktionsprozesse in Bezug auf die Sicherheitsanforderungen und -bedürfnisse.
Fusionen	Risikoanalysen in Bezug auf die Zusammenführung von Business- bzw. Produktionsprozessen. Insbesondere wichtig bei der Zusammenlegung der Informatikplattformen und Applikationen sowie Risiken im Rahmen eines Personalabbaus.

Neue Produkte und Dienstleistungen	Das Marketing und die Produktmanager sind in der Lage, die Risiken der neuen Produkte, Dienstleistungen und der damit verbundenen Prozesse bereits frühzeitig zu erkennen und die richtigen Maßnahmen dagegen einzuleiten. Die Produkthaftungsrisiken können auf diese Weise stark vermindert werden.
E-Commerce, Internet, Intranet, Extranet, Virtual-Private-Network	Unternehmensrisiken infolge der starken Informatikvernetzung sowie der daraus resultierenden Abhängigkeiten in Bezug auf die Verfügbarkeit der Applikationen bzw. Daten. Insbesondere geht es auch darum, den Know-how-Schutz sicherzustellen, der Wirtschaftsspionage vorzubeugen sowie den rechtlichen Anforderungen des Datenschutzes Rechnung zu tragen.
Business-/Produktionssicherheit	Die Risiken werden systematisch analysiert und den Kundenanforderungen gegenübergestellt. Dabei werden die Management-Prozesse genau so untersucht wie die Risiken entlang der gesamten Wertschöpfungskette eines Unternehmens (Lieferanten, Transportwege, Produktion, Kunden, unterstützende Prozesse wie Strom, Heizung, Klima, Lüftung, Gas, Wasser usw.).
Business-Contingency-Planning Business-Continuity-Planning Business-Recovery-Planning Disaster-Recovery-Planning	Das integrierte Risk-Management liefert periodisch die notwendigen Informationen für das Notfall- und Krisenmanagement. Steigende Abhängigkeiten der Business- und Produktionsprozesse verlangen nach Alternativlösungen der Geschäftsabwicklung in außerordentlichen Lagen. Im Rahmen der Sorgfaltspflicht, Organ- bzw. Geschäftsherrenhaftung sollte sich jedes Unternehmen mit der Frage der Ereignisbewältigung auseinandersetzen.
Facility-Management-Risiken	Risiken im Rahmen des Facility und Instandhaltungs-Management können frühzeitig erkannt werden. Auf diese Weise wird ein wesentlicher Grundstein in präventiver Hinsicht für das Unternehmen gelegt.
Qualitätsmanagement, Umweltmanagement, Arbeitssicherheit	Das Risikomanagement-System kann die bestehenden Managementsysteme integrieren und auf einer prozessorientierten Basis zusammenführen. Damit werden die Betriebskosten solcher Systeme verringert und wertvolle Synergien genutzt.

2 Wie Sie alle auf die Unternehmens- und Subziele wirkenden Risiken erfassen

2.1 Risk-Management-Sichten und Risikokategorisierung

Im Rahmen einer Risikosystematisierung ist es besonders wichtig, Risiken in verschiedene Sichtweisen bzw. Fachbereiche zu strukturieren. Im Hinblick auf eine Prozessorientierung können dabei die Führungsrisiken (Führungssicht), die Gestaltungsrisiken (Gestaltungssicht), die Leistungsrisiken (Leistungssicht) wie auch die Stützungsrisiken (Stützungssicht) unterschieden werden. Diese Sichtweisen werden danach nochmals in fach-/zielgruppenspezifische Risikokategorien unterteilt (vgl. dazu Abbildung 4).

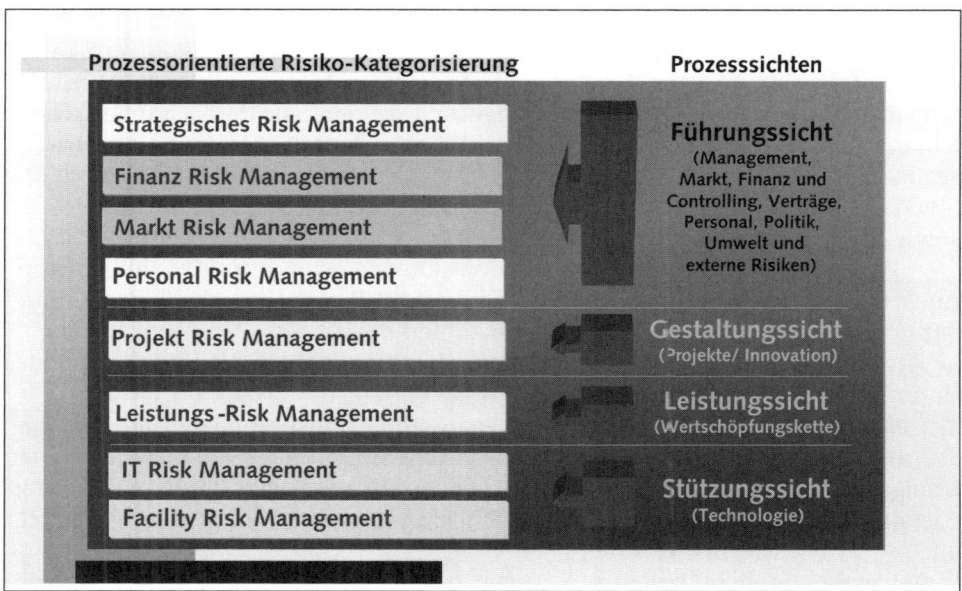

Abb. 4: Risk-Management-Strukturierung

2.2 Risikoidentifizierung im Sinne von »Best Practice«

Effektives Risk-Management, d.h. die rechtzeitige Entdeckung von Risiken und die angemessene und wirkungsvolle Reaktion auf unerwünschte Entwicklungen bzw. deren Vermeidung, erfordert detaillierte Kenntnisse der Unternehmensrisiken einschließlich ihrer prozessorientierten Wirkungszusammenhänge. Hierzu gehören vor allem die Identifikation von Risiken sowie ihre (qualitative) Bewertung oder (quantitative) Messung.

Im Rahmen der Risikoidentifizierung und -beurteilung ist zu beachten, dass für die verschiedenen Zielgruppen fachspezifische und den Fähigkeiten der Mitarbeiter entsprechende Risikoidentifizierungs-Werkzeuge (Methoden) eingesetzt werden. In der Praxis bedeutet dies, sich zu überlegen, in welchem Risk-Management-Teilprozess, welche Arbeitswerkzeuge zum Einsatz gelangen.

Ziel der Risikoidentifikation ist die strukturierte Erfassung der wesentlichen Risiken bzw. Risikobereiche im Unternehmen, d.h. der Bereiche und Prozesse mit dem originär höchsten Risikopotenzial. Hierzu gehören z.B. besonders risikoträchtige Geschäfte oder Prozesse, besondere Empfindlichkeiten gegenüber Währungsschwankungen, Schwächen in der Produktnachfolgeplanung, Abhängigkeit eines ganzen Produktbereichs, von einer kleinen Gruppe von Spezialisten, usw. Dabei setzt die Risikoidentifikation an den von der Unternehmensleitung vorgegebenen Zielen und den daraus abgeleiteten Subzielen an.

Die Definition des Unternehmensrisikos hat bereits deutlich gemacht, dass es sich bei Risiko um einen relativen Begriff handelt. Zur Beurteilung von Risiken – und damit der Risikosituation eines Unternehmens – ist es mithin erforderlich, dass sich das Unternehmen bezüglich seiner Ziele im Klaren ist. Sollte dies nicht oder nur unzureichend der Fall sein, muss der eigentlichen Risikoidentifikation eine *umfassende Analyse der Strategie des Unternehmens, seiner Stärken und Schwächen* sowie seines Umfelds vorangestellt werden, aus der sich eine Zielsystematik ableiten lässt. Theorie und Praxis haben hierzu eine Reihe von Analyseansätzen und Strukturierungshilfen entwickelt. Dazu gehört zum Beispiel die *SWOT-Analyse* als Ansatz zur Identifikation der eigenen Stärken und Schwächen sowie von Chancen und Gefahren.

»SWOT« steht dabei für Strengths, Weaknesses, Opportunities und Threats. Auch Strukturierungshilfen wie die von *Michael Porter* entwickelte *Analyse der branchenspezifischen Wettbewerbskräfte* zählen dazu.

Für die Beurteilung des Unternehmenserfolgs ist letztlich die Entwicklung des Unternehmenswerts entscheidend.

Deshalb gilt es, im Rahmen dieser Analysephase insbesondere die Cashflow-Träger im Unternehmen zu identifizieren und im Hinblick auf ihre kritischen Erfolgsfaktoren zu untersuchen. Die Risikoidentifikation setzt dann an der Untersuchung der die Erfolgsfaktoren möglicherweise beeinträchtigenden Parameter an.

Folgende Methoden haben sich in der Praxis zur Identifizierung und Beurteilung von Risiken besonders bewährt:

- Moderiertes Risikobrainstorming,
- Prospektives und moderiertes Risk-Assessment,
- Self-Risk-Assessment,
- System-/objektorientierter Risk-Management-Audit und
- Prozessorientierter Risk-Management-Audit.

Die Risikoidentifikation sollte zunächst unter bewusster Vernachlässigung eventuell vorhandener Kontrollen oder anderer Risikomanagement-Maßnahmen, d.h. der vorhandenen Kontrollstruktur, erfolgen. Diese Vorgehensweise ermöglicht in der ersten Stufe der Risikoidentifikation die *Erfassung aller auf die Unternehmensziele und Subziele wirkenden Risiken.* Sie liefert dadurch wichtige Anhaltspunkte für mögliche Risikozusammenhänge, die bei einer reinen Restrisikobetrachtung möglicherweise von der Kontrollstruktur verdeckt werden und dadurch unbeachtet bleiben. Bei bedeutenden Änderungen der Rahmenbedingungen können sie jedoch kurzfristig brisant werden.

Die Risikoidentifikation soll die Gesamtunternehmenssicht widerspiegeln. Dafür ist ein Top-down-Vorgehen erforderlich, das bei der Unternehmensleitung ansetzt und von dort in die Unternehmensbereiche und -prozesse vorangetrieben wird. Hierzu bietet sich zunächst die Durchführung von Workshops mit den Mitgliedern der Unternehmensleitung an (vgl. Abbildung 5). Diese können von Mitarbeitern der Risikomanagement-Funktion und ggf. externen Experten moderiert werden. In einer ersten Runde gilt es, potenzielle Gefahren für die angestrebten Ziele und den Unternehmenserfolg insgesamt im Rahmen eines »Risikobrainstorming« zu identifizieren. Als Grundlage für ein solches Risikobrainstorming sollte im Vorfeld eine grobe, möglichst allgemeine Risikosystematik erarbeitet werden. Diese darf die Diskussion, die für die Risikoidentifikation notwendig ist, jedoch keinesfalls von vornherein einschränken.

Insbesondere in elektronischen Prozessen gilt es zukunftsorientierte Risiken frühzeitig zu erkennen und sinnvolle Sicherheitsmaßnahmen einzuleiten. Überlegt man sich, wie stark die Abhängigkeit der Geschäfts- und Produktionsprozesse von der Informatik und Telekommunikation künftig zunehmen wird, so erkennt man schnell, welcher Stellenwert das IT-Risikomanagement in Zukunft haben wird.

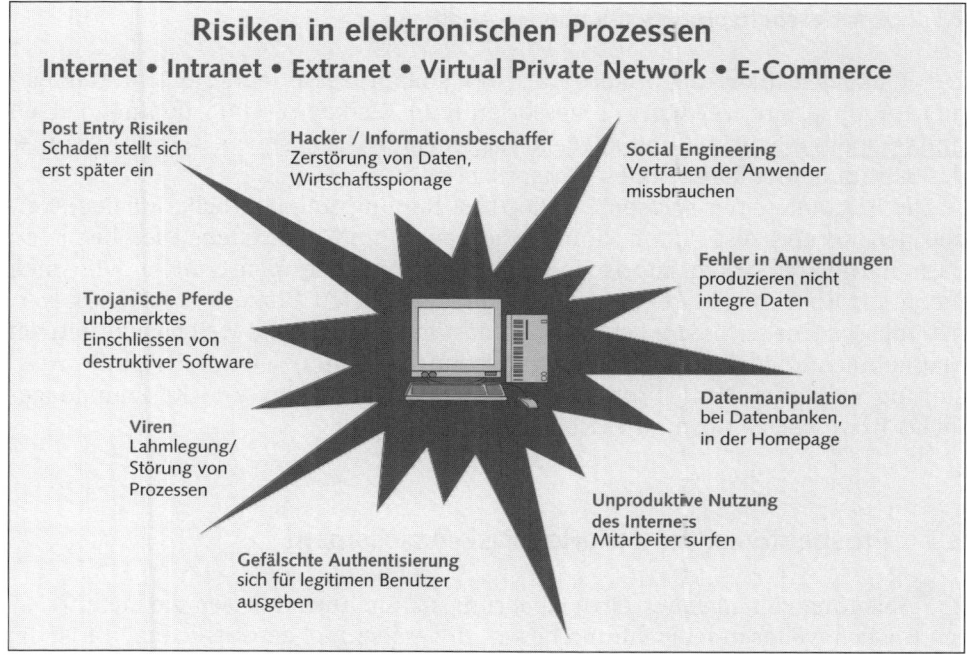

Abb. 5: Beispiele für Risiken in elektronischen Prozessen

Ein moderiertes Risk-Brainstorming dient dazu, den Handlungsbedarf, die Hauptrisiken sowie die Stärken-/und Schwächen aufzuzeigen. Zugleich sollen die Resultate helfen, die Stoßrichtungen für weiterführende Risk-Management-Aktivitäten definieren zu können.

2.3 Security & Risk-Management-Audit

2.3.1 Am System und Objekt orientierter Audit

Die Risikoidentifizierung und -beurteilung kann auch im Rahmen von Risk-Management-Audits durchgeführt werden. Eine system-/objektorientierte Standortbestimmung (Audit) liefert Risiken und Verbesserungspotenziale die räumlich einzugrenzen und sich auf Systeme/Objekte beziehen (z.B. wichtiger Standort oder betriebswichtige Systeme bzw. Anlagen). Bei diesem Verfahren werden anhand von Checklisten Interviews mit verschiedenen Fachleuten geführt und die Systeme/Objekte vor Ort besichtigt und analysiert. Die Resultate werden in Form von Stärken-/Schwächenprofilen und Grafiken zur Risikodarstellung (Risikohistogramme, Risikoportfolio) zusammengefasst und erläutert. Es werden keine weiterführenden, vernetzten Ausfall- und Abhängigkeitsrisiken analysiert.

2.3.2 Am Geschäftsprozess orientierter Audit

Zur Risikoidentifizierung in Kernprozessen sind prozessorientierte Risk-Management-Audits sehr wertvoll. Prozessorientierte Risikoerfassung bedingt jedoch umfassendes Security- und Risk-Management-Wissen sowie Kenntnisse über das Zusammenwirken der Geschäftsprozesse.

Die Resultate einer solchen Standortbestimmung soll sämtliche Risiken, welche den Kernprozess stören können, aufzeigen und beurteilen. Dies bedeutet, dass betrieblich-organisatorische, technische, soziale/menschliche wie auch monetäre Risiken, abhängig vom zu untersuchenden Prozess, analysiert werden müssen. Insbesondere geht es auch darum, aufzuzeigen, welche alternativen Maßnahmen und Aktivitäten (Ausweichlösungen/Notprozedere) je nach Prozessstörung vorhanden/eingeführt sind (Business-Contingency und Krisenmanagement) bzw. welche noch zu erarbeiten sind.

2.4 Prospektives, moderiertes Risk-Assessment

Zur Ableitung von angemessenen Steuerungsmaßnahmen müssen die identifizierten Risiken weiter untersucht und bewertet werden. Ziel der Risikoanalyse ist die *qualitative Beurteilung bzw. quantitative* Messung *der Risiken, um das Risikoportfolio des Unternehmens abzubilden*. Dabei sollten die Wirkungszusammenhänge einzelner Risiken berücksichtigt werden.

Im Rahmen der Risikoidentifikation werden die vorhandenen Kontrollstrukturen bewusst außer Acht gelassen. Hierdurch soll vermieden werden, dass durch die reine Restrisikobetrachtung potenzielle zukünftige Gefahrenherde unbeachtet bleiben, die sich bei veränderten Rahmenbedingungen durchaus kurzfristig zur Bedrohung entwickeln können. Auch im Hinblick auf die prospektive Risikoanalyse empfiehlt sich zunächst eine grobe *Beurteilung des originären Risikos,* d.h. der Risikosituation vor Kontrollen und Risikomanagement. Die Ergebnisse dieser Beurteilung können als Ausgangspunkt für die weitergehende Analyse der Risikosituation unter Berücksichtigung vorhandener Strukturen und Maßnahmen dienen.

Für eine erste Beurteilung des originären Risikos können beispielsweise *Kriterien* wie die potenziellen *finanziellen* Auswirkungen *und die Wirkung auf die Reputation* des Unternehmens (Image) herangezogen werden. Der Einfluss von Risiken auf die Reputation ist insbesondere wegen seiner strategischen Bedeutung hervorzuheben. Weiterhin kann die *Häufigkeit* der Entscheidung oder des Sachverhalts, die einem Risiko zugrunde liegen, wichtige Anhaltspunkte für die spätere Beurteilung der Ereigniswahrscheinlichkeit liefern.

Die Markteinführung eines Nachfolgeprodukts, das die Anforderungen und Erwartungen des Marktes verfehlt, kann beispielsweise zu empfindlichen Marktanteilsverlusten führen oder sogar das »Aus« für einen ganzen Produktbereich bedeuten. Die finanziellen Auswirkungen sowie die Auswirkungen auf die Reputation des Unternehmens sind entsprechend hoch. Allerdings kommt ein derartiger Produktwechsel in der Regel seltener als einmal im Jahr vor. Diese Konstellation unterstreicht gleichzeitig die strategische Bedeutung der Entscheidungen, die im Zusammenhang mit der Produktnachfolgeplanung zu treffen sind.

Der täglich vorkommende Ausschuss bei der Fertigung eines Massenproduktes hingegen ist in der Regel ein operatives Problem. Sowohl der finanzielle Schaden als auch die Reputationswirkung werden sich üblicherweise in Grenzen halten.

Die Ergebnisse dieser ersten Analysephase können ergänzend in den *Risikokatalog bzw. in die Risk-Map* aufgenommen werden. Dieser sollte als Ergebnis der Risikoidentifikation bereits die *erkannten Risiken einschließlich einer kurzen Beschreibung enthalten.* Ergänzt wird er nun um weitergehende *Erläuterungen zur Risikoursache,* die *Häufigkeit des Auftretens* sowie eine *grobe Bewertung des (maximalen) Verlustpotenzials* ohne Risikomanagement.

Vor der Durchführung von Risikoanalysen ist eine geeignete Methode zu definieren, welche die Bedürfnisse des Unternehmens abbildet und die eigenen Mitarbeiter nicht überfordert. Die folgenden Abbildungen zeigen ein mögliches Vorgehen, um systematisch und effizient die Risiken in einem Unternehmen identifizieren und im Team objektiv analysieren zu können. Dabei wird das Methoden-Know-how nach einem »Prototyping« in einer Business-Unit in die übrigen Fachbereiche mittels Schulung und begleitender Moderation multipliziert.

Es sollten in einem Risk-Assessment max. 30 Risiken analysiert und diskutiert werden. Der Moderator muss in der Lage sein, die Teilnehmer zielgerichtet durch das Assessment zu führen. Dabei ist zu bedenken, dass aus Zeitgründen mehr als 30 Risiken an einem Risk-Assessment-Workshop kaum in guter Qualität zu bewerten sind. Eine Vorselektion bzw. Evaluation von 20-30 Risiken aus einem umfassenden Risikoinventar ist deshalb vor dem Risk-Assessment durch die Teilnehmer vorzunehmen. Dies hilft auch, die Diskussionsschwerpunkte gezielt und richtig zu definieren.

Die Abbildungen 6 bis 9 zeigen das Vorgehen im Rahmen der Risikoidentifizierung bzw. -evaluation.

Abb. 6: Prototyping und Multiplikation

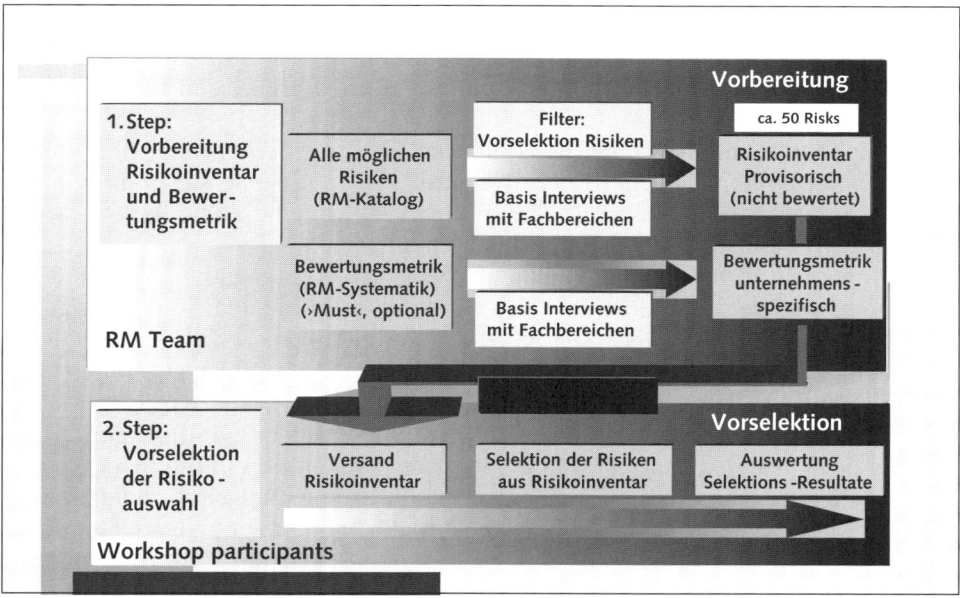

Abb. 7: Risikoidentifizierung und -evaluation (1)

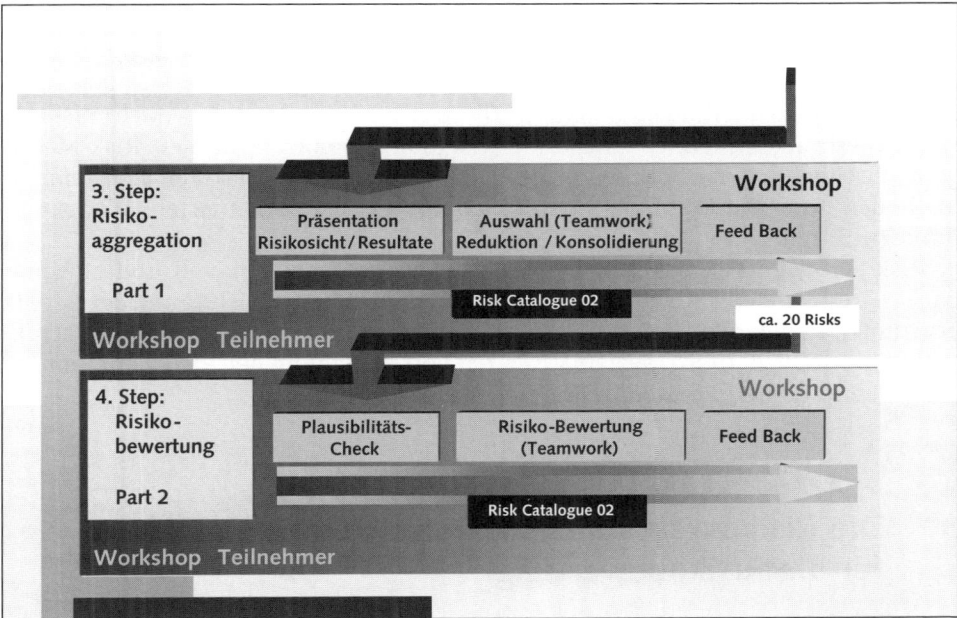

Abb. 8: Risikoidentifizierung und -evaluation (2)

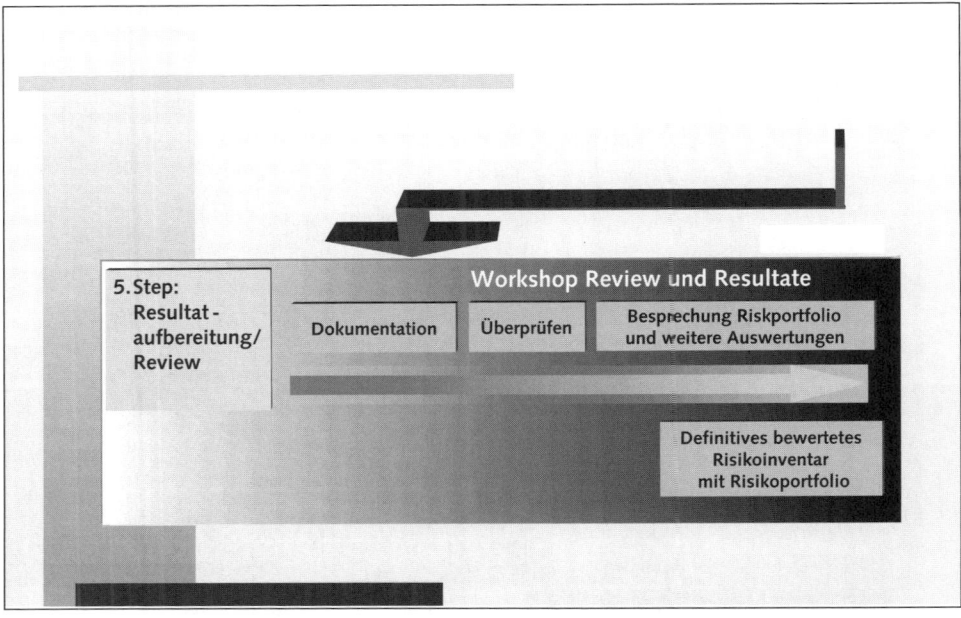

Abb. 9: Risikoidentifizierung und -evaluation (3)

2.5   Risk-Self-Assessment

Im Rahmen der Risikoidentifizierung und des Risk-Reportings sind auch Risk-Self-Assessment-Methoden denkbar. Diese Verfahren bergen jedoch Risiken, wenn diese ausschließlich und ohne Risikodialog mit erfahrenen Risk-Managern durchgeführt werden. Es ist deshalb wichtig, diese Risk-Self-Assessment-Methoden immer in Kombination mit moderierten, teamorientierten Workshops durchzuführen.

Risk-Self-Assessment-Methoden sind jedoch durchaus sinnvoll und anwendbar im Rahmen eines Risk-Reporting-Systems unter Berücksichtigung der bereits erwähnten Aspekte. Auf diese Weise ist es möglich, unter Anwendung von strukturierten Arbeitsblättern, systematisch die Fortschreibung der Risikosituation zu dokumentieren und kommunizieren zu können.

3   Die Risikosystematisierung als Kernerfolgsfaktor für die Risikobewertung

3.1   Rahmenwerk und regulärer Risk-Management-Prozess

Der Risk-Management-Prozess umfasst folgende Schritte: Identifizierung, Risk-Assessment, Reporting, Management/Risikosteuerung, Monitoring/Überwachung. Um diese Arbeitsschritte laufend durchführen zu können ist ein Rahmenwerk mit

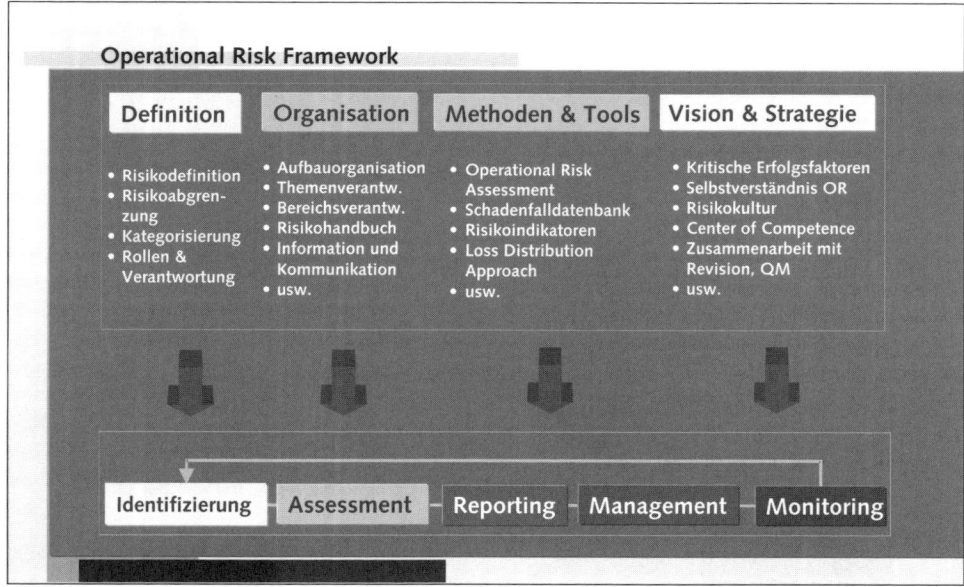

Abb. 10: Rahmenwerk und regulärer Prozess

Spielregeln zu definieren. Zum Beispiel sind für ein Operational-Risk-Framework die Vision und Strategie, Methoden und Tools, die Organisation sowie die notwendigen Definitionen zu erarbeiten bzw. zu dokumentieren.

3.2 Prozessorientiertes Risk-Management-Framework

Unternehmen, Märkte und Gesellschaften unterliegen einem stetigen Wandel. Chancen und Risiken ändern sich mit ihnen. Risikomanagement ist daher kein einmaliger Akt, sondern ein kontinuierlicher Prozess. Der Risikomanagement-Prozess umfasst alle Aktivitäten zum systematischen Umgang mit Risiken im Unternehmen. Dazu gehören die Identifikation, Analyse und Steuerung der Risiken im Unternehmen, die operative Überwachung des Erfolgs der Steuerungsmaßnahmen sowie die Überwachung der Effektivität und Angemessenheit der Maßnahmen des Risikomanagements. Letztere fordert durch entsprechende Rückkopplung zu den übrigen Prozessschritten die Stabilität und Weiterentwicklung des Risikomanagement-Prozesses. Die Überwachung des Risikomanagement-Systems (RMS) muss im operativen Bereich durch die Unternehmensleitung und im strategischen Bereich durch die Aufsichtsgremien erfolgen.

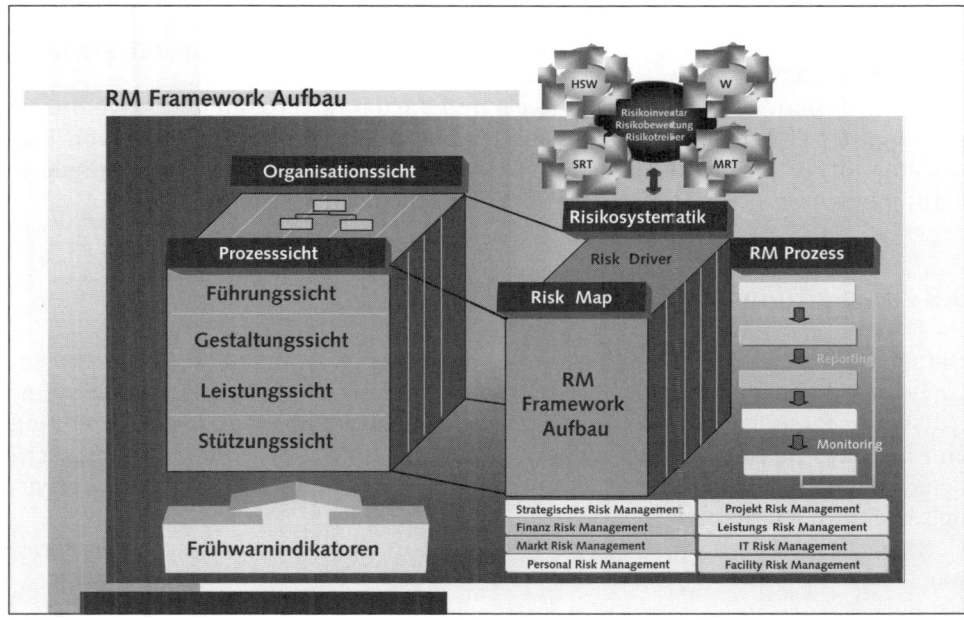

Abb. 11: Risk-Management-Strukturierung

Durch einen wirkungsvollen Risikomanagement-Prozess kann das Unternehmensrisiko als zusätzliche Steuerungsgröße operationalisiert und aktiv gestaltet werden. Er ermöglicht der Unternehmensleitung, durch die gezielte Beeinflussung von Risiken ein Risikoprofil sicherzustellen, das der eigenen Risikoneigung sowie den Risiko-Rendite-Erwartungen der Anteilseigner entspricht.

Risikomanagement darf jedoch nicht als einmalige, zeitpunktbezogene Durchführung und Abstimmung von Maßnahmen, d.h. als »Einmalaktion« verstanden werden. Auch verfehlt es seinen Zweck, wenn es lediglich als isolierter, parallel zu den eigentlichen Unternehmensaktivitäten verlaufender Prozess installiert wird.

Zur erfolgreichen Umsetzung kommt es vielmehr darauf an, Risikomanagement als einen *kontinuierlichen Prozess* im Unternehmen zu etablieren und *in die wesentlichen Unternehmensprozesse zu integrieren (vgl. Abbildung 11)*. Denn häufig sind gerade ineffektive Unternehmensprozesse oder Schnittstellenprobleme die Ursache von Risiken. Aufgabe des Risikomanagements ist daher, Risiken bereits in den Prozessen, d. h. am Ort ihres Entstehens, zu erfassen und zu beeinflussen. Ein Schwerpunkt sollte deshalb darauf liegen, durch einen wirkungsvollen Risikomanagement-Prozess auch auf den ersten Blick unverbundene Prozesse und Bereiche in ihren Zusammenhängen transparent zu machen. Da sich Risiken und Risikostruktur fortlaufend verändern, ist ferner darauf zu achten, dass der Risikomanagement-Prozess flexibel gestaltet ist, sodass Umfeldänderungen berücksichtigt werden können. Dies betont gleichzeitig die Bedeutung von Risikoidentifikation und Risikobeurteilung. Diese müssen durch das rechtzeitige Erfassen von Entwicklungen einschließlich ihrer möglichen Auswirkungen die Handlungsspielräume für notwendige Reaktionen schaffen sowie notwendige Anpassungsmaßnahmen auslösen.

Der Risk-Management-Prozess/Cycle und die damit verbundene aktive Beeinflussung des Unternehmensrisikos wird nicht zuletzt die Bewältigung von Krisensituationen und deren Ad-hoc-Bekämpfung auf das von der Unternehmensleitung bewusst akzeptierte »Restrisiko« entscheidend mindern.

3.3   Bewertungsmetrik und Risk-Driver

Die Qualität einer Risikobeschreibung hängt stark von der Risikosystematisierung und Skalierung (Metrik) ab. Risikoindikatoren wie beispielsweise die Eintrittswahrscheinlichkeit oder der Höchstschadenswert reichen zur Beschreibung eines Risikos in vielen Fällen nicht mehr aus. Es gilt zu beachten, dass menschliche wie auch systemische Risikotreiber die Beurteilung eines Risikos wesentlich beeinflussen können.

Es ist deshalb ratsam, folgende Parameter in die Risikoanalyse zu integrieren:

(1) Risikoindikatoren:
- Schaden qualitativ,
- Schaden quantitativ,
- Wahrscheinlichkeit/Gesamterwartungswert,
- Risikorelevanz/strategische Bedeutung und
- Wirkungsdauer.

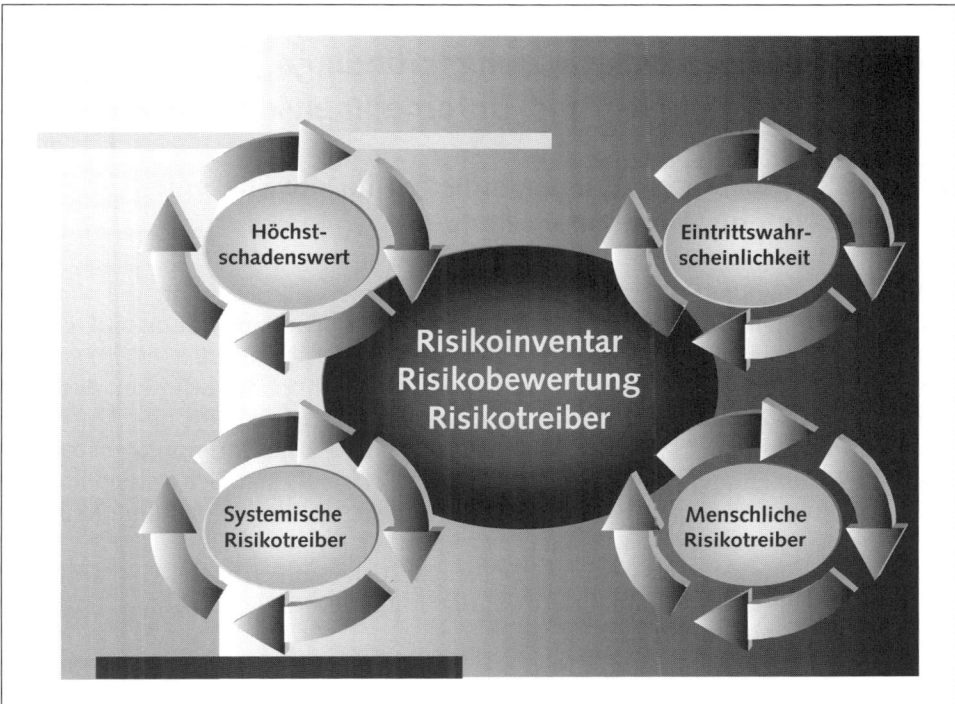

Abb. 12: Risikosystematisierung – Bewertungsmetrik – Risk-Driver

(2) Menschliche Risikotreiber:
- Risikoverantwortung,
- Risikobewusstsein,
- Risikoüberwachung/-kontrolle,
- Risikofrühwarnung und
- Qualität der Risikobewertung.

(3) Systemische Risikotreiber:
- Entdeckungszeit,
- Tendenz/zeitlicher Trend,
- Dynamik,
- Objektivität,
- Ereignisbewältigung und
- Aktualisierung Risikobewertung.

4   Die Gesamtrisikoposition des Unternehmens als wichtige Entscheidungsgrundlage für die Strategie- und Unternehmensentwicklung

4.1   Wichtige Entscheidungsgrundlagen für die Strategie- und Unternehmensentwicklung

Nach der Risikoidentifizierung gilt es in einem zweiten Schritt, die vorhandenen Kontrollen und ergriffenen Maßnahmen in die Beurteilung mit einzubeziehen. Hierzu müssen zunächst die *vorhandenen Kontrollen oder weiterer Steuerungsmaßnahmen festgestellt und* hinsichtlich ihrer Wirksamkeit *beurteilt werden.* Anschließend erfolgt eine *Einschätzung* der Häufigkeit des Auftretens sowie *des verbleibenden Restrisikopotenzials* unter Berücksichtigung der im Rahmen des Risikomanagements bereits ergriffenen Maßnahmen. Schließlich können *Risikoverantwortlichkeiten (»Risk Owner«)* festgelegt sowie notwendige *Maßnahmen oder Empfehlungen* festgehalten werden.

Zur Abbildung des Unternehmensrisikos lässt sich mit Hilfe der Erkenntnisse, die im Rahmen der Risikoanalyse bzw. der Audits gewonnen wurden, das Risikoportfolio erstellen.

Eine Gegenüberstellung von Höchstschadenswert (HSW) und annualisiertem Gesamterwartungswert (GEW) über alle betrachteten Risiken eines Unternehmens, eines Bereichs oder eines spezifischen Prozesses führt zum oben bereits erwähnten Risikoportfolio.

Die Zuordnung der Risiken anhand von GEW und HSW führt im Risikoportfolio zu einer anschaulichen Streuung der Einzelrisiken über vier Quadranten (R1-R4), für die spezifische Risikostrategien zum Tragen kommen.

Im Risikoportfolio ist die aktuelle »Charakteristik« eines Risikos hinsichtlich seiner beiden determinierenden Größen GEW und HSW zum Zeitpunkt t abgetragen. Die Hinzunahme der Zeitkomponente soll verdeutlichen, dass die Risikomatrix des Risikoportfolios ein Ausgangspunkt für die Berechnung verschiedenster Szenarien und deren Auswirkungen sein kann. Es kann z.B. dargestellt werden, wie sich das Risiko verändert, wenn neue Risikobegrenzungsmaßnahmen greifen. Im Einzelfall bedeutet dies für ein Risiko eine »Wanderung« auf der Risikomatrix, beispielsweise vom Quadranten »rechts oben« zum Quadranten »rechts unten«, was mit einer deutlichen Verbesserung einer Einzelrisikoposition einhergeht, aber noch keine grundsätzliche Verbesserung der Gesamtrisikoposition darstellen muss, da die Wirkung der Risiken auf- bzw. untereinander sich dieser Betrachtungsweise entzieht. Verändert sich durch das Greifen einer Begrenzungsmaßnahme z.B. die Schadenshöhe, so geht damit eine »Wanderung« auf der y-Achse einher, verändert sich der annualisierte Gesamterwartungswert eines beliebigen Risikos, dann geht damit eine »Wanderung« auf der x-Achse einher.

Aus dem Risikoportfolio gilt es somit die Begrenzungsmaßnahmen abzuleiten und auch hinsichtlich ihrer Wirkungsrichtung zu beurteilen. Hilfreich ist dabei die Aufstellung des Risikoinventars, u.a. zum Mikromanagement von Einzelrisiken, welches neben der Beschreibung des Störpotenzials auch die zu treffenden Maßnahmen aufnimmt.

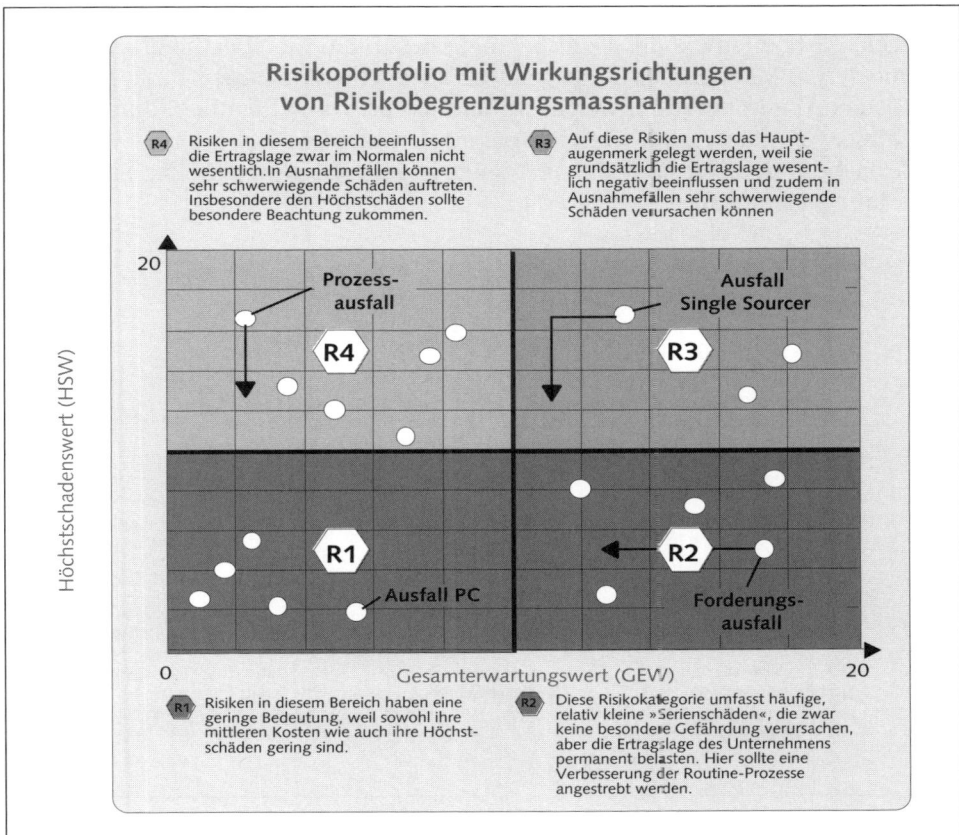

Abb. 13: Risikoportfolio mit Wirkungsrichtungen von Risikobegrenzungsmaßnahmen

5 Die Risikosteuerung und zielgruppenorientierte Maßnahmenplanung/-umsetzung

5.1 Definition eines Rahmenwerks (fachübergreifende Security & Risk-Management-Policy)

Gewinn oder Verlust bzw. Erfolg oder Misserfolg sind davon abhängig, ob die richtigen Dienstleistungen zur richtigen Zeit am richtigen Ort zur Verfügung stehen oder nicht. Für jede Unternehmensleitung stellt deshalb das rechtzeitige und sichere Vorhandensein von Dienstleistungen ein wichtiger unternehmerischer Erfolgsfaktor dar.

Die anschließend dargestellte Security & Risk-Management-Policy-Framework zeigt einen möglichen, modularen Aufbau der einzelnen Rahmendokumente. Sie umschreibt, übergeordnet den folgenden fachorientierten Policies, die Rahmenbedingungen und grundlegenden Weisungen (und Richtlinien) im Umgang mit Chancen, Risiken sowie der Unternehmenssicherheit. Sie spezifiziert sämtliche angemessenen Maßnahmen zum Schutze aller lebenswichtigen Prozesse gegen alle Risiken (Bedrohungen), welche willentlich oder unwillentlich, durch innere oder äußere Einflüsse bzw. Ereignisse eintreten können.

Die fachorientierten Policies sind integrierende Bestandteile der Security & Risk-Management-Policy.

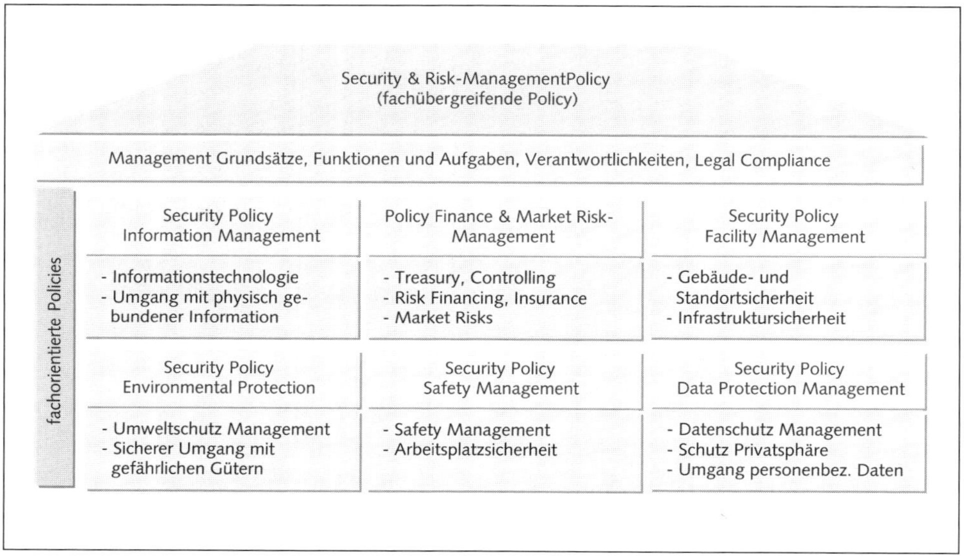

Abb. 14: Securitiy & Risk-Management-Policy

5.2   Fachorientierte Policies

Die Formulierung der verschiedenen fachorientierten Policies ist abhängig von den Geschäftsbereichen und der Unternehmensgröße. In der Praxis werden in der Regel folgende fachorientierte Policies erarbeitet:

- Security Policy Information Management,
- Policy Finance & Market Risk-Management,
- Security Policy Facility Management,
- Security Policy Environmental Protection,
- Security Policy Safety Management und
- Security Policy Data Protection Management.

Die Policy hat im Wesentlichen folgende Ziele:

- Formulierung der Rahmenbedingungen, Management-Grundsätze, Aufgaben und Verantwortung im Umgang mit heutigen und künftigen Risiken in den Geschäftsprozessen,
- Ausrichtung und Integration sämtlicher Security & Risk-Management-Aktivitäten auf die strategischen Zielsetzungen des Unternehmens,
- Unternehmens- und fachübergreifende Risikosteuerung,
- Transparente unternehmens- und fachübergreifende Darstellung der Risikosituation,
- Einrichtung von Risikofrühwarnindikatoren und
- Sicherstellung der Informationsbedürfnisse gegenüber unseren Stakeholders (Risiken und Chancen).

5.3 Übersichtliche Instrumente für die Risikosteuerung

Als letzte Stufe des Risikomanagement-Prozesses gewährleistet die Risiko-überwachung, dass die Risikolage des Unternehmens jederzeit auch tatsächlich der gewollten Risikolage entspricht. Im Zentrum steht die kontinuierliche operative Kontrolle der Wirksamkeit der Risikosteuerungsmaßnahmen sowie der Abläufe im Unternehmen selbst. Eine kontinuierliche Erfolgskontrolle, d.h. Kontrolle der Zielerreichung durch Soll-Ist-Vergleich, soll den reibungslosen Ablauf und die Funktionstüchtigkeit des Risikomanagements und mithin der Unternehmensprozesse gewährleisten. Solche Abweichungsanalysen beziehen sich beispielsweise im Bereich der quantifizierbaren Risiken auf die Einhaltung von Limitvorgaben. Bei den nicht quantifizierbaren Risiken betreffen sie analog die Überwachung der dort relevanten Grenzen für die ausgewählten Kriterien oder Kennzahlen. Eventuell auftretende Limitüberschreitungen müssen unverzüglich an das Management berichtet werden und notwendige Anpassungen hinsichtlich der Steuerungsmaßnahmen (z.B. Glattstellen einer Position, Hedging oder Anpassung einer Versicherungsvereinbarung, Verbesserung der Produktionssicherheit und Verfügbarkeit der Systeme) zur Folge haben.

Weiterhin gehört zur Risikoüberwachung die Erfassung der Risikoveränderungen im Zeitablauf. Die Risikoverläufe müssen kontinuierlich ausgewertet und kommuniziert werden sowie bei Bedarf Steuerungsmaßnahmen auslösen. Die permanente Kontrolle soll die Reaktionsgeschwindigkeit des Unternehmens auf riskante Entwicklungen erhöhen und damit zur Schadensbegrenzung beitragen. Dabei stützt sich die Risikoüberwachung in erster Linie auf die im Rahmen der Risikoanalyse identifizierten Erfolgsfaktoren.

Bestandteil der Risikoüberwachung ist auch das Interne Kontrollsystem (IKS). Ein gut ausgestaltetes IKS überlagert wie das Risikomanagement selbst alle Strukturen und Abläufe eines Unternehmens.

Ein wirkungsvolles IKS kann insbesondere sicherstellen, dass Arbeitsabläufe für ihren Zweck geeignet, wirksam, leistungsfähig und sicher sind. Der institutionalisierte Soll-Ist-Vergleich, z.B. bei der Weitergabe eines Produkts von einem Mitarbeiter im Rahmen des Produktionsprozesses an den nächsten, kann zu schnellerem Erkennen von Risiken und zu mehr Prozesssicherheit führen. Ferner unterstützt das IKS die zeitnahe und korrekte Auswertung des Rechnungswesens und damit die zuverlässige Information über Lage und Entwicklung des Unternehmens.

Einen bedeutenden Beitrag zur Risikoüberwachung leistet die Risikomanagement-Funktion, deren Aufgabe als Unterstützungsfunktion darin besteht, die jeweiligen Risikoverantwortlichen durch eine entsprechende Berichterstattung auf etwaigen Handlungsbedarf aufmerksam zu machen.

Der späteste Ansatzpunkt eines Risikofrüherkennungssystems beginnt bereits bei den Jahresabschlüssen, z.B. bei der Identifikation von Marktanteilsverlusten und Umsatzrückgängen oder beispielsweise in der Informationstechnologie bei der Identifikation von möglichen Eindringversuchen (Intrusion-Detection-Systeme) in das Unternehmensnetzwerk (WAN/LAN) bzw. interne, sensitive Datenzugriffsbereiche oder sich häufende Produktions-/Systemausfälle.

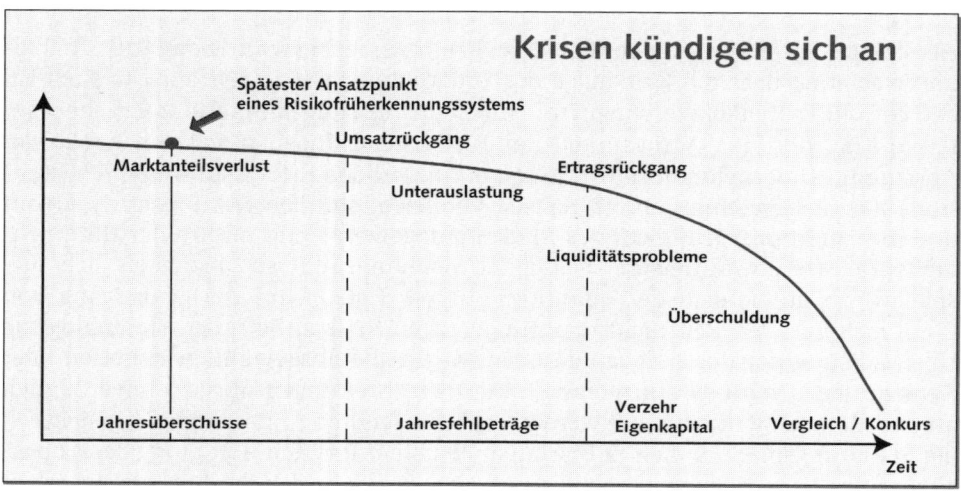

Abb. 15: Krisen kündigen sich an

6 Wie Sie Ihre Chancen und Risiken optimieren können

6.1 Unternehmertum ohne Risiko ist undenkbar

Allgemein gilt folgender Grundsatz des Risikomanagements: Das Risikodeckungspotenzial eines Unternehmens, also primär das Eigenkapital, sollte dem vorhandenen, selbst zu tragenden Risikoumfang entsprechen.

Nicht die Minimierung der Risikopositionen, sondern die Optimierung des Chancen-Risiko-Profils ist somit anzustreben, weil Unternehmertum ohne Risiko undenkbar ist.

Risiken, die aufgrund ihres Schadensausmaßes sowie ihrer Eintrittswahrscheinlichkeit als gering einzustufen sind, kann das Unternehmen akzeptieren.

Mittlere Risiken, bei denen die Kosten möglicher Steuerungsmaßnahmen zu hoch sind, sollten ebenfalls akzeptiert werden. Bei dieser Strategiealternative bleibt allerdings zu berücksichtigen, das auch und gerade Risiken, die als Ergebnis der Risikosteuerung bewusst akzeptiert werden, in der Folge einer kontinuierlichen Beobachtung unterzogen werden müssen. So können etwaige Änderungen rechtzeitig berücksichtigt werden.

Risiken, die insgesamt in Relation zu Art und Umfang der Geschäftstätigkeit sowie der Risikotragfähigkeit des Unternehmens als hoch eingestuft werden, d.h. die im Falle ihres Eintretens möglicherweise sogar den Bestand des Unternehmens gefährden, und bei denen eine Verringerung oder Überwälzung durch Risikosteuerung nur begrenzt – oder gar nicht – möglich ist, können entweder vermieden oder vermindert bzw. übertragen werden. Dies kann beispielsweise zur Ablehnung von Aufträgen oder gar zum Ausstieg aus Projekten oder – im Extremfall – zur Schließung ganzer Geschäftsbereiche führen. Dies betrifft z.B. Produktionsverfahren, die sich aufgrund neuer Erkenntnisse als umwelt- und gesundheitsgefährdend herausstellen und bei denen eine Anpassung nicht oder nur zu unwirtschaftlichen Bedingungen möglich wäre. Die für die jeweiligen Unternehmensbereiche bzw. -prozesse verantwortlichen Entscheidungsträger können durch die Festlegung von Kriterien oder Schwellenwerten, die sich auf Erfahrungswerte stützen, für derartige Transaktionen sensibilisiert werden.

Risiken, die als Ergebnis der Risikoanalyse einer mittleren Risikokategorie zuzuordnen sind, erfordern Einzelfallentscheidungen hinsichtlich ihrer Steuerungswürdigkeit. In diese Risikokategorie fallen diejenigen Risiken, die entweder ein hohes Schadenpotenzial bei geringer Eintrittswahrscheinlichkeit haben (z.B. Brände, Überschwemmungen, Erdbeben, Systemausfälle im IT-Bereich) oder – bei geringem Schadenpotenzial – eine hohe Eintrittswahrscheinlichkeit (z.B. Schwund bei Massenproduktion oder im Groß- und Einzelhandel). Auch solche Risiken, die sowohl hinsichtlich des möglichen Schadens als auch hinsichtlich der Eintrittswahrscheinlichkeit einer mittleren Kategorie zuzuordnen sind, gehören dazu.

Welche Steuerungsstrategie auf ein bestimmtes Risiko anwendbar ist, muss ebenfalls individuell entschieden werden und bedarf einer näheren Klassifizierung des betreffenden Einzelrisikos im Rahmen der Risikoanalyse.

Das Instrumentarium zur Verringerung bzw. Überwälzung von Risiken reicht vom Einsatz derivativer Finanzinstrumente (Marktpreisrisiken) über die klassische Versicherung von Risiken (Kreditrisiken, Haftungsrisiken, Frachtrisiken, Brände etc.) bis hin zu strategischen Diversifikations-, Partnering- oder Sourcing-Überlegungen (»Global Sourcing«). Über die Angemessenheit der zu veranlassenden Maßnahmen muss im Einzelfall jeweils unter wirtschaftlichen und operationellen Gesichtspunkten entschieden werden.

Weiterhin ist darauf zu achten, dass die eingesetzten Instrumente von den Risikoverantwortlichen auch verstanden werden und durch das vorhandene (Risiko-) Berichts- und Kontrollwesen angemessen erfasst und überwacht werden können. Denn mit dem Einsatz der angesprochenen Instrumente zur Risikominderung oder -übertragung entstehen möglicherweise neue Risikopotenziale. Ihre Auswirkungen auf die Gesamtrisikoposition des Unternehmens gilt es ebenfalls sorgfältig zu überwachen (z.B. beim Einsatz von derivativen Finanzinstrumenten).

7   Zusammenfassung

Risiken sind Teil jedes unternehmerischen Handelns. Chancen und Risiken bedingen einander, d.h. jede Chance beinhaltet auch Risiken, mit denen es richtig umzugehen gilt. Risiken treten jedoch nicht einfach so auf, sondern sind vielfach durch menschliches Fehlverhalten und nicht frühzeitige Erkennung der Risikosituation bedingt. Fordern die Shareholder eine Steigerung des Unternehmens- bzw. Aktienwertes, so soll das Unternehmen diese Wertsteigerung sicher erreichen, d.h. Chancen wahrnehmen, Gewinn steigern, aber gleichzeitig mit den heutigen und vor allem den zukünftigen Unternehmensrisiken richtig umgehen.

Die Integration des Risk-Management-Cycle in die Geschäftsprozesse leistet deshalb einen wesentlichen Beitrag zur Sicherung der Unternehmenswerte. Durch einen wirkungsvollen Risikomanagement-Prozess kann das *Unternehmensrisiko als zusätzliche Steuerungsgröße operationalisiert und aktiv gestaltet* werden. Er ermöglicht der Unternehmensleitung, durch die gezielte Beeinflussung von Risiken ein Risikoprofil sicherzustellen, das der eigenen Risikoneigung sowie den Risiko-Rendite-Erwartungen der Anteilseigner entspricht.

Zur erfolgreichen Umsetzung kommt es darauf an, Risikomanagement als einen *kontinuierlichen Prozess* im Unternehmen zu etablieren und *in die wesentlichen Unternehmensprozesse zu integrieren* Häufig sind gerade ineffektive Unternehmensprozesse oder Schnittstellenprobleme die Ursache von Risiken. Aufgabe des Risikomanagements ist daher, Risiken bereits in den Prozessen, d.h. am Ort ihres Entstehens, zu erfassen und zu beeinflussen.

Zur Einführung eines prozessorientierten operationalen Risikomanagements sind Methoden zu definieren, welche den Prozess-Ownern erlauben, im Rahmen ihrer Verantwortungsbereiche:

- Risiken zu identifizieren,
- Risiken systematisch qualitativ und quantitativ zu beurteilen und
- Chancen und Gefahren zu erkennen und daraus die notwendigen Risikosteuerungsmaßnahmen abzuleiten.

Die strukturierte Erfassung aller Unternehmensrisiken kann in einer Risk-Map dargestellt werden. Ein Security & Risk-Management-Audit, Risk-Self-Assessments, Risk-Brainstormings oder Risk-Assessment-Workshops helfen, die Risiken objektiv und aus unternehmerischer Sicht zu beurteilen. Ganz wichtig dabei ist, dass die Risiken nie subjektiv beurteilt werden sollten, weil die Unternehmen immer dynamischer werden und somit Personalwechsel sich häufen.

Im Rahmen der Risikoidentifizierung und -beurteilung sind die künftigen Risiken ebenfalls zu beurteilen. Moderierte und prospektive Risk-Assessment-

Workshops eignen sich sehr gut, um möglichst in interdisziplinärer Teamarbeit objektive Resultate zu erhalten. Im Gegensatz zu einem Security & Risk-Management-Audit führt der aktive Risikodialog in der Regel zu einer Verhaltensänderung.

Die im Rahmen der Risikosteuerung umzusetzenden Risikobewältigungsmaßnahmen sollten zielgruppengerecht in folgende Fachbereiche strukturiert werden.

Die Maßnahmendetaillierung bzw. Umsetzung sollte stets in den entsprechenden Fachbereichen unter Einhaltung von dokumentierten, unternehmensweiten Rahmenbedingungen erfolgen (Motivation und Akzeptanz).

Zur Koordination und Risikosteuerung wird neben den erwähnten Fachbereichen eine Kommunikationsplattform »Risk-Management-Steuerungsausschuss« benötigt, welcher im Rahmen von regelmäßigen Meetings über den Fortschritt der Maßnahmenumsetzung durch die Fachbereiche informiert wird.

Das Risk-Reporting bzw. Risikocontrolling hilft dem Steuerungsausschuss, den Fortschritt der Maßnahmenumsetzung zu dokumentierten und gegebenenfalls auf neue oder künftig entstehende Risiken (prospektives Risk-Management) hinzuweisen.

Unternehmen, welche den Umgang mit Risiken richtig handhaben, werden auch künftig die Nase vorn haben.

Finanzdesaster im Banking – Operationelle Risiken, wo die Theorie versagt!

Alan Peachey*

---

*   Alan Peachey war von 1960 bis August 1999 bei Barclays Bank PLC, London, beschäftigt, und zum
    Schluss für die Verhinderung Operationeller Risiken im Handelsbereich verantwortlich. Auch im
    Ruhestand beschäftigt er sich weiterhin mit diesem Thema.

1 Einführung

Einige Industrie-Insider in Deutschland behaupten, dass »bislang das Operationelle Risiko in Banken und Sparkassen in Deutschland kaum Beachtung fand«.

Natürlich kann ich nur aus meiner eigenen Erfahrung sprechen, doch haben die englischen Großbanken (und da bin ich sicher, auch Großbanken weltweit) immer dafür Sorge getragen, dass Operationelle Risiken (Operational Risk) erkannt und kontrolliert wurden. Die Banken haben immer ihre ausführlichen Betriebsanweisungen und darüber hinaus entsprechende Systeme gehabt, um regelmäßige Kontrollen durchzuführen, deren Zweck es war zu prüfen, ob die Betriebsanweisungen vom Personal eingehalten wurden.

Ab und an kam zusätzlich ein Rundschreiben von der Zentrale, das damit begann: »Nach einem kürzlichen Zwischenfall in einer unserer Filialen sind in Zukunft folgende neue Regeln zu beachten....«, und dann wusste man schon, dass irgendwo irgendwas schief gelaufen war. Prinzipiell wurde alles durch das so genannte »Vieraugenprinzip« kontrolliert. Theoretisch eine wunderbare Idee, aber leider mit einem grundlegenden Fehler ausgestattet. Was passiert, wenn die vier Augen zusammenarbeiten, um die Bank zu betrügen? Bestimmt passiert so etwas recht selten, aber ab und an hörte man solche Geschichten. Ein Beispiel: Im November 1998 musste die ABN-AMRO einen Verlust von HFL 178 Millionen bekannt geben. Der Verlust war in der Amsterdamer Filiale, die sich auf die Gebräuche internationaler Diamantenhändler spezialisiert hatte, entstanden. Angeblich hatte das Personal der Filiale über Jahre hinweg ein Schattenbuchhaltungssystem entwickelt, wodurch es eine bedeutende Anzahl der 600-800 Kundenkonten anzapfen konnte. Unter anderem wurden gefälschte Diamanten unter den Edelsteinen, die die ahnungslosen Kunden zur Aufbewahrung hinterlegt hatten, entdeckt.

Darüber hinaus gab es das System der so genannten »Snap Checks«, d.h. unerwartete Abstimmungen von Kasse, Zwischenkonten, offenen Positionen usw. Dieses wurde von Mitarbeitern durchgeführt, die mit den täglichen Hergängen auf den betreffenden Konten usw. gar nichts zu tun hatten. Damit sollte geprüft werden, ob die ausgewiesenen Bilanzen der Wahrheit entsprachen. Diese »Snap Checks« wurden entweder zweimal im Monat, einmal in Monat, einmal im Quartal, einmal in sechs Monaten oder nur einmal im Jahr durchgeführt, je nach Wichtigkeit der verschiedenen Konten. Zum Beispiel wurden die Kassen zweimal im Monat geprüft, doch der Bestand an Scheckheften, welcher – dem Vieraugenprinzip folgend – im Tresor unter Verschluss war, nur einmal im Vierteljahr. Im Laufe der Jahre haben sich einige Snap Checks als überholt erwiesen. Beispielsweise dadurch, dass Scheckhefte nicht mehr in den Filialen aufbewahrt werden, sondern nach Bedarf zentral gedruckt und dem Kunden direkt zugesandt werden. Der Grundgedanke blieb aber erhalten.

Leider ist das System von »Snap Checks« auch nicht wasserdicht, und es hat im Laufe der Jahre verschiedene Beispiele gegeben, wo Personal mit Überwachungsfunktionen (aber nicht im Management – im Gegensatz zum Beispiel der Giro-Credit Bank – siehe unten) ihre Arbeitgeber betrogen haben. Im März 1997 zum Beispiel musste Credit Lyonnais in Belgien einen Verlust von BEF 3.5 Milliarden

(95 Millionen Euro) in ihrer Filiale in Gent bekannt geben, der durch Betrug verursacht wurde. Wie es sehr oft der Fall ist, wurde die Veruntreuung von einer »Dame« (die 30 Jahre lang in der Bank beschäftigt war) durchgeführt. Angeblich hatte sie Beträge aus Devisen- und Treasury-Geschäften abgezapft, doch konnte der größte Teil der veruntreuten Gelder wieder zurückgeholt werden. Durch ihre langjährigen Erfahrungen bei der Bank und ihre Hilfsbereitschaft ihren Mitarbeitern gegenüber war die Dame sehr geschätzt, und kein Mensch hatte je an ihren guten Absichten gezweifelt. Dieses Vertrauen hatte ihr ermöglicht, falsche Buchungen durchzuführen, ohne dass die von ihr angefertigten Belege von Mitarbeitern richtig geprüft wurden, wie es bestimmt die Arbeitsanweisungen verlangten. Keine Bank kann von dieser Art Betrug verschont bleiben, obwohl solche Fälle womöglich verheimlicht werden, um der betroffenen Bank eine Blamage in der Öffentlichkeit zu ersparen. Nur ein regelmäßiger Arbeitsplatzwechsel kann solche Fälle vermeiden. Siehe auch das Beispiel der Deutschen Bank, New York (siehe Abschnitt 3.2).

Zusätzlich kamen etwa alle 18 Monate die Revisoren aus der Zentrale, um noch einmal alles gründlich zu prüfen, einschließlich der vergebenen Kredite, und um sich zu vergewissern, dass alles innerhalb der erlaubten Grenzen verlief und die Kredite ordnungsgemäß gesichert waren. Die Bilanz der betroffenen Filiale wurde sorgfältig geprüft und jedes kleine Konto gegenüber dem Hauptkonto abgestimmt. Aber auch die gewissenhafteste Durchführung einer Prüfung kann nicht dafür garantieren, dass kein Betrug durchgeführt wurde – z.B. Giro-Credit Bank (siehe Abschnitt 3.2).

Gewiss, es ging in der damaligen Welt viel einfacher zu als heutzutage, aber trotzdem meine ich, dass die Funktionen, die wir tagtäglich ausübten, nichts weiter als die Kontrolle von »Operational Risk« darstellten. Also, meiner Meinung nach, ist Operational Risk gar nichts Neues. Kontrollen von Operational Risk wurden von gut geführten Banken (einschließlich der deutschen Banken) immer regelmäßig durchgeführt. Um Operationelles Risiko zu vermeiden, kann man die Hauptkontrollfunktionen des Managements wie folgt definieren:

1. Dafür Sorge zu tragen, dass alle Sparten des Geschäfts durch angemessene Kontrollen geregelt sind.
2. Dafür Sorge zu tragen, dass angemessene und ausreichende Mittel eingesetzt werden, um die Entwicklung der Kontrollstandards an die selbst gesetzten hohen Ansprüche und Erwartungen des jeweiligen Finanzinstituts anzupassen.
3. Sich zu überzeugen, dass angemessene Systeme und Arbeitsvorgänge vorhanden sind, um zu gewährleisten, dass wesentliche Abweichungen von internen Kontrollen oder Compliance-Richtlinien erkannt und unverzüglich berichtigt werden.

2 Operationelles Risiko nach Peachey

2.1 Definition

Meine eigene Definition des »wahren« Operational Risk lautet nun etwas anders als die konventionelle Definition. Für mich ist das wahre Operational Risk etwas, was zuschlägt, wenn man es überhaupt nicht erwartet hat und wogegen man keine Vorkehrungen treffen kann. Oft werden solche Fälle zum Beispiel durch das Wetter, Gerichtsentscheidungen oder gar Terroranschläge hervorgerufen, aber nicht immer.

Eine typisches Beispiel für diese Definition von Operational Risk ereignete sich im Norden Englands im Februar 2001. Ein Land Rover mit kleinem Anhänger, der mit einem Auto beladen war, war frühmorgens gegen 6.12 Uhr (als es noch dunkel war) ein paar Meter vor der schützenden Leitplanke von einer Autobahn abgekommen, den Autobahndamm hinuntergestürzt und landete mit der Motorhaube auf einer der Haupteisenbahnstrecken von London nach Schottland (der so genannten East Coast Main Line). Kaum war der Fahrer aus seinem Auto ausgestiegen, kam ein Schnellzug in Richtung Süden mit einem Tempo von 200 Stundenkilometern, traf das Auto und entgleiste. In diesem Augenblick kam aus der anderen Richtung ein 1600 Tonnen schwerer Güterzug mit etwa 80 Stundenkilometern und rammte den schon entgleisten Schnellzug. Durch dieses fürchterliche Unglück gab es leider 13 Tote. Die Gesamtschadenssumme wurde auf etwa 30 Millionen Euro taxiert und musste natürlich von der Versicherung des Autofahrers bezahlt werden. Man könnte meinen, dass gerade für solche Fälle Versicherungsgesellschaften zur Verfügung stehen. Dieses Argument stimmt nicht ganz. Zwar gibt es Versicherer, wie zum Beispiel Lloyds of London, die sich auf Katastrophen spezialisieren (Erdölplattformen, Flugzeuge etc.), aber in diesem Fall war der Autofahrer bei einer gewöhnlichen Versicherungsgesellschaft versichert, unter Umständen bei einer, die sich ausschließlich auf Autoversicherung spezialisiert. In England rechnet man, dass ein gewöhnlicher Autounfall mit ein oder zwei Toten etwa 1,5 Millionen Euro kostet, und es ist anzunehmen, dass die Prämien entsprechend berechnet werden. In obigem Fall kann man sagen, dass das Operational Risk die Versicherungsgesellschaft etwa 28,5 Millionen Euro gekostet hat!

Eine anderes Beispiel ereignete sich im Juli 1999. Durch einen schweren Hagelsturm in Belgien wurden 19000 nagelneue Autos der Marke Honda mit einem Gesamtwert von etwa 300 Millionen Euro stark beschädigt. Angeblich stellten die beschädigten Autos den Lieferbestand eines Monats für ganz Europa dar. Von dem Sachschaden ganz abgesehen, war auch der Ruf von Honda geschädigt. Denn mit einem Schlag war die Firma nicht mehr in der Lage, ihre Lieferversprechen an die Kundschaft einzuhalten.

2.2   Beispiele Operationeller Risiken gemäß obiger Definition

Es folgen weitere Beispiele von Banken, die Verluste gemäß meiner Definition von Operational Risk erlitten haben. Ich darf den Leser kurz an meine Definition erinnern: Das wahre Operational Risk überfällt eine Bank plötzlich und unerwartet. Dazu folgende Beispiele:

Barings, Singapur
Die Geschichte von Herrn Leeson und seinem Zwischenkonto ist sehr bekannt, und sie wird etwas später in diesem Kapital noch einmal erwähnt. Der tatsächliche Auslöser für diese Katastrophe war jedoch das Erdbeben von Kobe in Japan einige Tage vorher. Das Erdbeben verursachte einen Kurssturz an der Börse in Tokio, und damit fiel das Kartenhaus Leesons zusammen.

Hammersmith & Fulham
Die Zinsswap-Geschichte von Hammersmith & Fulham (1988) fällt auch unter meine Definition, was die beteiligten Banken betrifft. Die Banken hatten Zinsswaps mit insgesamt 78 Local Authorities (Gemeindeverwaltungen) im Vereinigten Königreich durchgeführt und die Verträge waren von Rechtsanwälten kontinuierlich überarbeitet worden. Aber, wie es so oft der Fall ist, beschwerte sich Hammersmith & Fulham, als sie die Höhe ihrer Verluste feststellten, und ging mit mehr oder weniger der Begründung vor Gericht, dass die Sache völlig unfair sei! Natürlich haben die Banken ihre Geschäfte verteidigt, aber nach etwa 18-monatigen Gerichtsverhandlungen entschied das House of Lords (das englische Gegenstück zum Bundesgerichtshof), dass alle Zinsswaps, die bisher mit Local Authorities abgeschlossen waren, »ultra vires« seien seitens der Local Authorities und damit illegal. Sämtliche Zinsswaps zwischen Banken und Local Authorities (und einige hunderte von Geschäften liefen gerade noch) mussten für ungültig erklärt und rückgängig gemacht werden, so als ob die Geschäfte überhaupt nicht existiert hätten. Einige Local Authorities mussten Beträge an die Banken zurückerstatten. Dennoch waren die Banken die Leidtragenden, denn sie waren der Meinung, die Geschäfte ordnungsgemäß abgeschlossen zu haben. So hat zum Beispiel BZW, die Investment Bank, die der Barclays Bank Gruppe gehörte, etwa GBP 36 Millionen auf diese Art und Weise veloren.

Lloyds Bank
Bekanntlich ist eine Hauptaufgabe von Banken die Gewährung von Krediten, unter anderem auch die Gewährung von Hypotheken, um den Kauf von Immobilien zu ermöglichen. Lloyds Bank lieh zwei jungen Leuten für eine Immobilienspekulation GBP 150.000. Das Paar wollte ein renovierungsbedürftiges Haus kaufen, schön aufarbeiten und dann mit einem entsprechenden Gewinn wieder verkaufen. In der Zwischenzeit fielen jedoch die Hauspreise (wie es in England ab und zu mal der Fall ist), das Paar erlitt bei einem Zwangsverkauf einen Verlust und war nicht mehr in der Lage, den Kredit zurückzuzahlen. Daraufhin ging Lloyds Bank gegen das Paar gerichtlich vor, um den fehlenden Betrag zurückzubekommen, aber das Paar schrie »unfair, unfair« und leitete eine Gegenklage

gegen die Bank ein mit der Begründung, es sei »falsch beraten worden«. Der Manager »hätte wissen müssen, dass solche Spekulationen zu Verlusten führen können«. Erstaunlicherweise bekam das Paar Recht und die arme Lloyds Bank musste einen Schadensersatzbetrag in Höhe von GBP 77 529 zahlen.

United States of America gegen Fleet Factors Corporation
Dieser Gerichtsfall im Jahre 1990 klärte, wie der »American Comprehensive Environmental Response, Compensation and Liability Act 1980 (CERCLA)« zu interpretieren ist. Nach diesem Gesetz kann ein Kreditgeber (d. h. eine Bank) haftbar gemacht werden für Umweltschäden, die von einem Kreditnehmer verursacht wurden, wenn der Kreditgeber in der Lage ist, Einfluss auf die Geschäftsentscheidungen der Kreditnehmer auszuüben (z. B. durch die Verleihung von Geld). Eine Bank im amerikanischen Bundesstaat Montana hatte einen Kredit in Höhe von USD 27 500 gewährt, wurde aber in diesem Zusammenhang haftbar gemacht für Aufräumarbeiten und Reinigungskosten in Höhe von USD 5 Millionen. Eine andere Bank, die gegen ein jährliches Honorar von nur USD 80 (achtzig Dollar) lediglich als Treuhänder fungierte, wurde für Bodenreinigungskosten in Höhe von USD 80 Millionen durch die Gerichte gejagt. Diese Fälle sind exzellente Beispiele meiner Definition von Operational Risk.

London Stock Exchange
Aus historischen Gründen geht das »Steuerjahr« in England am 5. April zu Ende. Gewöhnlich sind die Banken und Broker an diesem Tag äußerst beschäftigt, da die Anleger aus steuerlichen Gründen versuchen, ihre Verluste und Gewinne zu realisieren. Gerade an diesem Tag im Jahre 2000 brach das Computersystem der London Stock Exchange zusammen, und zwar früh morgens um 5.00 Uhr. Nachmittags, um 15.45 Uhr lief das System wieder, aber in der Zwischenzeit konnten keine Geschäfte durchgeführt werden. Normalerweise geht der Handelstag an der Londoner Börse um 16.00 Uhr zu Ende, aber ausnahmsweise blieb die Börse an diesem Tag bis abends um 20.00 Uhr geöffnet, um die so entstandene große Nachfrage bewältigen zu können.

　Auf Grund dieser Ereignisse könnte man meinen, dass die London Stock Exchange über kein Back-up-System verfügt, aber in der Tat verfügt die Börse über zwei Computer, die parallel laufen, und auch etwa 200 IT-Mitarbeiter, die schichtweise rund um die Uhr arbeiten. Was war in diesem Fall passiert? Normalerweise laufen die beiden Systeme Programm A und Programm B hintereinander, aber an diesem Tag ist etwas schief gelaufen und bevor Programm A seinen Lauf beendet hatte, startete Programm B. Dadurch gingen Daten verloren und auf den Bildschirmen der Marktbeteiligten erschienen falsche Preise. Da das Back-up-System sich auf die oben genannten Daten verließ, hatte es keinen Sinn, das Back-up-System anzuschalten und man entschied sich daher, die Börse geschlossen zu halten.

Dubai Islamic Bank
Im August 1998 ist es einem Schwindler aus Gambia (Westafrika) gelungen, der Dubai Islamic Bank etwa GBP 150 Millionen zu entlocken. Angeblich hatte er

durch Hexerei das Personal der Bank überreden können, ihm das Geld auszu-
händigen, beteuerten später der betroffene Direktor und der Prokurist bei ihrer
Vernehmung.

Zwei Jahre später, im Juli 2000, versuchte die Dubai Islamic Bank, die Schuld
auf die Citibank, New York, zu schieben und verlangte Schadenersatz. Grund
dafür war, dass der Täter namens Foutanga Dit Babbani Sissiko, eine Mitarbeite-
rin der Citibank geheiratet und wenigstens einen Teil des Geldes durch ihr Konto
geleitet hatte. Es hieß, dass er die Dame (die er beim Zählen seines Geldes kennen gelernt hatte), nur geheiratet hatte, um seinen Betrug zu ermöglichen. Die
Dubai Islamic Bank behauptete, dass die Citibank die etwas eigenartige Ehe hätte
durchschauen und daher die illegalen Transaktionen über das Konto ihrer Mitar-
beiterin viel eher erkennen müssen!

Wie die Gerichtsverhandlungen ausgegangen sind, weiß ich leider nicht, aber
meines Erachtens ist der Fall wieder ein Beispiel von Operational Risk, diesmal
von Seiten der Citibank!

World Trade Center
Der Anschlag durch Terroristen auf das World Trade Center in New York am
11. September 2001 stellt ein klassisches Beispiel meiner Definition von Opera-
tional Risk dar. Sogar in den schlimmsten Alpträumen Hollywoods ist so etwas
niemals vorgekommen. Über Jahre hinweg haben englische und amerikanische
Großbanken Notfallpläne für gerade einen solchen Fall entwickelt (so genannte
»Contingency Plans«), um bei Katastrophen dieser Art weiterarbeiten zu können.
In der Regel sehen solche Pläne den Umzug in ein anderes Bürogebäude vor, das
bereits mit Tischen, Telefonen und Computeranschlüssen versehen ist, damit eine
Notmannschaft die täglichen Geschäftsvorgänge des Betriebes fortsetzen kann.
Aber nicht einmal diese hoch entwickelten Pläne hätten es ermöglicht, eine Situ-
ation, in der etwa 650 Firmen und Banken zur gleichen Zeit Ersatzbüroräume
benötigten, unter Kontrolle zu bringen. Insbesondere hatte kein Notfallplan eine
Situation vorgesehen, in der praktisch sämtliche Telefonleitungen über einen
Großteil der Stadt hinweg vernichtet worden waren, und in der viele Firmen den
kostbarsten Teil ihres Kapital verloren hatten – nämlich ihre Mitarbeiter.

Ein gutes Beispiel dafür, wie Firmen von der World-Trade-Center-Katastro-
phe betroffen wurden, zeigt der Fall Merrill Lynch. Die ursprünglich vorgesehe-
nen Ersatzräumlichkeiten konnten nicht bezogen werden, da diese zu nahe am
World Trade Center lagen, nämlich in der 222 Broadway, gleich um die Ecke.
Der Bereich des Aktienhandels von Merrill Lynch musste daher im Hauptsitz der
Firma Herzog Heine Geduld unterkommen, dem drittgrößten Market-Maker in
Nasdaq-Aktien, den sich Merrill Lynch im Jahre 2000 einverleibt hatte. Andere
Abteilungen von Merrill Lynch mussten in Jersey City, Midtown Manhattan und
Princeton, New Jersey, untergebracht werden. Der Devisenhandel wurde gleich
zu Merrill Lynch, London, verlagert – allerdings nicht ohne Schwierigkeiten. Wie
auch andere Banken feststellen mussten, so fand auch Merrill Lynch heraus, dass
man in einem solchen Fall nicht so einfach in das vorgesehene Ersatzbüro umzie-
hen kann, um weiterzuarbeiten. Trotz der vielen Millionen von Dollar, die für
Ersatzbüros und Computersysteme ausgegeben werden, sind Banken noch immer

abhängig von Papierakten und Computeraufzeichnungen. Einige Tage nach dem Anschlag musste Merrill Lynch sogar Mitarbeiter kurzfristig zu den verlassenen Büros zurückschicken (unter Begleitung der National Guard!), um wichtige Unterlagen und Aufzeichnungen zu besorgen.

Soweit die Beispiele, die meine eigene Definition von Operational Risk untermauern. Nun folgen Beispiele, die unter die konventionelle Definition von Operational Risk fallen.

3   Das »normale« Operationelle Risiko

3.1   Definition

Für mich ist Operational Risk überhaupt keine »Rocket Science«, die durch Regeln und Formeln geprägt wird, sondern ganz einfach die Vermeidung von Verlusten durch die rigorose und regelmäßige Durchführung von Management-Controls, wie ich das am Anfang dieses Kapitels dargestellt habe. Als Manager, Revisor oder Wirtschaftsprüfer darf man nicht davor zurückschrecken, dem Anschein nach dumme Fragen zu stellen. Man wird sich wohl an den kleinen Junge erinnern können, der ganz laut feststellte: »Aber Mutti, der Kaiser hat doch gar keine Kleider an!«

Natürlich verfügen wir alle über eine akademische Fachausbildung in Nachsicht und wissen sehr wohl, wie leicht es ist, nach einer Katastrophe Kritik zu üben. Ich finde, man muss sich selbst fragen, wie man reagiert hätte, wenn man an Ort und Stelle gewesen wäre. Dennoch bin ich der Meinung, dass fast alle folgende Fälle hätten vermieden werden können, wenn die Betriebsleitung (Management) oder die Aufsichtsbehörden die Arbeitsabläufe besser (oder überhaupt!) kontrolliert hätten. Man muss wieder betonen, dass gut geführte Banken zum großen Teil von dieser Art Katastrophen verschont geblieben sind, obwohl sie sich alle die Finger an der Russischen Krise und dem Long-Term-Capital-Management-Debakel schwer verbrannt haben.

3.2   Beispiele »normaler« Operationeller Risiken

Über die Jahre hinweg hat es am laufenden Band Beispiele gegeben, aber um aktuell zu bleiben, habe ich hauptsächlich Beispiele aus den letzten zehn Jahren gewählt, die chronologisch geordnet sind.

Multitone Electronics
Das englische mittelständische Unternehmen Multitone Electronics hatte im März 1991 einen Verlust von GBP 284 000 (ca. Euro 425 000) zu verzeichnen. Sie hatte ein DM-Devisentermingeschäft mit der Midland Bank abgeschlossen, wodurch die Bank im Auftrag des Kunden DM gekauft hatte. Der Kunde aber

wollte DM verkaufen. Die Bank hatte Bestätigungen an den Kunden geschickt, aber offensichlich hat der Finanzdirektor des Kunden den Fehler übersehen, und die Kopie wurde unterzeichnet und unverzüglich an die Bank zurückgeschickt. Einige Tage später ist der Finanzdirektor bei einem Verkehrsunfall ums Leben gekommen! Ein Beispiel der Notwendigkeit, dass Bestätigungen sorgfältig geprüft werden müssen. Siehe auch das noch folgende Beispiel der Barclays Bank vom Juni 1993.

Bank of Credit & Commerce International – BCCI (Juli 1991)

Dies ist wieder ein sehr bekannter Fall gewesen, und es ist nicht erforderlich, die Einzelheiten zu wiederholen. Dennoch gibt es einige Punkte, die bemerkenswert sind.

1. Die Großbanken haben bei dem Debakel kaum Geld verloren. Warum? Aus dem einfachen Grund, weil sie im Laufe der Jahre der Bank gegenüber misstrauisch geworden waren. So hatte beispielsweise die Barclays Bank mit BCCI keine Geschäfte gemacht, da diese anscheinend nicht in der Lage war, eine richtige Bilanz vorzulegen. Schon 1978 wurde BCCI die »Cowboy bank from the Middle East« im Bankgewerbe genannt.
2. Bereits im Januar 1990 mussten fünf Angestellte vor dem Gericht in Tampa (Florida) wegen Money-Laundering antreten und die Bank musste ein Bußgeld von USD 14.8 Millionen bezahlen.
3. Im Juni 1990 wurde bekannt, dass die Bank beabsichtigte, ein Drittel ihres UK-Filialnetzes zu schließen, nachdem die Bank im Jahre 1989 Verluste von USD 500 Millionen zu verzeichnen hatte. Man kann davon ausgehen, dass die Bank of England schon seit Jahren der Bank gegenüber misstrauisch geworden war, denn schon 1978 wurde der BCCI verboten, neue Filialen in Großbritannien zu eröffnen.
4. Mit ihrer Zentrale in Luxembourg und weit verstreuten Filialen und Tochtergesellschaften war die Bank ein klassisches Beispiel für Undurchsichtigkeit.
5. Wie die meisten Länder besitzt Großbritannien einen Einlagensicherungsfond. Zur Zeit der BCCI-Affäre wurde bei Bankenzusammenbrüchen 75% der Kundenbilanz bis zur maximal GBP 15000 (d.h. bis zu Bilanzen von maximal GBP 20000) von der Bank of England ausgezahlt. Im Falle von BCCI wurde diese Tatsache mehrmals in der Presse veröffentlicht, aber erstaunlicherweise forderten nur wenige Kunden ihr Recht, sodass man sich in England wunderte, was für eine Kundschaft die Bank wohl hatte.

Fazit: Wenn eine Bank anrüchig wird, ist es ratsam, dass man sich von ihr fernhält!

Western Isles District Council (Juli 1991)

Western Isles District Council liegt sehr weit von London entfernt. Es ist der Name der Gemeindeverwaltung der Hebriden, der Inselkette, die westlich der Nordwestküste Schottlands liegt. Beim Zusammenbruch von BCCI hatte sie GBP 23 Millionen verloren.

Banker in London waren zu dem Zeitpunkt ziemlich verblüfft, dass diese Gemeindeverwaltung so viel Geld in BCCI investiert hatte. Der Grund stellte sich schnell heraus.

In Großbritannien gibt es verschiedene Geldmärkte für kurzfristige Pfundanlagen, z. B. den Interbank-Markt sowie den Local-Authority-Markt. Genau wie auf dem Interbank-Markt werden auf dem Local-Authority-Markt von den verschiedenen Local-Authorities (also Gemeinden) Geldanlagen untereinander aufgenommen und platziert. Der Western Isles District Council hatte festgestellt, dass er 0.25% mehr für seine Anlagen bei der BCCI bekam als bei den übrigen Banken, und dachte, hier sei eine sichere Methode, einen Gewinn zu machen und so eventuell die Gemeindesteuer (Community Charge) senken zu können. Der Western Isles District Council hatte also heimlich als Broker fungiert und von anderen Local-Authorities Geldanlagen aufgenommen, um sie anschließend bei der BCCI zu platzieren, um zusätzlich 0.25% zu verdienen. Von den GBP 23 Millionen, die er verloren hatte, gehörten GBP 16.5 Millionen anderen Local-Authorities! Wieder ein erstklassiges Beispiel für den alten Spruch: »Je größer der Gewinn, umso größer das Risiko.«

Es stellte sich später heraus, dass der Treasurer des Western Isles District Council von seinem eigenen internen Revisor (District Auditor) wegen des »Brokinggeschäft« gewarnt worden war, aber die Warnung wurde einfach ignoriert. Andere Local-Authorities haben bei BCCI auch Geld verloren, aber nicht in dem Maße wie der Western Isles District Council. Insgesamt sollen weitere 34 Local-Authorities etwa GBP 42 Millionen verloren haben.

Barclays Bank

Was Systeme und Kontrollen anbetrifft, ist die Barclays Bank eine der best geführten Banken der Welt. Aber sogar Homer nickte ab und zu ein, und im Juni 1993 passierte es, dass ein Händler aus Versehen zwei (anstatt einen) Händlerzettel für das gleiche Geschäft ausstellte. Der Kontrahent dafür war die Canadian Imperial Bank of Commerce (CIBC) New York. Das Geschäft war durch einen Londoner Broker zustande gekommen, und der Broker hatte natürlich nur eine Bestätigung an Barclays geschickt. Diese Diskrepanz hatte Barclays beim Broker moniert, aber offensichlich wurde nichts weiter unternommen. Auch die CIBC hatte nur eine Bestätigung an Barclays geschickt, die von Barclays sofort moniert wurde (d.h. Barclays hatte um eine Bestätigung für das »zweite Geschäft« gebeten). Daraufhin hatte die CIBC eine zweite Bestätigung des ersten Geschäftes an Barclays geschickt, ohne zu merken, dass sie zwei verschiedene Geschäftsnummern angegeben hatte. Tägliche interne Berichte innerhalb Barclays wurden geprüft und abgehakt, ohne dass der Irrtum erkannt wurde. Erst am Fälligkeitstag trat der Fehler zu Tage, als Barclays den fälligen zweiten Betrag bei der CIBC monierte, der bei Barclays nicht eingegangen war.

Dieser Fall stellt ein klassisches und sehr seltenes Beispiel von einem Fehler seitens eines Händlers dar, der von der Abwicklung nicht bemerkt wurde und auch nicht von den Systemen, die gerade für solche Fälle entwickelt worden sind. Theoretisch sollten solche Fehler durch Direct-Dealer-Input ganz aus der Welt geschaffen werden. Aber das hat sich hier leider nur als Theorie erwiesen.

Giro-Credit Bank (GCB), Österreich (August 1994)
Dies ist ein klassisches Beispiel von Managementversagen. Die Veruntreung ist von dem International-Private-Banking-Manager der Filiale Seefeld über sechs Jahre hinweg durchgeführt worden, und der Schaden betrug etwa ATS 700 Millionen.

Im Gegensatz zu dem Barings-Fall wurden die Aufsichtsbeamten in der Wiener Zentrale der GCB sofort stutzig, als sie merkten, dass die kleine Filiale mit nur sechs Mitarbeitern auf einmal dauerhaft in der Aufstellung der zehn rentabelsten Filialen erschien. Die Revision wurde natürlich eingeschaltet, aber trotz 17 regulärer Prüfungen und Sonderprüfungen im Zeitraum 1988-1994 wurde nichts Außerordentliches entdeckt. Warum? Die Erklärung ist erstaunlich einfach. Es ist bekannt, dass die Wiener alle Gentlemen sind, und die Herren der Revisionsabteilung der GCB sind offensichtlich keine Ausnahme gewesen. Höflich wie sie waren, hatten sie immer in Seefeld angerufen und einen Termin für eine Prüfung vereinbart. Damit hatte der Täter immer Zeit, seine Bücher auszugleichen. Die Revisoren hatten nie etwas gefunden, obwohl sie in verschiedenen Berichten notierten, dass »Herr Maier ein verächtliches Verhalten gegenüber den Betriebsanweisungen der Bank zeigte« und so gut wie nie Urlaub genommen hat (ein klassischer Hinweis auf Betrug, denn der Täter kann es sich oft gar nicht leisten, Urlaub zu nehmen, da während seiner Abwesenheit seine Betrügereien ans Tageslicht kommen könnten).

Als ich fragte, warum das Management in Seefeld nichts von seinen Tätigkeiten gemerkt hatte, wurde mir erklärt, dass Herr Maier selbstständig gearbeitet hatte und der Niederlassung Innsbruck unterstellt war – nicht dem Filialleiter Seefelds. In der Tat sind die Veruntreuungen durch Beschwerden der Kundschaft und nicht durch interne Bankkontrollen ans Tageslicht gekommen.

Fazit: Prinzipiell soll die Revisionsabteilung niemals eine Filiale von ihrem Besuch in Kenntnis setzen, und eine Bank muss immer dafür Sorge tragen, dass entweder alle Angestellte mindestens zehn Arbeitstage hintereinander im Jahr Urlaub nehmen oder in regelmäßigen Abständen den Arbeitsplatz wechseln. Siehe auch das Beispiel der Deutschen Bank im April 2001.

Baring Brothers & Co. Ltd (Barings) – Februar 1995
Ich weiß eigentlich nicht, was man hierzu noch beitragen könnte, da dieser Fall so bekannt ist. Man kann sich nur wundern und wieder betonen, dass Grundprinzipien des Bankwesens von der Londoner Seite einfach ignoriert wurden. Die Geschäftsleitung in London war so gierig auf ihren Bonus, dass kein Mensch gefragt zu haben schien, wie es möglich sein konnte, so viel Geld aus so einem kleinen Betrieb zu holen. Wenn das Geschäft tatsächlich so risikofrei gewesen wäre, warum waren die Gewinne so hoch, und warum hatten sich nicht alle anderen Banken an diesem Honigtopf bedient? Es ist doch bekannt, dass der erste Grundsatz im Bankgeschäft heißt: »Je größer der Gewinn, umso größer das Risiko.« Aber die Herren von Barings in London schienen diese Tatsache einfach übersehen zu haben.

Aber auch wenn man diese einfachen Grundsätze übersehen hatte, gab es noch andere Anzeichen dafür, dass vielleicht nicht alles in Singapur in Ordnung war. Um die Margin-Calls auf seine immer weiter wachsenden Positionen bezahlen zu können, musste Leeson immer größere Summen von London verlangen, aber kein Mensch in London schien gefragt zu haben, wozu das Geld genau benötigt wurde, und wenn, nach Aussage von Leeson, das Geld für Kundenpositionen benötigt wurde, wer diese Kunden waren und warum sie so große Positionen hatten. Wer hatte die entsprechenden Limits genehmigt? Und wenn die Limits tatsächlich so hoch waren, wieso wurden sie in Singapur nicht von London aus genehmigt?

Der dritte Hinweis, dass nicht alles in Ordnung war, hätte von der Revision kommen müssen. Ich erwähnte schon, dass zu meiner Zeit bei Prüfungen in der Barclays Bank die Bilanz der Filiale genau geprüft wurde, insbesondere die Zwischenkonten. Das scheint bei Barings nicht der Fall gewesen zu sein, da die Revision in dieser Hinsicht anscheinend nichts gemerkt hatte, sonst wäre sie längst über das Konto 88888 gestolpert. Als endlich ein richtiger Back-Office-Experte aus London in Singapur ankam, um Urlaubsvertretung zu machen, merkte er sofort, dass etwas nicht stimmte, doch war es viel zu spät, um das gute Schiff Barings vor dem Untergang zu retten.

Nick Leeson ist mittlerweile wieder auf freiem Fuß und verdient mit so genannten »After-Dinner-Speeches« über seine Erfahrungen bei Barings ordentliches Geld. Er hat seine vier Jahre abgesessen und hat eigentlich keinen Grund mehr, über seine Zeit in Singapur Lügengeschichten zu erzählen. Es leuchtet ein, was er unter anderem in einer seiner Reden gesagt hat. Er sagte, dass, wenn immer die Revisoren bei ihm auftauchten, sie offensichtlich viel mehr daran interessiert waren zu sehen, ob die Händlerzettel richtig ausgefüllt und mit Datumstempel und Initialen versehen waren, als nachzufragen, wer immer seine Kontrahenten waren und ob entsprechende Limits vorhanden waren!

Daiwa Bank, New York
Ein Bond-Händler bei der Daiwa Bank in New York hat im August 1995 gestanden, Verluste in Höhe von USD 1.1 Milliarden (ca. 1,1 Milliarden Euro), die er über einen Zeitraum von elf Jahren erlitten hatte, versteckt zu haben. Man kalkulierte, dass der Händler in diesem Zeitraum etwa 30 000 vorschriftswidrige Geschäfte getätigt hatte – d. h. durchschnittlich etwa 13-14 Geschäfte pro Arbeitstag! Ein Wall-Street-Insider bemerkte dazu, es sei »als ob man einen Elefanten im Wohnzimmer hatte, ohne es zu merken«!

Der Fall ist ein klassisches Beispiel für das totale Versagen der Managementkontrollen. Eine einfache interne Prüfung der ausstehenden Wertpapiere und Geschäfte hätte die unerlaubten Geschäfte sofort ans Tageslicht gebracht – aber in den letzten 12 Jahren hat eine solche Prüfung überhaupt nicht stattgefunden! Die Daiwa Bank wurde später von den amerikanischen Aufsichtsbehörden dazu gezwungen, ihre amerikanischen Büros zu schließen. Nacher wusste die englische Tageszeitung The Daily Telegraph zu berichten, dass »Daiwa« auf Japanisch »das große Glück« heißt!

Sumitomo Corporation
Dies ist eine Geschichte, die sich über etwa 14 Jahre erstreckt. Doch erst im Juni

1996 wurde bekannt gegeben, dass Sumitomo über einen Zeitraum von etwa zehn Jahren ca. USD 1.8 Milliarden verloren hatte, und zwar durch unerlaubte Transaktionen in Kupfer, die von ihrem Chefhändler durchgeführt wurden. Im Markt war er als Mr. Fünf Prozent bekannt gewesen, da etwa 5% des gesamten Markts in Kupfer von ihm kontrolliert wurden. Seine Aktivitäten haben zu Schwankungen im Markt geführt, wodurch andere Marktteilnehmer Verluste einstecken mussten, die auf etwa USD 100 Millionen geschätzt wurden.

Operational Risk? Eigentlich nicht, denn meines Erachtens ist der Fall Sumitomo wieder ein Beispiel dafür, dass ein Händler einfach nicht kontrolliert wurde. Im April 1998 stellte es sich heraus, dass schon im November 1994 die London Metal Exchange von der Aufsichtsbehörde, der Securities & Futures Authority, gewarnt worden war, dass die Aktivitäten Sumitomos am Markt nicht mit dem Bedarf an physischem Metall in Einklang gebracht werden konnten und daher diese Aktivitäten als »rein spekulative Geschäfte zu betrachten seien, die möglicherweise vorschriftswidrig waren«. Diese Warnung wurde einfach nicht wahr genommen, weder von Sumitomo noch von der London Metal Exchange.

Wie bereits erwähnt, erstreckte sich der Fall Sumitomo über etwa 14 Jahre hinweg. Es dauerte zehn Jahre, bis Sumitomo die Probleme endlich erkannte und weitere vier Jahre bis die Vorladungen, die in alle Richtungen gingen, verteilt wurden. Dieses ist ein erstklassiges Beispiel dafür, wie eine Institution versucht, ihre Schäden auf Kosten ihrer Kontrahenten wieder gutzumachen, auch wenn die Gegenpartei der Meinung war, ganz korrekt gehandelt zu haben. Dies ist Operational Risk auf Seiten der Gegenparteien!

Zum Beispiel: Die Union Bank of Switzerland und die Chase Manhattan Bank wurden von Sumitomo mit der Begründung angeklagt, sie sollten dem Händler Sumitomos Geld geliehen haben, was ihm ermöglichte, seine vorschriftswidrigen Geschäfte durchzuführen. Ich nehme an, dass die beiden Banken Sumitomo Kreditlinien zur Verfügung gestellt hatten. Eigentlich wüßte ich nicht, wie eine Bank die Tätigkeiten seiner Kontrahenten kontrollieren könnte, wenn die abgeschlossenen Geschäfte ordnungsgemäß abgewickelt wurden und es keine unangenehmen Gerüchte am Markt zu bedenken gab.

Die allgemeinen Verhältnisse auf den internationalen Metallmärkten sind jedoch etwas anders als auf den Devisenmärkten und ähneln mehr den internationalen Aktienbörsen. Die Metallbörsenaufsichtsbehörden in London und New York haben schließlich eingegriffen und verschiedene Marktteilnehmer zu Geldstrafen verurteilt, mehr oder weniger mit der Begründung, dass diese Marktteilnehmer ihren Geschäften mit Sumitomo viel kritischer hätten gegenüberstehen und sich nach dem genauen Zweck der Deals hätten erkundigen müssen.

Morgan Grenfell Asset Management

Morgan Grenfell Asset Management (MGAM) ist eine Londoner Tochtergesellschaft der Deutschen Bank. In September 1996 musste die Letztere etwa GBP 200 Millionen hineinpumpen, um ihre Tochter vor dem Untergang zu retten und weitere GBP 380 Millionen als Schadensersatz an Investoren zu bezahlen. Was war passiert? Ganz einfach. Ihr »Star-Manager« (à la Nick Leeson) hatte in unnotierte bzw. völlig unbekannte skandinavische Aktien investiert und danach die Aktien immer wieder mit eigenen Preisen neu bewertet, die von Dritten nicht kontrolliert wurden! Infolgedessen war es kein Wunder, dass der »European Growth Fund« den übrigen Markt zu der Zeit sehr deutlich geschlagen hatte! Dieser Fall hatte mit Operational Risk überhaupt nichts zu tun – es war ganz einfach eine riesige Schlamperei seitens MGAM gewesen, denn grundsätzlich sollten Händler ihre eigenen Positionen niemals ungeprüft neu bewerten dürfen.

National Westminster Bank

Einige Monate später, im März 1997, musste die National Westminster Bank bekannt geben, dass sie über einen Zeitraum von etwa drei Jahren etwa GBP 90 Millionen aus ihrem Optionen-Portfolio verloren hatte. Der Grund war eine falsche Bewertung des Optionen-Buchs, und zwar waren wieder einmal die Händler dafür verantwortlich, indem sie ihre eigenen Positionen neu bewerteten, genau wie im obigen Beispiel!

Merrill Lynch/ING Barings

Reconciliation, die Abstimmung von (internen bankeigenen) Konten gegen ausstehende Posten oder gegen die Bilanzen der Nostro-Konten, bildet eine sehr wichtige Aufgabe der Abwicklungsabteilung einer Bank. Personal, das mit Operational Risk zu tun hat, sollte sich auch für dieses langweilige Verfahren interessieren, denn wenn ausstehende Posten nicht miteinander rechtzeitig abgestimmt werden, können ohne Schwierigkeiten sehr große Verluste entstehen. In April 1997 musste Merrill Lynch gestehen, dass sie damit beschäftigt waren, »unabgestimmte Posten und Bilanzen« in einem ihrer Londoner Büros zu untersuchen, aber »größere Verluste wurden nicht erwartet.« Angeblich sind die Buchungen ans Tageslicht gekommen, als man versuchte, eine Bilanz mit einer anderen zu kombinieren.

Im Oktober 1997 wurde in New York bekannt gegeben, dass die Brokingabteilung der ING Barings, der Nachfolgerbank von Baring Brothers, von der SEC untersucht wurde, nachdem eine Prüfung der Aufsichtsbehörden der New York Stock Exchange eine »unannehmbare Anzahl von unabgestimmten Geschäften« feststellte. So etwas deutet auf ein Versagen, wenn nicht sogar auf einen Zusammenbruch in der Abwicklungsabteilung der Bank hin. Offensichtlich hatte man immer noch keine Lehre aus Singapur gezogen!

Salomon Smith Barney

Im Juli 1998 ging das Gerücht auf den Märkten herum, dass Salomon Smith Barney in Paris einen Verlust in Höhe von FFR 25 Millionen (ca. 3,75 Millionen Euro) erlitten hatte, nachdem zwei identische Devisentermingeschäfte in das Handelssystem eingegeben wurden. Leider ist der genaue Zeitpunkt, wann der Fehler ans Tageslicht gelangte, nicht bekannt, aber der Fall beweist die Gefahren von Direct-Dealer-Input, wodurch Geschäfte durch computergesteuerte Systeme automatisch getätigt werden und einfache Fehler seitens der Händler durch menschliches Eingreifen nicht mehr korrigiert werden können. Seit diesem Fall hat es mindestens drei ähnliche Fälle bei anderen Institutionen gegeben.

Telekommunikasi Indonesia

Im August 1998 musste Telekomunikasi Indonesia, die staatliche indonesische Telefongesellschaft, einen Verlust von USD 387 Millionen verzeichnen, der durch ungedeckte Schulden in Fremdwährungen enstanden war. Die Gesellschaft hatte Darlehen in USD, JPY und FRF aufgenommen (wahrscheinlich weil die Zinssätze billiger waren als für Darlehen in der einheimischen Währung) und die Erlöse in IDR umgesetzt. Durch die entstandenen offenen Positionen der Fremdwährungen gegenüber dem Rupiah und der Abwertung des Rupiah betrugen die Rückzahlungskosten USD 386 Millionen mehr als die ursprünglichen Erlöse der Kredite. Ein wunderbares Beispiel für die auftretenden Gefahren (d.h. Operational Risk), wenn Kredite in harten Währungen aufgenommen und in schwächere Währungen umgetauscht werden. In solchen Fällen erwiesen sich scheinbar günstigere Zinssätze als illusorisch! Es ist erstaunlich, dass sich anscheinend niemand in der Regierung oder in der Zentralbank gegen diese Transaktionen ausgesprochen hat. Siehe dazu auch das British-Airways-Beispiel vom Februar 1999.

Russland

Bekanntlich haben sich verschiedene erstklassige Banken in Russland im August 1998 die Finger verbrannt, darunter Barclays Bank, Morgan Stanley Dean Witter, Bankers Trust. Chase Manhattan, Citicorp, Bank America wie auch sicherlich gute deutsche Namen. Die gesamten Verluste wurde mit etwa 30 Milliarden Euro angegeben. Die Banken hatten auch in diesem Fall den Grundsatz »je größer der Gewinn, desto größer das Risiko« nicht ausreichend ins Kalkül gezogen. Zudem wurde übersehen, dass auch Regierungen ihren Verpflichtungen nicht immer nachkommen können. Diese Tatsache hätte den Banken durch die Zahlungseinstellung verschiedener afrikanischer und lateinamerikanischer Regierungen in den 60- und 70-er Jahren bewusst sein müssen.

Es gibt in diesem Zusammenhang den schönen englischen Spruch: »Ein Leopard behält immer seine Flecken.« Was Russland anbetrifft, so hatte man vergessen oder ignoriert, dass Russland nach dem ersten Weltkrieg seinen Zahlungsverpflichtungen nicht nachkam. Klug wie sie sind, hatten die Banken ihre Währungsrisiken dem Rubel gegenüber durch so genannte nicht lieferbare (non-deliverable) Devisentermingeschäfte gesichert. Aber da diese Geschäfte mit russichen Banken abgeschlossen wurden, hatten die Banken ihren Forderungsbetrag (Exposure) gegenüber Russland praktisch verdoppelt.

Operational Risk oder einfache Fahrlässigkeit seitens der westlichen Banken? Vielleicht wurden die wichtigsten Entscheidungen durch die betreffenden Kreditabteilungen der beteiligten Banken getroffen, die mit der Abteilung Operational Risk überhaupt nichts zu tun gehabt hatten.

Republic National Bank of New York

Eine gut geführte Bank geht oftmals jahrelang ihren Geschäften nach, ohne dass etwas Nachteiliges über ihre Aktivitäten in der Presse erscheint. Dann ist die Bank plötzlich in den Schlagzeilen. Genau so ist es der Republic National Bank of New York (RNB) im Jahr 1999 ergangen. Schon 1998 musste die Bank einen Verlust von etwa USD 165 Millionen aufgrund ihrer russischen Schuldverschreibungen bekannt geben. Im Mai 1999 wurde dann bekannt, dass die Bank von der HSBC Holding (Holdinggesellschaft der Hongkong & Shanghai Banking Corporation) übernommen werden sollte.

Fünf Monate später wurde ein bedeutender Kunde der Investment-Tochtergesellschaft der Bank, Republic New York Securities (RNYS), verhaftet. Martin Armstrong, Vorsitzender der Investmentgruppe Princeton Economic International, wurde beschuldigt, etwa 100 japanische Gesellschaften durch die Ausgabe von so genannten »Princeton Notes« um ca. USD 1 Milliarde betrogen zu haben. Es stellte sich heraus, dass der Chef der Futuresabteilung der RNYS über 200 Briefe (auf RNYS-Briefbögen) an Martin Armstrong geschrieben hatte, um den Net-Asset-Value von Kundenkonten bei der RNYS zu bestätigen. Die Briefe wiederum wurden von Martin Armstrong benutzt, um seinen japanischen Investoren zu beweisen, dass ihre Anlagen, die er ihnen verkauft hatte, ausgezeichnete Renditen erzielten. Leider war der in den Briefen ausgewiesene Net-Asset-Value der Anlagen hoch überschätzt und in der Tat hatten die Konten im Laufe der letzten 21 Monate USD 500 Millionen an Wert verloren.

In den Arbeitsanweisungen der RNYS war eindeutig festgelegt worden, dass solche Bestätigungen nur von Personal der Abwicklungsabteilung oder von der Innenrevision ausgestellt werden dürfen, und daher war der Chef der Futuresabteilung nicht ermächtigt, solche Bestätigungen zu unterschreiben. Offensichtlich haben die Managementkontrollen völlig versagt, denn sonst wäre diese Arbeitsweise eher ans Licht gekommen. Das Resultat dieser Veruntreuung seitens Edmond Safras, dem Inhaber der RNB, war, dass er bei der Übernahme seiner Bank durch HSBC Holdings USD 450 Millionen weniger für seine Aktien bekam und darüber hinaus bis zu USD 180 Millionen für Verluste aus dem Betrug aufkommen musste.

British Airways

Im Februar 1999 musste British Airways (BA) eine Rückstellung in Höhe von GBP 117 Millionen als Deckung für Verluste im Zusammenhang mit einem Kredit bilden, der in JPY aufgenommen war. Durch den Kredit, der Resultat eines Leasinggeschäfts war, konnte die Fluggesellschaft durch Steuervergünstigungen in Japan und der UK etwa 30% der Kosten eines USD 150 Millionen teuren Jumbo-Jets sparen (anscheinend umfasste das oben genannte Leasinggeschäft sechs Flugzeuge). Operational Risk, oder sollte man meinen, dass BA die Währungsrisiken gegen die gesamten Ersparnisse im Gesamtpreis der Jumbo-Jets abgewogen hatte?

Lehman Brothers

Ein Händler bei Lehman Brothers, London im September 1999, hatte aus Versehen den falschen Preis für Aktien der Firma Vodafone AirTouch, die er verkaufen wollte, ins System eingegeben. Zu der Zeit wurden die Aktien mit GBP 12.28p pro Aktie gehandelt, und der Händler hatte einen Auftrag zum Verkauf »Bestens« mit einem Mindestpreis von GBP 11.50p pro Aktie in das System hineingegeben. Er hatte sich vertippt: Eigentlich hatte er einen Preis von GBP 12.50p pro Aktie eingeben wollen. Aber es war zu spät, und automatisches Handeln durch computergesteuerte Programme drückte den Aktienpreis gleich auf GBP 10.13p pro Aktie nieder. Der FTSE-100 Aktienindex (Vodafone AirTouch war eine der Aktien, die den Index bildeten) reagierte sofort und fiel um 75 Punkte. Der Händler alarmierte sofort seine Kollegen bei anderen Firmen, und es gelang ihm, sämtliche Transaktionen, die durch das automatische Computersystem ausgelöst wurden, zu stornieren.

Dieser Fall ist wieder ein Beispiel der Gefahren des Direct-Dealer-Input, und man sollte meinen, dass Operational-Risk-Manager in der City von dem Geschehen Notiz genommen hätten und daraufhin die nötigen Vorkehrungen zur Vermeidung weiterer Fälle trafen. Dennoch ereignete sich in der City zwei Monate später ein ähnlich peinlicher Vorfall bei einer – verständlicherweise – ungenannten Firma. Ein Händler hatte sich aus Versehen mit seinen Ellbogen auf seinem Computerkeyboard gestützt und dadurch den Markt informiert, dass er 600 Aufträge platziert hatte, und zwar für je 16 000 Aktien der kleinen Ölgesellschäft Premier Oil, mit einem Gesamtwert von etwa GBP 1.8 Millionen. Der Fehler wurde durch den Aufsichtsbeamten der Londoner Börse aufgefangen, sodass die Aufträge storniert werden konnten.

Long Term Capital Management
Sicherlich wird man sich an die Ereignisse um den Hedge-Fond Long Term Capital Management im September 1999 erinnern. Meiner Meinung nach waren alle Termini im Namen dieses Fonds irreführend. Es wurde überhaupt nicht gegen Risiko gehedged – im Gegenteil: Das Unternehmen war risikofreudig! Das Kapital wurde keineswegs langfristig angelegt, es wurde zum großen Teil von Banken dem Hedge-Fond zur Verfügung gestellt! Sinn der ganzen Sache war, durch Derivate große Gewinne aus sehr kleinen Preisänderungung zwischen verschiedenen Wertpapieren zu erzielen. Der grundlegende Fehler war, dass die Mathematiker Myron Scholes und Robert Merton ihre Preisformulierungen aus akademischer Sicht formulierten und davon ausgegingen, dass die Märkte sich immer der Theorie nach bewegen würden. Wie wir wissen, ist dies leider nur sehr selten der Fall, und die beiden Herren hatten überhaupt nicht mit der russischen Krise und den darauf folgenden Konsequenzen gerechnet.

LTCM hatte sich auf weltweite Liquidität verlassen, und nach der russischen Krise wurde diese sehr knapp. Genau wie der gute Herr Leeson vier Jahre vorher musste LTCM Geld aufnehmen, um seine Margin-Calls bezahlen zu können. Aber auf einmal war der Topf leer und es wurde für LTCM unmöglich, weitere Gelder zu leihen. Das Federal Reserve Board musste einspringen, um das Weltfinanzsystem zu stabilisieren. Die Verbindlichkeiten von LTCM konnte man nur als riesig bezeichnen. Es stellte sich später heraus, dass sehr viele Kontrahenten von LTCM überhaupt keine Ahnung hatten, wie groß die Verbindlichkeiten anderer Parteien LTCM gegenüber waren. Ich überlasse es dem Leser zu entscheiden, ob die Kontrahenten von LTCM es mit einem Operational Risk zu tun hatten, oder ob sie fahrlässig handelten.

In März 2001 musste sowohl der Baseler Ausschuss für Bankenaufsicht und die International Association of Securities Regulators feststellen, dass sehr viele Banken immer noch ungenügende Informationen über die Hedge-Fonds hatten, denen sie Geld geliehen hatten. Weiter wurde festgestellt, dass aus Wettbewerbsgründen viele Firmen und Banken bei Geschäften mit Hedge-Fonds nicht in der Lage waren, auf volle Information und darüber hinaus auch nicht auf die ursprünglichen Margen zu bestehen. Das erhöht auch in Zukunft die Wahrscheinlichkeit einer durch externe Schocks ausgelösten Finanzkatastrophe.

Electrolux
Im Januar 2000 musste Electrolux, der schwedische Hersteller von Küchengeräten, einen Verlust von DM 55 Millionen in seiner deutschen Geld- und Devisenabteilung bekannt geben. Ein Händler hatte über 1000 vorschriftswidrige Devisentermingeschäfte (USD/EUR) mit einem Gesamtwert von DM 800 Millionen getätigt. Der Verlust kam durch den Fall des Euros gegenüber dem Dollar zustande. Das deutsche Büro sollte nur die Liquiditäts- und Devisentransaktionen durchführen, die für die Einfuhr von Waren nach Deutschland nötig waren. Den internen Arbeitsanweisungen nach waren zwei Unterschriften von anderen Mitarbeitern (Vieraugenprinzip!) auf Devisenbestätigungen erforderlich. Anscheinend hatten die Mitarbeiter die Bestätigungen guten Glaubens unterschrieben, und zwar in die Annahme, dass der Händler befugt war, solche Geschäfte einzugehen. Wieder ein Beispiel für das Versagen von Managementkontrollen. Siehe zum Vergleich auch das Beispiel der Deutschen Bank in New York im April 2001.

Flowtex
Flowtex Technologie GmbH & Co. KG ist ein Fall aus dem Jahr 2000, sodass er eigentlich keiner Einleitung bedarf. Meines Erachtens stellte Flowtex den zweitgrößten Betrug unter den Deutschen Leasinggesellschaften dar; der größte kam durch die Firma Wahl aus Heidenheim an der Brenz in den achtziger Jahren zustande. Auch im Fall Flowtex hätten konsequente Nachfragen den Niedergang abwenden können! Bekanntlich hatte die Firma spezielle Bohrmaschinen vertrieben, und zwar Maschinen zur Verlegung von Rohren und Kabeln unter Straßen und Bürgersteigen ohne Erdarbeiten. Wirklich eine erstklassige Idee, aber offensichlich handelte es sich um sehr spezielle Maschinen mit einem sehr begrenzten Einsatzzweck. In der Tat existierten etwa 250 Maschinen, aber diese 250 Maschinen wurden immer wieder neu geleast, sodass es den Büchern nach aussah, als ob Flowtex etwa 3200 Maschinen hätte. Die Anzeichen möglicher Probleme waren seit einigen Jahren vorhanden. Genau wie bei BCCI gab es eine sehr komplizierte Konstruktion von Tochtergesellschaften und darüber hinaus weigerte sich das Management, eine konsolidierte Bilanz herzustellen. 80 Banken und 60 Leasinggesellschaften sollen Leasingverträge mit Flowtex abgeschlossen haben, aber offensichtlich hatte niemand eine klare Einsicht in die Verhältnisse der Gesellschaft. Lediglich ihr Wirtschaftsprüfer KPMG hätte einen größeren Überblick über die Firma haben müssen, aber selbst die KPMG hatte sich anscheinend keine großen Gedanken über die Größe eines sehr spezifischen Marktes und das mögliche Überangebot an Maschinen gemacht. Die einzige Bank, die mit einem blauen Auge davonkam, war die Volksbank Baden-Baden. Schon im Jahre 1992 machte die Bank einen unerwarteten Besuch bei Flowtex und musste zu ihrer großen Überraschung festellen, dass sie kaum jemanden in der Firma antraf, und

das, obwohl Flowtex behauptete, dass zwischen acht- und neuntausend Leute bei der Firma beschäftigt seien. Die Bank wurde misstrauisch und sofort wurde die Kreditlinie von DEM 9 Millionen gestrichen.

Zwischen 1974 und 1979 war ich Company-Secretary einer Konsortiumbank in London. Die Wirtschaftsprüfer haben uns jedes Jahr inspiziert, und obwohl der Senior-Partner immer derselbe blieb, wurden die Hauptarbeiten jedes Jahr von neuen jungen Leuten ausgeführt. Die Angestellten empfanden es als lästig, dass sie immer wieder neue Leute mit den alltäglichen Arbeitsvorgängen vertraut machen mussten. Man hatte das Gefühl, dass, wenn die Bank etwas Schwerwiegendes verborgen hätte, die unerfahrenen Wirtschaftsprüfer es gar nicht gefunden hätten. Der wesentliche Grund ist sicher die mangelnde personelle Kontinuität der Prüfung. Gewiß, es wurden sehr viele Notizen für das nächste Jahr geschrieben, aber man kann persönliche Erfahrungen nicht ersetzen. Man fragt sich, ob die Verhältnisse zwischen den Wirtschaftsprüfern und Flowtex nicht ähnlich waren.

Deutsche Bank

Es wurde im April 2001 bekannt, dass ein Mitarbeiter der Private-Banking-Abteilung der Deutschen Bank in New York seine Kunden (darunter die Familie Thyssen) über einen Zeitraum von sechs Jahren um etwa USD 8.5 Millionen betrogen hatte. Die Unregelmäßigkeiten hätten eigentlich durch bankinterne Systeme entdeckt werden müssen, da Privatbanküberweisungen eine zweite Unterschrift und eine Kontrolle durch einen Kollegen oder einen Vorgesetzten benötigten (das bekannte Vieraugenprinzip). Der Täter war in der lateinamerikanischen Abteilung beschäftigt, in der viele Kundenaufträge auf Spanisch geschrieben wurden. Spanisch verstanden allerdings nur wenige Mitarbeiter! Trotz des Vieraugenprinzips hatte das bevollmächtigte Personal die entsprechenden Buchungsbelege offensichtlich ohne Rückfragen unterschrieben.

Der Fall (und man muss sich darüber im Klaren sein, dass es nicht der letzte Fall dieser Art sein wird) ist schon wieder ein Beispiel von Operational Risk, das alle Banken täglich eingehen. Kollegen in solchen Abteilungen wie Private Banking müssen zwangsläufig auf der Basis absoluten Vertrauens zusammenarbeiten und insofern kann es als »normal« betrachtet werden, dass Belege ohne große Nachfrage zwischen Kollegen unterzeichnet werden. Wird dieses Vertrauen einmal zerstört, so werden auch die über Jahre hinweg sorgfältig aufgebauten Verhältnisse zwischen Personal und Kunden entsprechend entkräftet und der Ruf der betroffenen Bank kann einen schweren Schaden erleiden.

4   Eventuelle Kapitalanforderungen zur Unterlegung von Operationellen Risiken

Es ist bekannt, dass die neuen Anforderungen von Basel II die Eigenkapitalunterlegung für Operational Risk vorsehen. Theoretisch ist das in Ordnung, aber die Frage ist folgende: Wie kann man mit Bezug auf die bekannten Beispiele von Verlusten bei Barings Bank (ca. GBP 827 Millionen), National Westminster Bank (ca. GBP 90 Millionen) und Daiwa (ca. GBP 701 Millionen) einen genügend hohen Prozentsatz errechnen und festlegen? Man kann nicht sagen, dass die Grundidee nicht gut sei, aber – wie es so oft der Fall ist mit gut gemeinten Vorschlägen der Aufsichtsbehörden –, man hat das Gefühl, dass diese etwas realitätsfern sind. Das Problem ist, dass Großbanken (wie NatWest, Daiwa, aber auch wie Deutsche, Dresdner usw.) in der Lage sind, solche Verluste ohne große Schwierigkeiten zu schlucken, auch wenn die Publizität peinlich ist. Kleinere Banken wie Barings werden aber dadurch vernichtet. Deshalb haben kleinere Banken eine Rücklage für Operational Risk viel nötiger als Großbanken, aber da ihre jährlichen Gewinne kleiner sind als die der Großbanken, wird es bedeutend länger dauern, bis sie eine entsprechende Rücklage aufgebaut haben. Dennoch wird sie möglicherweise zu gering sein, um das betroffene Institut vor einer solchen Katastrophe zu schützen. In solchen Fällen müssen die Partner, Inhaber oder Aktionäre zur Kasse gebeten werden, um die Bank mit mehr Kapital zu versorgen. Wenn die Besitzer usw. nicht bereit sind, mehr Kapital in die Bank hineinzupumpen, muss die Bank entweder von einer größeren Bank übernommen oder einfach aufgelöst werden.

5   Zusammenfassung

Mit den obigen zwanzig Beispielen habe ich versucht, die tagtäglichen Operational-Risk-Probleme, mit denen jede Bank konfrontiert wird, darzustellen. Wie ich schon erwähnte, ist die Vermeidung von Operational Risk überhaupt keine »Rocket Science«, sondern ganz einfach die rigorose und regelmäßige Durchführung von internen Kontrollen, die schon über Jahre hinweg existiert haben. Die Gefahren von Operational Risk kann man meines Erachtens in drei kurzen Sätzen zusammenfassen:

1. Man ignoriert, was man schon weiß.
2. Man vergisst, was man schon weiß.
3. Man ist sicher, dass dieses Mal alles ganz anders sein wird.

Operationelles Risiko in Finanzdienstleistungs-unternehmen

Fallbeispiele aus den Bereichen Asset-Management und Security-Trading

Alfred Brandner*/Bernulf Bruckner**/Christoph Kanneberger***/
Karin Royer****

---

*   Mag. Alfred Brandner ist Abteilungsleiter für Mid- und Back Office bei der Deka Investment GmbH in Frankfurt am Main.

**   Mag. Dr. Bernulf Bruckner ist Professor an der Fachhochschule Krems sowie Universitätslektor am Institut für Kreditwirtschaft an der Wirtschaftsuniversität Wien und am Zentrum MBA an der Donauuniversität Krems.

***   Mag. Christoph Kanneberger ist im Bereich Credit Fixed Income bei UBS Warburg in Frankfurt am Main tätig.

****   Mag. Karin Royer ist Universitätslektorin am Institut für Kreditwirtschaft an der Wirtschaftsuniversität Wien und Geschäftsführerin des Österreichischen Banken-Kollegs, einer Weiterbildungsinstitution für Bankmitarbeiter.

Abkürzungsverzeichnis

ABS	Asset-Backed-Securities
ACM	Askin Capital Management
BB & Co	Baring Brothers & Co.
BBA	British Bankers' Association
BFS	Baring Futures Singapore Pte Ltd.
BSL	Baring Securities Ltd.
C & L	Coopers & Lybrand
CFTA	Commodity Futures Trading Association
CFTC	Commodity Futures Trading Commission
CMO	Collateralised Mortgage Obligation
Corp.	Corporation
CPO	Commodity Pool Operator
DMG	Deutsche Morgan Grenfell
GAAP	Generally Accepted Accounting Principles
GAO	General Accounting Office
GE	General Electric
IMF	International Monetary Fund
IMRO	Investment Management Regulatory Organization
IO	Interest-only
IOSCO	International Organisation of Securities Commissions
JFAM	Jardine Fleming Asset-Management
JFIM	Jardine Fleming Investment Management
LIBOR	London Interbank offered Rate
LME	London Metal Exchange
LSE	London Stock Exchange
LTCM	Long Term Capital Management
Ltd.	Limited
MBS	Mortgage-Backed-Securities
MG	Metallgesellschaft AG
MGAM	Morgan Grenfell Asset-Management
MGRM	Metallgesellschaft Refining and Marketing
NFA	National Futures Association
NYFRB	New York Federal Reserve Bank
NYMEX	New York Mercantile Exchange
OTC	Over-the-Counter
PE	Probability of Loss Event
Plc.	Public limited company
PO	Principal-only
Repos	Repurchase Agreements
RMA	Risk Management Association (US)
SIB	Securities and Investment Board
SIMEX	Singapore International Monetary Exchange
SLK	Spear, Leeds & Kellogg
SPV	Special Purpose Vehicle
VaR	Value-at-Risk

1 Einleitung

Immer wieder wird von Experten aus Wissenschaft und Praxis darauf hingewiesen, dass die wichtigsten Gefahrenquellen für den Fortbestand von Unternehmen, insbesondere aber für Finanzdienstleistungsunternehmen, nicht aus dem unternehmerischen Umfeld, sondern aus dem Unternehmen selbst stammen. Defizite, Fehler und Schwächen bei internen Prozessen und Strukturen sowie mangelnde Qualität und Qualifikation von Mitarbeitern und Führungskräften werden regelmäßig als die bedeutendsten Ursachen für unternehmerische Krisen genannt. Diese Operationellen Risiken beim Betrieb eines Unternehmens sind für mehr und größere Insolvenzen verantwortlich als beispielsweise Markt- oder Kreditrisiken. Besonders im Asset-Management, bei dem die möglichst fehler- und störungsfreie Abwicklung der Transaktionen eine zentrale Rolle spielt, gehört die Bewältigung der Operationellen Risiken zu den vordringlichsten Aufgaben der unmittelbaren Zukunft.

»Der Ruf nach geeigneten Verfahren zur Messung und Begrenzung von Risiken aus Handelsgeschäften wird immer dann besonders laut, wenn Institute große Verluste realisieren müssen. Insofern haben die Handelsverluste (z.B. Barings, Daiwa, NatWest, LTCM) der jüngeren Vergangenheit diesen Messverfahren zu einem gewaltigen Aufschwung verholfen. Gleichzeitig muss jedoch bedacht werden, dass ein Großteil der spektakulären Verluste nicht durch fehlerhafte RisikoMessverfahren, sondern vielmehr durch Betrug induziert wurden, was gleichzeitig die Notwendigkeit nach geeigneten Kontrollmechanismen sowohl seitens des Instituts selbst als auch seitens der Bankenaufsicht erkennen lässt.«[1] Somit lässt sich die These aufstellen, dass ein unzureichendes Management des Operationellen Risikos in vielen dieser Fälle für die enormen Verluste verantwortlich gemacht werden kann.

In dieser Arbeit liegt die Fokusierung auf dem Operationellen Risiko im Asset-Management und Security-Trading. Anhand von zehn ausgewählten Beispielen aus der Praxis sollen mittels einer Ursachenanalyse potentielle Quellen Operationellen Risikos identifiziert werden, um im Anschluss daran in der Lage zu sein, ein adäquates Risikomanagement und geeignete Kontrollmechanismen in einem Unternehmen zu implementieren.

Dabei soll versucht werden, Quellen Operationeller Risiken zu erkennen und die Umstände zu analysieren, unter welchen dramatische Fehlentwicklungen in Unternehmen nicht verhindert werden konnten. Zu diesem Zweck werden zehn Fallstudien von Unternehmen untersucht, bei welchen es durch eine nicht adäquate Steuerung des Operationellen Risikos zu beträchtlichen Verlusten oder sogar zum Konkurs des betrachteten Unternehmen gekommen ist. Da aber für diese negativen Entwicklungen jeweils mehrere, z.T. voneinander abhängige Risiken bzw. Risikokategorien (Marktrisiko, Kreditrisiko, Liquiditätsrisiko, Operationelles Risiko, ...) verantwortlich zeichnen, soll an dieser Stelle noch einmal

---

1 Eller (1999), Vorwort.

Spektakuläre Fälle von Verlusten aufgrund Operationeller Risiken	Ungefährer Verlust in Millionen USD
Metallgesellschaft AG	1.200
LTCM (Long Term Capital Management Fund	4.000
Barings Plc.	1.400
Daiwa Securities	1.100
Orange County	1.690
Kidder, Peabody & Co.	10 [*]
Askin Capital Management	420
Deutsche Morgan Grenfell Asset Management	400 [**]
Sumitomo Corp.	1.800 [***]
Jardine Fleming Asset Management Ltd.	n. v.

[*]   Der relativ geringe Verlust darf nicht von der Tatsache ablenken, dass fiktive Geschäfte in der Höhe von ca. 1.800.000 Millionen USD getätigt wurden.
[**]   Diese Summe wurde von der Deutschen Bank für die Entschädigung der Anleger gezahlt.[2]
[***]   Diese Summe wurde von Sumitomo selbst bekannt gegeben. Andere Schätzung hingegen beziffern den Verlust mit bis zu 4.000 Millionen USD.

Abb. 1: Spektakuläre Fälle von Verlusten aufgrund von Operationellen Risiken in den 90er-Jahren

darauf hingewiesen werden, dass im Folgenden die ausgewählten Schadensfälle ausschließlich hinsichtlich des Operationellen Risikos untersucht werden. Das Augenmerk wird auf Beispiele aus dem Bank- und Wertpapierbereich gelegt, doch werden auch geeignete Beispiele aus anderen Branchen untersucht, in denen Kapitalanlagen zu unterschiedlichen Zwecken getätigt werden. Trotzdem bleibt allen Fallstudien gemeinsam, dass die verantwortlichen Personen als Portfolio-Manager oder Broker tätig waren. Diese beiden Berufsgruppen differieren zwar erheblich in der strategischen Ausrichtung ihrer Kapitalanlagen, weisen aber andererseits klare Parallelen im operationellen Ablauf ihrer Tätigkeit auf.

Abschließend werden die Ergebnisse der empirischen Untersuchung als Ausgangspunkt zur Ableitung allgemeiner Quellen Operationellen Risikos und zur Synthese von Handlungsalternativen und Präventionsmaßnahmen verwendet.

---

2   Vgl. Dembowski (1997), S. 72.

2 Fallstudien zum Operationellen Risiko

2.1 Fallstudie 1: Die Metallgesellschaft

2.1.1 Überblick

Die Metallgesellschaft AG (MG), ein deutsches Industriekonglomerat, erlitt im Geschäftsjahr vom 1. Oktober 1992 bis 30. September 1993 sowie im ersten Quartal 1993/94 einen Verlust durch Ölhandelsgeschäfte und deren Absicherung von 2,3 Mrd. DM. Die Geschäftsfelder des Konzerns im diesem Geschäftsjahr basierten auf einer 1989 eingeführten Struktur: Handels- und Finanzdienstleistungen, Transportdienstleistungen, Ingenieur- und Umweltdienstleistungen, Rohstoffe (Bergbau) und Industrie.[3] Das Ölgeschäft war bei der Tochter MG Refining and Marketing (MGRM) angesiedelt, einer Tochtergesellschaft der amerikanischen MG Corp., die sich wiederum zu 100 % im Eigentum der MG befindet. Diese hatte Lieferzusagen in außergewöhnlicher Größenordnung revolvierend durch kurzfristige Kontrakte, hauptsächlich Ölfutures, abgesichert. Es kam zu einem Liquiditätsengpass, und die Hedging-Strategie wurde unterbrochen. Eine Sanierung des MG-Konzerns, damals eines der 20 größten deutschen Industrieunternehmen, wurde erforderlich.

2.1.2 Geschäftsidee und Risikomanagement der MGRM

Da der US-amerikanische Ölmarkt von einigen multinationalen Konzernen dominiert wurde, als Folge dessen nur geringe Chancen für weitere Makler bestanden, entschied sich die MGRM im Rahmen ihres nordamerikanischen Ölgeschäfts nur den von den großen Ölgesellschaften unabhängigen Teil des Marktes zu bearbeiten. Man ging davon aus, dass kleinere Einzelhändler, wie unabhängige Tankstellen, aber auch mittelgroße Unternehmen beim Bezug von Öl und Ölprodukten der Gefahr finanzieller Engpässe ausgesetzt sind, da Schwankungen des Ölpreises kurzfristig nicht vollständig an die Endverbraucher weitergegeben werden können. Ferner wurde angenommen, dass diesen Marktteilnehmern der Umgang mit Derivaten zur Risikobegrenzung wenig vertraut sei. Aus diesen Gegebenheiten leitete man ein Bedürfnis nach Risikomanagement für kleinere Abnehmer von Ölprodukten ab. Durch das Angebot von drei Arten langfristiger Öllieferverträge mit Festpreiskonditionen wurde versucht, diesem Bedürfnis Rechnung zu tragen. Als Tätigkeitsschwerpunkte der MG Corp. wurden 1986 der Handel mit Rohöl- und Rohölprodukten (MG Refining & Marketing Inc.), die Dienstleistungsbereiche Countertrade (MG Services Company) und Handelsfinanzierungen (MG Trade Finance Corp.) sowie der Handel mit US-Staatsanleihen und Devisen (MG Trading Corp.) genannt.[4] Hinsichtlich der Handelsaktivitäten mit

---

3   Vgl. Hoppenstedt – Handbuch der deutschen Aktiengesellschaften, Jg. 1995/6, zitiert in Kniese (1997), S. 25.
4   Vgl. MG Geschäftsbericht 1985/86, S. 16, zitiert in Kropp (1999), S. 26.

Rohöl- und Rohölprodukten bleibt festzuhalten, dass die MGRM weder eigene Ölquellen noch Raffinerien besaß und nicht über eigene Lagerstätten verfügte. Offensichtlich hatte man nicht vor, gegebene Lieferzusagen durch physische Lagerung abzusichern, sondern musste das zugesicherte Öl bei Fälligkeit an den Kassamärkten einkaufen. »Ein Kernpunkt der ab Jahresbeginn 1992 implementierten Geschäftsstrategie war daher die Absicherung (Hedge) des sich aus volatilen Ölpreisen, insbesondere aus möglicherweise steigenden Ölpreisen ergebenden Risikos – angesichts der auf 5 beziehungsweise 10 Jahren garantierten Verkaufspreise.«[5] Zu diesem Zweck wurden die »Short-Positionen« der MGRM, also das Preisänderungsrisiko der physischen Lieferzusagen, durch entgegengerichtete Positionen in Terminkontrakten (»Long-Positionen«) abgesichert. Insgesamt ergab sich jedenfalls ein gigantisches Hedgingvolumen, das im Oktober 1993 208 Mio. Barrel betrug.[6] Zur Veranschaulichung der Größenordnung bringt Herbeck folgendes Beispiel: Geht man von einer möglichen Veränderung des Ölpreises um 4,42 USD pro Jahr aus (Standardabweichung), dann ging es um ein jährliches Preisänderungsrisiko von etwa 680 Mio. USD. Diese mögliche Preisänderung im Sinne eines Value-at-Risk hatte die Größenordnung von über 10 % der Bilanzsumme der Muttergesellschaft MG.[7] Zur Absicherung verwendete man vor allem kurzfristige[8], z.B. einmonatige Öl-Futures der New York Mercantile Exchange (NYMEX), aber auch kurzlaufende Over-the-Counter(OTC)-Derivate wie z.B. Swaps, bei denen die MG als Fix Payer auftratt, oder Optionen. Den unterschiedlichen Fristigkeiten der Long- und Short-Positionen wollte man durch Vorwärtsrollen gerecht werden. Im Zuge dieser Absicherungsstrategie (Rollover-trategy) mussten die jeweils auslaufenden Kontrakte kurz vor ihrer Fälligkeit verkauft werden, wobei die MGRM die Hedge-Position durch den Kauf neuer Finanzderivate sofort wieder aufbaute. Eines der Probleme dieser Strategie war aber, dass bei fallenden Ölpreisen die Sicherheitszahlungen aus den kurzfristigen Long-Positionen sofort anfielen, während die Gewinne aus den langfristigen Long-Positionen erst am Ende der Laufzeit realisiert werden konnten. Als weiteres Problem sind die hohen Kosten anzuführen[9], die durch das Vorwärtsrollen der Positionen im Zeitablauf im Zuge der Rollover-Strategie entstanden.

2.1.3 Chronologie der Krise

Am 29.11.1993 wurde der Vortstandsvorsitzende der MG, Dr. Heinz Schimmelbusch, von Dr. Meinhard Forster, dem MG Finanz- und Nordamerikavorstand,

---

5   Herbeck (1997), S. 125.
6   Vgl. Herbeck (1997), S. 126.
7   Vgl. Herbeck (1997), S. 126.
8   Aus drei Gründen wurden kurzfristige, vor allem einmonatige Finanzderivate, verwendet: (i) da Öl-Futures mit fünf- bzw. zehnjähriger Laufzeit nicht angeboten wurden, (ii) da der Markt für Laufzeiten länger als ein Monat relativ illiquid ist und (iii) da man sich durch kürzere Laufzeiten höhere Flexibilität im Falle einer Anpassung der Höhe der Hedge-Position versprach.
9   Diese entstehen allerdings nur im Falle einer so genannten »Contango«-Situation, d.h. wenn der Futureskurs über dem Kassapreis notiert (positive Basis).

über die Liquiditätsprobleme als Folge der täglich steigenden Sicherheitsleistungen (Margins) an der NYMEX wegen des verschärften Ölpreisverfalls im Spätjahr 1993 in Kenntnis gesetzt. In diesem Zusammenhang wurde am 10.12.1993 ein Treffen zwischen führenden Vertretern der MG und den beiden Hausbanken der MG, der Deutschen Bank und der Dresdner Bank, vereinbart. Von Seiten der MG wurde erklärt, dass es sich nur um einen vorübergehenden Liquiditätsengpass handeln würde, da den Abflüssen für die Zahlungen der Margins unrealisierte Gewinne aus Gegengeschäften in gleicher Höhe gegenüberstünden. Grundsätzlich hatte die MG die Möglichkeit auf eine Euro-Kreditlinie eines aus 46 Banken bestehenden Konsortiums in Höhe von 1,5 Mrd. DM zurückzugreifen. Um unnötiges Aufsehen zu vermeiden, einigte man sich allerdings mit den beiden Hausbanken auf einen Überbrückungskredit in der Höhe von 500 Mio. USD, der einen weiteren Ölpreisverfall von ca. 3 USD abdecken würde. Des Weiteren wurde die Verantwortung für die Ölgeschäfte der MG Corp. an das MG Vorstandsmitglied Hans-Werner Nolting übertragen, der kurz darauf ein Risk-Management-Committee zur Klärung der Angelegenheiten einberief. Dr. Ronaldo Schmitz engagierte Nancy Kropp für das Risk-Management-Committee, die auch schon der Deutschen Bank bei der Bereinigung der Klöcknerkrise[10] geholfen hatte. Am darauf folgenden Wochenende legte auch der Chefhändler der MGRM, Arthur Benson, Schimmelbusch einen Vorschlag zur Beilegung des erhöhten Liquiditätsbedarfs vor, der den Erwerb von Put-Optionen zur Absicherung gegen weitere Preissenkungen beinhaltete. Obwohl Schimmelbusch diesem zustimmte, wurde er nie umgesetzt.

Ungefähr zur selben Zeit, als sich die Gerüchte über die Liquiditätskrise der MGRM verbreiteten, begann die NYMEX erhöhte Sicherheitsleistungen (Supermargins) von der MGRM zu berechnen und forderte, keine neuen Positionen mehr einzugehen. Auch die Swap- und Forward-Gegenparteien weigerten sich angesichts der drohenden Insolvenz ihre Verträge zu verlängern. Da in diesen Tagen die Probleme immer akuter wurden, sich aber keine Lösung abzeichnete, zog der Aufsichtsratvorsitzende Dr. Ronaldo Schmitz am 15.12.1993 einen Schlussstrich und entließ sechs der acht MG Vorstände. In diesen Tagen wurde auch damit begonnen, das Volumen der Lieferkontrakte und Hedge-Positionen zu reduzieren. Insbesondere die Frage, wer für die Auflösung der Positionen an der NYMEX verantwortlich war, ist umstritten. Die Frage ist deshalb von besonderer Bedeutung, weil im Zusammenhang mit den der Krise folgenden Rechtsstreitigkeiten behauptet wird, die Verluste seien erst durch die überstürzte Auflösung der Positionen realisiert worden.[11] Es existieren zwei Meinungen darüber, wer sich die Verluste zurechnen lassen muss: Einerseits soll unter dem neuen Vorstandsvorsitzenden Dr. Kajo Neukirchen und dem neu gebildeten Risk-Management-Committee der Beschluss, die Positionen zu reduzieren, fortgesetzt worden sein. Andererseits wird behauptet, dass der Aufsichtsrat unter der Führung von

---

10 1988 verlor das Handelshaus Klöckner & Co durch Fehlspekulationen mit Öltermingeschäften rund
      600 Mio. DM.
11 Eine detaillierte Diskussion hierzu ist in Culp/Miller (1999) zu finden.

Dr. Ronaldo Schmitz und die Deutsche Bank sukzessive die Kontrolle über die MG übernommen hätten und somit für die Auflösung der Positionen verantwortlich zu machen wären.

»Eine Schätzung der bis dahin angefallenen Cashflows für die Zeit von Juni 1992 bis Dezember 1993 ergab einen Wertverlust der Hedge-Positionen von 1.277 Mio. USD, wovon zwei Drittel im vierten Quartal 1993 entstanden.«[12]

2.1.4 Krisenursachen

Auslöser der Liquiditätskrise waren einerseits die unterschiedliche Fristigkeit zwischen Long- und Short-Positionen und andererseits die hohen Kosten der Rollover-Strategie, die durch das unerwartete Contango-Szenario[13] bedingt wurden. Die Rahmenbedingungen, unter welchen diese Krise nicht verhindert werden konnte, sind aber als Folge Operationeller Risiken zu verstehen. »In referring to MGRM, for example, the General Accounting Office (GAO) states that poor operations controls were reportedly responsible for allowing losses at this firm to grow to such levels.«[14] Erste Anzeichen dafür erkennt man bereits an folgenden Umständen:

1. Fehlinterpretation der Lage aufgrund des mangelnden Verständnisses für das Geschäft von Seiten des Vorstands: Die eigentliche Ursache für die Krise der MG war nämlich das mangelnde Verständnis des Vorstands für die Aktivitäten der MGRM in Zusammenhang mit ihrer Hedging-Strategie. Auch die Einberufung des Teams, welches schon bei der Bereinigung der Klöcknerkrise geholfen hatte, deutet auf ein falsches Verständnis der Hedging-Strategie von Seiten des Vorstands hin. Scheinbar wurde die Hedging-Strategie mit reiner Spekulation verwechselt. Die erhöhten Liquiditätsbedürfnisse hielt man infolgedessen für eine Art von »verdoppeltem Einsatz, um vergangene Verluste zurückzugewinnen«. »MGRM faced operational risk, to be sure, but the opposite of that assumed by GAO and many others: the supervisory board may not have understood that MGRM was hedging and not speculating.«[15]
2. Ungenügendes Risikomanagement und ineffizienter operationeller Geschäftsablauf: Als typisches Zeichen mangelnder operationeller Risikoüberwachung, welches auch in einigen anderen Fallstudien beobachtet werden kann, kommt es auch in diesem Fall zu einer eiligen Einberufung eines Riskmanagementgremiums nach Erkennen der Krise, anstatt bereits präventiv über ein solches zu verfügen. Unabhängig von dem möglichen Nutzen und trotz unterschiedlicher Meinungen[16] zu der von Arthur Benson vorgeschlagenen Put-Options-Strategie, kann die Tatsache, dass eine genehmigte Maßnahme nicht

---

12 Herbeck (1997), S. 140.
13 Laut Statistik ist nämlich das Gegenteil, die Backwardation (negative Basis) für Ölmärkte kennzeichnend.
14 General Accounting Office (1994), S. 4 zitiert in Culp/Miller (1999), S. 134.
15 Culp/Miller (1999), S. 134.
16 Vgl. Kniese (1997), S. 76.

umgesetzt wurde, bereits als Schwäche des operationellen Geschäftsablaufes interpretiert werden und somit als ein weiteres Indiz für eine Risikoquelle im operationellen Sinn.

3. Heterogenität der Rahmenbedingungen im internationalen Geschäft: Im vorliegenden Fall kann dies präzisiert werden auf grenzüberschreitende Unterschiede bei den Buchhaltungs- und Kostenrechnungsverfahren als Ausprägungsform Operationellen Risikos. Culp/Miller führen noch eine weitere Quelle Operationellen Risikos an: »Operational risk can also arise from the accounting and auditing process.«[17] Damit ist gemeint, dass nach deutschem Rechnungslegungsgesetz Gewinne, die bis jetzt nur auf dem Papier bestehen, in die Bewertung offener Positionen nicht einbezogen werden dürfen, also nach dem Niederstwertprinzip vorzugehen ist. Auf der anderen Seite aber Verluste, die ebenfalls bis jetzt nur auf dem Papier bestehen, voll in die Bewertung miteinzubeziehen sind, also nach dem Höchstwertprinzip zu handeln ist. Im Gegensatz dazu können nach den Generally Accepted Accounting Principles (GAAP) sich aufhebende (Hedge-) Positionen saldiert werden. Die konservative deutsche Vorgehensweise führt dadurch zu einer »Übertreibung« der Verluste. Im Fall der MGRM kann diese »Übertreibung« unter anderem für die überstürzte Auflösung der Futures-Positionen verantwortlich gemacht werden.

2.2　Fallstudie 2: Der Long Term Capital Management Fund

2.2.1　Überblick

Der Long Term Capital Management Fund (LTCM) stand im Mittelpunkt der Turbulenzen an den Weltfinanzmärkten in den Monaten Juli bis Oktober 1998. Es handelt sich bei diesem um einen so genannten Hedge-Fund. Anders als der Begriff »Hedge« eigentlich vermuten lässt, steht nicht das »Hedging« – also die Absicherung bereits bestehender Wertpapierpositionen durch Derivate und Leerverkäufe – im Vordergrund der Anlagestrategien solcher Fonds, sondern vielmehr der Einsatz derselben Instrumente zu Zwecken der Spekulation. Generell kann man Hedge-Funds anhand ihrer Anlagestrategien in drei verschiedene Kategorien einteilen:[18] »Macro« Funds spekulieren beispielsweise auf die Entwicklung makroökonomischer Variablen, wie die Entwicklung bestimmter Länder und deren Währungen. »Distressed Securities« Funds spekulieren auf den Konkurs ertragsschwacher Unternehmen. »Market neutral« oder »Arbitrage« Funds verfolgen eine Strategie, die auf die Ausnutzung von Marktunvollkommenheiten zwischen einzelnen Titeln ausgerichtet ist. Dabei wird auf ganz bestimmte isolierte Zusammenhänge spekuliert, wie z.B. auf die relative Kursentwicklung zwischen

---

17　Culp/Miller (1999), S. 135.
18　Vgl. Edwards (1999), S. 195.

Stamm- und Vorzugsaktien eines Unternehmens, im Falle einer Mergers-and-Acquisition(M&A)-Arbitrage auf die relative Kursentwicklung zwischen übernehmender und übernommener Aktie oder auf die Entwicklung eines Zinsspreads, also der relativen Veränderung der Renditen zwischen Anleihen unterschiedlicher Bonität oder Laufzeit. In jedem dieser drei Fälle unterstellt man, dass die Wertpapiere durch den Markt falsch bewertet sind. Infolgedessen werden zur Umsetzung der Arbitrage-Strategie die überbewerteten Papiere verkauft und die unterbewerteten gekauft. Tritt die prognostizierte Preisentwicklung in Richtung des Fair Value der Papiere ein, lässt sich ein Profit erzielen, da in diesem Fall die gekaufte Position relativ an Wert gewonnen und die verkaufte Position relativ an Wert verloren hat. Diese Strategien werden als marktneutral bezeichnet, weil es insbesondere keine Rolle spielt, wie sich der Gesamtmarkt in dieser Zeit entwickelt.[19]

2.2.2 Anlagestrategie des LTCM

Der LTCM wurde im Jahr Februar 1994 von John Meriwether, mehreren »General Partners« und anderen vermögenden privaten sowie institutionellen Investoren mit einem Eigenkapital von ca. 1,3 Mrd. USD gegründet. Die »General Partners« waren mit mindestens 100 Mio. USD an LTCM beteiligt. Die Mindestanlagesumme für jeden einzelnen Investor betrug 10 Mio. USD und musste mindestens drei Jahre im Fonds verbleiben.[20] Bereits in seinem Gründungsjahr 1994 erwirtschaftete LTCM einen Nettogewinn von 19,9 %, 1995 einen Nettogewinn von 42,8 %, 40,8 % im Jahr 1996 und 17,1 % im Jahr 1997. Als Ende 1997 durch den Erfolg von LTCM das verwaltete Fondsvolumen bis auf über 7 Mrd. USD angewachsen war, beschloss das Management 2,7 Mrd. USD an die Investoren zurückzugeben. Somit startete LTCM mit einem Fondsvolumen von rund 4,8 Mrd. USD in das Jahr 1998.[21]

Im Rahmen seiner Anlagestrategie kann LTCM als so genannter »Market-Neutral-Funds« bezeichnet werden. John Meriwether spezialisierte sich mit seinem Team vor allem auf die Strategie der so genannten marktneutralen Bond-Arbitrage.[22] »Bei der Bond-Arbitrage wird versucht, mit Hilfe quantitativer Modelle potentielle Fehlbewertungen von Anleihen zu selektieren und aufgrund der theoretischen Effizienz der Future- und Kassaanleihenmärkte auf einen Arbitrageprozess in Richtung einer Beseitigung der Fehlbewertung zu spekulieren.«[23] Das Team von LTCM erwartete für das Jahr 1998 eine weitere Beruhigung der durch die Asienkrise ausgelösten Verunsicherung an den Anleihenmärkten und rechnete damit, dass sich die Renditeunterschiede (Spreads) zwischen Anleihen

19 Vgl. Scheunenstuhl (1999), S. 29.
20 Diese Mindestanlagedauer erlaubt den Fondsmanagern auch Investitionen in relativ illiquide Titel.
21 Vgl. Edwards (1999), S. 197.
22 LTCM nutzte aber auch andere Arbitrage-Strategien, wie z. B. die M&A Arbitrage bei dem Merger zwischen der Citicorp. und der Travelers Group, vgl. hierzu Chorafas (2000), S. 118.
23 Single/Stahl (2000), S. 208.

unterschiedlicher Bonität oder Laufzeit bei identischen Emittenten weiter verringern werden. Deshalb verkaufte der LTCM-Fonds liquide Bonds mit niedrigen Renditen (z.B. U.S. Treasuries oder deutsche Bundesanleihen), die nach Meinung der LTCM Experten als überbewertet angesehen wurden, und kaufte auf der anderen Seite verschiedene Formen illiquider High-Yield-Bonds (z. B. Staatsanleihen von Emerging-Market-Countries oder »Junk« Corporate Bonds), die dem LTCM-Management unterbewertet erschienen. Häufig wurden diese Käufe und Verkäufe auch durch derivative Finanzinstrumente repliziert, wofür einerseits an den Börsen gehandelte Kontrakte und andererseits OTC-Instrumente verwendet wurden. Der Vorteil dieser Replikation im Vergleich zu einem Kassageschäft war der eindeutig geringere Kapitaleinsatz, was durch folgendes Beispiel veranschaulicht werden soll: LTCM schloss eine Reihe von Zinsswaps (Interest-Rate-Swaps, IRS) ab, in denen vereinbart wurde, dass man periodische Zahlungen zu leisten habe, wenn sich die Spreads zwischen LIBOR-basierten Instrumenten und Staatsanleihen erweiterten, aber Zahlungen erhalten würde, wenn sich diese verringerten. Die Höhe dieser Zahlungen waren großteils von dem vereinbarten Nominalbetrag (Notional) des zugrunde liegenden Swap-Vertrages abhängig. Ein Nominalbetrag von 100 Mio. USD würde somit eine Position von 100 Mio. USD in den betreffenden Wertpapieren replizieren. Zu Beginn des Jahres 1998 summierten sich die von LTCM abgeschlossen Nominalbeträge derivativer Instrumente auf über eine Billion USD. Weiters konnte LTCM über mehr als 125 Mrd. USD an Fremdkapital verfügen, was einen Hebel (Leverage) von ca. 1:25 bedeutete.[24] Angesichts dieser Tatsachen erscheint die Gefahr evident, der LTCM bei einer für ihn ungünstigen Kursentwicklung ausgesetzt war.

2.2.3 Chronologie der Krise

In den Sommermonaten 1998 trat allerdings das Gegenteil von dem ein, was das LTCM-Management erwartet hatte: Die Asienkrise spitzte sich weiter zu und löste erneut Unruhen an den internationalen Finanzmärkten aus. Befürchtungen, die Krise könnte sich auch auf andere Emerging Markets außerhalb Asiens ausbreiten, löste eine Flucht der Investoren in Anleihen erstklassiger Schuldner aus. Als zudem Russland am 17. August 1998 ein Moratorium seiner Staatsschulden in Höhe von 13,5 Mrd. USD und die Abwertung des Rubels bekannt gab, verkauften Anleger überstürzt die Anleihen zweit- oder drittklassiger Schuldner. »The bond-trading desks of banks and securities firms began to unload their risky, illiquid bond positions. Within a few months, there was virtually no market (or bids) for junk bonds, as buyers disappeared and yields on high-risk bonds soared.«[25] In dieser Zeit weiteten sich die Spreads zwischen Anleihen niedriger Bonität und sicheren Staatsanleihen dramatisch aus. Selbst bei Anleihen mit minimalen Bonitätsunterschieden im Vergleich zu sicheren Staatsanleihen, wie z.B. Anleihen

---

24　Vgl. Edwards (1999), S. 198.
25　Edwards (1999), S. 199

süd- oder nordeuropäischer Staaten oder Kommunalobligationen, weiteten sich die Spreads gegenüber deutschen Staatsanleihen unvermutet stark aus.

»Diverse Positionen, die aufgrund historisch positiver Korrelation (z.B. Dänische Bonds und German Bunds) eingegangen wurden, korrelierten entgegen den Berechnungen der LTCM-Mathematiker plötzlich negativ.«[26] Bis Mitte September fiel das Eigenkapital des falsch positionierten LTCM-Fonds auf rund 600 Mio. USD, was einen Verlust von mehr als 4 Mrd. USD bedeutete.[27]

Datum	Markante Ereignisse an den internationalen Finanzmärkten
15. Juni 1998	Der japanische Yen fällt auf einen Kurs von 146 gegenüber dem USD
17. August 1998	
31. August 1998	Russland gibt die Abwertung des Rubels und ein Moratorium seiner Staatsschulden in Höhe von 13,5 Mrd. USD bekannt
28. September 1998	Der Dow Jones Index fällt um 512 Punkte
5. Oktober 1998	Rettungsaktion des LTCM, angeführt durch die New York Fed
	Die Rendite der 30 jährigen U.S. Treasuries fällt auf ein »All-Time-Low« von 4,76 %
13. November 1998	Der IMF kündigt ein Hilfspaket von 41,5 Mrd. USD für das krisengeschüttelte Brasilien an
4. Januar 1999	Durch die Euro-«Euphorie« erholen sich die Aktienmärkte in Europa und den USA
11. Januar 1999	Der JPY erreicht ein 28 Monatshoch von 108,6 USD
13. Januar 1999	Brasilien wertet den Real ab;: die Aktienmärkte beginnen wieder zu fallen
29. Januar 1999	Innerhalb von 14 Tagen wird die 8,5 % Abwertung des Real zu einer 42,5 % Abwertung
19. Februar 1999	Innerhalb der ersten eineinhalb Monate nach seiner Einführung fällt der Euro von 1,18 auf 1,10 USD

Quelle: Chorafas (2000), S. 37

Abb. 2: Unruhen an den internationalen Finanzmärkten von Juni 1998 bis Februar 1999

Bald darauf tauchten die ersten Gerüchte an der Wall Street auf, dass einige große Hedge-Funds Probleme hätten, ihren Nachschussverpflichtungen (Margin-Calls) nachzukommen. Diese resultierten einerseits aus den angefallenen Verlusten an den Terminmärkten und andererseits aus den erhöhten Einschussverpflichtungen in Folge der höheren Marktschwankungen (Volatilitäten). Der LTCM-Fonds befand sich in einem Teufelskreislauf: Einerseits geriet er durch die schnell wach-

---

26 Single/Stahl (2000), S. 210
27 vgl. Edwards (1999), S. 199

senden Nachschussforderungen und die verlangten Sicherheitsleistungen der LTCM-Vertragskontrahenten unter Druck und andererseits durch den Preisverfall der Wertpapiere in seinem Portfolio. Um den Nachschussforderungen nachkommen zu können mussten aber Wertpapiere zu jedem Preis verkauft werden, wodurch er diesen Preisdruck noch verstärkte.[28] Die Verunsicherung der LTCM-Kontrahenten wurde durch den Umstand weiter erhöht, dass sie keinen genauen Überblick über Art und Umfang der offenen Positionen mit anderen Kontrahenten hatten. Der LTCM-Fonds war in dieser Zeit bemüht, neue Investoren zu finden, um von diesen die dringend benötigten liquiden Mittel zu erhalten. Allerdings verlief die Suche erfolglos. Da sich die Lage des Fonds ohne Kapitalzufuhr und ohne erweiterte Kreditlinien durch die täglich wachsenden Nachschussforderungen dramatisch verschlechterte, blieb dem LTCM-Management keine andere Wahl mehr, als am 18. September 1998 die NYFRB über seine Probleme zu informieren. Drei Tage später, am 21. September 1998, verlor der LTCM 500 Mio. USD an einem einzigen Tag.[29] »Die NYFRB erachtete die Situation als ausgesprochen bedenklich, da die mittlerweile hohen Verluste und Volatilitäten an den Märkten für risikobehaftete Assets weltweit die wachsende Nervosität der Marktteilnehmner erkennen ließ und Nährboden für eine potentielle Ausweitung der Finanzkrise nicht abzuschätzenden Ausmaßes bot. Eine Implosion aller Preise für risikobehaftete Assets war vor allem für den Fall der Zwangsliquidation aller LTCM-Positionen nicht mehr auszuschließen. Deshalb organisierte die amerikanische Notenbank am 22. September 1998 ein Treffen aller Firmenvertreter, die als Investoren, Kreditgeber oder Kontrahenten von dem LTCM-Debakel betroffen waren, um über das systemische Risiko zu diskutieren.«[30] Schon am darauf folgenden Tag einigte man sich unter der Beratung der NYFRB[31] auf eines der größten Hilfs- (Bail-Out) Pakete in der Geschichte der amerikanischen Börse. Ein Konsortium bestehend aus 16 privaten Banken[32] stellte insgesamt eine Summe von ca. 3,625 Mrd. USD zur Verfügung und erhielt als Gegenleistung eine 90 % Beteiligung am LTCM-Fonds. Diese Hilfsaktion verhinderte eine Zwangsliquidation und somit auch den wahrscheinlichen Zusammenbruch der internationalen Finanzmärkte.

---

28 Die Positionen des LTCM in einigen Wertpapieren waren von solch großen Umfang, dass der Market-Impact bei einem Verkauf dieser Papiere enorm war.

29 Vgl. Eatwell/Taylor (2000), S. 105.

30 Single/Stahl (2000), S. 211.

31 Die NYFRB leistete selbst keine direkte finanzielle Unterstützung und beschränkte ihre Rolle als Lender of Last Resort auf eine koordinierende Funktion bei dieser privaten Hilfsaktion. Allerdings konnte Sie durch zwei Zinssenkungen in den darauf folgenden Tagen aktiv Hilfe bei der Beseitigung der Krise leisten.

32 Darunter waren: Goldman Sachs, Merrill Lynch, J.P. Morgan, Morgan Stanley, Dean Witter, Travelers Group, Union Bank of Switzerland, Barclays, Bankers Trust, Chase Manhattan, Credit Suisse First Boston, Deutsche Bank, Lehman Brothers, Paribas und Societe Generale.

2.2.4 Krisenursachen

1. Fehleinschätzung der Managementkompetenz: Die Besonderheit dieser Fallstudie liegt in der Kompetenz der verantwortlichen Manager. Während nämlich im Rahmen anderer Fallstudien dieser Arbeit (z. B. Barings plc., Metallgesellschaft AG) sowie bei den publizierten Derivate-Unfällen häufig die Inkompetenz der beteiligten Manager als wesentliche Ursache für das Dilemma nachgewiesen werden konnte, handelt es sich bei den hier beteiligten Managern um sehr erfahrene Banker und hochkompetente Risikomanager. Unter den 16 »General Partners« befanden sich neben dem LTCM-Gründer John Meriwether, dem ehemaligen Chef des Bond-Handels bei der Investmentbank Salomon Brothers, David Mullins, ehemaliger Vize Präsident der NYFRB, Myron Scholes und Robert Merton, die erst ein Jahr zuvor mit dem Nobelpreis für ihre Leistungen um die Bewertung von derivativen Finanzinstrumenten ausgezeichnet wurden, und eine Schar von Fixed-Income-Starhändlern, die ebenfalls früher für die Investmentbank Salomon Brothers arbeiteten. Wenn das Management nicht für die Krise verantwortlich gemacht werden kann, diese Experten aber trotzdem nicht in der Lage waren, sie zu verhindern, die Einflüsse des Marktrisikos hier außer Acht gelassen werden sollen, stellt sich die Frage, welche anderen Ursachen für das LTCM-Debakel verantwortlich sind. Die geschilderte Konstellation hatte nämlich das Fehlen eines geeigneten Kontrollsystems zur Folge. Eine weitere Ursache für das Versagen des LTCM-Fonds kann in der Selbstüberschätzung der beteiligten Manager gesehen werden, was wiederum als eine Form »menschlichen Versagens« gewertet werden kann und somit dem Operationellen Risiko zuzurechnen wäre. Die hohen Renditen der vergangenen Jahre mögen bei den LTCM-Managern zu einer starken Überschätzung der eigenen Fähigkeit zur Markteinschätzung geführt haben, sodass extremen Szenarien zu wenig Beachtung geschenkt wurde.[33] Das Fehlen eines geeigneten Regel- und Kontrollsystems zur gegenseitigen Überwachung dürfte hierbei hauptausschlaggebend gewesen sein.
2. Model-Risk: Wie bereits weiter oben erwähnt, verwendeten die LTCM-Experten bei der Ausarbeitung ihrer Handelsstrategien (z.B. der marktneutralen Bond-Arbitrage) und bei der Überwachung und Steuerung des Risikos von ihnen entwickelte Modelle. »The models were descendants of Black-Scholes, designed to process effectively all the historical information available in order to detect price movements which were »out of phase«, and which the market might be expected to reverse. They faithfully led LTCM into a trap.«[34] Offensichtlich dürften in diesen Modellen falsche oder unvollständige Annahmen getroffen worden sein, die eine falsche Prognose zukünftiger Entwicklungen ermöglichten. Es kann daher das so genannte Model-Risk, für das LTCM-Debakel verantwortlich gemacht werden. Scheunenstuhl nennt in seinem Arti-

---

33 Vgl. Scheunenstuhl (1999), S. 32.
34 Eatwell/Taylor (2000), S. 105.

kel vier Annahmen, die den bei LTCM verwendeten Modellen fälschlicher-
weise zugrunde lagen:[35]

- Im Zuge der Hedgig-Strategien wurde von einem sehr liquiden Markt aus-
  gegangen. Der LTCM-Fonds hielt allerdings auch Derivate auf sehr illiquide
  Basistitel in seinem Portfolio.
- Folgende Tatsache wurde nicht berücksichtigt: Erreichen die eigenen Positionen eine solche Größenordnung, dass jede Transaktion einen direkten
  Preiseinfluss (Market-Impact) mit sich bringt, so ist eine Liquidierung der
  Positionen ohne größere Verluste praktisch nicht mehr möglich.
- Mangelnde Absicherungswirkungen ergeben sich insbesondere auch dann,
  wenn eine »Katastrophenplanung auf Schönwetterdaten« aufgebaut ist. So
  ist etwa bekannt, dass sich die Korrelationsbeziehungen zwischen Anlagen
  im Laufe der Zeit ändern. Insbesondere in Krisensituationen sind Korrelati-
  onen eher höher als im Normalfall. Gerade dann, wenn ein möglichst hoher
  Diversifikationseffekt gebraucht würde, stellt sich kein risikoreduzierender
  Effekt ein.
- Auch die Annahme, dass Renditen normalverteilt sind, stellt in vielen Fällen eine unzulässige Vereinfachung dar.[36]

3. Versagen der externen Kontrollorgane: Abschließend stellt sich noch die Frage,
   inwieweit externe Aufsichtsbehörden für diese Krise mitverantwortlich sind.
   Zu diesem Zweck soll hier kurz auf die aufsichtsbehördlichen Anforderungen für so genannte Hedge-Funds in den USA eingegangen werden. Obwohl
   Hedge-Funds in der Rechtsform einer GmbH organisiert werden können, werden die meisten als Personengesellschaften mit beschränkter Haftung zum
   Zweck der Kapitalanlage ihrer Gesellschafter gegründet. Ziel der Regulierung
   von Hedge-Funds ist, sie nur mündigen und kapitalstarken Investoren zugänglich zu machen, die in der Lage sind, die mit einer Investition in Hedge-Funds
   verbundenen Risiken abschätzen zu können. Daher werden sie von den meisten aufsichsbehördlichen Regelungen und gesetzlichen Vorschriften unberücksichtigt gelassen.[37] Allerdings müssen amerikanische Hedge-Funds, die
   an Futures- und Optionsbörsen handeln (wie LTCM), nach dem Commodity
   and Exchange Act (CEA) als so genannte Commodity-Pools registriert sein.
   Diese unterliegen als Commoditiy-Pool-Operator (CPO) der Aufsicht Commodity Futures Trading Association (CFTA) und der National Futures Association (NFA). Die Mindestanforderungen eines CPO sind die Einreichung eines
   jährlichen Geschäftsberichts bei der CFTA und der NFA, die Bereitstellung
   von Kopien dieses Geschäftsberichts für seine Investoren und die Erstellung
   vierteljährlicher Berichte über seine Vermögenslage. Außerdem sind sie nach
   dem CEA verpflichtet, Buch zu führen, unterliegen bestimmten Compliance-
   Vorschriften und werden durch die NFA geprüft. Aus diesen Regelungen wird

---

35 Vgl. Scheunenstuhl (1999), S. 32.
36 Siehe dazu: Fitzgerald (1996), S. 347-351.
37 z.B. werden sie auch im Securities Act von 1933 berücksichtigt, da ihre Wertpapiere nur privat ange-
    boten werden.

ersichtlich, dass der Vorteil solcher Hedge-Funds darin liegt, dass ihnen hinsichtlich der Auswahl ihrer Wertpapiere und Handelsstrategien vollkommen freie Hand gelassen wird. Bei der Diskussion um eine Verschärfung der aufsichtsbehördlichen Regelungen und gesetzlichen Vorschriften – und somit zu der Frage der Mitschuld der Aufsichtsbehörden bei der LTCM-Katastrophe – existieren zwei konträre Meinungen: Die erste sieht keine Notwendigkeit weitere Regelungen einzuführen, da als Kontrahenten für die Wertpapiergeschäfte solcher Hedge-Funds nur institutionelle Investoren (z.B. Banken oder Wertpapierhäuser) in Frage kommen und diese bereits ausreichend reguliert sind. Vielmehr wäre es deren Aufgabe, Art und Umfang ihrer Investments sorgfältiger auszuwählen, und nicht wie im Fall des LTCM, geblendet durch die Reputation des LTCM-Managements, leichtfertig enorme Summen für ihnen mehr oder weniger unbekannte Anlagestrategien zur Verfügung zu stellen.[38] Die andere Meinung besagt, dass schon die Gefahr einer Systemkrise alleine, die durch die Schieflage solcher Fonds entstehen kann, für weitere Regelungen solcher Hedge-Funds spricht. Auch spekulative Attacken auf die Währungen von Emerging-Market-Countries, die oft den Kollaps der Wirtschaft des ganzen Landes zur Folge haben, würden diese Meinung unterstützten.

2.3 Fallstudie 3: Barings Plc.

2.3.1 Überblick

Die Ursprünge des Bankhauses Barings reichen bis in das 18. Jahrhundert zurück: Im Jahre 1762 gründeten zwei Brüder Baring Brothers & Company. Durch eine Krise zerschlagen trat an dessen Stelle im Jahre 1890 Baring Brothers & Co Limited (BB&Co). 1984 übernahm Barings das Brokerhaus Henderson Crosthwaite & Co, aus dem einmal Baring Securities Ltd entstehen sollte. Ein Jahr später wurde Baring Plc als Dachgesellschaft gegründet, indem sie sämtliche Aktien von BB&Co übernahm. In dieser Dachgesellschaft waren auch das Wertpapiergeschäft der Barings Bank, nämlich Baring Securities Ltd. (BSL) und die krisenauslösende Tochtergesellschaft Baring Futures Singapore Pte Ltd (BFS), enthalten.

Am 26.2.1995 wurde der Konkurs von Barings Plc. offiziell bekannt. Zu diesem Zeitpunkt umfasste der Gesamtverlust eine Summe von 1,4 Mrd. USD, bei einem bilanziellen Haftungskapital von 615 Mio. USD.[39] Der Zusammenbruch des über 200 Jahre alten Bankhauses wurde durch einen einzigen Mann, Nick Leeson, verursacht. Nick Leeson begann seine Karriere bei Coutts & Co., wechselte dann zu Morgan Stanley und kam danach schließlich zu Barings, wo er fast drei

---

38 Vgl. Sachs (1998), S. 29.
39 Vgl. Sheedy (1997), S. 36.

Jahre in London arbeitete bevor er nach Singapur zog und dort »von 1992 bis 1995 die Position des Derivatives-Operations-Managers, des General Managers und des Chefhändlers für BFS einnahm«[40]. In dieser Position hatte er sowohl die Kontrolle über die Durchführung der Wertpapiergeschäfte (Front-Office) als auch über deren interne Abwicklung (Back-Office), was sich später als entscheidender Fehler herausstellen sollte.

2.3.2 Chronologie der Krise

Zu Beginn seiner Tätigkeit bei BFS eröffnete Leeson in Absprache mit London ein Konto mit der Nummer 88888. Dieses Konto war intern als Fehlerkonto deklariert, um kleinere Fehler im Zuge von Handelsgeschäften auf diesem Konto zu verbuchen und innerhalb Singapurs auszugleichen.[41] Trotz einer späteren Weisung aus London, alle Fehlgeschäfte direkt nach London zu verbuchen, wodurch dieses Konto praktisch geschlossen worden wäre, konnte Leeson dieses Konto noch zweieinhalb Jahre bis zum Zusammenbruch von Barings unentdeckt weiter nutzen. Er gab einem Mitarbeiter die Anweisung, das Konto von allen Meldungen auszuschließen, die von BFS nach London zu übermitteln waren.[42] Auf diesem Konto wurden sämtliche unautorisierten Transaktionen gebucht und die aus ihnen entstehenden Verluste akkumuliert. Außerdem gab Leeson als Chefhändler den ihm unterstellten Händlern die Anweisung, von ihm abgeschlossene Geschäfte in fiktive kleinere Geschäfte aufzuteilen und deren Preise und Mengen zu manipulieren. Diese gefälschten Scheingeschäfte, die selbstverständlich Gewinn bringend erschienen, wurden London mitgeteilt, während die tatsächlichen, verlustreichen Geschäfte auf dem Konto 88888 verheimlicht wurden. Auf diese Weise gelang es ihm, einerseits seine Machenschaften über lange Zeit gegenüber seinen Vorgesetzten zu verbergen, und andererseits durch scheinbar permanente Gewinne seinen Ruf als »Starbroker« weiter auszubauen.

Ein immer stärker werdendes Problem, mit dem Leeson zu kämpfen hatte, waren die ständig anwachsenden Einschussforderungen, die er der SIMEX (Singapore International Mercantile Exchange) als Sicherheiten für seine Short-Positionen zu überweisen hatte. Mit zunehmender Zeit und immer höheren Einsätzen, mit denen er versuchte, eingetretene Verluste zu kompensieren, wurde es schwieriger, die geforderten Geldmengen aufzutreiben. Daher wies Leeson die ihm unterstellten Mitarbeiter an, »vor Überreichung des Berichtes eines Handelstages an die SIMEX, Manipulationen bei den Verkaufs- und Kauf-Kontrakten vorzunehmen und diese zum Teil zu saldieren, was in einer Reduktion der Einschüsse mündete«[43]. Obwohl mit der Zeit das Misstrauen Londons, das die Finanzierung der anwachsenden Einschüsse koordinierte, die im Wesentlichen von BSL und Baring Securities Japan Ltd vorgenommen wurden, wuchs, konnte Leeson eine Initiative, diese Einschüsse zu kontrollieren, vereiteln. Einer der

---

40 Rawnsley (1995), S. 101.
41 Vgl. Kane/DeTrask (1998), S. 4.
42 Vgl. Rawnsley (1995), S. 209.

Gründe warum Leeson sich immer wieder solchen Untersuchungen entziehen konnte, waren die enormen Gewinne, die er vorgab zu erwirtschaften. 1994 soll Leeson 20 Millionen USD für Barings erwirtschaftet haben, was einem Fünftel des gesamten Gewinns von Barings entsprochen hat. Das wiederum führte zu dicken Bonusschecks für Leeson und seine Vorgesetzten.[44] Diese waren daher nicht wirklich bestrebt, ihn in seinem Handeln zu beeinträchtigen.

Im August 1994 kam es zu einer Prüfung der Niederlassung in Singapur durch die interne Revision, welche nach Abschluss zu folgenden drei Empfehlungen[45] kam:

1. Leeson sollte nicht länger für das Front- und das Back-Office verantwortlich sein.
2. Ein unabhängiger Risk- und Compliancemanager sollte eingesetzt werden, um die Handelsgeschäfte der BFS zu überwachen.
3. Die Prüfer verlangten eine Überprüfung aller finanzieller Anforderungen der BFS an London durch die Group Treasury London und die Einführung von Obergrenzen der Positionen an der SIMEX und der dem Marktrisiko ausgesetzten offenen Postionen.

Der Revisionsbericht enthält unter anderem folgende Aussage: »The audit found that [...] there is a significant gerneral risk that the controls could be overridden by the General Manager. He is the key manager in the front and the Back-Office and can thus initiate transactions on the Group's behalf and then ensure that they are settled and recorded according to his own instructions.«[46] Dank seines Status als Starbroker, der ihm eine einflussreiche Position gegenüber seinen Vorgesetzten einbrachte, konnte er auch hier die Umsetzung aller Empfehlungen verhindern.

Erst zu Jahresende 1994, als durch eine externe Untersuchung der Wirtschaftsprüfer Coopers & Lybrand (C&L) ein Bilanzloch von ca. 50 Millionen £ entdeckt wurde, drohten die von Leeson verschleierten unautorisierten Aktivitäten aufgedeckt zu werden. Diese Divergenz zwischen dem von BFS geführten SIMEX Yen Settlementkonto und dem von der SIMEX selbst ausgewiesenen Kontobetrags umfasste rund 20 % des gesamten Bruttovermögens der Niederlassung in Singapur.[47] Der Fehlbetrag wurde von Leeson als eine Forderung in Form eines Marginvorschusses gegenüber Spear, Leeds & Kellogg (SLK), eines kleinen amerikanischen Brokerhauses, auf dem Konto 88888 ausgewiesen. In Wirklichkeit aber existierte diese Forderung nicht, denn es handelte sich um die kumulierten Verluste seiner unautorisierten Geschäfte. Leeson war durch die Aufdeckung unmittelbar mit zwei Problemen konfrontiert: Erstens musste er irgendwo 50 Mio. £ hernehmen und zweitens handelte es sich bei der Bevorschussung von Kundenmargins um eine unerlaubte Tätigkeit, die er eingestehen musste. Er versuchte

---

43 Körnert (1996a), S. 519.
44 Jorion (1997), S. 30.
45 Vgl. Kane/DeTrask (1998), S. 9.
46 Körnert (1996b), S. 614.
47 Vgl. Kane/DeTrask (1998), S.11.

durch verschiedene unwahre Aussagen das Millionenloch gegenüber C&L zu erklären und täuschte den Erhalt des Geldes von SLK vor, indem er mehrere Briefe und Faxe fälschte, die die Existenz eines Kontos bei SLK und die Überweisung bestätigen sollten. Spätestens zu diesem Zeitpunkt wären Leeson's Vorgesetzte verpflichtet gewesen, durch genaue und konsequente Nachforschungen Licht in die dubiosen Vorfälle in der BFS zu bringen. Doch auch hier kam es nur zu einer oberflächlichen pro forma Untersuchung, die sich als wenig aufschlussreich herausstellte. Selbst wenn man die vorherigen Versäumnisse und Nachlässigkeiten des Managements unberücksichtigt lässt, kann von hier an das Management von einer Mitschuld nicht mehr freigesprochen werden.

Erst einige Monate später, Anfang Februar 1995, wurde Anthony Railton mit dem Auftrag nach Singapur geschickt, die Kommunikationswege zwischen London und Singapur zu verbessern. Doch gerade dieses verspätete Handeln des Managements erwies sich als Fehler. Denn heute ist bekannt, dass »in der Zeit vom 1.1. bis 27.2.1995 ca. 75 % der verheimlichten Verluste anfielen [...] und dass bei konsequentem Eingreifen Barings noch etwa bis zum 1.2.1995 zu retten gewesen wäre.«[48] Railton versuchte mehrere Male mit Leeson zu sprechen, was ihm aber nicht gelang. Erst am 23. Februar konnte er ein Treffen mit Leeson vereinbaren, der sich aber unmittelbar nach Beginn der Besprechung entschuldigte, um sich, wie sich später herausstellte, nach Thailand abzusetzen. Als man Leeson's Flucht bemerkte, wurden sofort mehrere Leute damit beauftragt, sämtliche seiner Geschäfte zu überprüfen. Innerhalb kürzester Zeit wurden sowohl das Konto 88888 als die Ursache der fehlenden Millionen, alle unautorisierten Geschäfte, als auch die gefälschten Briefe und Faxe entdeckt. Leeson wurde nach seiner Ergreifung den Behörden in Singapur ausgeliefert und zu einer Haftstrafe von 6 ½ Jahren verurteilt.[49]

2.3.3 Krisenursachen

Wie war es möglich, dass eine Bank mit so langer Vergangenheit, die als ein sehr konservatives Haus angesehen wurde, durch einen einzigen Mann in den Ruin geführt werden konnte? Das Wall Street Journal bringt es in einem Artikel vom 27.2.1995 auf den Punkt: »Bank of England officials said they did not regard the problems in this case as one peculiar to derivatives. [...] In a case where one trader is taking unauthorized positions, they said, the real question is the strength of an investment house's internal controls and the external monitoring done by exchanges and regulators.«[50]

Wie bei so vielen anderen Fallstudien kam es auch bei Barings zu einem gleichzeitigem Versagen interner Kontrollmechanismen und externer Kontrollorgane. Im einzelnen lassen sich die technisch-organisatorischen (operationellen)

---

48 Körnert (1996b), S.617.
49 Jorion (1997), S. 31.
50 Wall Street Journal (27.2.1995), zitiert in Jorion (1997), S. 30.

Ursachen, die für die Überschuldung von Barings verantwortlich sind, in folgende Punkte einteilen: [51]

1. Fehlendes Trennungsprinzip: Wie oben bereits erwähnt, wurden konkrete Empfehlungen der internen Revision nicht in die Tat umgesetzt. Besonders hervorzuheben ist hier die nicht vorhandene Trennung der Durchführung und Abwicklung bzw. Verbuchung der Wertpapiergeschäfte. Dieser Punkt kann als schwerwiegenste Verfehlung und somit als die Hauptursache des Disasters angesehen werden.

2. Heterogenität der Rahmenbedingungen im internationalen Geschäft: Im gegenständlichen Fall war es vor allem das fehlende Risikomanagement aufgrund der falschen Interpretation der Geschäftstätigkeit. In allen Niederlassungen wurde Ende 1994 die Position eines Risikomanagers geschaffen. Nur in Singapur, wo man den dort getätigten Arbitrage- und Kundenhandel für risikolos hielt, wurde aus Kostengründen kein hauptamtlicher Risikomanager ernannt.

3. Gescheiterte Implementierung neuer Geschäftsstrukturen und mangelnde Kenntnis der Geschäftstätigkeit von Seiten der Vorgesetzten: Die Matrixstruktur, die zur Überwachung der Geschäftstätigkeiten eingeführt wurde, ist von vielen Mitarbeitern nicht akzeptiert oder verstanden worden. Als Folge davon konnte Leeson in Abwesenheit geeigneter Kontrollmechanismen agieren. Außerdem fehlte seinen Vorgesetzten das nötige Wissen und die Erfahrung über den Derivathandel und seine Risiken, wodurch auch von dieser Seite keine effektive Kontrolle gewährleistet werden konnte.

4. Fehlende Konsequenzen bei Überschreitung der Risikolimite: Das Management von Barings ergriff keine Maßnahmen, als zahlreiche Warnsignale (ungewöhnlich hohe Erträge bei niedrigem Risiko, Anfragen z. B. der BIS über die risikoreichen Positonen, Briefe der SIMEX, ...) über die von BFS eingegangenen Risiken sichtbar wurden. Das Ausmaß der Finanzierung von BFS durch Barings wurde zwar in Frage gestellt, aber bis kurz vor dem Zusammenbruch weder auf den Verwendungszweck noch auf die Übereinstimmung zwischen dem Volumen der Einschüsse und den erlaubten Geschäften geprüft.

5. Versagen externer Kontrollorgane: Für die externen Kontrollen waren in erster Linie die Wirtschaftsprüfer, die Bank of England (BoE) und die Securities and Futures Authority (SFA) zuständig.[52] Doch auch die Kontrollinstrumente dieser Stellen erwiesen sich als nutzlos und konnten somit ebenso wenig den Zusammenbruch von Barings verhindern.

---

51 Vgl. Körnert (1996b), S.613f.
52 Vgl. Körnert (1996b), S.614.

2.4 Fallstudie 4: Daiwa Securities

2.4.1 Überblick

Ähnlich wie bei Barings war bei Daiwa Securities ein einzelner Händler einer Auslandsniederlassung für einen Spekulationsverlust von 1,1 Mrd. USD verantwortlich. Trotz der annähernd selben Höhe konnte die Daiwa Bank diesen Verlust aber eher als die Barings Bank verkraften, da es sich für sie »nur« um ein Siebentel des haftenden Eigenkapitals handelte.[53] Der Name des Händlers war Toshihide Iguchi. Iguchi »war Vizepräsidendent der Daiwa Bank sowie in New York Chef-Rentenhändler für US-Staatsanleihen«[54]. Im Unterschied zu Nick Leeson, dessen Betrug durch die Kontrolle über die Settlement-Konten ermöglicht wurde, war Iguchi in der Lage, die Custody-Konten zu manipulieren. Auf diese Weise war es ihm möglich, 11 Jahre lang über 30.000 unautorisierte Geschäfte zu tätigen.

2.4.2 Chronologie der Krise

Am 17. Juli 1995 gestand Iguchi in einem dreißig Seiten langen Brief seine im Laufe der Jahre angehäuften Verluste dem Präsidenten von Daiwa Securities, Akira Fujita. Dieser wiederum informierte am 8. August Yoshimasa Nishimura, Leiter des Büros des japanischen Finanzministeriums. Danach wartete man allerdings noch bis zum 18. September, um die amerikanischen Aufsichtsbehörden, insbesondere die Federal Reserve Bank of New York (FRBNY), zu informieren.[55]

Retrospektiv betrachtet kann man sagen, dass der Aufenthalt von Daiwa in den USA eher von negativen Schlagzeilen begleitet war. Zum ersten Mal wurde die Niederlassung in New York 1992 einer Untersuchung durch die FRBNY unterzogen. Ein Jahr später gestand Daiwa den amerikanischen Kontrollorganen, dass man sie bezüglich des tatsächlichen Ortes der Handelsaktivitäten vorsätzlich getäuscht hatte. Der Betrug umfasste die physische Verlagerung der Händler von der Innenstadtfiliale in eine andere Filiale und die Tarnung des Handelsraumes als Lagerraum. Der Grund für dieses Täuschungsmanöver war, dass das amerikanische Finanzministerium den Wertpapierhandel in der Innenstadtfiliale nicht gestattet hatte. Im November 1993, ca. eineinhalb Jahre bevor Iguchi seinen Betrug gestand, wurden seine Kompetenzen, da er sowohl für die Verwahrung der Wertpapiere als auch für deren Handel verantwortlich war, im Zuge einer weiteren Prüfung durch die FRBNY, als zu weitreichend und riskant eingestuft. Statt tatsächliche Umstrukturierungsmaßnahmen zu ergreifen, fälschte ein höherer Angestellter ein Dokument, in dem bestätigt wurde, dass Iguchis

---

53 Vvgl. Jorion (1997), S. 34.
54 Weissenfeld/Weissenfeld (1999), S. 389.
55 Vgl. Kane/DeTrask (1998), S. 18.

Kompetenzen eingeschränkt wurden. Weiters wurde bestätigt, dass nun auch der Handelsraum in die dafür vorgesehene Filiale verlegt wurde, was ebenfalls nicht der Wahrheit entsprach. 1994, als die nächste Überprüfung stattfand, führte man die Täuschung der amerikanischen Aufsichtsbehörden um den Kompetenzbereich Iguchis fort, indem man ihnen ein Organigramm präsentierte, das Iguchi nur für die Wertpapierverwahrung verantwortlich zeigte. Am 9. Oktober 1995, also zu einem Zeitpunkt, zu dem die amerikanischen Behörden schon über die Lage von Daiwa Bescheid wussten, wurden sie von Daiwa über einen weiteren geheim gehaltenen Verlust von einer ihrer Tochtergesellschaften, Daiwa Trust, in der Höhe von 97 Mio. USD informiert. Dieser Verlust resultierte ebenfalls aus unautorisierten Handelsgeschäften. Auch diese fielen aber schon in den Jahren zwischen 1984 – 1987 an und konnten bis zu diesem Zeitpunkt vertuscht werden.[56] Es ist also gewissermaßen evident, dass die Geschichte der Niederlassung der Daiwa Securities in New York durch illegale und unautorisierte Geschäfte geprägt war, und man nicht in der Lage war in einem Zeitraum von mehr als zehn Jahren ein Risikomanagement zu implementieren, welches geeignet gewesen wäre, den angefallenen Schaden zu verhindern oder zu mindestens zu begrenzen. Vergleicht man den Betrugsfall der Daiwa Securities mit dem der Barings Bank ist anzumerken, dass der bei Daiwa noch um einiges besorgniserregender erscheint, da es hier möglich war, unautorisierte Handelsaktivitäten über mehr als zehn Jahre zu verheimlichen und nicht bloß über mehrere Monate.

Eine wesentliche Rolle kam auch dem japanischen Finanzministerium zu, welches in grober Weise seine Pflichten missachtete. Das Ministerium gibt zu, bereits im August 1995 über die Vorkommnisse von Daiwa informiert worden zu sein. Anstatt diese aber den amerikanischen Behörden weiterzuleiten oder Daiwa zu diesem Schritt aufzufordern, instruierte man Daiwa, erst eine eigene Untersuchung des Falles durchzuführen. Erst ungefähr sechs Wochen später wurden auch die amerikanischen Behörden über den Vorfall informiert. Später wurde diese schwere Pflichtverletzung des japanischen Finanzministeriums vor den amerikanischen Untersuchungsbehörden gerechtfertigt durch: »[...] grave concerns regarding the impact of reporting of the losses at the time would have on the Japanese economy, as expressed to Daiwa on August 8, 1995 by the Japanese Ministry of Finance«[57]. Die Anweisung des japanischen Finanzministeriums an Daiwa, erst eine interne Untersuchung durchzuführen, bevor man externe Stellen informieren wollte, lässt sich vor allem durch unterschiedliche kulturelle Aspekte und Auffassungen zwischen den beiden Ländern erklären. Die US-Behörden waren sich dieser Unterschiede sehr wohl bewusst, tolerierten sie aber in umfangreicher Weise. Außerdem vertrauten sie auf die Überwachung der US-Niederlassungen der japanischen Banken durch die Muttergesellschaften in deren Heimat, das japanische Finanzministerium und die Bank of Japan.[58] Zweifellos

---

56 Vgl. Kane/DeTrask (1998), S. 19.
57 Vgl. Board Report (1995), zitiert in Kane/DeTrask (1998), S. 24.
58 Vgl. Kane/DeTrask (1998), S. 25.

führt das zu der Frage, ob nicht auch die amerikanischen Aufsichtsbehörden durch eine gewisse Fahrlässigkeit Mitschuld an der späten Aufdeckung der Verluste trugen.

Iguchi verwendete eine sehr einfache Methode, um seine unautorisierten Geschäfte zu verheimlichen, die eigentlich sehr schnell von seinen Vorgesetzten durchschaut hätte werden müssen: Seine unprofitablen Handelsgeschäfte (→ Wertpapiere, die er mit Verlust verkaufte) führten zwar zu einer physischen Auslieferung von Wertpapieren, welche aber nicht auf den Wertpapierverwahrungskonten verbucht wurden. »From an accounting point of view, this simple fraud served to transform losing trades into accounting nonevents.« [59]

Die Folgen für Iguchi waren eine Verurteilung zu einer zweijährigen Haftstrafe und der höchst zulässigen Geldstrafe für eine physische Person von 570 000 USD. Für die Mithilfe an der Vertuschung der Verluste vor den amerikanischen Behörden bekannte sich Daiwa Securities für schuldig und wurde zu einer Geldstrafe von 340 Mio. USD verurteilt. Des Weiteren griffen die amerikanischen Behörden zu einem bis dato noch nicht da gewesenen Schritt: Sie befahlen Daiwa Securities, alle Niederlassungen in den Vereinigten Staaten zu schließen und das Land bis zum 2. Februar 1996 zu verlassen.

2.4.3 Krisenursachen

Die heimliche Akkumulation von Verlusten aus unautorisierten Handelsgeschäften bei Daiwa ist ebenso wie im Falle der Barings Bank auf ein Versagen interner und externer Risikomanagement- und Kontrollsysteme zurückzuführen. Im einzelnen lassen sich folgende Krisenursachen anführen:

1. Fehlende Trennung zwischen Front- und Back-Office: Aus operationeller Sichtweise erweisen sich eindeutig Iguchis weitreichende Kompetenzen als verantwortliche Ursachen der Krise, denn er war einerseits für den Wertpapierhandel und andererseits für die Verwahrung der Wertpapiere verantwortlich. Diese Situation, ähnlich der bei Nick Leeson, ermöglichte ihm sowohl die Kontrolle über das Front-Office als auch über das Back-Office und stellt somit einen eindeutigen Interessenskonflikt dar. Allerdings unterscheidet sich der Fall der Daiwa Securities doch in einigen Punkten von dem der Barings Bank:[60]
   - Iguchi hatte die Kontrolle über die Konten der Wertpapierverwahrung, während Leeson die Settlement-Konten kontrollierte.
   - Der Zeitraum, über den sich der Betrug erstreckte, war bei Daiwa um ein Vielfaches länger als der bei Barings.
   - Das Management bei Daiwa gestand seine Mitwirkung an der Verheimlichung der Verluste.
   - Iguchis Verluste führten im Gegensatz zu Barings nicht zum Konkurs der gesamten Bank.

---

59 Kane/DeTrask (1998), S. 17.
60 Vgl. Kane/DeTrask (1998), S. 17.

2. Ineffiziente interne Kontrollen: Zum Beispiel verabsäumte man es, die täglichen Handelsgeschäfte mit den monatlichen Portfolio-Aufstellungen zu vergleichen.[61] D.h., eine Abgleichung zwischen Front- und Back-Office-Daten wurde nicht durchgeführt. Diese mangelhaften Kontrollmechanismen bilden gewissermaßen die Rahmenbedingungen, unter welchen es im operationellen Geschäftsablauf zu Fehlentwicklungen kommen kann.

2.5 Fallstudie 5: Orange-County

2.5.1 Überblick

Orange-County, Californien, war eines der reichsten Counties in den USA. Sein Vermögen wurde in Form des Orange-County Investment-Pool von seinem County Treasurer Robert L. Citron verwaltet. Der Fonds verwaltete zu Beginn des Jahres 1994 rund 7,8 Mrd. USD, von denen ca. 4,7 Mrd. USD im Besitz von Orange-County selbst waren, und etwa 3,1 Mrd. USD für andere Gemeindebehörden und Körperschaften des öffentlichen Rechts angelegt wurden. Das Orange-County-Debakel »[...] affects not only the county's $7 billion in outstanding public debt, but all 180 municipalities and local government agencies that had invested in the county's fund.«[62] Der Fonds erschien vielen Investoren als lukrative und sichere Anlage, da er in den letzten Jahren eine beachtliche und konstante Performance für sich verbuchen konnte. Über die letzten fünfzehn Jahre bis 1994 konnte Citron mit seiner Investment-Strategie im Durchschnitt einen jährlichen Wertzuwachs von ca. 10 % erwirtschaften.[63] Diese Strategie beinhaltete den Kauf von mittel- und langfristigen Anleihen in mehrfacher Höhe des eigenen Fondsvermögens und wurde durch so genannte »Repurchase Agreements« (REPOS) finanziert. Sie basierte auf der Annahme gleich bleibender oder fallender Zinsen, die bis Ende 1993 auch erfüllt war. Zwischen Ende 1993 und Anfang 1994 begannen die Zinsen aber wieder zu steigen, wodurch die Anleihenkurse fielen und dem Fonds enorme Verluste verursachten. »The ensuing liquidation of many of the investments when their market values had dropped led Orange-County, in December 1994, to seek protection under the U.S. bankruptcy Code in the largest municipal bankruptcy in U.S. history.«[64]

2.5.2 Die Anlagestrategie des Orange-County Investment-Pool

Ausnahmsweise soll in dieser Fallstudie kurz etwas genauer auf die Anlagestrategie des Fonds eingegangen werden. Grund dafür ist die dominierende Rolle des Marktrisikos als Krisenursache in dieser Fallstudie. Z.B. führt die IOSCO in

---

61 Vgl. Jorion (1997), S. 34.
62 Vgl. o.V. (WSJE, 1994), S. 11.
63 Vgl. Mishkin/Eakins (1998), S. 574.
64 Schwartz (1997), S. 113.

einem von ihr verfassten Bericht den Orange-County-Fall als exemplarisches Beispiel für die Gefahren der Marktrisiken an.[65] »The Orange-County affair represents perhaps the most extreme form of uncontrolled market risk in a local government fund.«[66] Allerdings dürfen durch diese Tatsache die Gefahren der Operationellen Risiken, die ebenfalls zu einem Teil für das Orange-County-Debakel verantwortlich sind, nicht gänzlich außer Acht gelassen werden.

Die Anlagestrategie von Robert Citron war seit Jahren die selbe. Sie basierte auf der Annahme stagnierender oder sinkender Zinsen. Zu diesem Zweck investierte der Fonds in Anleihen langer Restlaufzeit und finanzierte sich über kurzfristige »structured notes«. Die langfristigen Anleihen kaufte man bei renomierten Wall-Street-Firmen, allen voran Merrill Lynch. Diese wiederum akzeptierten die zuvor von ihnen verkauften Anleihen als Sicherheiten (Collaterals), um dem Fonds weitere Darlehen zur Verfügung zu stellen. Auf diese Weise gelang es Citron, sein Portfolio, in dem er ursprünglich ein Vermögen von ca. 7,8 Mrd. USD zu verwalten hatte, durch die Aufnahme von rund 12 Mrd. USD auf ungefähr 20 Mrd. USD auszuweiten. »The particular borrowing technique he used was reverse purchase agreements or repos.«[67] Bis zum Ende des Jahres 1993 war Citron mit dieser Strategie in einem Umfeld fallender Zinsen sehr erfolgreich. Als aber Anfang des Jahres 1994 die Zinsen wieder zu steigen begannen, sollte dies die Wende bedeuten. »As interest rates rose, the fund was obliged to turn over additional collateral to Wall Street firms to secure ist borrowings, which had declined in value – an event known as ›collateral call‹«.[68] Schließlich mussten die im Wert gefallenen Wertpapiere zu immer schlechteren Preisen verkauft werden, um den Collateral-Calls nachkommen zu können. Bis zu diesem Zeitpunkt existierten die Verluste allerdings nur auf dem Papier. Trotz der schwierigen Situation hielt Citron an seiner Strategie fest. Als sich Gerüchte über eventuelle Liquiditätsprobleme des Orange-County-Investment-Pool verbreiteten, versuchten immer mehr Investoren ihre finanziellen Mittel aus dem Pool abzuziehen. Schließlich konnte nicht mehr allen Collateral-Calls Folge geleistet werden und die Kontrahenten begannen, ihre Collaterals zu liquidieren, wodurch der Fonds gezwungen war Verluste zu realisieren. Von da an dauerte es nur mehr wenige Tage, bis der Fonds seinen Konkurs anmelden musste.

2.5.3 Chronologie der Krise

Als Beginn der Krise kann die Zinserhöhung am 4. Februar 1994 durch die Federal Reserve Bank genannt werden, der bis Dezember 1994 noch fünf weitere folgen sollten.

Während dieser fast einjährigen Periode der Zinssteigerungen hielt Citron immer noch an seiner Einschätzung fallender Zinsen fest und revidierte seine

---

65 Vgl. IOSCO (1998), S. 4.
66 Jorion (1997), S. 32.
67 Steinherr (1998), S. 107,
68 Jereski/Vogel (1994), S. 24,

Anlagestrategie nicht. Seiner Meinung nach handelte es sich nur um einen kurzfristigen Zinsanstieg in einem Umfeld langfristig sinkender Zinsen. Selbst Merrill Lynch, das Investmenthaus mit dem Citron einen Großteil seiner Geschäfte tätigte, warnte bereits frühzeitig vor der riskanten Positionierung des Fonds. Außerdem bot Merrill Lynch Citron an, Papiere im Wert von rund 3,5 Mrd. USD zurückzukaufen, wodurch der Fonds einen Gewinn von ca. 100 Mio. USD realisert hätte. Dazu veröffentlichte Daniel P. Tully, Präsident bei Merrill Lynch, ein Memorandum in dem er bekannt gibt »[...] the offer to repurchase all so-called derivative securities sold by Merrill was rejected by Orange-County Treasurer Robert L. Citron in April 1993 even though it would have produced a profit to the county fund.«[69] Citron erkannte aber den Umstand, dass er bereits beträchtliche Verluste, die bis jetzt allerdings nur auf dem Papier bestanden, erwirtschaftet hatte. Immer noch von seiner Meinung fallender Zinsen überzeugt, war er bereit, immer höhere Wetten einzugehen, um die angefallenen Verluste zu kompensieren. Außerdem erhöhte er seinen Verschuldungsgrad von 2,4:1 im März 1993 auf 3:1 im August 1994.[70] »We have already seen in our discussion of the Barings collapse how the principal-agent problem becomes especially severe once a trader or a manager of a fund starts to experience sizable losses. Once in the hole, the manager of the fund knows that his or her future depends on reversing these losses promptly. In this situation, the fund manager has a strong moral hazard incentive to take excessive risks. This is exactly what Citron did in late 1993 and early 1994 when he began buying large amounts of ›inverse floaters‹, highly risky derivative securities that have high payoffs if long-term bond rates decline.«[71] Als die Zinsen aber weiter stiegen, wurden die Verluste immer größer. Am 1. Dezember gab Citron im Rahmen einer Pressekonferenz bekannt, dass sich seine Paper-Losses mittlerweile auf rund 1,5 Mrd. USD summiert hätten, was rund 20 % des Fondsvermögens entsprach. Am selben Tag musste der Fonds aufgrund der gefallenen Wertpapierkurse rund 900 Mio. USD für Collateral-Calls bereit stellen. Das führte dazu, dass der Fonds nur mehr über ca. 350 Mio. USD an liquiden Mitteln verfügte, einen Bruchteil der 1,25 Mrd. USD, die am 6. Dezember fällig werden sollten.[72] In diesen Tagen trafen sich Vertreter mehrerer Investmentbanken, Anwaltskanzleien und Vertragspartner des Fonds mit entscheidungsbefugten Organen des County, um über eine rasche Lösung der Probleme des Fonds zu beraten.[73] Am 4. Dezember schließlich legte Robert L. Citron sein Amt als County-Treasurer nieder. Zwei Tage später musste der Fonds nach amerikanischem Recht Konkurs anmelden. »[...] the following day a former auditor general of the State of California was hired to oversee the restructuring of the portfolio. This restructuring was completed on January 1995 with

---

69 Rose (1995), S. 19
70 Vvgl. Shefrin (2000), S. 202,
71 Mishkin/Eakins (1998), S. 574,
72 Vgl. Jereski (1994), S. 8.
73 Eine detailierte Aufzeichnung darüber, was in diesen Tagen geschah, findet man in Jereski (1994), S. 8.

a final loss of US$ 1.69 billion.«[74] Robert Citron bekannte sich in der nachfolgenden Gerichtsverhandlung am 28. April 1995 in sechs Anklagepunkten für schuldig und wurde zu einem Jahr Gefängnisstrafe und einer Geldstrafe in der Höhe von 100 000 USD verurteilt.

2.5.4 Krisenursachen

Wie bereits erwähnt, können die Ursachen des Orange-County-Debakels zu einem Großteil dem Bereich der Marktrisiken zugeordnet werden. Trotzdem erscheint es angebracht, weitere Ursachen und Rahmenbedingungen, die im Bereich der Operationellen Risiken angesiedelt sind und ebenfalls für die Fehlentwicklungen des Orange-County Investment-Pool verantwortlich gemacht werden müssen, an dieser Stelle zu untersuchen. Bei genauerer Betrachtung der Fallstudie kann man nämlich einige Parallelen zu einigen anderen, in dieser Arbeit behandelten, Fallstudien erkennen, die auf das Versagen operationeller Abläufe deuten:

1. Versagen der internen und externen Kontrollen: »The circumstances leading to the county's loss offer a striking parallel with the Barings disaster. Barings also went bankrupt because of big bets gone bad. But the main culprit was the lack of supervision of traders: Bob Citron for Orange-County and Nick Leeson for Barings. In both cases, the traders had a great track record which made the life of their superiors easy. [...] In both cases, as their strategy started to turn sour, the traders shifted losses to seperate accounts. One difference, though, is that Leeson reported zero risk to the bank whereas the risks of the Orange-County pool were perfectly clear.«[75] Somit wäre ein Mangel an Überwachung der Geschäftstätigkeit des Fonds von Seiten der zuständigen Gremien des County aber auch der Aufsichtsbehörden als erste Ursache für das Orange-County-Debakel zu nennen.

2. Model-Risk: Ebenfalls im Zusammenhang mit den Publikationsplichten sind die darin verwendeten Bewertungsmethoden von Bedeutung. Citron verwendete zur Bewertung seines Portfolios die Anschaffungskosten der Wertpapiere und nicht deren augenblicklichen Marktwert. Er begründete diese Vorgehensweise durch den Umstand, dass er die Papiere bis Ende der Laufzeit in seinem Portfolio halten werde und somit kein Kursrisiko entstehen könne. »As government accounting standards do not require municipal Investment-Pools to record ›paper‹ gains or losses, Citron did not report the market value of the portfolio. This explains why losses were allowed to grow to $1,7 billion [...].«[76] Es handelt sich hierbei eindeutig um eine Variante des Modell-Risikos, welches als weitere Ursache zur Entstehung des Orange-County-Debakels beigetragen hat.

---

74 Steinherr (1998), S. 108.
75 Vgl. Jorion (1997), S. 33.
76 Jorin (1997), S. 33.

3. Fehlinterpretation der Lage aufgrund des mangelnden Verständnisses für das Geschäft von Seiten des Management: Die erste Ursache wird durch die lockeren Publikationsverpflichtungen für Investmentfonds in Californien verstärkt. Investmentfonds sind nämlich verpflichtet, nur einmal im Jahr einen Bericht über ihre Geschäftstätigkeit zu publizieren. »Indeed, an important reason that Citron was able to get away with such a risky strategy, particularly after the fund sustained large losses, was that disclosure requirements were not as strong they could be for municipal investment funds in the state of California. [...] If California had stricter disclosure requirements, investors in Citron's fund would have found out more quickly the risks he was taking, making it more likely that they would have pulled out their funds. This might have prevented Citron from taking on the risks that he did, and the Orange-County bankruptcy would have been avoided.«[77] Es stellt sich auch in dieser Fallstudie die Frage, ob die für die Überwachung des Fonds und deren Manager zuständigen Personen über die notwendigen Kenntnisse verfügten, um dieser Tätigkeit gerecht zu werden. »Furthermore, there is again the question of whether complicated structured securities are transparent enough to allow end-users to fully understand them.«[78] Zur Beantwortung dieser Frage wäre als erstes zu klären, wer die dafür zuständigen Personen waren. »Unlike many jurisdictions, Orange-County had no chief executive to whom the rescue team could turn. Instead, crucial decisions rested with a board of five elected supervisors – a former policeman, a social worker, a former business-school professor and two career politicians near retirement.«[79] Es liegt die Vermutung nahe, dass diese Personen aufgrund ihrer mangelnden Kenntnisse auf dem Gebiet der Vermögensverwaltung nicht geeignet waren, eine effektive Kontrollinstanz zu bilden.

4. Fehleinschätzung der Managementkompetenz: Als letzter Punkt soll noch geklärt werden, wie weit menschliches Versagen als Ursache für das Scheitern des Orange-County Investment-Pool angesehen werden kann. Grundlegend bleibt die Frage, welche Verhaltensweisen als menschliches Versagen einzustufen sind. Oft wird menschliches Versagen durch das Einwirken äußerer Umstände, die die Individuen unter enormen psychischen Druck setzen, begründet. Solche Situationen veranlassen Personen fehlerhafte oder irrationale Entscheidungen zu treffen. Shefrin beschreibt in seiner Orange-County-Fallstudie in mehreren Kapiteln das Verhalten von Robert L. Citron.[80] Grob zusammengefasst wird er als eine sich selbst überschätzende Spielernatur, die bereit war unproportional hohe Risiken einzugehen, dargestellt. Sieht man diese Eigenschaften bei einem rational denkenden Individuum als vermeidbar an, kann hier auch auf eine Form menschlichen Versagens geschlossen werden.

---

77 Mishkin/Eakins (1998), S. 574.
78 Steinherr (1998), S. 111.
79 Vgl. Jereski (1994), S. 8.
80 Vgl. Shefrin (2000), S.194 – 205.

2.6 Fallstudie 6: Kidder, Peabody & Co.

2.6.1 Überblick

Kidder, Peabody & Co., eine Tochtergesellschaft des amerikanischen Elektrizitätsunternehmens General Electric & Co. (GE), war zusammen mit GE Capital für die Finanzdienstleistungen des Konzerns zuständig. Während GE Capital für das Kreditgeschäft verantwortlich war, war Kidder Peabody als Brokerhaus für sämtliche Bereiche des Investment-Banking zuständig. Im Frühjahr 1994 geriet Kidder Peabody durch einen Betrugsfall, ähnlich dem bei Barings, in die Schlagzeilen. Der Chef des Handels mit Staatsanleihen, Joseph Jett, 36-jähriger Managing Director, wurde nachdem im April 1994 bekannt wurde, dass die von ihm ausgewiesenen Gewinne nicht existierten, mit sofortiger Wirkung entlassen. »The Genaeral Electric Co. Unit said the sudden dimissal of Joseph Jett [...] stemmed from a scheme in the government-strips area that created phantom trades and profits and that lasted for about a year.«[81] Neben Jett waren auch mehrere andere Bond-Händler in den Skandal verwickelt, unter Umständen auch seine Vorgesetzten, wie z. B. Edward Cerullo, dem ein Mitwissen allerdings nie nachgewiesen werden konnte. »The claims and counterclaims in the case between the trader and his former manager continue to date, with the trader claiming that the firm was aware of his ›method‹ and sanctioned it.«[82] Jett nutzte einen Fehler des internen Settlement-systems, um durch fiktive Handelsgeschäfte seine Scheingewinne zu verbuchen. Als Motiv nannte er die erfolgsabhängigen Bonuszahlungen, die er auf diese Weise erlangen wollte. Auch wenn der Verlust mit ca. 10 Mio. USD letztendlich relativ klein gehalten werden konnte, war das Ausmaß des Betruges beträchtlich: Jett täuschte den Abschluss fiktiver Geschäfte mit einem Volumen von 1.800 Mrd. USD und Gewinne in der Höhe von rund 350 Mio.[83] USD vor. »The trading scheme raises questions about the risk-control systems at Kidder, and is a particulary big blow to the firm because it involves its highly profitable bond-trading group. The mix-up represents the biggest government-bond tumult on Wall Street since the 1991 Treasury-auction scandal at Salomon Inc.«[84] Die Folge dieser Affäre war ein Verlust von 140 Mio. USD im ersten Quartal 1994.

2.6.2 Die »Methode« des Betrugs

Joseph Jett war als Chef des Government-Bond-Tisches unter anderem mit dem Handel von so genannten Government-Strips betraut. Unter »Strippen« einer kupontragenden Anleihe versteht man die Aufspaltung des Wertpapiers in den am Ende der Laufzeit fälligen Nominalbetrag (PO) und die einzelnen, in regelmäßigen Abständen während der Laufzeit fälligen, Kuponzahlungen (IO). Wird

---

81 Siconolfi (1994a), S. 11.
82 Saber (1999), S. 151.
83 Vgl. Saber (1999), S. 151.
84 Siconolfi (1994a), S. 11.

diese Technik bei Government Bonds angewendet, spricht man von Government-Strips. Auf der anderen Seite kann man die IO's und die PO's auch wieder zu einem kupontragenden Wertpapier zusammenfügen. In diesem Fall spricht man von so genannten »reconstituted (recon) trades«.[85] Allerdings können zwischen Government Bonds und den aus ihnen gemachten Government-Strips geringfügige Kursunterschiede bestehen. Üblicherweise sind diese aber von so geringem Ausmaß, dass sich Arbitragegeschäfte nicht rentieren würden. Die Methode, die Jett nun zur Vorspiegelung seiner Gewinne verwendete, war folgende: Jett schloss so genannte »forward recon trades« ab, in denen er sich verpflichtete, zu einem zukünftigen Zeitpunkt IO's und PO's in einem bestimmten Verhältnis gegen Bonds einzutauschen. Dabei nutzte er eine Schwäche des internen Verrechnungs- und Settlementsystems zu seinem Vorteil aus. »On the Trade date [...] Kidder's accounting systems recorded the difference between the bond and the recon as profit. The profit was unreal. It would vanish on the settlement day, generally a few days later. But the trader never settled. On the settlement date, he simply rolled over the transactions and recorded even more profits.«[86] Diese Vorgehensweise kann man als eine Art Software-Arbitrage bezeichnen. »The trader's concern is not with the market value of the trades but the way the internal systems value those trades. He aims to generate risk-free profits from inter-system inefficiencies.«[87]

Im Verlauf der ganzen Affäre ist eine Sache von besonderer Bedeutung: »Mr. Jett altered his method of operating in September 1993, when accounting changes made it impossible to continue the scheme in the old way.«[88] Offensichtlich waren die Probleme des Verrechnungssystems verschiedenen Stellen bei Kidder Peabody bekannt, da man sonst nicht an deren Behebung interessiert gewesen wäre. Dabei sind zwei Punkte besonders auffällig:[89]

1. Obwohl man durch eine Umstellung des internen Verrechnungssystems bemüht war, Schwachstellen des Systems zu beseitigen, wodurch Manipulationen in der Art, wie sie durch Joseph Jett vorgenommen wurden, verhindert werden sollten, konnte er durch eine geringfügige Änderung seiner Vorgehensweise weiterhin Phantomgewinne auf ähnlich einfache Weise verbuchen. Der Betrug flog schließlich erst im Frühjahr 1994 auf, da den fiktiven Gewinnen nicht das entsprechende Geld gegenüberstand.
2. Im Zuge der Umstellung des Verrechnungssystems hätten die Machenschaften von Jett eigentlich erkannt werden müssen, weil die Umstellung des Systems gerade solche Manipulationen verhindern sollte. Dann würde sich allerdings die Frage stellen, wie mit den aufgedeckten Phantomgewinnen umgegangen werden sollte. »The reconciliation problem at Kidder either forced the issue

85 Vgl. Saber (1999), S. 151.
86 Saber (1999), S. 151.
87 Saber (1999), S. 150.
88 O.V. (NYT, 1994), S. D3.
89 Vgl. Saber (1999), S. 151f.

into the open or was ignored; but in either case, the problem must have been known in September 1993.«[90]

2.6.3 Chronologie der Krise

Im März 1994 begann die interne Revision bei Kidder Peabody mit einer Untersuchung der Geschäfte des Handelsraumes in Lower Manhattan. Vor allem David Bernstein, die rechte Hand von Edward Cerullo, verbrachte Stunden damit, Aufzeichnungen der Handelsaktivitäten von Joseph Jett zu untersuchen. Allerdings wurde immer wieder betont, dass es sich nur um eine Routineuntersuchung handeln würde. Tatsächlich dürften Cerullo und Bernstein aber bereits zu diesem Zeitpunkt einen Verdacht bezüglich der Aktivitäten von Jett gehabt haben. Auslöser waren die unglaublich hohen Gewinne, die Jett durch seine Geschäfte erwirtschaftete. Alleine in den Monaten Januar und Februar 1994 verbuchte er Gewinne in der Höhe von 66 Mio. USD, mehr als das Doppelte von dem, was er im Gesamtjahr 1992 verdient hatte.[91] Am 21. März konfrontierte Bernstein Jett mit der Bitte, ihn über seine Geschäfte aufzuklären. Am folgenden Wochenende bemerkte Bernstein, als er das Hauptbuch von Jett überflog, Abweichungen in der Höhe von rund 300 Mio. USD. Bernstein hielt die Situation für äußerst bedenklich und beschloss, am 28. März Cerullo, der gerade Urlaub mit seiner Familie machte, über die Situation zu informieren. Dieser hielt es für angemessen, seinen Urlaub abzubrechen und nach New York zurückzukehren.[92] Man wusste, dass Jett sich hauptsächlich in Forward-Contracts engagierte, und dass durch das Verrechnungssystem falsche Gewinne oder Verluste am Settlementtag automatisch gestrichen wurden. Zum ersten Mal befürchtete man, dass Jett diese Verrechnungsmethoden des Systems bewusst umgangen hatte. Als Folge wurde Jett intensiven Befragungen unterzogen, in welchen er angab, seine Positionen wären Teil einer Hedging-Strategie und wären eine Folge der Bemühungen, der Firma Aktivposten abzubauen. Es folgten zwei turbulente Wochen, in denen Mitarbeiter verschiedener Abteilungen versuchten, die Aktivitäten von Jett zu rekonstruieren. »On Friday, April 15, Kidder analytics expert Michael Benatar, after logging 20-hour days for two weeks, estimated the Jett hit at $350 million.«[93]

Zu diesem Zeitpunkt war bereits klar, dass Jett verbotene Tätigkeiten zur Vorspiegelung fiktiver Gewinne angewandt hatte und er nicht mehr lange für Kidder Peabody arbeiten werde. Unklar war jedoch das exakte Ausmaß seiner Machenschaften und vor allem, wie die durch ihn verursachten Verluste so weit wie möglich begrenzt werden konnten. Zu diesem Zweck wurde am folgenden Samstag Melvin Mullin, Chef des Derivathandels, verständigt. Seine Aufgabe war, die Positionen von Jett »still und heimlich« aufzulösen, um größere Verluste zu vermeiden. Trotzdem hatte man für die Auflösung des gesamten Buches Verluste in

---

90 Saber (1999), S. 152.
91 Siconolfi (1995), S. 1.
92 Siconolfi (1995), S. 5.
93 Siconolfi (1995), S. 5.

der Höhe von 25 Mio. USD einkalkuliert. Diese Positionen umfassten immerhin »[...] more than 75 bond positions, 30 of which were valued at more than $100 million each. The bonds combined market value was an astounding $15 billion, traders say.«[94] Die enorme Größenordnung mancher seiner Positionen brachte bei ihrer Auflösung Schwierigkeiten mit sich: »[...] the maneuver would be ticklish. Many of Mr. Jett's huge bond positions – including both long and short market bets – weren't hedged, putting Kidder at risk. What's more, Kidder executives knew of rival traders figured out the firm's specific plans and trading positions, they might force Kidder to sell positions at disadvantageous prices.«[95] Am darauf folgenden Montag wurde der Betrugsfall veröffentlicht und Joseph Jett entlassen. Glücklicherweise kam es an diesem Tag zu einer Korrektur der Bondpreise, wodurch die Short-Positionen mit einem Gewinn von 12 Mio. USD aufgelöst werden konnten. Die Auflösung des gesamten Buches dauerte aber zwei volle Monate anstatt der geplanten zwei Wochen. »When all of Mr. Jett's positions finally were sold, however, Kidder logged an $8 million profit instead of a $25 million disaster.«[96] Die Affäre endete damit, dass einige Topmanager ihren Job verloren und andere die Firma freiwillig verließen.

In diesem Zusammenhang sollte nicht unerwähnt bleiben, dass es bei Kidder Peabody schon zu mehreren ähnlichen Vorfällen gekommen war. Beispielsweise: »In 1991, Mr. Cerullo was fined $5,000 and censured by the National Association of Securities Dealers for improperly supervising a bond trader who created fake mortgage-backed bond trades, according to disciplinary records.«[97] Außerdem wurde ca. eine Woche nach der Entlassung von Joseph Jett ein weiterer Händler entlassen. Es handelte sich dabei um Neil L. Margolin, einem 29jährigen Optionshändler, ebenso wie Joseph Jett, aus der Fixed-Income-Einheit. Grund für die Entlassung waren »[...] improperly valuing inventory positions on interest-rate swaps known as index-amortizing notes.«[98] Allerdings konnten seine Tätigkeiten nicht durch interne Kontrollorgane aufgedeckt werden, sondern wurden von ihm selbst unter dem Druck der verschärften Überprüfungen im Rahmen der Affäre rund um Joseph Jett gestanden. Von Seiten des Managements bei Kidder Peabody wurde allerdings immer wieder betont, dass diese beiden Vorfälle in keiner Verbindung zueinander stehen würden. Andere Beispiele findet man in einer Ausgabe des amerikanischen Wirtschaftsmagazins Fortune vom 5. September 1994. Alle diese Vorkommnisse deuten eindeutig auf eine ungenügende Überwachung der Handelsaktivitäten bei Kidder Peabody hin.

2.6.4 Krisenursachen

In dieser Fallstudie können die Ursachen der Krise eindeutig dem Bereich der Operationellen Risiken zugeordnet werden, wie auch folgende Aussagen bestäti-

---

94 Siconolfi (1995), S. 5.
95 Siconolfi (1995), S. 5.
96 Siconolfi (1995), S. 5.
97 Siconolfi (1994b), S. 23.
98 Siconolfi (1994b), S. 23.

gen sollen: »Another example of operational risk can be found in the situation involving allegations of $350 million in false trading profit of government securities in Kidder, Peabody & Co. in Spring 1994.«[99] An anderer Stelle findet man dazu, dass »Baring's collapse and Kidder's phantom profits have come to symbolize systems and operations risks.«[100] Trotzdem bestehen auch hier wieder maßgebliche Unterschiede. Im Fall von Barings handelte es sich mehr um eine gänzliche Abwesenheit von internen Kontrollmechanismen, während im Fall von Kidder Peabody von einem Versagen dieser Kontrollmechanismen gesprochen werden kann. Außerdem handelte es sich im Falle von Kidder Peabody im Gegensatz zu Barings »nur« um fiktive Geschäfte.

Im Einzelnen können folgende Punkte als Ursachen für den Skandal bei Kidder, Peabody & Co. angeführt werden:

1. Ineffiziente interne Kontrollen: Als erste Ursache ist zweifellos ein Mangel an Kontrollmechanismen zur Überwachung der Handelsaktivitäten zu nennen. Teilweise war man sich der lockeren Aufsicht bewusst, trotzdem wurde immer wieder darüber hinweggesehen. »One important reason for those oversights [...] was Jett's importance to Kidder's bottom line. As his profitability increased [...] skepticism about Jett's activities was often dismissed or unspoken.«[101] Auffällig in der Unternehmenskultur von Kidder Peabody war auch eine ungewöhnlich große Absonderung der Manager von ihren Händlern, was eine effektive Überwachung zusätzlich erschwerte. »Moreover, senior Kidder executives don't stay very close to the trading action the way they do at Bear Stearns and other trading firms [...]. Edward Cerullo, Kidder's fixed-income chief who has broad responsibility for the firm's bond operations, rarely roams the trading floor, Kidder traders say.«[102]

2. Systemrisiko: Eine weitere Ursache kann in den Mängeln des internen Verrechnungssystems gesehen werden. »The number of ways that fictitious profits can be created is limited by the imagination of those who might be tempted to practice it. In general, the prerequisite is an OTC product that is priced by an in-house system and a user familiar with the internal logic of the system's pricing and accounting routines. The ability of an insider to manipulate the system does not depend on any software ›bug‹. The weak link, rather, is the flexibility that derivatives processing systems of necessity must have.«[103] Zweiffellos ist die korrekte Erfassung und Verarbeitung von Handelsgeschäften, inbesondere solchen, die derivative Finanzinstrumente enthalten, eine sehr komplexe Angelegenheit. Trotzdem ist stets danach zu trachten, die verwendeten Systeme zu optimieren. Vor allem wenn konkrete Schwächen des Systems bekannt sind, wie das bei Kidder Peabody offentsichlich der Fall war, müssen diese behoben werden.

---

99 Vgl. IOSCO (1998), S. 6.
100 Saber (1999), S. 156.
101 Pare (1994), S. 51.
102 Siconolfi (1994b), S. 23.
103 Saber (1999), S. 150.

3. Mangelnde Qualifikation der Mitarbeiter: Gerade Operationelle Risiken stehen in großem Zusammenhang mit menschlichen Leistungen. Daher sollte besonderen Wert auf die Übereinstimmung des Anforderungsprofils einer Tätigkeit mit den Fähigkeiten der mit ihr betrauten Person gelegt werden. Im Fall von Kidder Peabody und Joseph Jett dürfte das allerdings nicht geschehen sein, sondern »[...] the dismissals raise questions about why Kidder hired and promoted relatively green traders and gave them broad leeway to play with the firm's money, Wall Street executives said. Both Messrs. Jett and Margolin had little or no trading experience on Wall Street before joining Kidder, according to personnel records. And both traders were unemployed at the time Kidder hired them, the records indicate.«[104]

4. Übertriebene Risikobereitschaft: Ergänzend soll hier noch ein Umstand angeführt werden, der zwar nicht als Krisenursache per se oder als eine Form Operationellen Risikos gewertet werden kann, aber dennoch für die Vorkommnisse bei Kidder Peabody mitverantwortlich gemacht werden muss. Es handelt sich dabei um eine extrem aggressive Expansionspolitik des damaligen CEOs Michael Carpenter, in deren Rahmen bewusst sehr hohe Risiken in Kauf genommen wurden. Beispielsweise sollte Kidder Peabody eine dominante Position auf den Fixed-Income-Märkten, besonders dem Markt der Mortgage-Backed-Securities erlangen. Zu diesem Zweck wollte man bei so vielen Neuemmissionen als möglich als Lead-Manager fungieren, obwohl viele der Wertpapiere nicht verkauft werden konnten und somit in die eigenen Bücher genommen werden mussten. »But with the implied financial backing of GE to draw on in emergencies, Kidder piled more and more assets on its tiny equity base.«[105] Treffend wird daher an anderer Stelle formuliert: »But the significance of Kidder's problems reaches far beyond GE's income statement. In its entirety, the course leading up to this latest scandal presents a disturbing chronology of bad business decisions and a cavalier disregard for normal operating procedures in pursuit of profits.«[106]

2.7 Fallstudie 7: Askin Capital Management

2.7.1 Überblick

1994 war ein schwarzes Jahr an den internationalen Bond-Märkten. Zu den größten Verlierern zählten viele angesehene Hedge-Funds, unter anderem auch die Askin Capital Management Gesellschaft. »On April 8, 1994, David J. Askin, the manager of the New York-based Askin Capital Management, declared bankruptcy. 420 million USD of the initial 600 million USD in his three Hedge-Funds

---

104 Siconolfi (1994b), S. 23.
105 Pare (1994), S. 53.
106 Pare (1994), S. 51.

(Granite Corporation, Granite Partners Limited Partnership, Quartz Hedge-Fund) and managed accounts were entirely lost.«[107]

David Askin wurde 1991 von den New-Amsterdam-Partners angeheuert, um die Fonds zu managen. Im Jahr darauf kaufte er die Fonds und gründete Askin Capital Management (ACM). »At that point he began to market the existing Granite Corp. and Granite Partners – and later a new fund, the Quartz Hedge-Fund – to pension funds and other institutions as well as foreigners and other wealthy individuals. In 16 months Askin took assets under management at his firm from $110 million to $600 million.«[108] David Askin folgte einer so genannten »marktneutralen Strategie«[109]. Kennzeichnend für diese Strategien ist die Möglichkeit, Gewinne erwirtschaften zu können, unabhängig davon in welche Richtung sich die Aktien- oder Anleihenmärkte bewegen. In seinen Worten präsentierte er diese Strategie als eine »with no default risk, high triple-A bonds and zero correlation with other assets.«[110] Askin spezialisierte sich dabei auf so genannte Mortgage-Backed-Securities (MBS) oder Collateralised Mortgage Obligations (CMOs), die er von ca. 12 namhaften Investment Banken kaufte, die in diesem Markt engagiert waren. Mehr noch: »To enhance his returns, Askin also borrowed heavily, leveraging the $600 million given to him by investors to a position of almost $2 billion.«[111] Er war einer der »Wall Street's Darlings«, d.h. er war als Experte auf seinem Gebiet bekannt. »Askin had been in mortgages for 15 years and was known for his work at Drexel Burnham Lambert, where he also developed complex models to predict the prepayment rates that could be expected on home mortgages in various interest rate environments.«[112] Trotzdem konnte gerade er nicht das finanzielle Desaster seiner Fonds in den ersten Monaten des Jahres 1994 verhindern. »From February to April 1994, as interest rates were being jacked up by the Fed, his funds had to meet increasingly large collateral call payments that in the end could not be met. After the brokers liquidated their holdings, all that was left of the $600 million Hedge-Fund was $ 30 million – and a bunch of irate investors.«[113] Aber nicht nur die Investoren mussten große Verluste hinnehmen, sondern auch die Kreditgeber des ACM, eine Reihe renomierter Investment Banken, die sich auf das Geschäft mit MBS spezialisierten. »Askin's participation in the exotic tranches of these mortgage pools made it possible for the brokers to sell risky tranches to other institutional customers, thus producing millions in fees and profits for the firms.«[114] Daher hatten diese Banken großes Interesse daran, MBS an Askin zu verkaufen, und stellten ihm großzügige Kreditlinien und Finanzierungsmöglichkeiten, z. B. in der Form von Repos, zur Verfügung, an denen sie noch einmal verdienten. Daher kam es auch in späteren Gerichts-

---

107 Cottier (1997), S. 50.
108 O.V. (II, 1994), S. 42.
109 für Erläuterungen zu Hedge Funds und deren Anlagestrategien siehe die Fallstudie über LTCM.
110 Jorion (1997), S. 17.
111 Scholl (1994), S. 20.
112 O.V. (II, 1994), S. 42.
113 Jorion (1997), S. 17.
114 Willoughby (1996), S. 3.

verfahren zu dem Vorwurf: »[...] the brokerage firms violated their own internal credit policies by setting up special credit arrangements to encourage the buying of these risky securities, for which there was virtually no market.«[115]

2.7.2 Anlagestrategie und MBS

Auch in dieser Fallstudie soll, bevor die Abläufe und Ursachen genauer analysiert werden, kurz auf die Anlagestrategie, deren Merkmale und die dabei eingesetzten Finanzinstrumente eingegangen werden.

Wie bereits erwähnt, verfolgte Askin eine marktneutrale oder durationneutrale Strategie[116]. Diese Strategien verfolgen das Ziel, das Zinsrisiko eines Bond-Portfolios im Vergleich zu einer Benchmark (z.B. Tagesgeld oder 5 jährige Treasury Notes) möglichst gering zu halten. Ursprünglich wurden durationneutrale Strategien dazu verwendet, Bond-Portfoliomanagern die Möglichkeit zu geben, ihre Erträge durch Anlageentscheidungen zu generieren, die völlig unabhängig von dem normalerweise dominanten Zinsrisiko waren. »But in its more extreme forms, like that used by Askin who promised an investment neutral to cash, a duration neutral strategy meant a brand of aggressive arbitrage combining levered long and short positions in the Mortgage-Backed-Securities market.«[117] Außerdem sollte auch folgende Tatsache, die einen wesentlichen Unterschied zwischen der Anlagestrategie bei ACM und anderen Fonds ausmacht, nicht unberücksichtigt bleiben: »What distinguished their holdings, however, was the fact they invested close to 100 % in esoteric mortgage-backeds. Askin did keep a 5 % cash cushion for liquidity, but most other buyers of these specialized CMOs limit their exposure to less than 20 %.«[118]

Generell werden die MBS zu den Asset-Backed-Securities (ABS) gezählt. »ABS sind festverzinsliche strukturierte Wertpapiere, die mit Forderungsrechten besichert sind. Forderungsrechte in diesem Zusammenhang können sein: Hypothekardarlehen, Kreditkartenforderungen, Kredite an Unternehmen, Leasingforderungen. [...] Im Unterschied zu Pfandbriefen werden sie aber nicht von Banken emittiert, sondern von jeweils eigens gegründeten Sonder- bzw. Zweckgesellschaften (Special-Purpose-Companies oder Vehicles/SPVs). Asset-Backed-Securities sind das Ergebnis eines rechtlich aufwendigen Strukturierungsprozesses (Asset-Securitisation = Verbriefung), bei dem die Forderungsrechte rechtlich verselbstständigt werden (= von einer Zweckgesellschaft/SPV angekauft werden) Die Zweckgesellschaft refinanziert sich über den Kapitalmarkt durch die Ausgabe von ABS.«[119]

---

115 Willoughby (1996), S. 3.
116 Unter der Duration versteht man im allgemeinen die Sensitivität einer Anleihe gegenüber einer Zinsänderung. Die Duration, normalerweise in Jahren ausgedrückt, misst dabei das Risiko einer Zinsänderung auf den Wert einer Anleihe. Technisch gesprochen handelt es sich dabei um die erste Ableitung des Barwerts der Anleihe nach dem Zinssatz. Vgl. dazu u.a. auch Schierenbeck (1999), S. 78 – 94.
117 Schwimmer (1994), S. 14.
118 Goar (1994), o.S.
119 Bank Austria Creditanstalt Group Treasury (2001), o.S.

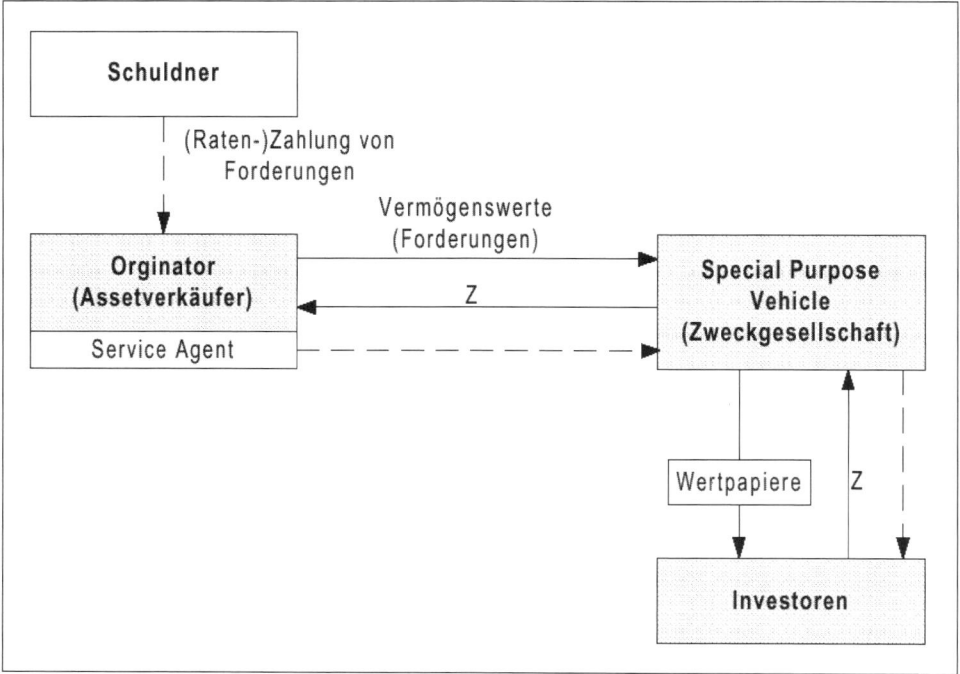

Quelle: o.V. (IFB, 2001), o.S.

Abb. 3: Die Struktur von Asset-Backed-Securities

Mortgage-Backed-Securities (MBS) sind nun Wertpapiere, die durch einen Forde-rungsbestand von Hypothekenkrediten (gewerblichen oder nicht gewerblichen) unterlegt sind. Die Hypothekenkreditzahlungen auf die einzelnen Immobilien-objekte werden genutzt, um Zins- und Tilgungsleistungen auf die Wertpapiere zu erbringen. »Although straightforward – simply bundle together a bunch of home mortgages and sell the package as a security – Mortgage-Backed-Securities (MBS) include some of the most complex financial instruments ever invented.«[120] MBS beinhalten ähnliche Eigenschaften wie derivative Finanzinstrumente und sind daher extrem schwer zu bewerten.

2.7.3 Chronologie der Krise

Die Chronologie der Krise lässt sich wie folgt darstellen: Askin verfolgte eine von ihm genannte »risk-balanced Mortgage-Backed-Securities« Strategie. »Volatile interest-only (IO) and principal-only (PO) strips carved out of mortgage pools, he contended, could be combined and hedged to create a portfolio that contin-

---

120 Steinherr (1998), S. 112.

ued to make money no matter which way interest rates were moving.«[121] Sein Portfolio bestand daher zu einem Großteil aus Long-IO- und Long-PO-Positionen. »Such a hedged long-long position is basically duration-neutral as most of the interest risk is hedged off. However, the position is not hedged against the repayment risk inherent to Mortgage-Backed-Securities instruments.«[122] Als es aber am 4. Februar 1994« zum ersten Mal nach fünf Jahren wieder zu einer Zinserhöhung durch die Fed kam, der ersten von insgesamt vier innerhalb der nächsten Monate, hatte das dramatische Folgen für ACM. »A sharp raise of USD interest rates on February 4, 1994 led to partial illiquidity in the Mortgage-Backed-Securities markets. POs dropped drastically but, due a lack of demand, IOs did not increase accordingly. The long hedge did not function anymore.«[123] Aber anstatt die Verluste sofort zu realisieren, hielt Askin an seinem Portfolio fest und veröffentlichte anstelle dessen die theoretischen Buchwerte seiner Positionen in seinem Bericht für den Monat Februar.

An dieser Stelle soll auf das besondere Verhältnis zwischen Askin und seinen Brokern eingegangen werden. Wie bereits weiter oben erwähnt wurde, war ACM eine wahre Geldquelle für seine Broker und dem entsprechend gut war auch das Verhältinis zwischen ihnen. »For profits like that, dealers will often take an extra level of risk. If you are doing a lot of busines with an account like Askin's, the temptation is to take only a five- or 10-point haircut[124] (on the financing), instead of the routine 15 %.«[125] Das Problem war, dass, wenn die Preise fallen würden, Askin nicht mehr in der Lage gewesen wäre, seine Positionen zu finanzieren und Nachschussaufforderungen hätte nachkommen müssen. Aus der Sicht seiner Broker bedeuteten fallende Kurse, dass ihre Kredite unterbesichert gewesen wären, und ihr Kunde in eine finanziell schwierige Lage kommen würde. Daher befinden sich Broker gegenüber bedeutenden Großkunden in einer gewissen Form der Abhängigkeit. »As brokers exposure grew, along with their fees and commissions, they were tempted to support Askin by raising the assets valuation – without changing the haircut, thus further increasing his available financing.«[126] Diese Tatsache ermöglichte es Askin, sein Portfolio über lange Zeit unrealistisch hoch zu bewerten.

Als die ersten Anzeichen einer Trendwende des Marktes auftauchten, übten die Broker erstmals »sanften« Druck auf Askin aus, in der Hoffnung, er würde seinen Verschuldungsgrad etwas reduzieren. Nach der ersten Zinsanhebung aber war klar: »This increased the pressure on the broker-dealers not to let Askin to continue to value his securities at untenable levels-valuations that supported the broker-dealers loans to Askin.«[127] Trotzdem behauptete Askin auch noch in den

---

121 Goar (1994), o.S.
122 Vgl. Cottier (1997), S. 51.
123 Vgl. Cottier (1997), S. 51.
124 Bei einem »Haircut« handelt es sich um eine Kreditlinie. Ein Haircut von z. B. 10 % bedeutet, dass die Broker Askin 90 Cents pro als Sicherheit hinterlegten Dollar Kredit gewähren würden. D.h. je höher der Haircut ist, desto geringer ist das Risiko für die Kreditgeber.
125 Goar (1994), o.S.
126 Goar (1994), o.S.
127 Goar (1994), o.S.

Monaten Februar und März, dass es kein Problem in seinen Fonds gäbe. Als die Marktwerte aber immer weiter fielen, kam es zu den ersten Margin-Calls. Plötzlich wollten die selben Broker, die nur Wochen zuvor bereitwillig Kredite an Askin vergaben, Rück- und Nachschusszahlungen von ihm sehen. »An intimate circle of over-the-counter buyers and sellers, which seemed small and comfortable weeks before, suddenly turned into pitless adversaries.«[128] Es blieb ihm nur ein einziger Ausweg: »Askin had to sell the most liquid IOs which resulted in a further break up of his formerly hedged position. Additional Margin-Calls could not be met and the remaining positions had to be sold at large discounts.«[129]

Durch die überraschenden Zinserhöhungen erlitten die Bond-Märkte ihre schwerste Krise seit 1980. ACM stand mit seinem Schicksal nicht alleine da: »After the Fed announced its third of four hikes, on April 18, a cascade of corporate losses from various derivatives trading strategies turned into a spring flood.«[130] Darunter befanden sich namhafte Unternehmen wie etwa Procter & Gamble oder Gibson Greetings.

2.7.4 Krisenursachen

»According to a trustee report of May 1994, Askin's downfall was much due to his own strategies as to Wall Street's actions. Askin had built up an MBS portfolio excessively leveraged with loans from bond suppliers (as had Orange-County) and made three serious mistakes. First, he gambled on falling interest rates, without any fallback strategy. Second, he lacked the most basic tools for assessing and managing the risk he was taking. [...] Third, he apparently ignored the biggest problem with OTC products: his suppliers were the only arbiter of the value of some of the bonds in his portfolio.«[131]

Auch in diesem Fall zeichnen sich wieder mehrere Risikoquellen für das Scheitern der Anlagestrategie verantwortlich. »Askin's investors were victims of market, liquidity, and Model-Risk.«[132] Im Rahmen dieser Arbeit ist das Modell Risiko als eine Ausprägungsform Operationellen Risikos von besonderer Bedeutung. Als Krisenursachen im operationellen Bereich lassen sich daher anführen:

1. Model-Risk: »Trading models work well most of the time. But we should never forget that they are prone to calamitous failure. There's even a term of art for this phenomenon: Model-Risk. Indeed, perhaps the most important lesson to be drawn from recent blunders of some of the smartest people on Wall Street is that, sooner or later, some of their most promising models are bound to fail – and fail big.«[133] Grundsätzlich ist die unrealistisch Hohe Bewertung des Portfolios durch Askin, eine Auswirkung des Modell Risikos, als Ausgangspunkt für die Krise festzuhalten.

---

128 Goar (1994), o.S.
129 Vgl. Cottier (1997), S. 51.
130 Goar (1994), o.S.
131 Steinherr (1998), S. 112.
132 Jorion (1997), S. 17.

2. Principal-Agency-Problematik: Diese besondere Beziehung zwischen Askin und seinen Brokern bildet hier eine Krisenursache, durch die diese unrealistische Überbewertung überhaupt erst ermöglicht wurde. Hätten die Investment Banken Askins Vorgehensweise nicht unterstützt oder gänzlich nicht geduldet hätte das zweierlei Konsequenzen mit sich gebracht. Erstens wäre Askin gezwungen gewesen seine Positionen auf eine, dem Markt adäquate Weise zu bewerten, wodurch die Krise in ihrem Anfangsstadium erkannt und dementsprechend bekämpft werden hätte können. Zweitens hätten sich die Investoren ein besseres Bild über die tatsächliche Lage der Fonds und den Wert ihrer Investments verschaffen können. »Investors claimed they were misled about the condition of the fund. [...] Instead of using dealer quotes, Askin simply priced his funds according to his own valuation models. The use of model prices to value a portfolio is referred to by practitioners as marking to model.«[134] Richtigerweise hätte er sein Portfolio aber nach der *Markin-to-market*-Methode bewerten müssen. »Model failure can be a simple case of bad pricing data – ›garbage in, garbage out‹ – such as the mispricing that touched off the collapse of David Askin's $600 million hedge-fund family in 1994.«[135] Aus diesen Darstellungen wird deutlich, dass Monitoring nicht nur zwischen organisatorisch miteinander verbundenen Institutionen, sondern auch in einer Kundenbeziehung eine zentrale Rolle zugewiesen wird.

2.8 Fallstudie 8: Morgan Grenfell Asset-Management

2.8.1 Überblick

Morgan Grenfell Asset-Management (MGAM) ist die für das Fonds-Management verantwortliche Einheit der Investment Bank Deutsche Morgan Grenfell (DMG), die sich wiederum im Eigentum der Deutschen Bank AG befindet. »The Saga began on Monday 2 September with a curt announcement from MGAM. It said: Morgan Grenfell Unit Trust Managers and MGAM Ireland have today [...] suspended dealing in three of their funds [...], because of the pending investigation of the value of certain investments held by these funds The decision to suspend dealing has been reached in conjunction with the Trustees and in consultation with the regulators following the discovery of possible irregularities centring on certain unquoted securities held by the three funds.«[136] Bei diesen Fonds handelte es sich um den MG European Growth Trust (Volumen: 788 Mio. £), den in Irland börsennotierten MG European Capital Growth Trust (Volumen: 445 Mio. £) und den MG Europa Fund (Volumen: 134 Mio. £).[137] Der Handel der Invest-

---

133 Weiss (1998), o.S.
134 Jorion (1997), S. 17.
135 Weiss (1998), o.S.
136 Blanden (1996), S. 26.
137 Vgl. Weissenfeld/ Weissenfeld (1999), S. 495.

mentzertifikate wurde von der Investment Management Regulatory Organisation (IMRO), dem Londoner Aufsichtsorgan für das Fondsgeschäft der Banken, für drei Tage ausgesetzt. Die beiden größeren Fonds wurden durch den »Star-Fondsmanager« Peter Young verwaltet, der erst zwei Jahre zuvor von dem Rivalen Mercury Asset-Management abgeworben wurde. »As was the case with Messrs. Armstrong and Leeson before him, Mr. Young, age 38, had the pedigree of a winner. His two European-equities mutual funds, which between them boasted £1.26 billion in assets under management, were among the best of the lot, often singled out for their top performance in the financial press.«[138]

Young betrieb eine sehr spekulative Anlage-Strategie. Er konzentrierte sich dabei auf kleine High-Tech-Unternehmen, deren Aktien oftmals nicht an einer Börse gehandelt wurden oder erst kurz davor standen. »Under U.K. guidelines, no more than 10 % of a fund can be invested in »unapproved securities«. [...] Generally, an approved security is one that is either listed on an exchange or will be within 12 months of its purchase.«[139] Diese Vorschrift hat den Zweck, die besonderen Risiken, die mit solchen nicht börsennotierten Wertpapieren verbunden sind, zu begrenzen. Bei diesen Papieren kann es durch die mangelnde Liquidität zu Problemen im Falle der Notwendigkeit eines Verkaufs der Papiere kommen, oder es besteht die Gefahr, den Buchwert solcher Unternehmen zu überschätzen, da man keinen objektiven Marktwert als Maßstab kennt. Im Zuge seiner Anlagestrategie soll Young aber diese 10 %-Regel in mehreren Fällen eindeutig überschritten haben. »According to investigators, Mr. Young set up an extensive network of Luxembourg-registered shell companies to hide the full extent of his interest in the small high-tech companies from his employers and the regulators.«[140] Young wurde am 17. September, wenige Tage nach bekannt werden seiner Verstöße, entlassen und musste sich später auch vor Gericht für seine Machenschaften verantworten. Den mehr als 90.000 Investoren wurden seitens der Muttergesellschaft, der Deutschen Bank, Entschädigungszahlungen für alle durch »irreguläre Machenschaften« entstandenen Verluste zugesichert. »The resulting $400 million outflow was staunched only after Deutsche Bank pledged to buy as many of the funds shares as were offered and to pay any compensation regulators decided investors were owed.«[141]

Der dritte Fonds wurde von seinem Kollegen Stewart Armer, verwaltet. »Deutsche Morgan Grenfell officials don't believe that Mr. Armer, who ran the smaller MG Europa equity fund, was cooperating with Mr. Young in the alleged ›wrongful interference‹ in share prices. However, Mr. Armer was also suspended from his position on Wednesday evening after it was revealed he had breached in-house rules on personal-accounting trading by not notifying the bank about some transactions.«[142]

---

138 Fleming/Sesit (1996c), S. 8.
139 Fleming/Sesit (1996b), S. 23.
140 Fleming/Sesit (1996d), S. 12.
141 Welling (1996), S. 28.
142 Fleming/Sesit (1996c), S. 8.

2.8.2 Chronologie der Krise

Die folgenden Schilderungen der Chronologie der durch Peter Young bei DMG verursachten Krise sind an einen Artikel von Kathryn M. Welling angelehnt.[143]

Am 21. März 1996 verkündete Solv-Ex, ein in New Mexiko ansässiges Unternehmen, in einer Pressemitteilung den Verkauf von Unternehmensanteilen in Form von Aktien im Wert von 30 Mio. USD an eine Gruppe europäischer Investoren. Das Aufsehen erregende an dieser Mitteilung war, dass rationale Investoren bereit waren, in ein kleines Unternehmen mit dubioser Vergangenheit zu investieren, das nichts weiter besaß, als ein paar ambitionierte Pläne, in den kanadischen Athabasca Teerwüsten Öl und Mineralien abzubauen. Noch erstaunlicher war die Tatsache, dass die Aktien nicht mit einem Abschlag, sondern einem Aufschlag von rund 2 USD pro Stück gekauft wurden. Arrangiert wurde der Deal von dem in London ansässigen Brokerhaus FIBA Nordic Securities. Ausgelöst wurde die Aufdeckung der ganzen Affäre rund um Peter Young und DMG durch die Tatsache, dass das FBI und die SEC eine Untersuchung der Aktie wegen möglicher Unregelmäßigkeiten ankündigten und diese auch auf das Brokerhaus FIBA Nordic Securities ausdehnten. »The SFA at the time was helping the U.S. Securities and Exchange Commission by looking into any connection Fiba Nordic might have to share-price volatility involving a small U.S. oil company called Solv-Ex. However, altough that inquiry served as a catalyst in opening up Mr. Young's case, it is apparently not directly related to Morgan Grenfell Asset-Management's present troubles since Mr. Young did not hold any Solv-Ex shares in his portfolio.«[144] Hier wird deutlich, wie gut die Tarnung seiner eigentlichen Positionen funktionierte, denn wie sich später über seine Beteiligung bei Solv-Ex herausstellte: »The tar-sands company's name has never appeared in his funds published portfolios. But Young may have controlled at least four million shares, or some 18 % of the company's 23 million shares through various of his holding companies and Morgan Grenfell accounts, [...].«[145]

Es zeigte sich, dass es sich bei der Gruppe europäischer Investoren eigentlich um Peter Young handelte. »By July, the SFA knew that Morgan Grenfell was the FIBA client with a voracious appetite for the little New Mexican issue; that Young's funds were among FIBA's most lucrative clients, and that FIBA was conveniently supplying the valuations of the many unlisted securities in Young's funds.«[146] Zu diesem Zeitpunkt wurde auch die IMRO von der SFA verständigt, die wiederum die DMG verständigte und daraufhin ihre eigene Untersuchung in die Wege leitete. »Meanwhile, as IMRO looked into Mr. Young's relationship with Fiba Nordic, it discovered the extent to which his funds [...] were overburdened with illiquid unlisted securities. [...] In looking more closely at Mr. Young's funds, IMRO turned up ›irregularities‹ involving some of these unlisted securities

---

143 Vgl. Welling (1996), S. 28.
144 Fleming/Sesit (1996c), S. 8.
145 Welling (1996), S. 28.
146 Welling (1996), S. 28.

in the portfolios.«[147] Am 21. August kam es zu einem offiziellen Besuch durch die IMRO und die SFA bei DMG. Die dabei ans Tageslicht gekommenen Probleme wurden von den Vorgesetzten Young's aber anfänglich ignoriert. Erst acht Tage später, am 29. August, begann sein Chef, Owen, ihn auf dem gemeinsamen Rückflug von einem Meeting in Amsterdam über die Angelegenheit zu befragen. Mit jeder Antwort von Young wurde seine Besorgnis größer. In London angekommen machte sich Young auf den Weg nach Hause. Owen aber fuhr sofort in die Hauptniederlassung der DMG, wo er seinen Vorgesetzten, Keith Percy, über sein Gespräch mit Young berichtete. Daraufhin wurde Young von den beiden in das Büro zitiert, wo er ihnen die ganze Nacht über Rede und Antwort stehen musste. »The tale of duplicity and deceit that Young sketched out that night prompted an urgent call from Morgan Grenfell to Frankfurt. And Deutsche Bank, the next Morning, Friday, secretly injected $148 million into the three funds to assure trading in them would continue.«[148] Drei Tage später, am Montag, dem 2. September, wusste man genug, um den Handel in den drei Fonds, aber auch Peter Young, zu suspendieren. Die endgültige Entlassung erfolgte am 17. September, als er plötzlich seine Kooperation bei der Aufklärung der Vorfälle verweigerte und die auf die Verteidigung von Wirtschaftsverbrechern spezialisierte Anwaltskanzlei Peters & Peters engagierte. Aber auch für seine Vorgesetzten sollte die Affäre nicht ohne Konsequenzen bleiben. »Morgan Genfell's internal investigation ›revealed management failings‹, CEO Michael Dobson bluntly explained on Oct. 16. As a result, the firm asked for and received the resignations, without compensation, of four directors of ist Morgan Grenfell Asset-Management unit, including CEO Keith Percy.«[149]

Neben den personellen Konsequenzen kam es aber noch zu zahlreichen anderen. Beispielsweise beschloss die Deutsche Bank, ihre Kontrolle über ihre Tochter DMG zu verstärken. »It has sent Udo Behrenwaldt, who runs ist German mutualfund business, to London to assist the investigation. The bank describes his role as merely »consultative«, but his real job will be to start a long overdue-reform of DMG's Back-Office, the unglamorous part of the bank that keeps its books.«[150] Aber auch die Überprüfung des AAA-Ratings der Deutschen Bank durch Moody's war eine Konsequenz der Affäre, die das erhöhte Geschäftsrisiko der Bank seit der Übernahme von Morgan Grenfell, aufgezeigt hatte.

2.8.3 Das Netzwerk von Briefkastenfirmen

Im Zuge seiner spekulativen Anlage-Strategie kaufte Young Aktien kleinerer High-Tech Unternehmen. Zu diesem Zweck errichtete er ein Netzwerk von so genannten »Briefkastenfirmen«, die er dazu nutzte, diese Anteile vor seinen Vorgesetzten und den Aufsichtsbehörden zu verbergen. Dies war notwendig, da

---

147 Fleming/Sesit (1996c), S. 8.
148 Welling (1996), S. 28.
149 Welling (1996), S. 28.
150 O.V. (Econ, 1996c) S. 78.

sein Anteil an vielen dieser Unternehmen die von den britischen Aufsichtsbehörden vorgegebene 10%-Grenze für Anteile an nicht börsennotierten Unternehmen überstieg. Mit Hilfe der von ihm gegründeten Holding-Gesellschaften, deren Aktien er wiederum auf seine zwei Fonds aufteilte, war es ihm möglich, seine Anteile auf mehrere Unternehmen aufzuteilen. Die komplexe Struktur der Überkreuzbeteiligungen zwischen den verschiedenen Holding-Gesellschaften machte die Eigentumsverhältnisse für Außenstehende schwer nachvollziehbar und stellte auch den Hauptbestandteil späterer Untersuchungen dar. »[...] the British Investment Management Regulatory Organization, or IMRO, and the Asset-Management company have been trying to ascertain how Mr. Young had built up a shadowy network of Luxembourg shell companies that he allegedly used to hide the extent of his interests in a number of small, unquoted companies.«[151] Auf diese Weise gelang es ihm, über lange Zeit seine Machenschaften durch ein Gebäude von Scheinfirmen zu tarnen.

Diese in Luxembourg angesiedelten Holding-Gesellschaften wurden von der Schweizer Anwaltskanzlei Wyler & Wolf für Young gegründet. Dieselbe Kanzlei organisierte auch die Registrierung der Holding-Gesellschaften in Luxembourg, die das Brokerhaus FIBA Nordic kontrollierten. Wyler & Wolf gründeten für Young ungefähr ein Dutzend solcher »Holding-Paare«. »Each member of a pair generally owned 90% – 95% of its opposite number, with the remaining 5% – 10% of its equity listed in Young's portfolios. Their assets in most cases consisted of shares or debentures whose true ownership Young wanted to disguise.«[152] Es war vorgesehen, diese Holding-Gesellschaften innerhalb eines Jahres an die Börse zu bringen. Diese trugen Namen wie Alulux Mining, Sandvest Petroleum, Medtech, Oralmed, Litia Productions, Mat Tech Holdings, horten Technology, Loginvest, Systeminvest, Waferprod Holdings, Cathrineholm Holdings and Celltek Holding.

Folgendes Beispiel soll die Struktur der Briefkastenfirmen verdeutlichen: Beide von Young verwalteten Fonds veröffentlichten in ihrem letzten Jahresbericht vor Bekannt werden des Skandals einen Anteil von 8,5 Mio. Aktien eines Unternehmens namens Emtech, was einem Anteil von knappen 10% entspricht. Dieses Unternehmen, welches in Toronto gelistet ist und seinen Sitz in Baltimore hat, wurde erst kürzlich in Ashurst Technology umbenannt. Ashurst Technology war mit dem Vertrieb von in der Ukraine entwickelter Technologie beschäftigt und war eines der Unternehmen, von denen Young nicht genug kriegen konnte. »Thus, investigators have discovered that Morgan Grenfell's direct and indirect holdings in the company total 49,9% of Ashurst's shares outstanding. Many of those shares are in Litia Holdings, which is 10% owned by various Deutsche Bank unit trusts and 90% owned by another of Young's Luxembourg shells, Scandi-Technology.«[153] Neben seiner Überkreuzbeteiligung in Scandi-Technology weist Litia

151 Fleming/Sesit (1996e), S. 13.
152 Welling (1996), S. 28.
153 Welling (1996), S. 28.

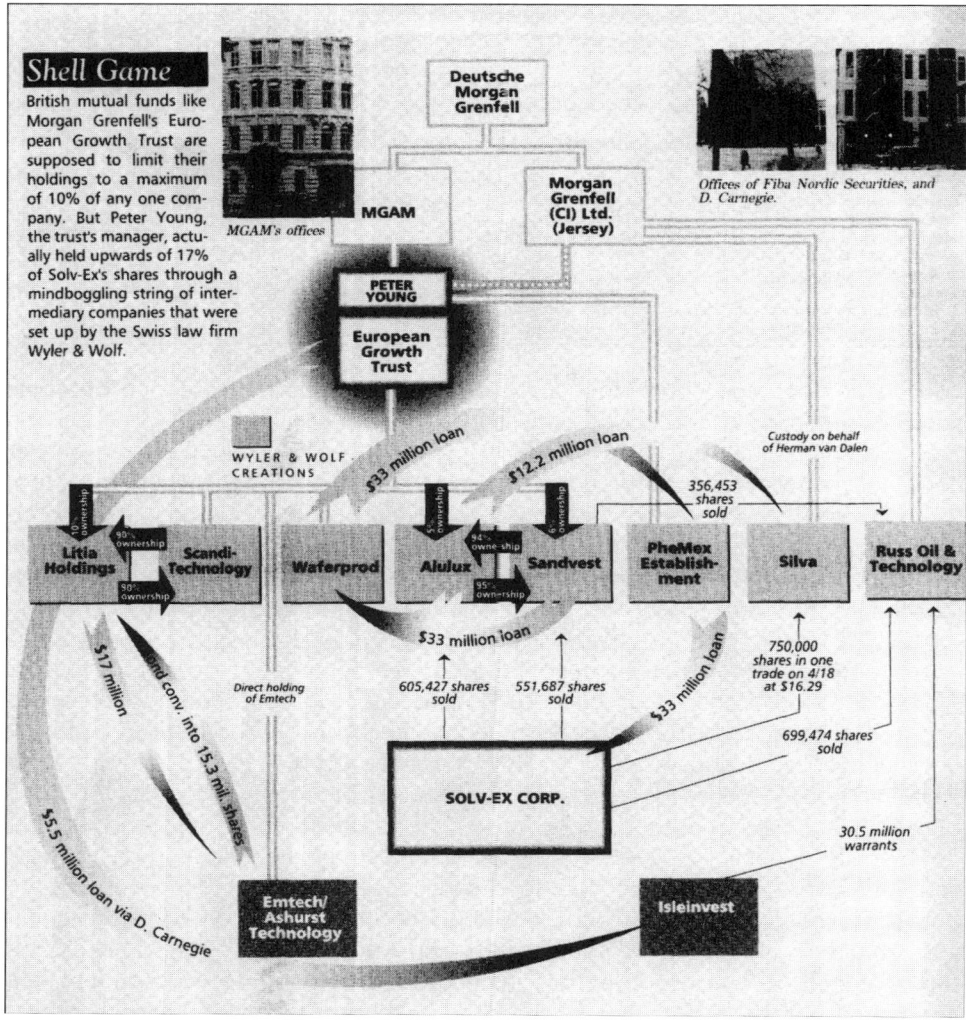

Quelle: Welling (1996), S. 30

Abb. 4: Die Struktur der Holding-Gesellschaften des Peter Young

zwei weitere Vermögenspositionen auf: Bargeld in der Höhe von 700.000 USD und einen Convertible-Bond, der letzten Januar von Fiba plaziert wurde, mit dem Umwandlungsrecht auf 15,3 Mio. Aktien von Ashurst Technology.

Neben diesen »Holding-Paaren« nutzte Young aber noch mindestens drei weitere Holding-Gesellschaften, die er alle auf gewisse Weise zum Erwerb von Solv-Ex-Aktien nutzte: PheMex, registriert in Liechtenstein, Silva Investment Ltd., registriert auf den Cayman Islands, und Russ Oil.

2.8.4 Die persönliche Bereicherung des Peter Young

Xavier Corp. ist ein weiteres Beispiel für die Sorte von kleinen High-Tech-Unternehmen, die es Young angetan hatten. Auch dieses Unternehmen besaß nicht viel mehr als Ansprüche auf russische und sibirische Ölfelder, ein Pipiline-Reparatur-Geschäft und seine Notierung an der Nasdaq. Trotzdem befanden sich neben den Fonds von Young auch andere namhafte Kapitalanlagegesellschaften unter seinen Investoren, aber auch diese Tatsache konnte die schlechte Kursentwicklung seiner Aktie nicht verhindern. Der European Growth Trust gab in seinem letzten Jahresbericht an, 6,7 Mio. der European Capital Growth Trust, 3 Millionen Xavier-Aktien zu halten. Nicht aufgelistet waren Optionsscheine, die Russ Oil zum Kauf von 15,5 Mio. Aktien berechtigten. Russ Oil war im Auftrag von Young im Dezember 1995 von Wyler & Wolf gegründet worden. Seine Russ-Oil-Aktien, die einen klaren Mehrheitsanteil ausmachten, verwahrte er auf einem privaten Depot einer Morgan-Grenfell-Niederlassung in Jersey, welches später auch im Zuge der Untersuchungen der Affäre eingefroren wurde. »The Bank's specific public allegation of wrongdoing on Mr. Young's part so far focuses on a number of warrants that Mr. Young held for stock in Xavier Mines Ltd. [...]. According to an SEC filing in May this year by Xavier Corp., the warrants in question were issued to Russ Oil last year in return for the assistance of Morgan Grenfell International Funds in facilitating the Carnegie Note. It identifies the Carnegie Note as a 140 million Swedish kroner ($21 million) one-year loan at 12% from Swedish brokerage firm D. Carnegie AB to Xavier. It also identifies Russ Oil as an affiliate of Morgan Grenfell International Funds Ltd., which in turn is part of Deutsche Morgan Grenfell.«[154] Allerdings behielt D. Carnegie AB die Anleihe nicht, sondern verkaufte sie weiter an Young's European Growth Trust. Die selbe Methode wandte er auch im Januar 1996 an, als er 5,5 Mio. USD in Isleinvest, ein auf den Bermuda-Inseln ansässiges Unternehmen, investierte. Morgan Grenfell ermöglichte die Transaktion, Russ Oil bekam die Optionsscheine, und D. Carnegie AB finanzierte das Projekt durch eine Anleihe, die schließlich wieder im Portfolio des European Growth Trust landete. »Thus, the filing charges that Russ, the recipient of the afore mentioned warrants in Isleinvest and Xavier, was a device used by Young to divert money and opportunities from the European Capital Growth Fund and the European Growth Trust for his own benefit.«[155]

2.8.5 Krisenursachen

Folgende Punkte sollen ansatzweise Erklärungen für das Versagen der Kontrollmechanismen liefern und können somit als Ursachen der Krise angesehen werden:

1. »Rogue Trader«: »The events at DMG, the old established London merchant bank owned by Germany's Deutsche Bank, have highlighted a range of issues

---

154 Fleming/Sesit (1996c), S. 8.
155 Welling (1996), S. 28.

relating to external and internal controls over fund management activities and the role of supervisors and management.«[156] Auch in diesem Fall ist wieder eine einzelne Person, ein so genannter »rogue trader« für die Vorkommnisse bei MGAM verantwortlich. »[...] Mr. Young, in a bid to protect his once-glittering track record as his performance plummeted, tried to maintain the book value of small unquoted stocks in his portfolio in an arcane system involving holding companies in Luxembourg and Switzerland.«[157] Der als »Star-Fondsmanager« bekannte Young wurde offentsichtlich nicht mit dem auf ihm lastenden Erwartungsdruck fertig. Das verdeutlicht zwar sein Motiv, sagt aber noch wenig über das Umfeld aus, in welchem es trotz interner und externer Kontrollmechanismen zu einem so gewaltigen Betrugsfall kommen konnte. Fest steht allerdings, dass die vorhandenen Kontrollmechanismen eindeutig versagt haben oder wie es Michael Dobson, CEO der DMG, ausdrückte: »a breakdown of controls«.

2. Innefiziente interne Kontrolleinrichtungen: Innerhalb der MGAM gab es folgende Maßnahme um die Portfolios der Fondsmanager zu überprüfen: »[...] fund managers must defend their investments at informal monthly meetings with colleagues, and the structure of each manager's portfolio is monitored by his superior.«[158] Grundsätzlich stellt diese Vorgehensweise einen guten Ansatz zur Vermeidung schlechter oder illegaler Investments dar. Offensichtlich dürfte sie aber nicht mit der notwendigen Sorgfalt durchgeführt worden sein. Warnungen und Bedenken außenstehender Personen, beispielsweise die Verwunderung von Fondsmanagern anderer Gesellschaften, die ebenfalls ein Mandat für die europäischen Märkte innehatten, über das Zustandekommen der steilen Performance der Fonds von Young, wurden nicht beachtet. »But people outside the firm had their suspicions. Says one European fund manager: You could tell something was afoot. In the last quarter of 1995 the fund's performance kept on going up while the other European funds were going down.«[159] Andere äußerten schon konkrete Bedenken im Zusammenhang mit dem hohen Anteil nicht börsennotierter Aktien in den Fonds von Young. »Some investment professionals had already noted Mr. Young's exceptionally high exposure to unlisted stocks. In July, Peter Jeffreys, managing director of Fund Research in London, questioned the Deutsche Morgan Grenfell unit, Morgan Grenfell Asset-Management, about this.«[160] Es wurde ihm lediglich mitgeteilt, dass der Anteil nicht börsennotierter Aktien schon zurückgegangen sei. Andere Anzeichen für mögliche Fehleranfälligkeiten Youngs wurden ebenfalls nicht beachtet. »[...] Young may have suffered from the pressure to maintain a top performance. His behaviour was reported as becoming increasingly erratic. Investment management firms should seek to nip potential problems in the bud by watching for signs of stress among their fund managers.«[161]

---

156 Blanden (1996), S. 26.
157 Fleming/Sesit (1996c), S. 8.
158 Fleming/Sesit (1996b), S. 23.
159 Ensor (1996), S. 10.
160 Fleming/Sesit (1996a), S. 11.
161 Ensor (1996), S. 11.

3. Mitwirkung der Vorgesetzten: Mehrere Anzeichen sprechen für die Tatsache, dass die Vorgesetzten Youngs über seine Machenschaften schon vor dem 21. August, dem Tag, an dem DMG erstmals von der IMRO über mögliche Irregularitäten informiert wurde, Bescheid wussten. Beispielsweise die Aussage von Peter Young selbst. »Mr. Young, age 38, has denied any wrongdoing and, in interviews with the British press, he has insisted that he kept executives at Morgan Grenfell Asset-Management informed about what he was doing.«[162] Aber auch andere Anzeichen sprechen dafür: »Each of Youngs investments had to be approved by both Michael Wheatley, Morgan Grenfell's head compliance officer, and Glyn Owen, chief investment officer for Europe and Youngs boss.«[163] Auch im Jahresbericht der Fonds wurde die Überschreitung zulässiger Höchstgrenzen festgehalten: »[...] the European Growth Trust's annual portfolio statement was festooned with asterisks denoting unlisted securities next to more than one-third of its holdings. Yet not until last April, when Young's unlisted shares hit three and a half times the legal limit, did his bosses tell him to whittle them down by year-end [...].«[164] Eine Maßnahme, die eher unerwünschte Reaktionen förderte. Denn anstatt seine Positionen in den nicht börsennotierten Aktien abzubauen, baute er sein Netz aus Briefkastenfirmen weiter aus, um diese Aktien zu verstecken. Es kann hier seitens der Vorgesetzten von Young von einer groben Vernachlässigung ihrer Pflichten ausgegangen werden.

4. Eindimensional orientiertes Anreizsystem: Im vorliegenden Fall konkretisiert sich dieses in Form eines Entlohnungssystems, das nur die Performance, aber nicht die dabei eingegangenen Risiken berücksichtigt. Die vielfach an den Tag gelegte »Ignoranz« der Vorgesetzten Youngs gegenüber sämtlichen Warnsignalen, kann auf die Tatsache zurückgeführt werden, dass sie aus mehreren Gründen an der guten Performance der Fonds von Young interessiert waren. Als wichtigster Grund können hier wahrscheinlich die erfolgsabhängigen Bonuszahlungen genannt werden.

5. Mangelnde Fachkenntnisse der Mitarbeiter: Als weitere Ursache für das Versagen der internen Kontrollmechanismen kann die mangelnde Erfahrung der meisten Kollegen Youngs mit nicht börsennotierten Aktien genannt werden. Im Unterschied zu Young, der Publikumsfonds für Kleinanleger verwaltete, dürfen Fondsmanager, die das Vermögen institutioneller Investoren verwalten, nicht in nicht börsennotierte Aktien investieren. Diese mangelnde Erfahrung kann möglicherweise auch für das Scheitern der monatlichen Sitzungen als Kontrollfunktion verantwortlich gemacht werden.

---

162 Fleming/Sesit (1996e), S. 13.
163 Ensor (1996), S. 8.
164 Welling (1996), S. 28.

2.9 Fallstudie 9: Sumitomo Corp.

2.9.1 Überblick

»For a decade, Yasuo Hamanaka, an assistant general manager of the nonferrous metals division at Sumitomo, was the puppet master who pulled the strings of traders in the »copper ring« at the London Metal Exchange (LME), which sets copper prices worldwide and bent a $1.45 trillion market to his will. Market sources and regulators now suspect he was trying to corner the market with the help of a coterie of brokers, traders, and other accomplices, using several offshore bank accounts to bury his losses. Incredibly, his market-rigging schemes existed right under regulators noses.«[165]

Sumitomo Corporation ist eines der ältesten und meist respektierten Brokerhäuser Japans. Neben dem Bankgeschäft besitzt es Beteiligungen in der Computer-Produktion, der Chemieindustrie und dem Minen- und Maschinenbaugeschäft. Ein Drittel seines Umsatzes erzielt es durch Metallhandelsgeschäfte und zählt somit zu den größten Metallhandelshäusern der Welt. Mit einem Anteil von rund 5 % der weltweiten Kupferverkäufe nahm es besonders in diesem Markt eine führende Rolle ein. »The best estimates are that Sumitomo Corporation handles double the volume of its next competitor in the physical market for copper.«[166]

Heute steht fest, dass Hamanaka den Welt-Kupfermarkt frühestens seit 1985, mit Sicherheit aber in den Jahren 1991 – 96, durch seine Tätigkeiten am Kupfer-Futures-Markt der LME und den komplementären OTC- und Kassa-Märkten manipulierte.[167] »The LME is the major world futures market for all nonferrous metals, and LME prices form the basis for trading in physical copper throughout the world, whether or not those particular trades are put through the Exchange.«[168] Nach Aussagen der Vorgesetzten Hamanakas ist einzig und alleine Hamanaka für diese Manipulation verantwortlich zu machen, während Sumitomo sich nichts weiters als mangelnde Kontrollen durch das Management zu Schulden kommen ließ. »The Hamanaka-Sumitomo manipulation was one of the largest in the history of futures trading, but in respects other than size, it broadly conforms to the textbook pattern of futures manipulation. However, particular features of LME trading allowed Mr. Hamanaka to roll his market sqeezes over and thereby manipulate the market more or less continuously over an extended period.«[169] In den Jahren von 1991 bis 1995 war es Hamanaka gelungen, enorme Gewinne durch diese Manipulation zu erwirtschaften. Als sich aber in der zweiten Jahreshälfte 1995 die Marktbedingungen veränderten, wurde die Fortsetztung seiner Manipulation sichtlich erschwert, und er wäre gut beraten gewesen, diese abzubrechen. Hamanaka war nun mit dem Problem konfrontiert, in einem

---

165 Dwyer (1996), S. 28.
166 O.V. (Econ, 1996b), S. 69.
167 Gilbert (1997), S. 1.
168 Gilbert (1997), S. 1.
169 Gilbert (1997), S. 1.

schwachen Marktumfeld mit Long-Kassa-Positionen als auch Futures-Positionen – also einem extrem exponierten Portfolio – aufgestellt zu sein. Außerdem waren diese Positionen ein klares Indiz für eine mögliche Manipulation. Im Mai 1996 zog Sumitomo, nach Anfragen der LME, des Securities and Investment Board (SIB) und der Commodity Futures Trading Commission (CFTC), einen Schlussstrich. Hamanaka wurde durch eine Beförderung vom täglichen Handelsgeschäft abgezogen. Einige US-Hedge-Funds erkannten die günstige Situation und starteten erfolgreich ihre Attacke auf den Kupferpreis. Innerhalb der nächsten vier Wochen fiel der Preis für Kupfer von 2.700 USD/Tonne auf 2.000 USD/Tonne. Die Sumitomo Corp. gab an, Verluste in der Höhe von 1,8 Mrd. USD eingefahren zu haben, was ungefähr 10 % von Sumitomos Eigenkapital entsprechen würde, die sich bei weiter fallenden Kupferpreisen allerdings noch ausweiten könnten. Andere Schätzungen sprechen von bis zu 4 Mrd. USD.[170]

2.9.2 Futures-Manipulation

Weder in den Vereinigten Staaten noch in Großbritannien gibt es eine gesetzliche Definition von Manipulation. Wegen dieser Abszenz waren die Gerichte in den USA gezwungen, eine Interpretation bereit zu stellen, was auch in Großbritannien notwendig wäre. EDWARDS und EDWARDS fassen diese Interpretation in den USA folgendermaßen zusammen: »the creation of an artificial price by planned action, whether by one man or a group of men; these actions must be calculated to produce a price distortion, and the intent of the parties during their trading is a determinative element of a punishable manipulation.«[171]

Die Technik der Manipulation von Futures-Märkten wird dabei als »to squeeze a market« oder »to corner a market« bezeichnet, d.h. den Markt auszupressen oder in die Ecke zu treiben. Grundsätzlich werden diese beiden Begriffe als Synonyme angesehen. KYLE unterscheidet die beiden Begriffe aber hinsichtlich der zugrunde liegenden Märkte: »The crux of Kyle's distinction is whether the manipulator takes positions on the underlying physical market to create an artifical shortage (a corner), usally in conjunction with futures market positions; or whether he operates solely in the futures market but exploits the delivery mechanism to distort the price of a particular future away from fundamental values (a squeeze). Squeezes, he notes, are over once delivery is made, while corners tend to last longer. In practice, most manipulations share features of both, and this is true of the recent LME manipulations.«[172] Ziel der Manipulation, für die ausschließlich Long-Positionen genutzt werden, ist die Schaffung eines Nachfrageüberhangs, der einen Preisanstieg auf ein »künstlich erzeugtes« Niveau zur Folge hat. Im Falle eines »corners« wird versucht, sich an einem Kassa-Markt aus einer Art Monopolstellung einen Vorteil gegenüber seinen Mitbewerbern zu

---

170 Gooding (1996), S. 28.
171 Edwards/Edwards (1984), S. 336.
172 Kyle (1984), zitiert in Gilbert (1997), S. 3.

schaffen, während im Falle eines »squeezes« aus der physischen Lieferverpflichtung der Kontrahenten ein Nutzen gezogen werden soll. »Squeezes« sind daher nur an Futuresmärkten mit »delivery-settlement« (z.B.: alle Warenterminmärkte oder Anleihen-Futuresmärkte) durchführbar, nicht aber an Futures-Märkten mit »cash-settlement« (z.B. Index-Futures). »In a pure squeeze, the manipulator aims to hold a long futures position in excess of the delieverable stock. In a mixed corner-squeeze, he augments his futures strategy by also going long cash in order to reduce the delieverable stock available to the shorts. In either case, the result is that the shorts cannot obtain enough of the asset to satisfy their contractual obligations.«[173] In diesem Fall haben sie drei Möglichkeiten:

1. Eine Ware zu liefern, die über die Mindestanforderungen hinaus geht, i.e. beispielsweise die Lieferung einer Anleihe, die teurer ist als die »cheapest to deliever«.
2. Zusätzliche Reserven frei zu machen. Im Fall von Metallen würde dies das Einfliegen von zusätzlichen, nicht registrierten Vorräten in eines der LME Warenlager bedeuten. Da die internationale Registrierung sehr weitreichend funktioniert, ist es sehr schwer, kurzfristig verfügbare Vorräte aufzutreiben.
3. »Agree to close out their positions at a substantial premium«.[174] Diese Vorgehensweise kann als die normal übliche bezeichnet werden.

Die Identifizierung einer Futures-Manipulation kann entweder durch die Untersuchung ihrer Ursachen oder ihrer Auswirkungen erfolgen. »Long manipulation typically involves the creation of an artifical shortage of delieverable supply and hence artificially high prices for nearby delivery dates. The causes of long manipulations are dominant long (futures and often also cash) positions; the effects are high premia for cash or nearby prices over longer term futures prices (ie backwardations).«[175]

2.9.3 Chronologie der Krise

Alles begann 1986, als Hamanaka ausgewählt wurde, um ein Team von Kupferhändlern zu leiten. »Hamanaka eventually was allowed to amass huge positions, and he also had signing authority over several bank accounts where large lines of credit smoothed the way.«[176] Diese umfangreichen Kompetenzen erhielt er aufgrund seiner ausgezeichneten Reputation nach zwanzigjähriger Tätigkeit in dieser Abteilung. Die ersten Anzeichen, die auf unsaubere Geschäfte hindeuteten, kamen im November 1991 ans Tageslicht. Damals nämlich meldete David Threlkled, ein für Hamanaka tätiger Broker, dem CEO der LME, dass er von Hamanaka gebeten worden sei, Bestätigungen über fingierte Handelsgeschäfte in der Höhe von 425 Mio. USD rückzudatieren. Die LME eröffnete daraufhin zwar eine

---

173 Gilbert (1997), S. 4.
174 Gilbert (1997), S. 5.
175 Gilbert (1997), S. 6.
176 Dwyer (1996), S. 29.

Untersuchung des Vorfalls, konnte aber nach eigenen Angaben keine Verstöße innerhalb ihres Zuständigkeitsbereiches feststellen. Trotzdem informierte Threlkled 1992 die LME und die SFA ein zweites Mal über ein verdächtiges Kupfergeschäft, welches über 20.000 Tonnen abgeschlossen wurde und auffällig günstig für manche der involvierten Geschäftsparteien verlief. Weder die LME noch die SFA gaben an, ob sie in dieser Sache etwas unternommen hatten. Zwischen 1991 und 1995 werden die Anzeichen für eine Marktmanipulation durch Sumitomo immer offensichtlicher. »High copper prices in 1991 have been explicitly linked to ›a Japanese company‹. A squeeze in the summer of 1993, explicitly linked to Sumitomo [...]. And again, a rise in the copper price in October 1995 was attributed to Sumitomo.«[177] In diesen Jahren kommt es immer wieder zu Befragungen der im Auftrag von Hamanaka handelnden Broker durch die LME.

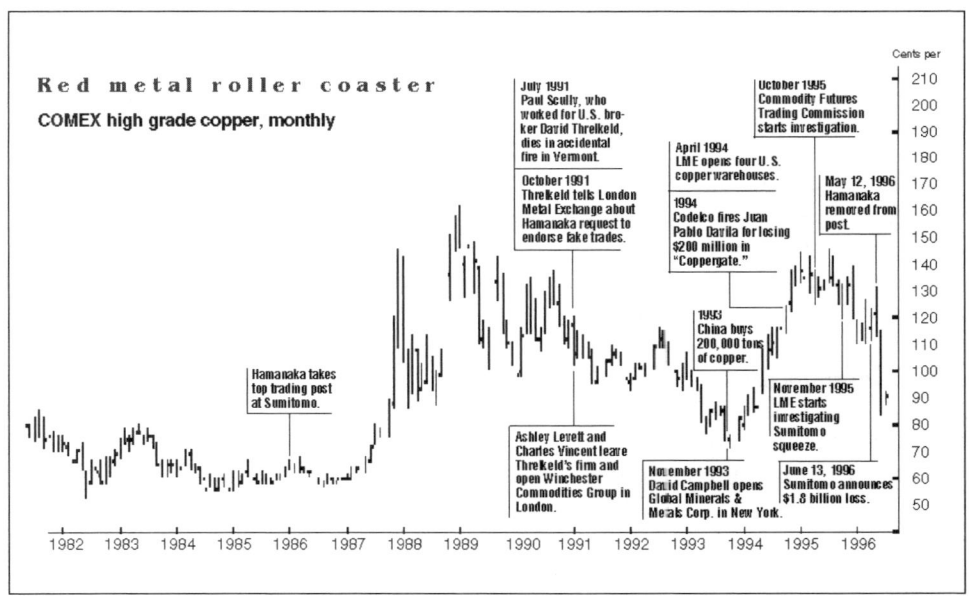

Quelle: Kharouf (1996), o. S.

Abb. 5: Der Kupferpreis im Zusammenhang mit relevanten Ereignissen des Sumitomo Skandals

Erst 1995 werden auch die amerikanischen Aufsichtsbehörden (CFTC) auf die mögliche Manipulation aufmerksam. Auch der Präsident der New York Mercantile Exchange, R. Patrick Thompson, äußert in einem Brief an die CFTC seine Besorgnis über die potentielle Marktmanipulation. Anfänglich werden die Aufforderungen der CFTC-Untersuchungen bezüglich der Entwicklung des Kupferpreises einzuleiten, von der LME ignoriert, da man diese als Versuch des größten

177 Gilbert (1997), S. 9.

Konkurrenten – der NYMEX – interpretiert, Marktanteile zu gewinnen. Schließlich leitet die LME im November 1995 aber doch Untersuchungen zur Überprüfung möglicher Marktirregularitäten ein. In den nächsten Monaten überschlagen sich die Ereignisse und die fast ein Jahrzehnt dauernde Ära des Yasuo Hamanaka geht zu Ende. Im April 1996 informiert die CFTC Sumitomo darüber, dass sie Unregelmäßigkeiten in deren Handelsgeschäften entdeckt hat, worauf Sumitomo am 17. Mai Hamanaka als Chef des Kupferhandels ablöst. Am 5. Juni gesteht Hamanaka schließlich seine Manipulation. Allerdings vergeht noch mehr als eine Woche, bis Sumitomo seine Verluste in der Höhe von 1,8 Mrd. USD bekannt gibt.

Ungeklärt bleibt die Frage wie Hamanaka seine Machenschaften und die dadurch entstandenen Verluste für so lange Zeit verbergen konnte. Einerseits steht so gut wie fest, dass Hamanaka die Abrechnungen seiner Geschäfte fälschte, um auf diese Weise die von ihm realisierten Verluste zu tarnen. »But there are also two other theories about how he might have been able to dupe Sumitomo. The first is that he somehow managed to convince the firm that it owned copper assets which, in fact, it did not have. This would probably have required some collusion from outside companies, which would have had to provide false documents. The second theory, for which there is more evidence, is that he borrowed money to cover losses. Apparently Mr. Hamanaka was able to borrow from several banks without authorisation from anyone more senior at Sumitomo. This would have enabled him to pay for the collateral that he would have had to post at the LME to cover loss-making positions, or to buy copper.«[178]

2.9.4 Krisenursachen

Folgende Punkte könne als Ursachen für die Entstehung einer fast zehnjährigen Marktmanipulation und das Unvermögen. diese aufzudecken angeführt werden:

1. Heterogenität der Rahmenbedingungen der unterschiedlichen Kapitalmärkte: Diese werden oftmals aus verschiedenen Gründen weniger streng überwacht als andere Märkte. Einer dieser Gründe wäre: »Many Investment firms have departments that deal in various metal markets on behalf of individual investors, but metal trading historically has been a heavy sum game. The amount of money reqired to purchase, ship, warehouse and then resell huge stocks of metal has kept the small investor out of loop, fostering the secretive nature of the metal-trading community. The absence of little guys to protect has reduced the incentives for government regulators to pay special attention to these markets.«[179]
2. Unklare Zuständigkeitsbereiche der externen Kontrollorgane: Ein Grund, warum es über Jahre nicht gelang, die Manipulation aufzudecken, war die

---

178 O.V. (Econ, 1996b), S. 71.
179 Copetas (1996), S. 10.

umstrittene Zuständigkeit der verschiedenen britischen Aufsichtsbehörden. Außerdem stellt sich die Frage wie weit neben den britischen nicht auch amerikanische und japanische Aufsichtsbehörden für die Überwachung von Sumitomo und somit auch für die Manipulation mitverantwortlich sind. »The answer may in part be that the global nature of his activities made it unclear who had responsibility. Should it have been Japan, because Sumitomo is based there? Should it have been Britain, home of the London Metal Exchange? Should it have been the United States, where much of the copper Sumitomo ended up owning is warehoused?«[180]

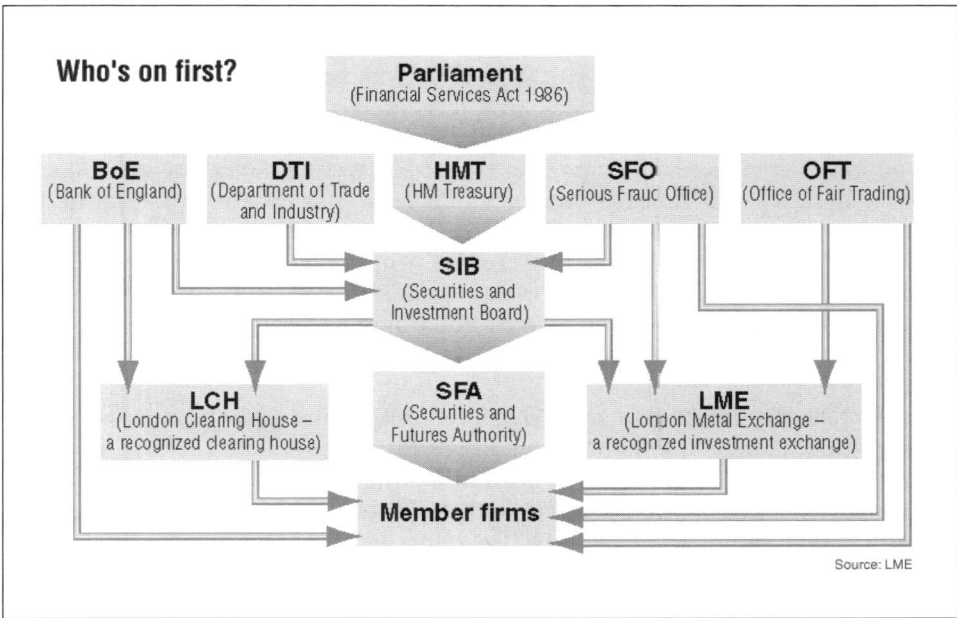

Quelle: Kharouf (1996), o.S.

Abb. 6: Zuständigkeit der Britischen Aufsichtsbehörden

3. Ineffizientes internes Kontrollsystem: Wie in den meisten anderen Fallstudien waren auch bei Sumitomo die Vorgesetzten blind gegenüber den Machenschaften ihres Chefhändlers. Dies hatte drei Ursachen: Erstens nimmt das Vertrauen gegenüber ihren Mitarbeitern in japanischen Unternehmen einen wesentlich höheren Stellenwert ein als beispielsweise in Europa oder den USA, wodurch Kontrollen in den Hintergrund rücken. »Hamanaka was able to conceal the losses for so long because of the trust-based Japanese management style. [...] Being highly experienced and well respected, he was allowed to handle

---

180 Krugman (1996), o.S.

his own paperwork, and so his irregularities went undetected by colleagues or regulators.«[181] Zweitens war wie schon so oft das Image »alles zu Gold zu machen« ein wesentlicher Faktor, warum Hamanaka durch seine Vorgesetzten nicht genauer kontrolliert wurde und diese sogar Warnungen ausländischer Aufsichtsbehörden ignorierten.[182] Drittens: »To make matters worse, Japanese companies often move senior managers, while leaving top traders in place. This may produce bosses who rarely understand what underlings are doing well enough to spot anything suspicious.«[183]

4. Mitwirkung der Vorgesetzten: »Evidence indicating that senior Sumitomo officials had knowledge of and approved Mr. Hamanaka's trades could shatter Sumitomo's position that Mr. Hamanaka acted alone. Indeed, traders have questioned how Mr. Hamanaka could have acted alone trading such huge positions over a 10-year period without the knowledge of senior management.«[184] Offentsichtlich sprechen Belege dafür, dass die Vorgesetzten Hamanakas sehr wohl über seine Machenschaften Bescheid wussten, diese sogar unterstützten, wodurch interne Kontrollen gezielt umgangen werden konnten. »Its (Sumitomo's) bosses claim that they had no knowledge of two accounts that he had set up in London, one at Merrill Lynch, an investment bank, and another at Rudolf Wolff, a commodities broker. The firm closed these accounts in May, shortly after it said it had discovered them. On June 17th, however, Merrill Lynch said that all the accounts that Sumitomo had established with it ›were properly authorised‹ [...] by senior officials and were reaffirmed as recently as May 1996.«[185]

5. Fehlendes Trennungsprinzip: »Another intriguing question is how M. Hamanaka managed to conceal his losses for so long. Like Nick Leeson, Barings nemesis, he seems to have been in charge of settling his own trades.«[186] Ebenso wie Nick Leeson scheint auch Hamanaka mit der Abwicklung und Verbuchung seiner Handelsgeschäfte selbst betraut gewesen zu sein. Diese weit reichenden Kompetenzen münden in einen Interessenskonflikt, der als wesentliche Ursache für das Zustandekommen dieses Betrugsfalles angesehen werden kann.

2.10 Fallstudie 10: Jardine Fleming Asset-Management Ltd.

2.10.1 Überblick

Im August 1996 musste auch Jardine Fleming Asset-Management Ltd. (JFAM), ein Mitglied der Robert Fleming Gruppe, ihren ersten Skandal rund um ihre Ver-

---

181 Roberts (1998), S. 212.
182 O.V. (Econ, 1996a), S. 20.
183 O.V. (Econ, 1996a), S. 21.
184 McGee/Frank (1996), S. 9.
185 O.V. (Econ, 1996b), S. 72.
186 O.V. (Econ, 1996b), S. 72.

mögensverwaltung verbuchen. »In Hong Kong, Jardine Fleming Investment-Management revealed that its investment officer, Colin Armstrong, had been diverting profitable options trades from client accounts to his own account for several years.«[187]

Im Mittelpunkt der Affäre stand der 43jährige Fondsmanager Colin Armstrong. Armstrong, betraut mit der Verwaltung mehrerer Investment Fonds, handelte unter anderem mit Optionen auf den japanischen Nikkei-Index. Nach Abschluss solcher Optionsgeschäfte wartete er allerdings ein bis zwei Tage mit deren Verbuchung. Bei Finanzderivaten, deren Kursverlauf durch hohe Volatilität gekennzeichnet ist, reicht dieser Zeitraum aus, um beträchtliche Kursgewinne oder -verluste zu erwirtschaften. »Typically Armstrong placed profitable options in his own personal account and that of the Ninja Trust, a Jardine Fleming Hedge-Fund with which he was associated. Not so successful or loss-making trades were placed in the three funds that will be compensated – JF Pacific Securities Trust, Fleming Pacific Fund and a third as yet unnamed international institution.«[188]

Die Angelegenheit sollte einige Folgen mit sich bringen: »On Aug. 29, British securities regulators fined Jardine $1,1 million for supervisory errors, inadequate controls, and other offenses. They also barred a Jardine Fleming Investment Management affiliate from selling funds in Britain. Hong Kong regulators, meanwhile, vut a deal obliging Jardine and former Chief Investment Officer Colin Armstrong to make $20 million in restitutiom payments to investors.«[189]

2.10.2 Chronologie der Krise

Armstrong begann 1992 für Jardine Fleming zu arbeiten. Innerhalb kurzer Zeit schaffte er durch seine guten Leistungen den Aufstieg zum Chief-Investment-Officer bei Jardine Fleming Investment Management. Im September 1993 begann er Optionen auf den japanischen Nikkei-Index zu handeln. Außerdem verwaltete er den JF Pacific Securities Trust, den Fleming Pacific-Fund und den sehr erfolgreichen Ninja-Trust, einen so genannten Hedge-Fund. Wie viele seiner Kollegen tätigte auch Armstrong Handelsgeschäfte auf eigene Rechnung. Es ist durchaus bekannt, dass Fondsmanager oder Aktienhändler versuchen, ihre Einkünfte durch dieses so genannte »PA trading« (personal account trading) aufzubessern. Allerdings ist es die Aufgabe der Compliance-Abteilungen dafür zu sorgen, dass dies weder unter der Ausnützung von Insider-Informationen noch auf irgendeine andere illegale Weise geschieht. »In December 1993 Jardine Fleming's compliance department first warned that the lack of writted procedure made it difficult to demonstrate fair allocation of trades. In spite of a further compliance report, it was only in September 1994 that Flemings Group appointed a more qualified compliance officer to work with Jardine Fleming in Hong Kong.«[190]

---

187 Ensor (1996), S. 8.
188 Wrighton (1996), S. 8.
189 Lindorff (1996), o.S.
190 O.V. (IBE, 2001), o.S.

Im Mai 1995 wies der neue Compliance-Officer zum ersten Mal auf Unregelmäßigkeiten bei ca. einem halben Dutzend von Armstrong auf eigene Rechnung
ausgeführten Geschäften hin. »During the summer, after failing to get a satis-
factory explanation from Mr. Armstrong, he informed Mr. Robert Thomas, chief
executive of JFIM, and the fund management compnay's finance director, whose
identity Flemings refuses to disclose.«[191]

»But no immediate action was taken to stop Colin Armstrong trading on his
own account. The pattern of trading continued until September 1995, by which
he had deverted $19.3m from the three disadvantaged clients to Ninja and his
personal account. His personal profit was at least $3m and Ninja the remain-
der.«[192] Allerdings dauerte es noch bis März nächsten Jahres, bis Fleming das
Arbeitsverhältnis mit Armstrong löste. Ungefähr ein Monat später trat auch
Robert Thomas zurück und übernahm auf diese Weise die Verantwortung für
die unzureichenden Kontrollen innerhalb von JFIM.

2.10.3 Krisenursachen

Eindeutig war auch in dieser Fallstudie ein so genannter »rogue trader« für die
Entstehung des Skandals bei JFAM verantwortlich. Die Rahmenbedingungen
unter welchen Colin Armstrong seine Betrugsgeschäfte ausführte, im speziellen
die ungenügenden internen und externen Kontrollmechanismen, sollen in den
folgenden Punkten näher betrachtet und erläutert werden:

1. Ineffizientes internes Kontrollsystem: Zweifellos spielten interne Kontrollen in
   der Unternehmenskultur bei Jardine Fleming generell eine untergeordnete Rolle.
   Diese Tatsache erkennt man an zwei Umständen: Erstens waren die neunziger
   Jahre für Asset-Management-Gesellschaften allgemein eine hervorrragende Zeit.
   Der Markt boomte und unzählige Kleinanleger schauten sich nach Vermögens-
   verwaltern um, denen sie ihre Ersparnisse anvertrauen konnten. In dieser für
   die zukünftige Geschäftsentwicklung der Vermögensverwalter entscheidenden
   Phase setzte JFAM ihre Prioritäten auf die Akquirierung neuer Kunden, wodurch
   zwangsläufig andere Ziele zumindestens vorläufig auf der Strecke blieben. »Mr.
   Alan Smith, chairman of the Jardine Fleming group, which also includes an
   investment bank and a stock brokerage firm, has admitted that compliance took
   a backseat to investment performance during JFIM's heady days.«[193] Zweitens
   wurden Warnungen von Seiten der Compliance-Abteilung immer wieder ignoriert oder nur langsam darauf reagiert. Selbst als im Mai 1995 erstmals konkrete
   Hinweise auf das Vorliegen illegaler Handelsgeschäfte hindeuteten, konnte Armstrong diese ungehindert bis September 1995 weiterführen. Mehrere Kontrollmechanismen zur Überwachung von Mitarbeitern und Instrumente zur präventiven Vermeidung illegaler Handelsgeschäfte, wie sie bei den Konkurrenten
   von Jardine Fleming bereits Standard waren, wurden bei Jardine Fleming erst

---

191 Denton/Ridding (1996), S. 4.
192 O.V. (IBE, 2001), o.S.
193 O.V. (Asiaweek, 1996), o.S.

nachträglich eingeführt. Diese umfassen z.B. einen zentralisierten Handelstisch und verbesserte Computersysteme zur Überwachung der Mitarbeitergeschäfte, eine Mindesthalterdauer von 30 Tagen für Wertpapiere bei Mitarbeitergeschäften auf eigene Rechnung, periodische Besuche von höheren Angestellten der Muttergesellchaft Robert Fleming und einmal jährlich eine Untersuchung der Tochtergesellschaften durch die interne Revision und Compliance-Abteilung der Muttergesellschaft, eine Aufstockung der Mitarbeiter im Compliance-Bereich, [...]. Insgesamt wurden nach Angaben von Jardine Fleming 34 Schritte unternommen, um die Compliance-Standards zu verbessern. Andererseits waren die bereits implementierten Kontrollmechanismen ausgesprochen ineffektiv. Wie bereits weiter oben erwähnt, war man sich beispielsweise der Problematik der ungenauen Regelung der Zuteilung von Handelsgeschäften auf die verschiedenen Konten und einer gänzlich fehlenden schriftlichen Regelung dieses Problems bewusst, aber dementsprechende Maßnahmen wurden nicht gesetzt. Durch die Delegation der Verwaltung der Fonds von JFAM zu JFIM wurde man unvorsichtig und verließ sich zu sehr auf die jeweiligen Kontrollen des anderen.

2. Versagen der externen Kontrollorgane: Denn auch die externen Kontrollen durch die Aufsichtsbehörden in Hong Kong können als wirkungslos kritisiert werden: »Mutual-fund scandals are especially pernicious because the industry is still in its infancy in Asia, lightly regulated and hence more prone to wrongdoing.«[194] Oder: »That London's Investment Management Regulatory Organization Ltd. (IMRO), and not the Hong Kong SFC, raised questions about Jardine first and levied harsher sanctions had made people ask whether the territory's fledgling regulatory body is doing its job. [...] The case also raises questions about the quality of oversight and regulation in Hong Kong. Altough the IMRO shut down Jardine Fleming Asset-Management in Britaim for an indefinite period, Hong Kong's regulators have permitted an affiliate to operate in their territory.«[195]

3 Zusammenfassung der Ergebnisse der Fallstudien

An dieser Stelle sollen nun die Ergebnisse aus der vorangegangenen Gegenüberstellung von zehn Fallstudien noch einmal übersichtlich präsentiert werden. Zu diesem Zweck werden die Ursachen der Verlust bringenden Krisenprozesse präzisiert und den einzelnen Typen Operationeller Risiken zugeordnet. In diesem Zusammenhang soll auf die Risikotypen und die dazugehörigen Krisenursachen sowie auf die notwendigen Rahmenbedingungen nochmals eingegangen werden, sind sie doch gewissermaßen als Katalysator für die Entstehung der Fehlentwicklungen mitverantwortlich.

---

194 O.V. (Asiaweek, 1996), o.S.
195 Lindorff (1996), o.S.

Fallstudie	Risikotyp	Krisenursachen
Metall-gesellschaft AG	Model-Risk + Process-Risk	Mangelnde Kenntnis seitens der Vorgesetzten, falsche Einschätzung der Situation, inadäquates Risikomanagement, ineffiziente interne Kontrollen und Geschäftsabläufe, Heterogenität der Rahmenbedingungen (international)
Long Term Capital Management	»hubris« + Model-Risk	Fehleinschätzung (Selbstüberschätzung) der Managementkompetenz, Falsche oder ungenaue Annahmen als Ausgangspunkte der verwendeten Modelle, Versagen der externen Kontrollen, fehlende interne Kontrollmechanismen
Barings Plc.	»hubris« + »rogue trader«	Fehlendes Trennungsprinzip, ungenügende Produktkenntnisse seitens der Vorgesetzten, kein Risikomanagement, keine Risikolimite, Missachtung von Warnsignalen, Versagen externer Kontrollen, Selbstüberschätzung
Daiwa Securities	»rogue trader«	Fehlendes Trennungsprinzip, ineffiziente interne und externe Kontrollen, Mitwirkung der Vorgesetzten als Zeichen einer grundlegend falschen Unternehmenskultur, Heterogenität der Rahmenbedingungen (international)
Orange-County	»hubris« + »rogue trader« + Risk-Risk	Mangelnde Fachkenntnisse des Senior-Management, zu weit reichende Kompetenzen des Managers, ineffiziente interne und externe Kontrollen, Übernahme zu großer Risiken, falsche Entscheidungsgrundlagen
Kidder, Peabody & Co.	»rogue trader« + System-Risk	Fehler im Abwicklungssystem, Versagen der internen Kontrollen, »Star«-Status des Händlers, mangelnde Qualifikationen der Mitarbeiter, übertriebene Risikobereitschaft, Abbildungsrisiko
Askin Capital Management	»hubris« + Model-Risk	Umgehung des Trennungsprinzips, Mitwirkung der Partner (Broker), Selbstüberschätzung des Managers, »marking to model«, »moral hazard«
Morgan Grenfell Asset Mgmt.	»hubris« + »rogue trader«	Ineffiziente interne Kontrollen, Missachtung von Warnsignalen und auffälliger Verhaltensweisen, Mitwissen und Mitwirkung der Vorgesetzten, Selbstüberschätzung, inadäquates Anreizsystem, mangelnde Kompetenz der Mitarbeiter
Sumitomo Corporation	»rogue trader«	Fehlendes Trennungsprinzip, Eigenheiten der Warenterminmärkte, Heterogenität der Rahmenbedingungen (international), Unklarheit über externe Kontrollen, Mangelnde interne Kontrollen (Mitwirkung der Vorgesetzten)
Jardine Fleming Asset Mgmt.	»rogue trader«	Unpräzise Compliance Standards, ineffiziente bzw. gänzlich fehlende interne Kontrollen, mangelnde externe Kontrollen (unerfahrene Aufsichtsbehörden)

Abb. 7: Die Ergebnisse der Fallstudien – Überblick

Die in der Abbildung 7 zu beobachtenden Ausprägungsformen Operationeller Risiken lassen sich grob in die folgenden drei Typen unterteilen:

1. »rogue trader«: Dieser Typ beschreibt den unlauteren, betrügerischen Händler mit der Absicht, sich selbst bzw. seine Mitstreiter zu bereichern bzw. zu begünstigen, indem andere geschädigt werden.
2. »hubris«: Das Phänomen der Selbstüberschätzung bei sog. »Stars«, die davon überzeugt sind, nicht nur alles richtig zu machen, was sie anfassen, sondern auch gegenüber Kritik sehr sensibel reagieren.
3. »System-Risk«: Das Systemrisiko selbst, das die verschiedenen Aspekte von Strukturen und Prozessen zu erfassen sucht und sich in weiterer Folge unterscheiden lässt in:
   - Das Abbildungsrisiko bzw. Systemrisiko i.e.S. (SR) beschreibt das Risiko unvollständiger Abbildbarkeit komplexer realer Prozesse in EDV-Systemen und die daraus potentiell resultierenden Unschärfen im Finanz- und Rechnungswesen, Reporting, Monitoring etc.
   - Das Model-Risk (MR) bezeichnet die Gefahr, dass unterschiedliche Systeme die Realität unterschiedlich abbilden und auf diese Weise zu unterschiedlichen Ergenissen gelangen.
   - Unter dem Process-Risk (PR) wird das Risiko von Fehlern bei Abläufen im klassischen Sinn verstanden.
   - Das Risk-Risk (RR) bezeichnet das Risiko, dass sich Entscheidungsträger über das Risiko einer Entscheidung nicht bewusst sind.

Auffällig erscheint hier, dass das Phänomen des »rogue trader« mit sieben Zuordnungen den häufigsten Risikotyp ausmacht, »hubris« kann als Risikotyp für fünf Fälle einen Erklärungsbeitrag leisten, und das Systemrisiko in seinen vier unterschiedlichen Ausprägungen ist in ebenfalls fünf Fällen für die Krisensituationen allein oder mitverantwortlich (dreimal Model-Risk und je einmal Abbildungs-, Process und Risk-Risk). Abbildung 8 fasst diese Ergebnisse noch einmal zusammen:

Risikotyp	Fallstudie
»rogue trader«	• Barings plc. • Daiwa Securities • Orange-County • Kidder, Peabody & Co. • Morgen Grenfell Asset-Management • Sumitomo Corporation • Jardine Fleming Asset-Management
»hubris«	• Long Term Capital Management • Barings plc. • Orange-County • Askin Capital Management • Morgen Grenfell Asset-Management
»System-Risk«	• Metallgesellschaft (MR + PR) • Long Term Capital Management (MR) • Orange-County (RR) • Kidder, Peabody & Co. (SR) • Askin Capital Management (MR)

Abb. 8: Risikotyp und Fallstudien

4   Analyse und Interpretation

Obwohl auf den ersten Blick der Eindruck entsteht, bei den vorliegenden Fall-beispielen wären jeweils verschiedene Krisenursachen für die Verluste verant-wortlich gewesen, ist bei diesen wie auch bei anderen Fällen im Bereich des Asset-Managements bzw. des Security-Trading ein systematisches Fehlermuster erkennbar. Das Erkennen dieses Grundmusters bietet die Möglichkeit Risikosteu-erungsverfahren so auszurichten, dass diese Fehler vermieden bzw. bereits beste-hende Risikomessverfahren auf ihre Effektivität hin überprüft werden können.

4.1   Komponenten des Grundmusters Operationeller Risiken

Auslöser vs. Ursachen

Auslöser sind im Regelfall Fehlhandlungen einzelner oder mehrerer Personen. Das Fehlverhalten bei den vorliegenden Fällen liegt primär im fehlenden Know-how der Verantwortungsträger, der Selbstüberschützung der operativ tätigen Manager und dem teilweise blinden Vertrauen der Geldgeber in die betrauten Manager. Nur ein solches Umfeld ermöglicht die Entstehung des so genannten »rogue trader«, also einer Person, welche die ihr durch Richtlinien oder Know-how gesetzten Grenzen bewusst überschreitet. Im Falle des Eintretens von Ver-lusten kommen die im Zusammenhang mit der Principal-Agency-Theorie ange-sprochenen Phänomene »hidden action« und »moral hazard« zum Tragen, da der betroffene Manager versucht, das beim Investor (zumindest zeitlich begrenzt) vorliegende Informationsdefizit zu seinen Gunsten auszunutzen.

Versagen interner Kontrollmechanismen

Ein effizientes Risikomanagementsystem verhindert gewisse Fehler bereits prä-ventiv. Für den Fall, dass diese trotzdem auftreten, muss ein Monitoringsystem Fehler aufdecken und Handlungsanweisungen klar regeln, wie bei solchen Ver-stößen vorzugehen ist. Dazu ist ein systematischer Risikomanagementansatz notwendig. Im Regelfall wird dies durch Implementierung spezieller organisa-torischer Einheiten gewährleistet, welche oftmals auch gesetzlich vorgeschrie-ben sind. Bei den vorliegenden Fällen war entweder die bestehende Risiko-managementinfrastruktur fehlerhaft implementiert, oder es wurden zwar Fehler erkannt, aus diesen jedoch keine Konsequenzen gezogen.

Versagen externer Kontrollmechanismen

Das Wertpapiergeschäft ist durch eine hohe Fungibilität gekennzeichnet, dement-sprechend besteht auch ein hohe gegenseitige geschäftliche Verzahnung der am Markt tätigen Gesellschaften. Dies führt dazu, dass Probleme einzelner Gesell-schaften ein sehr hohes Risiko für die gesamte Branche in sich bergen. In den vorliegenden Fällen konnten jedoch auch die Aufsichtsbehörden die Verluste nicht verhindern. Des Weiteren sind insbesondere die institutionellen Investoren selbst dazu angehalten, jene Gesellschaften zu monitoren, welchen sie treuhän-dig Geld anvertrauen.

4.2 Ursachen Operationeller Risiken

Mangelndes Know-how des Management

- *Senior-Management*
  Im Falle der Metallgesellschaft wurden Geschäfte getätigt, welche nicht zum Kerngeschäft des Unternehmens zählten. Dementsprechend fehlte beim Senior-Management das Verständnis für den Einsatz solcher Geschäfte. Im Eskalationsfall war das Senior-Management nicht in der Lage die notwendigen Konsequenzen zu ziehen.
  Im Orange-County-Fall berichtete der zuständige Manager an ein Gremium, welches nicht in der Lage war, die Berichte fachgerecht zu kommentieren. Obwohl das Risiko ersichtlich war, erfolgte keinerlei Reaktion.

- *Fehlendes Know-how beim operativ tätigen Management*
  Fatale Auswirkungen hat der Umstand des völlig fehlenden relevanten Know-hows im Kapitalmarktkontext beim ausführenden (operativ tätigen und/oder verantwortlichen) Management. Bei Kidder Peabody & Co wurden Manager für Geschäfte und Verantwortungsbereiche eingesetzt, für welche sie durch ihre Ausbildung und bisherigen Tätigkeiten nicht genügend qualifiziert waren.

- *Heterogenität des Geschäftes*
  Dieses mangelnde Grundwissen im Bereich Kapitalmarktgeschäfte wird verstärkt um die Komponente der Internationalisierung der Kapitalmärkte. Nicht nur die Produkte, in welche investiert wird, werden immer komplexer. Die Investitionstätigkeit wurde vom lokalen auf internationale Kapitalmärkte ausgedehnt. Mit dem Schritt in ausländische Kapitalmärkte ist man mit neuen Regulierungsprinzipien und Rechnungslegungsprozeduren konfrontiert. Bei der Metallgesellschaft hat dies zu einer falschen Einschätzung der Situation geführt. Mit dem Eintritt in neue Märkte sind auch neugeartete Risiken verbunden, welche auf den bisher vertrauten Märkten nicht vorhanden waren. Sumitiomo beispielsweise betätigte sich im Bereich von Warentermingeschäften und war sich der neuen Rahmenbedingungen nicht bewusst. Zusätzlich ergibt sich mit Auslandsniederlassungen die Notwendigkeit von neuen Kontrollmechanismen. Bei Daiwa, Barings und Metallgesellschaft wurden die Verluste jeweils in ausländischen Tochtergesellschaften verursacht.

Fehleinschätzung der beauftragten Manager

Fatale Auswirkungen hat auch die Fehleinschätzung des Know-hows und der Fähigkeiten der einzelnen Manager. Der Fall LTCM zeigt sehr plakativ, wie es möglich ist, dass sich erfolgreiche Manager selbst überschätzen und auch von ihrem Umfeld (Senior-Management, Investoren) überschätzt werden. Insbesondere Selbstüberschätzung der Manager (»hubris«) führt zum Phänomen des »rogue trader«. Wie Peter Young bei Deutsche Morgan Grenfell hatte auch Nick Leeson bei Baring den Status eines Starmanagers und konnte auf diese Weise verhindern, dass rechtzeitig jene Maßnahmen gesetzt wurden, welche das Debakel zumindest eingedämmt hätten.

System-Risiko

- *Model-Risk*
  So wie das Leistungsvermögen der Manager teilweise überschätzt wird, kann auch, wie im Falle LTCM und Orange-County, das Verlassen auf Systeme zu Bewertung von Wertpapieren und Kontrakten zu einer Fehleinschätzung der Situation führen. Erschwerend tritt hinzu, dass über die im System zugrunde liegenden Annahmen die Anwender meist nicht Bescheid wissen und sie dementsprechend auch auf neue, im System nicht abgebildete Situationen nicht richtig reagieren (können).

- *Abbildungsrisiko*
  Asset-Management entwickelt sich immer mehr zu einem IT-getriebenen Business, welches durch Automatisierung und Rationalisierung geprägt ist. Einerseits werden die Produkte immer stärker durch EDV-Systeme gehandelt, abgewickelt und gesettled, andererseits wird die abzubildende Produktwelt jedoch immer komplexer. Dies birgt das Risiko in sich, dass diese Produkte und Geschäfte nicht vollständig oder richtig abgebildet werden. Im Falle von Kidder Peabody & Co konnte dies zur Vertuschung von Verlusten ausgenutzt werden. Bei der Implementierung von EDV-Systemen ist bewusst darauf zu achten, wo die Schwachstellen liegen, nötigenfalls sind, entgegen der ursprünglichen Intention, zusätzliche manuelle Kontrollmechanismen zu implementieren.

4.3　Interne Kontrollmechanismen

Inadäquates Kontrollsystem

Während Marktrisiko bewusst auf täglicher Basis neu eingegangen wird, ist Operationelles Risiko generell eine Art von Risiko, welches möglichst vollständig zu vermeiden ist. Dies sollte jedoch nicht darüber hinwegtäuschen, dass auch das Operationelle Risiko einem systematischen Managementansatz unterliegen muss. Dieser Risikomanagementansatz muss zumindest aus Risikogrundsätzen, Risikostrategien und den dazugehörigen Maßnahmen bestehen. Das System zur Gestaltung der operativen Arbeitsprozesse sowie zur Kontrolle der getätigten Geschäfte kann in seiner Konstruktion Mängel aufweisen, somit ist es a priori nicht geeignet, relevante Fehler zu verhindern bzw. das Monitoringsystem ist nicht geeignet Fehler aufzudecken. Im Regelfall fehlen in den Unternehmen regelnde Grundsätze – wie z.B. das Trennungsprinzip –, die der klaren Definition von Prozessen mit Verantwortung und Kompetenzen oder der direkten Involvierung des Senior Managements dienen sollen und können. Auch an eindeutigen Bewertungsprinzipien von Operationellen Risiken mangelt es in der überwiegenden Mehrzahl der Unternehmen. Die durchgehende Anwendung solcher Grundsätze, d.h. Prüfung sämtlicher Prozesse, ob sie den Grundsätzen entsprechen, ist für die Implementierung eines effizienten Risikosystems notwendig.

Die fehlende Trennung von Front- und Back-Office bei Baring, Daiwa Securities und Sumitomo ermöglichte es jeweils nur einem einzigen Manager, die bestehenden Kontrollmechanismen außer Kraft zu setzen. Bei der Deutschen Morgan Grenfell konnte ebenfalls ein einzelner Manager durch das Fehlen notwendiger Kontrollsysteme dem Unternehmen einen dementsprechenden Schaden zufügen. Bei Kidder Peabody & Co führte die fehlende Aufgabenzuteilung zu einer mangelnden Kontrolle durch das Senior-Management. Bei Askin ermöglichte die Methode des Marking-to-Model anstatt des Marking-to-Market die Überbewertung des Fondsportfolios.

Fehlende Konsequenzen

Eine weitere Möglichkeit besteht jedoch auch darin, dass zwar Fehler lokalisiert werden, auf diese jedoch nicht reagiert wird. Regelmäßig zeichnet in solchen Fällen das Seniormanagement verantwortlich. Dieses Fehlverhalten ist sehr oft verbunden mit der Überschätzung der betrauten Manager seitens des Senior Managements. Bei Barings, Sumitomo und Daiwa Securities wurde auf Warnungen der Kontrollinstanzen, wie z.B. der Revision, nicht reagiert. In diesen drei Gesellschaften waren auch die Vorgesetzten direkt oder indirekt an der Vertuschung von Verlusten beteiligt. Die Implementierung eines umfassenden Risikomanagementsystems mit direkter Involvierung bzw. Berichterstattung an die Vorstandsebene ist vor diesem Umstand unumgänglich.

4.4   Externe Kontrollmechanismen

Aufsichtsbehörden

Der Umstand, dass weltweit länderweise unterschiedliche Regulierungsnormen angewandt werden und die darüber hinaus fehlende Abstimmung der nationalen Regulierungsbehörden ermöglichte es bei Daiwa, dass auf die Schadensfälle lange Zeit nicht reagiert werden musste. Bei Sumitiomo war nicht geklärt, welche Aufsichtsbehörden zuständig sind.

Wie einfach es im Falle Daiwa war, die US-amerikanischen Aufsichtsbehörden zu täuschen, zeigt auch, dass Zeitpunkt, Art und Weise diskussionswürdig sind, wie und unter welchen Umständen die jeweiligen Behörden tätig werden können und sollen.

Kontrolle seitens der Investoren

Abschließend kann überdies festgehalten werden, dass auch Investoren selbst und externe Partner dazu angehalten sind, laufend die Leistung des Management zu überprüfen. Diese Überprüfung sollte den Rahmen der gesetzlichen Informationspflichten übersteigen. Im Falle von Orange-County ermöglichte das zu große Vertrauen in den verantwortlichen Treasurer die zusätzliche Erhöhung des Risikos selbst nach dem Zeitpunkt der Feststellung einer falschen Strategie. Bei Askin erlaubten die Geschäftspartner zunächst wissentlich eine Überbewertung des Fondsvermögens und darauf aufbauend eine weiterhin überproportionale Erhöhung des Risikos durch Leveraging.

Literatur

Bank Austria Creditanstalt Group Treasury; Zinsprodukte: Asset-Backed-Securities; < http://www.treasury.at/zinsprodukte/german/content/assetbackedsecuritybeschr1.htm > , Zugriff: 22.2 2001.

Blanden M.; And now for the Deutsche disaster; in: The Banker, 1996, Nr. 10.

Chorafas D. N.; Credit derivatives & the management of risk; New York Institute of Finance, New York [u.a.], 2000.

Copetas C. A.; Where Were Sumitomo's Metal Detectors?; in: Wall Street Journal Europe, 19.6.1996.

Cottier P.; Hedge-Funds and managed futures; Haupt, Bern, Wien [u.a.], 1997.

Culp C. L., Miller M. H.; Metallgesellschaft and the Economics of Synthetic Storage; in: Culp C.L.: Corporate hedging in theory and practice – lessons from Metallgesellschaft, Risk Books, London, 1999.

Dembowski A.; Profi-Handbuch Investmentfonds; Walhalla, Regensburg [u.a.], 1997.

Denton N., Ridding J.; Questions arise over Flemings affair; in: Financial Times, 31.8.1996.

Dwyer P.; Descent into the Abyss – How the copper-trading affair engulfed Sumitomo; in: Business Week, 1.6.1996.

Eatwell J., Taylor L.; Global finance at risk; New Press, New York, 2000.

Edwards F. R.; Hedge-Funds and the Collapse of Long Term Capital Management; in: Journal of Economic Perspectives, 1999, Vol.13, Nr. 2.

Edwards L. N., Edwards F. R.; A legal and economic analysis of manipulation in futures markets; in: Journal of Futures Markets, 1984, Nr. 4.

Eller R.; Handbuch Bankenaufsicht und interne Risikosteuerungsmodelle; Schäffer-Poeschel, 1. Aufl., Stuttgart, 1999.

Ensor B.; Beware the danger of the falling stars; in: Global Investor, Oktober/1996.

Fitzgerald D.; Trading Volatility, in: Alexander C.; The Handbook of Riskmanagement and Analysis; Wiley, Chichester, 1996.

Fleming C., Sesit M. R.; Fund Manager Is Suspended, Activity Halted; in: Wall Street Journal Europe, 3.9.1996.

Fleming C., Sesit M. R.; MGAM Seeks Asset Freeze On Manager; in: Wall Street Journal Europe, 5.9.1996.

Fleming C., Sesit M. R.; Mutual Concern – Morgan Grenfell Tries To Assess the Damage Tied to Star Manager; in: Wall Street Journal Europe, 6-7.9.1996.

Fleming C., Sesit M. R.; Morgan Grenfell Offloads Stock From Three Funds; in: Wall Street Journal Europe, 9.9.1996.

Fleming C., Sesit M. R.; U.K. May Announce An Investigation Into Funds Scandal; in: Wall Street Journal Europe, 27.9.1996.

Gilbert C.; Manipulation of metal futures – lessons from Sumitomo; in: CEPR discussion papers, 1537, London, 1997.

Goar St. J.; High-wire act; < http://www.assetpub.com/archive/ps/94-06psjune/june94PS26.html > , 1994, Zugriff: 22.2.2001.

Gooding K.; Turmoil far from finished, says Black; in: Financial Times, 8.10.1996.

Herbeck T.; Cashflow-Risiken im Risikomanagement der Unternehmung; St. Gallen, Univ., Diss., 1997.

IOSCO; Risk Management and Control Guidance for Securities Firms and their Supervisors; A Report by the Technical Committee of the IOSCO (International Organization of Securities Commissions), 1998.

Jereski L.; How Orange-County Nearly Pulled Off a Rescue Mission; in: Wall Street Journal Europe, 28.12.1994.

Jereski L., Vogel T.; California County Faces Big Investment Portfolio Loss; in: Wall Street Journal Europe, 5.12.1994.

Jorion P.; Value at risk; Irwin, Chicago [u.a.], 1997.

Kane E. J., DeTrask K.; Covering up trading losses; in: Working paper series/ National Bureau of Economic Research, Cambridge, Mass., 1998.

Kharouf J.; The copper trader who fell from grace; < http://www.futuresmag.com/library/august96/intrends.html > , 1996, Zugriff: 28.2.2001.

Kniese G.; Futureshedging auf Ölmärkten – die Öl-Geschäftsstrategie der Metallgesellschaft; Dt. Univ.-Verl. [u.a.], Wiesbaden, 1997.

Körnert J.; Barings 1995 – Eine Bankenkrise im Überblick, Teil I; in: Österreichisches BankArchiv (ÖBA), 1996, Nr. 7.

Körnert J.; Barings 1995 – Eine Bankenkrise im Überblick, Teil II; in: Österreichisches BankArchiv (ÖBA), 1996, Nr. 8.

Kropp M.; Management und Controlling finanzwirtschaftlicher Risikopositionen – einschließlich einer Fallstudie zu den Ölmiengeschäften der Metallgesellschaft; Uhlenbruch, Bad soden, 1999.

Krugman P.; (How Copper Came a Cropper; < http://web.mit.edu/krugman/www/copper.html > , 19.7.1996, Zugriff: 28.2.2001.

Lindorff D.; Is Hong Kong »The Wild, Wild East«?; < http://www.businessweek.com/1996/38/b3493181.htm > , 16.9.1996, Zugriff: 2.3.2001.

McGee S., Frank S.; Winchester Says Sumitomo Officials Knew Of Big Copper Transactions by Hamanaka; in: Wall Street Journal Europe, 5.7.1996.

Mishkin F. S., Eakins S. G.; Financial markets and institutions; Addison-Wesley, 2. Aufl., Reading, Mass. [u.a.], 1998.

o.V.; Did dealers gang up on david Askin?; in: Institutional Investor, July/1994.

o.V.; Behind the Kidder Scandal: How Profits were Created on Paper; in: New York Times, 5.8.1994.

o.V.; Orange-County Court Filing Affects Debt, 180 Agencies; in: Wall Street Journal Europe, 8.12.1994.

o.V.; (Asiaweek, 1996); Matters of Trust; < http://www.asiaweek.com/asiaweek/96/1004/ed2.html > , 1996, Zugriff: 22.3.2001.

o.V.; Coming a cropper in copper; in: The Economist, 22.6.1996, Vol. 339.

o.V.; Sumitomo's metal fatigue; in: The Economist, 22.6.1996, Vol. 339.

o.V.; Deutsche's wayward Wunderkind; in: The Economist, 14.9.1996, Vol. 340.

o.V.; International Business Ethics: Hong Kong; < http://www.pitt.edu/%7Eethics/Countries/Hong_Kong/case.html > , Zugriff: 2.3.2001.

o. V; Universität Bayreuth – Institut für Finanzwirtschaft und Bankbetriebslehre: SBWL Kolloquium WS 1999/2000; < http://www.uni-bayreuth.de/departments/rw/lehrstuehle/bwl1/downloads/Kolloq-f.pdf > , Zugriff: 28.2.2001.

Pare T.P.; Jack Welch's Nightmare on Wall Street; in: Fortune, 5.9.1994.

Rawnsley J.; Der plötzliche Bankentod – Barings – die Insider Geschichte; Metropolitan-Verlag, Düsseldorf [u.a.], 1995.

Roberts R.; Inside international finance; Orion Business Books, 1. Aufl., London, 1998.

Rose F.; Merrill Says It Repeatedly Advised Orange-County of Fund's Riskiness; in: Wall Street Journal Europe, 12.1.1995.

Saber N.; Speculative capital – The nature of risk in capital markets; Financial Times/ Prentice Hall, London, 1999.

Sachs J.; Der LTCM – Ein Lehrstück internationaler Finanzpolitik; in: Der Standard, 9.10.1998.

Scheunenstuhl G.; Leverage Trap; in: Schweizer Bank, 1999, Nr.1.

Schierenbeck H.; Ertragsorientiertes Bankmanagement – Band 2: Risiko-Controlling und Bilanzstruktur-Management; Gabler, Wiesbaden, 6. Aufl., 1999.

Scholl, J.; How did Askin really collapse?; in: Barron's, 9.5.1994, Vol. 74.

Schwartz R.J.; Derivatives handbook – risk management and control; Wiley, New York, NY [u.a.], 1997.

Schwimmer, A.; Duration neutral strategies: Common bond fund culprit; in: The Investment Dealer's Digest, 16.5.1994, Vol. 60.

Sheedy E.; Derivatives – the risks that remain; Allen & Unwin, 1. Aufl., St. Leonards, 1997.

Shefrin H.; Beyond greed and fear; Harvard Business School Press, Boston, Mass., 2000.

Siconolfi M.; GE's Kidder Unit Fires Trader After Disclosing Scam in Bonds; in: Wall Street Journal Europe, 19.4.1994.

Siconolfi M.; Kidder Fires Second Trader In Bond Area; in: Wall Street Journal Europe, 25.4.1994.

Siconolfi M.; Bond Epic: How Kidder, a Tiger In April, Found Itself The Prey by December; in: Wall Street Journal Europe, 3.1.1995.

Single G., Stahl M.; Risikopotential Hedge-Fonds – der Fall LTCM, in: Conrad C.A.; Risikomanagement an internationalen Finanzmärkten; Schäffer-Poeschel, Stuttgart, 2000.

Steinherr A., Derivatives – the wild beast of finance; Wiley, Chichester [u.a.], 1998.

Weiss G.; Commentary: When Computer Models Slip on the Runway; < http://www.businessweek.com/1998/38/b3596005.htm > ,1998, Zugriff: 22.2.2001.

Weissenfeld H., Weissenfeld S.; Im Rausch der Spekulation; TM-Börsenverlag, 1. Aufl., Rosenheim, 1999.

Welling K. M.; In the tar sands; in: Barron's, 4.11.1996, Vol. 76.

Willoughby, J.; Investors in Askin funds sue Street for $700 mil; in: The Investment Dealer's Digest, 1.4.1996, Vol. 62.

Wrighton J.; Fine for Fleming; in: Global Investor, September/1996.

Teil V:
Personalrisiko-Management
und Behavioral Finance
im Kontext des Operationellen Risikos

Personalrisikomanagement – integrativer Bestandteil eines Operational-Risk-Managements

Roland van Gisteren*

> »Das größte Risiko laufen jene, die nie das geringste Risiko eingehen wollen.«
> *Bertrand Russell*

*   Professor Dr. Roland van Gisteren ist Direktor des Ostdeutschen Sparkassen- und Giroverbandes in Berlin/Leiter der Ostdeutschen Sparkassenakademie in Potsdam.

1 Einführung in das qualitative Management von Personalrisiken

Die Begriffe »Personalrisiko« und »Personalrisikomanagement« sind in Banktheorie und Bankpraxis bisher wenig verbreitet. Obwohl in den letzten Jahren eine Vielzahl von Finanzdesastern (u.a. Barings/Nick Leeson; Immobilienbranche/Jürgen Schneider) der Kreditwirtschaft schmerzvolle Erfahrungen aus Personalrisiken zufügte, scheinen erst die zukünftigen aufsichtsrechtlichen Eigenkapitalnormen (BASEL II) für die Kategorie der Operationellen Risiken (OpRisks) die Kreditwirtschaft zu einer tiefergehenden Betrachtung dieser Risikokategorie angeregt zu haben. Die zunächst im Rahmen der ersten BASEL II-Konsultationsphase seitens der deutschen Kreditwirtschaft geäußerte Ablehnung einer expliziten Eigenkapitalunterlegung der Operationellen Risiken war weniger ein Ausdruck von überzeugenden Argumenten auf Seiten von Aufsicht und Kreditwirtschaft, als vielmehr ein Ausdruck von entwicklungsbedürftigem Know-how für Definition, Methodik des Risikomanagementprozesses (Identifikation, Messung, Analyse, Steuerung und Überwachung) und allgemeingültige Standards in der Behandlung von Operationellen Risiken im Allgemeinen und von Personalrisiken im Besonderen.

Das gegenwärtige Erkenntnispotenzial im Personalmanagement von Banken und Sparkassen bietet hinreichend Ansatzpunkte, um ein instrumentell unterlegtes Personalrisikomanagement entwickeln zu können. Risikoexperten kritisieren, dass in Banken und Sparkassen das Risikodenken zwar gewachsen sei, jedoch das Wissen über Steuerungsmöglichkeiten bestimmter Risikokategorien (z.B. Marktrisiken) bislang kaum für das Management Operationeller Risiken genutzt werde. In Zukunft müsse auch das OpRisk-Management wie z.B. das Markt- und Kreditrisikomanagement zunehmend professioneller betrieben werden.

Der Gestaltungsprozess eines professionellen OpRisk-Managements im Segment der Risiken aus (Fehl-)Verhalten des Bankpersonals beginnt mit einer beschreibenden Klassifizierung aller wesentlichen Personalrisikoarten bei Banken und Sparkassen. Darüber hinaus ist ein ganzheitlicher, integrativer Ansatz eines risikosensitiven Personalmanagements zu generieren. Die Basis dazu bilden eine Vielzahl bewährter Instrumente des Personalmanagements (z.B. Personalauswahlverfahren, Potenzialanalyseverfahren, Führungsstilanalysen, Kompetenz-Entwicklungsprogramme etc.). Über die aufsichtsrechtliche Akzeptanz eines Risikosteuerungsverfahrens hinaus wäre es wünschenswert, dass Bankpersonalforschung und -praxis einen wertschöpfungs- und risikoorientierten Managementansatz zur ganzheitlichen Steuerung des Humankapitals von Banken und Sparkassen entwickeln.

Im Folgenden werden aus dieser ganzheitlichen Perspektive überblicksartig einige besonders geeignet erscheinende qualitative Ansätze zur instrumentellen Steuerung von Personalrisiken im Sinne einer »Durchleuchtung« (Due Diligence) des Wertschöpfungs- und Risikoprofils des Humankapitals skizziert. Ein Due-Diligence-Ansatz berücksichtigt wertschöpfungsorientierte und risikosensitive Sichtweisen interner und externer Experten (z.B. Baseler Operational-Risk-

Management-Sub-group) mit dem Ziel, strukturierte Basisinformationen (z.B. Schadensdaten) zum Zwecke der Ableitung von qualitativen und quantitativen Mindeststandards für anzuerkennende interne Modelle zur Steuerung von Personalrisiken gewinnen zu können. Methodisch, begrifflich und inhaltlich stehen wir am Anfang eines Prozesses der systematischen Due Diligence der wertschöpfenden und risikotragenden Eigenschaften (Werte- und Risikotreiber) des Humankapitals von Kreditinstituten.

Die folgenden Ausführungen zeigen grundlegende Aspekte des komplexen Untersuchungsgegenstandes eines Personalrisikomanagements auf: eine grobe Systematisierung der Kategorien von Personalrisikoarten sowie eine Skizze über weitgehend ganzheitlich ausgerichtete Ansätze zur Messung und Steuerung von werte- und risikotreibenden Eigenschaften des Humankapitals.

Nach der spröden Definition der *Risk Management Group (RMG)* des *Baseler Ausschusses für Bankenaufsicht* in der deutschen Übersetzung durch die *Deutsche Bundesbank* ist unter einem Personalrisiko zu verstehen »die Gefahr von Verlusten, die infolge des Versagens von Menschen eintreten«. Da im geplanten BASEL II-Risikomanagementprozess zur Behandlung aller Operationellen Risikokategorien (Menschen, Systeme, interne Geschäftsprozesse und externe Schadensereignisse) keine Sonderbehandlung für eine bestimmte Risikokategorie vorgesehen ist, wird zur Vermeidung von Redundanzen im vorliegenden Herausgeberband hier auf weitere Beschreibungen zur Charakteristik und Methodik der Messung Operationeller Risiken im gegenwärtigen BASEL II-Gestaltungs-, Konsultations- und Umsetzungsprozess verzichtet und über die anderen Autorenbeiträge hinaus auf die in diesem Beitrag angegebenen Primär- und Sekundärquellen (z.B. Konsultationspapiere, »Working Paper«, »Sound-Practices« etc.) verwiesen.

2   Arten von Personalrisiken und Ansatzpunkte ihrer Steuerung

Personalrisiken lassen sich in folgende Risikokategorien einteilen: (1) Lücken-, (2) Beziehungs- und (3) Kompetenzrisiken.

(1) *Lücken* können durch fehlende Leistungsträger oder durch fehlende Potenzialträger existieren. Ein Bedarf an Leistungsträgern für bestimmte Aufgaben- und Geschäftsbereiche (z.B. Vertrieb im Private Banking) lässt sich über Rekrutierungsmaßnahmen am Arbeitsmarkt decken. Die Bedarfslücke wird zum Arbeitsmarktrisiko, wenn der Arbeitsmarkt regional oder funktional leergefegt ist. Potenziallücken können bei beschäftigten Mitarbeitern in sich schnell wandelnden Geschäftsfeldern (z.B. infolge technologischer Fortschritte oder aus verändertem Kundenverhalten) auftreten. Potenzialrisiken entstehen dann, wenn entweder mangels geeigneter Potenzialanalyseverfahren (eignungsdiagnostische Messinstrumente) zur Identifikation verborgener Potenziale die versteckten Talente nicht offen gelegt werden können oder die Ergebnisse von durchgeführten

Potenzialanalysen Fehlanzeigen bei den benötigten Profilen ausweisen. Identifizierte Potenzialreserven lassen sich durch Entwicklungsprogramme fördern, bei denen weniger formale Qualifizierungseffekte als vielmehr aufgabenorientierte Kompetenzeffekte im Vordergrund zu stehen haben.

In diesem Zusammenhang ist bemerkenswert, dass die deutsche Bankenaufsicht selbst bereits bei Beginn der BASEL II-Neuregelung zur »Lückenproblematik« deutlich machte, die Umsetzung von BASEL II sei mit dem vorhandenen Mitarbeiterstamm nicht zu bewältigen. Neben der quantitativen Lücke darf sowohl auf Seiten der Aufsicht als auch auf Seiten der Kreditwirtschaft vermutet werden, dass Umfang und Qualität der Aus- und Weiterbildung u.a. hinsichtlich Methodik und Prozessgestaltung eines Risikomanagements aller Risikokategorien (Markt-, Kredit- und OpRisks) entwicklungsbedürftig erscheint.

(2) Eine gravierende, nicht leicht zu identifizierende Kategorie von Personalrisiken bilden *Beziehungsrisiken*. Unterentwickelte Unternehmenskulturen, Führungsdefizite, starkes Hierarchiedenken, verkrustete Organisationsstrukturen, schlechtes Betriebsklima (Mobbing) und andere Schwachstellen im Leadership sind der Nährboden für Beziehungskrisen. Unbewältigte Führungskrisen bzw. zwischenmenschliche Konflikte verursachen bei Führungskräften und Mitarbeitern zurückgehaltene Leistung infolge gestörter Motivation. Folgen sind nicht selten innere Kündigungen oder Austritt aus dem Unternehmen.

Nur wenige Führungskräfte in Banken und Sparkassen sind sich darüber bewusst, in welchem Ausmaß Grundüberzeugungen, Wertevorstellungen und Einstellungen der Mitarbeiter im Einklang mit den Unternehmenswerten stehen, damit überhaupt Verbundenheit der Mitarbeiter zum Unternehmen wachsen kann (Frage des Commitments). Im Jahre 1999 hat die Deutsche Bank als eines der ersten Kreditinstitute einen »Employee Commitment Index« auf Basis einer umfangreichen, anonymen Befragung ermittelt. Das Commitment zwischen allen am Leistungsprozess Beteiligten ist ein wesentlicher Bedingungsfaktor für die Leistungsstärke bzw. Resistenz gegen Störfaktoren einer Organisation (Organizational Performance). Die Verbesserung der Leistungsbereitschaft und -fähigkeit (Performance Improvement) erfüllt besondere Herausforderungen an das Leadership (»Leading to Performance«) von Banken und Sparkassen und nutzt gleichzeitig der Bewältigung von Beziehungsrisiken.

Die Harvard-Professorin *Rosabeth Moss Kanter* betont neben Commitment vier weitere Voraussetzungen für Erfolgsstrategien von Führungspersönlichkeiten mit Spielmacherqualitäten: Phantasie und Begeisterungsfähigkeit (Imagination), Ausdrucksstärke (Voice), hierarchiefreies, partnerschaftliches Miteinander (Partnering) und Balance im »Geben und Nehmen« (Giving and Giving back) von gegenseitigem Vertrauen, Offenheit, Loyalität und Fairness.

Bei einer ausgewogen gelebten Führungskultur, die auf die Balance multipler Interessen der Stakeholder ausgerichtet ist, dürften sich Beziehungsrisiken minimieren lassen, sofern keine sonstigen Barrieren einer ausgeprägten Unternehmenskultur im Wege stehen. Hohe Barrieren entstehen allerdings bspw. durch hektische Restrukturierungsmanöver vieler Banken, die derzeit von massivem Arbeitsplatzabbau begleitet werden. Strategiewechsel werden nicht selten gegenüber der Öffentlichkeit als unternehmerische Reaktion auf Anpassungsdruck der Bankenmärkte dargestellt. Die Mitarbeiter sehen darin eher Defizite in der Unternehmenskultur resp. mangelndes Verantwortungsbewusstsein des Managements gegenüber Mitarbeitern mit hoher Bindung und Leistungsstärke zum Unternehmen.

Vor diesem Hintergrund erweckt jüngst der erste weltweite Vergleich von Managementkulturen »A 62 Nation Globe Study« Zweifel, ob die Mentalität deutscher Unternehmenslenker zur Bewältigung des wirtschaftlichen Wandels taugt. Die empirische Untersuchung bescheinigt deutschen Managern eine hohe Leistungsorientierung (Performance), aber im Umgang mit sozialen Kulturpraktiken nur eine geringe Humanorientierung (Compassion), d.h. das Beziehungsmanagement stimmt nicht; die Behandlung der Mitarbeiter lässt zu wünschen übrig. In unsicheren Zeiten des Wandels ist gerade eine ausgeprägte Risikokultur, die bspw. Fehler zulässt, nicht bestraft und sich nicht an Regelwerke klammert, ein wesentlicher Zukunftserfolgsfaktor (Wertetreiber). Der bestrafte oder reglementierte Mitarbeiter hält Leistung zurück und sein Kreativitäts- und Innovationspotenzial verkümmert. Der Mitarbeiter wird zum Risiko getrieben (»Risikotreiber Mensch«). Faires Verhalten, fürsorglicher Umgang und Toleranz gegenüber Fehlern sind soziale Kulturpraktiken, die für die Bewältigung des Wandels existenziell sind. Deutsche Unternehmen im Allgemeinen und deutsche Kreditinstitute im Speziellen befinden sich nach dieser Studie auf Abstiegsplätzen in der Weltliga von Unternehmen auf Wettbewerbsmärkten im Wandel.

In einem derartigen kulturellen Umfeld gehen nachhaltig Identitäten zwischen Personal und Unternehmen zugrunde. Commitment bleibt auf der Strecke und es fehlt Zeit für die interne Entwicklung von Personal und dessen Innovationsfähigkeit. Im Management der Beziehungsrisiken liegt der Schlüssel für ein letztlich erfolgreiches Humankapital-Management.

(3) Für die Bewältigung gegenwärtiger und zukünftiger Aufgaben in anspruchsvollen Geschäftsfeldern benötigen Banken und Sparkassen kompetente Mitarbeiter. Vor dem Hintergrund volatiler, nicht planbarer Wandlungsprozesse in Verbindung mit Restrukturierungen, Fusionen und vermeintlich strategischen Neupositionierungen wachsen die *Kompetenzrisiken* von Führungskräften und Mitarbeitern. Wissen veraltet immer schneller und neues Wissen nimmt mengenmäßig wie anspruchsmäßig überproportional mit belastender Geschwindigkeit zu.

Dadurch sieht sich auch das Bildungsmanagement stark gefordert. Für die Bewältigung von Kompetenzrisiken im persönlichen, fachlichen und sozialen Kontext taugen die alten Rezepte des Reparaturbetriebes »Aus- und Weiterbildung« in Form von konsumorientierten Seminaren und lehrbuchzentrierten Lehrgängen nichts mehr. Traditionelle Bildungseinrichtungen wandeln sich zum strategiebegleitenden Wertschöpfungs-Center (Mitarbeiter-Kompetenz-Center). Sie verabschieden sich vom angebotsorientierten, isolierten Seminarereignis und gestalten als Business-Partner nachfrageorientierte Bildungsprozesse. Aufgabenbezogene, modulare Weiterbildung generiert weniger unspezifisches Vorratswissen als vielmehr methodisch ausgerichtetes Know-how mit Verständnis für Problemlösungsverhalten.

Ganzheitliche Ansätze in der Kompetenz-Entwicklung stehen insbesondere bei Nachwuchs-Förderprogrammen für komplexe oder spezifische Tätigkeitsfelder im Vordergrund (z.B. Kreditrisikomanager, Risikocontroller). An dieser Stelle kann auf ein ausführlich dargestelltes Beispiel im Beitrag des Autors im Herausgeberband »Handbuch Gesamtbanksteuerung« (S. 609 ff) verwiesen werden. Gleichzeitig werden durch derartige Kompetenz-Entwicklungs-Programme nicht nur Kompetenzrisiken, sondern auch Potenzialrisiken gesteuert. Diese Programme sind natürlich ungeeignet für anspruchsvollen Aufgaben nicht gewachsene Mitarbeiter, die zudem kaum Entwicklungspotenzial für andersartige Tätigkeitsfelder aufbringen. Des Weiteren sind zur Aufrechterhaltung von »Employability« andere Steuerungsansätze gefordert, auf die hier nicht weiter eingegangen wird.

Auch in diesem Kontext ist darauf aufmerksam zu machen, dass neben der erfolgs- und leistungsbezogenen Betrachtung ebenso die identitäts- und sinnstiftende Funktion der Weiterbildung und deren Beitrag zur Unternehmenskultur Berücksichtigung finden sollte. Gerade in mittelständisch strukturierten Banken und Sparkassen ist dieser Aspekt bspw. in Form eines informellen Austausches über Erfahrungen im Umgang mit sozialen Kulturpraktiken zur Entwicklung einer Risikokultur im Hause von großer Bedeutung und Baustein eines hierarchie-, bereichs- und organisationsübergreifenden Verhaltens- und Wissensnetzwerkes.

3 Qualitative Ansätze zur Bewertung von Personalrisiken im OpRisk-Management

3.1 Aufsichtsrechtliche Rahmenbedingungen für die Anwendung qualitativer Bewertungsverfahren

Um den Anforderungen eines aufsichtskonformen OpRisk-Managements nach den derzeit bekannten Rahmenbedingungen aus dem »Working Paper« und den »Sound Practices« im BASEL II-Gestaltungs- und Entwicklungsprozess zu genügen, empfiehlt sich für den bankinternen Konzeptentwurf und die praktische Umsetzung eines in das OpRisk-Management integrierten Personalrisikomanagements (sog. Human-Capital-Operational-Risk-Management/HC-OpRisk-Management) eine gleichgerichtete Vorgehensweise zur Identifikation, Messung, Steuerung und Überwachung der zuvor skizzierten Personalrisikoarten. Als Best-Practice-Entwurf sei das seit Jahren fortentwickelte Profil eines Personalrisikomanagements der BHF-Bank genannt, das zukünftig in einem Personalrisikobericht dokumentiert wird.

Grundlage für ein effektives und effizientes Management der HC-OpRisks ist ein branchenweit einheitliches Verständnis dieser zuvor beschriebenen Risiken. Gerade die »soften« Personalrisikofaktoren sind eher einer qualitativen als quantitativen Bewertung zugänglich, ohne dabei einen Transfer in eine quantitative Schätzmetrik mit Gewichtungsfaktoren auszuschließen. Diese lassen sich auch mit grundsätzlicher Zustimmung der Aufsicht in einen institutsinternen OpRisk-Managementprozess integrieren.

Es gibt zwei wesentliche Aspekte, die die Banken und Sparkassen selbst dazu motivieren, qualitative Elemente in ihren Methoden zur Beurteilung der Angemessenheit ihres ökonomischen Eigenkapitals zu verankern. Vergangenheitsorientierte Ansätze, die ausschließlich auf historischen internen Verlustdaten basieren, sind in ihrer Aussagekraft beschränkt. Menschliches Verhalten ist kaum einer Betrachtung mittels historisch abgeleiteter Eintrittswahrscheinlichkeiten von Schadensereignissen zugänglich. Dagegen bietet ein unternehmenskulturell gewachsener Qualitätsstandard hinsichtlich Produkten und Service mit selbstverantwortetem kontinuierlichen Verbesserungsverhalten der Bankmitarbeiter eine zukunftsweisende Perspektive für sich minimierende Schadensereignisse.

Ein zweiter Vorteil qualitativer Instrumente liegt in der Schaffung zusätzlicher Anreize monetärer oder immaterieller Art für Linienmanager und Risikomanager, durch ein wertschöpfungsorientiertes und risikosensitives Verhalten zur Reduzierung von Personalrisiken beizutragen. Führungskräfte schaffen Transparenz für ihre Mitarbeiter, wie sich Verhalten auf Wertschöpfung und Risikoposition des Kreditinstitutes auswirken.

In der Bankpraxis entwickeln sich derzeit diverse Ansätze zur Implementierung qualitativer Beurteilungen des Personalrisikos, die erfahrungsgemäß aus einer Kombination z.B. von Self-Assessments, Portfolios von Werte- und Risikoindikatoren, Szenarioanalysen und Scorecards bestehen. Die Bemühungen um Integration von statistischen Verfahren und qualitativen Beurteilungen befinden sich noch in den Anfängen, weil vielfach die Robustheit qualitativer, wertungsbasierter Risikoindikatoren bezweifelt wird oder gar das Vertrauen der Führungskräfte in Verhaltenskomponenten fehlt. Auch werden qualitative Risikoindikatoren mit Interpretationsspielräumen möglichst gemieden. So kann bspw. die Personalfluktuation entweder ein Werte- oder Risikotreiber sein, je nachdem, wie sich die Fluktuation kausal erklären lässt. Die o.g. Kulturstudie belegt eindrucksvoll die besondere Neigung deutscher Manager, unvorhersehbare Ereignisse bzw. Unsicherheit vermeiden zu wollen. Dadurch werden Fortschritt, Kreativität, Innovation, Selbstverantwortung und die Fähigkeit zur Bewältigung von unbekannten Herausforderungen behindert.

Grundsätzlich erwartet die Bankenaufsicht für die Anwendung und Validierung qualitativer Bewertungsverfahren die Beachtung folgender Kriterien:

- Identifizierung eines umfassenden Kataloges von HC-OpRisk-Indikatoren mit Erfahrungscharakter seitens der verantwortlichen Führungskräfte
- Bestimmung eines angemessenen Verhältnisses der Werte- und Risikoindikatoren untereinander (Gewichtungsfaktoren, Korrelationsstärke, Wirkungsweise je Geschäftsfeld etc.)
- Korrekte und angemessene Beurteilung von Höhe und Richtung der quantitativen Anpassungen auf Basis qualitativer Risikofaktoren (Verlässlichkeit; Konstanz im Zeitablauf etc.)
- Fixierung eines adäquaten Gleichgewichts von historischen, statistikbasierten Ansätzen und qualitativen Verfahren (z.B. mittels Scorecards)

- Vorgaben und Verfahren zur kritischen Überprüfung der Prämissen installieren, die die bedeutenden Parameter für die jeweiligen HC-OpRisk-Messverfahren steuern (Validierung der Prozesse und Risikoschätzungen), d.h. u.a.
  - Unabhängigkeit in der Festlegung der Definition für die zu ermittelnden Ausprägungen von Personalrisikofaktoren sowie für die Messung der Geschäftsfeld-Performance gegenüber den Indikatoren regeln;
  - den Prozess für die Änderung der Indikatoren im Laufe der Zeit und die Validierung ihrer Angemessenheit regeln;
  - den Prozess für die Bestimmung der Beziehungen der Indikatoren untereinander und über einen längeren Zeitraum hinweg regeln.

Weitergehende Ausführungen zur Messung Operationeller Risiken mittels qualitativer Ansätze im Rahmen der internen Eigenkapitalbemessung und -allokation finden sich im Arbeitspapier »Sound Practices – Sachgerechte Methoden für das Management und Controlling der Operationellen Risiken« der Arbeitsgruppe Risikomanagement (RMG) des Baseler Ausschusses für Bankenaufsicht (Tz. 66-70 und Tz. 80-94). Der Ausschuss hat im Juni 2002 eine bis August 2002 befristete zweite Datensammlung für unterschiedliche Ereigniskategorien von Operationellen Risiken (Zweite Auswirkungsstudie/Quantitative Impact Study/QIS II) gestartet. Auf Basis der zu gewinnenden Daten ist zu erwarten, dass bspw. mittels Scorecards die Überführung qualitativer Bewertungen in quantitative Kennzahlen erleichtert wird. Im Folgenden werden einige qualitative Ansätze skizziert.

3.2 Qualitative Bewertungsverfahren im Rahmen einer HC-OpRisk-Due-Diligence

Der Prozess einer mit angemessener Sorgfalt durchgeführten Bewertung des Wertschöpfungs- und Risikofaktors Mensch wird unter Beachtung der aufsichtsrechtlichen Mindestanforderungen an einen OpRisk-Managementprozess als »HC-OpRisk-Due-Diligence« bezeichnet. Der Risikobewertungsprozess (OpRisk-Due-Diligence) des Human Capital (HC) umfasst folgende sechs Schrittfolgen:

(1) Analysestrategie bestimmen
(HC-Standards/Zielbestimmung/Identifikation der Analysefelder und ihrer Beteiligten/Analyseinstrumente/Projektstruktur/etc.)
(2) Leitfaden erstellen
(Personalrisiko- und Erfolgsfaktoren sowie deren Einflussgrößen (Sollgrößen/Bandbreiten/Istgrößen) als Gegenstand der Messung/Vorgehensweise und Zeitplan etc.)
(3) Datenerhebung organisieren
(interne und externe Quellen/interne und externe Ressourcen etc.)
(4) Datenerhebung durchführen
(Risikocontrolling-Team/Information und Dokumentation etc.)

(5) Bewertung (Analyse/Diagnose) durchführen
(Messergebnisse nach Maßgrößen und Erfüllungsgraden/Prüfung von Plausibilität und Validierung der Ergebnisse etc.)
(6) Personalrisikobericht verfassen
(Dokumentation/Reporting der Risiko- und Erfolgsposition je Geschäftsbereich z.B. im HC-OpRisk-Portfolio und ggf. Vernetzung mit OpRisk-Book/ Visualisierung im Ampelmodell)

Im Zentrum der konzeptionellen Vorüberlegungen zur Gestaltung eines derart strukturierten Personalrisiko-Managementprozesses steht die Auswahlentscheidung geeigneter qualitativer Bewertungsverfahren, die partiell mit Hilfe quantifizierender Messverfahren eine Objektivierung und Integration in ein ganzheitliches OpRisk-Management ermöglichen. Im frühen Entwicklungsstadium einer HC-OpRisk-Due-Diligence stehen derzeit nur wenige qualitative Bewertungsverfahren mit teilweise quantifizierender Schätztechnik in der Diskussion. Ihre Eignung wird in der noch sehr jungen Personalrisikoforschung zwar unterstellt, ohne dass jedoch Eignungstests ihre Bewährung hinreichend bestätigen könnten. Prinzipiell bieten sich auch Kombinationen der Verfahren für den Einsatz im Due-Diligence-Prozess an, deren Validität und Reliabilität allerdings noch aussteht.

Im Folgenden wird ein ausgewähltes Spektrum qualitativer Ansätze für ein wertorientiertes und risikosensitives Humankapital-Management überblicksartig skizziert:

(1) Human-Capital-Appraisal^{TM}
(2) Human-Fehlermöglichkeits- und Einflussanalyse (H-FMEA)
(3) Human-Capital-Portfolio
(4) Human-Capital-Scorecard

Human-Capital-Appraisal^{TM}
Mit diesem neuartigen Instrument von Arthur Andersen lässt sich der Wert von Mitarbeitern messen und steuern. Die ganzheitliche Methode zeigt, wie Unternehmen die Performance ihrer Mitarbeiter managen können. Der Bewertungsprozess (Appraisal oder Evaluation) wird anhand eines Gitters mit jeweils fünf Phasen von Human-Capital-Programmen und fünf Funktionen des Human-Capital-Managements operationalisiert (5^2-Grid-Methode). Durch die Quadrierung der fünf Elemente (5^2) kann die reale Substanz des Humankapitals ermittelt werden. Sofern alle Funktionen des Human-Capital-Managements in jeder Phase des Managementprozesses berücksichtigt werden, können Unternehmen die Performance auf ihre Humaninvestitionen verbessern. Wenn ein Unternehmen die Performance auf das Humankapital verbessern will, dann sind fünf Phasen zu durchlaufen:

Phase 1 (Klärung): Auswirkungen der Unternehmensstrategie auf die Mitarbeiter
Phase 2 (Bewertung): Ermittlung der Investitionskosten für Humankapital-Programme und Messung ihrer Wertschöpfungsbeiträge

Phase 3 (Design): Entwicklung optimierter bzw. neuer Humankapital-Programme

Phase 4 (Implementierung): Umsetzung von Humankapital-Programmen

Phase 5 (Monitoring): Abgleich der Ergebnisse mit der Unternehmensstrategie

Während aller fünf Phasen sind im Bewertungsprozess alle fünf Funktionen des Human-Capital-Managements zu analysieren:

Funktion 1: Einstellung, Bindung und Trennung von Mitarbeitern

Funktion 2: Management von Anreiz-Beitrags-Programmen (Leistung/Vergütung)

Funktion 3: Personalentwicklung, Nachfolgeplanung, Training

Funktion 4: Organisationsentwicklung (z.B. virtuelle Risk-Center)

Funktion 5: Information und Kommunikation, Service

Der gesamte Bewertungsprozess beginnt mit der Klärung von Auswirkungen der Unternehmensstrategie auf die Mitarbeiter. Unternehmensphilosophie, -kultur, -ziele, gemeinsame Werte und Verbundenheit der Mitarbeiter zum Unternehmen werden analysiert. Anschließend wird festgestellt, welche Wirkungen diese Elemente auf das Humankapital haben.

In der zweiten Phase werden Maßnahmen und Kosten der Humankapital-Programme bewertet. Wichtig ist dabei zu ermitteln, welchen Wert diese Investitionsmaßnahmen für die Mitarbeiter darstellen und inwieweit die Investitionen strategiegerecht wirken. Unterstützend könnten quantitative Bewertungsansätze eingesetzt werden, um rechnerisch eine Dokumentation zukunftsbezogener Veränderungsprozesse der immateriellen Humanvermögenswerte infolge von Investitionsmaßnahmen (z.B. Ertrags- oder Barwerte von Bildungsinvestitionen) transparent zu gewährleisten. Das traditionelle, aber wenig verbreitete Instrument der Humanvermögensrechnung könnte hierbei hilfreiche Dienste leisten. Ergänzend bietet sich der »Watson Wyatt Human Capital Index[TM]« als Evaluationsinstrument an, der anhand von 19 empirisch getesteten Elementen der Humankapitalsteuerung (z.B. Humanorientierung, Führungsinstrumente, Anreiz-Beitrags-Konzept etc.) den jeweiligen wertschöpfenden Beitrag des Humankapitals für den Unternehmenswert misst.

Die Design-Phase dient der Kreation optimierter und innovativer Programme zur Verbesserung von Ergebnissen und Investitionsrenditen auf das Humankapital. In der folgenden Umsetzung zeigt sich die Durchsetzbarkeit der neuen Konzepte. Der abschließende Praxistest stellt Effektivität und Effizienz der Programme auf den Prüfstand. Der Maßstab liegt im jeweiligen Zielerreichungsgrad der Programmelemente und ihrer Wirkung auf das gesamte Leistungsspektrum, das vom Humankapital positiv beeinflusst werden kann.

Insgesamt gibt dieses Instrumentarium Anregungen für einen gestaltbaren Management-Prozess zur Verbesserung der Wertschöpfung durch das Humankapital mit Hilfe von unternehmensspezifisch gestaltbaren Humankapital-Programmen. Für eine Praxisanwendung bieten die Programmelemente weitgehenden Gestaltungsspielraum, der durch die Bewertungsphasen relativ streng gesteuert wird. Nutzen verspricht das Instrument nur dann, wenn Performance-Improvement-Prozesse für das Humankapital von allen Seiten gewollt sind und mit einfachen Schritten konsequent in Angriff genommen werden.

Human-Fehlermöglichkeits- und Einflussanalyse (H-FMEA)
Trotz der weiter vorne reklamierten Defizite einer »Fehlerkultur« in deutschen Unternehmen stellt es keinen Widerspruch dar, menschliche Fehler als Ursache von Schadensereignissen zu vermeiden bzw. Fehlerquellen nachhaltig zu beseitigen. Die Methode der Human-Fehlermöglichkeits- und Einflussanalyse (H-FMEA) versucht, vorhandene Defizite in der Vorgehensweise zur Beseitigung systematischer und zufälliger Fehler zu verringern. Unter Leitung betroffener Führungskräfte und Beteiligung betroffener Mitarbeiter werden menschliche Handlungsfehler identifiziert, gemessen, analysiert, klassifiziert und bspw. in einem sog. »Personalrisikobuch« dokumentiert. Es werden Wege aufgezeigt, wie Fehlerursachen durch gezielte ergonomische, organisatorische und personelle Maßnahmen behoben werden können. Die Methode ist praktikabel, führt zu konkreten positiven Betriebsergebnissen, ist wissenschaftlich entwickelt und im Rahmen empirischer Studien in der Industrie erfolgreich getestet worden. Die H-FMEA richtet den Fokus auf die Prävention im Sinne von kontinuierlichen Verbesserungsprozessen und der Erreichung eines Null-Fehler-Niveaus durch Mitarbeiter- und Prozessorientierung bei der Gestaltung des Arbeitssystems. Nur eine ganzheitliche Betrachtung von Interdependenzen bei Banktechnik, Organisation und Personal kann zur Fehlervermeidung bzw. -reduzierung führen. Die Mitarbeiterorientierung bezieht sich auf die Qualität des Arbeitsplatzes, die Freiheitsgrade im Handlungsspielraum für die Mitarbeiter sowie die Qualifizierung und Kompetenzentwicklung.

Methodische Grundlagen der H-FMEA bilden der sozio-technische Systemansatz, die Tätigkeitstheorie, die Handlungsregulationstheorie (Entwicklung des selbstgesteuerten Handelns im Arbeitsprozess) und das Belastungs-Beanspruchungskonzept (Untersuchung negativer Auswirkungen von Arbeitsbedingungen auf den Menschen). Nähere Einzelheiten sind dem Standardwerk zur H-FMEA von *Algredi/Frieling* zu entnehmen. Die Vorgehensweise zur Durchführung der H-FMEA ist als Kette eines Handlungsfehler-Managementprozesses zu betrachten:

- Identifikation objektivierbarer, für das Handlungsfeld charakteristischer Fehlerarten, Fehlerfolgen und Fehlerursachen
- Messung und Selektion kritischer Prozesse und Handlungs-/Verhaltensfehler
- Analyse und Dokumentation signifikanter Fehler und ihrer Ursachen/ Einflussfaktoren
- Steuerung und Überwachung fehlerrisikosensitiver Prozesse und Verhaltensweisen
- Performance-Coaching zur nachhaltigen Implementierung fehlerfreier Prozesse und Verhaltensweisen

Abschließend ist anzumerken, dass die jetzt begonnene Erhebung von OpRisk-Daten im Auftrag des Baseler Ausschusses (QIS II: Operational Risk Data Collection Exercise – 2002) ausdrücklich eine schadensereignisbezogene Risikokategorie (Event-Type Category – Level 1 –) »Employment Practices and Workplace Safety« erfasst hat. Ihre Definition lautet: »Losses arising from acts inconsistent with employment, health or safety laws or agreements, from payment of personal injury claims, or from diversity / discrimination events« und umfasst drei

Kategorien (Level 2): Employee Relations, Safe Environment und Diversity & Discrimination. Im Level 3 sind sog. »Aktivitätenbeispiele« genannt: Employee Relations (Compensation, benefit, termination issues Organised labour activity), Safe Environment (General liability (slip and fall, etc.) Employee health & safety rules events Workers compensation) und Diversity & Discrimination (All discrimination types). Die H-FMEA könnte für deren Datenerhebung die methodische Basis darstellen.

Human-Capital-Portfolio
Im Rahmen der werte- und risikoorientierten Unternehmensführung ist es eine Schlüsselaufgabe der Bankführungskräfte, u.a. den Erfolg der Mitarbeiterführung zu messen, zu steuern und zu überwachen. Als qualitatives Bewertungsverfahren des Führungserfolges bietet sich das »Human-Capital-Portfolio« an. Variable einer Portfolio-Matrix sind der »Management-HC-Performance Index« und der »Leadership-HC-Performance-Index«, die mittels der Ausprägungen von Früherkennungsindikatoren jeweils quantitative, leistungsorientierte Value-at-Risk-Kriterien und qualitative, humanorientierte Value-at-Risk-Kriterien in Form einer jeweils verdichteten Index-Kennzahl zur Bewertung der Erfolgsqualität von Führungskräften im HC-Management und in der Mitarbeiterführung nach Leistungs- und Humanfaktoren ermöglichen.

Werte- und Risikoindikatoren mit leistungs- und humanorientierter Charakteristik müssen in der Bankpraxis empirisch erfassbar und vergleichbar sein, von den Führungskräften zu beeinflussen sein, über Instrumente gezielt steuerbar sein und kompatibel mit der Unternehmens- und Personalstrategie sein. Die Indikatoren müssen eindeutig als objektivierbare Werte- und Risikotreiber wirken. Leistungsorientierte Wertetreiber sind bspw. Potenzial- und Entwicklungsindikatoren wie Qualifizierungsfortschritte und in Verbesserungsprozessen messbares Ideenpotenzial. Für den Bewertungsprozess sind Art und Anzahl von Werte- und Risikotreibern auszuwählen. Der Prozess der Messung und Analyse (Datenerhebung und -auswertung) sowie die Dokumentation der Ergebnisse sind zu organisieren. Zur Gewährleistung der Aussagekraft von Rohdaten sind alle Ausprägungsgrößen eines Indikators in Prozentränge umzurechnen, d.h. alle Rohdaten werden skaliert und transformiert sowie mit ordinalen Rangziffern für ein Ranking zum Vergleich bspw. zwischen dem jeweiligen Führungserfolg der Geschäftsstellenleiter untereinander versehen.

In Analogie zur Bestimmung des ökonomischen Eigenkapitals zwecks regulatorischer Unterlegung der Risikopositionen eines Kreditinstitutes je Risikokategorie (z.B. Marktpreisrisiken, Kredit- und Kontrahentenrisiken) wird die Berechnungsmethode des Value-at-Risk (VaR) empfohlen. Der VaR misst für das Risikosegment der menschlichen Fehler (HC-OpRisks) bei einem bestimmten Sicherheitsniveau die Eintrittswahrscheinlichkeit potenzieller, maximaler Verluste aus Schadensereignissen (HC-VaOpR) in einem zu definierenden Zeitraum bspw. je Geschäftseinheit eines Kreditinstitutes. Basis für die Anwendung dieses anspruchsvollen Ansatzes zur Berechnung des ökonomischen Eigenkapitals (»Advanced Measurement Approach (AMA)«) bildet der Nachweis einer mindestens dreijährigen Zeitreihe vollständig und umfassend erhobener Verlustdaten aus menschlichen Fehlern (HC-OpRisk-Loss-Event-Database). Zusätzliche Verlustdaten werden derzeit in der o.g. »Operational Risk Data Collection 2002« weltweit erhoben, die eine externe Säule der Datengewinnung darstellt. Hieraus sollen noch im Laufe des Jahres 2002 anonymisierte Daten in die bankindividuelle Risikoermittlung einfließen können.

In der Regel dürften sich die von der Aufsicht befragten Kreditinstitute bei der Datenerhebung strukturierter Self-Assessments bedienen, für die sich methodisch die »Critical-Incident-Technique« (CIT) eignet. Grundidee ist es, bestimmte menschliche Verhaltensweisen bzw. »kritische Ereignisse« als besonders erfolgreich (value added) oder nicht erfolgreich (risk added) im Hinblick auf einen als HC-Standard oder als Ziel der Mitarbeiterführung gesetzten Maßstab zu erfassen. Dazu wird der zu befragende Mitarbeiter bzw. die zu befragende Führungskraft gebeten, aus dem eigenen Verantwortungs- bzw. Arbeitsbereich über relevante positive oder negative »kritische« Ereignisse zu berichten. Die Ergebnisse werden bspw. in einem »Value-at-Risk-Book« dokumentiert. Aus einer zu definierenden Anzahl von gewonnenen kritischen Faktoren mit signifikanter leistungs- und humanorientierter Aussagestärke wird jeweils ein Werte-/ Risiko-Index für Management-Performance und Leadership-Performance ermittelt und in die bekannte Vier-Felder-Portfolio-Matrix eingetragen. Für einen Vergleich bspw. zwischen den Geschäftsstellenleitern einer Retailbank zeigen die indexierten, relativen Führungserfolgskennziffern die Risikoposition einer Führungskraft. Geschäftsstellen mit niedrigem »HC-Performance-Index« bei den Mitarbeitern signalisieren akute Risiken in Form von Abwanderungsgefahren, Leistungszurückhaltung, Konflikten, innerer Kündigung etc. Relativ hohe »Leadership-HC-Performance-Index-Werte« deuten auf eine ausgeprägte Akzeptanz der Führungskraft im zwischenmenschlichen Umgang hin, die jedoch tendenziell mit Defiziten in der Leistungsorientierung verbunden sein können. Hohe Leistung bei geringer Compassion (Managersyndrom in deutschen Unternehmen, vgl. o.g. Kulturstudie) engen die Innovationskraft und Kreativität der Mitarbeiter durch eine latente Anweisungskultur zur Erzielung schneller Erfolge ein, sodass mangelndes Engagement und geringes Interesse an Verbesserungen eine nachhaltig positive Risikoposition mit andauernder Leistungsentfaltung durch unterentwickelte soziale Kulturpraktiken gefährden. Eine langfristig gesicherte Risikoposition ist durch starke Leistungskultur und hoch entwickelte Humanorientierung zu gewinnen. Stetige und ausgewogene Maßnahmen der Leistungs- und Mitarbeiterentwicklung sichern die »Star-Position« der Führungskraft im Unternehmen.

Durch eine zu definierende Gewichtung der relativen Stärke-/Schwäche-Position (SWOT-Analyse) im Human-Capital-Portfolio als qualitativem Bewertungsfaktor mit dem quantitativen VaR-Bewertungsfaktor der Schadensereignisgrößen ergibt sich ein mehrdimensionaler, so genannter Value-at-Human-Capital-OpRisk (VaHC-OpRisk), der die ursprünglich ausschließlich quantitative VaR-Position durch qualitativ objektivierte Führungserfolge oder -misserfolge verbessert oder verschlechtert. Damit leistet das Human-Capital-Portfolio einen wesentlichen Beitrag zu einem Advanced Measurement Approach der HC-OpRisks. Ein Ausbau im Rahmen der integrierten Scorecards unter Einbeziehung weiterer OpRisk-Felder wie Geschäftsprozesse oder Kundenzufriedenheit ermöglicht Korrelationstests und Validierungen. Ein vergleichbares Value-Index-Modell in Verbindung mit einem Personal-Risiko-Portfolio von *Celidon* hat über einen dreijährigen Beobachtungszeitraum nicht nur die weitgehend unabhängigen Varianzen der getesteten objektiven Werte- und subjektiven Risikovariablen, sondern auch die signifikante Korrelation mit den übrigen Beobachtungsfeldern einer Balanced Scorecard bestätigt. So korreliert bspw. der überdurchschnittliche Führungserfolg mit einer hohen Kundenzufriedenheit, die extern mit dem Servicebarometer gemessen wurde.

Human-Capital-Scorecard

Die Kritik an der zu starken Betonung von Steuerungs- und Kennzahlen-Instrumenten des finanziellen Kapitals veranlassten *Kaplan/Norton* bei verschiedenen amerikanischen Unternehmen sowie *Edvinsson* bei Scandia, monetäre Messgrößen um Indikatoren anderer wichtiger Leistungs-/Wertetreiber zu ergänzen. Anfang der 90er-Jahre entwickelten mehrere US-Unternehmen verschiedener Branchen (u.a. Finanzdienstleister) sowie der schwedische Lebensversicherer Scandia ein Performance-Measurement-Modell, das neben der finanziellen Perspektive drei weitere Elemente der Wertschöpfung (Führen und Entwickeln/ Humankapitalperspektive; Kundenperspektive; interne Geschäftsprozess-Perspektive) enthielt. Die Gleichwertigkeit und Interdependenz aller vier Scorecard-Perspektiven für die nachhaltige Unternehmensentwicklung wurde in den empirischen Studien bestätigt. Schließlich erhielt das Berichtssystem ausbalancierter Werteperspektiven eines Unternehmens den Namen »Balanced Scorecard«. Es stellt ein Navigationssystem für das Management dar, mit dem alle Leistungstreiber steuerbar werden. Zwei Drittel aller namhaften US-Unternehmen bedienen sich heute der Balanced Scorecard. In Deutschland steht die Entwicklung noch am Anfang. Der Wert der Balanced Scorecard für den Untersuchungsgegenstand des Personalrisikomanagements liegt darin, die Validität der Ergebnisse aus dem Human-Capital-Portfolio (Humankapitalperspektive, d.h. Leistungs- und Führungserfolg der Linienmanager) hinsichtlich ihrer Korrelation zu den drei anderen Perspektiven (Finanzen, d.h. Finanzerfolg der Linienmanager/Kunden, d.h. Zufriedenheit der Kunden/Prozesse, d.h. Verbesserung von Geschäftsprozessen) zu testen.

Im Folgenden wird ein möglicher Gestaltungsprozess für Banken und Sparkassen zur Einführung einer Balanced Scorecard kurz skizziert. Für umfassendere Informationen sei der Leser auf einige ausgewählte, u.a. auch bankspezifisch ausgelegte Publikationen verwiesen (vgl. van Gisteren 2001).

Die vier Wertetreiber-Dimensionen lassen sich wie folgt umschreiben:

- Die *Kundenperspektive* umreißt die Ziele der Bank hinsichtlich ihrer Kunden- und Marktsegmente, in denen sie agiert. Wie schaffen wir Mehrwert bzw. stiften Nutzen für unsere Kunden (Customer-Value-added), um unsere Visionen zu realisieren (Beispiel einer Sparkasse: »Jeder Kunde soll bei seinem Kontakt mit unserer Sparkasse ein gutes Gefühl empfinden.«).

- Die *Prozessperspektive* bildet die wichtigsten Elemente der Kernprozesse der Bank ab (z.B. Kundenserviceprozess, Abwicklungsprozess, Innovationsprozess). Welche Prozesse sind dem Kunden besonders wichtig, damit er einen Nutzen verspürt?

- Die *Humankapitalperspektive* beschreibt die personale und arbeitsorganisationale Infrastruktur und misst die leistungs- und humanorientierten Führungspraktiken am Maßstab der vereinbarten Unternehmensziele (Human-Capital-Value-added). Zukunftsinvestitionen in Humankapital werden als besonders wichtige Geschäftserfolgsfaktoren bezeichnet. Die Haupterfolgsfaktoren sind dabei u.a. Kompetenzentwicklung der Mitarbeiter, Kreativität und Engagement der Mitarbeiter sowie Effektivität und Effizienz des Informations- und Kommunikationsverhaltens der Führungskräfte. Wie müssen wir unsere Wissens-, Lern- und Ideenpotenziale zur Leistungsverbesserung und Zielerreichung einsetzen, um unsere Vision zu verwirklichen?
- Die *Finanzperspektive* (Betriebsergebnis) bildet den Ankerpunkt der drei übrigen Perspektiven und lässt sich als Economic-Value-added darstellen. Welchen Mehrwert müssen wir erwirtschaften, um überdurchschnittliche Betriebsergebnisse zu erzielen?

Mit vier Schritten lässt sich in einfacher Weise eine Balanced Scorecard entwickeln:

1. Eine gemeinsam gewollte Vision wird mit einer Gesamtstrategie unterlegt, definiert und kommuniziert (vision and mission statement). Die Bank verständigt sich auf gemeinsam vereinbarte strategische Ziele.
2. Alle Perspektiven werden gleichgewichtig in Gestaltungsmaßnahmen einbezogen und unter Beachtung interdependenter Ursache-Wirkungs-Ketten für die Wertschöpfung transparent dargestellt.
3. Die strategischen Ziele werden durch Messgrößen, Zielerreichungsdaten und sinnvolle Maßnahmen auf Gesamtbank- und Geschäftsbereichsebenen operationalisiert.
4. Der Konzeptionsphase folgt die Umsetzungsphase zur Einbindung in die Planungs-, Organisations-, Steuerungs- und Überwachungsprozesse und -systeme. Als sinnvoll hat sich eine IT-Unterstützung in der Praxis erwiesen, die für einfache und transparente Nutzung der Balanced Scorecard sorgen kann.

Die Balanced Scorecard ist ein praxisgerechtes Instrument zur Steuerung der Wertschöpfungspotenziale des Humankapitals einer Bank oder Sparkasse. Mehr und mehr Unternehmen und ihre Personalmanager sind davon überzeugt, dass qualitative Instrumente wie die Human-Capital-Scorecard im Rahmen der Balanced Scorecard einen Entwicklungssprung in der Operationalisierung von mehrdimensionalen Wertetreibern begünstigen, um die häufig unterschätzten Wertsteigerungs- und Risikopotenziale durch adäquates Führungs- und Mitarbeiterverhalten im Bankbetrieb transparent zu machen.

4 Ausblick

Im Ausblick auf die weiteren Entwicklungsschritte eines professionellen Personalrisikomanagements bleibt zusammenfassend festzustellen, dass für einen weiteren Aufbau von Verlustdatenbanken mit empirisch zu erfassenden Fehlerquellen und Fehlerfolgen menschlichen Verhaltens und Handelns (Schadensereignisse) die methodische Basis qualitativer, anspruchsvoller Bewertungsverfahren zur Bestimmung des ökonomischen und regulatorischen Eigenkapitals für HC-OpRisks empfohlen werden kann. Im Zuge der neuen Entwicklungen bei Rechnungslegungsstandards für Kreditinstitute im Wandel (vgl. dazu u.a. *Deutsche Bundesbank, Krumnow, Maul/Menninger*) wäre wünschenswert, dass sich neben der Diskussion über die umstrittene Zeitwertbilanzierung (IAS) auch ein verstärkter Diskurs über Änderungen in der Auffassung von Bankbilanzen bzw. in der Berichterstattung zur Vermögens- und Risikolage entfaltet. Es ist unstrittig, dass neben dem Eigenkapital das Humankapital und die Kundenbeziehungen die wichtigsten Assets von Banken und Sparkassen sind. Bislang widmet sich jedoch die Rechnungslegung von Kreditinstituten kaum einer objektivierten Berichterstattung über immaterielle Assets. Anfänge mit qualitativ-quantifizierendem Ausweis »immaterieller Risikoaktiva« bspw. in Form einer Balanced Scorecard finden sich erstmals in einem Geschäftsbericht eines deutschen Kreditinstitutes im Jahre 2000 (vgl. Geschäftsbericht 2000 der Deutschen Bank). Die inzwischen erreichten Fortschritte in der recht umfänglichen Risikoberichterstattung deutscher Kreditinstitute nach dem nationalen Standard DRS 5-10 des *Deutschen Rechnungslegungs Standards Committee* lassen erwarten, dass die derzeit verbal beschreibenden Darstellungen über Operationelle Risiken in den kommenden Jahren mit qualitativ-quantifizierenden Berichterstattungen zum Value-at-Human-Capital-OpRisk verfeinert und erweitert werden.

Literatur

Algredi, J./Frieling, E., Human-FMEA. Menschliche Handlungsfehler erkennen und vermeiden, München/Wien 2001.

Baseler Ausschuss für Bankenaufsicht, Erstes und Zweites Konsultationspapier »Neuregelung der angemessenen Eigenkapitalausstattung«, hrsg. v. Bank für Internationalen Zahlungsausgleich, Basel 1999 und 2001.

Becker, M., Humanvermögenssicherung und Humanvermögensrechnung, Dokumentationsunterlagen, 8. IIR-Personalkongress '99, Wiesbaden 19.10.1999.

Brodbeck, F.C./Javidan, M./Frese, M., Leadership Made in Germany: High on Performance, Low on Compassion, in: Academy of Management Executive, Heft Februar 2002.

Celidon (Hrsg.), Employee Value Index©, München 2001 (unveröffentlichtes Vortragsmanuskript).

Deutsche Bundesbank (Hrsg.), Rechnungslegungsstandards für Kreditinstitute im Wandel, in: Monatsbericht Juni 2002, S. 41-57.

Edvinsson, L./Malone, M. S., Intellectual Capital. Realizing your Company's true value by finding its hidden Brainpower, New York 1997 (erweiterte deutsche Ausgabe: Edvinsson, L./Brünig, G.: Aktivposten Wissenskapital, Wiesbaden 2000).

Friedman, B. S./Hatch, J. A./Walker, D. M., Mehr-Wert durch Mitarbeiter, Neuwied/Kriftel 1999.

Kaiser, Th., Berücksichtigung der Operationellen Risiken, in: Hofmann, G. (Hrsg.), Auf dem Weg zu Basel II, Frankfurt/M. 2001, S. 139-152.

Kaplan, R. S./Norton, D. P., Balanced Scorecard, Stuttgart 1997.

Kobi, J.-M./Backhaus, J. (Hrsg.), Personalrisikomanagement. Eine neue Dimension im Human Resource Management. Strategien zur Steigerung des People Value, Stuttgart 2001.

Krumnow, J., Neuere Entwicklungen in der Rechnungslegung für Banken, Dokumentationsunterlagen zum Vortrag am 9. August 2001 bei der Landeszentralbank Hessen, Frankfurt/Main.

Maul, K.-H./Menninger, J., Das »Intellectual Property Statement« – eine notwendige Ergänzung des Jahresabschlusses?, in: Der Betrieb, 11/2000, S. 529 – 533.

Nölting, A., Werttreiber Mensch, in: Manager Magazin, 4 /2000, S. 154 – 165.

Risk Management Sub-group of the Basel Committee on Banking Supervision (RMG), Operational-Risk-Management, hrsg. v. Bank für Internationalen Zahlungsausgleich, Basel 1998.

Risk Management Sub-group of the Basel Committee on Banking Supervision (RMG), Working Paper on the Regulatory Treatment of Operational Risk, hrsg. v. Bank für Internationalen Zahlungsausgleich, Basel 2001.

Risk Management Sub-group of the Basel Committee on Banking Supervision (RMG), Sound Practices for the Management and Supervision of Operational Risk, hrsg. v. Bank für Internationalen Zahlungsausgleich, Basel 2001.

Steffens-Duch, S., Commitment – die Bank im Urteil der Mitarbeiter, in: Die Bank, 3/2000, S. 183-185.

Sveiby, K. E., Wissenskapital. Das unentdeckte Vermögen, Landsberg/Lech 1998.

van Gisteren, R., Bankrisikosteuerung im Wandel – Paradigmenwechsel für das Personalmanagement, in: Eller/Gruber/Reif (Hrsg.): Handbuch Bankenaufsicht und Interne Risikosteuerungsmodelle, Stuttgart 1999, S. 3-19.

van Gisteren, R., Grundzüge eines Operational-Risk-Managements aus Sicht des Intellectual Capital Managements, in: Eller/Gruber/Reif (Hrsg.): Handbuch Gesamtbanksteuerung. Integration von Markt-, Kredit- und operationalen Risiken, Stuttgart 2001, S. 591-622.

Vogt, H.-J./van Zanthier, U., Basel II/Operationelle Risiken/Stand der Diskussion, in: Risk Management Newsletter 1/2002, hrsg. v. Cap Gemini Ernst & Young, München 2002.

Watson Wyatt (Hrsg.), The Watson Wyatt Human Capital Index [TM], European Survey Report, London 2000.

Wucknitz, U.D., Bewertung von Personal in der Due Diligence, in: Personal, Heft 12/2001, S. 674-678.

Der Mensch – Risiko oder Chance?
Operationelle Risiken und Behavioral Finance

Monika Müller*

---

*   Dipl.-Psychologin Monika Müller ist Geschäftsleiterin von Monika Müller Finanz Coaching. Frau Müller arbeitet seit über 10 Jahren als Trainerin und Coach von Führungskräften und Teams. Seit 1999 coacht und trainiert Monika Müller unter Einbezug der wissenschaftlichen Erkenntnisse der Behavioral Finance und der angewandten Psychologie Privatkunden und professionelle Kapitalmarktteilnehmer. Ihre Kunden lernen, wie sie mit den psychologischen Fallen in der Finanzwelt besser umgehen und mehr Entscheidungssicherheit für die Praxis gewinnen können.

1   Einleitung

Im menschlichen Umgang mit Geldanlagen gibt es keine rationalen, sondern *individuell rationale* und *irrationale Entscheidungen*. Die Wirkung dieses feinen Unterschieds können wir jeden Tag in den Finanzmedien verfolgen: Kleine Pannen, große Skandale und extreme Volatilität an der Börse. Selbst Derivate, einst als Stabilisator zur Abfederung von Risiken gedacht, haben die zum Teil radikalen Bewegungen an der Börse nicht wirklich gezielt beeinflussen können[1]. *Behavioral Finance*, die interdisziplinäre Wissenschaft aus Ökonomie und Psychologie, untersucht und erklärt das tatsächliche Verhalten der Kapitalmarktteilnehmer, das die Kurse bewegt. Die Erkenntnisse der Behavioral Finance[2] als verhaltensorientierte Kapitalmarkttheorie werden den Praktiker aus Handel, Portfoliomanagement oder Financial-Sales nicht überraschen. Die Behavioral Finance beschreibt das tägliche Erleben. Entscheidend für den Erfolg und die Begrenzung von Operationellem Risiko ist die Umsetzung dieser Erkenntnisse in eigenes Handeln.

Dieser Artikel gibt Ihnen

- einen systematischen Überblick über die psychologischen Erkenntnisse des Verhaltens von Kapitalmarktteilnehmern,
- beschreibt Tätigkeitsfelder, in denen dieses Verhalten Einfluss hat
- und stellt Lösungsansätze für die unterschiedlichen Bereiche vor.

Der größte Mehrwert der Analysen des Verhaltens der Kapitalmarktteilnehmer aus psychologischer Sicht liegt darin, die Reflexionsmöglichkeiten des Einzelnen und der entscheidenden Gruppe zu erhöhen. Ziel ist, dass die Akteure an den Kapitalmärkten bewusster und damit erfolgreicher Einfluss auf das eigene Handeln nehmen. Damit kann das Operationelle Risiko im Wertpapiergeschäft entscheidend verringert werden.

Die bisherigen Ergebnisse der Behavioral Finance zeigen unmissverständlich, dass allen Kapitalmarktteilnehmern immer wieder unterschiedliche systematische »Fehler« unterlaufen. Besonders professionellen Anlegern fällt es schwer, ihr eigenes Verhalten kritisch wahrzunehmen. Das führt zu Phänomenen wie Selbstüberschätzung der eigenen Kompetenzen und der Kontrollmöglichkeiten[3]. Für die im letzten Teil dargestellten Lösungs-/Lernansätze gilt es, diese Tendenz zu überwinden, denn eine Voraussetzung für erfolgreiches Lernen ist Klugheit und...

... klug sein bedeutet zu wissen, was ich nicht weiß.

Wer diese Erkenntnisse nutzt, hat die Chance, sein Selbstmanagement ebenso zu verbessern wie das Coaching von Mitarbeitern und Kunden. Auch die Arbeit in Controlling und Management erhält dadurch neue Impulse. Die Finanzwelt ist

---

1   Historischer Abriss über den Versuch wirtschaftliche Risiken zu beherrschen.
     Thorsten Hens. Finanzmarkt: Wie sind wirtschaftlichen Risiken beherrschbar. Universität Zürich.
     Unimagazin 3/00. http://www.unipublic.unizh.ch/magazin/wirtschaft/2000/0039/
2   vgl. Goldberg, & v. Nitzsch (1999) und Shefrin (2000)
3   vgl. auch Kiell & Stephan (2001)

in Bewegung. Ihre größten Herausforderungen sind heute, Kunden dauerhaft zu binden und Mitarbeiter gezielt zu fördern. Durch das Einbeziehen der aktuellen wissenschaftlichen Erkenntnisse über das Verhalten der Menschen im Umgang mit Geld, wird es ihrem Unternehmen gelingen, nachhaltig Risiken zu minimieren und die Zukunft erfolgreich mit zu gestalten.

2   Ausgewählte Ergebnisse der Behavioral Finance und Psychologie

Die noch junge Theorie der Behavioral Finance ist wie ein riesiges Puzzle. Das Bild wird Stück für Stück vollständiger. Eine sinnvolle Ergänzung bilden einzelne Erkenntnisse der Sozial- und Organisationspsychologie.

Zur systematischen Darstellung der Ergebnisse wurden die folgenden psychologischen Kategorien/Dimensionen ausgewählt:

* die Situation – Handelsentscheidungen werden in unsicheren Situationen getroffen
* die Beziehung – Handelsentscheidungen werden im Kontext von sozialen Beziehungen getroffen
* die Zeit – der besonders sensible Zeitraum zwischen der Entscheidung und dem Handeln.

2.1. Entscheiden in unsicheren Situationen – Behavioral Finance und Stress

Im Finanzbereich kommt es häufig vor, dass aufgrund einiger weniger Informationen eine Entscheidung über den Ausgang einer Situation getroffen werden muss. Dazu dienen Wahrscheinlichkeitsaussagen, mit denen zumindest eine Schätzung und Annäherung an den wahren Wert erreicht wird. Bei Entscheidungen in Ungewissheit werden oft wichtige Informationen übersehen. An einem unspezifischen Beispiel lassen sich die systematischen Fehler am besten erkennen.

Repräsentativitätsheuristik, Framing und Confirmation-Bias
Stellen Sie sich folgende Aufgabe:

»Donald Jones ist entweder Bibliothekar oder Vertreter. Er selbst kann am ehesten als zurückhaltend beschrieben werden. Wie stehen die Chancen, dass er Bibliothekar ist?«[4]

Denken Sie, dass Donald Jones Bibliothekar ist? Dann befinden Sie sich in großer Gesellschaft – die meisten Menschen sind der selben Meinung. Wie kommt

---

4   vgl. Hammond & Keeney & Raiffa, (1999), S.237

das? Einmal kennen wir Bibliothekare als ruhige introvertierte Menschen, nicht wahr? Die von uns als *repräsentativ* eingestufte Information (»das würde wohl jeder sagen«) verleitet uns spontan zu dieser Zuordnung. Doch es gibt noch mehr Gründe für unsere Entscheidung. Beachten Sie die Art der Fragestellung: Wir werden gefragt, ob er Bibliothekar ist, und nicht ob er Vertreter ist. Zusätzlich wird uns durch die Wortwahl »...Chance...« noch etwas Erwünschtes suggeriert. Diese Form der Fragestellung – das *Framing* verleitet uns zu einer bestimmten Wahrnehmung, man könnte sagen, die Frage legt uns die Antwort in den Mund. Dass Sie die Antwort nicht in Frage gestellt haben, zeigt unser sehr gering ausgeprägtes Suchen nach einer gegenteiligen Meinung in der Behavioral Finance auch *Confirmation-Bias*[5] genannt.

Die genaue Analyse von Information muss auf zwei Ebenen erfolgen. Für die erfolgreiche Beantwortung der Frage ist es nicht ausreichend zu wissen, ob es richtig ist, dass es zurückhaltende Bibliothekare gibt – das ist ein Detail. Es gilt, die gesamte Darstellung und die Relation der Information zueinander – das Muster – wahrzunehmen und zu analysieren. Wenn Sie selber noch mal an die Aufgabe gehen möchten, dann bitte ich Sie jetzt, das Buch wegzulegen und auf einem Blatt Papier Ihre Überlegungen auszuführen. Für diejenigen, die sich so sehr auf die Antwort freuen, dass sie gleich weiterlesen möchten, hier der empfohlene Lösungsweg:

»Das Problem an diesem Gedankengang ist, dass völlig übersehen wird, dass es weit mehr männliche Vertreter als männliche Bibliothekare gibt. Bevor Sie also überhaupt eine Aussage, Donald Jones sei »zurückhaltend«, in ihre Überlegungen einbeziehen, sollten Sie die Wahrscheinlichkeit, dass er Bibliothekar ist, auf 1 % geschätzt haben. Das ist die Ausgangsbasis.
Jetzt bedenken Sie die Charakterbeschreibung »zurückhaltend«. Nehmen wir an, die Hälfte aller männlichen Bibliothekare ist zurückhaltend, wogegen dies nur auf 5 % der Vertreter zutrifft. Das heißt, auf jeden zurückhaltenden Bibliothekar kommen zehn zurückhaltende Vertreter. Daraus folgt, dass Jones mit einer Wahrscheinlichkeit von 10 % und nicht von 90 % Bibliothekar ist.«[6]

Das Beispiel lässt sich leicht auf die verschiedensten Entscheidungssituationen im Finanzbereich übertragen. Stellen Sie sich vor eine Information zu einem Wertpapier aus Japan läuft über den Ticker. Ein mögliches Vorurteil: Japan bedeutet schlechte Performance. Der Leser wird diese Information möglicherweise weniger sorgfältig aufnehmen wie etwa eine Ad-hoc-Meldung eines amerikanischen Unternehmens. Und welche Nachricht, welche Daten, die über den Ticker laufen, stellt der Leser in Frage? Meist die Informationen, deren Autoren er nicht mag oder schätzt.

Die Rolle von Stress bei Entscheidungen
Stress verstärkt die systematischen Entscheidungsfehler, welche die Behavioral Finance für das menschliche Verhalten beschreibt. Das psychische Stressempfin-

---

5   vgl. Biais, u.a. (2000)
6   vgl. Hammond & Keeney & Raiffa (1999), S.238

den wird in erheblichem Maß von den Variablen *subjektive Bedeutsamkeit* und *Bewältigungsmöglichkeit*[7] bestimmt. Die Voraussetzung für Stress ist dann gegeben, wenn der Mensch die Situation, in der er agiert, als hoch bedeutsam und unzureichend kontrollierbar einschätzt. Dann erlebt sich der Mensch wenig oder gar nicht selbstwirksam. Oder mit anderen Worten gesagt: Er hat das Gefühl, er könne die Situation durch sein Verhalten nicht beeinflussen oder gar beherrschen. Diese Einschätzung ist subjektiv und resultiert daraus, ob der Betreffende der Meinung ist genügend Ressourcen zur Bewältigung der gestellten Aufgabe zur Verfügung zu haben.

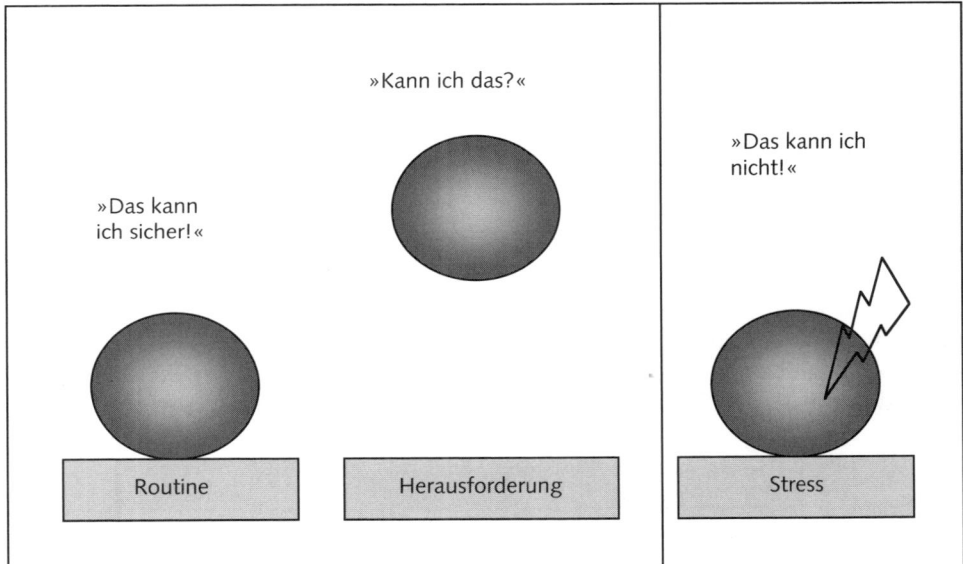

Abb. 1: Der innere Dialog und Stress

Das Agieren am Aktienmarkt mit hohen Summen eigenen oder fremden Kapitals bietet demnach ausreichend Stresspotenzial. Ist der Mensch erst mal in Stress, dann reagiert der Körper mit automatisierten physiologischen Mustern[8]. Hormone überfluten den Organismus, Adrenalin wird ausgeschüttet, das körperliche Erregungsniveau steigt. Demgegenüber wird der Informationsfluss von Zelle zu Zelle gebremst, es entsteht eine Denkblockade. Dies können wir am besten bei anderen beobachten, so zum Beispiel wenn Kollege xy wieder unruhig wird und mir nicht mehr richtig zuhört. Umgekehrt gilt das Gleiche: Wenn wir selbst in Stress geraten, hören wir weniger, sehen eingeschränkt und spüren uns selber oft nicht mehr. Information wird unreflektiert aufgenommen und für die Infor-

---

7   vgl. Zimbardo,, P. G.; Gerrig, R.J. (1999), S. 376
8   Diese Reaktion nennt Hans Selye (1956): das allgemeine Adaptationssyndrom (AAS).
    Drei Phasen werden identifiziert: Alarmreaktion, Resistenz, Erschöpfung.
    Vgl. Zimbardo, S.372

mationsverarbeitung stehen nicht alle persönlichen Ressourcen zur Verfügung. Im Zentrum steht jetzt weniger das Denken als das Handeln – an der Börse im wahrsten Sinne des Wortes. Wir neigen zu vorschnellem Handeln und Overtrading (Angriff) oder sind handlungsunfähig (Flucht), die Kurse fallen, und wir sehen tatenlos zu – oder auch schon mal weg.

2.2 Entscheidungen im Kontext sozialer Beziehungen

2.2.1 Das Individuum im Kontext sozialer Beziehungen

Kennen Sie die Angst eines Mitarbeiters, ein Wertpapier könnte genau dann anfangen zu steigen, wenn er es verkauft hat? Dann stellen Sie sich vor, um wie viel mehr seine Angst wächst, wenn ausgerechnet sein Chef oder Kontrahent diese offene Position genau beobachten.

Commitment
Optimalerweise sollte die Entscheidung über eine einmal eingegangene Position weder von einer Emotion beeinflusst werden, noch von dem Verhältnis zwischen dem Handelnden und einer anderen Person. Tatsächlich ist es jedoch eine zentral menschliche Eigenschaft, die Reaktion anderer Menschen in eigene Überlegungen einzubeziehen. Je höher das Commitment (hier die Selbstverpflichtung unter Beobachtung) in der Situation, desto schwieriger ist es, eine nur der Marktpreisbildung entsprechende Entscheidung zu treffen. Also könnte es einen Unterschied machen, ob »nur« der Kollege oder aber der Chef zuschaut.

Je mehr Menschen wahrnehmen, was Sie tun und je größer die Bedeutung dieser Menschen für Sie ist, desto stärker wächst ihre Selbstverpflichtung!

Abb. 2: Commitment

Geht es ohne Beeinflussung? Nein! Der Mensch als soziales Wesen ist auf Reize angewiesen, die er im Kontakt mit anderen Menschen erlebt. Isoliert verkümmert der Mensch und sowohl die Leistungsfähigkeit als auch seine Gesundheit degenerieren. Die Qualität des Kontakts spielt für die Entfaltung positiver Leistungspotenziale jedoch eine große Rolle. Guter Kontakt kann auch Stress reduzieren und damit die Entscheidungsfähigkeit erhöhen, jedoch muss der Einzelne wachsam für die Beeinflussung durch andere Menschen bleiben.

Übertragung

Auch nicht anwesende Dritte aus unterschiedlichsten Lebensbereichen haben Einfluss auf das aktuelle Verhalten. Der Prozess, bei dem die Ergebnisse der Kommunikation zweier Menschen aus der Beziehung dieser beiden oder einer der beiden zu einem Dritten resultieren, heißt Übertragung. Zum Beispiel: Der Portfoliomanager sieht in seinem Chef nicht den Chef, sondern seinen Vater. Dann beeinflusst die Beziehung zum Vater sein Verhalten in einem Entscheidungsgremium, das der Chef leitet. Er reagiert als Sohn eher angepasst und nicht als Erwachsener, der sagt, was er denkt. Der Effekt ist besonders dann groß, wenn Chef und Mitarbeiter diese Verhaltenstendenzen nicht wahrnehmen und reflektieren.

Beziehung zum Markt

Neben den Beziehungen zu anderen bauen Menschen auch Beziehungen zu Gegenständen oder unsichtbaren Dingen auf: Wir lieben unser Auto, wir schimpfen mit dem Computer, und wir haben eine persönliche Beziehung zum »Markt«. Wie diese Beziehungen gestaltet werden, hängt in hohem Maße von den Vorlieben, Eigenschaften und Wesenszügen des Einzelnen ab.

Ein Beispiel für die Beziehung Markt – Mensch ist die Wahl der Handelsstrategie. Bisherige Forschungsergebnisse[9] deuten darauf hin, dass Momentumstrategien im kurzfristigen bis mittelfristigen Bereich zu bevorzugen sind, während Contrarianstrategien dann Gewinn versprechen, wenn eine Aktie drei bis fünf Jahre gehalten werden soll. Obwohl diese Erkenntnisse dazu führen müssten, Strategien abhängig vom jeweiligen Anlagehorizont zu ändern, beobachten wir in der Praxis, dass gerade professionelle Anleger dazu tendieren, an einer einmal gewählten Strategie festzuhalten[10]. Diese Beobachtung legt die Vermutung nahe, dass *Handelsstrategien* zum großen Teil »persönlichkeitsnahe Konstruktionen« sind, die individuell rational ausgestaltet sind. Mit anderen Worten: Der einzelne Anleger hat persönliche Vorlieben, wie er mit seiner Umwelt Beziehungen aufnimmt, und er entwickelt daraus sein Vorgehen. Es bleibt die Frage, welchen Einfluss hat dieses Wechselspiel auf den Erfolg von Entscheidungen im Wertpapiergeschäft, und wie kann der Entscheidungsprozess des Einzelnen optimiert werden.

---

9 vgl. Schiereck & Weber (1999)
10 vgl. Kiell & Stephan (2001)

Der Einfluss von Organisation und Umwelt

Die moderne Kapitalmarkttheorie unterstellt linear-kausale Prozesse und Rationalität als Entscheidungsbasis des Anlegers. Dazu wäre es nötig, die innere Unabhängigkeit zu wahren. Das jedoch ist im professionellen Wertpapiergeschäft innerhalb einer Organisation vergleichsweise schwer.

Die Dynamik des sozialen Gefüges aus

- *Anerkennung* (»Das ist aber ein toller Trader / Portfoliomanager«)
- übersteigertem *kollektiven Selbstwertgefühl*, das den Helden hervorbringt: »Wir haben den besten Portfoliomanager / Analysten«[11]
- der Notwendigkeit des *Marketing* nach innen und außen

beeinflusst die Entscheidung des Einzelnen.

Der Privatanleger kann seine Entscheidungen, wenn er möchte, alleine treffen, der professionelle Kapitalanleger, ist in jedem Fall in ein differenziertes System eingebunden. Systeme haben eine vom Individuum unabhängige Eigendynamik, die wiederum zurück auf das Individuum wirkt. Nicht der Einzelne macht sich zum Helden, sondern das soziale System aus Kollegen, Vorgesetzten und Medien.

2.2.2 Wenn die Gruppe Entscheidungen trifft

Entscheidungen in Gruppen können unter bestimmten Umständen sehr erfolgreich sein. Allein die dazu notwendigen Maßnahmen und Voraussetzungen sind entweder nur ungenügend bekannt oder werden zu wenig konsequent umgesetzt. Aus diesem Mangel an aktiv eingesetztem Wissen und der notwendigen individuellen Reflexionsfähigkeit resultieren katastrophale Entscheidungen. Wenn diese in Serie produziert werden, führen sie zu finanziellen und menschlichen Desastern. Verschiedene Banken- und Börsenskandale der vergangenen Monate und Jahre, auf die Bedeutung des Anteils von schlechten Gruppenentscheidungsprozessen am Verlauf analysiert, dürften reine Fundgruben der von verschiedenen Sozialwissenschaftlern gefundenen Fehlern bei der Entscheidung in Gruppen oder Systemen sein. Grundsätzlich kann man davon ausgehen, dass Gruppen potenziell bei komplexen Entscheidungen dem Einzelnen überlegen sind. Routineentscheidungen trifft dagegen der Einzelne besser und schneller. Stellvertretend für eine umfangreiche Forschung zu dem Themenkomplex »Entscheidungsfehler in Gruppen« soll das von Janis (1972) erforschte Phänomen »Groupthink« hier näher vorgestellt werden.

---

11 Als Beispiel sei an dieser Stelle die Serie »Börsenköpfe« der Zeitschrift Börse Online erwähnt, die in ihrer Ausgabe 51/ 2000 einen Internetanalysten von Merrill Lynch porträtiert. »Henry Blodget... galt als Popstar der Dot-com-Euphorie.« Noch am Anfang des selben Jahres wurde eben dieser junge Mann im Handelsblatt (25.02.2000) als »Der Herr der Kurse« vorgestellt. Weiter hieß es »Henry Blodget liebt das kalkulierbare Risiko«. Treffender scheint hier die Aussage des Protagonisten selbst: «Manchmal ist es hilfreich, nicht zu genau auf die Bewertung eines Unternehmens zu schauen. Einfach die Augen schließen und sagen: Ich sehe eine große Zukunft für diese Aktie«.

»Groupthink ...kann als die ausgeprägte Suche nach Einstimmigkeit in einem unausgereiften Stadium des Gruppenentscheidungsprozesses ...«[12] beschrieben werden.

Was muss passieren, damit Groupthink den Entscheidungsprozess in einer Gruppe dominiert?

- Die Gruppe wird parteiisch geführt, hat ein schlechtes oder gar kein erkennbares Prozedere für die Entscheidungsfindung und ist in sich eher homogen zusammengesetzt.
- Die Gruppe erlebt die ihr gestellte Entscheidungsaufgabe als Stress.
- Der Zusammenhalt in der Gruppe ist hoch.

Eine solche Gruppe entwickelt dann die Tendenz zu Selbstüberschätzung, neigt zu Engstirnigkeit und es entsteht ein Druck zur Einstimmigkeit.

Mängel, die im *Entscheidungsprozess* beobachtet werden:

- unvollständige Suche nach Alternativen,
- unvollständige Überprüfung von Zielen,
- Versäumnis der Überprüfung von Risiken der bevorzugten Alternative,
- Versäumnis der Neubewertung ursprünglich zurückgewiesener Alternativen,
- unzureichende Informationssuche,
- unzureichende Überprüfung der Information,
- selektive Verarbeitung vorhandener Information und
- Versäumnis der Erarbeitung von Handlungsplänen.

Das Resultat sind schlechte Entscheidungen. Das Risiko der Konsequenzen aus dieser Entscheidung ist groß. Die Gruppe als funktionale Einheit verfügt grundsätzlich über alle nötigen Ressourcen zur erfolgreichen Bewältigung von Entscheidungsaufgaben. Sie werden bisher nur zu wenig genutzt.

2.3 Die Zeit nach der Entscheidung

...ist besonders kritisch für Erfolg oder Misserfolg

Zwischen der Entscheidung und der Umsetzung der Entscheidung liegt ein äußerst sensibler Zeitraum. Leserinnen und Leser, die in Ausschüssen arbeiten, wissen, wie unsicher die einmal getroffene Entscheidung werden kann, wenn die Teilnehmer auseinander gehen und sich dann in den informellen Gruppen oder alleine am Schreibtisch der Folgen ihrer gerade getätigten Zustimmung bewusst werden. Forcierte Abstimmungen können dann zumindest vom Einzelnen unterlaufen werden. Besonders das unter 2.2 beschriebene Phänomen »Groupthink« tendiert zur Ausgrenzung Andersdenkender. Mitarbeiter, die nicht zu Gehör kamen, weil sie nicht in den Mainstream eingestimmt haben, gehen zurück an ihrem Schreibtisch, innerlich polarisiert und umso entschlossener, der Umset-

---

12 vgl. Auer-Rizzi (1998), S.184 ff.

zung der Entscheidung ihren persönlichen Stempel aufzudrücken, indem sie kleinere Abweichungen produzieren.

Auch der einzelne Entscheider kann in diesem »gap« zwischen Entscheiden und Handeln hängen bleiben. Ausschlaggebend ist, welche Persönlichkeitseigenschaften dominieren oder aktiviert sind. Ist er ein »Denker«, dann kann die nächste Nachricht über den Ticker nochmal alles umwerfen, ist er ein »Handler«[13], dann hat er bei der ersten für ihn wichtigen Information schon gehandelt – mit der Konsequenz, dass er sich schon längst feiern oder bedauern lässt. Man spricht hier in der Wahrnehmungs- und Gedächtnispsychologie auch vom Primacy- und Recency-Effect[14]. Somit hat die Reihenfolge, in der uns Information angeboten wird, ausschlaggebende Wirkung auf unsere Reaktion.

3 Psychologische Einflüsse im Handelsprozess

Was unterscheidet das Agieren an der Börse vom Roulettespiel?. Bei der Aktienanlage muss jeder den Zeitpunkt selbst bestimmen, wann er »rein oder raus« geht, beim Roulette übernimmt diese Entscheidung der Groupier mit dem Kommando: Rien ne va plus! Die Auswirkungen sind gravierend, wenn man an das immer wieder verfehlte Ziel denkt: Gewinne laufen lassen und Verluste begrenzen. Der Handelsprozess ist ein Kreislauf, der grob mit drei Phasen beschrieben werden kann.

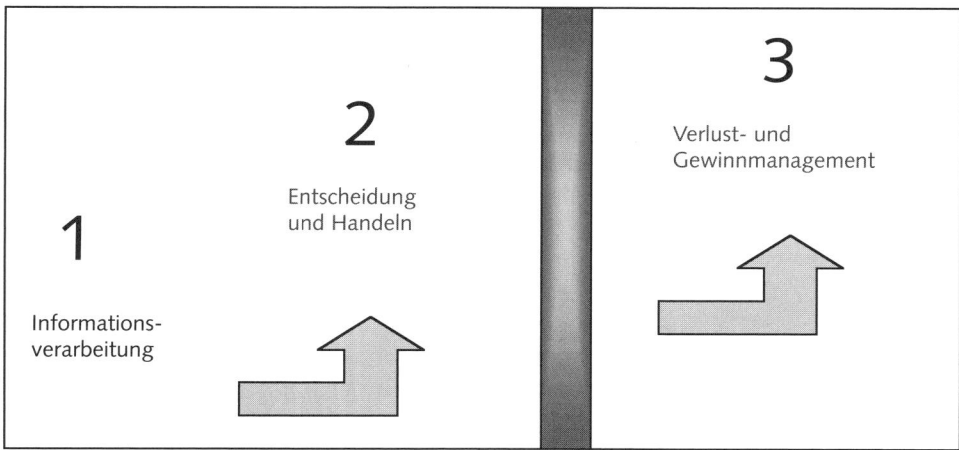

Abb. 3: Drei Phasen eines Engagements

---

13 vgl. Barrons Roosevelt (1999)
14 Primacy und Recency-Effekt bezeichnet die Wirkung des ersten und letztes Eindrucks. Von einer Reihe von Informationen, die wir aufnehmen, haben die zuerst und die zuletzt gezeigten eine besonders große Chance behalten zu werden und unser Verhalten zu beeinflussen.

Besonders schwer fällt es den meisten Anlegern nach einer einmal getroffenen Entscheidung, diese Entscheidung kontinuierlich den aktuellen Gegebenheiten anzupassen. Doch gemäß dem Satz

> Du kannst in den gleichen Fluss nie zweimal steigen
> *(Heraklit)*

können wir auch an der Börse davon ausgehen, dass es keine zwei Minuten gibt, in denen alle Bedingungen exakt die gleichen sind. Eine Erklärung liefern Kahnemann und Tversky (1979), die herausgefunden haben, dass Menschen im Verlust- und Gewinnbereich unterschiedlich sensibel auf neue Preisinformation reagieren.

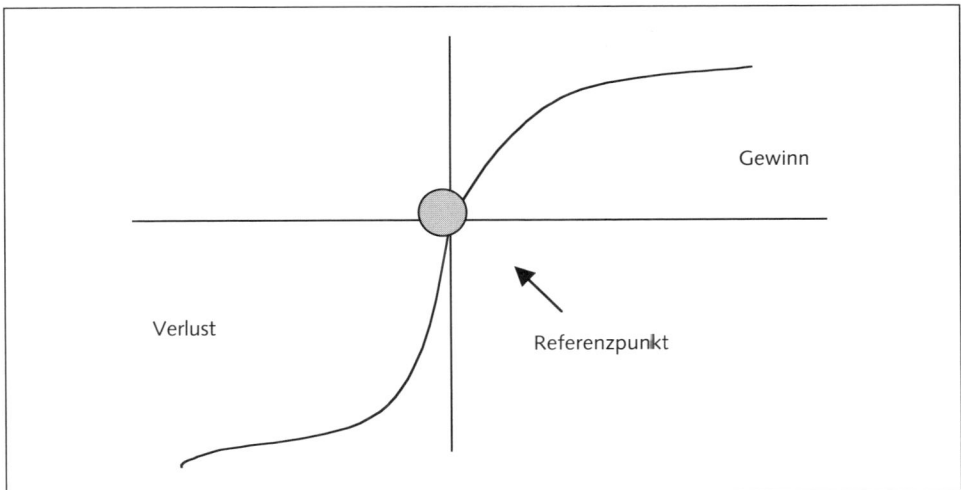

Abb. 4: Prospekttheorie von Kahnemann und Tversky

Im Gewinnbereich flacht die Intensität unserer Reaktion viel früher ab als im Verlustbereich. Mit anderen Worten: Verluste schmerzen stärker, als uns Gewinne in gleichen Ausmaß freuen. Damit der Mensch sich viel freuen kann, muss er dementsprechend oft im ersten Gewinnbereich Gewinne realisieren. Damit zeigt er sich im Gewinnbereich risikoscheu. Um die Verluste nicht real spüren zu müssen, wartet der Mensch in der Hoffnung auf steigende Kurse, das heißt aber, er verhält sich damit im Verlustbereich risikofreudig. Entscheidend für die Einschätzung ist ebenfalls, dass der Mensch dazu neigt, seinen *Einstiegskurs* als *Referenzpunkt* für die Bewertung eines Gewinns oder Verlustes zu nehmen. Dadurch verstärkt sich der oben genannte Effekt mit zunehmender Entfernung des Marktpreises vom Einstiegskurs bis zu einem gewissen Grad. Aus dieser Orientierung am Einstiegskurs entsteht auch das fast reflexartig zu beobachtende Verhalten, Wertpapiere dann wieder zu verkaufen, wenn diese Marke von unten wieder erreicht wurde.

Unterstützt wird dieses Verhalten noch von dem *Besitztumseffekt*[15], der besagt, dass der Mensch sich ungern von etwas trennt, was er schon besitzt. Und wenn er sich schon trennt, dann nur zu einem höheren Preis, als er selbst bezahlt hat. Das führt dazu, dass bei Wertpapieren, die im Verlust stehen, sogar ein Ausstiegslimit über dem Einstiegspreis avisiert wird und damit die Chance auf das Umsteigen auf ein anderes mehr Erfolg versprechendes Papier unterlassen wird.

Wenn sich nach dem Kauf herausstellt, dass die Entscheidung ungünstig war – besonders wenn andere diese Entscheidung mitverfolgt haben – tritt das unangenehme *Dissonanzgefühl*[16] auf, das der Mensch mit allen Mitteln zu bekämpfen sucht. Das ist der Moment, in dem der Entscheider anfängt, sich »Storys« über die Aktie zu erzählen, die ihn und andere beruhigen. Außerdem besteht jetzt die Gefahr, neue Informationen aus Analysen etc. nur noch einseitig wahrzunehmen. Die abflachende Intensität der Empfindung im Gewinnbereich hat fatalerweise auch zur Folge dass der Entscheider sich mit dieser Position in der Regel weniger beschäftigt, ja es kann sein, dass es ihm langweilig wird und er beim ersten Aufkommen von Unbehagen, ohne lange nachzudenken handelt und verkauft. Insgesamt interessiert sich der Kapitalmarktteilnehmer – ob als Anleger oder Forscher – viel intensiver für den Verlust- als den Gewinnbereich. Besonders die Praktiker müssen darüber nachdenken, ob das günstig ist oder Erfolg verhindert. Folge all der menschlichen Reaktionen ist der gut belegte *Dispositionseffekt*, der besagt, dass Verlierer zu lange gehalten und Gewinner zu früh verkauft werden.

4   Menschliche Risikofelder im Wertpapiergeschäft

Die Tätigkeitsfelder werden aus psychologischer Sicht beschrieben. Die Beschreibung enthält Aussagen über die Beschaffenheit der jeweiligen Aufgabe und die Anforderungen, die sich daraus für eine erfolgreiche Bewältigung ergeben.

4.1   Der Handel

Im kurzfristigen schnellen Handel müssen die Mitarbeiter in kurzer Zeit viele Entscheidungen bei hoher Unsicherheit treffen.[17] Der Händler ist in kurzer Zeit großen Stimmungsschwankungen ausgesetzt. Er muss die Stimmung im Markt

---

15 vgl. Goldberg & von Nitzsch (1999), S.131
16 Die Einstellungsforschung spricht von kognitive Dissonanz: »..der konflikthafte Zustand, den jemand erlebt, nachdem er eine Entscheidung getroffen hat, eine Handlung ausgeführt hat oder einer Information ausgesetzt worden ist, die zu vorherigen Meinungen, Gefühlen oder Werten im Widerspruch steht.« Vgl. Zimbardo (1999), S. 433
17 Die Unsicherheit liegt in der Aufgabe des Trading begründet. Der zukünftige Kurs kann nicht mit Sicherheit vorhergesagt werden. Das Risiko, das er mit dem Trade eingeht, bestimmt der Händler jedesmal selbst. Häufig werden das vermeidbare Risiko und die unvermeidbare Unsicherheit verwechselt. Kapitalmarktteilnehmer versuchen zum Beispiel, Unsicherheit durch das Konsumieren von mehr Information zu kontrollieren.

wahrnehmen, sich dann wieder davon distanzieren können und seine eigene Meinung bilden. Das heißt: Nerven behalten, genügend Elastizität für das Einstecken von Rückschlägen zeigen, Kraft aufbringen, sowohl für beherztes Zugreifen als auch Abstoßen bei Verlust. Dazu sollen Händler ein Gespür und Fantasie für den Markt zeigen. Bei Verlust müssen sie ihre Entscheidung oft im Nachhinein rational begründen. Ein Händler muss viele Informationen parallel wahrnehmen und entscheidungsdienlich verarbeiten. Dazu ist unser Gehirn im Gegensatz zum Computer hervorragend geeignet. Der Händler nutzt eine bisher noch wenig erforschte in letzter Zeit aber zunehmend beachtete psychische Dimensionen, die *Intuition*[18]. Wir definieren Intuition als Handeln nach Erfahrungswissen, das im Unterbewusstsein gespeichert ist«. Durch eine Suchfrage, die der Mensch sich im inneren Dialog selbst stellt, kommt der Gedächtnisapparat ins Laufen und das Gehirn forstet in Windeseile alle Details und Erinnerungen nach brauchbarem Material ab. Dieser Prozess läuft unbewusst ab, und ist am erfolgreichsten ohne Zeit- und Leistungsdruck in einem Zustand entspannter Aufmerksamkeit.

Das *Risiko* im Trading liegt im Stresspotenzial der Arbeitssituation, die *Chance* in der intuitiven Auswahl von relevanter Information.

4.2   Das Portfoliomanagementteam

Ein Team, das gemeinsam Entscheidungen treffen will muss Regeln für einen Entscheidungsprozess festlegen. Dann müssen Informationen gesammelt und präsentiert werden, die anschließend bewertet werden, daraus ergeben sich Entscheidungsalternativen. Über diese Alternativen wird die Gruppe dann abstimmen. Entscheiden im Team bedeutet, dass jedes Mitglied die gleiche Verantwortung für ein gutes Abstimmungsergebnis hat. Wo liegt das Risiko? Das größte Risiko liegt in einem schlechten Prozedere oder der mangelnden Disziplin, das einmal gewählte Vorgehen einzuhalten.

Im Kapitalanlagebereich speziell liegt das *Risiko*

- im Auslegen von Ankern in Form von Bezugszahlen (»liegt der Dax heute Abend über oder unter 4600?«),
- in der Reihenfolge, in der die Information präsentiert wird und
- in der Zuordnung der Information zu bestimmten Personen, denen man eher Kompetenz zutraut oder nicht.

Die *Chance* einer Entscheidung im Team liegt

- in den unterschiedlichen Perspektiven, welche die Teammitglieder einnehmen können,
- in der Fülle der Information, die von mehreren Personen eingebracht werden kann und
- in der Reduzierung von Stress.

---

18 vgl. Geo 11/2000, Das zweite Gehirn: Wie der Bauch den Kopf bestimmt. Wissenschaftler auf der Spur von Gefühl und Intuition.

4.3 Der Berater und sein Kunde

Die Kernaufgabe des Beraters ist es, den Kunden in die Lage zu versetzen, selbst eine möglichst gute Entscheidung zu treffen. Im Wertpapiergeschäft heißt das für den Berater, er muss die Stimmungsschwankungen dreifach verarbeiten: Die Stimmung des Marktes, seine eigene und die seines Kunden. Die Kunst der Beratung liegt darin, diese verschiedenen Ebenen wahrzunehmen und im Beratungsprozess für den Kunden nutzbringend einzubinden. Eine enorme Herausforderung! Der Berater muss, wenn er seinen Kunden am Telefon berät, oft blitzschnell entscheiden, welche Information er auswählt, um den Kunden bei seiner Entscheidung zu unterstützen. Dazu braucht er eine umfassende Vorstellung davon, in welcher Beziehung zum »Markt« sich der Kunde befindet. Der Berater hat als Außenstehender die Verantwortung, den Überblick über die gesamte Ausgangslage für die Handelsentscheidung zu gewähren und diesen dem Kunden in adäquater Form zu präsentieren. Insgesamt stellt die Beratungssituation im Wertpapierbereich einen hochkomplexen Informationsverarbeitungs- und Kommunikationsprozess dar.

5 Erste Lösungsansätze

> Der Schlüssel zum Erfolg sind nicht Informationen.
> Das sind die Menschen.
>
> *Lee Iacocca*

Wer diesen Artikel bis hierher verfolgt hat, wird nun ganz gespannt auf die Lösungen warten. Jede Entscheidung findet im Kopf statt, das innere Spiel des Entscheiders am Kapitalmarkt bestimmt über Erfolg und Misserfolg. Deshalb muss der Entscheider möglichst viel von seinem inneren Spiel der Gedanken und Gefühle verstehen und beeinflussen können. Dazu gehören individuelle und strukturelle Voraussetzungen, die der Einzelne, das Team und die Organisation am besten gemeinsam herstellen.

5.1 Die kluge Entscheidung bei Risiko

Aus psychologischer Sicht ergeben sich folgende Bausteine, die zur Verbesserung von Entscheidungen im Wertpapierhandel beitragen.

Stressmanagement
Eine grundlegende psychologische Gesetzmäßigkeit lautet: Die optimale Voraussetzung zur Erfüllung von Höchstleistungen ist ein mittleres Aktivierungsniveau.

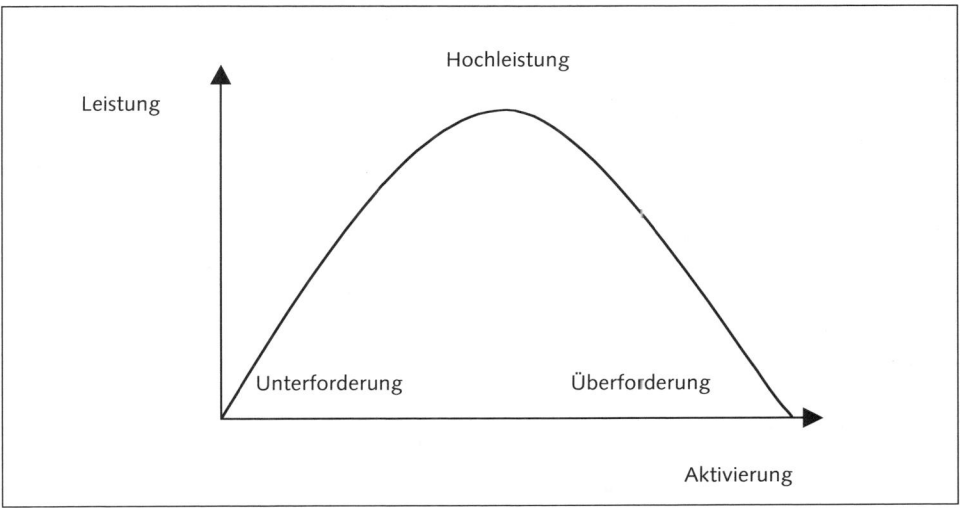

Abb. 5: Das Yerkes & Dodson-Gesetz[19]

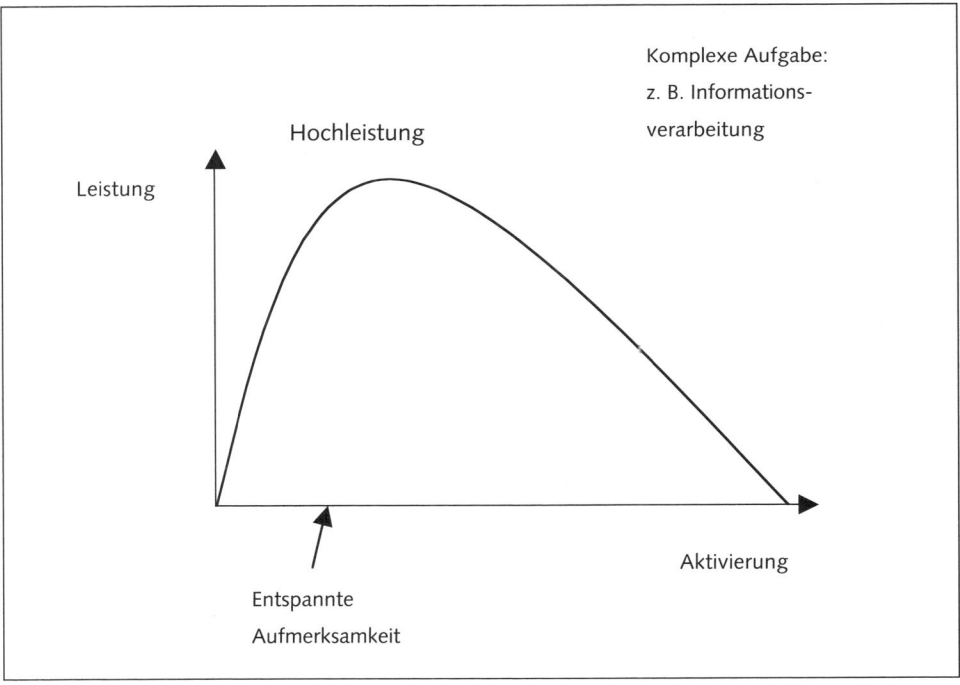

Abb. 6: Geringe Aktivierung für komplexe Aufgaben

19 vgl. Zimbardo (1999), S.368

Eine Differenzierung und Erweiterung des Gesetzes bezieht auch den Anforderungcharakter der Aufgabe mit ein. Der optimale psychische Zustand für das Aufnehmen und Verarbeiten von Information in *komplexen Situationen* kann als *entspannte Aufmerksamkeit* bezeichnet werden.

Dieser Zustand ist vergleichbar mit dem eines Tennisspielers, der den Aufschlag des Gegners erwartet: Locker in den Knien, flexibel für alle Möglichkeiten und dennoch in seiner Aufmerksamkeit gerichtet, blitzschnell bereit, Information als Signal zum Handeln zu verwerten. An diesem Vergleich wird auch deutlich, dass schnelle Entscheidungen aus unbewusster Informationsverarbeitung entstehen. Was zu tun ist, entscheidet der Tennisspieler nicht bewusst in diesem Moment, sondern intuitiv aus einer Auswahl von zigtausend Bewegungsmöglichkeiten, die er sich im Laufe monatelangen Trainings erarbeitet hat. In entspannter Aufmerksamkeit gelingt es dem Händler, die Distanz zum Markt zu regulieren. Er kann, wenn nötig, in die Stimmung des Marktes eintauchen, um dann sofort wieder aus der nötigen Distanz seinen Blick auf das Geschehen zu lenken. Dies ist nötig, um die Informationen, die der Markt bietet, aus verschiedenen Blickwinkeln wahrnehmen und bewerten zu können. Im Gegensatz dazu erfordert das Umsetzen der Entscheidung in eine Handelsorder *volle Konzentration* und damit ein höheres Aktivierungsniveau. Dies gilt übrigens für alle *Routineaufgaben*, da andernfalls ein nicht zu unterschätzendes Risiko besteht, »Flüchtigkeitsfehler« zu machen.

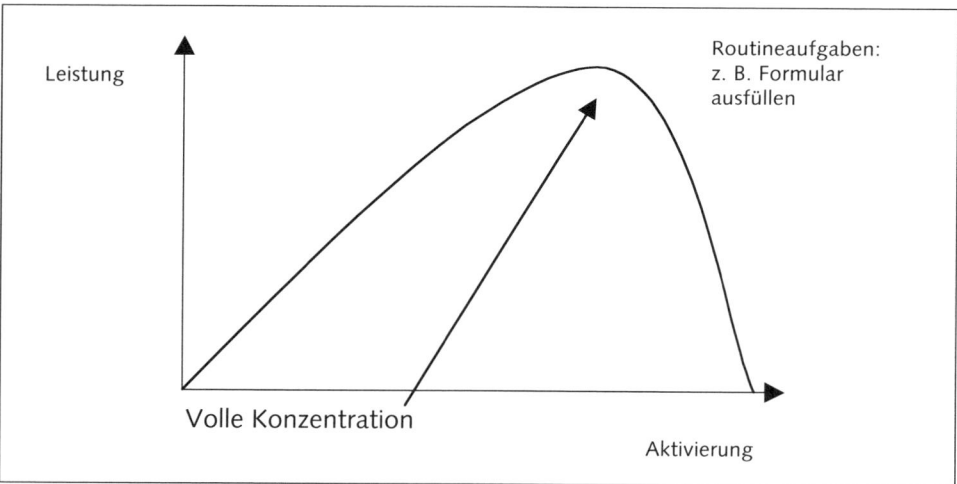

Abb. 7: Hohe Aktivierung für Routineaufgaben

Der gezielte Wechsel von einem Zustand entspannter Aufmerksamkeit zu voller Konzentration muss trainiert werden. Ist der Händler in Lage, diese beiden Zustände in sich selbst herzustellen, hat er ein erhöhtes Gefühl von Selbststeuerung erreicht. Er hat ein Stück Macht gewonnen, zwar nicht über den Markt, aber über sein Handeln – das einzige, was er tatsächlich beeinflussen und damit unter

Kontrolle bringen kann. Sowohl verschiedene Entspannungstechniken, Meditation als auch mentales Training sind geeignet für das Erlernen dieser Fähigkeiten. Doch auch hier trifft zu, was wir vom Sport kennen: Nur durch regelmäßiges Training bleiben die Fähigkeiten erhalten. Der zweite wichtige Aspekt im Stressmanagement ist die *Selbstwirksamkeitsüberzeugung*[20], die sich im inneren Dialog eines Menschen darstellt. Einfach ausgedrückt: Entscheidend für Stressmanagement ist nicht allein, ob der Mensch etwas kann, sondern ob er davon überzeugt ist, dass er es kann. Die subjektive Einschätzung meiner Kompetenz zur erfolgreichen Bewältigung einer Aufgabe bewirkt, ob ich in einer Situation Stress empfinde oder nicht. Selbstwirksamkeit äußert sich im Selbstdialog, den jeder täglich mit sich führt. Spätestens nach dem dritten Trade in Folge, den der Händler mit Verlust glattstellt, übernimmt der Abwiegler oder Kritiker die Führung auf der inneren Bühne. Entscheidend ist nun, ob der Händler diesen Dialog in einem realistischen Sinne optimistisch steuern kann. Als erstes muss der Gedanke identifiziert werden der das erfolgreiche Verhalten verhindert. Kann er den Gedanken finden, der ihm hilft, auf Distanz zu gehen? Das könnte ein bewusstes Stoppen abwertender Gedanken sein: »Nein ich möchte den Gedanken »....« nicht mehr denken – stopp!« Er könnte sich die Anweisung geben: »aufstehen, laufen, in Bewegung kommen«. Dann kann er sich die Frage stellen: »Wie möchte ich gerne denken können?« oder »Wie müsste ich denken können, um wieder erfolgreich handeln zu können?« Dieses innere Spiel der Gedanken bestimmt, wie sich der Mensch im Außen verhält, ob er ruhig und gelassen oder unruhig und angespannt ist. Optimismus ist eine entscheidende Komponente von Erfolg. Die zunehmende Fähigkeit zur Selbstreflexion ermöglicht es, Optimismus von Selbstüberschätzung zu unterscheiden.

Optimismus:
... die realistische auf konkrete Handlungen bezogene Einschätzung meiner Kompetenzen.
Der Optimist weiß, was er nicht weiß, und handelt trotzdem.

Selbstüberschätzung:
... die unrealistische generalisierende Einschätzung meiner Kompetenzen.
Der Selbstüberschätzer weiß nicht, was er nicht weiß, und handelt deshalb.

Die Darstellung der Information
Grundsätzlich gilt: Nicht die Information, sondern die Darstellung der Information beeinflusst, wie ich gewichte. Das fängt bei der Farbgebung an und geht über die Reihenfolge und, den Duktus der Formulierung (positiv, negativ) bis zur grafischen Gestaltung, bei der unsere Aufmerksamkeit unbewusst gelenkt wird. Die Werbung ist hierin Meister. Deshalb ergeben sich für die Darstellung von Information unzählige Möglichkeiten, auf die man achten sollte:

---

20 vgl. Bandura (1997)

Ein Beispiel: Wenn immer möglich, sollte darauf verzichtet werden, den *Einstiegs-kurs* darzustellen oder zu kommunizieren. So kann vermieden werden, dass der Einstiegskurs bei der erneuten Entscheidung über Halten, Zukaufen oder Verkaufen zu stark gewichtet wird. Alle Darstellungen im Wertpapierbereich haben die Angewohnheit, das Augenmerk in der *Zeitachse* auf die Vergangenheit zu lenken. Probieren Sie selbst aus, was passiert, wenn Sie den Chart in die Zukunft verlängern und sich verschiedene Szenarien vor Augen halten. Verlängern Sie mit Ihren Augen die Linie in der Abbildung 8 und sehen Sie selbst!

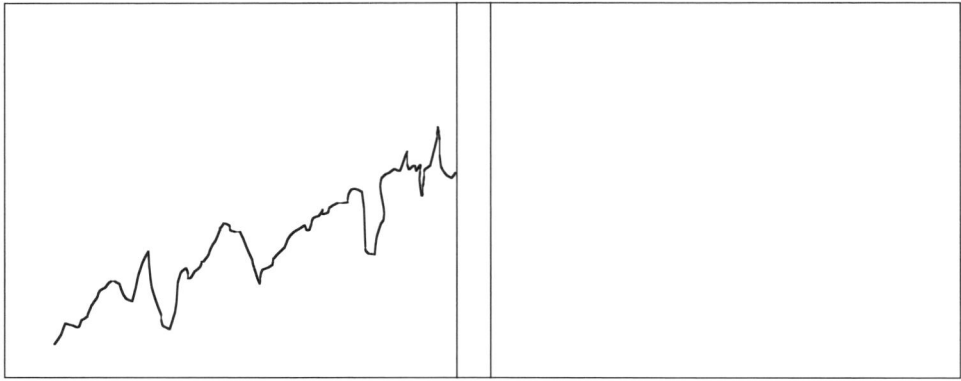

Abb. 8: Vergangenheit oder Zukunft?

Die Beschäftigung mit der Vergangenheit hat ihren Reiz, weil darin scheinbar Sicherheit liegt. Doch der erfolgreiche Berater, Trader oder Asset-Manager kann sich auch in die Zukunft versetzen und sein Handeln vorprogrammieren. Vor dem inneren Auge erscheinen dann kleine Verlierer oder große Gewinner. Und nur das zählt!

Entscheidungsregeln gegen blinde Flecke
Für alle Information, die von außen kommt und deren Darstellung wir nicht beeinflussen können, liegt es nahe eine *Checkliste* bereitzuhalten, auf der die wichtigsten Wahrnehmungsfallen und daraus abgeleitete Fragen und Regeln festgehalten sind.

Zum Beispiel: Wie begegne ich der abnehmenden Sensitivität im Gewinnbereich (siehe Prospekttheorie im Abschnitt 3). Diese führt ja dazu, dass Gewinner viel zu früh verkauft werden. Statt zu fragen »Wie kann ich den Gewinn sichern« (risikoscheu), sollte sich der Anleger die Frage stellen: »Was kann ich tun, um den Gewinn zu maximieren?« (risikofreudig).

Auf einer Checkliste könnten diese und andere Fragen stehen, die bei regelmäßiger Anwendung auf Dauer in das automatische Denken und Handeln einfließen. Nur so lassen sich lang eingeschliffene Denk- und Verhaltensmuster erfolgreich verändern.

5.2 Hochleistungsteams – transparente Entscheidungen mit klaren Regeln

Wie kommt es, dass Teams trotz fachlich hochkompetenter Mitglieder schlechte Entscheidungen treffen?

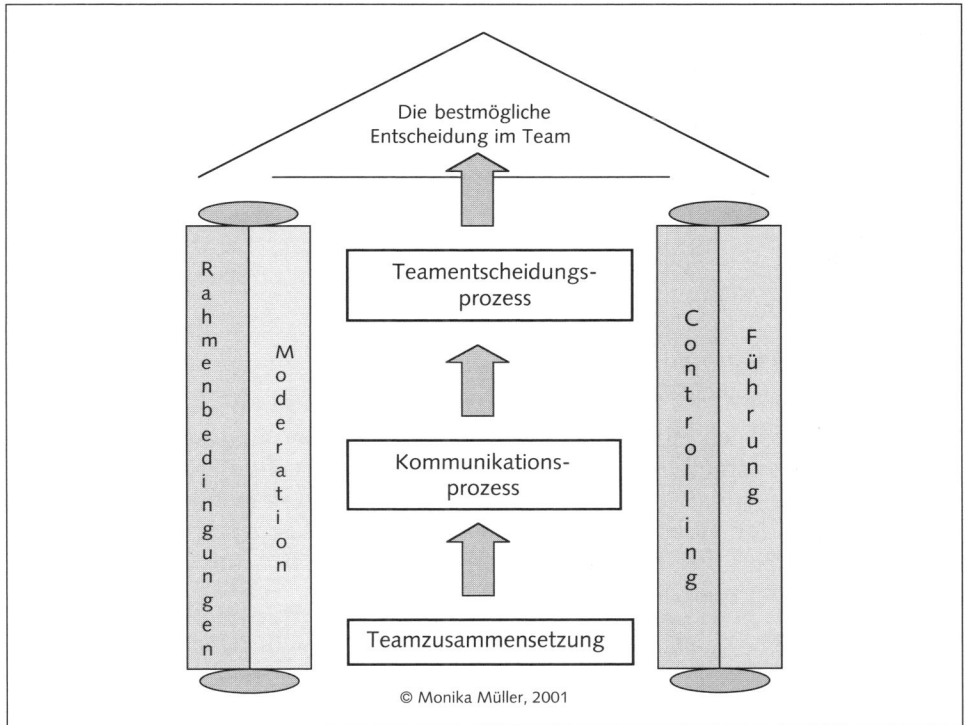

Abb. 9: Erfolgreiche Teamentscheidungen

Neben den Rahmenbedingungen wie Zeit und unparteiischer Führung, ist die Zusammensetzung eines Teams in Hinblick auf aufgabenbezogene Rollen mit entscheidend für den Erfolg. Wie Belbin (1996) in Untersuchungen mit Managementteams zeigen konnte, gibt es eine »ideale« *Zusammensetzung* von Teams. Er unterscheidet neun verschiedene Rollen, die von den Mitglieder einer Arbeitsgruppe ausgefüllt werden müssen, um eine Aufgabe von Anfang bis Ende erfolgreich zu bewältigen. Dazu gehören zum Beispiel

- Menschen, die immer wieder für neue Ideen und Informationen sorgen,
- Menschen, die diese Informationen auf Herz und Nieren prüfen und
- Menschen, die nach langem Abwägen eine Entscheidung forcieren.

Mit etwas Phantasie ist leicht vorstellbar, dass diese Rollen nur von recht unterschiedlichen Persönlichkeiten übernommen werden können. Zum Erfolg einer

Gruppe gehört als zweites *Kommunikation* als interpersonale Kompetenz[21]. Erst dann kann die notwendige Heterogenität als Ressource genutzt werden. Aus Furcht vor Konflikten werden Teams schon mal homogen zusammengesetzt und scheitern dann an »fehlenden Reibungsverlusten«. Wie wir in Kapitel 2.2.2 sehen konnten, kommt es dann zu Schieflagen durch »Zustimmungstendenzen«. Zu den wichtigsten interpersonalen Kompetenzen gehört zum Beispiel, dass ich durch mein Verhalten die Offenheit der anderen Gruppenmitglieder fördere, oder dass ich selbst meine Gedanken mitteile und Verantwortung für mein Verhalten übernehme. Als drittes brauchen optimale Entscheidungen ein geeignetes *Entscheidungsprozedere* mit klaren Regeln. Ein gutes Prozedere sollte folgende acht Elemente berücksichtigen[22]:

- Fragestellung,
- Ziele,
- Alternativen,
- Konsequenzen,
- Kompromisse,
- Ungewissheit,
- Risikobereitschaft und
- verknüpfte Entscheidungen.

Die Gruppe muss sich zu allen Punkten Vorgehensweisen und Regeln überlegen und einstimmig vereinbaren. In Ergänzung dazu liefert die Behavioral Finance eine Menge von Anhaltspunkten, worauf Teams im Investmentbanking bei der Wahrnehmung und Informationsverarbeitung achten können. Zur Vermeidung systematischer Entscheidungsfehler wird die Moderation dann beitragen, wenn sie die folgenden Punkte erfüllt:

- Der Moderator ist unparteiisch, sorgt für günstige Rahmenbedingungen, bindet möglichst alle Teilnehmer zu gleichen Teilen in den Entscheidungsprozess ein.
- Die Präsentation und Diskussion der Information erfolgt weitgehend unabhängig von Personen.
- Die Information ist in Stichwörtern während der gesamten Diskussionszeit für alle Teilnehmer sichtbar.
- Ein Beobachter verfolgt den Prozess und wird von Zeit zu Zeit um Feedback gebeten.
- Die Gruppe erstellt gemeinsam einen Handlungsplan für die Umsetzung der Entscheidung.

Werden all diese Komponenten berücksichtigt, entsteht in der Gruppe eine Balance zwischen Heterogenität und Harmonie. Dann kann das System Gruppe mehr Leistung bringen als die Summe seiner Mitglieder. Erst dann sind alle Mitglieder auch bereit, die Entscheidung umzusetzen.

---

21 vgl. Agyris (1965)
22 vgl. Hammond (1999)

5.3 Berater und Kunden stärken – Wissen hat noch keinem geschadet

Berater wie Kunde müssen über die Tendenzen menschlichen Verhaltens bei Entscheidungen unter Risiko Bescheid wissen. Wenn der Berater diese Grundlagen mitbringt, kann er das Verhalten seines Kunden in verschiedenen Marktsituationen besser voraussehen und sich auf die Beratung adäquat vorbereiten. Der Berater weiß dann, dass der Kunde nach dem Kauf Informationen gänzlich anders wahrnimmt, und er weiß, dass beide in Gefahr sind, eine einmal getroffene Entscheidung durch »Geschichten« zu untermauern. Ein kompetenter Kunde kann die Anregungen seines Beraters viel besser annehmen und umsetzen. Wissen ist somit die beste Voraussetzung, dass der Kunde für sein Verhalten Verantwortung übernimmt. Vor dem Eingehen einer bestimmten Position können Berater und Kunde nicht nur wie bisher Ertragsziele festlegen, sondern auch *Verhaltensziele*. Zum Beispiel: Der Kunde entschließt sich, im Gewinnbereich risikofreudiges und im Verlustbereich risikoscheues Verhalten zu zeigen. Aus dem Berater wird so allmählich ein Coach, Kunde und Berater werden ein erfolgreiches Team.

6 Zusammenfassung und Ausblick: Von der Behavioral Finance zur Intentional Finance

Ein hoher Anteil der Volatilität am Aktienmarkt ist nicht durch fundamentale Daten erklärbar. Die moderne Kapitalmarkttheorie scheitert, weil sie den Mensch als Hauptakteur einfach ausblendet. Das führt zu Misserfolgen und erhöhtem Risiko in Handel, Portfoliomanagement und Sales. Erst das Einbeziehen menschlichen Erlebens und Verhaltens erklärt, was bei Entscheidungen unter Risiko passiert. Nun aber gibt es eine Tendenz, sich mittels dieser Erkenntnisse vor allem das Verhalten der »anderen« anzuschauen, um aus deren Fehlern Kapital zu schlagen. Viel Erfolg versprechender, weil naheliegend und einfacher, ist aber, das eigene Verhalten wahrzunehmen und den Gewinn durch das Verändern des eigenen Verhaltens zu maximieren. Alle dazu nötigen Informationen tragen wir jederzeit mit uns, sie sind abrufbar, und wir selber haben die Kontrolle darüber. Denken und Handeln müssen sich entsprechen. Wenn dem so ist, kann sich der Mensch real einschätzen und ist damit Herr über sein Verhalten. Dieses Ziel erreicht der Mensch, wenn er die Gelegenheit bekommt, sich unter entspannten Bedingungen im Spiegel zu betrachten.

Ein »Schönheitsfehler« begegnet uns jedoch auch hier. Es ist nicht leicht, den Grad der Abweichung zwischen meinem Handeln und meinem Denken über mein Handeln zu messen. Das menschliche Erleben ist ganzheitlich, und es finden immer viele Gehirnaktivitäten gleichzeitig statt. Nur der Mensch selbst kann diese Abweichungen bei sich wahrnehmen. Deshalb liegt der Schlüssel zum Erfolg bei Finanzentscheidungen in der Kompetenz des Einzelnen, sich, seinen Kunden und den Markt wie ein Seismograph wahrzunehmen und gegebenenfalls zu verändern. Erst das veränderte Verhalten wird dann wieder messbar sein. Die Erkenntnisse der Behavioral Finance zu nutzen und daraus *intentionales Lernen* und *Handeln* zu entwickeln, ist heute eine der wichtigsten Aufgaben im Finanzbereich.

Literatur

Argyris, S. (1965) Exploration in Interpersonal Competence. In: 1. Journal of Applied Behavioral Science, Vol.1, S. 58–83.

Auer-Rizzi, W. (1998) Entscheidungsprozesse in Gruppen: kognitive und soziale Verzerrungstendenzen. Wiesbaden: Deutscher Universitätsverlag.

Bandura, A.(1997) Self-efficacy: the exercise of control. New York: W.H. Freeman and Company.

Barrons Roosevelt, R. (1999) Exceptional Trading: The mind game. Greenville: Traders Press.

Belbin, R. M. (1996) Managementteams: Erfolg und Misserfolg. Wörrstadt: Bergander Team- und Führungsentwicklung.

Biais, B.; Hilton, D.; Mazurier, K; Pouget, S. (2000) Psychological Traits and Trading Strategies. Unveröffentlichtes Manuskript. Universität Toulouse.

Goldberg, J.; von Nitzsch, R. (1999) Behavioral Finance – Gewinnen mit Kompetenz. München: FinanzBuch Verlag.

Eller, R.; Gruber, W.; Reif, M. (Hrsg.) (2001) Handbuch Gesamtbanksteuerung: Integration von Markt-, Kredit- und operationalen Risiken. Stuttgart: Schäffer-Poeschel.

Hammond, J.S.; Keeney, R.L.; Raiffa, H. (1999) Smart Choices: Die aktivere Methode für bessere Entscheidungen. Regensburg: Metropolitan.

Janis,I.L. (1993) Decisionmaking Under Stress. In: L. Goldberger, S. Breznitz (Hrsg.) Handbook of Stress: Theoretical and Clinical Concepts, 2. Aufl., New York: The Free Press, S. 56–74.

Kahn, H.und Cooper,C.L. (1993) Stress in the dealing room. London / New York: Routledge

Kahneman, D.; Tversky, A. (1979) Prospect Theory: An Analysis of Decision Under Risk. Econometrica, Vol.47, S. 263–291.

Kiell, Guido; Stephan, E. (2001) Decision Processes in Professional Investors: Does Expertise Moderate Judgmental Biases? Unveröffentlichtes Manuscript. Universität Kassel/Köln

Schiereck, D.; Weber, M. (1999) Aktienhandel und Behavioral Finance – Reichtum durch Momentum und Zyklen! Schriftenreihe der Behavioral Finance Group der Universität Mannheim Band 1.

Schroeder-Wildberg, U. (1998) Entscheidungs- und Lernverhalten an Wertpapiermärkten: Psychologische Aspekte von Wertpapierentscheidungen. Wiesbaden: Gabler

Shefrin, H. (2000) Börsenerfolg mit Behavioral Finance: Investmentpsychologie für Profis. Stuttgart: Schäffer-Poeschel.

Stollreiter, M.; Völgyfy, J.; Jenicus, T. (2000) Stressmanagement. Weinheim: Beltz Witte, E.H. (Hrsg.), (1998) Sozialpsychologie der Gruppenleistung: Beiträge des 12. Hamburger Symposions zur Methodologie der Sozialpsychologie. Lengerich: Papst.

Witte, E.H. (Hrsg.) (2001) Leistungsverbesserung in aufgabenorientierten Kleingruppen: Beiträge des 15. Hamburger Symposions zur Methodologie der Sozialpsychologie Lengerich: Papst.

Zimbardo, P. G.; Gerrig, R.J. (1999) Psychologie. Berlin: Springer

Stichwortverzeichnis